AF557096

CHRISTIAN GRATALOUP

Die Geschichte der ERDE
Ein ATLAS

CHRISTIAN GRATALOUP

Die Geschichte der ERDE Ein ATLAS

Unter Mitarbeit von Charlotte Becquart-Rousset, Léna Hespel und Héloïse Kolebka

Aus dem Französischen übersetzt von Frank Sievers, Martin Bayer, Nele Boysen und Jens Hagestedt

C.H.BECK

Titel der französischen Originalausgabe:
«Atlas historique de la Terre et de son usage par les humains»
© Les Arènes & Croque Futur, Paris, 2022

Martin Bayer, Nele Boysen und Jens Hagestedt haben die Karten übersetzt, Frank Sievers die begleitenden Texte.

Projektleitung
Valérie Hannin, Philippe Pajot
und Jean-Baptiste Bourrat

Gestaltung
Vincent Lever

Leitung der Kartografie
Héloïse Kolebka *(L'Histoire)* und
Frédéric Miotto (Légendes Cartographie)

Karten
Marie-Sophie Putfin, Frédéric Miotto, Lucille Dugast,
Allix Piot und Salomé Choukroun

Redaktion der Begleittexte
Christian Grataloup, Charlotte Becquart-Rousset,
Léna Hespel und Héloïse Kolebka
mit Jeanne Barnicaud

Textrevision
Sarah Ahnou und Isabelle Paccalet mit Alice Posière

Für die deutsche Ausgabe:
© Verlag C.H.Beck oHG, München 2024
Alle urheberrechtlichen Nutzungsrechte bleiben vorbehalten.
Der Verlag behält sich das Recht vor, Vervielfältigungen dieses Werks zum Zwecke des Text und Data Mining vorzunehmen.
www.chbeck.de
Umschlaggestaltung: Rothfos & Gabler, Hamburg
Umschlagabbildung: Geologie der Erde (S. 32/33)
Satz: Fotosatz Amman, Memmingen
Druck und Bindung: Appl, Wemding
Gedruckt auf säurefreiem und alterungsbeständigem Papier
Printed in Germany
ISBN 978 3 406 82230 8

verantwortungsbewusst produziert
www.chbeck.de/nachhaltig

Für François Durand-Dastès
(1931–2021)

Dieser Atlas ist die Ernte dessen, was François Durand-Dastès gesät hat: eine geografische Darstellung der Menschen auf der Erde, die die Komplexität der Interaktionen zwischen den menschlichen Gesellschaften und der biophysischen Welt ebenso berücksichtigt wie die wissenschaftliche und didaktische Notwendigkeit, sie in einfachen, verständlichen Karten und Modellen darzustellen.

Die Geschichte der Erde. Ein Atlas: Autoren und Beiträger

Christian Grataloup, «der Historiker unter den Geografen», ist Agrégé (Absolvent) und Doktor der Geografie, ehemaliger Professor an der Universität Paris-Cité und Spezialist für Erdgeschichte. Mitautor zahlreicher Buchveröffentlichungen: *Géohistoire de la mondialisation* (Armand Colin 2015), *Atlas global* (Les Arènes 2016), *Le Monde dans nos tasses* (Armand Colin 2017), *Atlas historique mondial* (Les Arènes 2019; dt.: *Die Geschichte der Welt. Ein Atlas,* C.H.Beck 2023), *L'Invention des continents et des océans* (Larousse 2020; dt.: *Die Erfindung der Kontinente,* WBG 2021) und *Atlas historique de la France* (Les Arènes 2020). Außerdem betreut er in der Zeitschrift *Carto* eine Rubrik mit Nachrichten aus der erdgeschichtlichen Forschung.

Héloïse Kolebka, Diplom-Politologin (Universität Paris), ist seit 2014 Chefredakteurin der Zeitschrift *L'Histoire*. Sie zeichnet seit über 20 Jahren gemeinsam mit den Kartografen von Légendes Cartographie Landkarten und hat bereits an den beiden Vorgängerwerken des vorliegenden Buchs mitgearbeitet, dem *Atlas historique mondial* (Les Arènes 2019) und dem *Atlas historique de la France* (Les Arènes 2020).

Charlotte Becquart-Rousset, Agrégée (Absolventin) der Geografie, unterrichtet an der Sorbonne. Sie befasst sich insbesondere mit der Vorbereitung von Lehramtsprüfungen (Capes, Agrégation) und gehörte der Jury des Capes-Wettbewerbs für historische Geografie an. Sie hat an der Redaktion mehrerer Gesamtdarstellungen und Handbücher mitgewirkt, unter anderem am *Atlas historique mondial* (Les Arènes 2019) und am *Atlas historique de la France* (Les Arènes 2020).

Philippe Pajot hat sich nach dem Studienabschluss in Astrophysik (1994) seine Sporen als Wissenschaftsjournalist bei der Zeitschrift *Pour la science* verdient, wo er als stellvertretender Chefredakteur tätig war. Anschließend war er Chefredakteur bei *Ciel et Espace* und schrieb anschließend zehn Jahre lang Beiträge für Zeitungen und Zeitschriften (*Science et Vie junior, Le Monde, Ça m'intéresse, Sciences et Avenir*) und arbeitete an Büchern u. a. für das CNES und den Verlag Cherche midi mit. Seit 2017 ist er Chefredakteur der Zeitschrift *La Recherche*. 2011 erschien im Verlag Le Cavalier bleu sein Buch *Parcours de mathématiciens.*

Léna Hespel ist Wissenschaftsjournalistin. Nach ihrem Masterabschluss in Biologie und einem Studium an der École supérieure de journalisme (ESJ) in Lille schreibt sie für verschiedene Wissenschafts- (u. a. *Pour la science, Science et Vie, La Recherche*) und Publikumszeitschriften.

Légendes Cartographie ist eine Kartografieagentur, die seit 1996 die Karten für die Zeitschrift *L'Histoire* erstellt. Légendes Cartographie war für sämtliche Landkarten der bisherigen Veröffentlichungen Christian Grataloups beim Verlag Les Arènes zuständig und ist auch an der großen Atlantenserie beteiligt, die *Le Monde/La Vie* seit 2007 herausgibt. Die Agentur ist außerdem in wissenschaftlichen Veröffentlichungen der Verlage Nathan, Hachette, Hatier und Belin éditeur sehr präsent und arbeitet regelmäßig für die Zeitschrift *Carto.*

Romain Amiot
Paläontologe

Jeanne Barnicaud
Doktorandin im Fach Zeitgeschichte an der Universität Paris-1

Isabelle Catteddu
Archäologin am Institut national de recherches archéologiques préventives (INRAP) mit Spezialgebiet Landwirtschaft und bäuerliche Kultur im Frühmittelalter

Jean-Paul Demoule
Emeritierter Professor für europäische Ur- und Frühgeschichte an der Universität Paris-1

François Durand-Dastès
Geograf

Jean-Baptiste Fressoz
Umwelthistoriker

Éric Guilyardi
Meeresforscher und Klimakundler

Liliane Hilaire-Pérez
Professorin für Geschichte der Neuzeit an der Universität Paris-Cité, Spezialistin für Technikgeschichte

François Jarrige
Spezialist für Geschichte der Industrialisierung im 19. Jahrhundert

Jacques Jaubert
Ur- und Frühgeschichtler und Archäologe

Guillaume Lecointre,
Zoologe und Spezialist für Taxonomie

Florian Mazel
Professor für mittelalterliche Geschichte an der Universität Rennes-2

Fabrice Not
Meeresbiologe

Didier Paillard
Paläoklimatologe am Laboratoire des sciences du climat et de l'environnement (Labor für Klimatologie und Umweltwissenschaft)

Fabien Paquet
Moderator der Tagungen zur mittelalterlichen Geschichte an der Universität Caen

Antonio Pérez Balarezo
Anthropologe

Catherine Perlès
Emeritierte Professorin an der Universität Paris-Nanterre, Spezialistin für jungsteinzeitliche Archäologie

Yann Potin
Historiker und Archivar an den Archives nationales de France (Französisches Nationalarchiv), Spezialist für Ur- und Frühgeschichte

Lionel Ranjard
Bodenökologe, Spezialist für Mikrobiologie des Bodens

Stephen Rostain
Forschungsleiter am Centre national de la recherche scientifique (CNRS), Spezialgebiet: Archäologie des Amazonasbeckens

Dalila Sekkaï
Doktorin der Biochemie, Agrégée (Absolventin) der Biochemie mit Fachrichtung Biologie und Professorin für Biotechnologie

Gabriel Tobie
Planetologe

Boris Valentin
Professor für Archäologie der Ur- und Frühgeschichte an der Universität Paris-1

Catherine Virlouvet
Emeritierte Professorin für Römische Geschichte an der Universität Aix-en-Provence-Marseille

Der Planet der Menschen und der Anderen

Wir, die 8 Milliarden Menschen, wohnen auf einem unbedeutenden Planeten, der sich um einen ganz gewöhnlichen Stern dreht. Aber dieser Planet hat eine Besonderheit, die bislang noch nirgendwo sonst beobachtet wurde: Er birgt Leben. Natürlich sind wir nur eine Variante im bunten Strauß der Lebensformen auf diesem Planeten, aber immerhin eine, die sich als besonders eroberungsfreudig erwiesen hat, um nicht zu sagen «invasiv». Die wachsende Umweltangst angesichts des Klimawandels, des Artensterbens und der schweren Umweltverschmutzung spielte bei der Entwicklung dieses Atlas eine zentrale Rolle. Sein Interesse gilt unseren heutigen Anforderungen und Fragestellungen – was in diesem Bereich etwas vollkommen Neues ist.

Die Gegenwart der Vergangenheit

Wie in der rechten Spalte unserer Gliederung auf Seite 11 zu sehen ist, hat alles einen Anfang, aber kein Ende. Das Universum existiert heute und wird auch noch morgen existieren. Der Planet Erde ist darin nur ein winziger Punkt (und wird es auch bleiben), aber es gibt auf ihm Leben (was auch so bleibt), und das menschliche Tier nimmt immer größeren Raum darauf ein (wird sich das eines Tages ändern?). Es bewirtschaftet den Boden und domestiziert die anderen Tiere. Es hat, nachdem es sich auf der gesamten Erdoberfläche ausgebreitet hatte den Kontakt zu den verstreuten Gruppen seiner Art gesucht. Es hat Kohle abgebaut und fragt sich jetzt, nachdem seine Zahl von einer Handvoll auf 8 Milliarden angewachsen ist, wie es mit dem erodierten irdischen Kapital weiter verfahren soll. Dieser Atlas zeigt die verschiedenen Stadien dieser Entwicklung.

Alle historischen Darstellungen – darunter auch Geschichtsatlanten – können die Vergangenheit immer nur von der Gegenwart aus betrachten, aus der Zeit heraus und von dem Ort aus, wann und wo sie entstanden sind. Die Abbildung auf Seite 16/17 in diesem Atlas, mit der wir (fast) bis zum Urknall zurückgehen, ist gleichsam eine Metapher für das gesamte Buch. Auf ihr sind die zeitlichen Stadien der Geschichte des Universums gleichzeitig zu sehen. Die Reihenfolge all dieser Prozesse ist nur insofern eine Aufeinanderfolge, als diese nach ihren jeweiligen Anfängen chronologisch geordnet sind: Die Landwirtschaft setzte natürlich erst lange Zeit nach der Entstehung der Plattentektonik ein, und dennoch ernten wir unser Getreide auf Erdplatten, die sich weiterhin bewegen. Das Ende aller dieser Entwicklungen liegt jedoch in der Zukunft und kann daher nur hypothetisch beschrieben werden. Dadurch, dass auf den thematischen Doppelseiten jeweils auf andere Seiten verwiesen wird («Siehe auch» auf der rechten Seite oben), entstehen vertikale Durchbrüche, die die verschiedenen Schichten miteinander verbinden, Geologie und Industrie, Meeresströmungen und Kolonialisierung ...

Im Vergleich zu den beiden anderen Atlanten, die unser Team (das erweitert wurde, um das gesamte Spektrum der Wissenschaften von der Erde und ihren Bewohnern abzudecken) bereits publiziert hat, ist dieses Werk etwas Neues. Das werden Sie sofort erkennen, wenn Sie ein bisschen darin blättern, es gibt nämlich Doppelseiten mit dunklem Hintergrund, die zwischen die Darstellungen mit weißem Hintergrund eingeschoben sind. Hier werden historische Augenblicke der Wissenschaften vorgestellt. Das geophysische und biologische Wissen, aber auch das Wissen über vergangene Gesellschaften sind menschliche Konstrukte, die es ins Verhältnis zueinander zu setzen gilt. Vor allem da die Schwerpunkte, die wir auf diesen schwarzen Seiten gesetzt haben, auf beispielhafte Weise zeitgenössische gesellschaftliche Themen betreffen, die ein Nachhall von Fragestellungen der Vergangenheit sind.

Ein Atlas mit enzyklopädischem Anspruch für die heutige Zeit

Das Besondere an unserer Vorgehensweise ist die Verschränkung verschiedener Zeitabschnitte. Es gibt hervorragende Atlanten zur aktuellen Umweltkrise und wunderschöne Darstellungen der Geschichte der Geologie oder Biologie. Viel seltener findet man dagegen Bücher, die den heutigen Debatten und Herausforderungen eine historische Tiefe verleihen, und noch viel seltener geschieht dies mit den Mitteln der Geografie. Dennoch werden die älteren Leserinnen und Leser unter Ihnen vielleicht eine Art Déjàvu erleben, wie ein Biss in eine Proust'sche Madeleine. Denn tatsächlich haben die Enzyklopädien lange Zeit versucht, alle Bereiche des konkreten Wissens abzubilden, von der Geologie bis hin zur Technik. Man fand darin Tiefseegräben ebenso wie Dampfmaschinen, Stammbäume von Pflanzen ebenso wie Querschnitte von Atomreaktoren. Die Zersplitterung der Wissensgebiete und ihrer Darstellung trägt leider nicht dazu bei, dass wir die Komplexität der heutigen Probleme besser begreifen, und sie hilft uns auch nicht, einen Standpunkt zu beziehen oder Entscheidungen zu treffen. Der Versuch, eine möglichst allumfassende und zugleich offene Perspektive einzunehmen, gleicht insofern der Neugierde eines Kindes (zwischen 7 und 100 Jahren), die noch nicht von den Grenzen der wissenschaftlichen Disziplinen eingeengt ist, und antwortet damit auf die Fragen der Weltbürgerinnen und Weltbürger (derselben Altersgruppe).

Wir dürfen uns also brüsten, mit diesem Ansatz dem enzyklopädischen Verständnis des 18. Jahrhunderts zu folgen, wobei wir es aber zugleich ganz und gar zeitgenössisch interpretieren – ja, sogar mit diesem Vermächtnis brechen. Vor ein paar Jahrzehnten hätte dieses Werk vielleicht «Atlas vom Menschen und der Natur» geheißen. Aber bitte erwarten Sie nicht, dass auf den folgenden Seiten von dieser Dichotomie die Rede sein wird – abgesehen von der Doppelseite zur Geschichte der Wissenschaften (siehe S. 218), auf der die Trennung von Mensch und Natur in die Geschichte und Geografie des Denkens eingeordnet wird. Ansonsten wird hier die biophysische Welt, vom intergalaktischen Raum bis hin zu den Atomen, nirgends «Natur» genannt, da der Mensch immer Teil des Lebens auf diesem Planeten ist, ein Tier unter Tieren.

Ohne Nostalgie oder futuristische Illusionen

Die Enzyklopädisten des 18. Jahrhunderts hätten unser Projekt, ohne zu zögern, mit einer guten Portion Fortschrittsgläubigkeit angegangen. Diese Herangehensweise hielt sich bis in die Mitte des 20. Jahrhunderts. Heute hingegen kann die herrschende Umweltangst dazu führen, dass ähnlich lineare Erzählungen unter umgekehrten Vorzeichen geschrieben werden: Das Goldene Zeitalter liegt dann nicht mehr in einer strahlenden Zukunft, in der sich der Mensch zum Schöpfergott aufschwingt, sondern in der Altsteinzeit, die zur Projektionsfläche für verloren geglaubte Tugenden wird. *Die Geschichte der Erde* folgt keinem dieser beiden Wege. Unser Routenplaner für dieses Buch hatte das Ziel, Prozesse zu betrachten, die, wenn sie einsetzen, weitreichende Folgen haben. So verhält es sich zum Beispiel in den ersten Kapiteln des Buches zur Biophysik – das System Erde, die Evolution des Lebens – oder auch bei den Prozessen, die der Mensch in Gang gesetzt hat und die auf Dauer den Planeten überlasten – Landwirtschaft, demografische Entwicklung, Globalisierung, Industrie. Alle diese Prozesse betrachten wir ohne Nostalgie oder futuristische Illusionen. Sie werden in diesem Buch weder von einer Menschheit hören, die von fortwährendem Fortschritt motiviert ist, noch von einer Welt, die blind in ihr Verderben rennt. Wir geben Ihnen Darstellungen an die Hand, die Ihnen die Dynamiken der Erde begreiflich machen sollen und sie über große

Entstehung und Beginn:	vor:	Wenn die Geschichte des Universums nur einen Tag lang wäre (24 Stunden)	Kapitel: Stadien der Vergangenheit, die sich wie Schichten übereinanderlegen
		Erster Tag	
des Universums	13,8 Milliarden Jahren	um 00:00 Uhr	1. Vom Urknall zum Planeten Erde
der Erde	4,5 Milliarden Jahren	um 16:11 Uhr	2. Vom Kern zur Stratosphäre
des Lebens	3 Milliarden Jahren	um 17:55 Uhr	3. Planet des Lebens
der Menschen	7 Millionen Jahren	um 23:59:59 Uhr	4. Ein Tier unter Tieren: der Mensch
der Landwirtschaft	12 000 Jahren	nach 23:59:59 Uhr	5. Domestizierung
zahlreicher Gesellschaften und Kulturen	6000 Jahren	nach 23:59:59 Uhr	6. Die Ära der Landwirtschaft
der Globalisierung	500 Jahren	nach 23:59:59 Uhr	7. Die Globalisierung der Ressourcen
der Industrie	250 Jahren	nach 23:59:59 Uhr	8. Das Kohlezeitalter
der Fürsorge für die Erde	50 Jahren	nach 23:59:59 Uhr	9. Der überlastete Planet
		Zweiter Tag	
des Endes des Planeten Erde	in 10 Milliarden Jahren	um 17:24 Uhr, also 41 Std. und 24 Min. nach dem Urknall	

Die zeitlichen Angaben zur frühen Geschichte der Erde und der Menschen sind hier und in den folgenden Kapiteln Richtwerte.

Zeiträume hinweg nachzeichnen. Damit betreiben wir einen Kampf gegen den Gedächtnisschwund: Die verschiedenen Vergangenheiten lassen sich nur in ihrer Zusammensicht verstehen. Unsere Gegenwart ist zugleich Milliarden Jahre und wenige Jahrhunderte alt.

Wenn Sie auf dieser Reise von Sternen oder Ameisen, von El Niño oder der Erfindung von Pressglas, von der Suche nach Eldorado oder der Zerstörung von Saint-Pierre auf Martinique durch den Vulkan Montagne Pelée, vom Stamm der Stachelhäuter oder der Zeichnung der Dampfmaschine träumen (oder albträumen), so ergeben diese Bilder vom Planeten der Menschen nur deshalb Sinn, weil sich alle diese Splitter zu einem Bild im Kaleidoskop zusammenfügen. *Menschliches, Allzumenschliches* heißt ein Buch von Friedrich Nietzsche. Die miteinander verflochtenen Geschichten von der Erde in diesem Atlas zeigen uns verschiedene Horizonte auf und erinnern uns an unsere Verantwortung als Menschen auf diesem Planeten.

Christian Grataloup

1

Vom Urknall zum Planeten Erde

(seit 13,8 Milliarden Jahren)

Seit dem Urknall vor 13,8 Milliarden Jahren dehnt sich das Universum aus. Derzeit gibt es noch keine wissenschaftlichen Erkenntnisse darüber, ob das Universum endlich oder unendlich ist. Es umfasst vermutlich 2000 Milliarden Galaxien, darunter die Milchstraße. Diese spiralförmige Galaxie ist etwa 100 000 Lichtjahre lang und enthält 100 bis 400 Milliarden Sterne. Dazu gehört auch die Sonne, um die sich unser Planet, die Erde, dreht.

Am Anfang der Geschichte

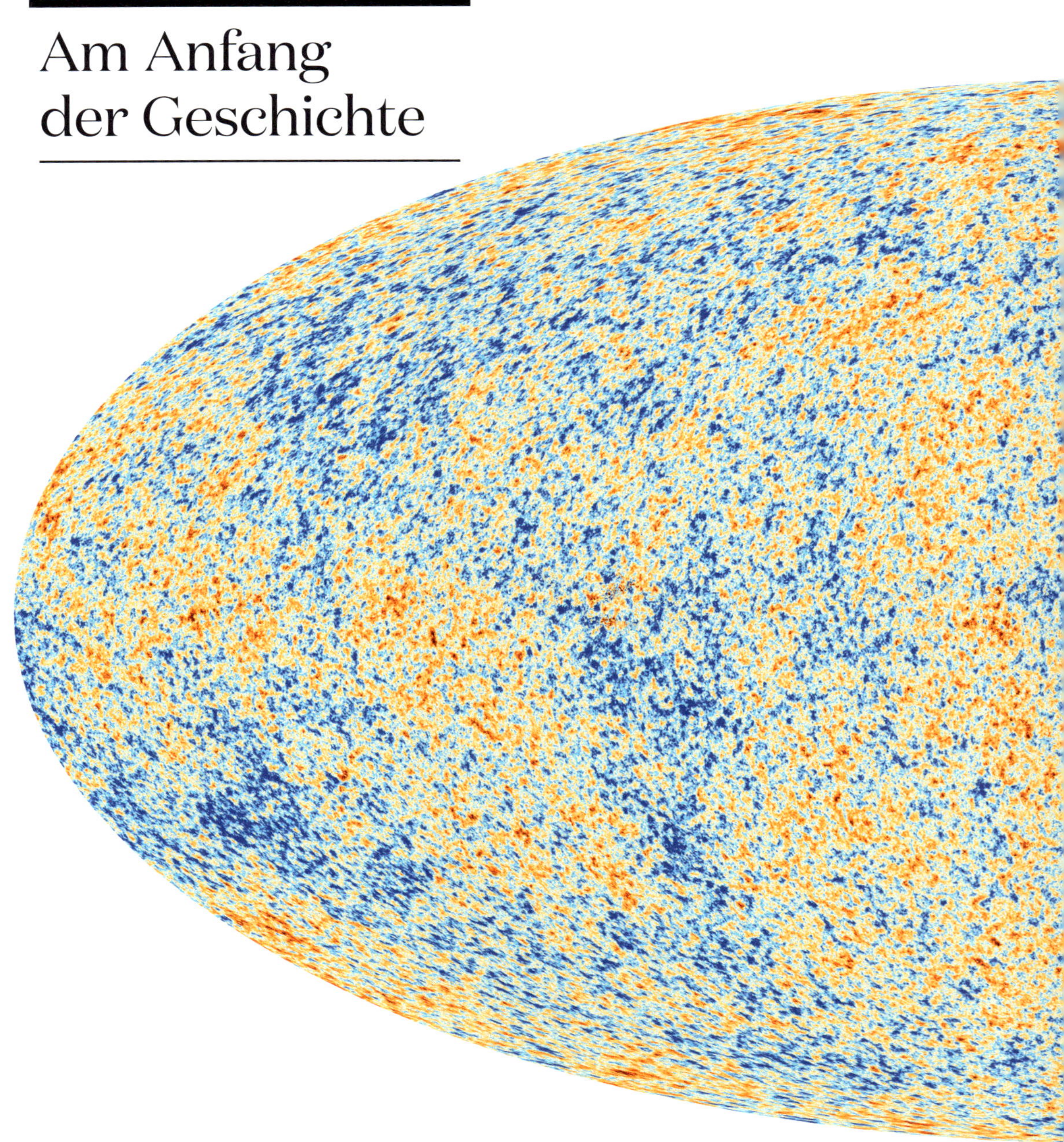

Das älteste Bild unseres Universums

Dieses Bild ist das erste «Foto» des Universums, das zu diesem Zeitpunkt 380 000 Jahre alt ist, aufgenommen vom Planck-Weltraumteleskop. Zu sehen ist hier die kosmische Hintergrundstrahlung, es handelt sich gleichsam um eine Momentaufnahme vom ältesten Licht des Kosmos. Wie bei einer Erdkarte, die keine präzise Darstellung der Erde ist, sehen wir auch hier nicht die tatsächliche Form des Universums. Es ist eigentlich eine Kugel. Die verschiedenen Farbtöne stellen winzige Temperaturschwankungen in der Strahlung dar und stehen für Bereiche mit unterschiedlicher Dichte. Damit zeichnen sich hier schon die zukünftigen Strukturen des Universums ab, die heutigen Sterne und Galaxien.

Siehe auch — Vom Geozentrismus zur Gravitation **S. 18**
Weltenenden **S. 26**

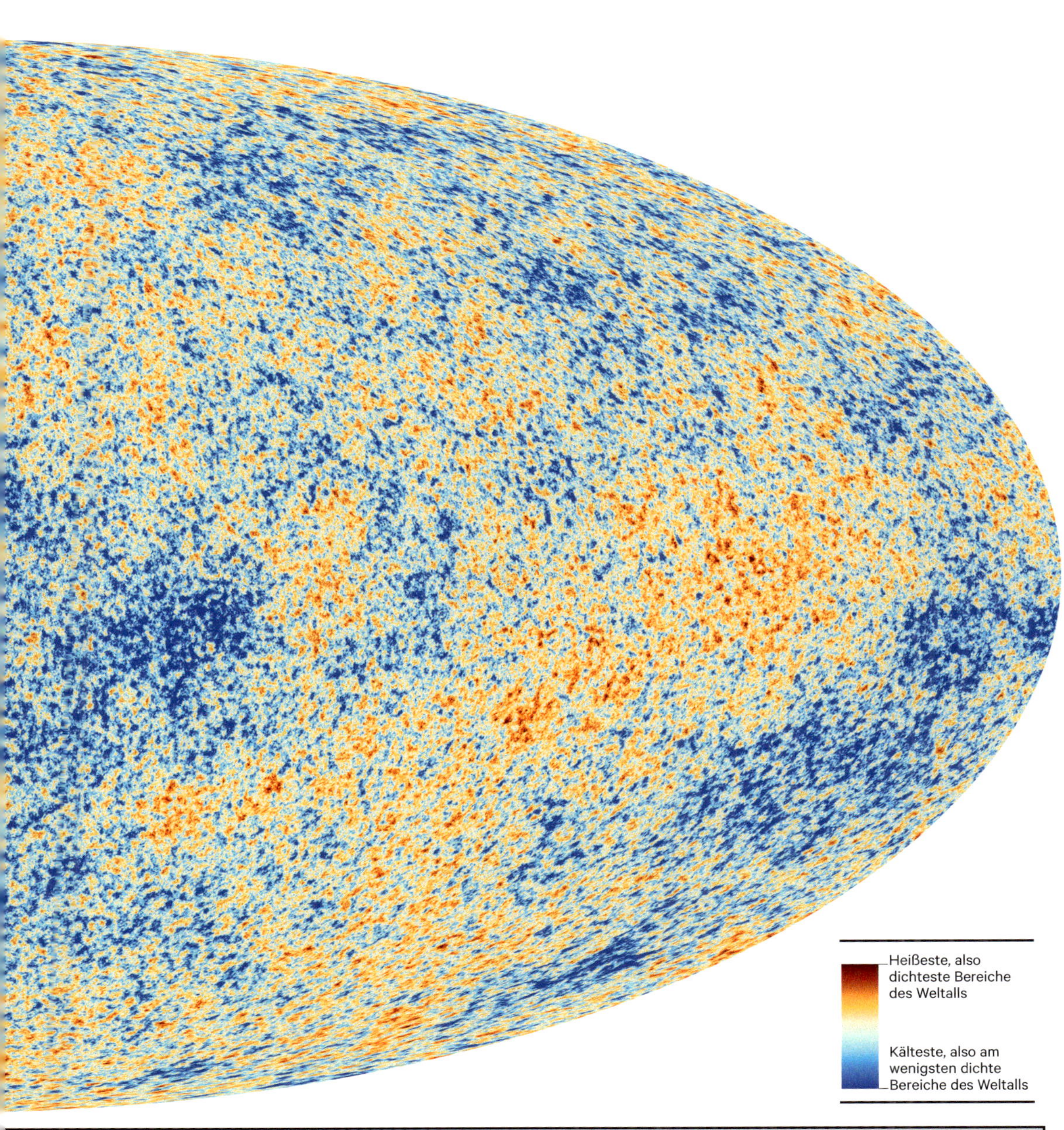

Die kosmische Hintergrundstrahlung gibt uns Auskunft über die Struktur, das Alter und die Entwicklung des Universums. Vor deren Entstehung ist das Universum klein, dicht und heiß, das Licht ist darin eingeschlossen. Etwa 380 000 Jahre nach dem Urknall wird Licht freigesetzt, wodurch die Hintergrundstrahlung entsteht, die eine Temperatur von etwa 3000 °C hat. Während sich das Universum ausdehnt, wird diese Strahlung immer schwächer und kälter. Inzwischen beträgt ihre Durchschnittstemperatur nach der Messung durch das Planck-Weltraumteleskop ungefähr – 270 °C. Das Universum selbst ist 13,8 Milliarden Jahre alt und dehnt sich mit einer Geschwindigkeit von 67 Kilometern pro Sekunde pro Megaparsec aus (1 Megaparsec sind 3,26 Millionen Lichtjahre).

Eine kurze Geschichte des Universums

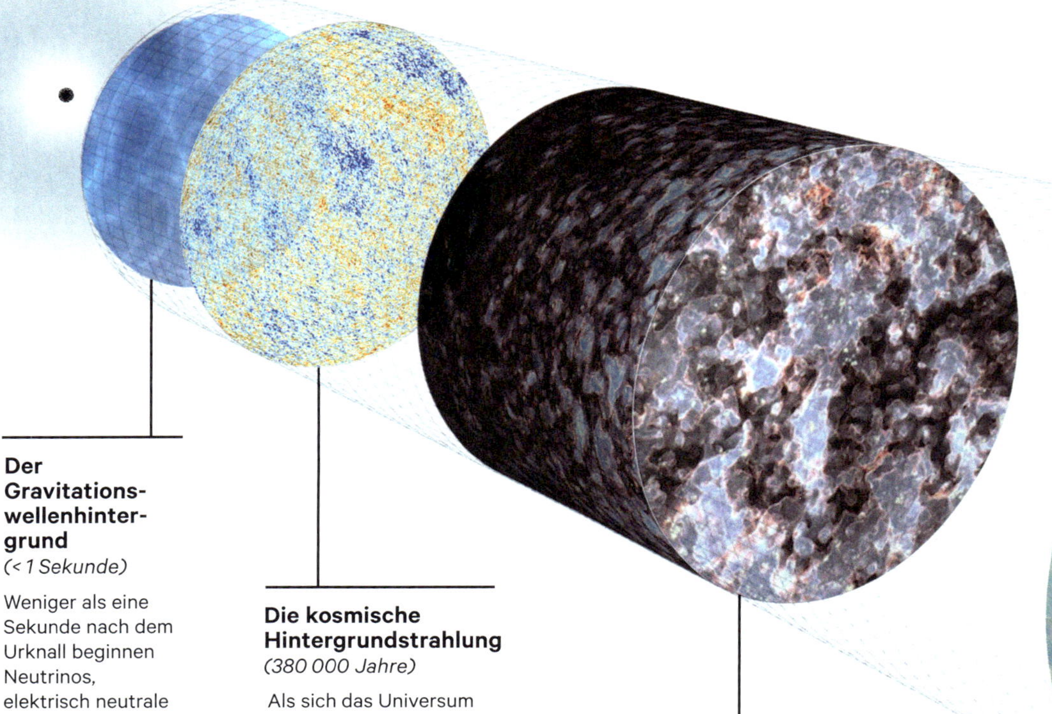

Der Gravitationswellenhintergrund *(< 1 Sekunde)*

Weniger als eine Sekunde nach dem Urknall beginnen Neutrinos, elektrisch neutrale Elementarteilchen, in das Universum auszufliegen. Sie bilden den diffusen Neutrinohintergrund, der sich seitdem ausdehnt. Er konnte bislang noch nicht direkt beobachtet werden, hinterlässt aber nachweisbare Spuren in der kosmischen Hintergrundstrahlung.

Die kosmische Hintergrundstrahlung *(380 000 Jahre)*

Als sich das Universum ausreichend abgekühlt hat, auf etwa 3000 °C, können sich zum ersten Mal Photonen, Elementarteilchen des Lichts, frei im Raum bewegen. Sie bilden die kosmische Hintergrundstrahlung, in die heute das gesamte Universum getaucht ist. Das Bild zeigt die Temperaturschwankungen dieser Strahlung, die auf Unterschiede in der Dichte zurückzuführen sind. Die wärmsten Bereiche (orange) sind gleichsam die Embryonen der zukünftigen Galaxien.

Reionisierung *(zwischen 400 Millionen und 1 Milliarde Jahre)*

Die ersten Generationen von Sternen bilden sich inner- und außerhalb der ersten Galaxien. Diese riesigen Sterne haben ein kurzes, aber intensives Leben. Durch ihre Strahlung wird das intergalaktische Medium ionisiert. Sie gibt oder nimmt auf ihrem Weg durch die Materie neutralen Molekülen ein Elektron, sodass Ionen entstehen. Mit dem Planck-Weltraumteleskop lässt sich die Wechselwirkung der Hintergrundstrahlung mit den durch Ionisierung entfernten Elektronen beobachten. In Kombination mit anderen Beobachtungen lässt sich daraus schließen, dass das Universum bei Beginn der Reionisierung bereits über 400 Millionen Jahre alt ist.

Materieverteilung
(ca. 3 Milliarden Jahre)

Die gesamte Materie des Universums (die normale Materie und die Dunkle Materie) deformiert auf ihrer Reise zu uns durch ihre Schwerkraft die kosmische Hintergrundstrahlung. Die heute zu beobachtenden Deformationen entstehen vor allem durch Strukturen, die erst 3 Milliarden Jahre nach dem Urknall existieren.

Neue Galaxienhaufen
(ca. 6 Milliarden Jahre)

Das Licht der kosmischen Hintergrundstrahlung wird von einem heißen Gas ausgestrahlt, das sich in den Galaxienhaufen befindet. Dank dieser Verzerrung konnte das Planck-Weltraumteleskop die Galaxienhaufen entdecken (rote Punkte), darunter einige bislang unbekannte. Mithilfe des XMM-Newton-Teleskops, das der Beobachtung von Röntgenstrahlung dient, wurde bestätigt, dass es sich tatsächlich um Galaxienhaufen handelt, die heißes Gas beinhalten.

Das galaktische Magnetfeld
(ca. 13,8 Milliarden Jahre)

Der Staub des interstellaren Mediums liegt entlang dem galaktischen Magnetfeld. Durch die Analyse des davon ausgestrahlten Lichts konnte mit dem Planck-Weltraumteleskop eine Karte des derzeitigen Magnetfelds der Milchstraße erstellt werden. Dabei wurden einige unerwartete Phänomene entdeckt, für die die Astrophysiker bislang noch nach einer Erklärung suchen.

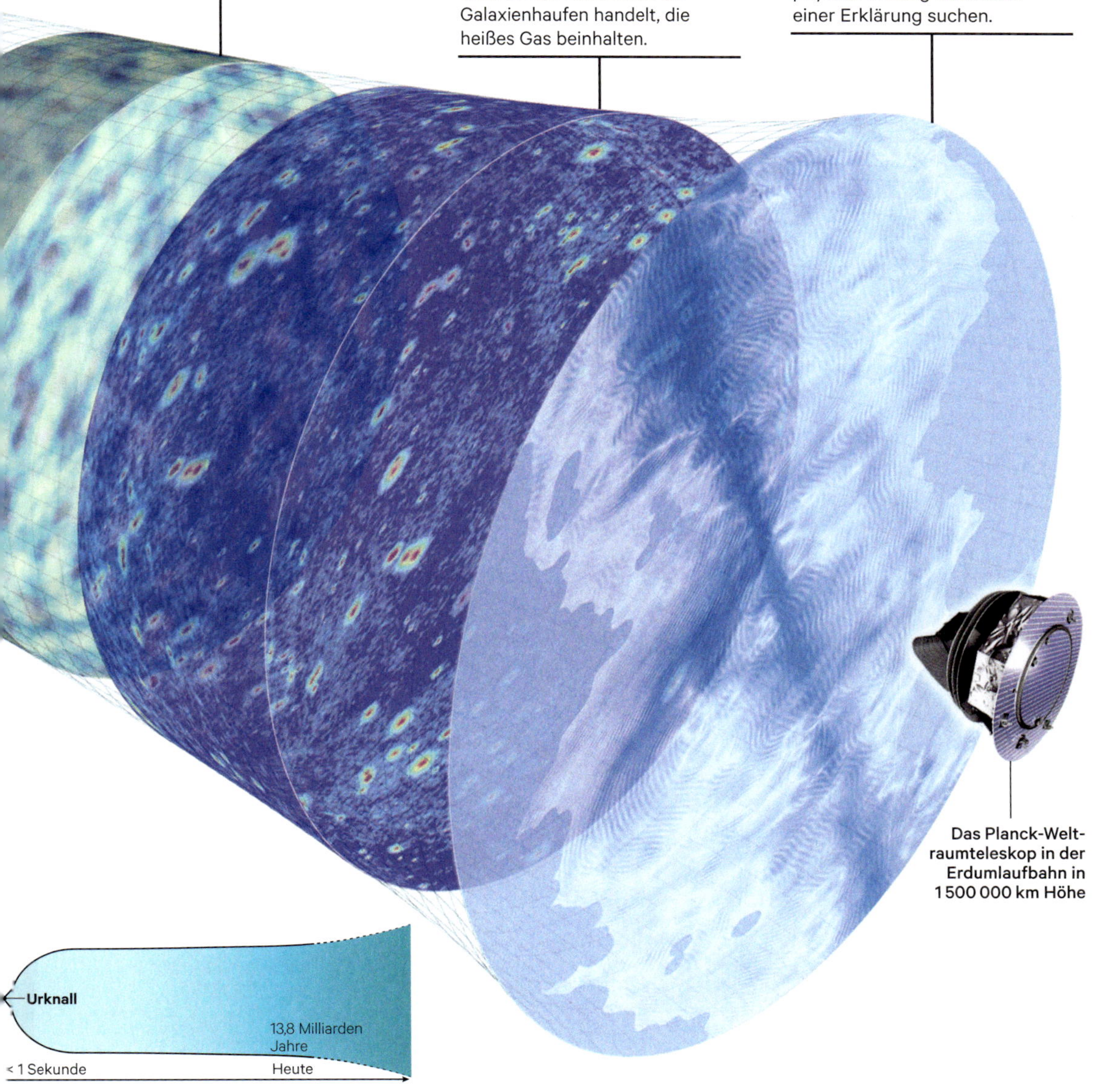

Das Planck-Weltraumteleskop in der Erdumlaufbahn in 1 500 000 km Höhe

Vom Geozentrismus zur Gravitation

Ptolemäus: die Erde im Mittelpunkt

Bis ins 16. Jahrhundert herrschte in der europäischen Astronomie das geozentrische Weltbild vor, das intuitiv richtig schien und der Bibel entsprach. Diese Himmelskarte von 1660 aus dem *Himmelsatlas* von Cellarius zeigt das System, das Ptolemäus um 150 unserer Zeitrechnung im *Almagest* ausgearbeitet hat. Im geozentrischen Weltbild – das schon Aristoteles vertritt (4. Jahrhundert v. u. Z.) und das die islamischen Astronomen Nasir al-Din al-Tusi (1201–1274) und Ibn al-Shatir (1304–1375) im Mittelalter weiterentwickeln – ist der Himmel eine riesige Sphäre, die sich um eine Achse dreht, in deren Mittelpunkt die Erde liegt. Die Planeten – wozu im damaligen Sinn auch Sonne und Mond gehören, die Erde indes nicht – kreisen um die unbewegliche Erde. Manche vollführen dabei zusätzliche Bewegungen, was ihren komplexen Lauf erklärt. Die Jahreszeiten und die Länge von Jahren und Tagen entstehen damit durch Bewegungen jenseits der Erde.

Was die Bibel sagt:

«Damals redete Josua mit dem HERRN an dem Tage, da der HERR die Amoriter vor den Israeliten dahingab, und er sprach in Gegenwart Israels: Sonne, steh still zu Gibeon, und Mond, im Tal Ajalon! Da stand die Sonne still und der Mond blieb stehen, bis sich das Volk an seinen Feinden gerächt hatte. Ist dies nicht geschrieben im Buch des Redlichen? So blieb die Sonne stehen mitten am Himmel und beeilte sich nicht unterzugehen fast einen ganzen Tag.»

Altes Testament, Buch Josua 10, 12–13.

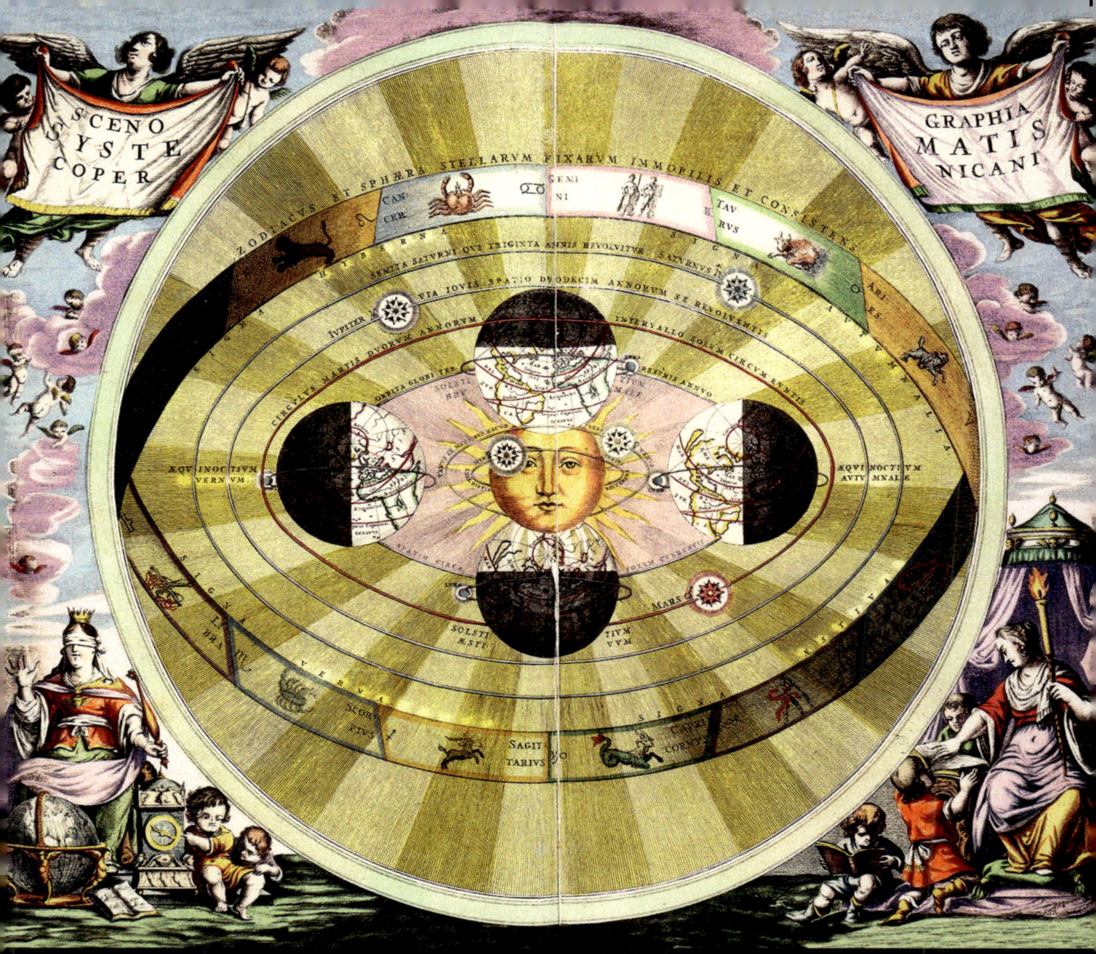

Zwei Revolutionen: Kopernikus und Newton

Diese Himmelskarte, ebenfalls aus dem *Himmelsatlas* von 1660, zeigt das heliozentrische Modell: die Sonne als Mittelpunkt des Universums. Kopernikus hat dieses System in *De revolutionibus orbium coelestium* («Über die Umlaufbahnen der Himmelssphären») von 1543 mathematisch beschrieben. Darin behauptet er, die Erde drehe sich um die eigene Achse und bewege sich um die Sonne, ohne jedoch einen Beweis vorzulegen. Johannes Kepler schließlich beweist, dass die Umlaufbahnen der Planeten nicht kreisförmig, sondern elliptisch sind und die Planeten sich nach mathematischen Regeln bewegen (die drei Keplerschen Gesetze von 1609 und 1619). Luther verwirft diese neue Theorie schon 1539, noch vor dem Erscheinen von Kopernikus Buch. Josua habe der Sonne nur befehlen können, stehen zu bleiben, wenn sie sich zuvor bewegt habe. Die katholische Kirche indiziert das Werk aber erst 1616, nachdem Galileo 1613 durch Beobachtungen mit dem Fernglas erkannt hatte, dass das heliozentrische Weltbild plausibel ist. Die Veröffentlichung seines *Dialogs über die zwei großen Weltsysteme* (1632) führt dazu, dass ihn die Kirche 1633 nötigt, seiner Theorie abzuschwören. Der berühmte Ausspruch *«Eppur si muove!»* («Und sie bewegt sich doch!») ist aber wohl apokryph. 1687 formuliert Isaac Newton sein Gravitationsgesetz, das heute zusammen mit den Keplerschen Gesetzen genügt, um die Bewegung der Sterne in einem Raum wie dem Sonnensystem zu erklären. Aber erst 1727 beweist James Bradley als Erster per Experiment, dass die Erde um die Sonne kreist. 1757 hebt die Kirche ihren Bann der Verbreitung des heliozentrischen Weltbilds auf.

Die Solarenergie

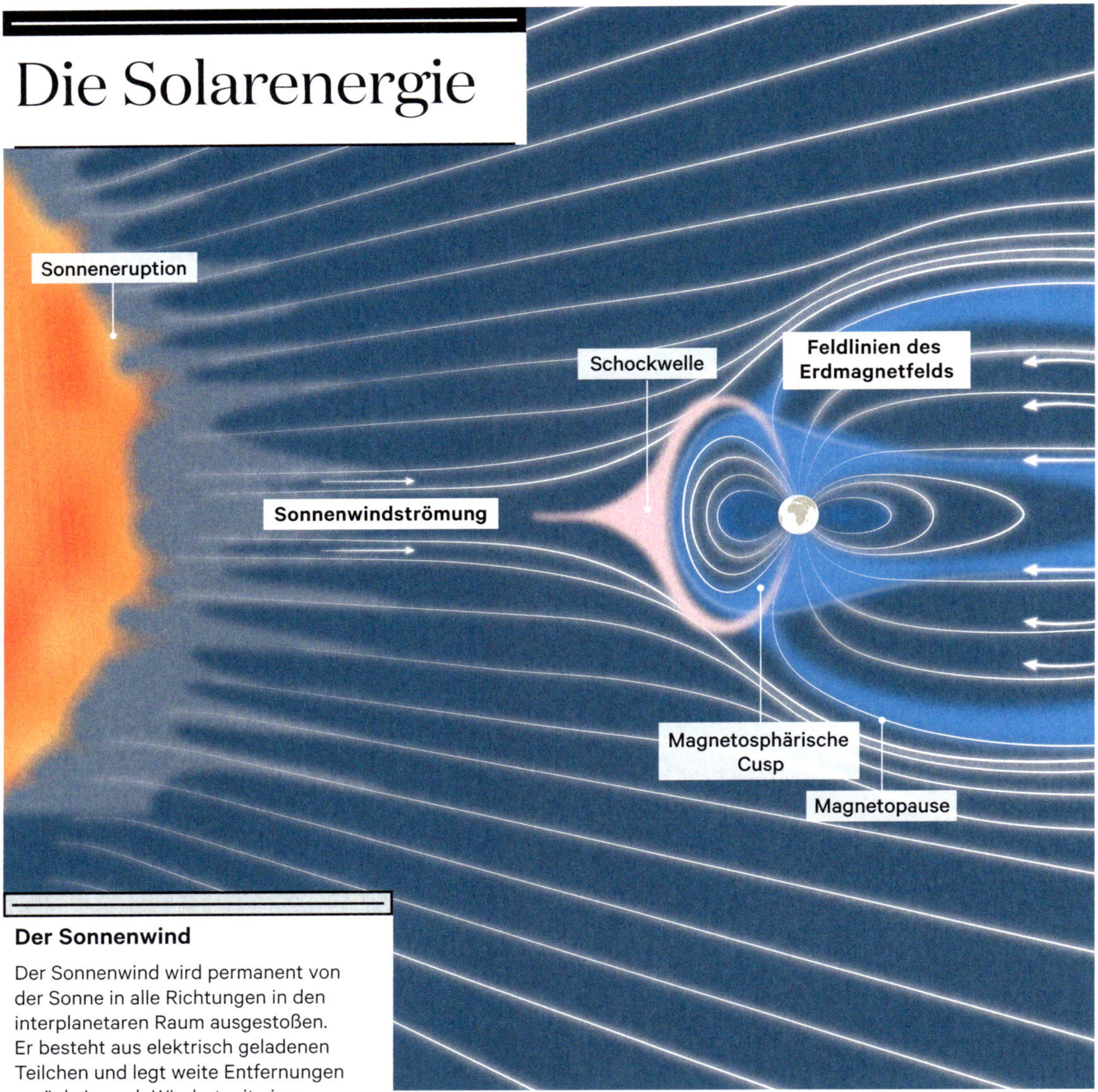

Sonneneruption

Schockwelle

Feldlinien des Erdmagnetfelds

Sonnenwindströmung

Magnetosphärische Cusp

Magnetopause

Der Sonnenwind

Der Sonnenwind wird permanent von der Sonne in alle Richtungen in den interplanetaren Raum ausgestoßen. Er besteht aus elektrisch geladenen Teilchen und legt weite Entfernungen zurück, je nach Windart mit einer Geschwindigkeit von 200 bis 800 Kilometern pro Sekunde. Bei einer Sonneneruption wird dieser Teilchenfluss stärker. Die Erde besitzt ein Schutzschild gegen diesen Wind. Das vom Erdkern gebildete Erdmagnetfeld lenkt die Teilchen ab, wodurch eine Art Grenze entsteht, die «Magnetopause». Bei besonders starker Sonnenaktivität – ersichtlich an den vielen Flecken auf der Sonnenoberfläche – dringen Teilchen in die Erdatmosphäre ein. Das ist das Polarlicht, das in hohen Breitengraden zu sehen ist. Es kommt unter anderem auch bei den Planeten Jupiter, Saturn, Uranus und Neptun vor, die ebenfalls ein Magnetfeld haben.

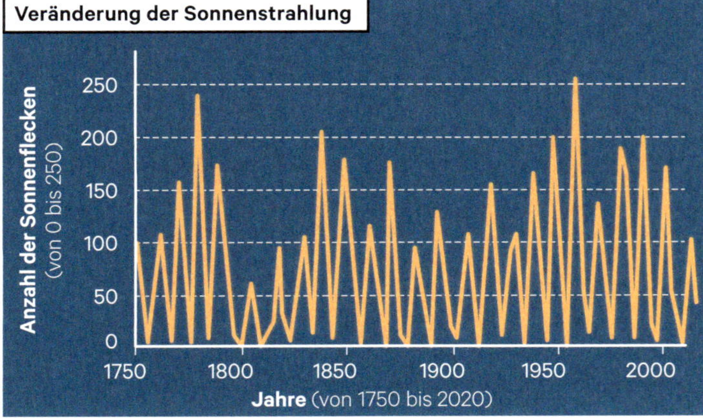

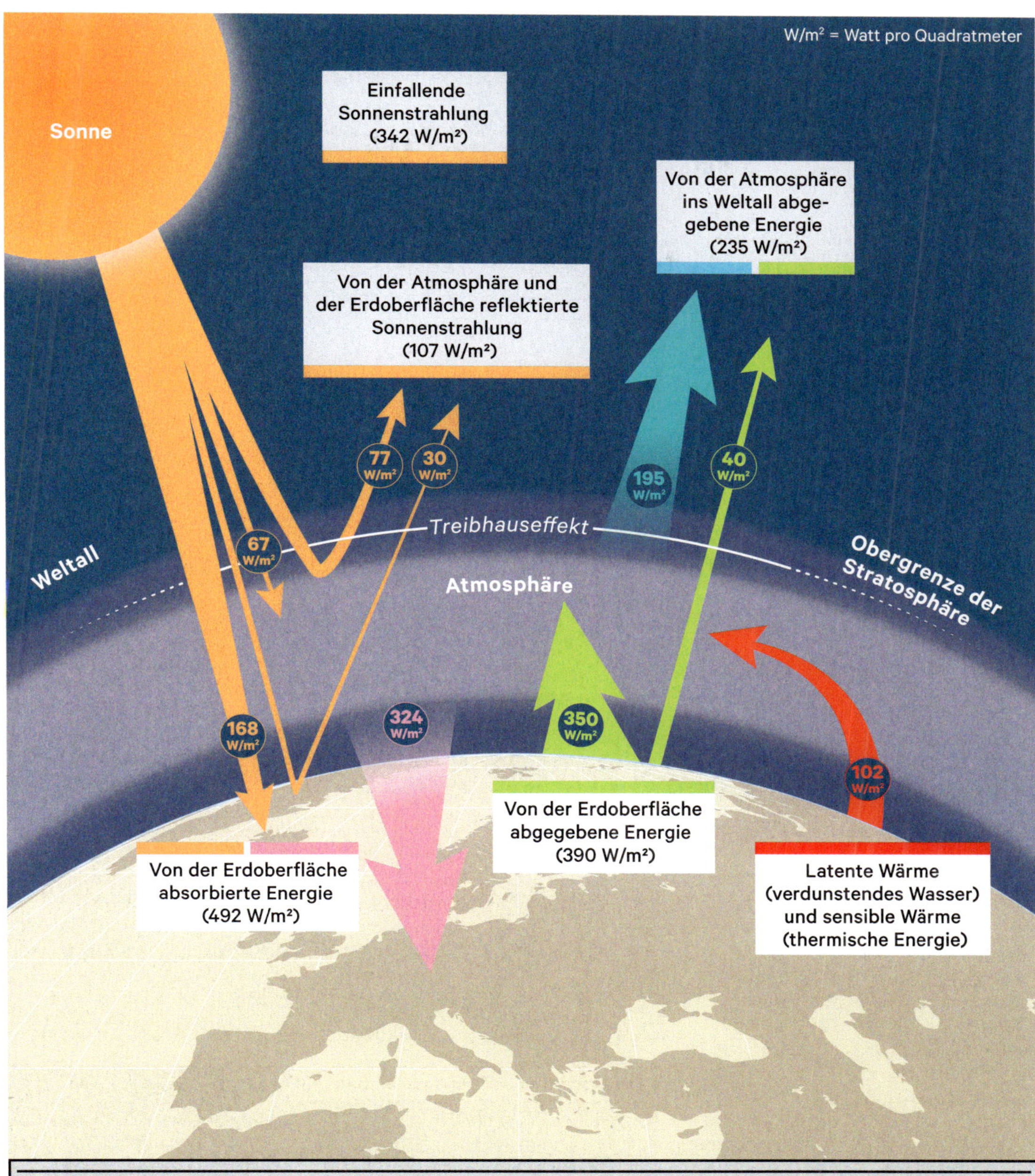

Der Strahlungshaushalt

Der Strahlungshaushalt der Erde umfasst die Energie, die diese in der Atmosphäre, im Boden und in den Meeren erhält und abgibt. Ihre Hauptenergiequelle ist die Sonne. Strahlungshaushalt heißt es deshalb, weil die Energie zum größten Teil von der Sonnenstrahlung stammt. Genauer gesagt sorgt die Sonnenstrahlung für 99,964 Prozent der gesamten Energie, die die Erde erhält. Der Rest kommt von radioaktiver Aktivität im Erdinneren (ungefähr 0,025 Prozent) sowie von fossiler Energie und Kernspaltung durch den Menschen (ungefähr 0,009 Prozent) und von Reibung aufgrund der Gezeiten (0,002 Prozent). Um ungefähr im Gleichgewicht zu sein, muss die Erde genauso viel Energie abgeben, wie sie aufnimmt. Derzeit führt die erhöhte Konzentration von Treibhausgasen durch menschengemachte Emissionen in der Atmosphäre zu einer Störung des Gleichgewichts. Die aufgenommene Energie ist etwas höher als die abgegebene, sodass sich die Durchschnittstemperatur erhöht, solange dieses Ungleichgewicht bestehen bleibt.

Der schräge Kreisel

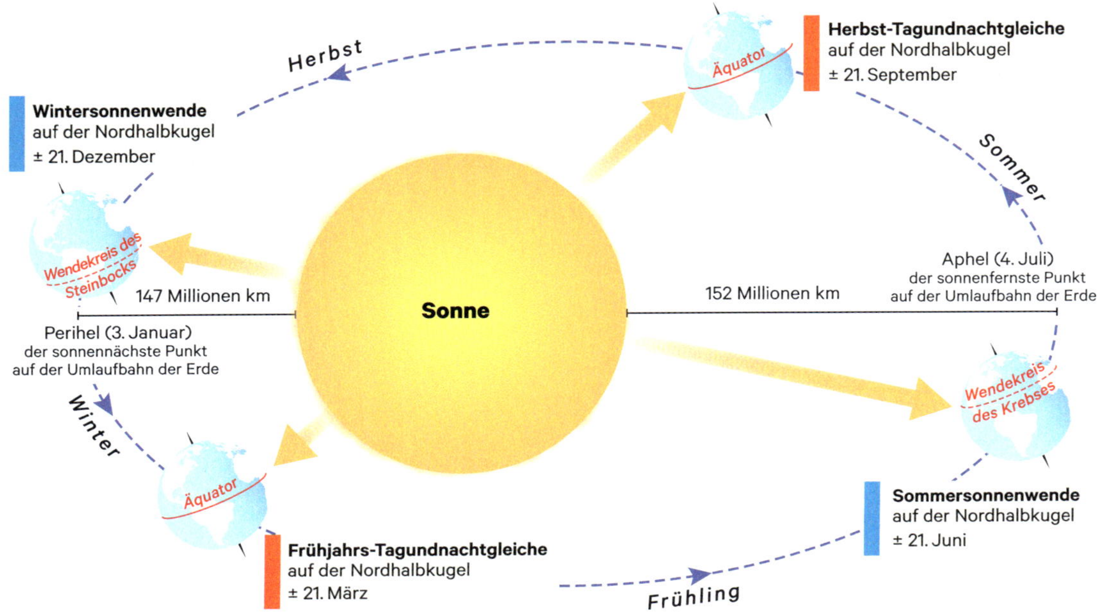

Die Erdneigung

Die Erde bewegt sich in 365,25 Tagen einmal um die Sonne, mit einer Geschwindigkeit von etwa 30 Kilometern pro Sekunde. Außerdem dreht sie sich innerhalb von 23 Stunden 56 Minuten und 4 Sekunden einmal um die eigene Achse. Da diese Rotationsachse geneigt ist, trifft das Sonnenlicht und damit die Sonnenenergie ungleichmäßig auf die Erdoberfläche auf. Diesem Phänomen verdanken wir die Jahreszeiten. Von März bis September ist die Nordhalbkugel der Sonne zugewandt. Die Tage sind länger und wärmer: Jetzt ist auf der nördlichen Hälfte unseres Planeten Frühling, dann Sommer. Auf der Südhalbkugel ist unterdessen Herbst, dann Winter. Die Auswirkungen davon sind je nach Breitengrad unterschiedlich. Auf Höhe des Äquators sind sie z. B. sehr schwach, die Länge der Tage und Nächte variiert kaum. An den Polen sind sie dagegen sehr stark, Tag und Nacht dauern dort jeweils sechs Monate.

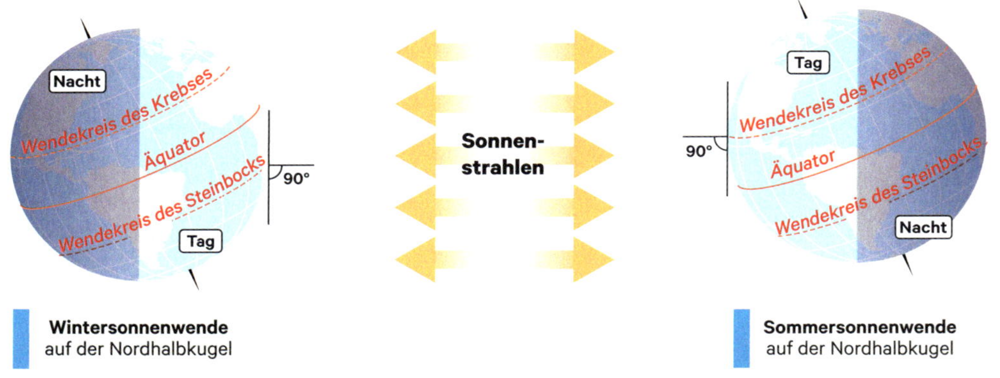

Siehe auch — Klimata S. 68
Die Theorie der Klimata S. 70
Wie Boden wieder fruchtbar gemacht wird S. 182

Das Erdmagnetfeld

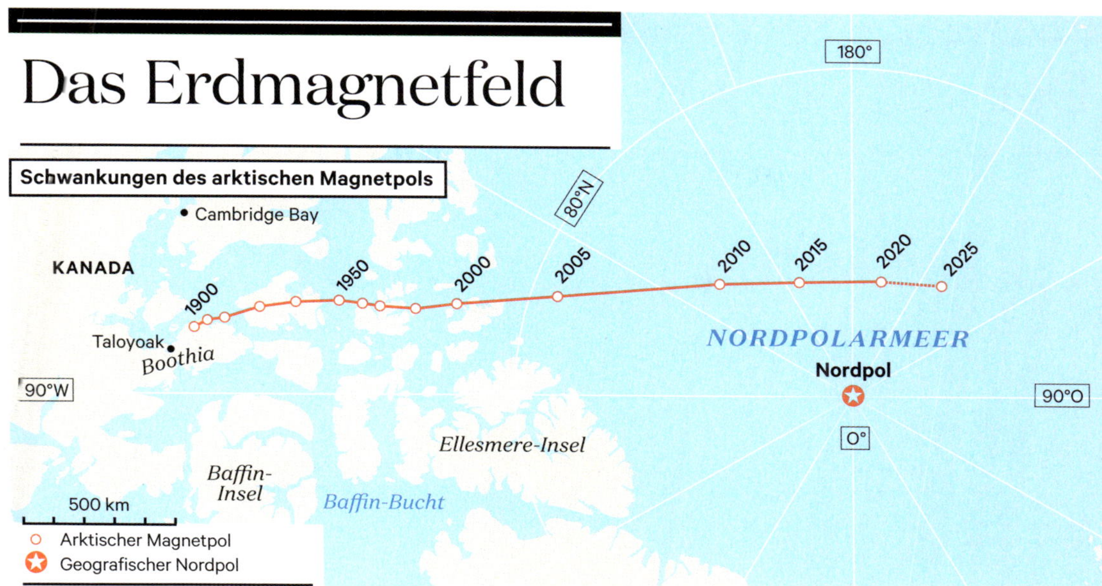

Der Schutzschild der Erde

Das Erdmagnetfeld entsteht durch die Bewegungen im Kern unseres Planeten, der hauptsächlich aus Eisen und Nickel zusammengesetzt ist. Es schützt uns vor dem Sonnenwind und der kosmischen Strahlung. Der arktische Magnetpol der Erde ist der Punkt, in dessen Richtung die Kompasse zeigen. Er liegt ganz in der Nähe des geografischen Nordpols. Das Erdmagnetfeld polt sich regelmäßig um, sodass der Magnetpol vom geografischen Nordpol an den geografischen Südpol wandert und irgendwann wieder zurück. Diese Umpolungen lassen sich auf den mittelozeanischen Rücken nachweisen. Wenn die Gesteinsschmelze (Magma) aus dem Erdmantel abkühlt, richten sich die darin enthaltenen ferromagnetischen Materialien nach der zu dieser Zeit bestehenden Polarisationsrichtung des Erdmagnetfelds aus und behalten diese Ausrichtung auch fortan bei.

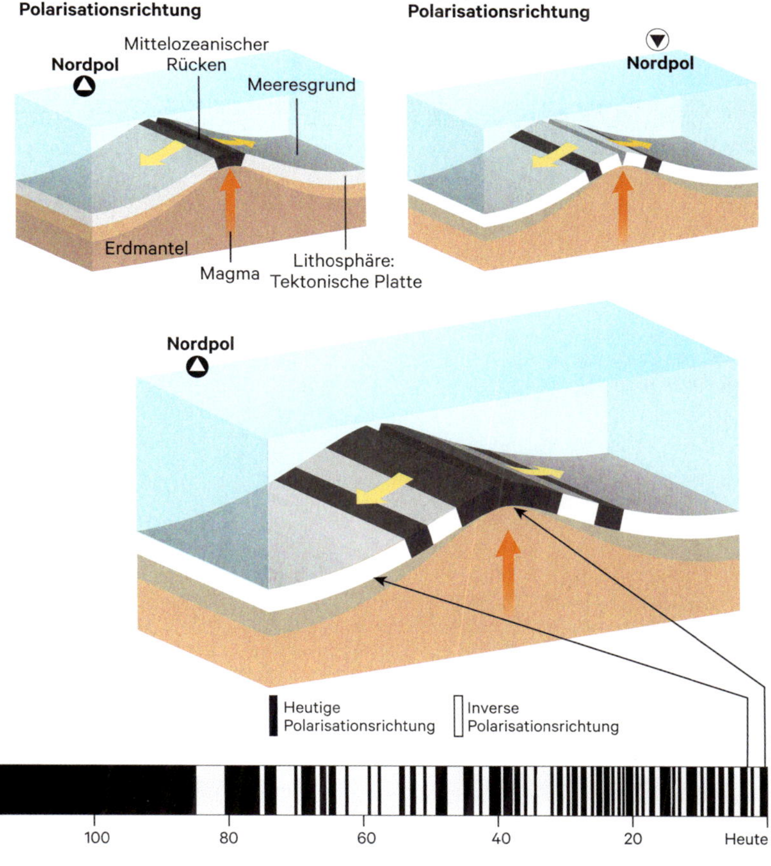

Die Vermessung der Welt

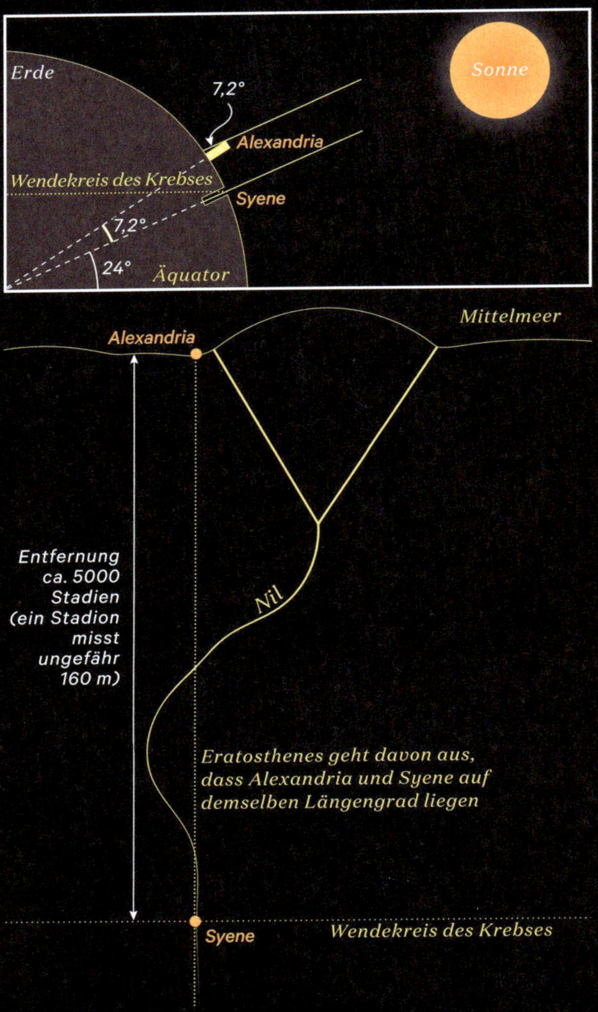

Erde
Sonne
7,2°
Alexandria
Wendekreis des Krebses
Syene
7,2°
24°
Äquator

Mittelmeer
Alexandria
Entfernung ca. 5000 Stadien (ein Stadion misst ungefähr 160 m)
Nil
Eratosthenes geht davon aus, dass Alexandria und Syene auf demselben Längengrad liegen
Syene
Wendekreis des Krebses

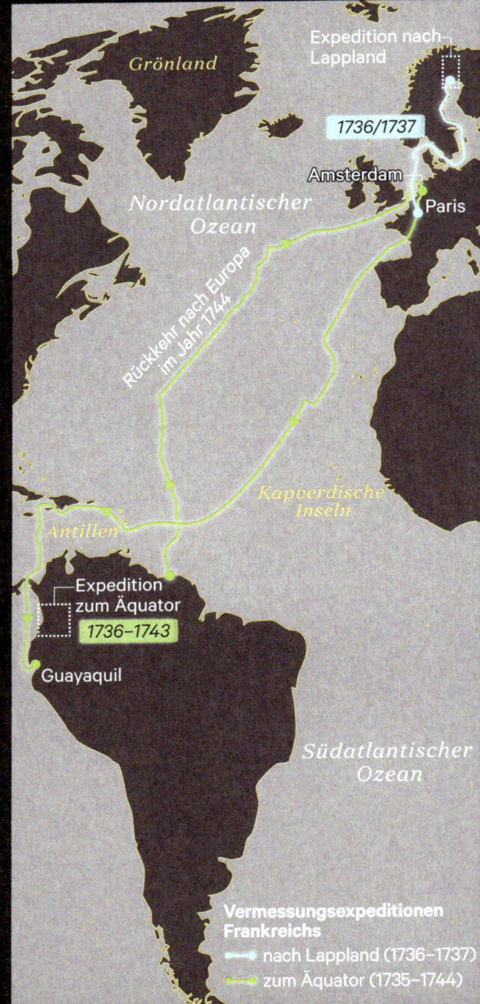

Eratosthenes (um 276 bis 194 v. u. Z.)

Seit Pythagoras (6. Jahrhundert v. u. Z.) wird die Erde als Kugel ngesehen. Die erste geometrische Vermessung der Welt nimmt Eratosthenes um 230 v. u. Z. vor. Der Astronom geht von der Beobachtung aus, dass es in Syene (heute Assuan, Ägypten) zur Sommersonnenwende zu Mittag keinen Schatten gibt (die Sonne scheint bis auf den Grund der Brunnen), in Alexandria hingegen doch, einer Stadt auf demselben Längengrad. Nachdem er den Winkel der Sonnenstrahlen in Alexandria gemessen hat (7,2°), muss er nur noch die Entfernung zwischen Syene und Alexandria ermitteln, was allerdings ungleich schwieriger ist. Vermutlich beauftragt Eratosthenes dafür einen Bematisten. Das ist ein Spezialist, der Entfernungen misst, indem er seine Schritte zählt. Er kommt auf 5000 Stadien (790 km). Das ergibt einen Erdumfang von 39 375 km, was nur eine geringe Abweichung von den tatsächlichen 40 075 km darstellt.

Die geodätischen Expeditionen der Franzosen im 18. Jahrhundert

Die genaue Form und die Maße der Erde sind in der ersten Hälfte des 18. Jahrhunderts Gegenstand eines Streits zwischen französischen und englischen Gelehrten. Die Pariser Akademie der Wissenschaften führt große Expeditionen zwecks Kartografierungen aus, unter anderem 1736/1737 in Lappland (wegen der Frage, ob die Pole flach oder gewölbt sind), am Äquator in der Gegend um Quito (1736–1743) und am Kap der Guten Hoffnung (1751–1753). Anhand dieser Arbeiten kann gezeigt werden, dass die Pole, wie Isaac Newton und Pierre Louis Moreau de Maupertuis vermutet haben, abgeflacht sind.

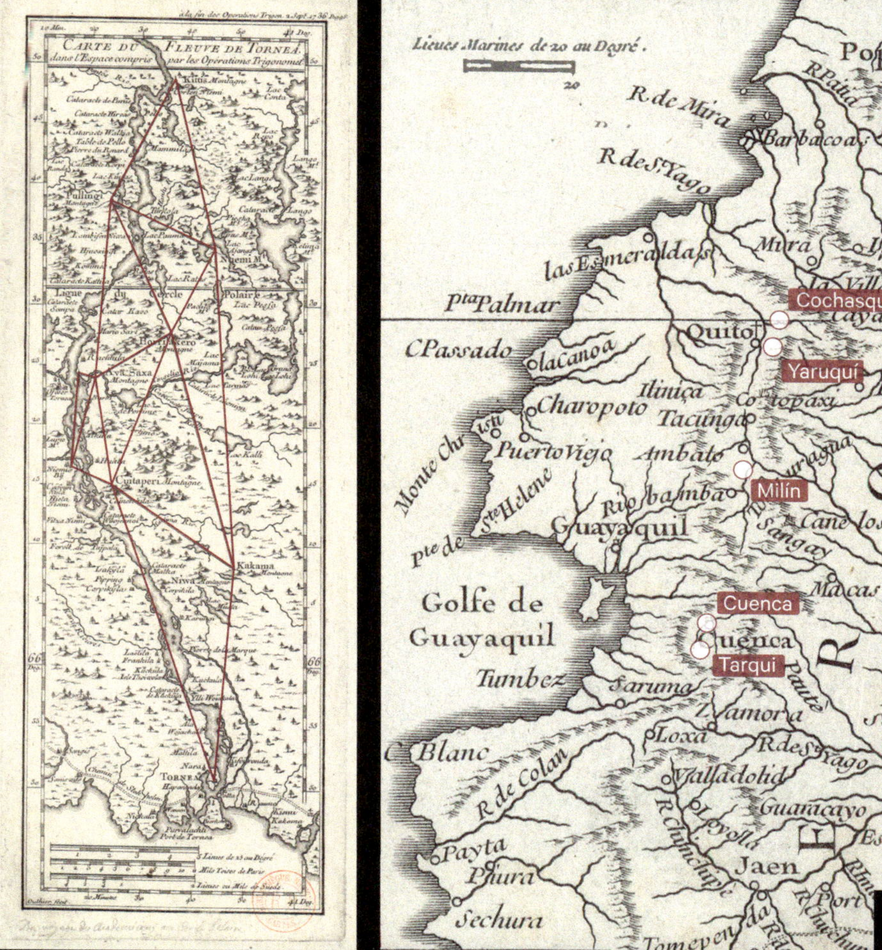

Expedition nach Lappland (R. Outhier, 1736)

Expedition zum Äquator (C. de La Condamine, 1743–1744)

Die Bestätigung der Erdabplattung

Ziel einer Expedition außerhalb des Polarkreises ist die Gegend nördlich des Bottnischen Meerbusens. Diese Forschungsreise wird von vier Mitgliedern der französischen Akademie der Wissenschaften angeführt, darunter Maupertuis, und vom schwedischen Wissenschaftler Celsius begleitet. Trotz eines Schiffbruchs bei der Ankunft in Schweden geht die Triangulation, die auf einer Strecke von etwa hundert Kilometern durchgeführt wird, dank der langen Tage des Polarsommers schnell voran. Damit kann die Abplattung des Erdsphäroids an den Polen berechnet werden. Die Expedition an den Äquator, die 1735 in Frankreich beginnt, erreicht Quito 1736, hat aber mit größeren Schwierigkeiten zu kämpfen, nämlich mit dem Andenrelief und der Feindseligkeit der Bevölkerung.

Die geodätischen Messungen werden erst im August 1739 abgeschlossen und bis 1743 durch astronomische Messungen ergänzt. Während die meisten Wissenschaftler auf dem üblichen Weg heimkehren (über den Isthmus von Panamá und dann auf dem Seeweg von den Antillen nach Nantes), fährt Charles de La Condamine 1745 durch Amazonien bis nach Cayenne und kehrt über Amsterdam nach Paris zurück. Die erhobenen wissenschaftlichen Daten betreffen zahlreiche Fachgebiete, vor allem aber die Biologie. Das wichtigste Ergebnis ist indes die Vermessung des Winkels des Meridianbogens nahe dem Äquator, wodurch die Beobachtungen aus der Lappland-Expedition bestätigt werden können.

Weltenenden

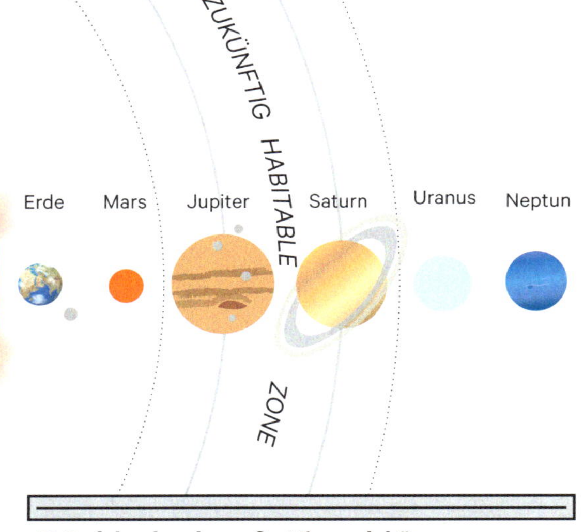

▲ Das Ende der Sonne

Die Lebensdauer der Sterne hängt von deren Masse ab. Je mehr Masse ein Stern hat, umso geringer ist seine Lebenserwartung. Unser Stern ist nicht besonders massereich. Die Lebenserwartung dieses gelben Zwergs beträgt etwa 10 Milliarden Jahre. Die Sonne ist jetzt 4,6 Milliarden Jahre alt, sollte also noch weitere 5 Milliarden Jahre leuchten. Aber in etwa 1 bis 2 Milliarden Jahren wird die Erde unbewohnbar. Denn im Laufe ihrer Evolution wird die Sonne immer größer, sodass sich die habitable Zone im Sonnensystem verschiebt. Auf der Erde wird es jedenfalls irgendwann zu heiß sein.

▼ Gefahr durch große Himmelskörper

Ein Schwarzes Loch ist ein Himmelskörper, der so kompakt ist, dass keine Materie und kein Licht aus seinem Gravitationsfeld entweichen kann. Angenommen, ein Schwarzes Loch würde ins Sonnensystem eindringen, und sei es auch nur an dessen äußerstem Rand, dann würde es so große Störungen verursachen, dass zahlreiche Kometen ihre Umlaufbahn verlassen und in Richtung Sonne fliegen würden. Eine Lawine von Kometen würde sich über die Planeten ergießen, die auf ihrer Route liegen. Aber die Wahrscheinlichkeit, dass das Sonnensystem auf ein Schwarzes Loch trifft, ist extrem gering.

Siehe auch — Am Anfang der Geschichte **S. 14**
Wasser – Voraussetzung für das Leben **S. 84**
Massenaussterben in der Erdgeschichte **S. 88**

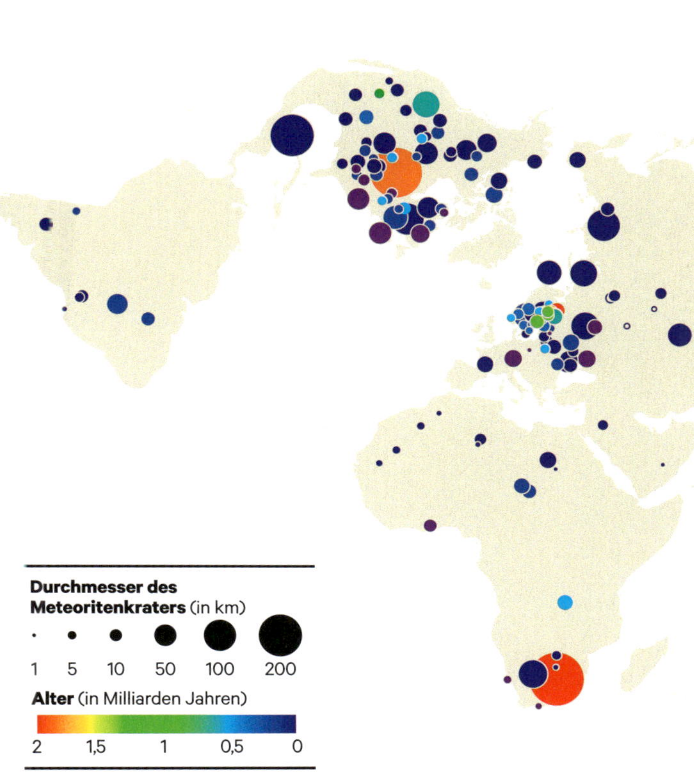

Meteoriteneinschläge

Unser Planet steht permanent unter Beschuss durch Körper aus dem Weltall. Jedes Jahr dringen über 20 000 Tonnen Meteoriten-Materie in die Erdatmosphäre ein. Dabei handelt es sich vor allem um interplanetaren Staub. Die größten Staubteilchen (ca. 1 Millimeter) enden als Sternschnuppen. Schätzungen zufolge fallen im Jahr nur fünf Tonnen von Meteoriten, deren Masse mehr als ein Kilogramm beträgt. Auch wenn die meisten Meteoriteneinschläge keine Auswirkungen auf das Leben auf der Erde haben, ist das bei einem kilometergroßen Objekt anders. Schon mehrmals haben solche Asteroiden im Laufe der Geschichte unseres Planeten vermutlich zu Massenaussterben geführt. Vor 66 Millionen Jahren sind nach einem Meteoriteneinschlag die Dinosaurier sowie 75 Prozent aller bekannten Lebensformen ausgestorben. Asteroide mit einem Durchmesser von über 100 Metern treffen ungebremst auf den Boden und reißen einen Krater, der im Schnitt zwanzig Mal größer als der Asteroid selbst ist. Um eine globale Katastrophe auszulösen, bräuchte es einen Asteroiden mit einem Durchmesser von 1 Kilometer (Krater von 20 Kilometern Durchmesser). Der Krater, der vor 15 Millionen Jahren durch einen Einschlag eines Asteroids in Süddeutschland entstanden ist, ist noch heute gut zu sehen (Nördlinger Ries). Auch wenn das Risiko extrem gering ist, gibt es internationale Programme, um Bedrohungen durch Asteroiden zu erkennen.

2

Vom Kern zur Stratosphäre

(seit 4,5 Milliarden Jahren)

Vor etwa 4,5 Milliarden Jahren beginnt sich die Erde zu bilden. Dieser primitive Planet hat damals eine Temperatur von 4700 °C und kühlt sich nur ganz allmählich ab. Die leichtesten Elemente bleiben an der Oberfläche, die schwereren, wie etwa Eisen, sinken in die Tiefe und bilden den Kern. Seit Millionen von Jahren ändert sich das Gesicht der Erde aufgrund tektonischer Ereignisse: Ozeane entstehen und vergehen, Vulkane brechen aus, Gebirge bilden sich, es gibt Erdbeben und Tsunamis. Bewohnbar wird der Planet dadurch, dass er eine Atmosphäre und Wasser besitzt.

Der innere Aufbau der Erde

Das Innere des Planeten

Untersuchungen der Wellen, die bei großen Erdbeben entstehen, haben gezeigt, dass unser Planet aus vier Hauptschichten besteht: der Erdkruste, dem Erdmantel sowie dem äußeren und inneren Erdkern. Die Erdkruste bildet an der Oberfläche eine feste, kalte Schale, die unter dem Meer durchschnittlich 7 Kilometer mächtig ist und unter den Kontinenten 30 bis 40 Kilometer. Darunter befindet sich der Erdmantel, ein 2900 Kilometer mächtiger, aus Gestein bestehender Gürtel. Die 100 bis 200 Kilometer mächtige D"-Schicht ist die Übergangszone zwischen Erdmantel und Erdkern. Der äußere Kern ist sehr dicht und sehr heiß, er besteht aus einer flüssigen Metalllegierung aus Eisen, Nickel und leichteren Elementen. Ab einer Tiefe von 5100 Kilometern wird diese Legierung durch den höheren Druck fest. Hier beginnt der innere Kern. Die Erde ist fast kugelförmig und ihr Radius beträgt durchschnittlich 6371 Kilometer.

Konvektion

Der Erdmantel liegt zwischen Erdkruste (kalt) und Erdkern (sehr heiß). Er ist zwar fest, aber beständig in konvektiver Bewegung. Im Scheitel aufsteigender Strömungen entsteht neue ozeanische Kruste. Auf ihrer Wanderung weg vom Spreizungszentrum kühlt sie ab und wird schließlich über die Subduktionszonen in den Mantel zurückbefördert. Durch diese Festkörperkonvektion kann der Planet Hitze abführen.

Hotspots

Unabhängig vom konvektiven Grundmuster kann sich heißes Mantelgestein auch direkt von der D"-Schicht an der Kern-Mantel-Grenze ablösen und aufsteigen. Die Stellen, an denen es die Erdkruste von unten her perforiert und an die Oberfläche tritt, werden Hotspots genannt (siehe auch S. 53). Hier kommt es in der Regel zu heftigen Vulkaneruptionen. Dadurch entstehen in den Ozeanen die Vulkan-Archipele (wie Hawaii, Tahiti oder La Réunion), an Land bilden sich so die Basaltplateaus (wie der Dekkan-Trapp in Indien oder das Columbia River-Plateau in Nordamerika).

Neubildung ozeanischer Kruste

Ozeanische Kruste entsteht entlang der mittelozeanischen Rücken. Diese 70 000 Kilometer lange Vulkankette prägt den Meeresgrund. Das aufsteigende heiße Mantelgestein schmilzt durch Druckentlastung teilweise auf: es entsteht Ozeanboden-Basalt. Die neugebildete ozeanische Kruste ist mit 7 bis 8 Kilometern nur ein Viertel so mächtig wie die kontinentale Kruste.

Subduktion

Je weiter sich der Ozeanboden zu beiden Seiten von einem mittelozeanischen Rücken entfernt, umso mehr kühlt er ab, und es lagern sich Sedimente darauf ab. Dadurch wird er schwerer: In der Subduktionszone werden ab 35 Kilometer Tiefe die Feldspat-Minerale in Granat umgewandelt. Dadurch steigt die Dichte des Gesteins, und es entsteht ein Zug nach unten, der in seltenen Fällen sogar zu einem Abtauchen bis an die Kern-Mantel-Grenze führt.

Siehe auch — Die Plattentektonik **S. 36**
Erdbeben **S. 46**
Erneuerbare Energien **S. 276**

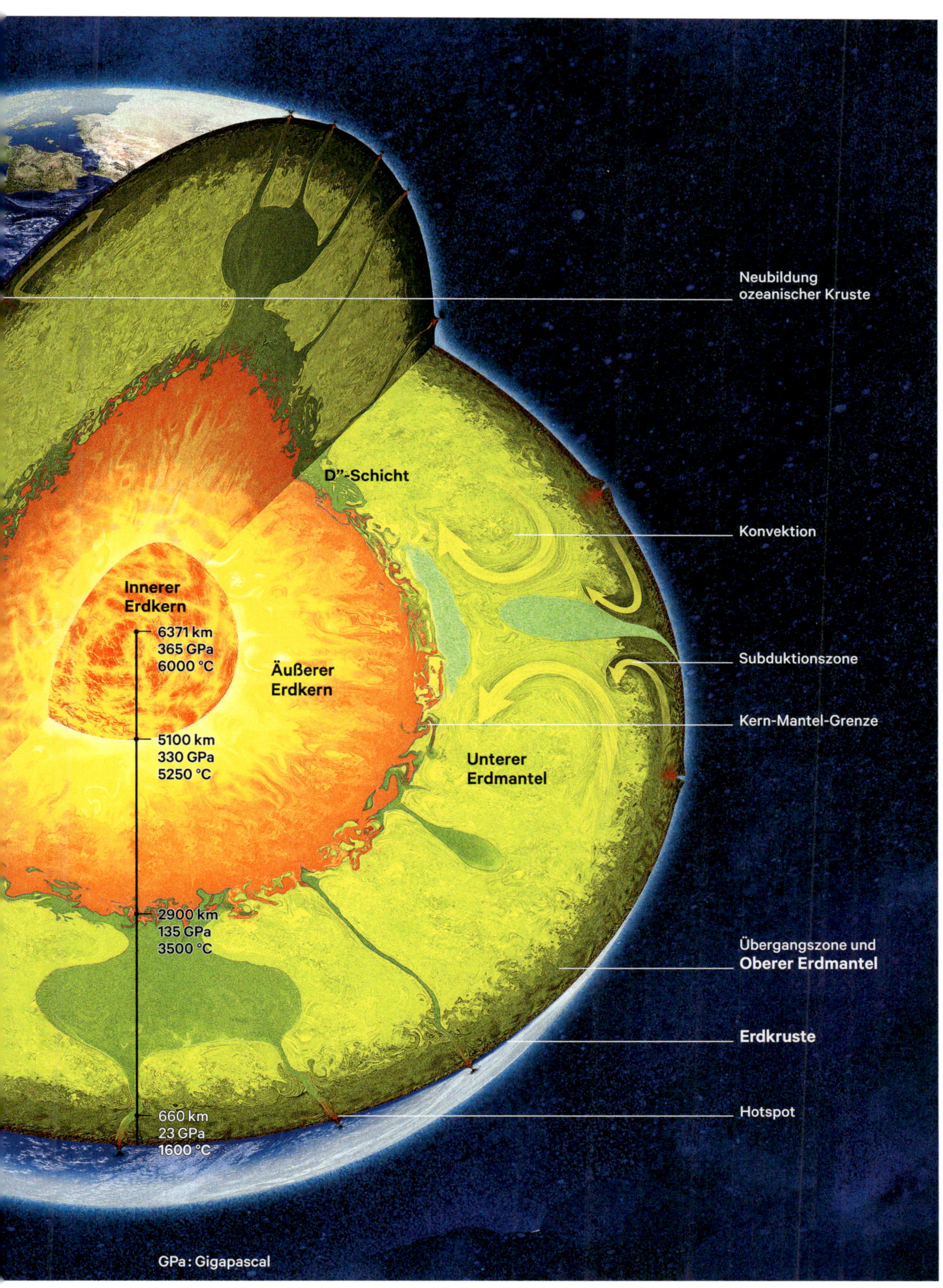

Geologie der Erde

Zeugen der Vergangenheit

Die Geologie untersucht die Struktur und Evolution der Erde und ihrer Gesteine. Eine geologische Karte zeigt, welche Gesteinsarten sich an der Oberfläche befinden und wie alt sie sind. Manche Gesteine, etwa der Granit, der innerhalb der Erdkruste entsteht, brauchen lange Zeit für ihre Bildung. Gesteine, die an der Oberfläche entstehen, wie Vulkanite oder Ablagerungsgesteine (Sedimentgesteine), entstehen dagegen verhältnismäßig rasch. Die Erdgeschichte wird in geologische Zeitalter unterteilt. Als Folge plattentektonischer Bewegungen kam es im Laufe der Zeit wiederholt zur Bildung von Gebirgen. Die jüngeren Gebirge, darunter die Alpen und der Himalaya, aber auch die nordamerikanischen Kordilleren und die Anden, besitzen ein schroffes Relief, das zeigt, dass die Gebirgsbildung noch im Gange ist. Die älteren Gebirge sind dagegen bereits stärker abgetragen, die ganz alten (aus dem Präkambrium) sogar völlig eingeebnet. Eine Übersichtskarte wie diese macht die Erdgeschichte also in gewisser Weise anschaulich. Für die Rohstoffsuche oder die Abschätzung von Naturgefahren braucht man jedoch hochaufgelöste Spezialkarten.

Siehe auch — Gebirgsbildung **S. 44**
Metallische Rohstoffe **S. 58**
Zement **S. 246**

Geologische Zeitalter

PRÄKAMBRIUM	PALÄOZOIKUM	MESOZOIKUM	KÄNOZOIKUM
		TRIAS JURA KREIDE	

Millionen Jahre 541 252 66

Die Darstellung der Erde

Herzförmige Weltkarte von Oronce Fine (1534, Aquarellierter Holzschnitt).

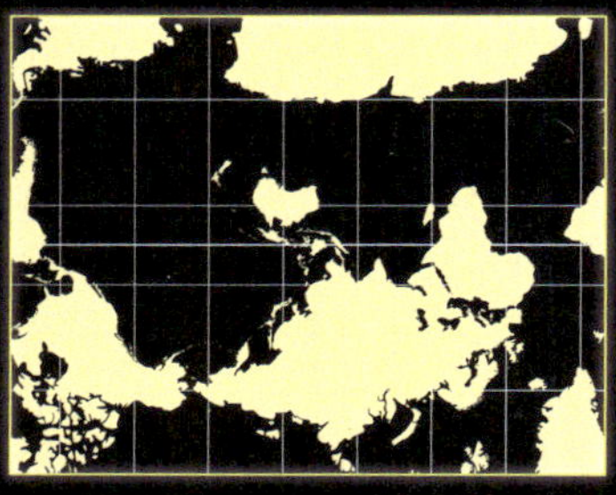

McArthur-Projektion (1979)

Mollweide-Projektion (1946)

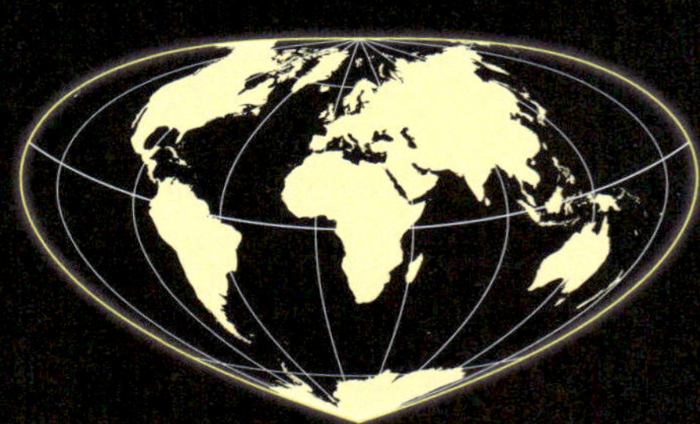

Bottomley-Projektion (2003)

Typus orbis terrarum (Weltkarte) von Abraham Ortelius (1584, Museum des Schlosses Pau).

Die Erfindung der Weltkarte

Eine Karte auf Papier zu zeichnen, die die gesamte Erdoberfläche darstellt, ist eine nicht zu lösende Aufgabe. Das hat einen einfachen Grund. Eine zweidimensionale Zeichnung hat immer einen Rand, die Erde dagegen besitzt eine zwar begrenzte, aber doch durchgängige Oberfläche (sie beträgt übrigens 510 065 700 km²). Bei einer Abbildung auf Papier gibt es zwangsläufig ein Zentrum und eine Peripherie, oben und unten. Eine Erdkarte ist aber noch komplexer, da alle Punkte auf der Oberfläche der Kugel auf einer ebenen Fläche verteilt werden müssen. Für diese Übertragung gibt es Hunderte mathematischer Methoden. Hier unten sind einige Beispiele zu sehen: Keine Abbildung kann zugleich Form und relative Größe der Kontinente korrekt wiedergeben. Insofern bedeutet die Darstellung der Erde auf einem Blatt Papier immer eine bewusste Verformung. Trotzdem wirken manche Darstellungen natürlicher auf uns, andere dagegen befremdlich. Die Beispiele links und oben stammen beide aus dem 16. Jahrhundert, als die Europäer erstmals Übersichtskarten für die gesamte Erdoberfläche anfertigen. Zu Beginn des Jahrhunderts werden noch viele verschiedene Methoden angewandt, besonders beliebt sind herzförmige Abbildungen wie die Karte von Oronce Fine. Doch am Ende des 16. Jahrhunderts entwickeln die flämischen Kartografen, allen voran Ortelius und Mercator, jene Erdkarte, die wir heute als die Standardkarte betrachten: eine verzerrte Darstellung der Welt mit Europa im oberen Zentrum, bei der die niedrigen Breitengrade zu kurz und damit die Länder in der Nähe des Äquators zu klein dargestellt sind, der Pazifik geteilt ist und die Welt mehrere Enden hat.

ternförmige Berghaus-Projektion (1879)

Postel-Projektion (1578)

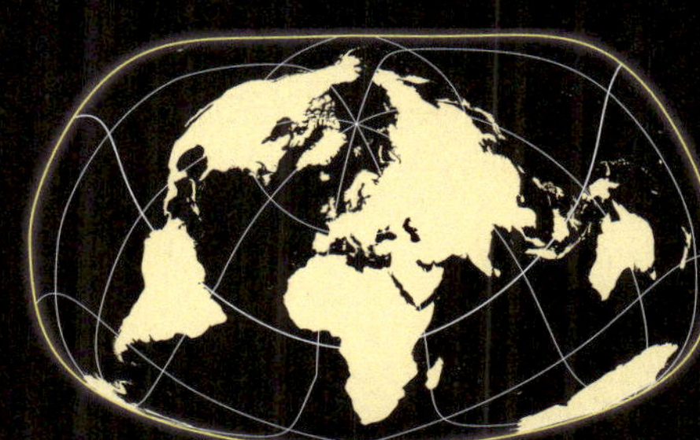

Bertin-Projektion (1953)

Die Plattentektonik

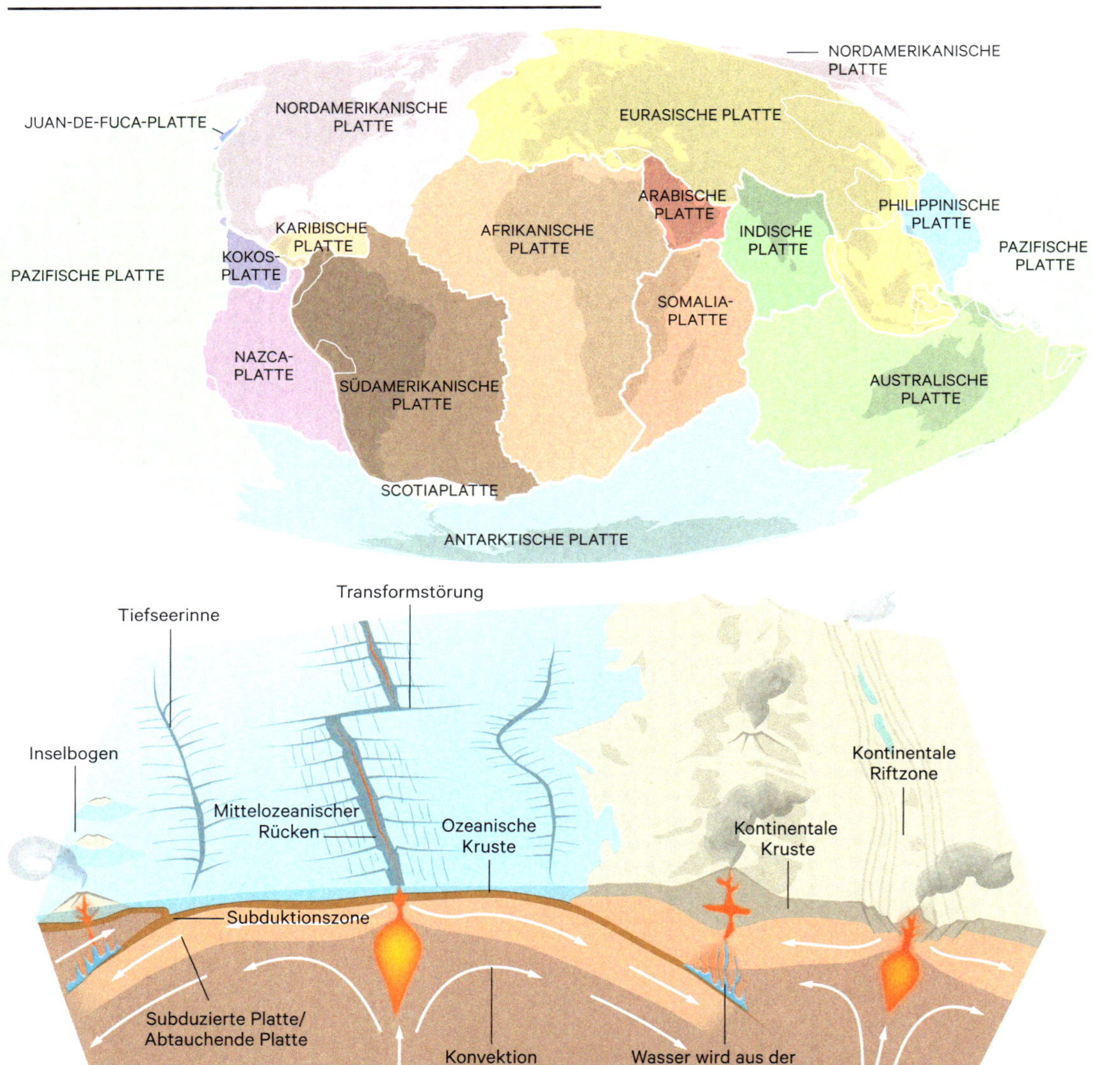

Es gibt keinen festen Punkt auf der Erde ...

In den obersten 100 Kilometern des Erdkörpers ist das Gestein fest und verhält sich bei hohen Deformationsraten spröd. Diesen äußersten Bereich der Erde nennt man Lithosphäre. Sie besteht aus 15 größeren Platten, die sich unterschiedlich schnell und in unterschiedlichen Richtungen bewegen. Wo ozeanische Kruste unter ozeanischer Kruste verschwindet, entsteht ein vulkanisch aktiver Inselbogen (Beispiel: Antillen). Verschwindet ozeanische Kruste unter kontinentaler Kruste, entsteht ein vulkanisch aktives Konvergenzzonen-Gebirge (Beispiel: Anden). Kollidiert kontinentale Kruste mit kontinentaler Kruste, entsteht ein Kollisionszonen-Gebirge (Beispiel: Alpen, Himalaya). Hotspots sind verhältnismäßig ortsfest und hinterlassen Vulkanketten auf der Platte, die sich über sie hinwegbewegt (Beispiel: Hawaii-Inselkette). Die Bewegung der Platten bildet die Konvektionsströme im Erdmantel sehr zuverlässig ab; Richtung und Betrag sind durch GPS-Messungen gut bekannt und liegen im Bereich von ein bis zwei Dezimetern pro Jahr.

Siehe auch — Der innere Aufbau der Erde **S. 30**
Erdbeben **S. 46**
Vulkanausbrüche **S. 54**

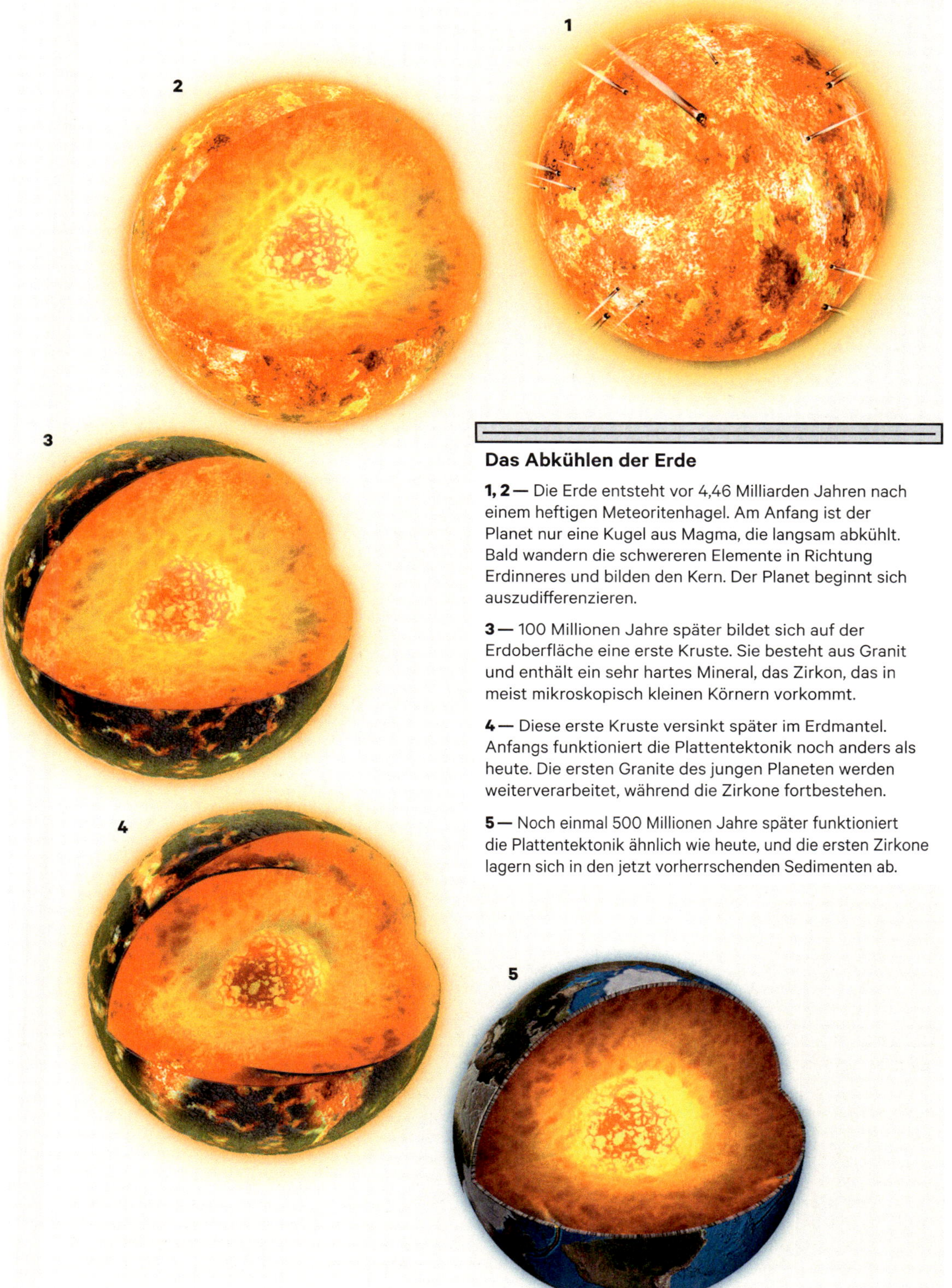

Das Abkühlen der Erde

1, 2 — Die Erde entsteht vor 4,46 Milliarden Jahren nach einem heftigen Meteoritenhagel. Am Anfang ist der Planet nur eine Kugel aus Magma, die langsam abkühlt. Bald wandern die schwereren Elemente in Richtung Erdinneres und bilden den Kern. Der Planet beginnt sich auszudifferenzieren.

3 — 100 Millionen Jahre später bildet sich auf der Erdoberfläche eine erste Kruste. Sie besteht aus Granit und enthält ein sehr hartes Mineral, das Zirkon, das in meist mikroskopisch kleinen Körnern vorkommt.

4 — Diese erste Kruste versinkt später im Erdmantel. Anfangs funktioniert die Plattentektonik noch anders als heute. Die ersten Granite des jungen Planeten werden weiterverarbeitet, während die Zirkone fortbestehen.

5 — Noch einmal 500 Millionen Jahre später funktioniert die Plattentektonik ähnlich wie heute, und die ersten Zirkone lagern sich in den jetzt vorherrschenden Sedimenten ab.

Die Vergangenheit der Platten

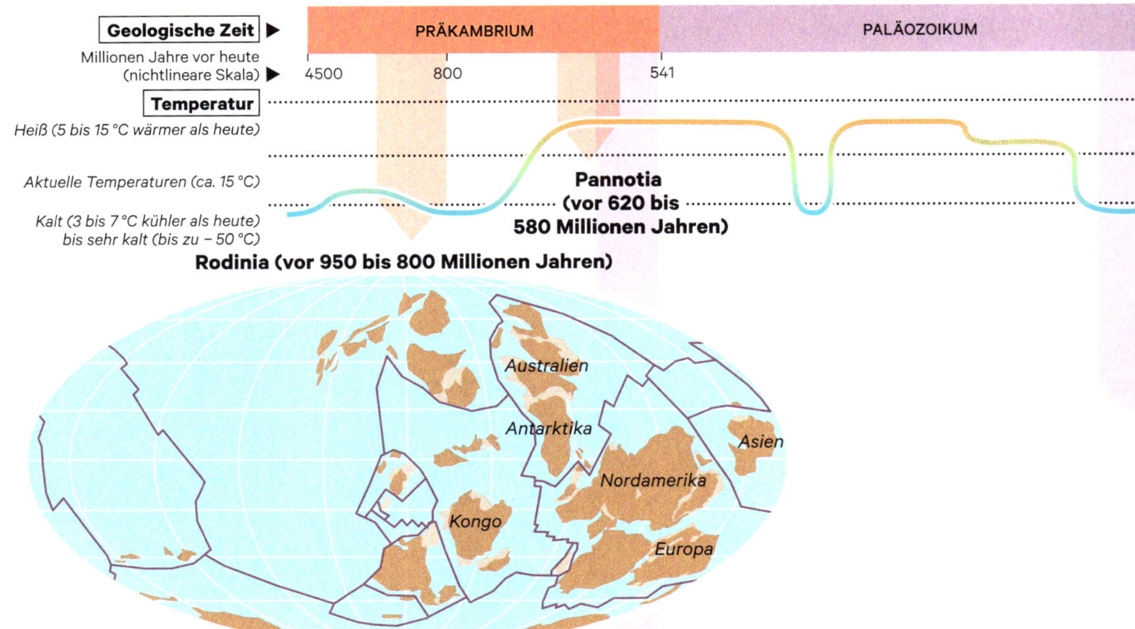

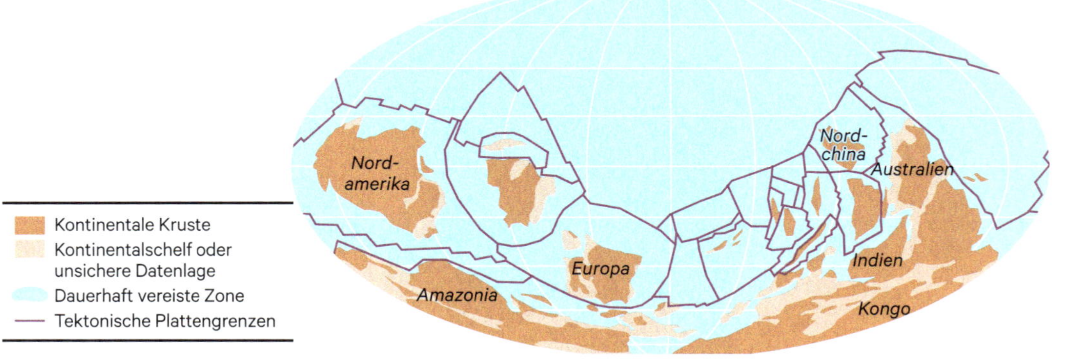

Tanz der Kontinente

Die Oberflächengestalt der Erde, die Position und Größe der Ozeane, selbst das Klima verändern sich unablässig im Ballett der Erdplatten. Wie mag unser Planet früher ausgesehen haben? Je weiter wir in die Vergangenheit zurückblicken, umso schwieriger ist diese Frage zu beantworten. Anhand geologischer und paläomagnetischer Daten (siehe S. 23) können wir aber zumindest sagen, dass die Landmassen der Erde in deren Geschichte mehrmals Superkontinente gebildet haben.

Dabei lässt sich ein Kreislauf erkennen. Durch die Kollision der Platten entsteht ein Superkontinent, der sich später wieder aufsplittet, sodass sich neue Ozeane bilden, die irgendwann veröden, sodass ein neuer Superkontinent entsteht. In der letzten Milliarde Jahre gab es auf der Erde drei Superkontinente: Rodinia (zwischen 950 und 800 Millionen Jahren), Pannotia (zwischen 620 und 580 Millionen Jahren) und Pangäa (zwischen 325 und 175 Millionen Jahren). Der nächste Superkontinent

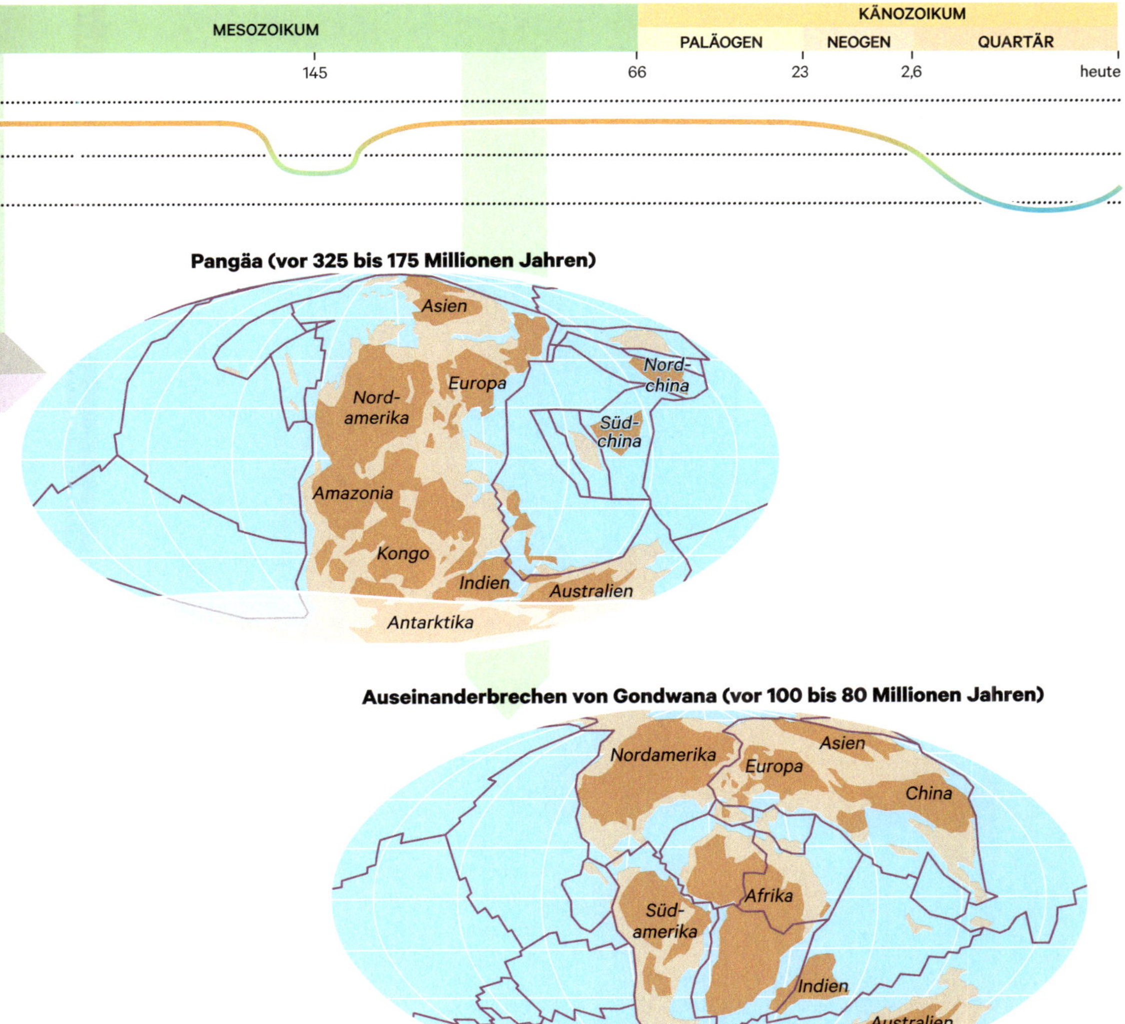

müsste sich in ungefähr 250 bis 300 Millionen Jahren herausbilden (siehe S. 40). Vor 750 Millionen Jahren herrscht noch ein ganz anderes Klima als heute und die Atmosphäre ist völlig anders zusammengesetzt. Es wird angenommen, dass die Erde damals vollständig von Eis bedeckt ist. Vor etwa 700 Millionen Jahren bricht Rodinia auseinander, und es entstehen neue Ozeane. Seit etwa 540 Millionen Jahren schießt die Zahl der Vielzeller in die Höhe (siehe S. 86). Im Mittelkambrium, vor etwa 530 Millionen Jahren, gibt es schließlich die ersten Fische. Vor etwas mehr als 300 Millionen Jahren treffen wieder die meisten Kontinentalplatten aufeinander, und es entsteht der Superkontinent Pangäa, der von üppigen Regenwäldern überzogen ist. Vor etwa 250 Millionen Jahren ereignet sich ein Massenaussterben (siehe S. 88), bevor dann vor ungefähr 230 Millionen Jahren die Dinosaurier entstehen. Vor etwa 130 Millionen Jahren bricht Gondwana auseinander (der südliche Teil von Pangäa), und es entstehen die Meere, die wir heute kennen.

Die Zukunft der Platten

Aktuelle Karte der Erde

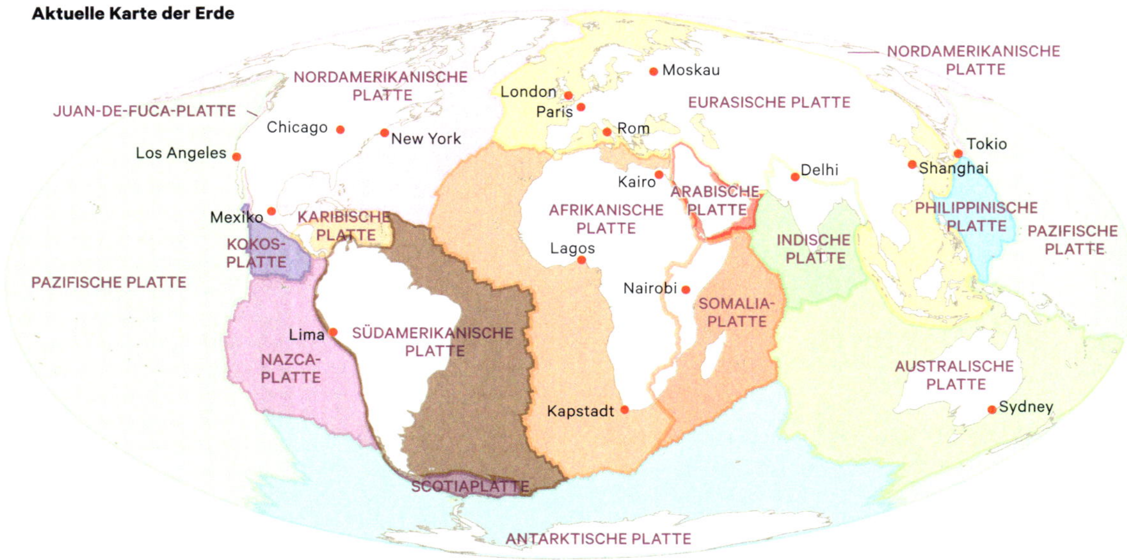

Novopangäa-Hypothese (Schließung des Pazifiks)

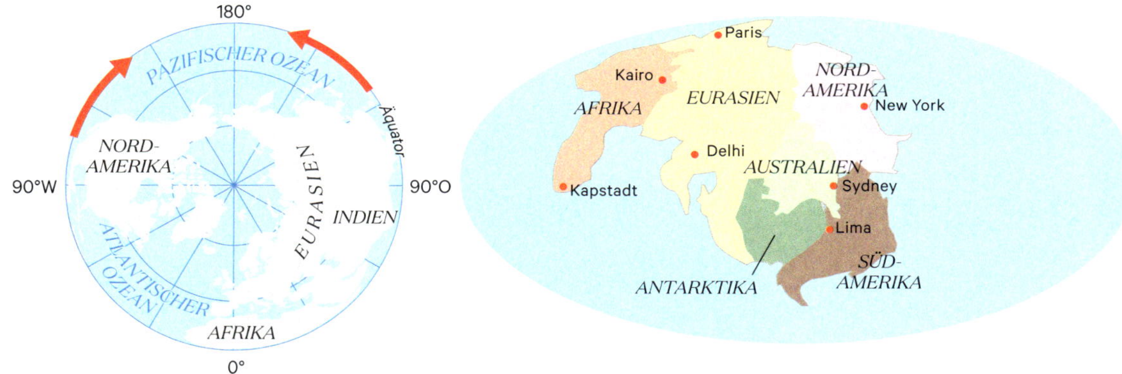

Pangäa-Proxima-Hypothese (Schließung des Atlantiks)

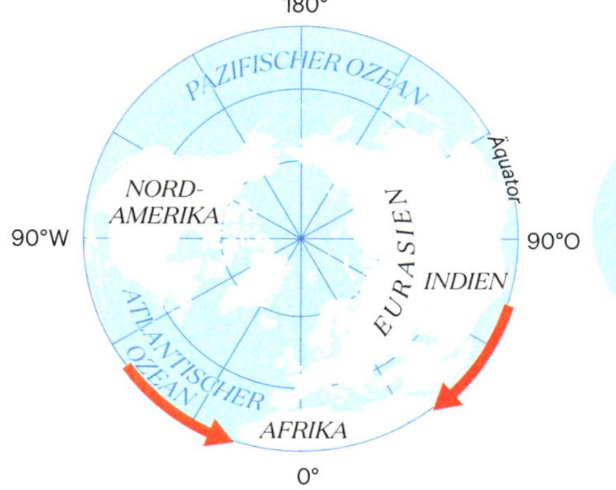

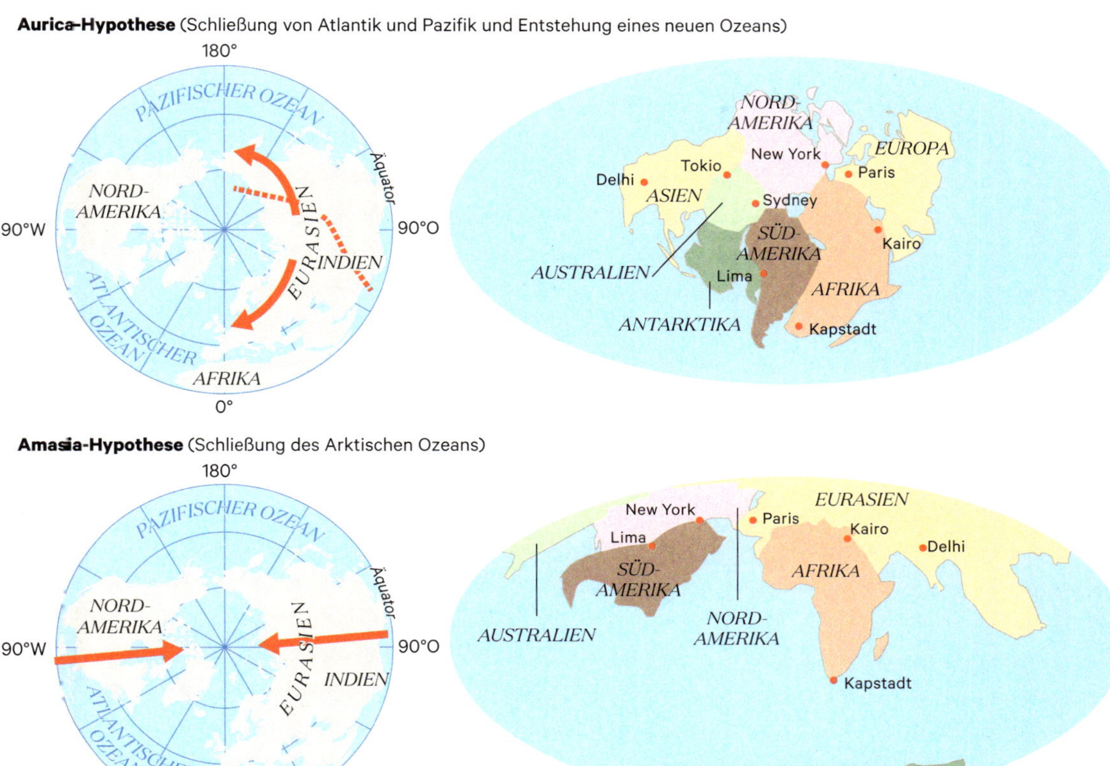

Der nächste Superkontinent

Die Bewegung der tektonischen Platten folgt einem Muster. Alle 400 bis 600 Millionen Jahre kommen sie zusammen und bilden einen Superkontinent, der dann einige hundert Millionen Jahre bestehen bleibt. Dann driften die Platten wieder auseinander, bevor sie sich erneut zu einem Superkontinent zusammenschließen. Der letzte Superkontinent, Pangäa, beginnt vor 250 Millionen Jahren auseinanderzubrechen. Der nächste Superkontinent könnte sich in ungefähr 200 bis 250 Millionen Jahren bilden. Geophysiker haben anhand der Analyse der bisherigen und derzeitigen Plattenbewegungen vier Szenarien entworfen: Novopangäa, Pangäa Proxima, Aurica und Amasia. Nach dem Auseinanderbrechen von Pangäa entstand der Atlantik, der sich bis heute immer mehr weitet und größer wird, während der Pazifik umgekehrt immer kleiner wird. Amerika würde mit Antarktika zusammenstoßen, das sich nach Norden bewegt, und schließlich auf Afrika und Eurasien treffen. Das wäre Novopangäa, das «neue Pangäa». Aber die Erweiterung des Atlantiks könnte sich auch verlangsamen oder gar umkehren. Dann würde ein zweites, dem ersten ähnliches Pangäa entstehen: Pangäa Proxima. Denkbar wäre auch, dass Pazifik und Atlantik beide kleiner werden. Dann würde sich der panasiatische Graben öffnen, sodass ein neuer Ozean und der Superkontinent Aurica entstehen. Im letzten Szenario gleiten die Platten nach Norden, wo fast alle Kontinente zusammentreffen und Amasia bilden.

Imaginäre Kontinente

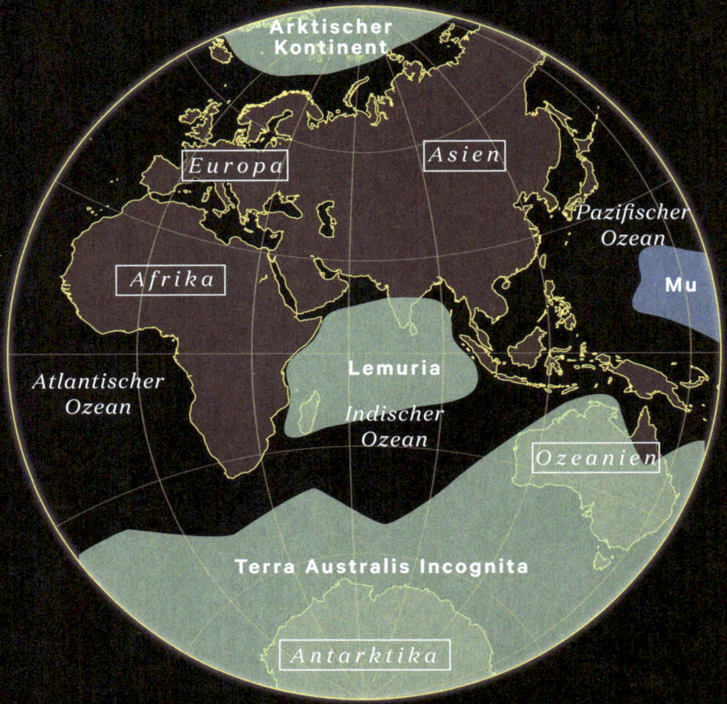

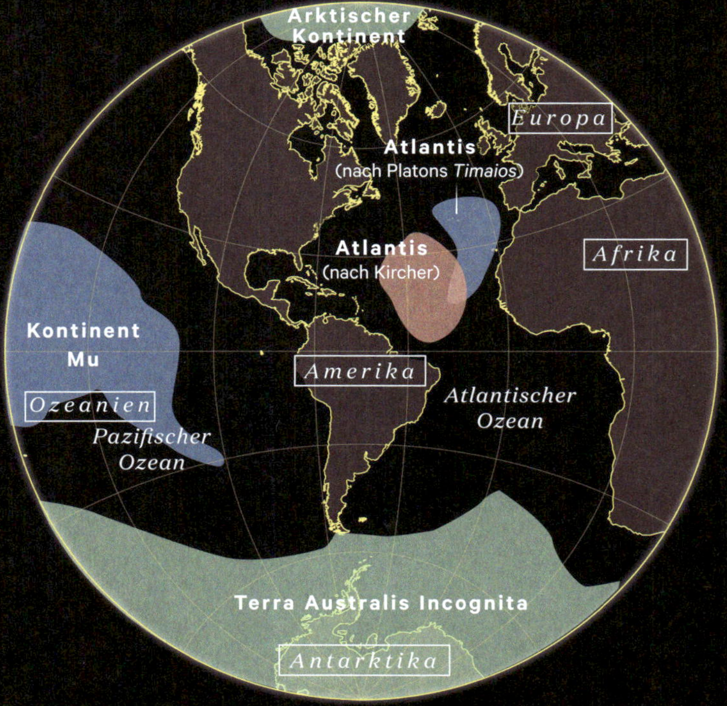

Arktischer Kontinent
Europa
Asien
Pazifischer Ozean
Mu
Afrika
Lemuria
Atlantischer Ozean
Indischer Ozean
Ozeanien
Terra Australis Incognita
Antarktika

Arktischer Kontinent
Europa
Atlantis (nach Platons *Timaios*)
Atlantis (nach Kircher)
Afrika
Kontinent Mu
Ozeanien
Pazifischer Ozean
Amerika
Atlantischer Ozean
Terra Australis Incognita
Antarktika

Zwischen Hypothese und Mythos

Unser Planet wäre nicht blau, wenn es alle imaginären Kontinente tatsächlich gäbe. Atlantis ist sicher der berühmteste davon. Es wurde zwar oft versucht, ihn in der Erdgeschichte zu verorten, aber er ist eine Erfindung Platons, von der die Literatur – von Jules Verne zu Blake und Mortimer – besessen ist. Bei der Erfindung des Kontinents Mu hat der britische Autor James Churchward die Kosmogonien verschiedener Kulturen miteinander verknüpft, wie die der Drawiden, Azteken und der Osterinseln. Zur Frage, wie sich die Lemuren am Indischen Ozean verteilt haben, meint der Zoologe Philip Sclater 1864, es habe womöglich einen Kontinent gegeben, «Lemuria», der einmal Madagaskar, Indien und Malaysia miteinander verband. Diese Hypothese wird aber bald von Geologen widerlegt. Atlantis erlebt im 17. Jahrhundert ein ähnliches Schicksal (siehe rechte Seite). In die vor allem aus Wasser bestehende Südhalbkugel werden lange Zeit Kontinente hineinfantasiert. In der Physik des Aristoteles sind oben und unten allgemeingültig. Wir im Norden haben den Kopf oben, deshalb muss die Südhalbkugel schwerer sein. Deren unbekannte Länder dienen folglich als unser Gegengewicht. Erst Ende des 17. Jahrhunderts, mit Newton, verschwindet diese Hypothese von den Erdkarten.

Asien – Regionen der Welt, wie sie von den Europäern im 18./19. Jh. festgelegt wurden

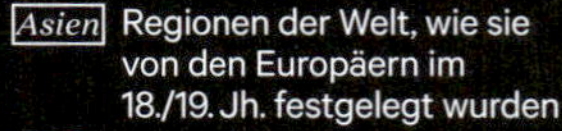

Mythischer Kontinent
Widerlegte wissenschaftliche Hypothese
Mythos, der zeitweilig als wissenschaftlich erwiesen galt

Die erste vollständige, aber hypothetische Darstellung der Arktis (Gerhard Mercator, 1595 posthum herausgegeben).

Karte von Atlantis (Athanasius Kircher, 1664).

Kartografierte Hypothesen

Auf der Karte der Arktis (oben) von Gerhard Mercator (1512–1594) ist der Pol umgeben von vier großen Inseln abgebildet. Das kleine Meer in der Mitte ist ein Strudel, der das Wasser der Ozeane anzieht, die, nachdem sie unterirdisch einen Kreis gezogen haben, die Quellen der Erde speisen. Mercator verdanken wir die berühmteste Darstellungsweise der Erde sowie das Wort «Atlas» als Bezeichnung für eine Kartensammlung. Der deutsche Jesuit Athanasius Kircher (1601/02–1680) entwirft 1664 die Karte links, die gesüdet ist. Atlantis ist darauf als hypothetischer Kontinent verzeichnet, um die geologischen Ähnlichkeiten zu erklären, die im 17. Jahrhundert beidseits des Südatlantiks entdeckt worden sind.

Gebirgsbildung

Stand vor der Entstehung der Alpen: vor 350 bis 250 Millionen Jahren

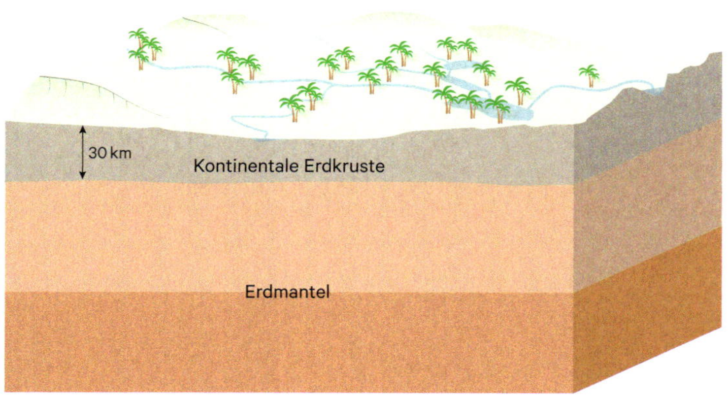

Grabenbruch: vor 250 bis 160 Millionen Jahren

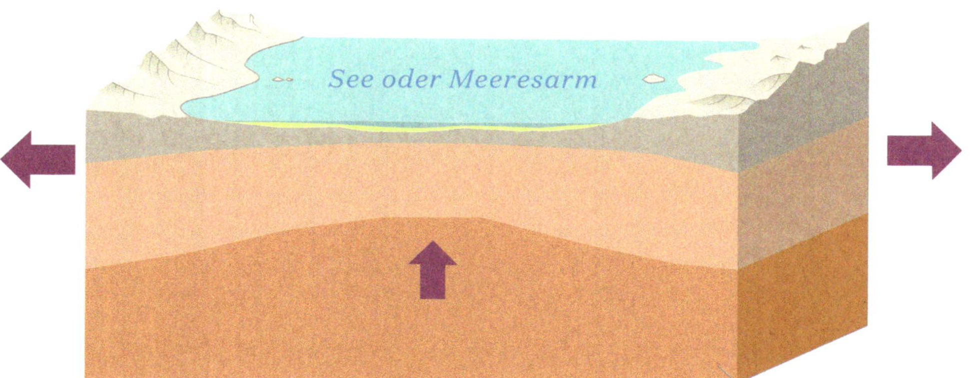

Ozeanbildung: vor 160 bis 130 Millionen Jahren

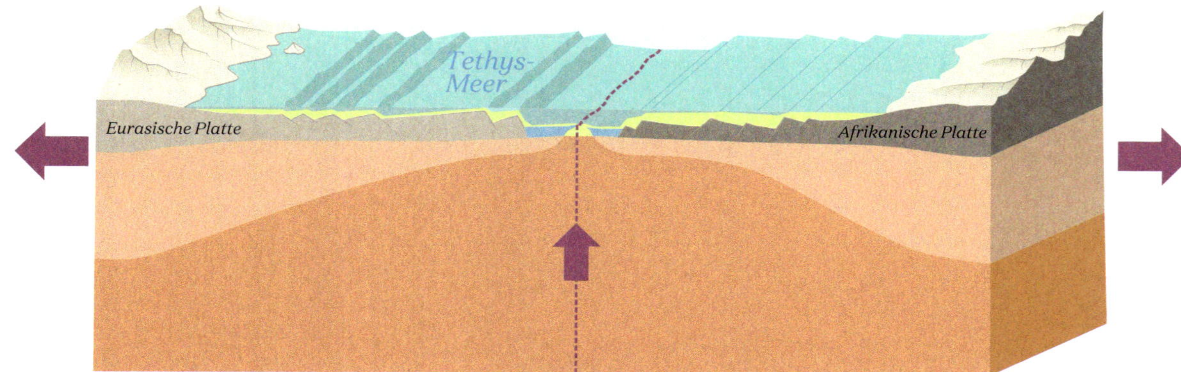

Siehe auch — Geologie der Erde **S. 32**
Die Plattentektonik **S. 36**
Wenn Böden sich ergänzen **S. 184**

Konvergenz: vor 130 bis 70 Millionen Jahren

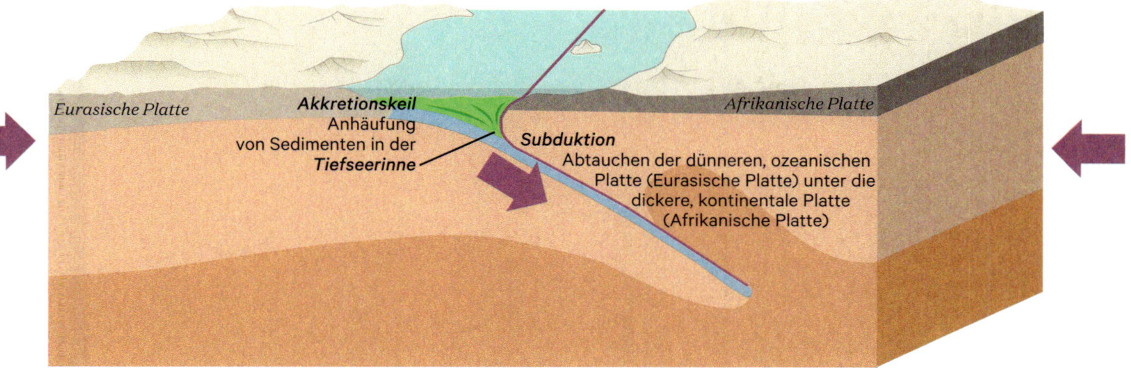

Kollision: vor 80 bis 10 Millionen Jahren

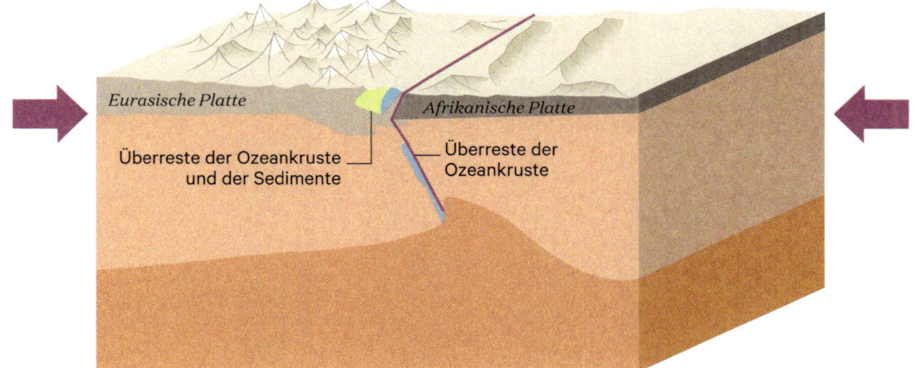

Das Beispiel der Alpen

Teile von Afrika, die mit der eurasischen Platte kollidiert und auf sie geschoben worden sind, und die Überreste eines inzwischen verschwundenen Ozeans in Form von ehemaliger ozeanischer Kruste: Daraus bestehen die Alpen. Der Gipfel des Matterhorns und die Nördlichen Kalkalpen sind solche afrikanischen Krustenreste, der Monte Viso in den Westalpen ist Ozeanbodengestein, wogegen der Mont Blanc zum europäischen Grundgebirge gehört. Um diese Entwicklung zu verstehen, müssen wir 150 Millionen Jahre zurückgehen. Damals erstreckt sich ein riesiger Ozean, das Tethys-Meer, vom Mittelmeer bis zum Himalaya. Während die afrikanische und die eurasische Platte sich voneinander entfernen, dehnt sich die Tethys weiter aus. Vor 100 Millionen Jahren aber beginnt sich der Südatlantik zu öffnen, und die afrikanische und eurasische Platte bewegen sich nun aufeinander zu. Dadurch schließt sich das Tethys-Meer: Es wird immer schmäler und nimmt zunehmend Schutt vom sich nähernden Kontinent auf. Diesen Ablagerungskörper nennt man Akkretionskeil. Die europäische und die afrikanische Platte treffen aufeinander und die eurasische, ozeanische Kruste schiebt sich unter die kontinentale afrikanische. Kontinentale Kruste kann wegen ihrer geringen Dichte nicht subduziert werden, aber in Kollisionszonen lässt sie sich stapeln: So bilden sich Kollisionszonen-Gebirge, deren wesentliches Merkmal gestapelte tektonische Decken sind, die kilometerdick sein können und häufig intern gefaltet sind. Auf diese Weise verdoppelt sich in Kollisionszonen die Krustendicke auf 70 Kilometer. Die Gebirge, die durch die Kollision der eurasischen und afrikanischen kontinentalen Krusten entstanden sind, sind neben unseren Alpen auch die Pyrenäen, das Andalusische Faltengebirge, das Atlasgebirge im Maghreb und der Himalaya.

Erdbeben

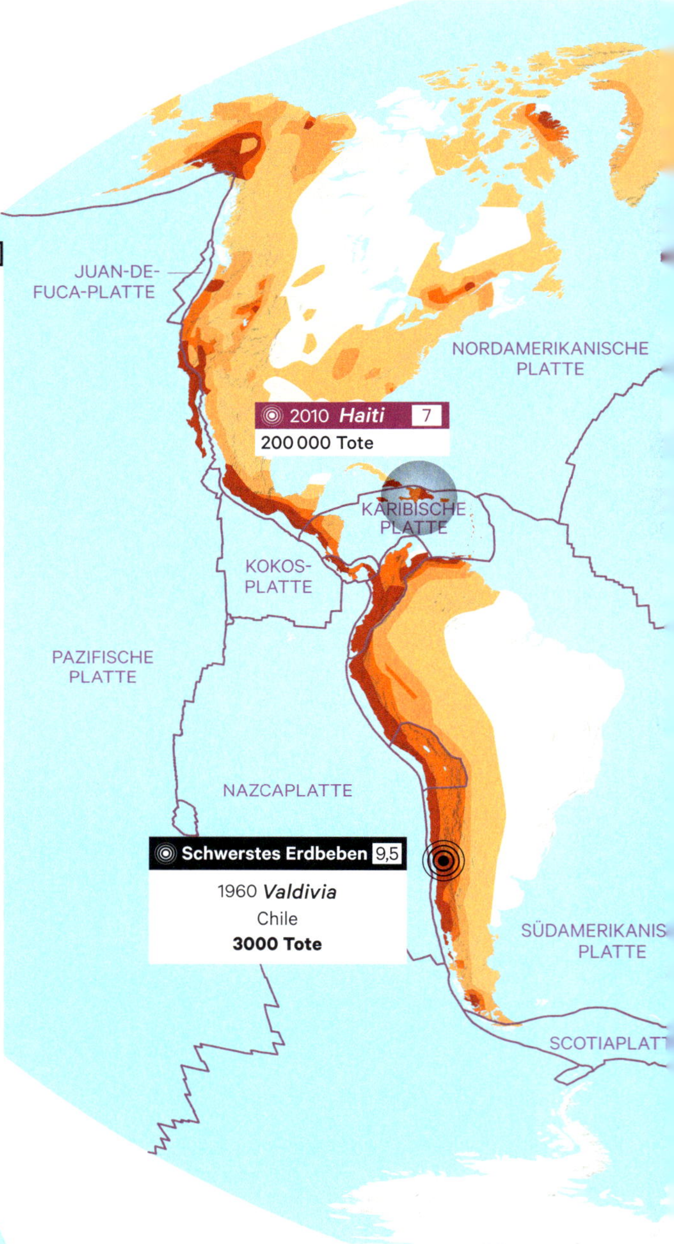

Zerstörerische Schwingungen

Erdbeben sind die Folge von Sprödbrüchen in der Lithosphäre, die durch die Bewegungen der tektonischen Platten entstehen und die wir als Schwingungen der Erde wahrnehmen. Die meisten Erdbeben bleiben unbemerkt, was aber nicht heißt, dass sie zu vernachlässigen wären: Für die Überwachung von Erdgasspeichern im Untergrund ist beispielweise die Aufzeichnung von Nanobeben wichtig. Erdbeben können aber auch verheerende Ausmaße annehmen. Besonders viele Opfer haben die Erdbeben in China und im Nahen Osten gefordert. In Shaanxi (China) sterben 1556 etwa 800 000 Menschen. Die Stärke eines Erdbebens wird anhand der dabei freigesetzten Energie berechnet. Die bislang höchste Erdbebenstärke hat den Wert 9,5 auf der Richterskala und wird 1960 bei einem Megabeben in Valdivia (Chile) gemessen. Die Richterskala war 1935 einer der ersten Versuche, die Intensität von Erdbeben zahlenmäßig zu erfassen. Da sie ungenau und veraltet ist, wird sie eigentlich nur noch in den Medien, aber kaum mehr in der Seismologie verwendet. Diese Wissenschaft macht seit den 1960er Jahren rasante Fortschritte. Heute wird die Oberfläche des Erdballs permanent von Sensornetzwerken überwacht. Allerdings gibt es bislang noch keine Methode, um zuverlässig vorauszusagen, dass sich an einem bestimmten Ort zu einer bestimmten Zeit ein Erdbeben ereignen wird.

Erdbeben entlang der Plattengrenzen

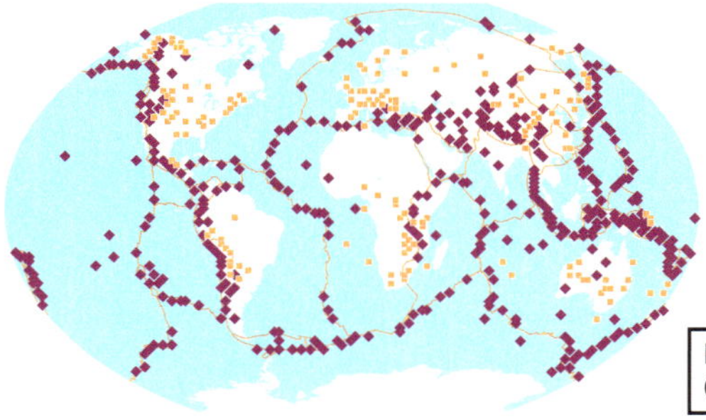

Epizentren der Erdbeben
- ◆ Erdbeben der Stärke 6 und mehr
- ■ Andere Erdbeben

Richterskala
(Stärke)

Nanobeben	Mikroerdbeben	Nicht spürbar, aber messbar	Spürbar, ohne Sch
1	2	3	
	Mikro	**Extrem leicht**	**Sehr lei**

Siehe auch — Die Plattentektonik **S. 36**
Die Kernenergie **S. 274**

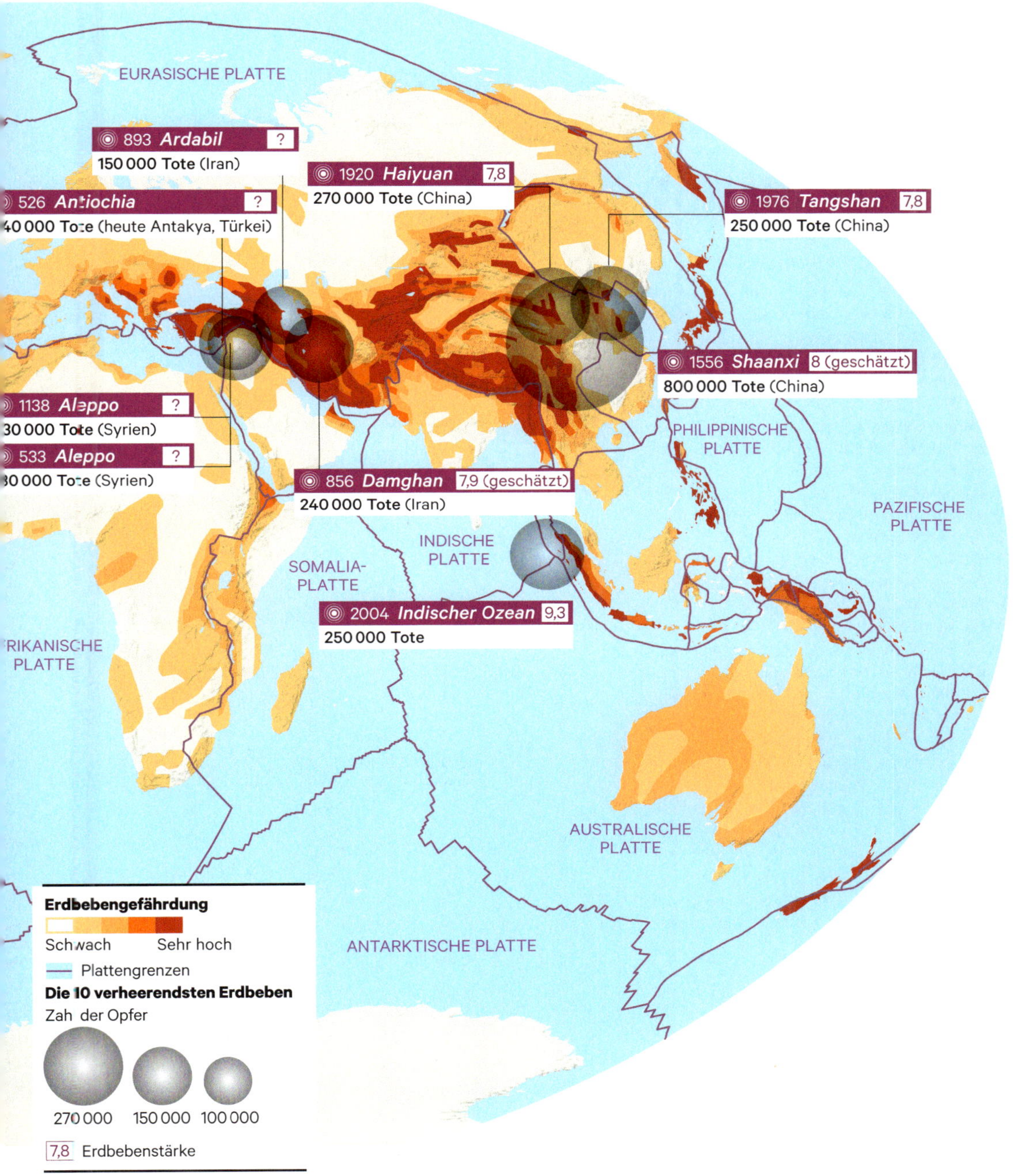

EURASISCHE PLATTE
893 Ardabil ?
150 000 Tote (Iran)
1920 Haiyuan 7,8
270 000 Tote (China)
526 Antiochia ?
40 000 Tote (heute Antakya, Türkei)
1976 Tangshan 7,8
250 000 Tote (China)
1556 Shaanxi 8 (geschätzt)
800 000 Tote (China)
1138 Aleppo ?
30 000 Tote (Syrien)
533 Aleppo ?
30 000 Tote (Syrien)
856 Damghan 7,9 (geschätzt)
240 000 Tote (Iran)
PHILIPPINISCHE PLATTE
PAZIFISCHE PLATTE
INDISCHE PLATTE
SOMALIA-PLATTE
2004 Indischer Ozean 9,3
250 000 Tote
RIKANISCHE PLATTE
AUSTRALISCHE PLATTE
ANTARKTISCHE PLATTE
Erdbebengefährdung
Schwach
Sehr hoch
Plattengrenzen
Die 10 verheerendsten Erdbeben
Zahl der Opfer
270 000
150 000
100 000
7,8 Erdbebenstärke

llgemein spürbar, selten Schäden
Ernste Schäden in einer begrenzten Zone
Ernste Schäden in einem kilometerweiten Umkreis
Zerstörung über weite Gebiete
Zerstörung über Gebiete weit über 100 km
Zerstörung über hunderte von Kilometern
5
6
7
8
9
10
Leicht
Mittel
Stark
Sehr stark
Groß
Verheerend

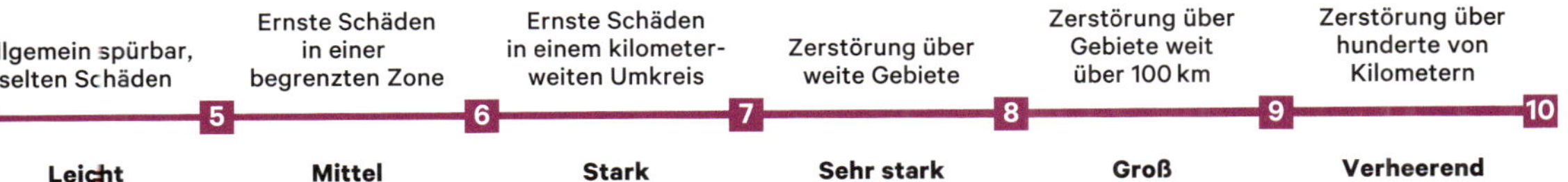

Wenn die Erde aufreißt

Ein Ozean entsteht

Der Ostafrikanische Graben ist ein Riss, der sich im Osten Afrikas über mehrere tausend Kilometer erstreckt und sich vor 22 bis 25 Millionen Jahren zu öffnen beginnt. Bei einer Geschwindigkeit von einigen Millimetern pro Jahr müsste sich in 10 Millionen Jahren die Somaliaplatte von der Afrikanischen Platte lösen und ein neuer Ozean entstehen. Durch die Dehnungskräfte wird diese Erdplatte stellenweise immer dünner, sodass an der Erdoberfläche ein Graben aufreißt. Darin haben sich bereits mehrere Seen gebildet, u. a. der Turkanasee, der Tanganjikasee und der Malawisee, die gleichsam die Vorläufer des neuen Ozeans sind.

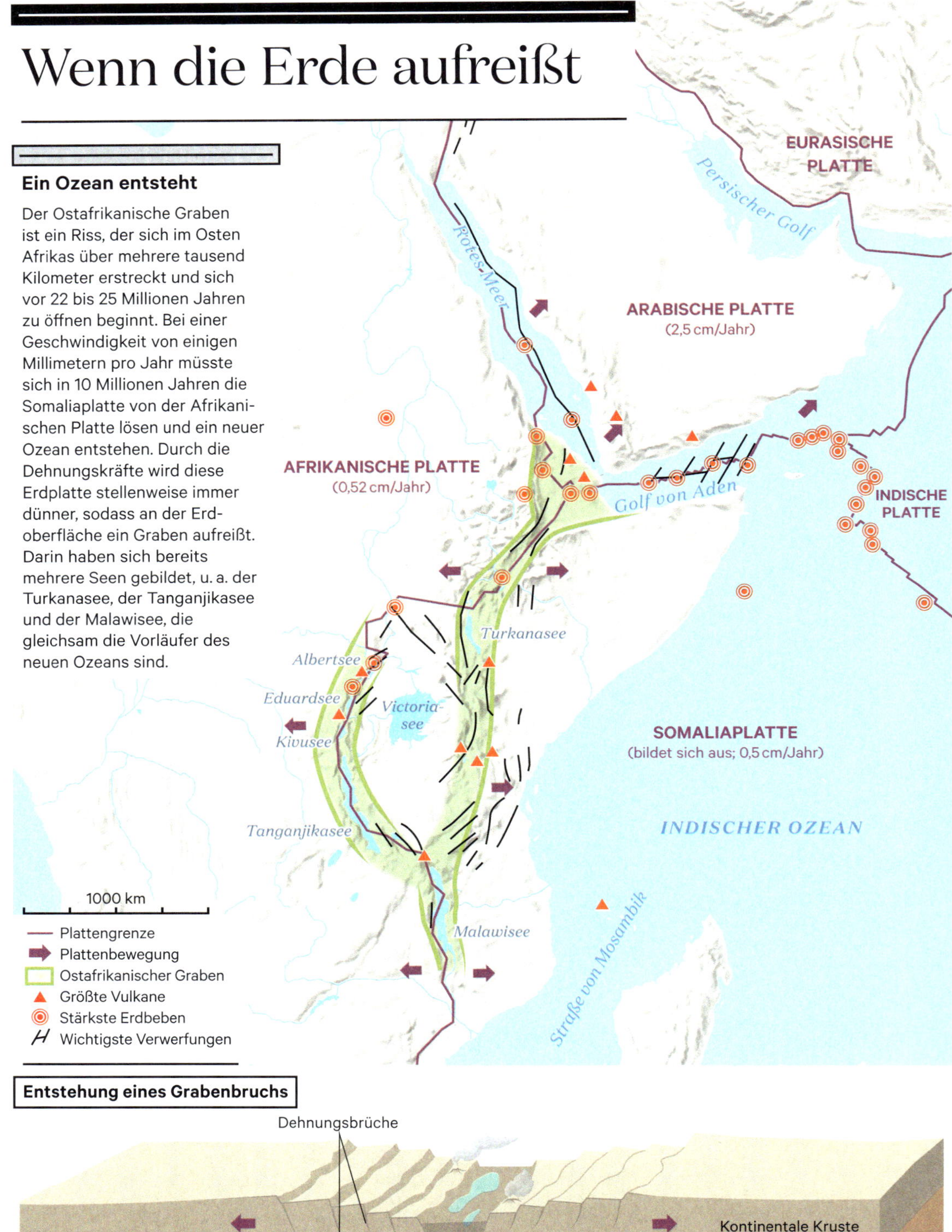

Entstehung eines Grabenbruchs

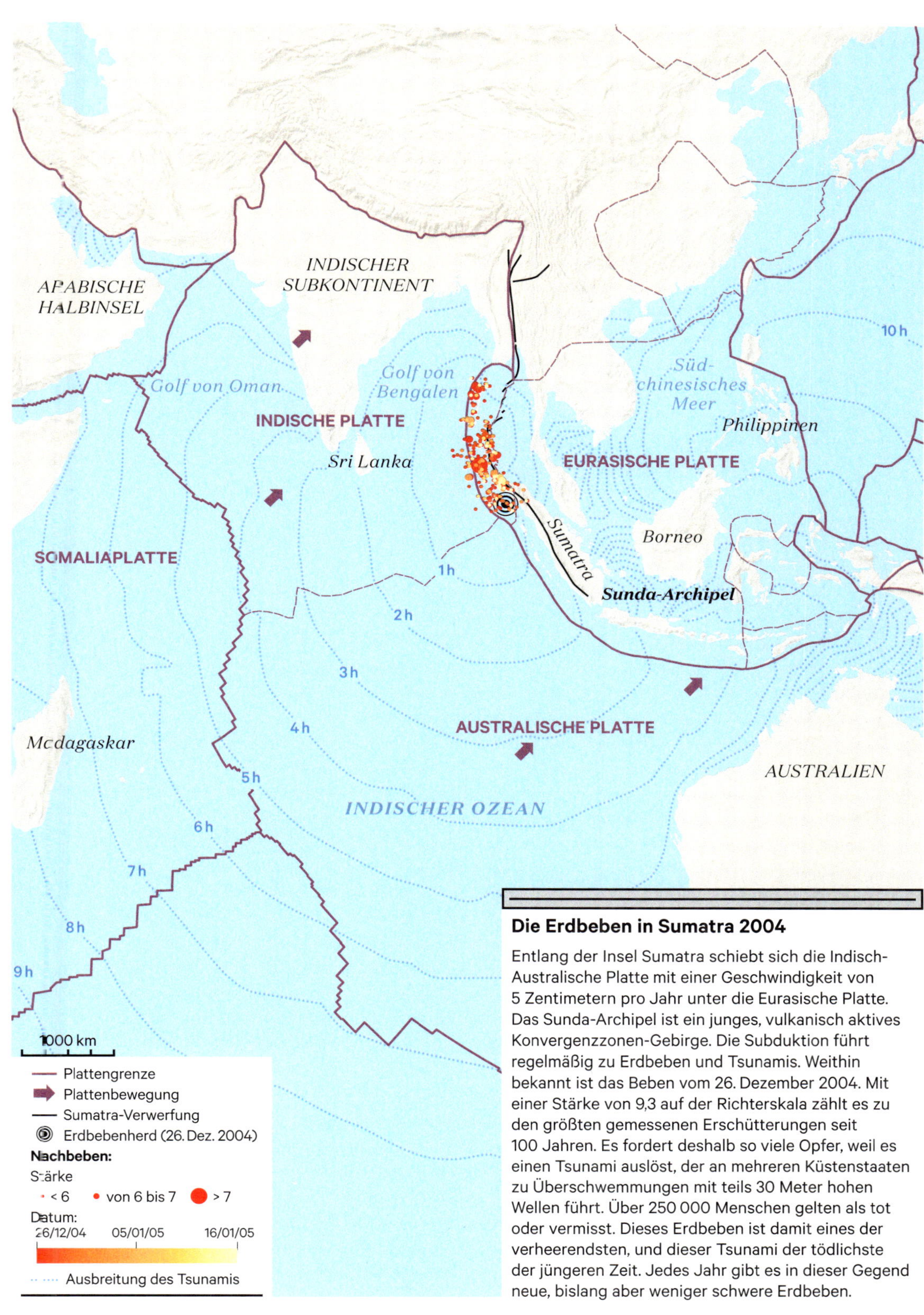

Die Erdbeben in Sumatra 2004

Entlang der Insel Sumatra schiebt sich die Indisch-Australische Platte mit einer Geschwindigkeit von 5 Zentimetern pro Jahr unter die Eurasische Platte. Das Sunda-Archipel ist ein junges, vulkanisch aktives Konvergenzzonen-Gebirge. Die Subduktion führt regelmäßig zu Erdbeben und Tsunamis. Weithin bekannt ist das Beben vom 26. Dezember 2004. Mit einer Stärke von 9,3 auf der Richterskala zählt es zu den größten gemessenen Erschütterungen seit 100 Jahren. Es fordert deshalb so viele Opfer, weil es einen Tsunami auslöst, der an mehreren Küstenstaaten zu Überschwemmungen mit teils 30 Meter hohen Wellen führt. Über 250 000 Menschen gelten als tot oder vermisst. Dieses Erdbeben ist damit eines der verheerendsten, und dieser Tsunami der tödlichste der jüngeren Zeit. Jedes Jahr gibt es in dieser Gegend neue, bislang aber weniger schwere Erdbeben.

Erdbeben im Mittelmeergebiet

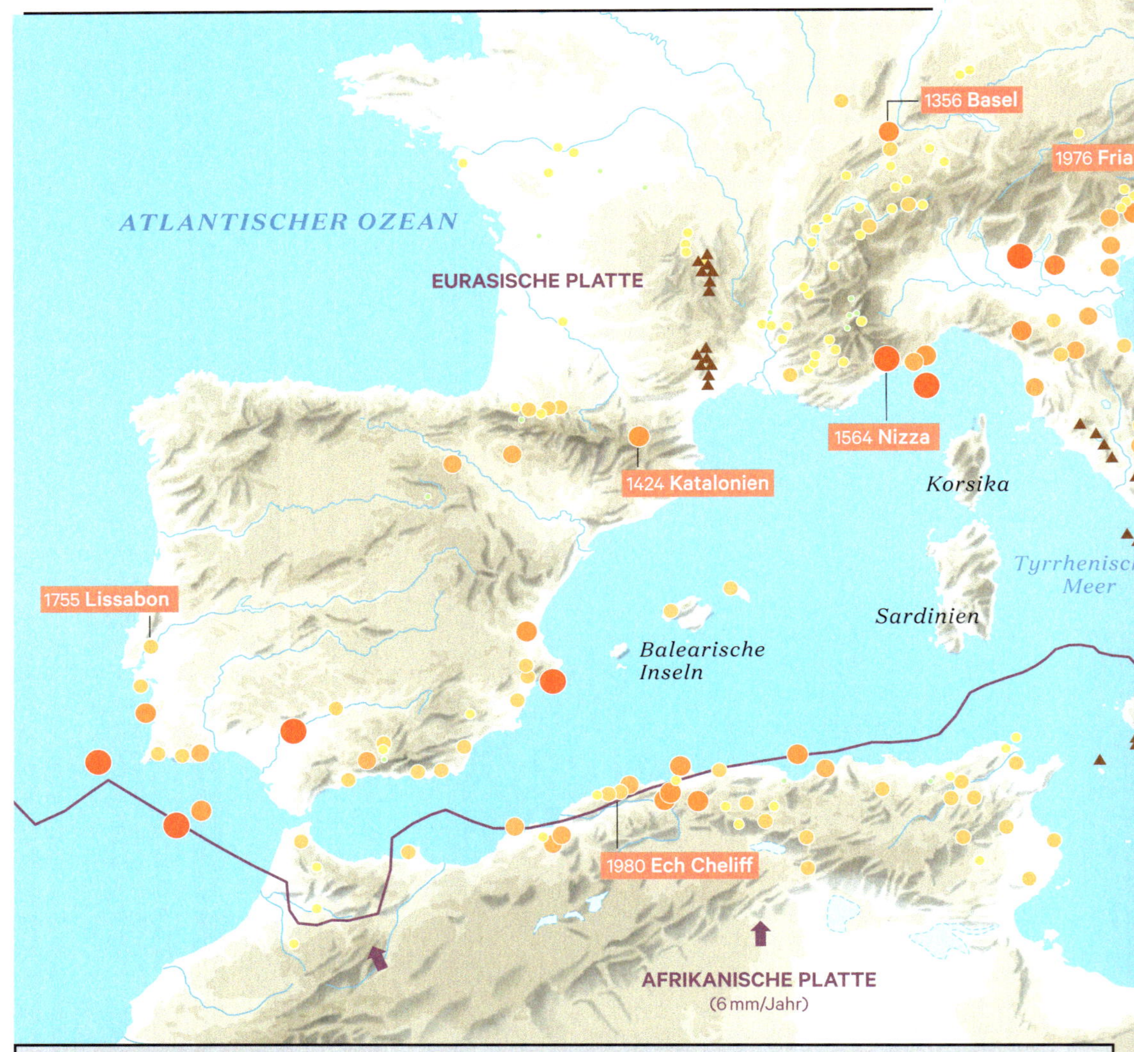

Eine 2500-jährige Geschichte

Südeuropa und der Mittelmeerraum sind immer wieder Schauplatz schwerer Erdbeben mit vielen Todesopfern. Hier hat die Geschichtsschreibung eine lange und reiche Tradition, weswegen die Geschichte der Erdbeben in diesem Raum am besten dokumentiert ist. Einige berühmte Beispiele sind in das kollektive Gedächtnis eingegangen, wie die Zerstörung des berühmten Leuchtturms von Alexandria bei einem Erdbeben im Jahr 1303 oder etwa die Beben in Konstantinopel, vor allem die «kleine Apokalypse» von 1509, die einen Tsunami auslöst. 45 Tage lang gibt es Nachbeben, ungefähr 5000 Menschen sterben. In Ech Cheliff (Algerien) kommen am 10. Oktober 1980 mehrere tausend Menschen um. Dieses Erdbeben gilt als das schwerste im westlichen Mittelmeerraum seit Beginn der Messungen. Das Risiko ist indes ungleich verteilt. Im westlichen Mittelmeerraum kommt es relativ selten zu Erdbeben, da sich die Platten nur um einige Millimeter pro Jahr bewegen. Im östlichen Mittelmeer dagegen verschieben sie sich um bis zu drei Zentimeter im Jahr, weshalb sehr viel häufiger Beben auftreten. Besonders gefährdet sind Griechenland, die Türkei und Nordsyrien. Dort bebt die Erde häufiger und deutlich stärker als in anderen Mittelmeerregionen.

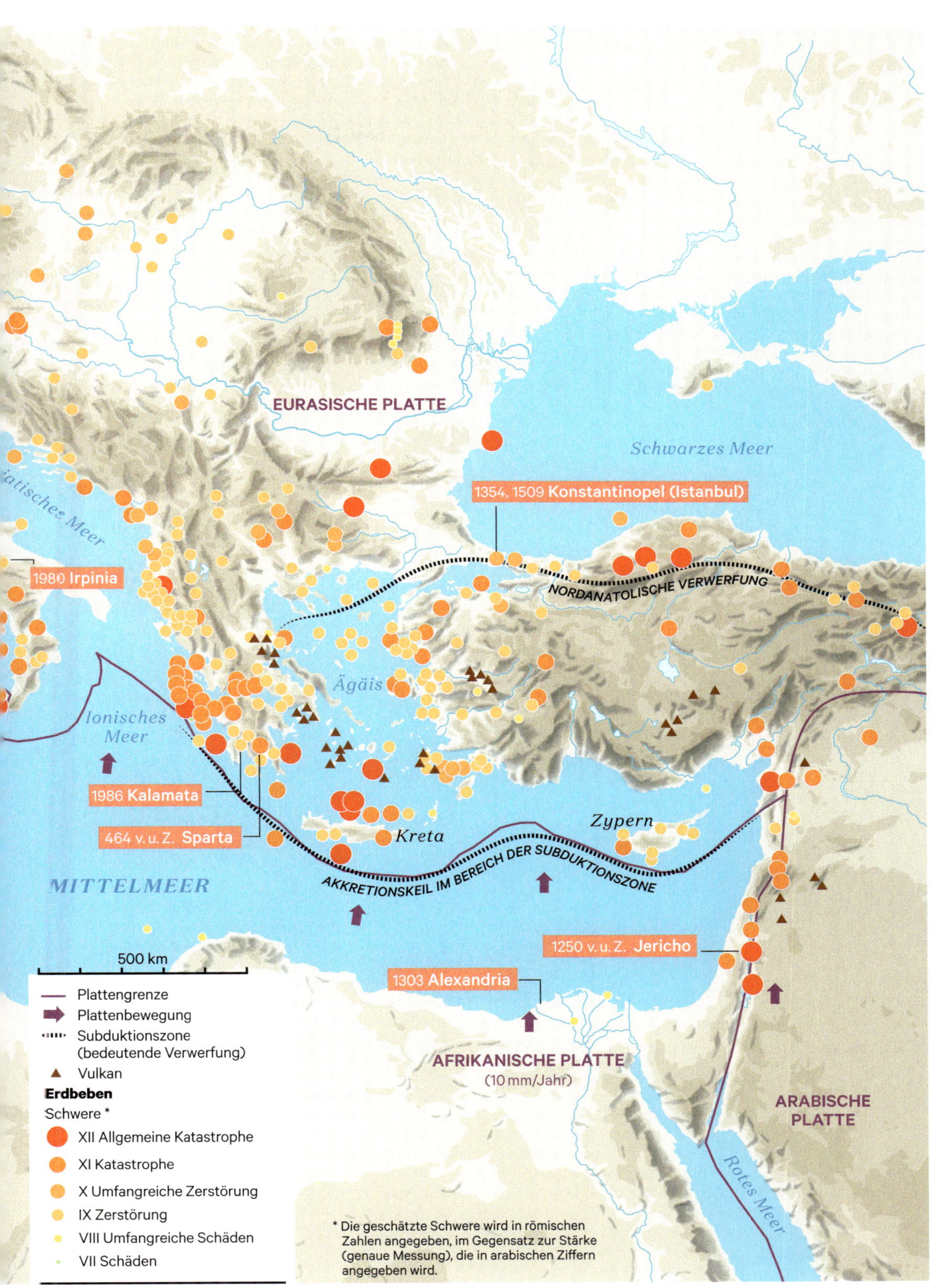
EURASISCHE PLATTE
Schwarzes Meer
1354, 1509 Konstantinopel (Istanbul)
1980 Irpinia
NORDANATOLISCHE VERWERFUNG
Ägäis
Ionisches Meer
1986 Kalamata
464 v. u. Z. Sparta
Kreta
Zypern
MITTELMEER
AKKRETIONSKEIL IM BEREICH DER SUBDUKTIONSZONE
1250 v. u. Z. Jericho
1303 Alexandria
500 km
AFRIKANISCHE PLATTE
(10 mm/Jahr)
ARABISCHE PLATTE
Rotes Meer
Plattengrenze
Plattenbewegung
Subduktionszone (bedeutende Verwerfung)
Vulkan
Erdbeben
Schwere *
XII Allgemeine Katastrophe
XI Katastrophe
X Umfangreiche Zerstörung
IX Zerstörung
VIII Umfangreiche Schäden
VII Schäden
* Die geschätzte Schwere wird in römischen Zahlen angegeben, im Gegensatz zur Stärke (genaue Messung), die in arabischen Ziffern angegeben wird.

Eruptionsmechanismen

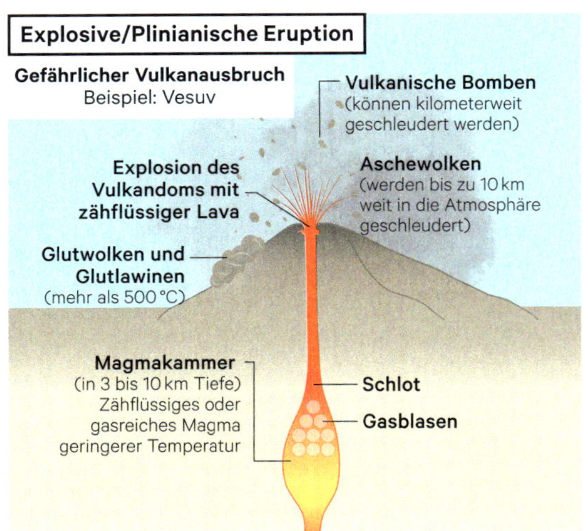

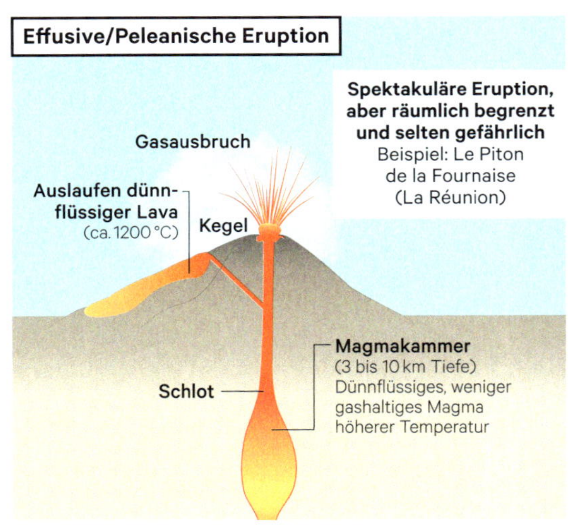

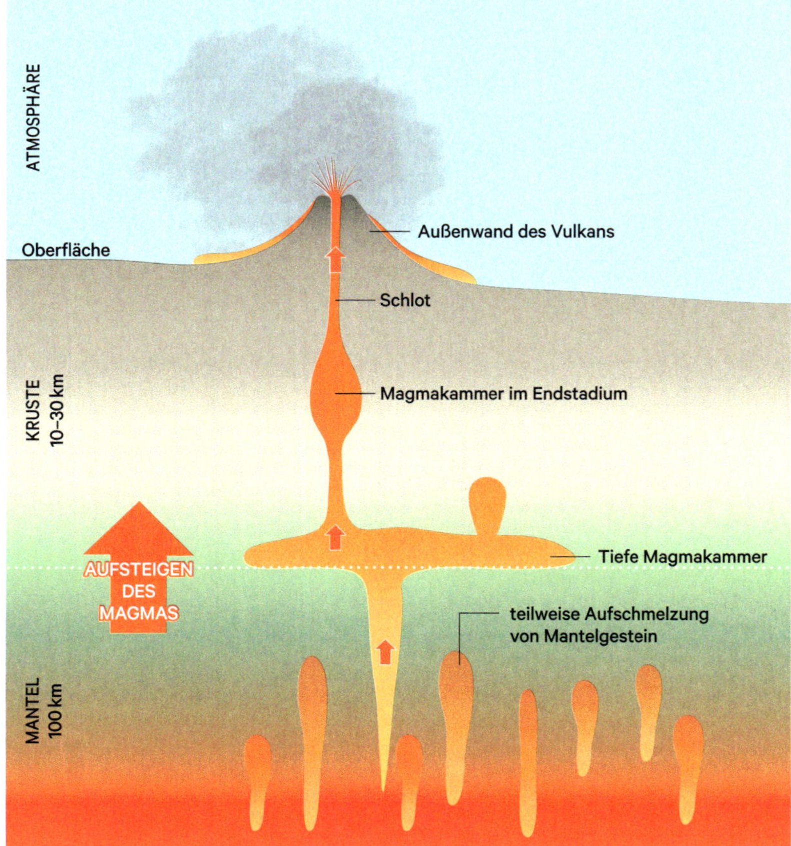

Vulkanausbrüche und ihre Gefahren

In Tiefen zwischen 100 und 300 Kilometern befindet sich der Erdmantel in einem überhitzten Zustand; man nennt diesen Bereich Asthenosphäre. Bei Druckentlastung kommt es zur teilweisen Aufschmelzung, und diese Magmen können in die Lithosphäre aufsteigen, sich sammeln und schließlich als Vulkan an der Oberfläche ausbrechen. Je nach Zusammensetzung des Magmas gibt es verschiedene Arten von Eruptionen. Ist es flüssig und enthält wenig Gas, spricht man von einer effusiven Eruption, bei der Lavaströme aus dem Vulkankegel quellen. Ein solcher Vulkanausbruch sieht spektakulär aus, stellt aber kaum eine Gefahr dar, da er lokal sehr begrenzt ist. Bei einem dickflüssigeren, gasreichen Magma kann der Vulkandom explodieren, worauf vulkanische Bomben, Glutwolken und Aschewolken austreten.
Diese explosiven Vulkanausbrüche können sehr gefährlich sein.

Siehe auch — Der innere Aufbau der Erde **S. 30**
Die Plattentektonik **S. 36**
Massenaussterben in der Erdgeschichte **S. 88**

Die wichtigsten Vulkane der Erde

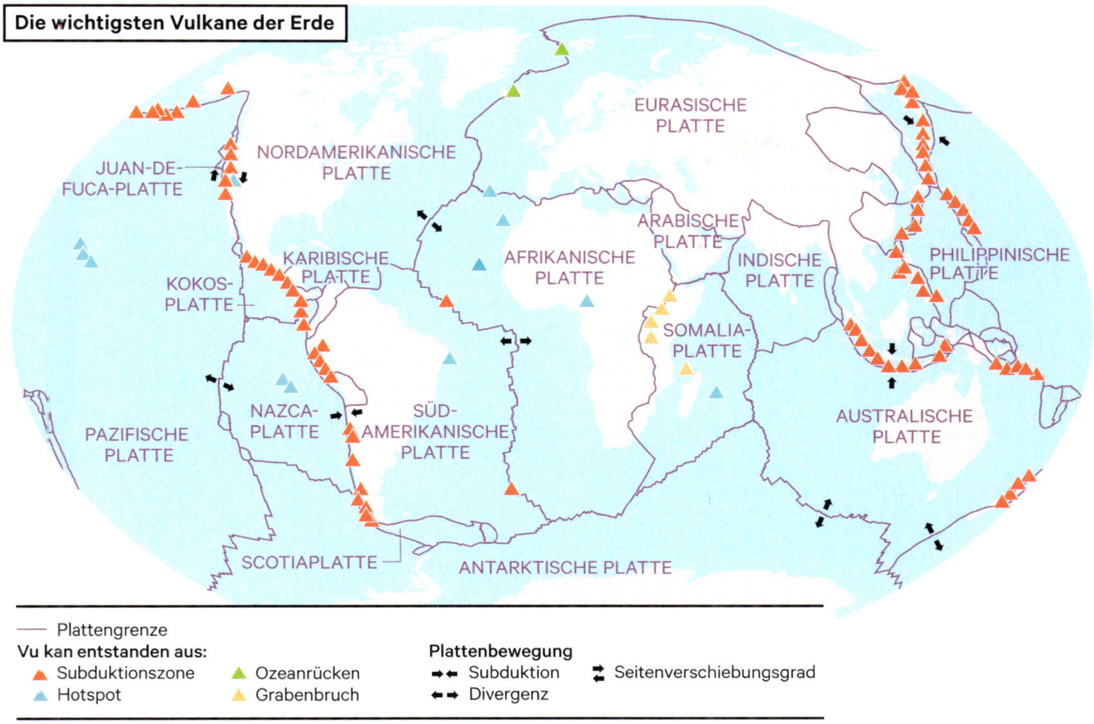

EURASISCHE PLATTE
NORDAMERIKANISCHE PLATTE
JUAN-DE-FUCA-PLATTE
ARABISCHE PLATTE
KARIBISCHE PLATTE
AFRIKANISCHE PLATTE
INDISCHE PLATTE
PHILIPPINISCHE PLATTE
KOKOS-PLATTE
SOMALIA-PLATTE
NAZCA-PLATTE
SÜD-AMERIKANISCHE PLATTE
PAZIFISCHE PLATTE
AUSTRALISCHE PLATTE
SCOTIAPLATTE
ANTARKTISCHE PLATTE

Plattengrenze

Vulkan entstanden aus:
- Subduktionszone
- Hotspot
- Ozeanrücken
- Grabenbruch

Plattenbewegung
- Subduktion
- Divergenz
- Seitenverschiebungsgrad

Zeugen der Plattenbewegungen

Vulkane sind nicht zufällig über den Erdball verteilt. Die aktiven Vulkane befinden sich normalerweise an den Rändern der tektonischen Platten, am häufigsten über den Subduktionszonen. Wenn zwei Platten aufeinandertreffen, schiebt sich die dichtere der beiden unter die weniger dichte und es kommt zu Konvergenzzonen-Vulkanismus, bei dem das in der Subduktionszone ausgetriebene Wasser die entscheidende Rolle spielt. Vulkane können aber auch entstehen, wenn Platten auseinanderdriften, wie beispielsweise in Grabenbruchgebieten oder auf den mittelozeanischen Rücken. In beiden Fällen kommt Magma an die Oberfläche, das durch die Druckentlastung im aufsteigenden heißen Erdmantel entsteht. In Island kann man das an Land beobachten. Die mehr oder weniger ortsfesten Hotspots hingegen hinterlassen Vulkanketten auf der Platte, die sich über sie hinwegbewegt (Beispiel: Hawaii-Inselkette). Je weiter ein Vulkan (oder eine Vulkanruine) vom Hotspot entfernt ist, desto älter ist er.

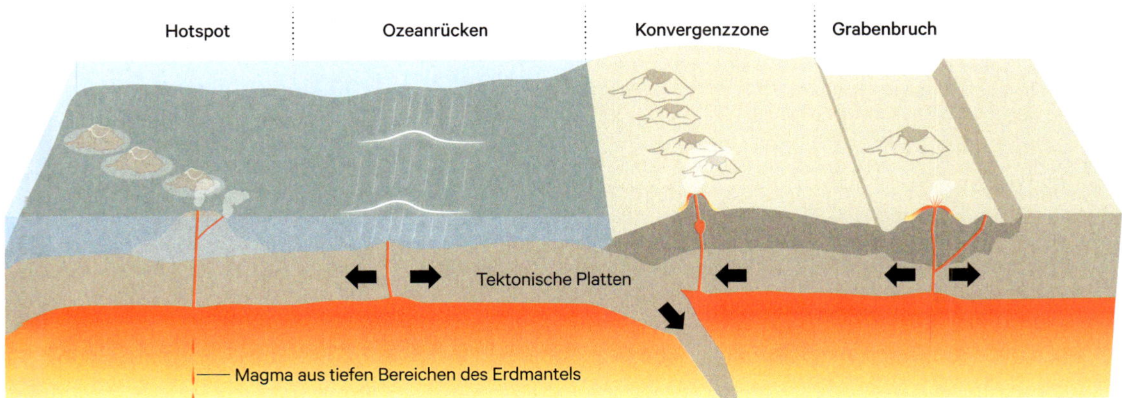

Vulkanausbrüche

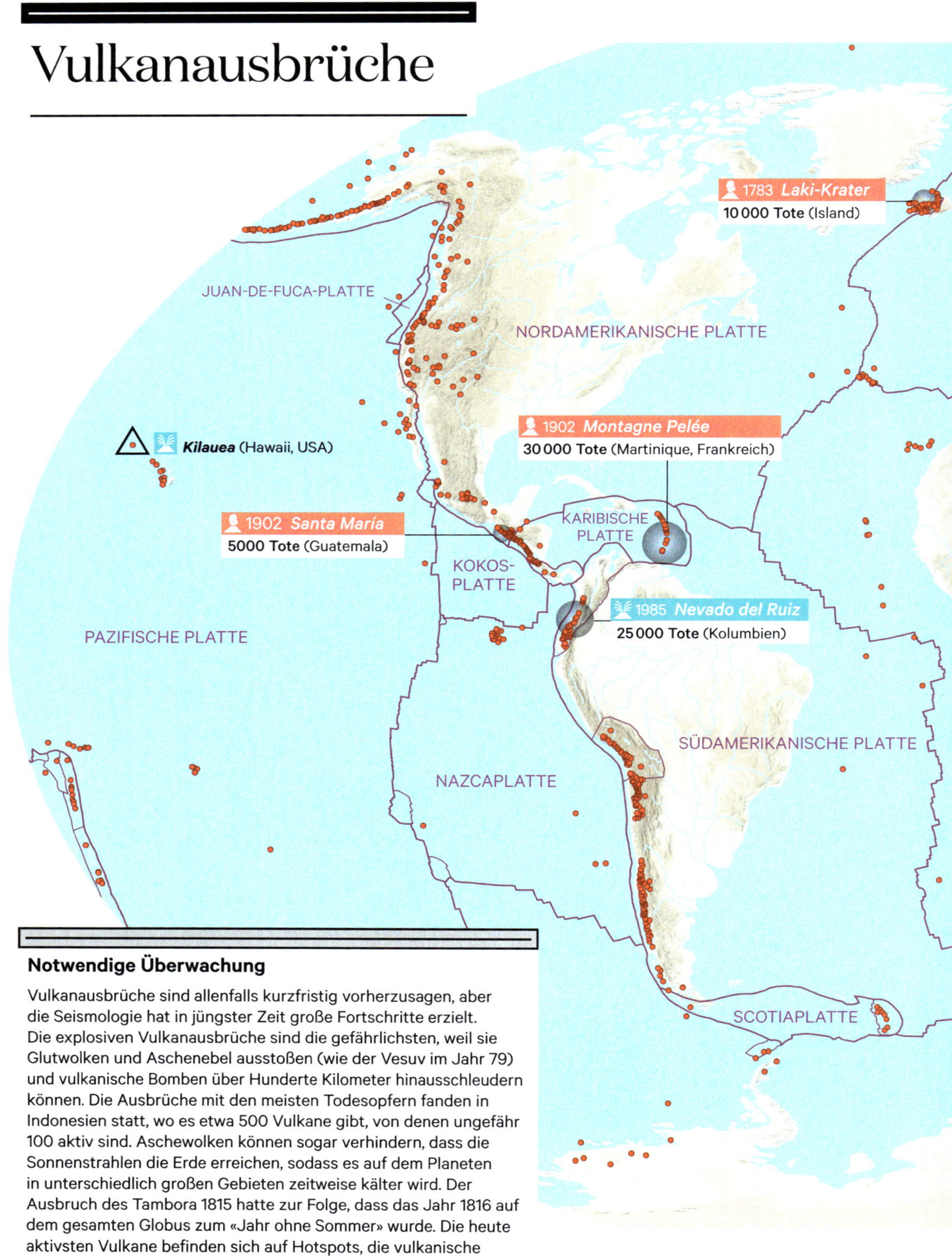

Notwendige Überwachung

Vulkanausbrüche sind allenfalls kurzfristig vorherzusagen, aber die Seismologie hat in jüngster Zeit große Fortschritte erzielt. Die explosiven Vulkanausbrüche sind die gefährlichsten, weil sie Glutwolken und Aschenebel ausstoßen (wie der Vesuv im Jahr 79) und vulkanische Bomben über Hunderte Kilometer hinausschleudern können. Die Ausbrüche mit den meisten Todesopfern fanden in Indonesien statt, wo es etwa 500 Vulkane gibt, von denen ungefähr 100 aktiv sind. Aschewolken können sogar verhindern, dass die Sonnenstrahlen die Erde erreichen, sodass es auf dem Planeten in unterschiedlich großen Gebieten zeitweise kälter wird. Der Ausbruch des Tambora 1815 hatte zur Folge, dass das Jahr 1816 auf dem gesamten Globus zum «Jahr ohne Sommer» wurde. Die heute aktivsten Vulkane befinden sich auf Hotspots, die vulkanische Inseln bilden, etwa auf Hawaii.

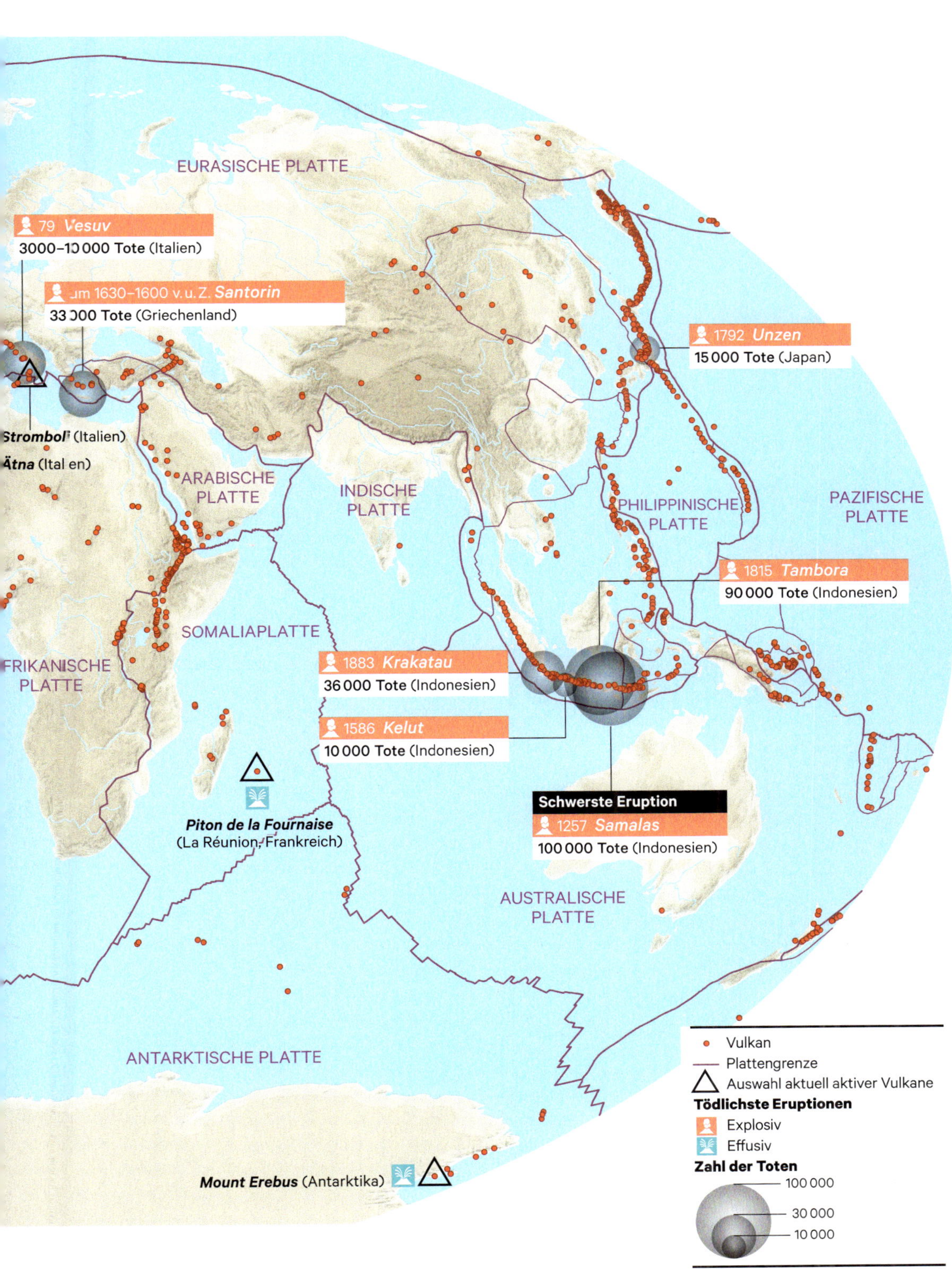
EURASISCHE PLATTE
79 Vesuv
3000–10 000 Tote (Italien)
um 1630–1600 v. u. Z. Santorin
33 000 Tote (Griechenland)
Stromboli (Italien)
Ätna (Italien)
ARABISCHE PLATTE
INDISCHE PLATTE
PHILIPPINISCHE PLATTE
PAZIFISCHE PLATTE
1792 Unzen
15 000 Tote (Japan)
1815 Tambora
90 000 Tote (Indonesien)
SOMALIAPLATTE
AFRIKANISCHE PLATTE
1883 Krakatau
36 000 Tote (Indonesien)
1586 Kelut
10 000 Tote (Indonesien)
Piton de la Fournaise
(La Réunion, Frankreich)
Schwerste Eruption
1257 Samalas
100 000 Tote (Indonesien)
AUSTRALISCHE PLATTE
ANTARKTISCHE PLATTE
Mount Erebus (Antarktika)
Vulkan
Plattengrenze
Auswahl aktuell aktiver Vulkane
Tödlichste Eruptionen
Explosiv
Effusiv
Zahl der Toten
100 000
30 000
10 000

Historische Vulkanausbrüche

Vesuv, Avellino-Eruption vor 4000 Jahren (um 1995 v. u. Z.)

Croce del Papa
Nola
Avellino
Vesuv
Capo Miseno
Procida
Ischia
Golf von Neapel
10 km
Heutige Stadt
Bronzezeitliche Siedlung/
Archäologische Ausgrabungsstätte
Dicke der Ascheablagerungen (in m)
0,1 0,5 1 2 5 10
Tiefe der Lapilliablagerungen (in m)
0,1 0,3 0,5 1 1,5
Punta Campanella
Capri
Vesuv

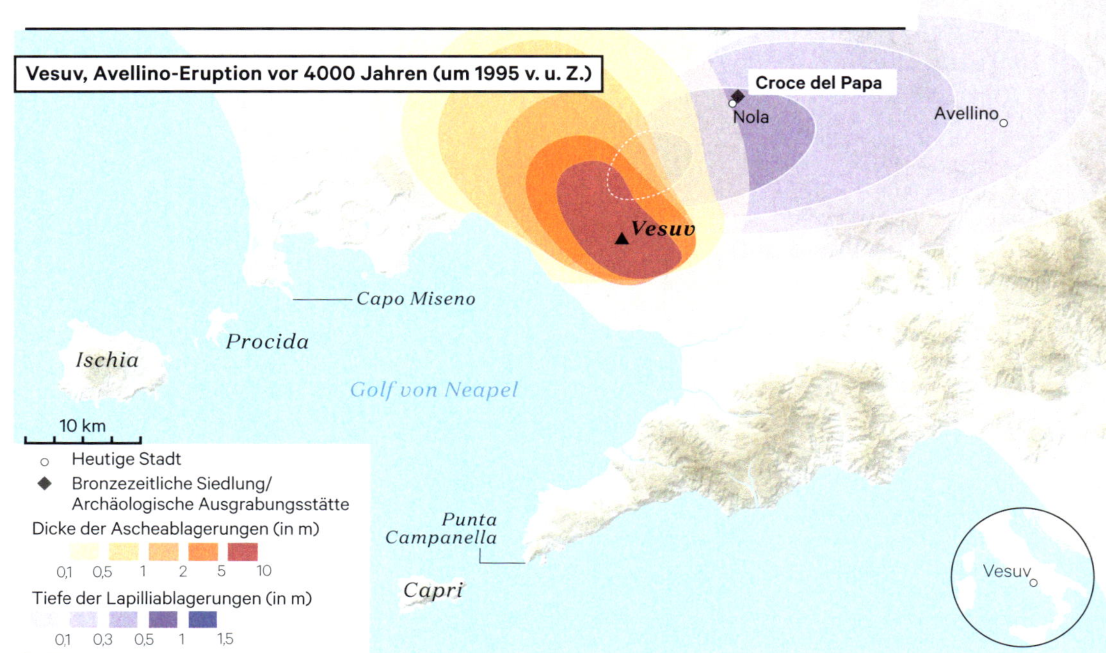

Vesuv, im Jahr 79

Acerrae
Neapel
Via Popilia
Vesuv 1279 m
Pozzuoli
Baiae
Herculaneum
Boscoreale
Pompeji
Misenum
Capo Miseno
Oplontis
Nuceria
Procida
Ischia
Golf von Neapel
Stabiae
Aequana
Surrentum
10 km
Antike Stadt, z. T. mit modernem Namen
Reichweite des Lapilli-Regens
Reichweite der Aschewolke
Ablagerungen des pyroklastischen Stroms*
Römerstraße
Punta Campanella
Capri

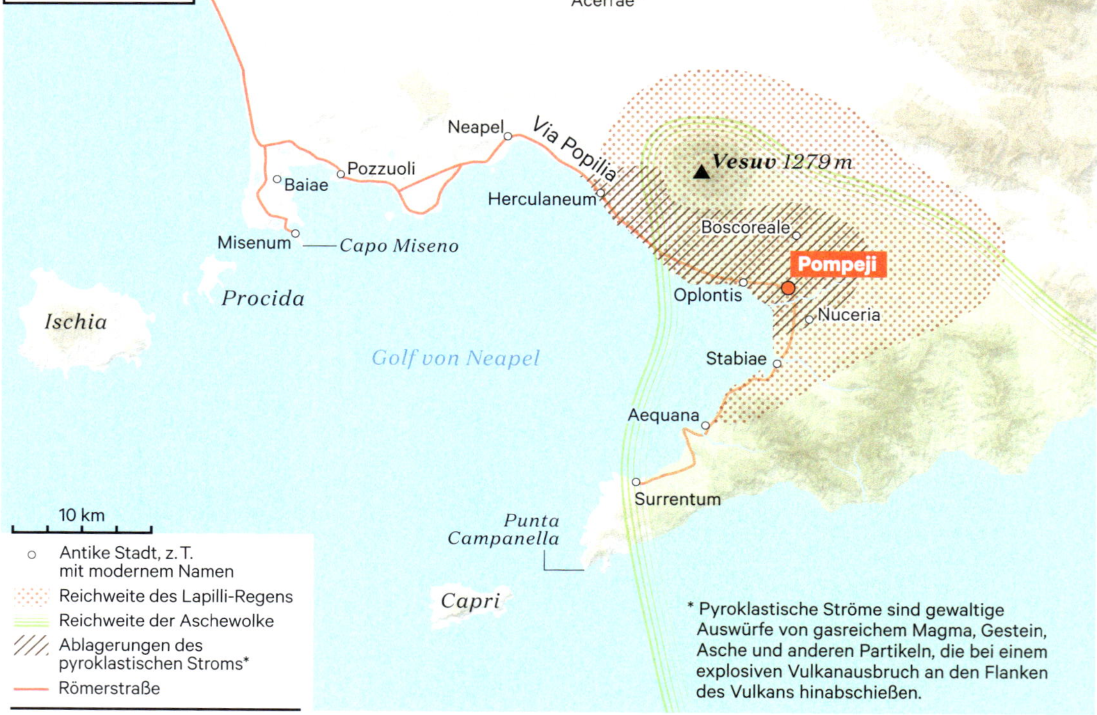

* Pyroklastische Ströme sind gewaltige Auswürfe von gasreichem Magma, Gestein, Asche und anderen Partikeln, die bei einem explosiven Vulkanausbruch an den Flanken des Vulkans hinabschießen.

Vulkane und ihre traurige Bekanntheit

Vulkane haben im Laufe der menschlichen Geschichte schon ganze Kulturen zerstört und Städte ausradiert. Der bekannteste Vulkanausbruch ist vielleicht der des Vesuvs, der im Jahr 79 wiedererwacht. Er ist dank römischer Schriftquellen und archäologischer Funde gut dokumentiert und konnte präzise rekonstruiert werden. Mindestens 2000 Personen ersticken (1500 in Pompeji und 500 in Herculaneum), weitere sterben durch den davon ausgelösten Tsunami. Allerdings wird nicht zum ersten Mal eine ganze Stadt durch einen Ausbruch des Vesuvs ausgelöscht. In der Bronzezeit gibt es mehrere schwere Ausbrüche. Die Avellino-Eruption findet zwei Kilometer westlich des heutigen Kraters statt und zerstört mehrere Siedlungen. In der Nähe des Ortes Nola sind noch Überreste (Hütten, Tongeschirr) und Viehleichen gefunden worden. Die meisten Bewohner können offenbar fliehen, aber man hat auch die Leichen zweier Menschen gefunden, die auf der Flucht von einer Glutwolke erfasst worden sind. In anderen Gebieten des Mittelmeerraums kommt es ebenfalls zu großen Vulkanausbrüchen, etwa Mitte des 2. Jahrtausends v. u. Z. auf Santorin, was zum Untergang der minoischen Kultur geführt haben mag. Ähnlich traurige Berühmtheit erlangt hat die Eruption der Montagne Pelée 1902 auf Martinique, die in wenigen Minuten die gesamte Stadt Saint-Pierre zerstört. Die einzigen Überlebenden sind die Gefängnisinsassen. Dieser Vulkanausbruch ist der verheerendste seit dem Ausbruch des Krakataus (Indonesien), bei dem 1883 etwa 36 000 Menschen sterben.

Santorin, um 1630 bis 1600 v. u. Z.

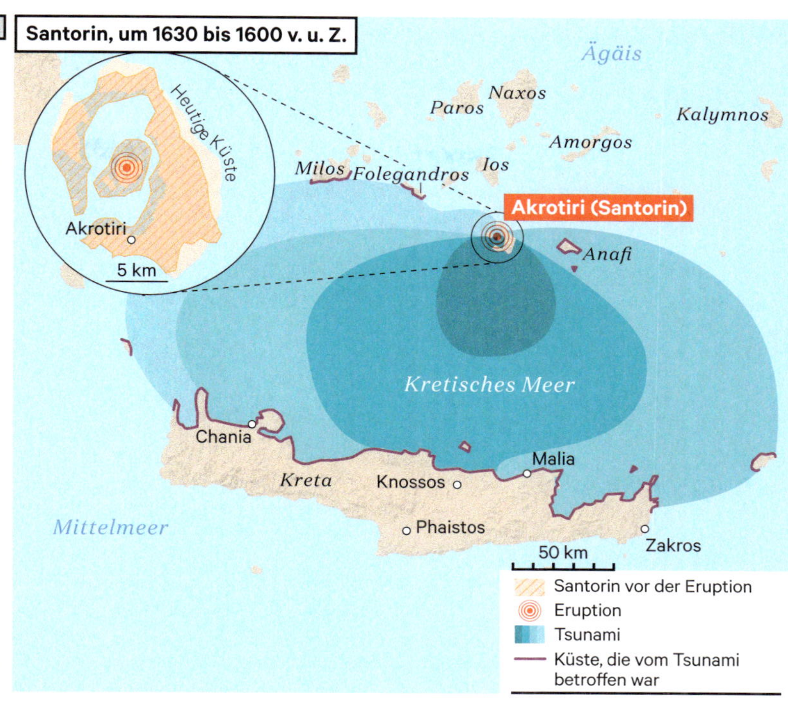

Montagne Pelée, 1902

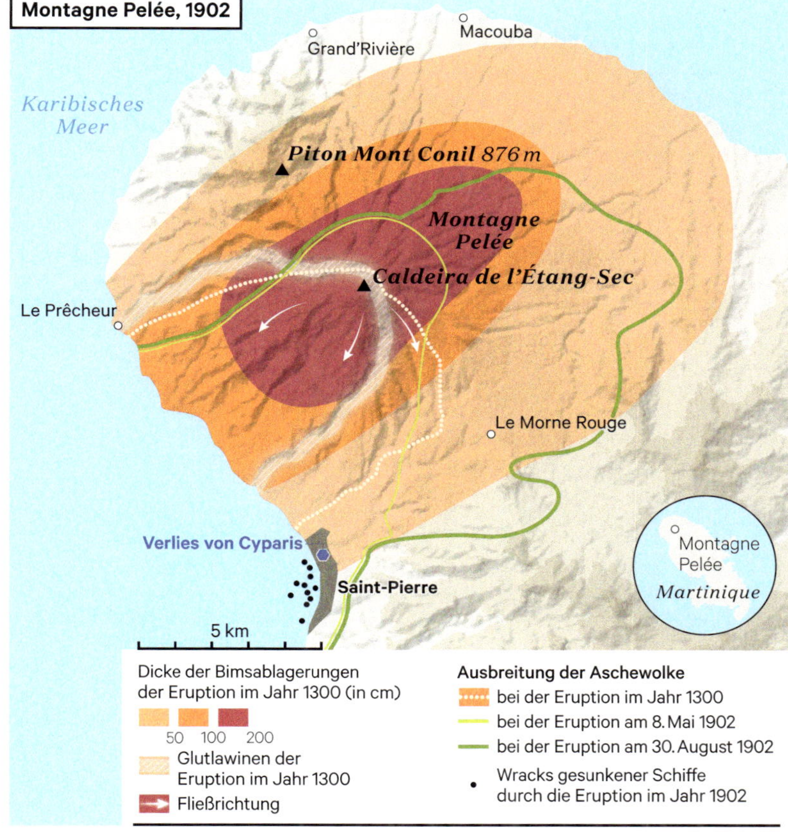

Metallische Rohstoffe

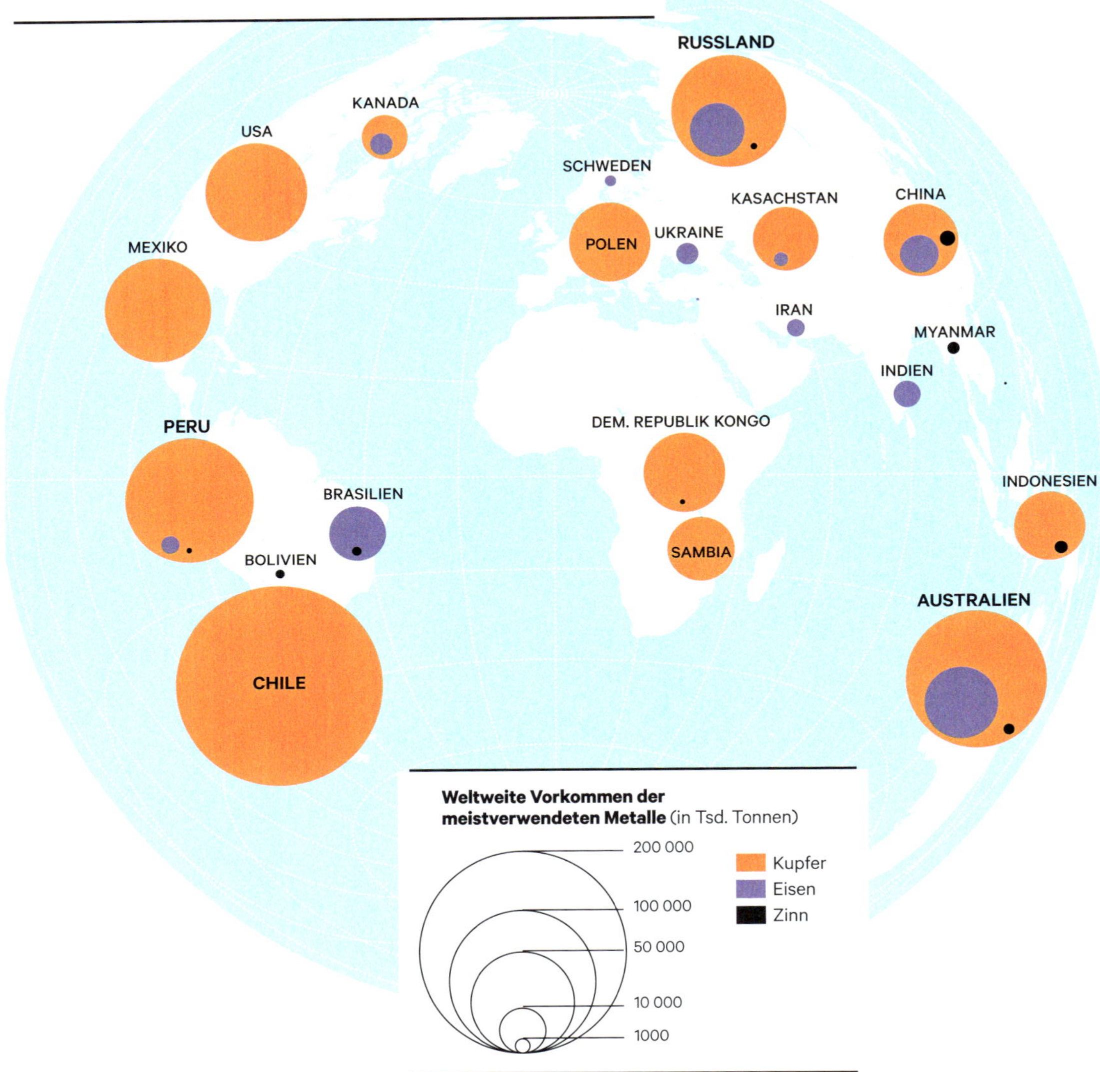

Früh verwendete Metalle

Neben Gold und Silber, die vor allem für Schmuck verwendet werden, bauen Menschen seit der Antike oder sogar der Urgeschichte Kupfer, Zinn und Eisen ab. Mit der Erfindung von Bronze (einer Legierung aus Kupfer und Zinn) ist es erstmals möglich, harte Waffen und Werkzeuge aus Metall herzustellen. Die Nutzung von Eisen dank der Erfindung von Tieföfen markiert den Übergang von der Bronze- zur Eisenzeit. Mit der Entwicklung von Hochöfen kann aufgrund der höheren Temperatur Eisen geschmolzen werden, das bis dahin nur erhitzt werden konnte (Schmelzpunkt von Eisen: bei 1538 °C, Bronze: 1100 °C). Die Aufeinanderfolge der Verwendung von Kupfer, Bronze und Eisen lässt sich in Eurasien nachweisen. Die indigenen Gesellschaften Amerikas nutzten ebenfalls verschiedene Metalle, darunter Kupfer, Zinn und Platin, was im Rest der Welt unbekannt war. Eisen dagegen verwendeten sie nicht. Die heutigen Eisenvorkommen konzentrieren sich auf Amerika, Australien und Asien. In Südeuropa und im Nahen Osten ist der Großteil dieses Metalls dagegen schon früh erschöpft.

Siehe auch — Geologie der Erde S. 32
Von Stein bis Metall S. 164
Die Jagd nach wertvollen Metallen S. 228

Edelmetalle und wertvolle Minerale

Je nach Epoche und Kultur werden unterschiedliche Metalle als wertvoll angesehen. Am teuersten ist heute Rhodium, beliebt aufgrund seiner extremen Härte, seiner Korrosionsbeständigkeit und seiner chemischen Neutralität, während in früheren Zeiten Investoren und Juweliere Gold und Silber bevorzugten – und Diamant, den auch heute wichtigsten aller wertvollen Steine.

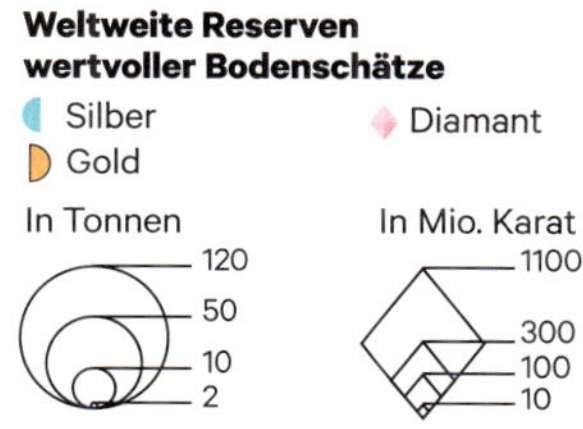

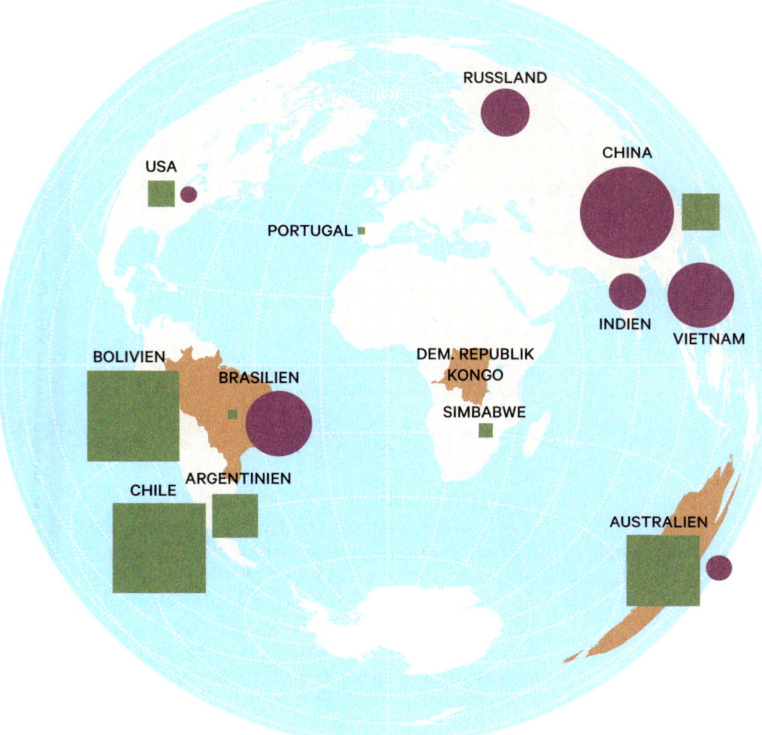

Die Hatz auf seltene Metalle

Je nach ihrer Bedeutung für die Wirtschaft oder ihrer Seltenheit sind manche Metalle von größerer strategischer Bedeutung als andere, allen voran Lithium, das z. B. für Autobatterien gebraucht wird, und Coltan, das in Raketen eingesetzt wird und von dessen Vorkommen sich mindestens 60 Prozent in der Demokratischen Republik Kongo befinden.

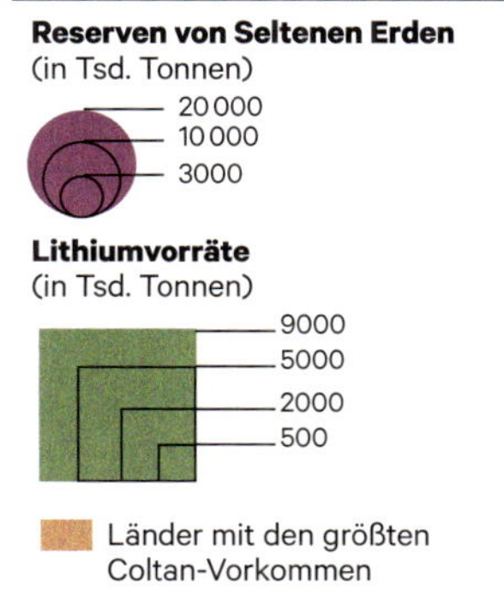

Die Erdatmosphäre

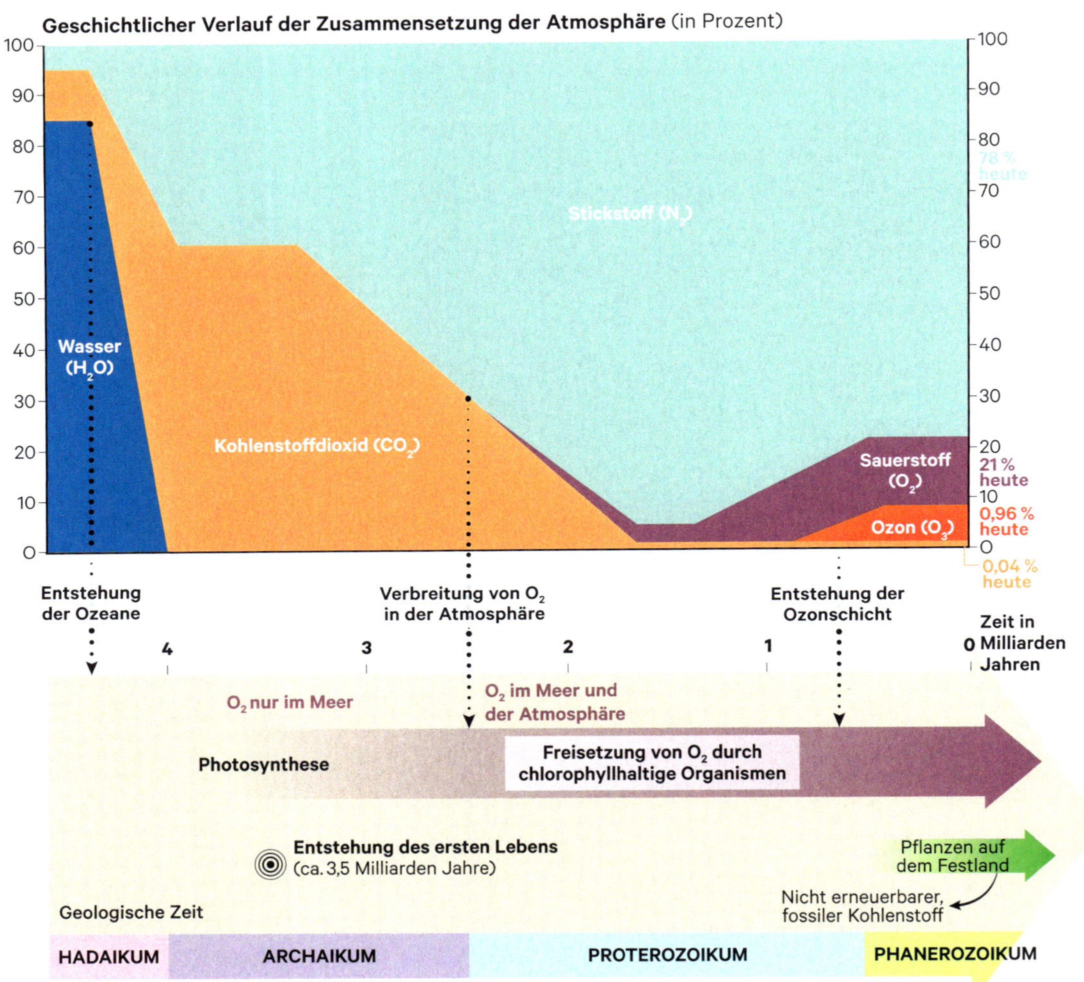

Eine vom Leben geprägte Atmosphäre

Die Erdatmosphäre ist eine Gashülle, die die gesamte Erde umgibt. Sie besteht heute vor allem aus Distickstoff (N_2) und Disauerstoff (O_2), hat sich aber im Laufe der Zeit stark verändert. Vor über 4,5 Milliarden Jahren ist der weit überwiegende Anteil Wasserdampf. Kohlendioxid (CO_2) und Distickstoff machen damals zusammen weniger als 20 Prozent aus, Disauerstoff ist gar nicht vorhanden. Durch die Abkühlung der Erde wird das Wasser flüssig, und es entstehen die Ozeane (siehe S. 37).

Das im Meer aufkeimende Leben setzt Disauerstoff frei und bindet Kohlendioxid – durch die Lebewesen, angefangen bei den Einzellern, hat sich unsere Atmosphäre von Grund auf geändert. Die Sonnenstrahlen reagieren mit den Disauerstoff-Molekülen, die die Ozonschicht bilden. Diese Schicht filtert das ultraviolette Sonnenlicht und senkt die aufgrund des Treibhauseffekts hohe Temperatur. Erst dadurch kann Leben außerhalb des Wassers entstehen (siehe S. 86).

Siehe auch — Die Solarenergie **S. 20**
Wasser – Voraussetzung für das Leben **S. 84**
Die Dekarbonisierung der Atmosphäre **S. 260**

Die Struktur der Erdatmosphäre

Die Erdatmosphäre besteht aus mehreren Schichten, deren Grenzen sich anhand der Temperaturunterschiede festlegen lassen. Die erste Schicht, die Troposphäre, ist nur etwa 10 Kilometer dick. Sie enthält 80 bis 90 Prozent der gesamten Luftmasse. Hier bilden sich die Wolken, entstehen Regen und Wind. In der darüberliegenden Stratosphäre befindet sich die für das Leben auf der Erde unerlässliche Ozonschicht. Dann folgt die Mesosphäre. In ihr verglühen die meisten Meteoroide, die in die Erdatmosphäre eindringen. Darüber, in der Thermosphäre, kreist die Internationale Raumstation in einer Höhe von ca. 400 Kilometern. In dieser Schicht steigt die Temperatur mit zunehmender Höhe an und kann bis zu 1500 °C erreichen. Die Exosphäre schließlich dehnt sich bis zu einer Entfernung von 10 000 Kilometern von der Erdoberfläche aus.

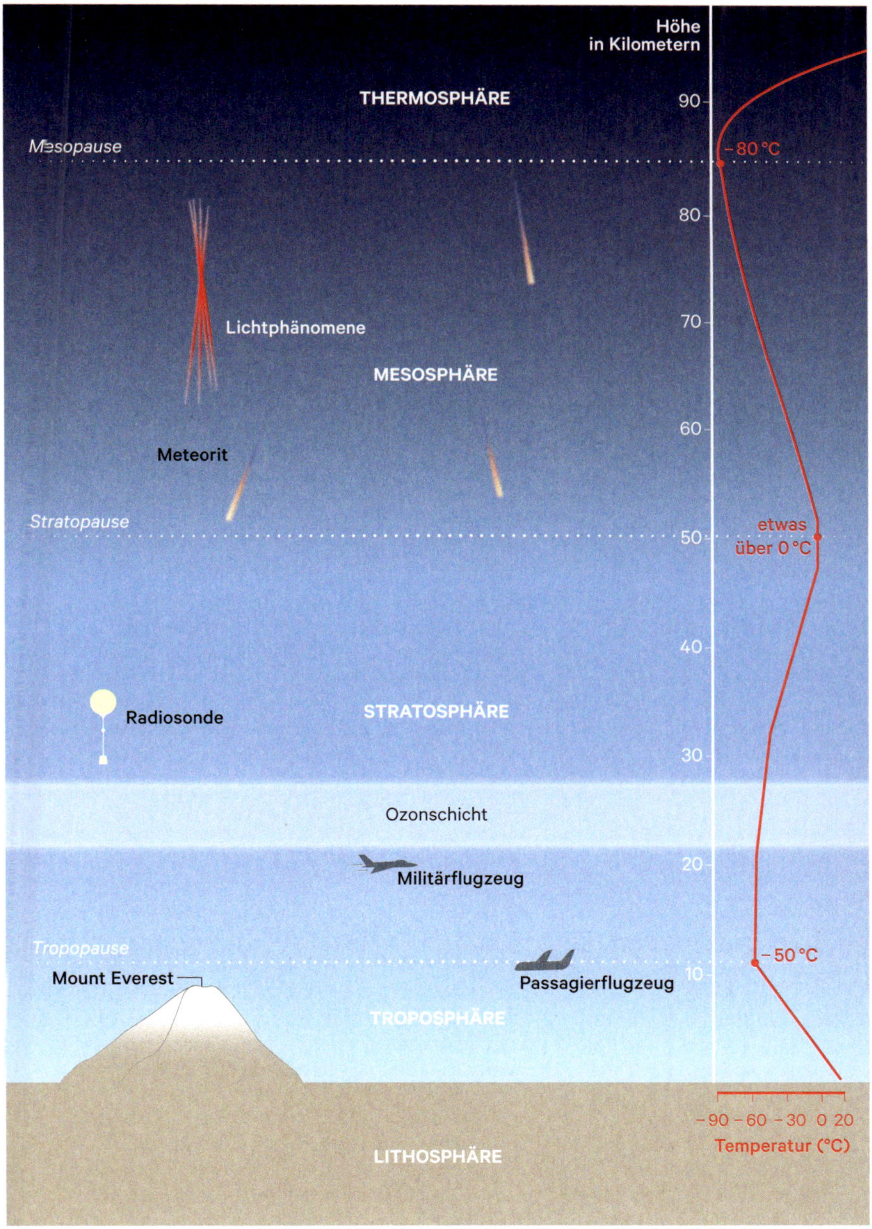

Höhe in Kilometern
THERMOSPHÄRE
90
Mesopause
−80 °C
80
70
Lichtphänomene
MESOSPHÄRE
60
Meteorit
Stratopause
50
etwas über 0 °C
40
Radiosonde
STRATOSPHÄRE
30
Ozonschicht
20
Militärflugzeug
Tropopause
−50 °C
Mount Everest
Passagierflugzeug
10
TROPOSPHÄRE
LITHOSPHÄRE
−90 −60 −30 0 20
Temperatur (°C)

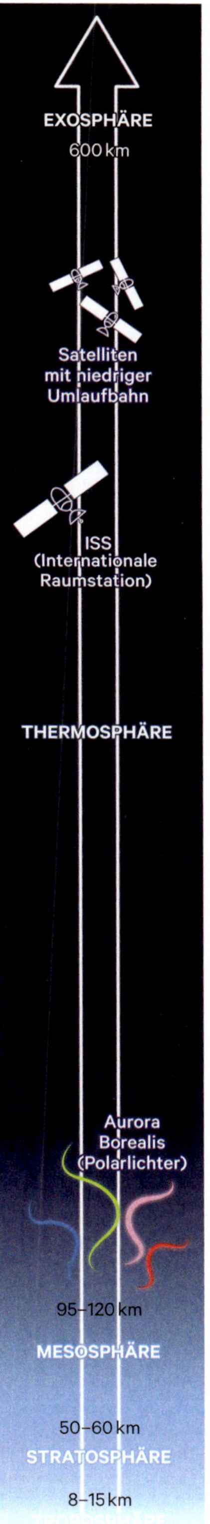

Die planetarische Zirkulation

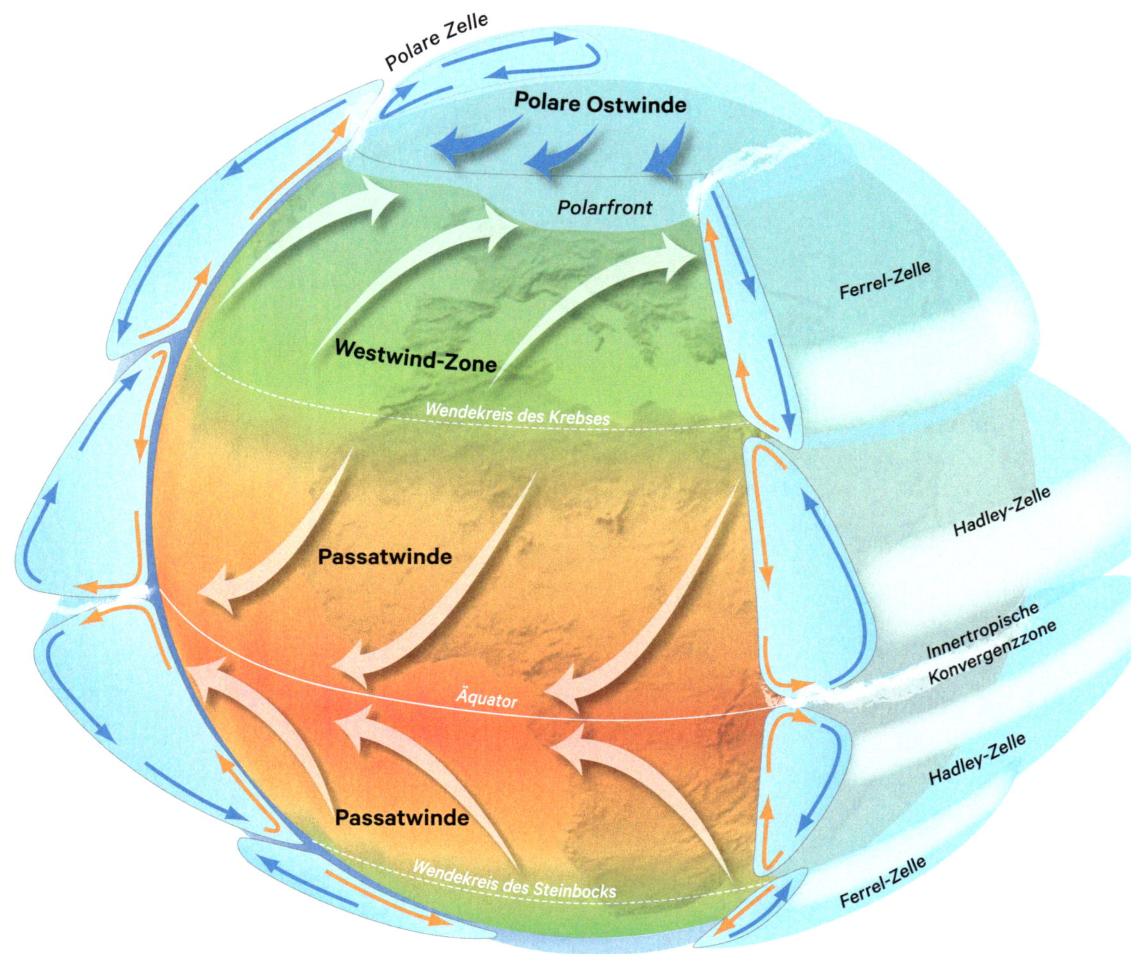

Die Bewegung der Luftmassen

Für die Entstehung der Winde spielen die Temperaturen eine große Rolle. Wenn sich die Luft erwärmt, dehnt sie sich aus und wird leichter, worauf sie nach oben steigt. Genau das geschieht am Äquator. Hier steigt heiße Luft nach oben, und an ihre Stelle tritt Luft aus den Tropen. Während des Aufstiegs kühlt die Luft wieder ab. Am Beginn der Stratosphäre (in ungefähr 10 Kilometern Höhe) wird sie aufgehalten und strömt in Richtung der Pole ab. Bei einem Breitengrad von etwa 30° sinkt sie schließlich wieder zur Erdoberfläche. Dieses Phänomen nennt sich Hadley-Zelle. Eine ähnliche Zelle wird über den Polen gebildet. Dort sinkt die schwerere kalte Luft nach unten, wo sie gezwungen ist, sich in niedrigere Breiten zu bewegen. Die dritte Zelle, die Ferrel-Zelle, entsteht aus den beiden ersten und dreht sich in entgegengesetzter Richtung. Diese weltumspannende Luftzirkulation führt dazu, dass Wärme vom Äquator in Richtung der Pole transportiert wird. Die Zellen wandern je nach Jahreszeit. Im Juni verschieben sie sich um einige Grad nach Norden, im Dezember nach Süden. Auch die Erdrotation beeinflusst die Richtung der Winde. Luftmassen, die zum Äquator strömen, werden nach Westen abgelenkt. Sind sie zu den Polen unterwegs, werden sie nach Osten abgelenkt.

Siehe auch — Der schräge Kreisel **S. 22**
Das maritime Netz der Welt **S. 214**
Umweltverschmutzung **S. 254**

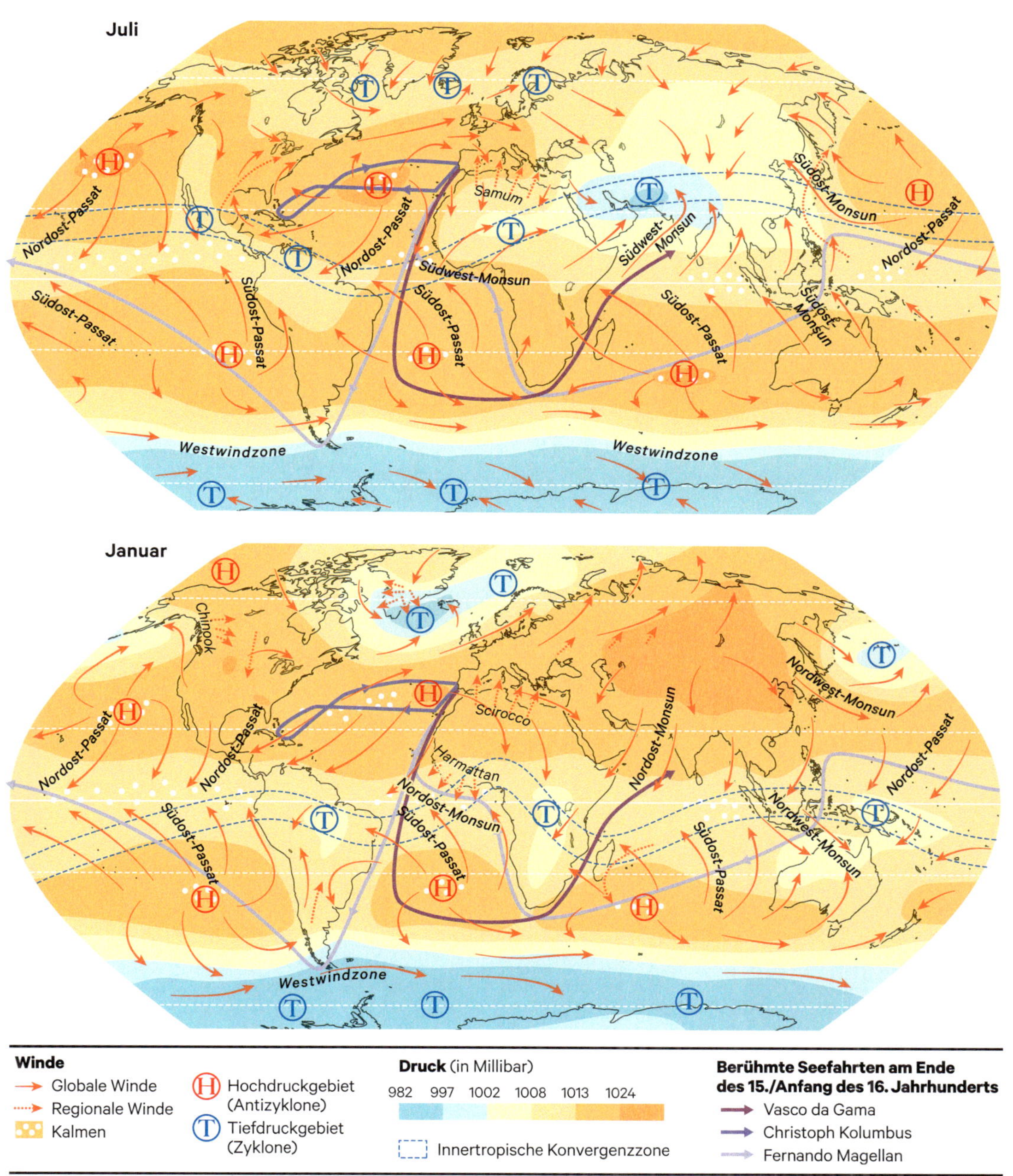

Saisonale Winde

Die planetarische Zirkulation kennt auch saisonale Unterschiede. Im Juli liegt das Gebiet, das die meiste Wärme von der Sonne erhält, auf etwa 10° nördlicher Breite. Die innertropische Konvergenzzone (ITCZ) – ein Tiefdruckgürtel, in dem die Passatwinde der Nord- und Südhalbkugel aufeinandertreffen – verschiebt sich nach Norden, sodass es in der Südsahara regnet. Auch die Niederschläge der gemäßigten Breiten fallen weiter nördlich. Im Winter kehrt sich dieser Vorgang um und die ITCZ wandert nach Süden. In der Sahelzone beginnt dann die Trockenzeit und der Regen fällt im Norden der Wüste Kalahari.

Ein wahres Weltmeer

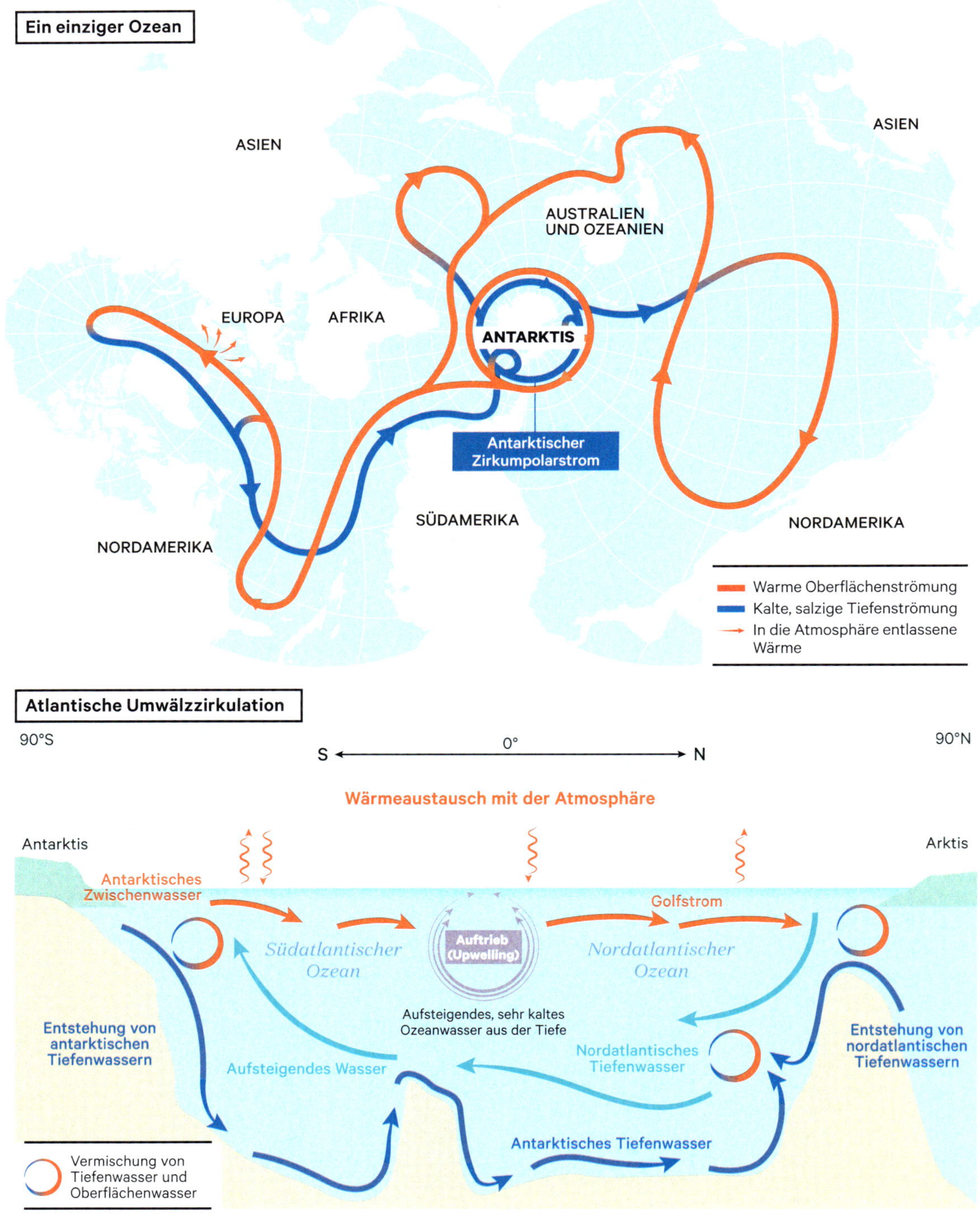

Siehe auch — Das Leben im Meer **S. 106**
Fischfang als letzte neue Praxis der Altsteinzeit **S. 142**
Das Meer und der Permafrost **S. 256**

Der Klimaregler

Die Ozeane bilden in Wahrheit ein einziges weltumspannendes Meer. Man könnte die Meeresströmung mit einem riesigen Förderband vergleichen. In der Nähe der Pole und in den Polargebieten sinkt das Oberflächenwasser nach unten und dringt in die Tiefseebecken ein, um in niedrigeren Breiten wieder aufzusteigen und sich zu erwärmen. Die mittlere Geschwindigkeit der Tiefenströmungen ist sehr gering, etwa ein Millimeter pro Sekunde. Um in dieser Geschwindigkeit einmal die Welt zu umrunden, bräuchte das Wasser fast tausend Jahre. Erst im Zusammenspiel mit der Erdrotation, den Winden und dem aufsteigenden kalten Wasser entstehen Meeresströmungen, die das Klima ganzer Regionen beeinflussen. Der Klimawandel führt vermutlich zu Veränderungen in diesen Strömungen. Wenn manche Ströme langsamer werden, könnte das zu kälteren Wintern sowie höherer Trockenheit und Hitzewellen im Sommer führen. Die Meeresströmungen spielen auch für das Leben in den Ozeanen eine Rolle. Zum Beispiel bringt das aufsteigende kalte Wasser (Auftrieb oder Upwelling genannt) Nährstoffe in die wärmeren Schichten, wodurch sich das Plankton und infolgedessen auch der Fischbestand vermehrt.

Das Phänomen El Niño

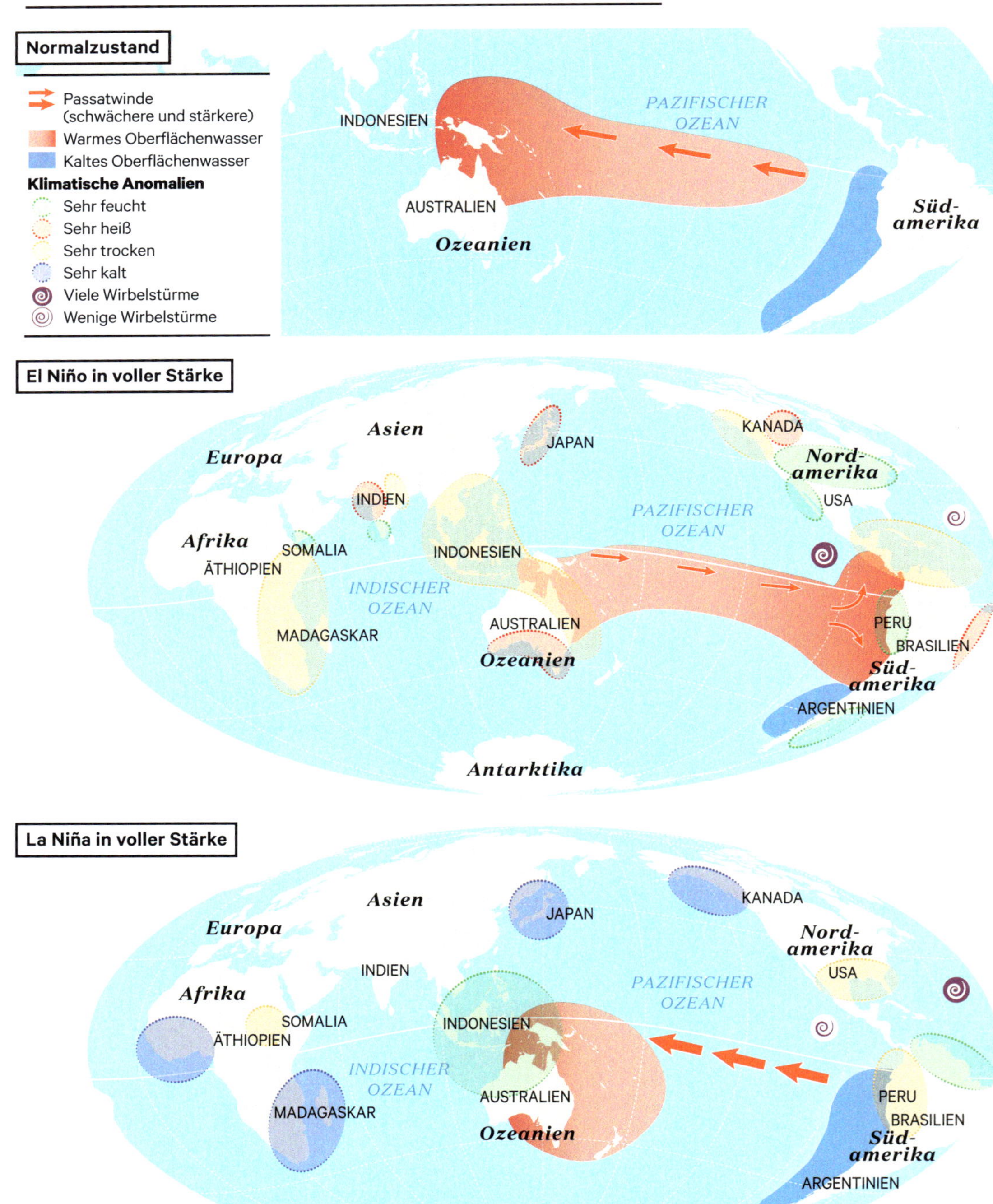

Siehe auch — Die planetarische Zirkulation **S. 62**
Tropische Wirbelstürme **S. 72**
Der Einfluss des Klimas **S. 198**

Klimaanomalien

Die El Niño-Südoszillation ist eine regelmäßig wiederkehrende Veränderung im Zusammenspiel von Ozean und Atmosphäre im Bereich des tropischen Pazifiks. Sie wirkt sich auf die Wetterverhältnisse auf der ganzen Welt aus. Dieses Phänomen tritt alle 3 bis 7 Jahre auf (im Schnitt alle 5 Jahre) und führt zu Starkregen, Dürren und anderen Störungen. Den Namen «El Niño» (spanisch «das Kind», gemeint hier: das Christkind) verdankt es peruanischen Fischern. Wenn es kurz nach Weihnachten auf Perus Küste trifft, ist damit zugleich der Höhepunkt der Wetterstörung erreicht. Unter normalen Umständen blasen die Passatwinde nach Westen über den Pazifik und bewirken, dass sich im Westpazifik warmes Oberflächenwasser sammelt. Umgekehrt steigt vor den Küsten Perus und Ecuadors kaltes Wasser auf (Upwelling), das Nährstoffe bringt, wodurch sich der Fischbestand erhöht. Manchmal kehrt sich diese Bewegung jedoch um. Die Passatwinde werden schwächer oder drehen in Richtung Osten, sodass sich dort das warme Wasser sammelt. Das Upwelling kommt zum Erliegen und der Fischbestand sinkt. Diese Veränderungen führen zu Dürre im Westen und zu starken Niederschlägen im sonst trockenen Osten. Das ist das Phänomen El Niño. Neben diesen beiden Klimaanomalien hat es aber auch Auswirkungen in zahlreichen anderen Gegenden der Welt. Seltener ist das Phänomen «La Niña», bei dem das Gegenteil von El Niño passiert. Die Passatwinde werden stärker, es kommt zu heftigen Regenfällen im Westpazifik, und die Länder am Ostpazifik erleiden Dürren.

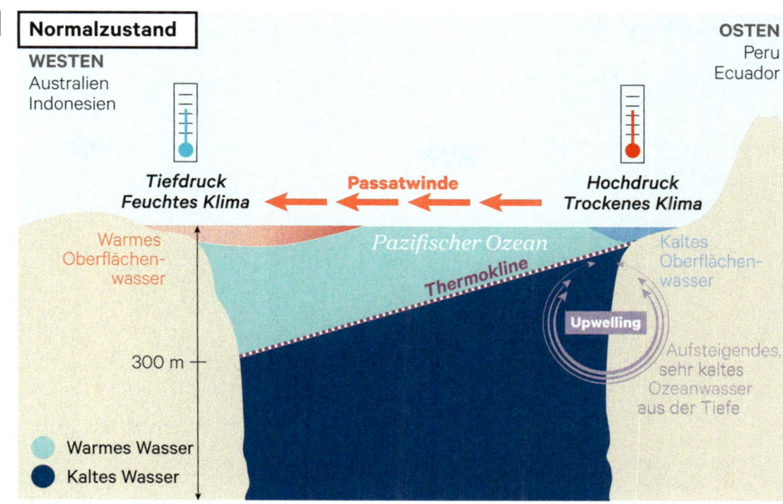

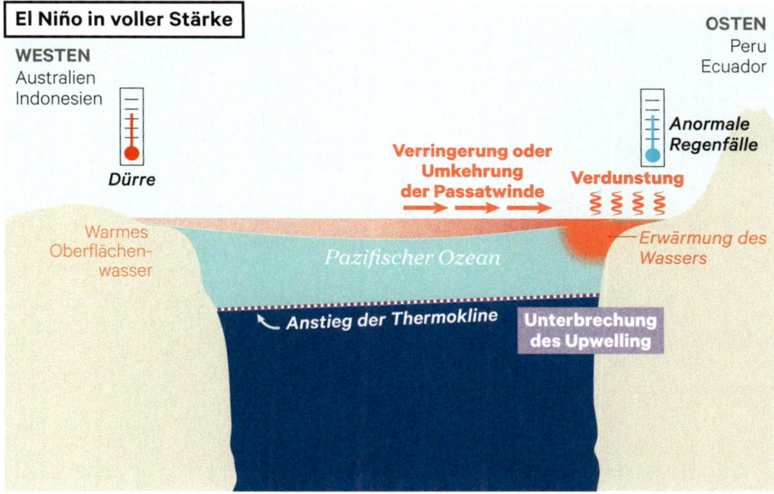

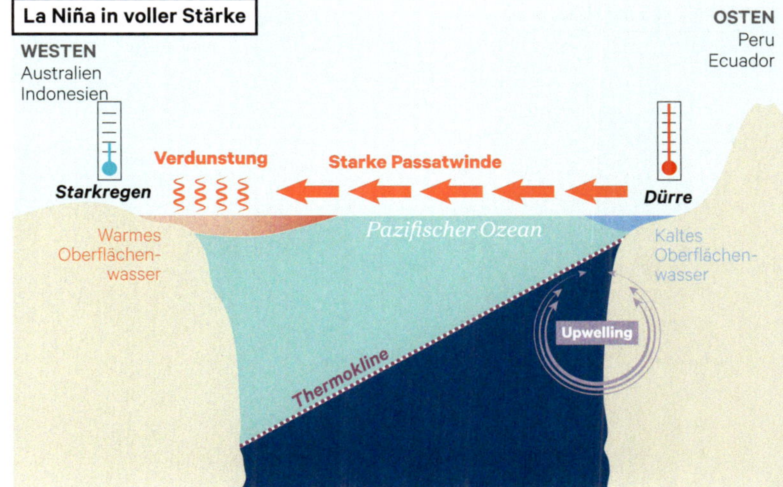

Klimata

1. Faktor: Hitze und Kälte

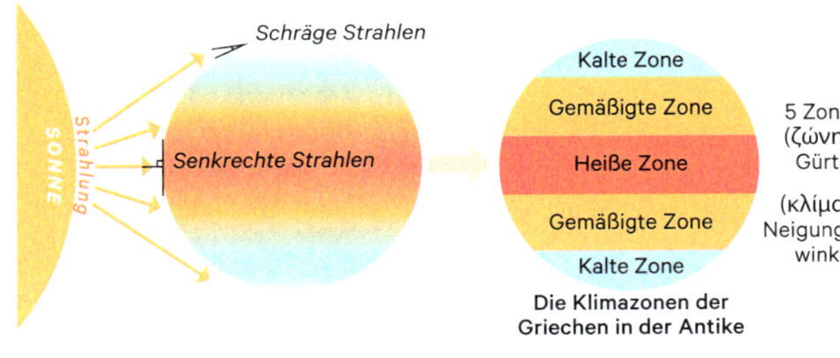

2. Faktor: Luftmassen (Hoch- und Tiefdruck)

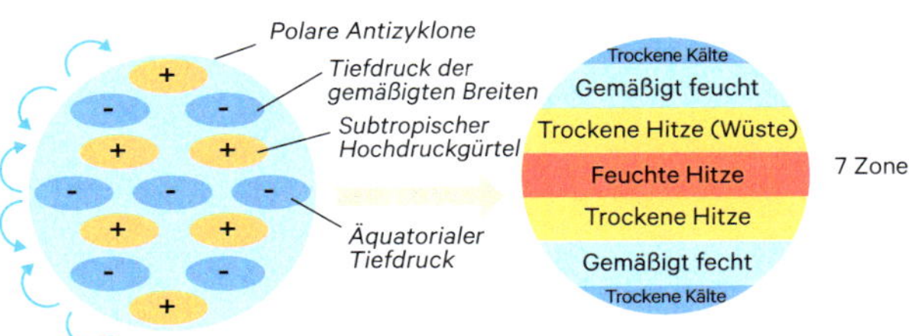

3. Faktor: Jahreszeitenwechsel

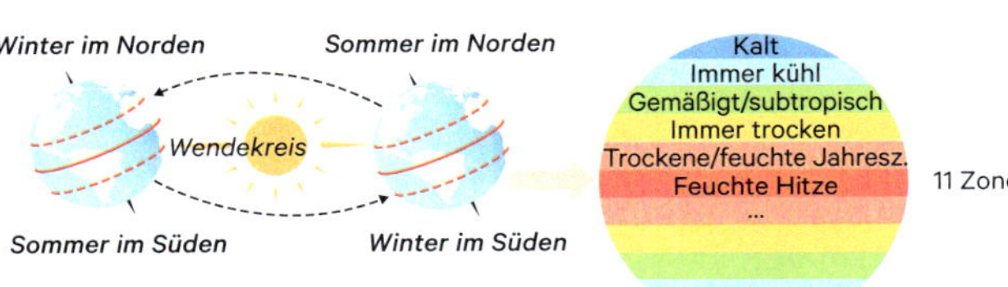

4. Faktor: kontinental/ozeanisch

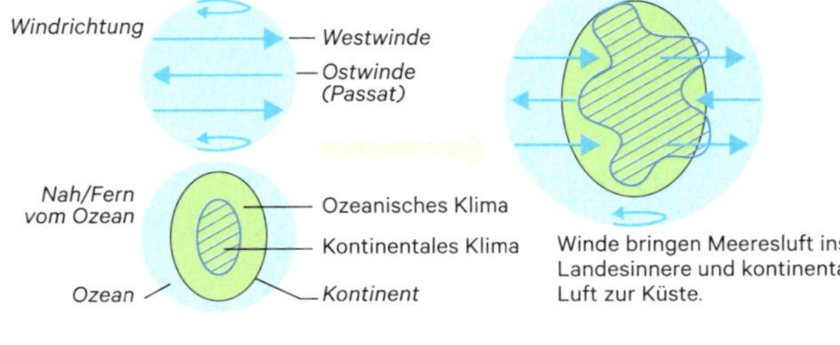

5. Faktor: Höhe

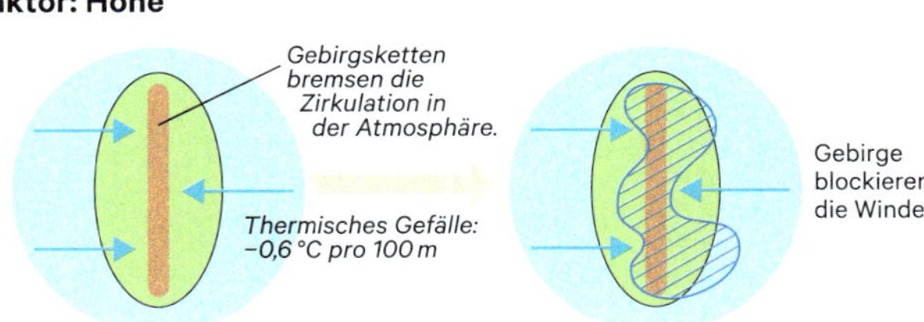

NORD-ATLANTISCH… OZEAN

SÜD-PAZIFISCHER OZEAN

Schematische Darstellung der Verteilung der Klimazonen eines Kontinents vom Pol zum Äquator

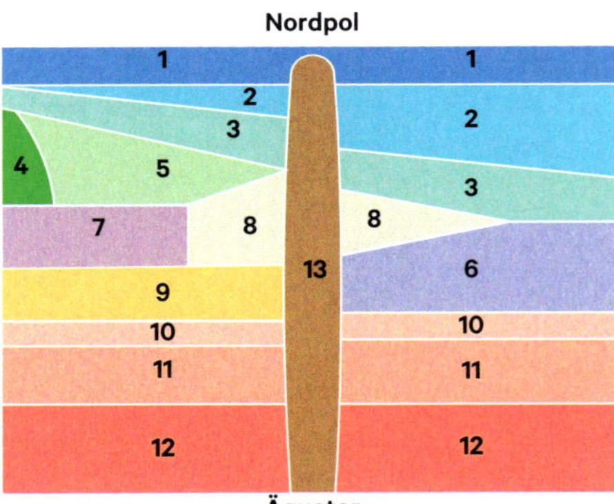

Siehe auch — Der schräge Kreisel **S. 22**
Die Ökoregionen der Erde **S. 102**
Klimawandel und Migration **S. 280**

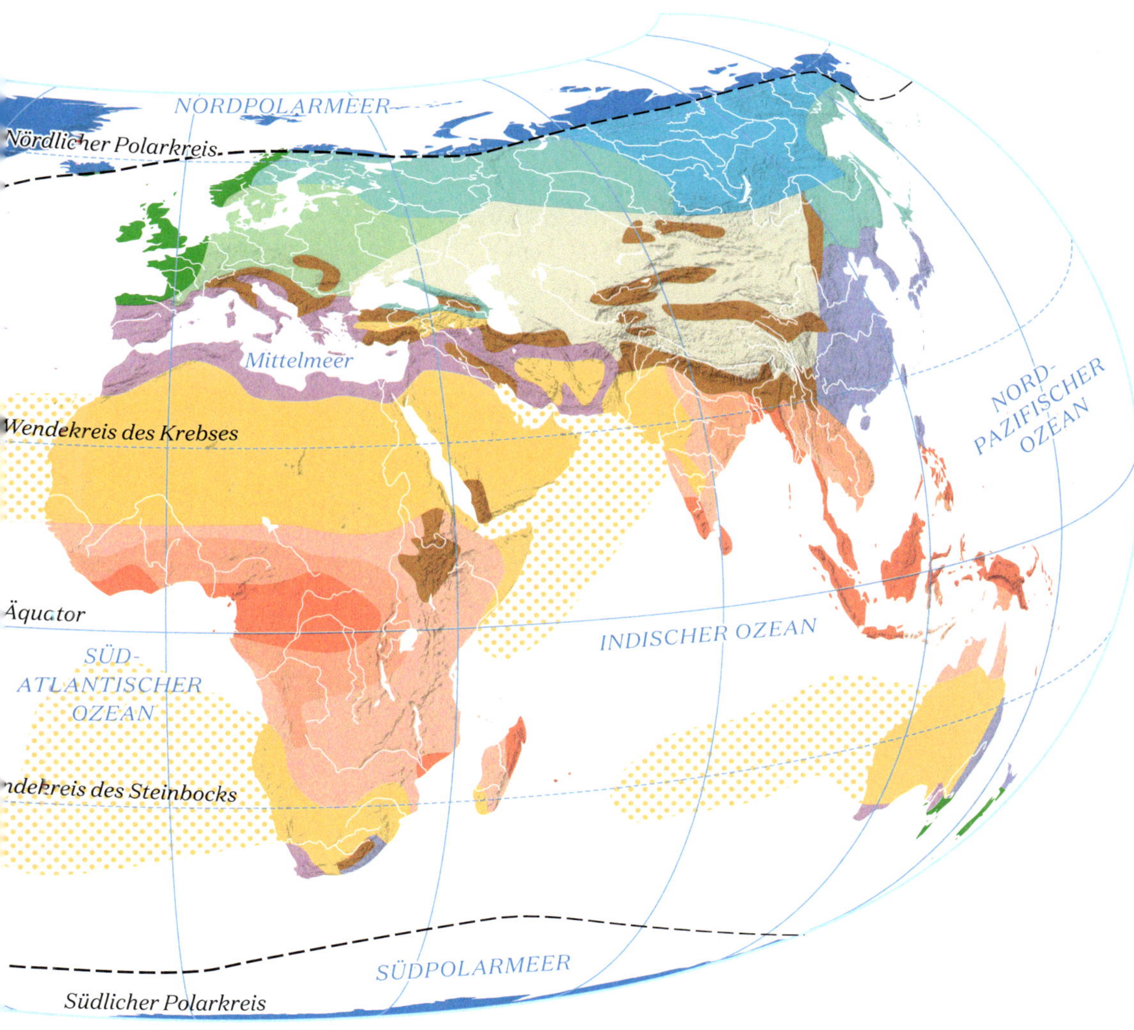

1 Polares Klima
2 Kaltes Kontinentalklima mit großen Temperaturschwankungen
3 Gemäßigt kaltes Klima
4 Hochozeanisches Klima (kühl mit schwachen Temperaturschwankungen)
5 Ozeanisches Klima (kühl mit moderaten Temperaturschwankungen)
6 Gemäßigt feuchtes Klima mit ausgeprägten Temperaturschwankungen
7 Klima mit starker Saisonabhängigkeit (Winter mild, Sommer subtropisch trocken), genannt mediterran
8 Trockenes Klima mit warmem Sommer und kaltem Winter
9 Trockenes Klima mit sehr heißem Sommer und warmem Winter
10 Warmes Klima mit kurzer Regenzeit (Tropisch trocken oder Sahel-Klima)
11 Warmes Klima mit langer Regenzeit (Tropisch feucht)
12 Konstant warmes und feuchtes Klima (äquatorial)
13 Gebirgsklima
--- Grenze für Durchschnittstemperaturen unter 10 °C im wärmsten Monat
Meereszone mit geringen Niederschlägen (< 500 mm/Jahr)

Die Theorie der Klimata

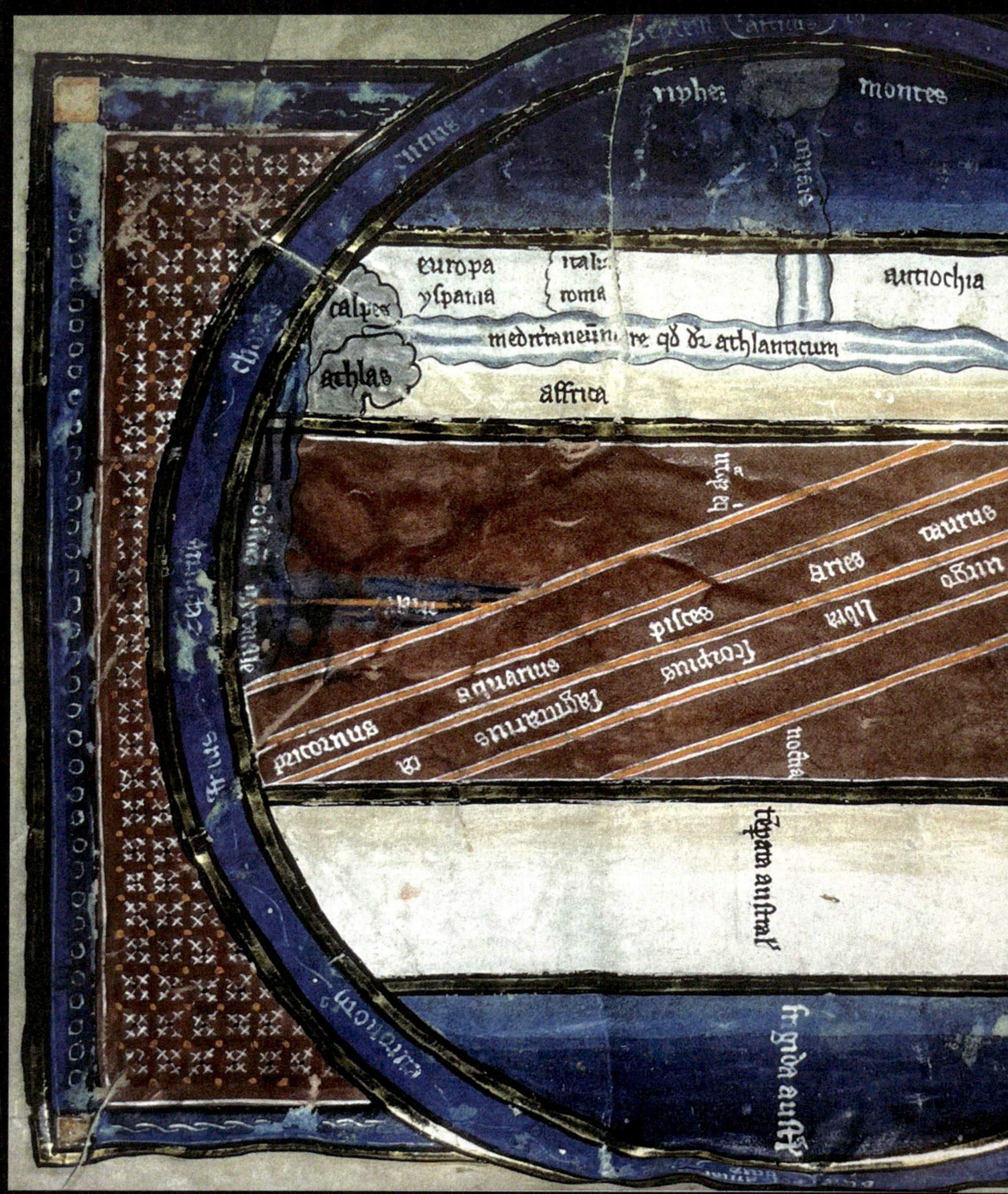

Zonenkarte in der *Philosophia mundi* von Wilhelm von Conches (Kopie aus dem Jahr 1277).

Weder zu warm noch zu kalt

Die Vorstellung von Klimazonen geht auf Aristoteles Abhandlung *Über den Himmel* zurück. Ausgehend von der Bewegung der Sonne um die unbewegliche Erde (siehe S. 18) – mit der die Veränderung der Höhe der Sonne über dem Horizont im Laufe eines Jahres einhergeht – teilt er die Erdoberfläche in fünf Zonen auf, die sich durch parallel zum Äquator verlaufende Linien voneinander abgrenzen lassen. In der Sprache der Gelehrten hat sich über die Jahrhunderte der griechische Begriff *zōnē* (ζώνη, wörtlich «Gürtel») erhalten, den wir heute noch immer verwenden. Im Mittelalter wird diese Einteilung der Erde beibehalten und auch in den Weltkarten benutzt, wie etwa auf dieser Karte, die einen Text des Philosophen Wilhelm von Conches illustriert. Die Zonen sind äquidistant, sie geben nicht die genauen Breitengrade der Wendekreise oder der Polarkreise wieder. Zwischen den Querstrichen in der Mitte sind die zwölf Tierkreiszeichen eingetragen.

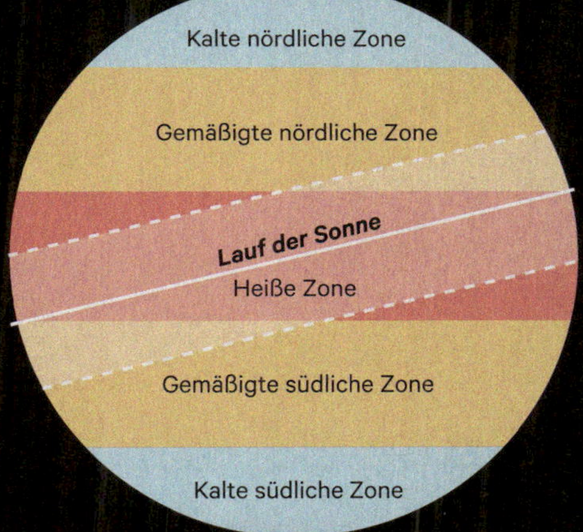

Bei Aristoteles findet sich die Idee, das gemäßigte Klima sei den anderen Klimata überlegen und eigne sich eher zur Herausbildung einer «Kultur». Für ihn sind die Völker des kalten Europas sehr mutig, aber weniger intelligent. In Asien seien die Völker feinsinnig, aber zaghaft. Die Griechen, die topografisch in der Mitte liegen, vereinen alle diese Eigenschaften. Europa beginnt bei Aristoteles nördlich von Griechenland, Asien liegt im Osten und Süden, große Teile von Afrika sind noch unbekannt. Nach Ibn Chaldun und Jean Bodin findet diese Theorie ihren höchsten Ausdruck in Montesquieus *Vom Geist der Gesetze*. Heute gilt der Geodeterminismus zwar als veraltet, aber unterschwellig lebt die Vorstellung weiter, die wirtschaftlichen Entwicklungsmöglichkeiten eines Landes hingen mit dessen geografischer Lage zusammen, was die Analyse der historischen Prozesse erschwert (siehe S. 232).

Tropische Wirbelstürme

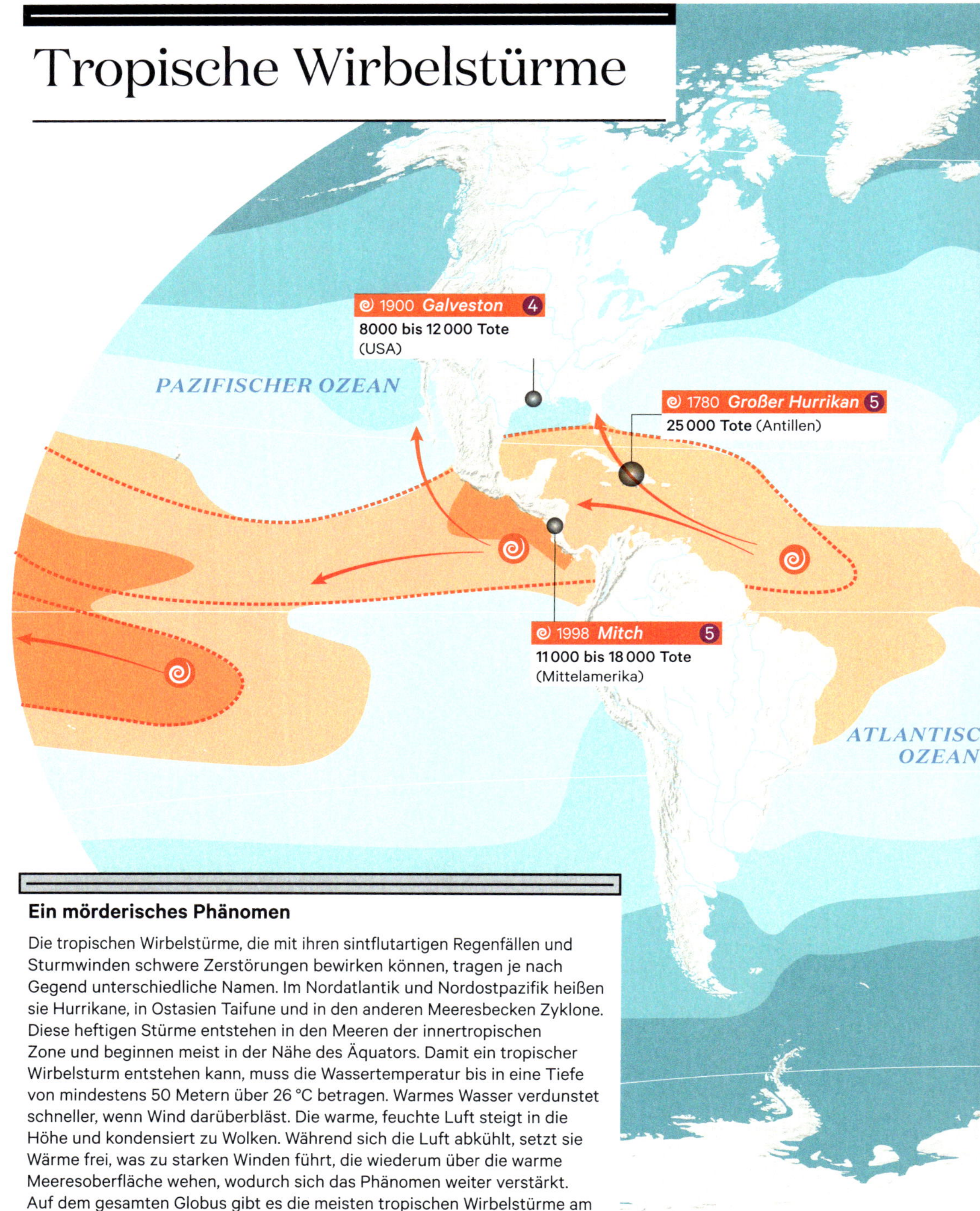

Ein mörderisches Phänomen

Die tropischen Wirbelstürme, die mit ihren sintflutartigen Regenfällen und Sturmwinden schwere Zerstörungen bewirken können, tragen je nach Gegend unterschiedliche Namen. Im Nordatlantik und Nordostpazifik heißen sie Hurrikane, in Ostasien Taifune und in den anderen Meeresbecken Zyklone. Diese heftigen Stürme entstehen in den Meeren der innertropischen Zone und beginnen meist in der Nähe des Äquators. Damit ein tropischer Wirbelsturm entstehen kann, muss die Wassertemperatur bis in eine Tiefe von mindestens 50 Metern über 26 °C betragen. Warmes Wasser verdunstet schneller, wenn Wind darüberbläst. Die warme, feuchte Luft steigt in die Höhe und kondensiert zu Wolken. Während sich die Luft abkühlt, setzt sie Wärme frei, was zu starken Winden führt, die wiederum über die warme Meeresoberfläche wehen, wodurch sich das Phänomen weiter verstärkt. Auf dem gesamten Globus gibt es die meisten tropischen Wirbelstürme am Ende des Sommers, wenn die Wassertemperatur am höchsten ist. Wirbelstürme gehören zu den häufigsten Naturgefahren. Sie fordern jedes Jahr zahlreiche Opfer. Am schlimmsten wüten sie auf dem Indischen Subkontinent und in Südostasien, wo Stürme schon einmal über 300 000 Menschenleben fordern.

Siehe auch — Die planetarische Zirkulation **S. 62**
Das Phänomen El Niño **S. 66**
Klimawandel und Migration **S. 280**

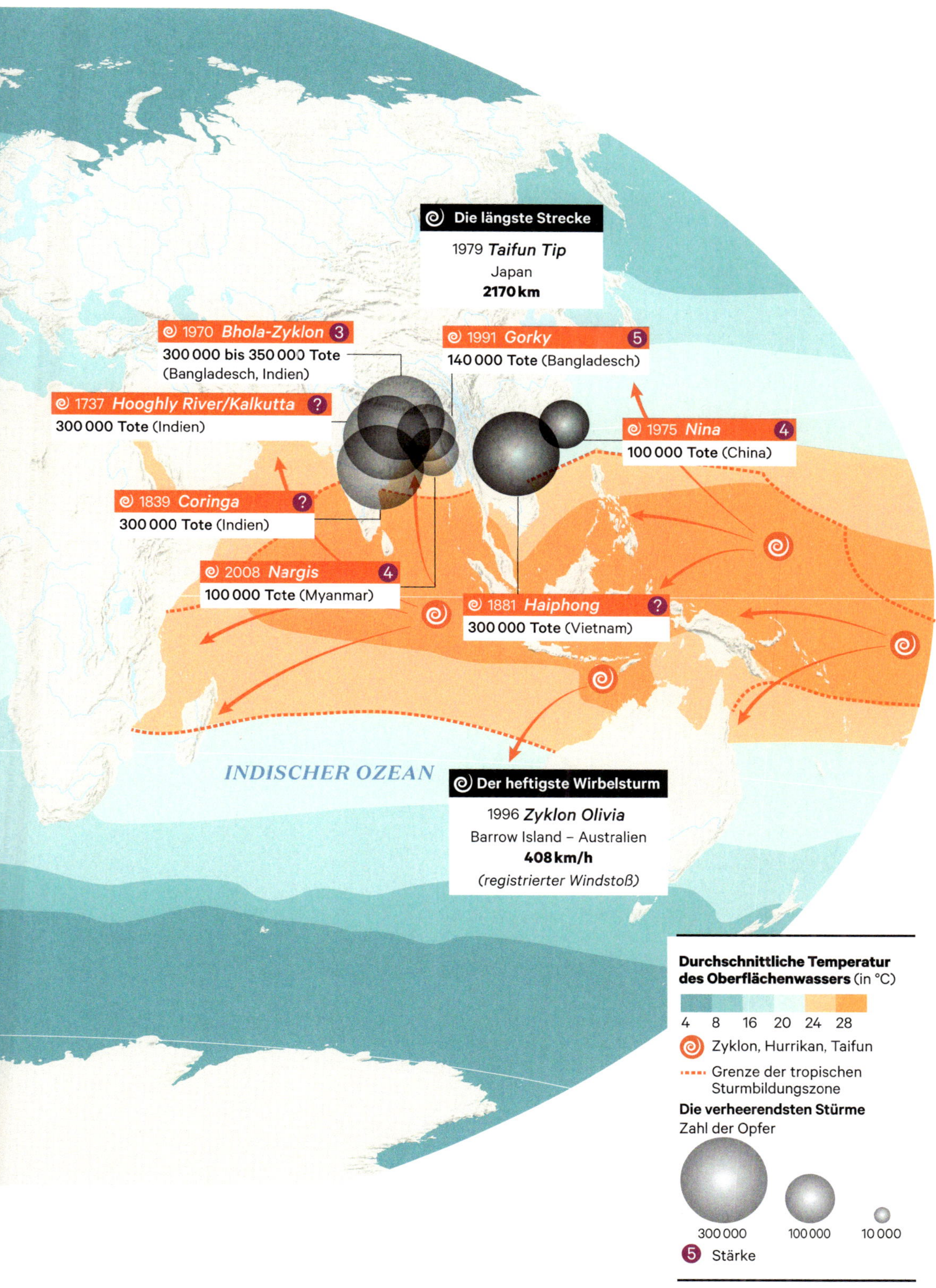

Binnengewässer

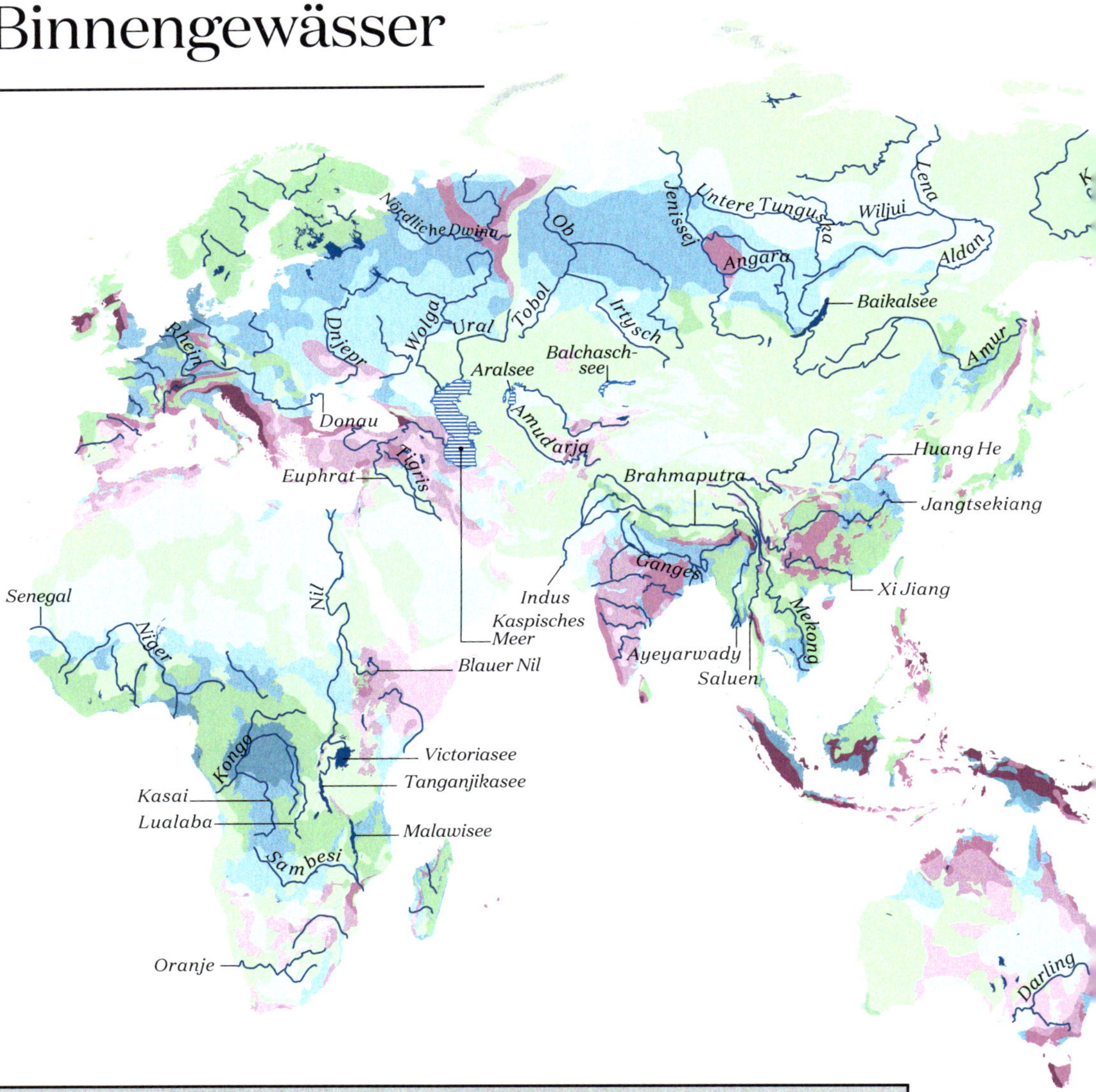

Ungleiche Verteilung

Das meiste Wasser unseres Planeten ist in den Ozeanen gespeichert, aber auch die Binnengewässer spielen für die Ökosysteme eine wichtige Rolle. Dazu gehören die an der Oberfläche befindlichen Flüsse, Seen und Eiskappen sowie das unterirdische Grundwasser. Bis auf einige große Salzwasserseen (u. a. der Titicacasee und der Große Salzsee), das Kaspische Meer und die Flussmündungen führen die Gewässer des Festlands Süßwasser. Die weitaus größte Menge des Süßwassers befindet sich in den Polkappen, gefolgt vom Grundwasser. Die Oberflächengewässer (Seen, Bäche, Flüsse) führen nur einen verschwindend geringen Teil des Festlandwassers (weniger als 1 Prozent). Zudem ist Süßwasser sehr ungleich über den Planeten verteilt. Manche Länder wie Jordanien oder Libyen haben so gut wie keine Süßwasserreserven. Umgekehrt verfügen nur neun Länder über mehr als die Hälfte der gesamten Ressourcen: Kanada, die USA, Kolumbien, Peru, Brasilien, Russland, China, Indonesien und Indien. Doch trotz großer Ressourcen verbrauchen manche Länder zu viel Grundwasser, allen voran Indien, aber auch China und die USA.

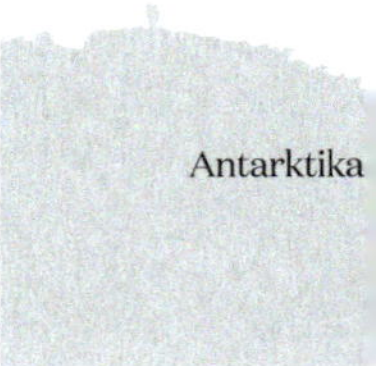

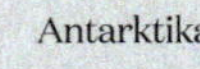

Siehe auch — Antarktika S. 78
Dürre und Flut S. 180
Wasser zwischen Mangel und Überfluss S. 284

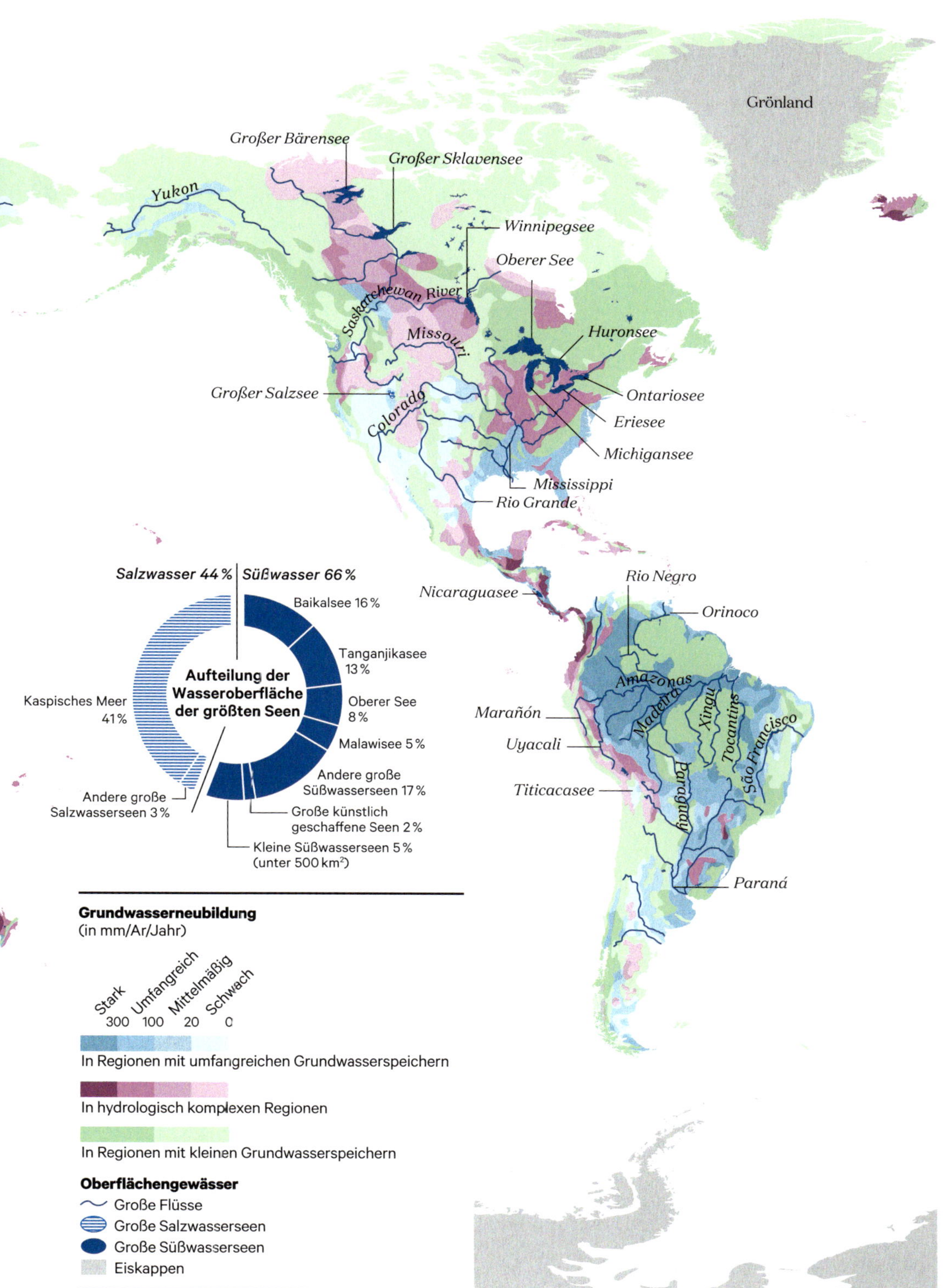

Die Wüsten

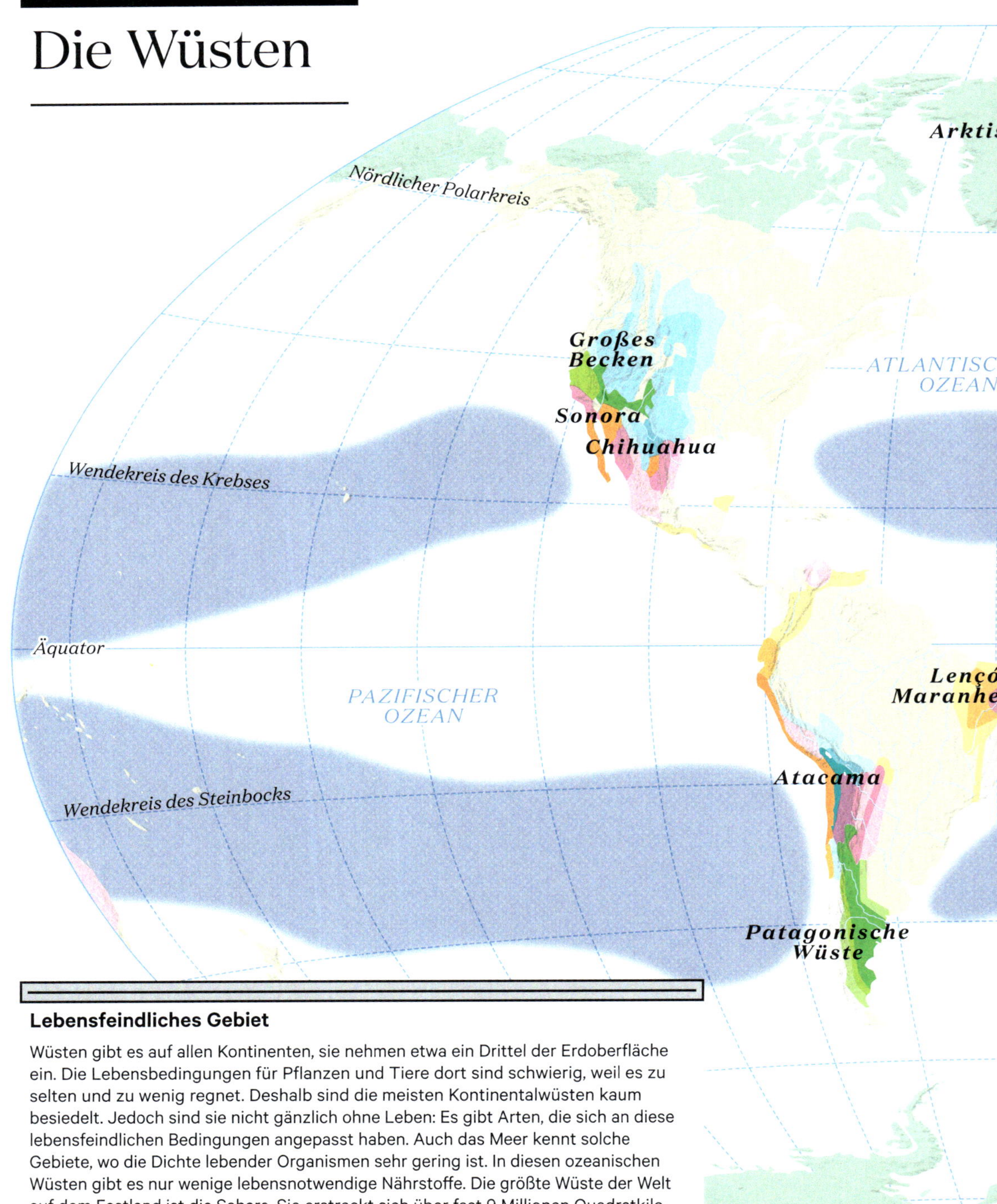

Lebensfeindliches Gebiet

Wüsten gibt es auf allen Kontinenten, sie nehmen etwa ein Drittel der Erdoberfläche ein. Die Lebensbedingungen für Pflanzen und Tiere dort sind schwierig, weil es zu selten und zu wenig regnet. Deshalb sind die meisten Kontinentalwüsten kaum besiedelt. Jedoch sind sie nicht gänzlich ohne Leben: Es gibt Arten, die sich an diese lebensfeindlichen Bedingungen angepasst haben. Auch das Meer kennt solche Gebiete, wo die Dichte lebender Organismen sehr gering ist. In diesen ozeanischen Wüsten gibt es nur wenige lebensnotwendige Nährstoffe. Die größte Wüste der Welt auf dem Festland ist die Sahara. Sie erstreckt sich über fast 9 Millionen Quadratkilometer und hat vielfältige Landschaften zu bieten. Die Sanddünen, die unser Bild von der Sahara prägen, stellen dabei nur 20 Prozent der Oberfläche dar. Die restlichen 80 Prozent bestehen aus Felsflächen mit überwiegend Sedimentgestein. Heute entstehen vor allem aufgrund von Entwaldung, Klimawandel und übermäßiger Nutzung der Wasserressourcen immer neue Wüstengebiete.

Siehe auch — Klimata **S. 68**
Dürre und Flut **S. 180**
Klimawandel und Migration **S. 280**

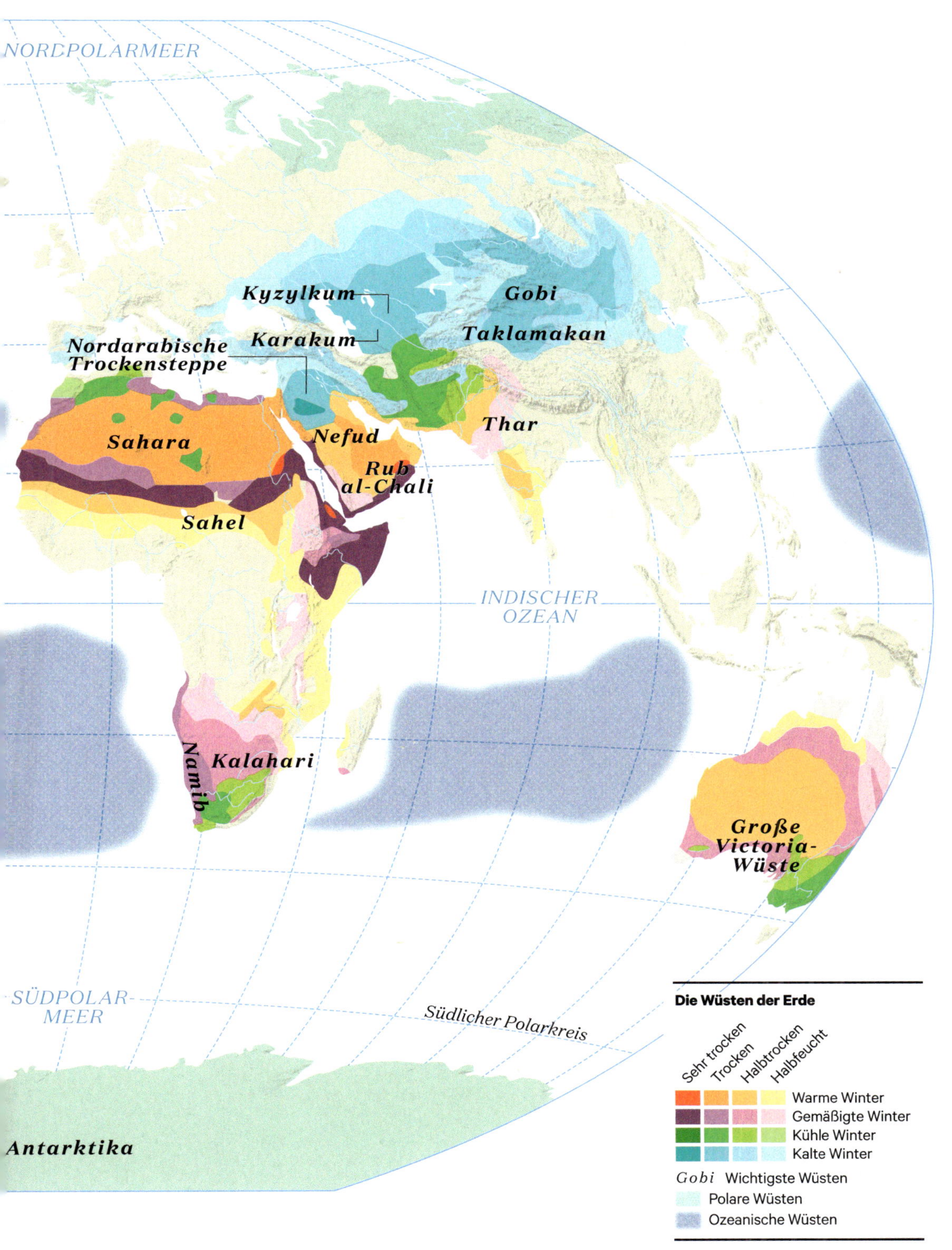

Die Wüsten der Erde

	Sehr trocken	Trocken	Halbtrocken	Halbfeucht
Warme Winter				
Gemäßigte Winter				
Kühle Winter				
Kalte Winter				

Gobi Wichtigste Wüsten

Polare Wüsten

Ozeanische Wüsten

Antarktika

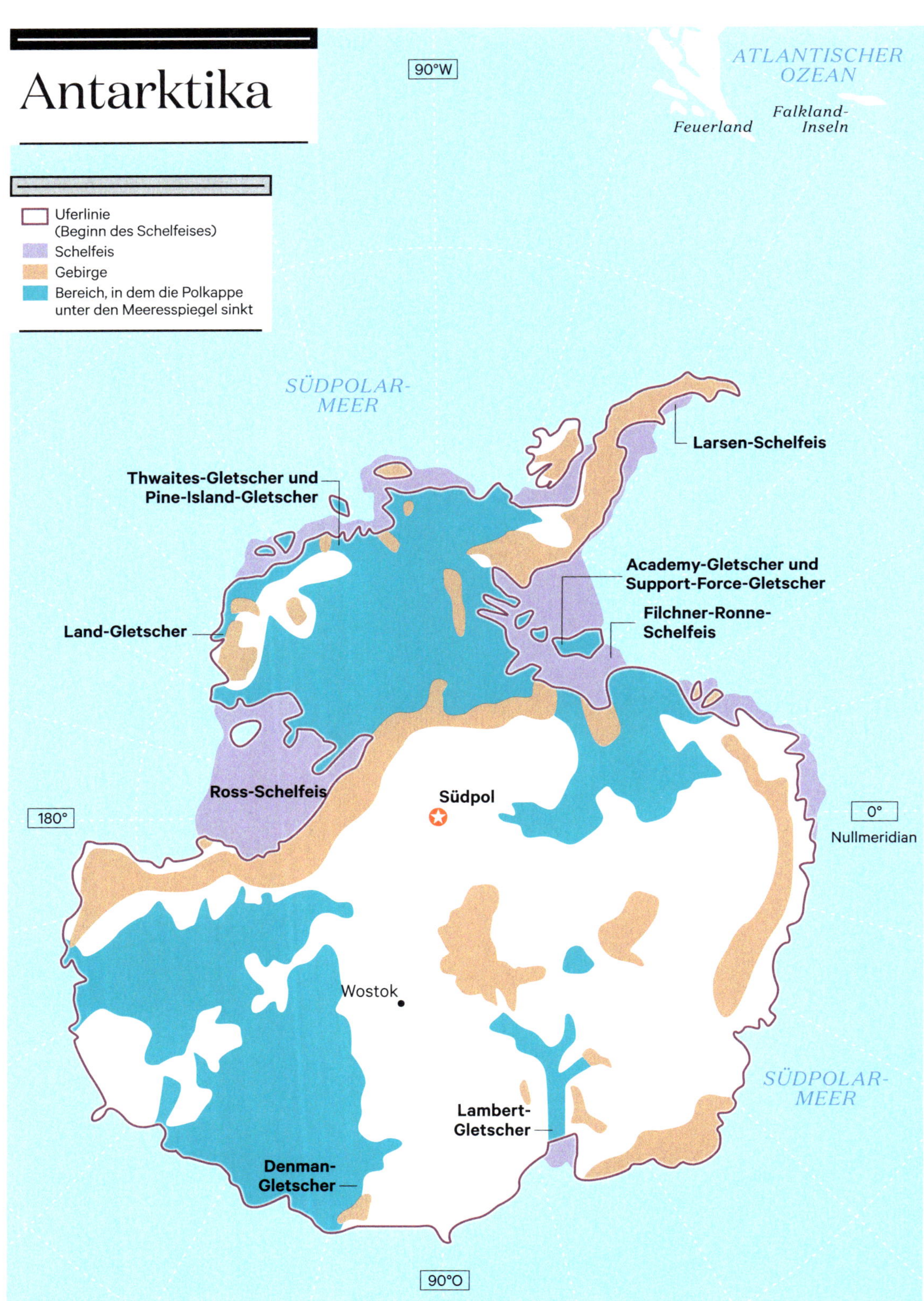
Uferlinie
(Beginn des Schelfeises)
Schelfeis
Gebirge
Bereich, in dem die Polkappe
unter den Meeresspiegel sinkt
90°W
ATLANTISCHER
OZEAN
Falkland-
Inseln
Feuerland
SÜDPOLAR-
MEER
Larsen-Schelfeis
Thwaites-Gletscher und
Pine-Island-Gletscher
Academy-Gletscher und
Support-Force-Gletscher
Filchner-Ronne-
Schelfeis
Land-Gletscher
Ross-Schelfeis
Südpol
180°
0°
Nullmeridian
Wostok
SÜDPOLAR-
MEER
Lambert-
Gletscher
Denman-
Gletscher
90°O

Siehe auch — Binnengewässer **S. 74**
Klimawandel und Migration **S. 280**
Das Meer als neue Grenze **S. 290**

Unterm Eis Antarktikas

Antarktika, auch «Südkontinent» oder «weißer Kontinent» genannt, ist der südlichste Kontinent der Erde mit den extremsten Bedingungen. In Wostok liegen die Temperaturen im Winter bei – 70 °C und im Sommer bei – 50 °C. Das Inlandeis (die Polkappe) von Antarktika bedeckt den größten Teil des Kontinents. Diese Eisschicht ist bis zu 4000 Meter dick. Etwa 50 Prozent der Polkappe liegen auf Gestein, das sich unter dem Meeresspiegel befindet. Im Osten (unten auf der Karte) befindet sich das Grundgestein größtenteils über dem Meeresspiegel, im Westen bis zu 2500 Meter darunter. Als Schelfeis bezeichnet man eine große Eisplatte, die auf dem Meer schwimmt, aber noch mit der Eiskappe des Südpols verbunden ist. Sie entsteht, wenn ein Gletscher ins Meer fließt. Das Schelfeis wird vom Menschen sehr genau überwacht. Die größte Fläche stellt mit ca. 487 000 Quadratkilometern das Ross-Schelfeis dar – damit entspricht es fast der Fläche Frankreichs (551 000 m²). In der antarktischen Polkappe sind ca. 61 Prozent des gesamten Süßwassers der Erde gebunden. Um zu verstehen, wie sie sich verhält, wenn die Temperaturen steigen, haben Glaziologen eine präzise topografische Karte der unsichtbaren Felsformationen dieses Kontinents erstellt (siehe Abbildung unten).

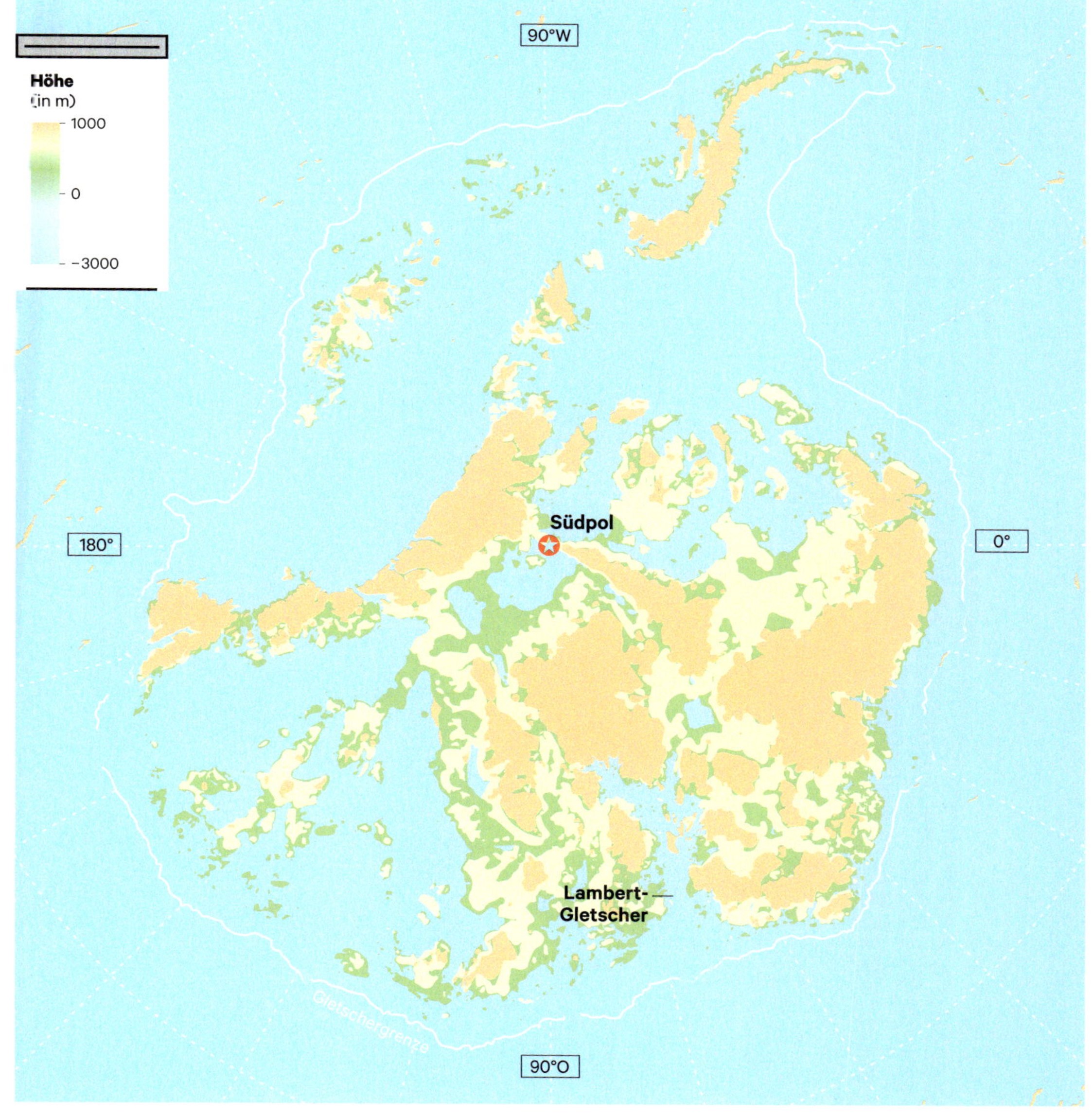

Die letzten Eiszeiten

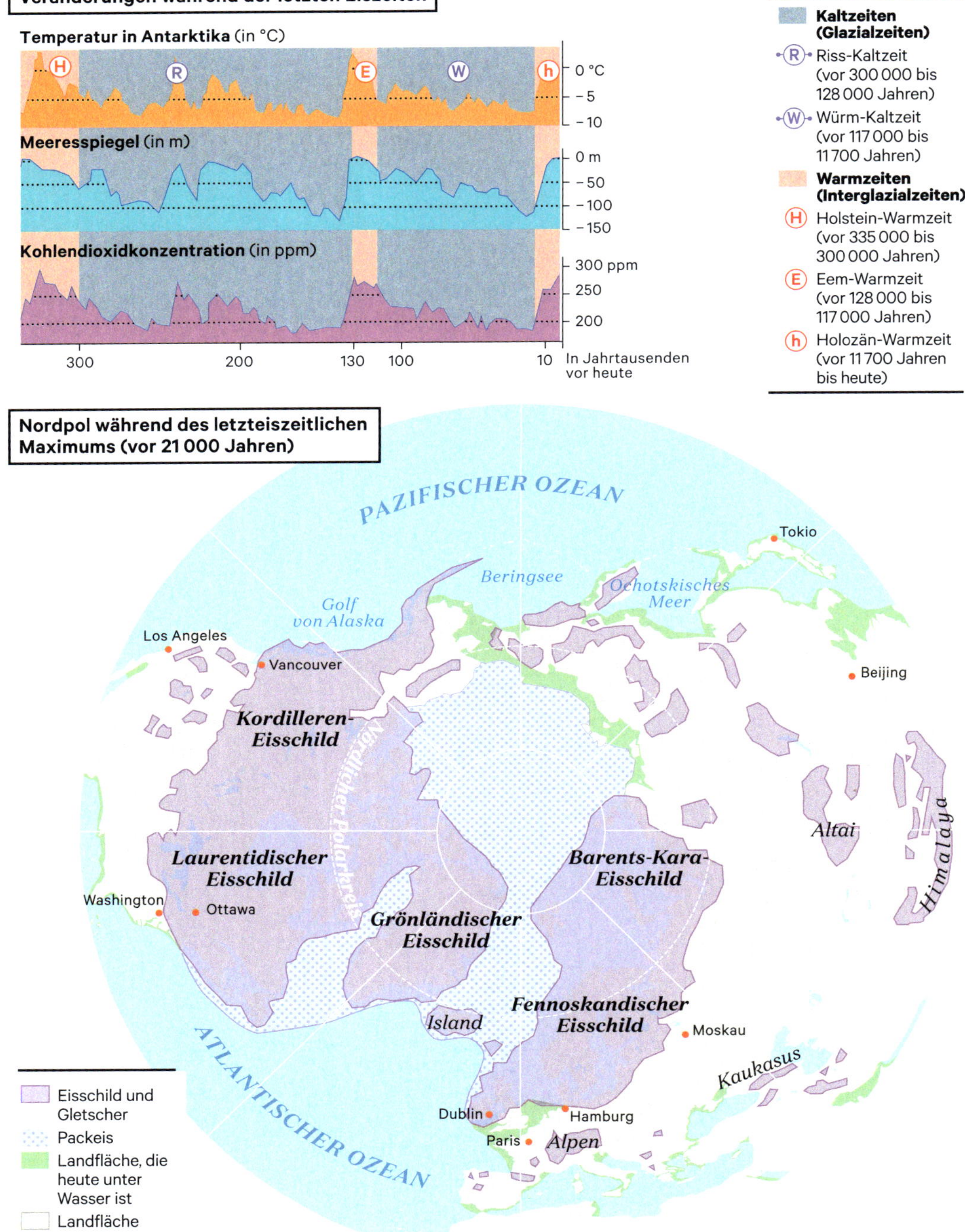

Siehe auch — Der Übergang zum Holozän **S. 146**
Warum eigentlich Landwirtschaft? **S. 162**
Die Klimaverhältnisse der Vergangenheit **S. 200**

Frühere Eiswelten

Die Erde ist geprägt von regelmäßigen Kaltzeit-Zyklen. Phasen globaler Abkühlung, in denen die Kontinente teilweise von Eis überzogen werden, und Erwärmungsphasen, die man Interglazialzeiten nennt, wechseln sich ab. Seit Beginn des Quartärs, des jüngsten Zeitabschnitts in der Chronologie der geologischen Zeit, vor 2,58 Millionen Jahren hat es siebzehn jeweils etwa 100 000 Jahre dauernde Eiszeiten gegeben. Die Interglazialzeiten wiederum dauern jeweils 10 000 bis 20 000 Jahre. Zu einem Umschwung in einer Eiszeit tragen verschiedene Faktoren bei, u. a. die Zusammensetzung der Atmosphäre, Änderungen in der Erdumlaufbahn, die Bewegung der tektonischen Platten und Schwankungen der Sonnenaktivität. Aber so ein Umschwung kann auch andere, plötzlich auftretende Ursachen haben, etwa wenn ein großer Asteroid auf die Erde prallt oder durch besonders große vulkanische Aktivität. Die letzte Eiszeit beginnt vor 117 000 Jahren und endet vor 11 700 Jahren. Das letzteiszeitliche Maximum wird vor ungefähr 21 000 Jahren erreicht. In den Alpen heißt diese letzte Kaltzeit auch «Würm-Kaltzeit», in Nordamerika «Wisconsin Glaciation», in Nordeuropa «Weichsel-Kaltzeit». Der Meeresspiegel senkt sich damals um etwa 120 Meter ab. Dadurch können manche Spezies, darunter auch die zu der Zeit auf der Erde lebenden Arten der Gattung *Homo*, neue Gebiete erkunden und besiedeln. Die Menschen gelangen nach Australien und über Beringia nach Amerika (siehe S. 128). Das periglaziale Klima in Europa, Nordasien und Nordamerika führt aber auch zu tiefgreifenden Veränderungen in Flora und Fauna. Die Enteisung, bei der der Meeresspiegel und die Temperaturen wieder steigen, erstreckt sich über ungefähr 8000 Jahre.

Südpol während des letzteiszeitlichen Maximums (vor 21 000 Jahren)

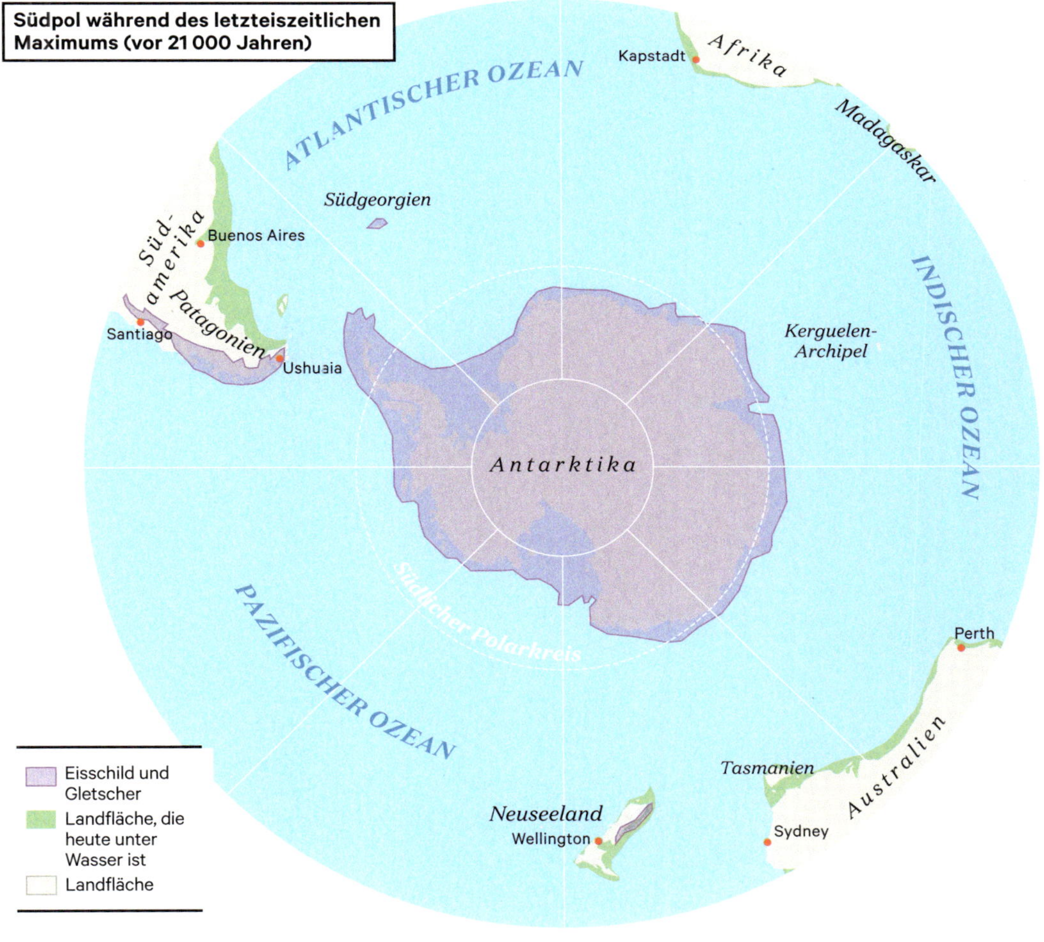

3

Planet des Lebens

(seit 3,5 Milliarden Jahren)

Die Erde ist einzigartig in unserem Sonnensystem, denn seit mindestens 3,5 Milliarden Jahren gibt es auf dem blauen Planeten Leben. Angefangen im Meer, bildet sich eine Vielzahl von Lebewesen heraus, die alle von einem gemeinsamen Urahn abstammen: von LUCA *(last universal common ancestor)*. Manche Lebewesen verlassen das Meer und erobern über Land und Luft die Kontinente. Heute findet sich selbst im hintersten Winkel und an den ungastlichsten Orten Leben, in tiefen Erdschichten ebenso wie in den mittelozeanischen Rücken.

Wasser – Voraussetzung für das Leben

Der einzige bewohnbare Planet im Sonnensystem

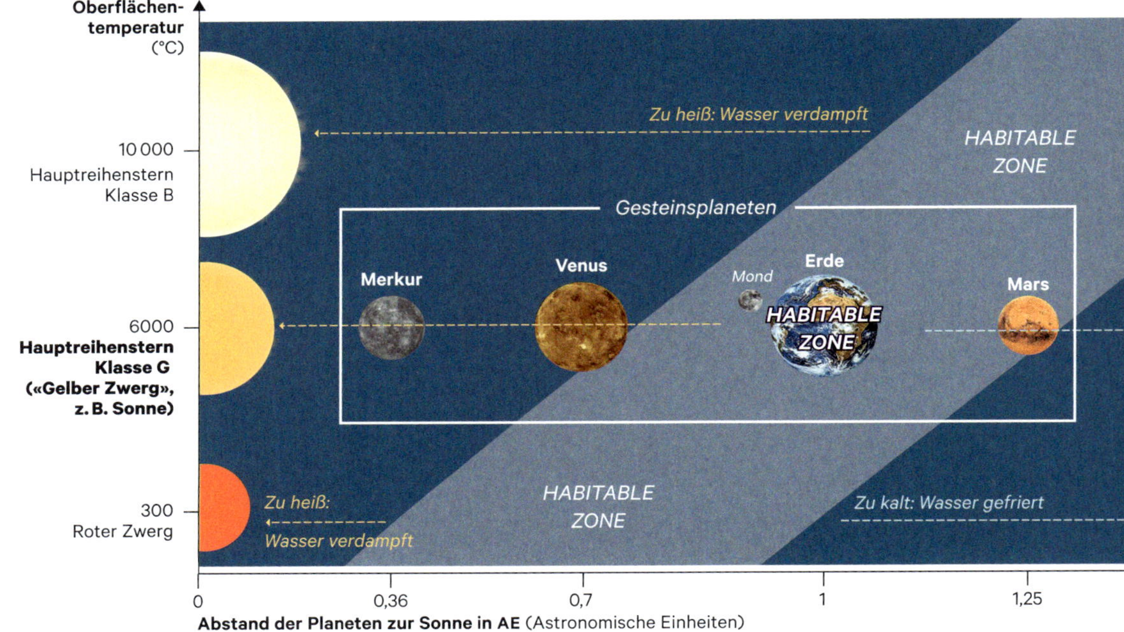

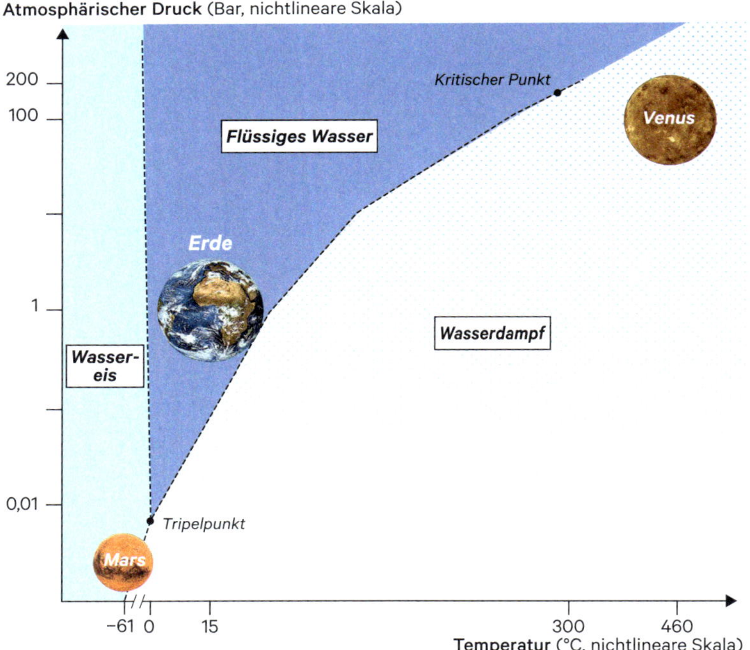

Der Zustand des Wassers

In welchem Zustand sich Wasser befindet, hängt von Temperatur und Partialdruck ab. Bei einem Planeten ist für diese beiden Parameter entscheidend, wie weit er von der Sonne entfernt ist und welche Dichte und Zusammensetzung seine Atmosphäre hat. Die auf der Erde herrschenden Bedingungen ermöglichen Wasser in flüssigem Zustand. Auf dem Mars, der weiter von der Sonne entfernt und damit kälter ist und auf dem ein geringerer Druck herrscht, gibt es Wasser nur an den Polen in Form von Dampf oder Eis. Auf der Venus, bei 460 °C, gibt es nur Wasserdampf. Die hohe Temperatur liegt an ihrer großen Nähe zur Sonne und der dichten Atmosphäre, die zu 96 Prozent aus CO_2 besteht und einen starken Treibhauseffekt bewirkt.

Siehe auch — Die Solarenergie **S. 20**
Weltenenden **S. 26**
Die Erdatmosphäre **S. 60**

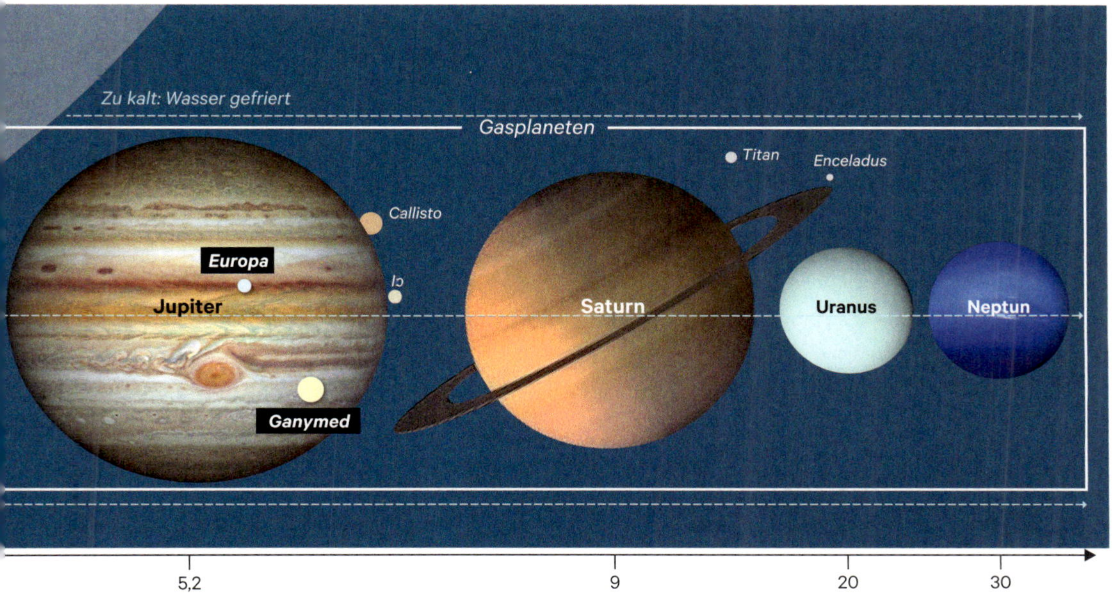

Zu kalt: Wasser gefriert

Gasplaneten

Titan
Enceladus
Callisto
Europa
Io
Jupiter
Ganymed
Saturn
Uranus
Neptun

5,2
9
20
30

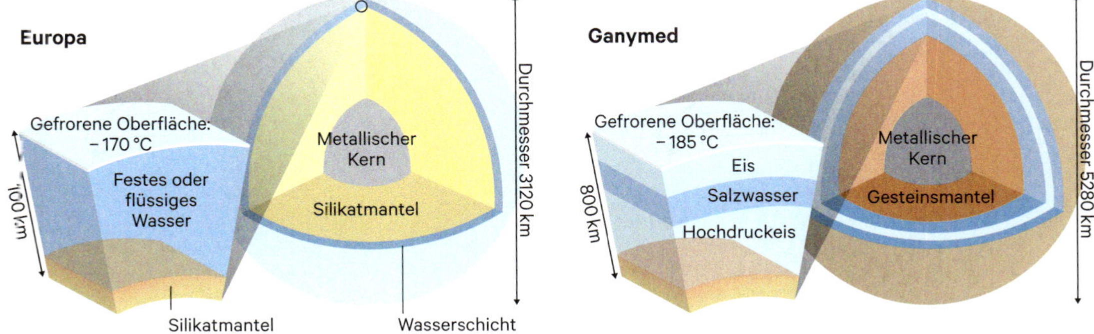

Auf der Suche nach Leben

Leben existiert schon auf der Erde, als deren Atmosphäre noch keinen Sauerstoff enthält. Flüssiges Wasser dagegen ist unerlässlich, damit Leben überhaupt möglich ist, weil darin chemische Reaktionen ablaufen. Demnach lässt sich rund um einen Stern eine habitable Zone bestimmen, in der die aufgenommene Energie das Vorhandensein flüssigen Wassers an der Oberfläche ermöglicht. Dieses Modell gilt jedoch nur mit Einschränkungen, da auch andere Parameter eine Rolle spielen, zum Beispiel die Dichte oder die Existenz einer Atmosphäre oder eines Magnetfelds. Der Mond befindet sich zwar in der habitablen Zone, führt aber trotzdem kein flüssiges Wasser. Obwohl das Modell seine Grenzen hat, ist es ein guter Ausgangspunkt, um nach Exoplaneten zu suchen, die womöglich flüssiges Wasser und damit Leben bergen, etwa einige Eismonde von Jupiter und Saturn, wo sich unter der Eisdecke flüssiges Wasser befinden könnte. Auf dem Jupitermond Europa herrschen einige Kilometer unter dem Eis, auf Tuchfühlung mit dem Felsmantel, Bedingungen im Wasser, die denen auf der Erde ähneln.

Die Geschichte des Lebens

3,8 Milliarden Jahre Evolution

Wie das Leben auf der Erde entstanden ist, ist bislang noch ein ziemlich großes Rätsel. Die Hypothese, Meteoriten könnten bakterienartige Organismen mitgebracht haben, gilt heute als unwahrscheinlich. Als wahrscheinlich gilt hingegen, dass das Leben auf der Erde an heißen Quellen am Grund der Ozeane entstand. Dort stand sowohl eine erhöhte Konzentration an gelösten Stoffen als auch genügend Wärmeenergie zur Verfügung, und so bildeten sich komplexe organische Polymere, die schließlich sogar die Fähigkeit zur Selbstproduktion erwarben. Als sie sich bis in den durchlichteten Teil des Ozeans und in die festländischen Feuchtgebiete ausbreiteten, erwarben sie die Fähigkeit zur Photosynthese, und damit nahm alles Weitere seinen Lauf. In Steinen, die 3800 Jahrmillionen (Ma) alt sind, wurde Kohlenstoff in einem Isotopenverhältnis gefunden, das für Lebewesen charakteristisch ist.
Die ältesten Hinweise auf primitives Leben sind bakterienähnliche Mikrofossilien sowie Fossilien von Stromatolithen (von Bakterien gebildete Riffe). Sie sind 3500 Ma alt. Somit entsteht sehr früh in der Geschichte der Erde Leben, im Grunde schon zu der Zeit, als sich die ersten Gesteine bilden. Während des gesamten Präkambriums entwickelt sich eine Vielzahl unterschiedlicher Lebewesen, anfangs noch Einzeller ohne Zellkern (Prokaryoten), dann Einzeller mit Zellkern (Eukaryoten) und schließlich mehrzellige Organismen. Erst spät kommen die ersten Pflanzen und Formen animalischen Lebens hinzu. Im Kambrium beschleunigt sich die Ausdifferenzierung, und es entwickeln sich neue Arten des Körperbaus, aus denen die heutigen großen Tiergruppen entstehen. Damit einher geht eine massive Biomineralisierung, die zahlreiche fossile Spuren hinterlässt. Immerfort entwickeln sich die Organismen weiter, und es entstehen neue Organismen. Sie haben die ganze Welt besiedelt, im Wasser und an Land, selbst dort, wo extreme Bedingungen herrschen. Auf Zeiten umfassenden Artensterbens folgt neues Leben, das sich wieder ausdifferenziert. Leben ist erdgebunden, also abhängig von den Bedingungen, die unser Planet bietet: Durch die Photosynthese der Bakterien kommt Sauerstoff in die Atmosphäre, sodass eine Ozonschicht entsteht, und die Wälder werden zu Kohlenstoffspeichern, worauf der CO_2-Gehalt in der Luft sinkt – diese Veränderungen nehmen wiederum neben geologischen Ereignissen und Meteoriteneinschlägen Einfluss auf das Leben. Diese jahrmilliardenalte Geschichte schreibt sich immer weiter fort. Und obwohl die Menschen durch ihr Handeln die Biodiversität bedrohen und ihre eigene Existenz gefährden, wird sich das Leben immer weiter an die Bedingungen auf der Erde anpassen.

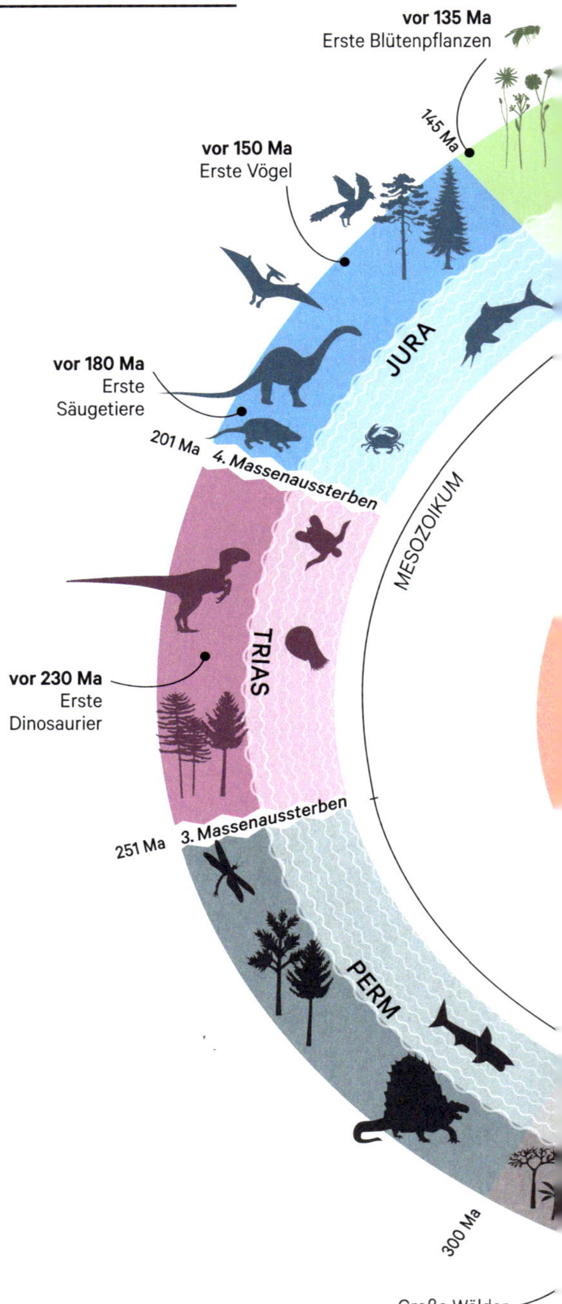

*Ma = Jahrmillion (lat. *Megaannum*)

Siehe auch — Geologie der Erde S. 32
Die Archive des Lebens S. 100
Das Anthropozän: Ein neues Erdzeitalter? S. 272

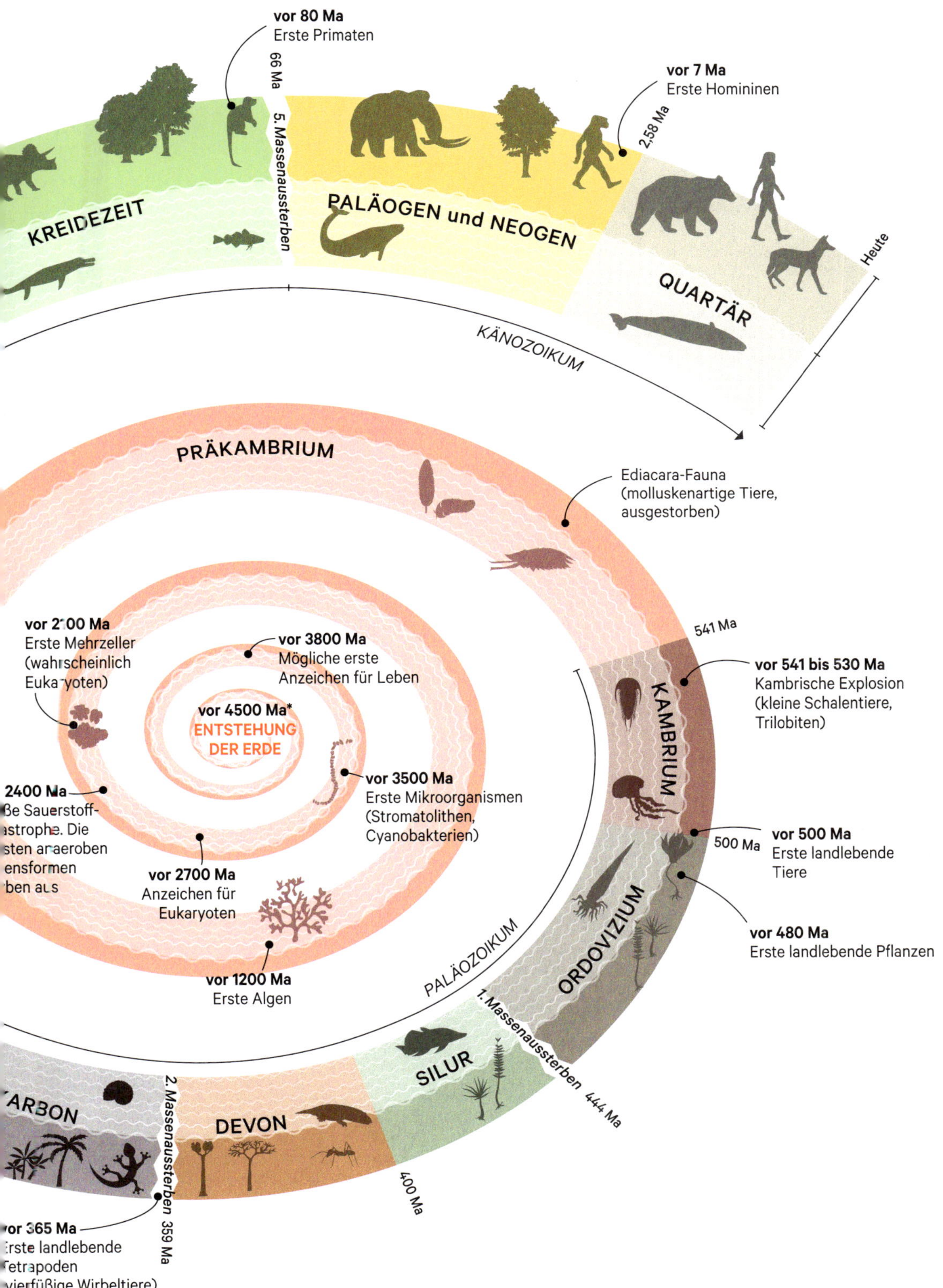

Massenaussterben in der Erdgeschichte

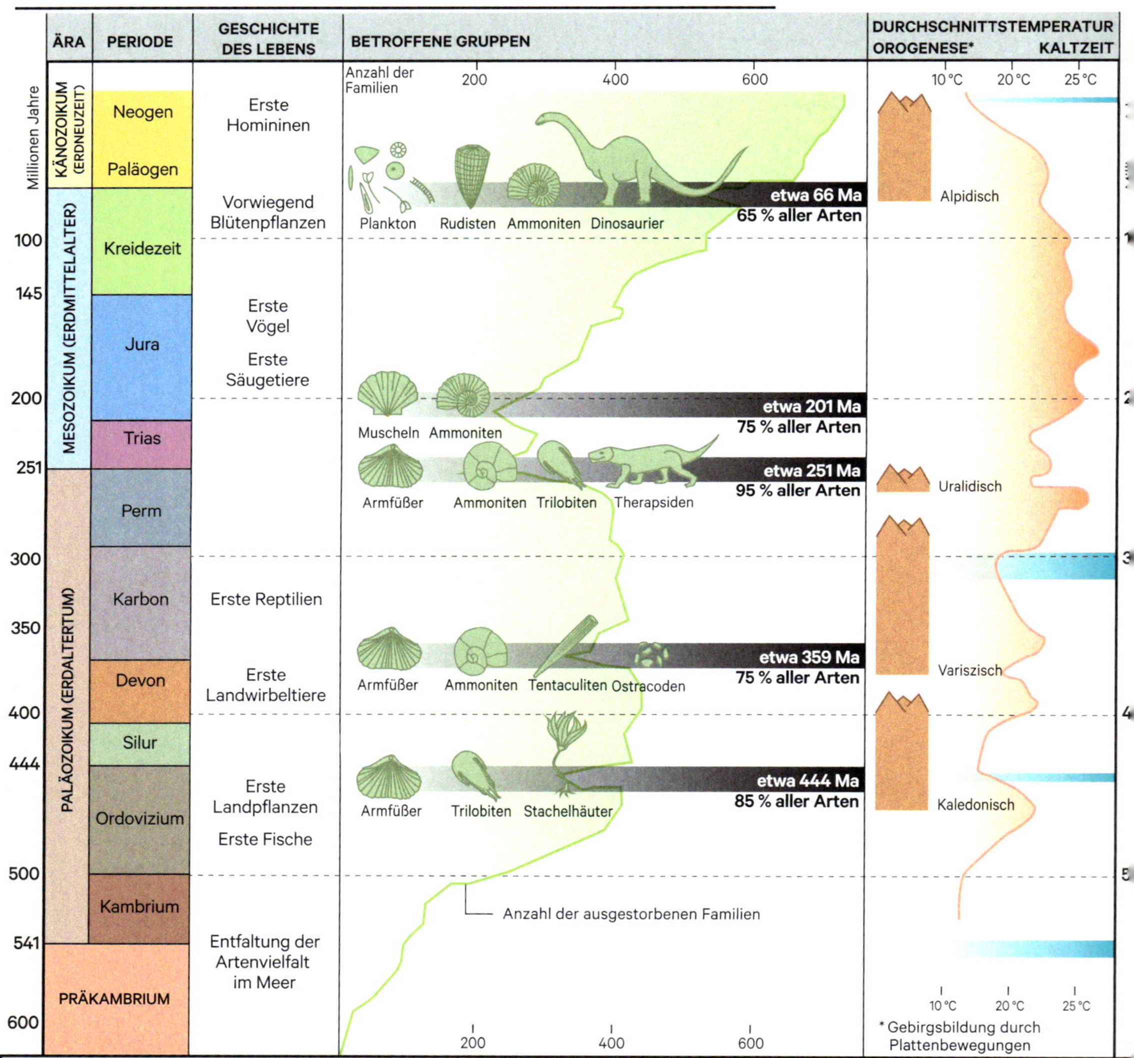

Unterschiedliche Gründe

Ein Großteil der Organismen, die einmal auf der Erde gelebt haben, ist heute ausgestorben. Allerdings ist das Fließgleichgewicht zwischen aussterbenden und neu entstehenden Arten positiv, sodass die Biodiversität im Laufe der Erdgeschichte zunimmt. Aber es gibt auch Zeiten massiven Artensterbens. Bei einem solchen Massenaussterben, auch Faunenschnitt oder Faunenwechsel genannt, verschwinden in einer nach geologischen Maßstäben kurzen Zeit mindestens 65 Prozent aller Tierarten, die an Land und in den Meeren leben. In den letzten 500 Jahren hat die Erde bereits fünf Massenaussterben erlebt. Das berühmteste ist das letzte Artensterben, das zum Aussterben der Nichtvogeldinosaurier vor 66 Millionen Jahren führte. Sehr wahrscheinlich ist der Einschlag eines Meteoriten im Bereich der heutigen Halbinsel Yucatán (Mexiko) die Ursache. In Verbindung mit der fast gleichzeitigen Eruption der Dekkan-Flutbasalte in Indien dürfte er zu einer Versauerung der Ozeane geführt haben. Wegen der enormen Menge an Staub in der Stratosphäre kam die Photosynthese vorübergehend fast

Siehe auch — Weltenenden S. 26
Von den Dinosauriern zu den Vögeln S. 96
Das Anthropozän: Ein neues Erdzeitalter? S. 272

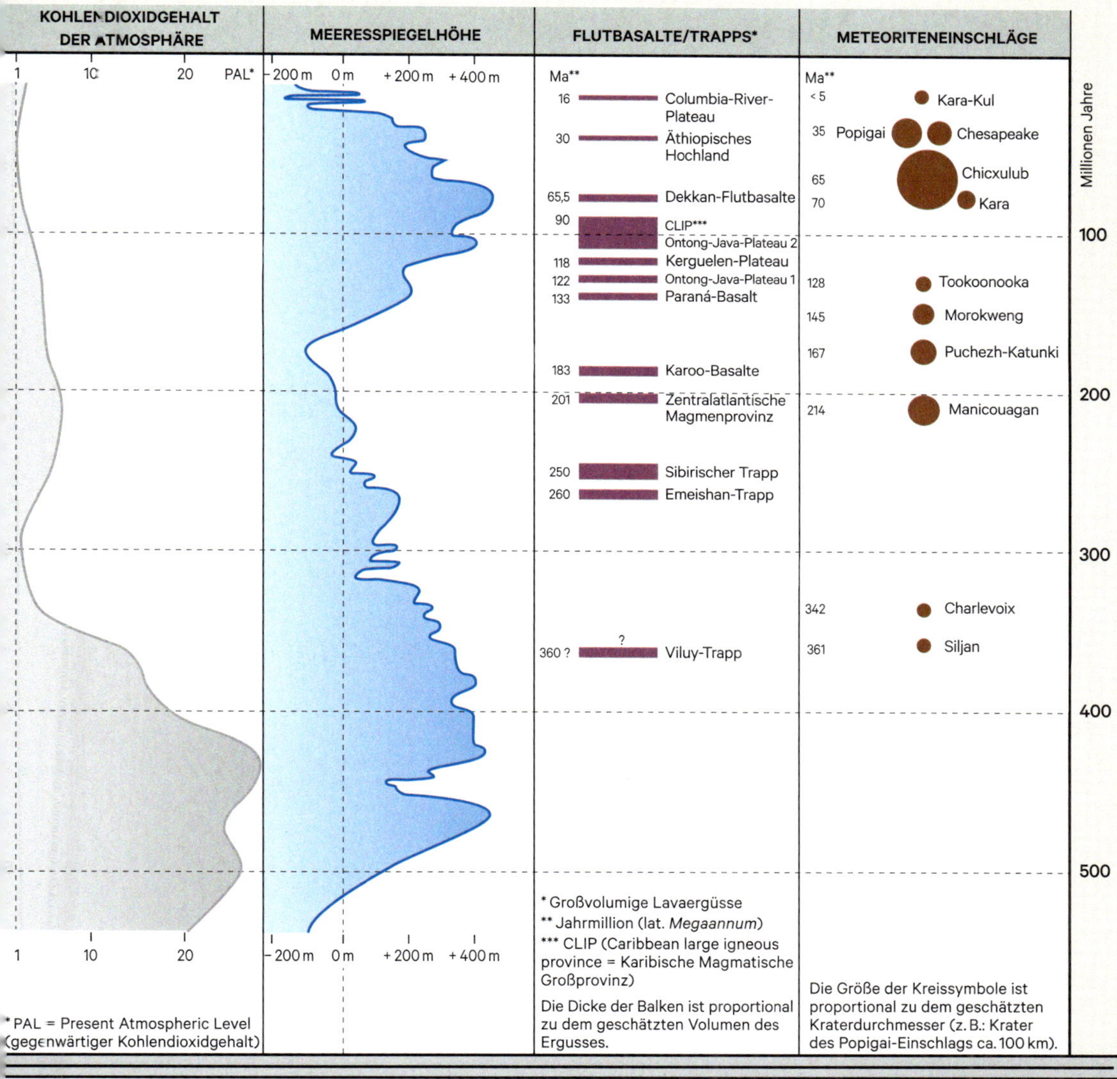

* PAL = Present Atmospheric Level (gegenwärtiger Kohlendioxidgehalt)

* Großvolumige Lavaergüsse
** Jahrmillion (lat. *Megaannum*)
*** CLIP (Caribbean large igneous province = Karibische Magmatische Großprovinz)

Die Dicke der Balken ist proportional zu dem geschätzten Volumen des Ergusses.

Die Größe der Kreissymbole ist proportional zu dem geschätzten Kraterdurchmesser (z. B.: Krater des Popigai-Einschlags ca. 100 km).

zum Stillstand, und das brachte schließlich den meisten Organismengruppen den Tod. Indessen haben nicht alle Massensterben dieselbe Ursache. Der Faunenschnitt vor 445 Millionen Jahren geschieht wohl infolge einer Vereisung, bei der große Mengen Wasser im Eisschild gebunden werden, sodass der Meeresspiegel so schnell sinkt, dass viele Bewohner des Flachmeeres nicht überlebten. Wodurch das schwerste Aussterben vor 251,9 Millionen Jahren ausgelöst wird, ist noch umstritten. Es fällt zusammen mit der größten Eruption von Flutbasalten an Land, dem Sibirischen Trapp: Durch die extreme Zunahme des CO_2-Gehalts der Atmosphäre wird es kurzfristig unerträglich heiß, Gashydrate in den Tiefen der Kontinentalränder setzen massiv Methan frei, es fällt aggressiv saurer Regen, und so kommt die Photosynthese fast vollständig zum Stillstand. Das bedeutet in diesem Fall das Ende von 95 Prozent aller Arten. Doch die Biosphäre der Erde ist listenreich: Schon wenige Millionen Jahre nach diesem Fastexitus höheren Lebens tauchen wie aus dem Nichts metergroße Reptilien auf, deren Nachfahren schließlich zu Dinosauriern, Säugetieren und Vögeln werden.

Vom Wasser an Land (und zurück)

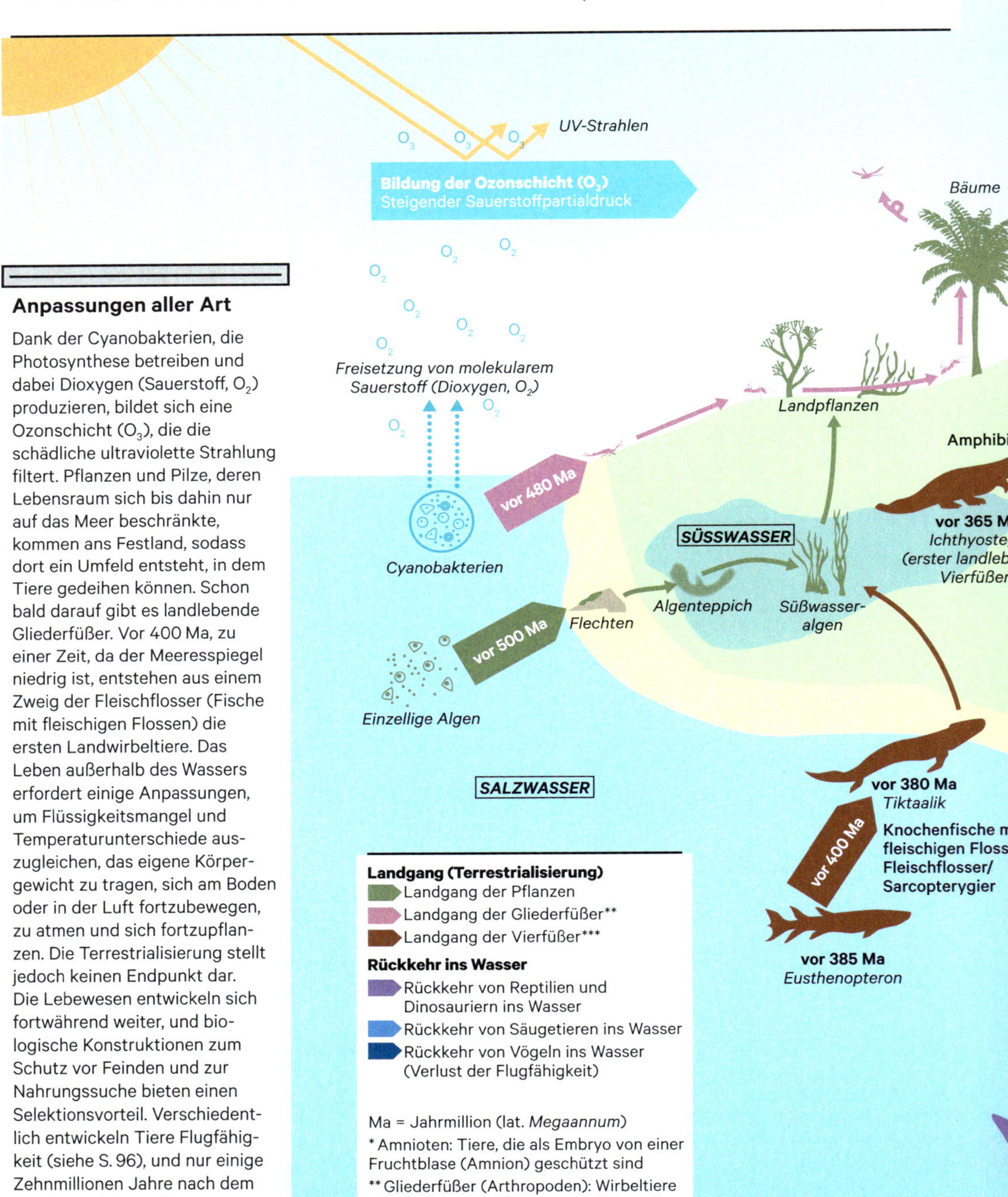

Anpassungen aller Art

Dank der Cyanobakterien, die Photosynthese betreiben und dabei Dioxygen (Sauerstoff, O_2) produzieren, bildet sich eine Ozonschicht (O_3), die die schädliche ultraviolette Strahlung filtert. Pflanzen und Pilze, deren Lebensraum sich bis dahin nur auf das Meer beschränkte, kommen ans Festland, sodass dort ein Umfeld entsteht, in dem Tiere gedeihen können. Schon bald darauf gibt es landlebende Gliederfüßer. Vor 400 Ma, zu einer Zeit, da der Meeresspiegel niedrig ist, entstehen aus einem Zweig der Fleischflosser (Fische mit fleischigen Flossen) die ersten Landwirbeltiere. Das Leben außerhalb des Wassers erfordert einige Anpassungen, um Flüssigkeitsmangel und Temperaturunterschiede auszugleichen, das eigene Körpergewicht zu tragen, sich am Boden oder in der Luft fortzubewegen, zu atmen und sich fortzupflanzen. Die Terrestrialisierung stellt jedoch keinen Endpunkt dar. Die Lebewesen entwickeln sich fortwährend weiter, und biologische Konstruktionen zum Schutz vor Feinden und zur Nahrungssuche bieten einen Selektionsvorteil. Verschiedentlich entwickeln Tiere Flugfähigkeit (siehe S. 96), und nur einige Zehnmillionen Jahre nach dem Landgang kehren die ersten Arten wieder ins Wasser zurück, manche sogar mehrmals, während andere erst später nachfolgen.

Siehe auch — Wasser – Voraussetzung für das Leben **S. 84**
Kreationismus und Evolutionismus **S. 94**
Das Leben im Meer **S. 106**

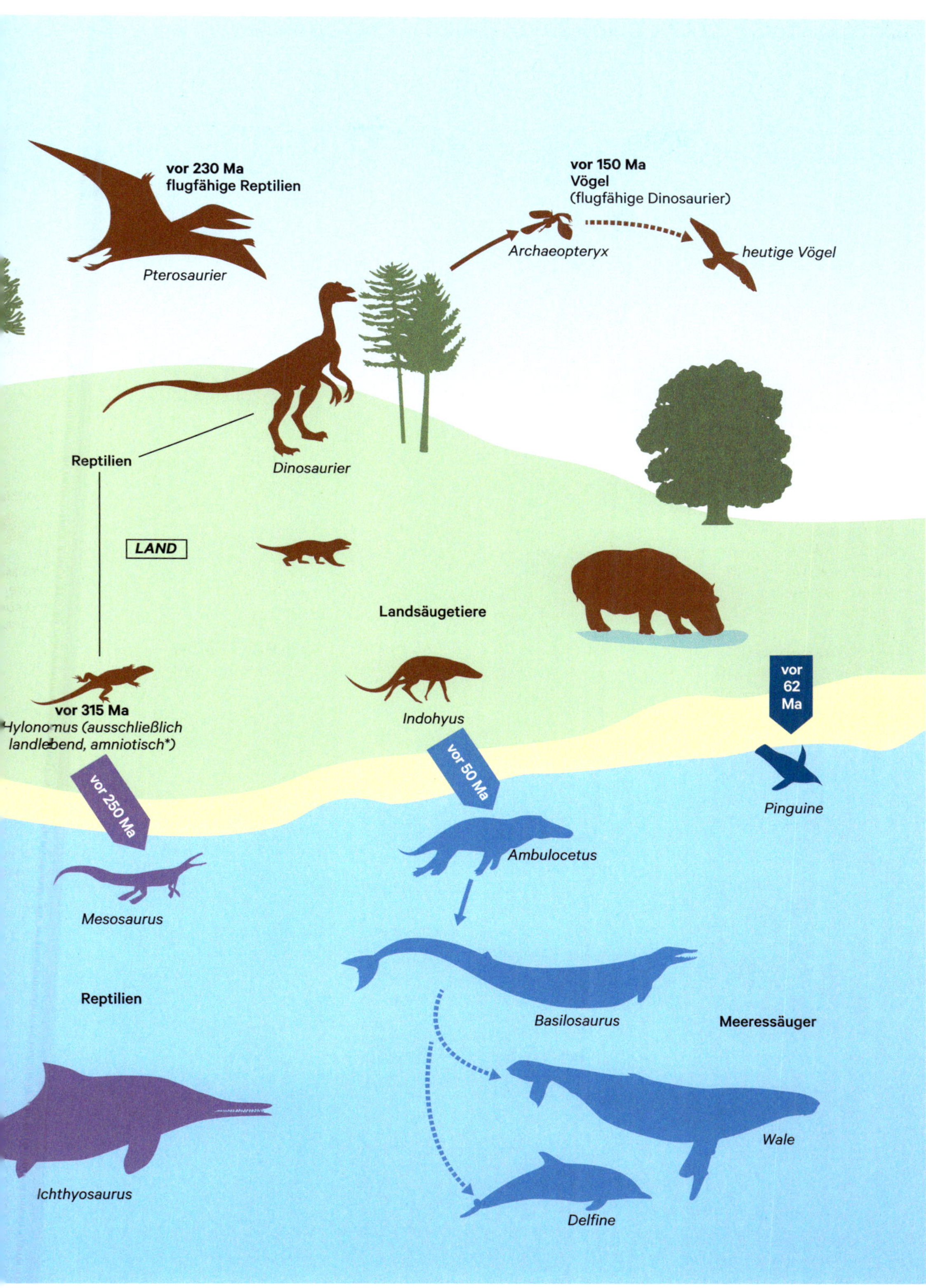

Die Vielfalt der Lebewesen

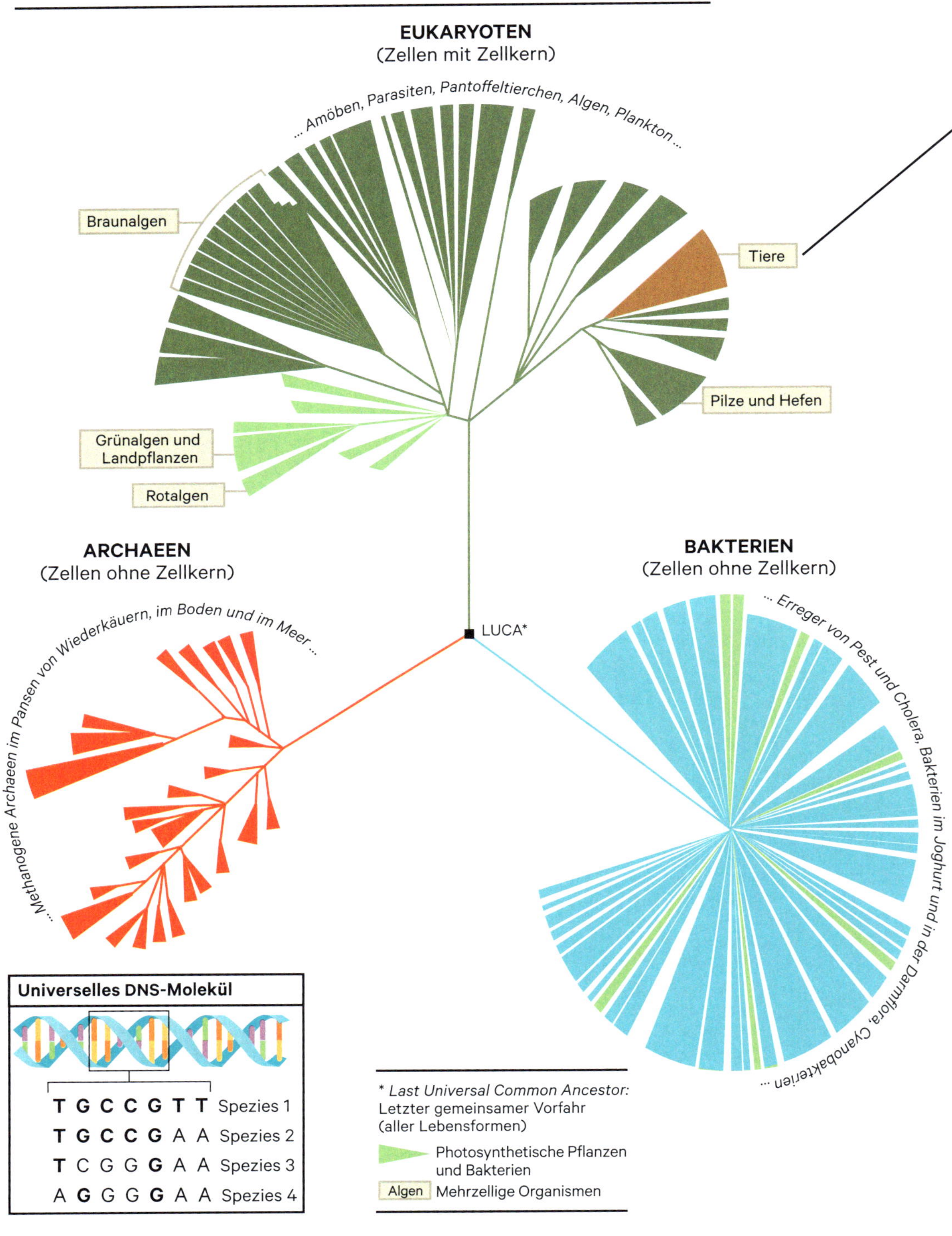

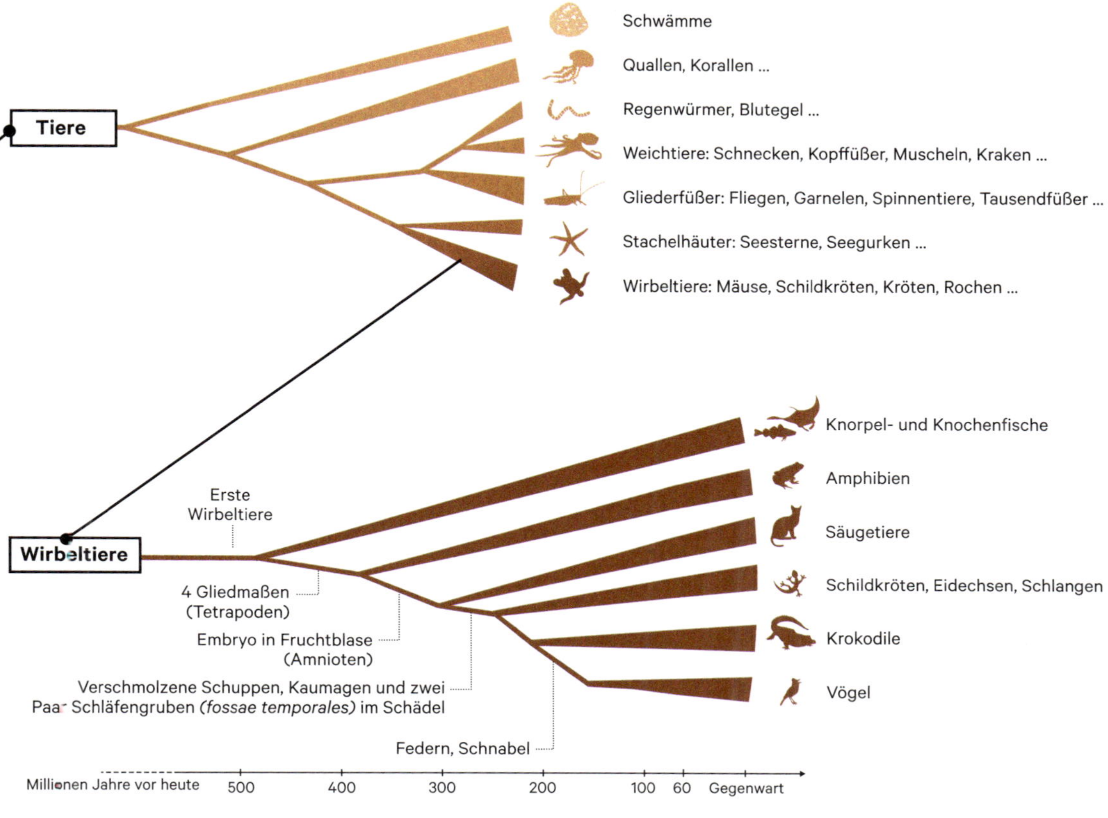

Der Baum des Lebens

In der Wissenschaft wird die Evolutionsgeschichte der lebenden Welt anhand der Verwandtschaftsbeziehungen zwischen den Arten nachvollzogen, die in einem «Baum des Lebens» abgebildet werden. In der Mitte dieser Darstellung steht der *last universal common ancestor* (LUCA), der letzte gemeinsame Vorfahr aller heute auf der Erde lebenden Organismen, von den Bakterien über Pflanzen und Pilze bis hin zu den Walen. Dieser hypothetische Urahn soll vor etwa 3,5 Milliarden Jahren auf der Erde entstanden sein, und aus ihm sollen drei große Domänen von Lebewesen hervorgegangen sein: die Archaeen und die Bakterien (ohne Zellkern) und die Eukaryoten (mit Zellkern). Letztere sind die einzige Gruppe, die mehrzellige, mit bloßem Auge sichtbare Organismen umfasst. Jeder Zweig dieses Stammbaums steht für eine neue Reihe von Lebewesen, die durch eine Mutation bei einem gemeinsamen Vorfahren hervorgegangen ist. Diese Mutation wird in alle Verzweigungen hinein weitergegeben und begründet das Verwandtschaftsverhältnis aller Arten dieses Zweigs. Durch weitere Verzweigungen im Laufe der geologischen Zeit bilden sich genau definierbare Untergruppen. Zum Beispiel gehören die Säugetiere zu den Wirbeltieren, die wiederum zum Reich der Tiere und zur Domäne der Eukaryoten gehören. Die Millionen heute existierender Lebewesen stehen als das Ergebnis einer evolutionären Ausdifferenzierung, die keine Hierarchien und keine bevorzugte Richtung kennt, an den äußersten Verzweigungen des Stammbaums, wo sie je nach Verwandtschaftsgrad näher oder weiter voneinander entfernt sind. Die Säugetiere etwa sind den Eidechsen näher als den Krokodilen, die Seesterne den Wirbeltieren näher als den Kraken und die Pilze den Tieren näher als den Pflanzen. Dieser fälschlicherweise auch «phylogenetischer Baum» genannte Stammbaum wird anhand eines DNS-Vergleichs der Arten rekonstruiert. Dieses Molekül, aus dem die Chromosomen zusammengesetzt sind, befindet sich in jeder Zelle eines jeden Organismus und ist gleichsam dessen genetischer Personalausweis mit einer charakteristischen Buchstabenfolge aus einem Alphabet mit nur vier Buchstaben (ATCG). Die Zahl der identischen Stellen in diesem Buchstabencode definiert das Verwandtschaftsverhältnis zweier Arten. Dieses Kriterium stellt eine Revolution in der Klassifizierung dar, die ursprünglich auf anatomischen und biochemischen Merkmalen basiert. Manche Einordnungen sind dadurch bestätigt, andere verworfen oder präzisiert worden. Neue Entdeckungen werden unser Verständnis von der Verwandtschaft zwischen den Arten sicher immer wieder erweitern.
Die Klassifizierung der Lebewesen und ihr Stammbaum entwickeln sich – wie die Arten selbst – permanent weiter.

Kreationismus und Evolutionismus

Raffael, *Die Erschaffung der Tiere* (1517 bis 1519, Vatikan).

Von der Vorsintflut zur natürlichen Auslese

Lange Zeit wird die biblische Schöpfungsgeschichte nicht hinterfragt. Alle Lebewesen auf der Erde seien so, wie Gott sie erschaffen habe – wie auf diesem Fresko von Raffael dargestellt. Als Relikte absonderlicher Tiere entdeckt werden, schreibt man sie vorsintflutlichen Zeiten zu. Die Sintflut habe zu ihrem Untergang geführt (siehe S. 100). Jean-Baptiste de Lamarck (1744–1829), Erbe des Materialismus der Aufklärung, entwickelt 1808 als Erster eine Theorie zur Entwicklung der Arten, die auf der Vorstellung basiert, dass erworbene Eigenschaften vererbt werden. Seine Theorie weicht später der Theorie von Charles Darwin (1809–1882), der zwar die Weitergabe erworbener Eigenschaften nicht in Frage stellt, sie aber um das Prinzip der natürlichen Auslese ergänzt. Diese Theorie wird noch verfeinert, als man die Mechanismen der Vererbung und der Genetik genauer begreift. Die synthetische Evolutionstheorie, auch Neodarwinismus genannt (1942), ist heute in der Wissenschaft allgemein anerkannt, auch wenn derzeit religiöse Strömungen, die den Kreationismus vertreten, einen Aufschwung erleben.

Fixismus: Theorie der Unveränderlichkeit der Welt seit ihrer Erschaffung

Katastrophismus: Aussterben mancher Arten durch große Katastrophen wie die Sintflut

1769–1832 Georges Cuvier (Hauptverfechter dieser Theorie)

1808: LAMARCKISMUS: Vererbung erworbener Eigenschaften

1859: DARWINISMUS: Natürliche Auslese

Kreationismus: Alle lebenden Arten sind so geschaffen worden, wie sie heute existieren

1925: Der Scopes-Affenpro Die Verurteilung eines Lehrer in den USA, der seine Schüler die Evolutionstheorie lehrte

1944: Nachweis des DNS-Moleküls als Träger des Erbguts

He

● Theorie, die die Evolution der Lebensformen ablehnt

● Theorie, die von der Evolution der Lebensformen ausgeht

Lamarcks Theorie: Vererbung erworbener Eigenschaften
Giraffen bekommen längere Hälse und Beine, um höhere Blätter in den Baumkronen abweiden zu können. Diese neuerworbene Fähigkeit wurde an die Nachkommen weitergegeben.

Darwins Theorie: Natürliche Auslese
Es gibt von Natur aus größere und kleinere Giraffen. Exemplare mit längerem Hals und längeren Beinen konnten besser überleben und diese Merkmale an ihre Nachkommen weitergeben.

Lamarck und Darwin

Nachdem Lamarck noch eine Zeitlang den Fixismus vertritt, erläutert er schließlich in seinem Buch *Zoologische Philosophie* von 1808 seine Theorie des Transformismus. Demnach führt der intensive Gebrauch eines Organs bei einem Tier zu einer Veränderung dieses Organs, die sodann an die Nachkommen weitergegeben wird. Als Beispiel nennt er Giraffen (1. Buch, 7. Kapitel): Deren Hals werde immer länger, da sie sich nach den Blättern in den Baumkronen streckten. Auf diese Weise hätten sie im Laufe der Zeit einen langen Hals bekommen. Lamarck zufolge liegt diesem Mechanismus also ein Wille zugrunde. Dem widerspricht Darwin. Als er von einer fünfjährigen Weltreise mit der Beagle (1831–1836) heimkehrt, während der er viele Entdeckungen gemacht hat, entwickelt er nach und nach die Theorie, dass die Evolution durch natürliche Auslese entsteht. Der länger werdende Hals ist demnach Folge des Überlebenskampfs der Giraffen. Tiere mit längerem Hals haben besseren Zugang zu Nahrung und damit höhere Überlebenschancen, woraufhin sie die Eigenschaft, einen längeren Hals zu besitzen, vererben können.

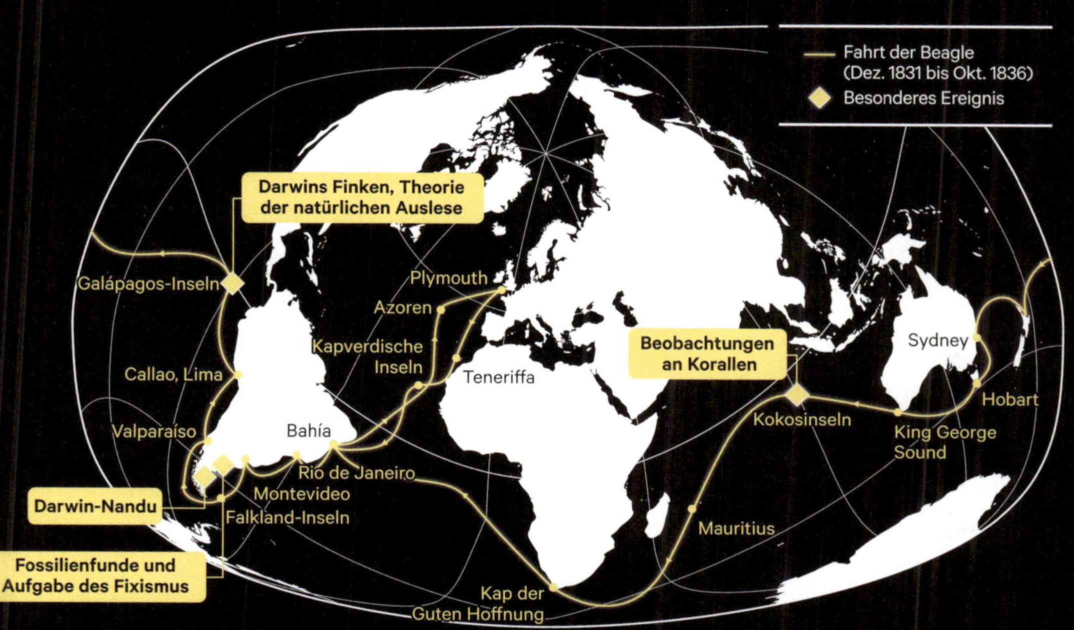

Von den Dinosauriern zu den Vögeln

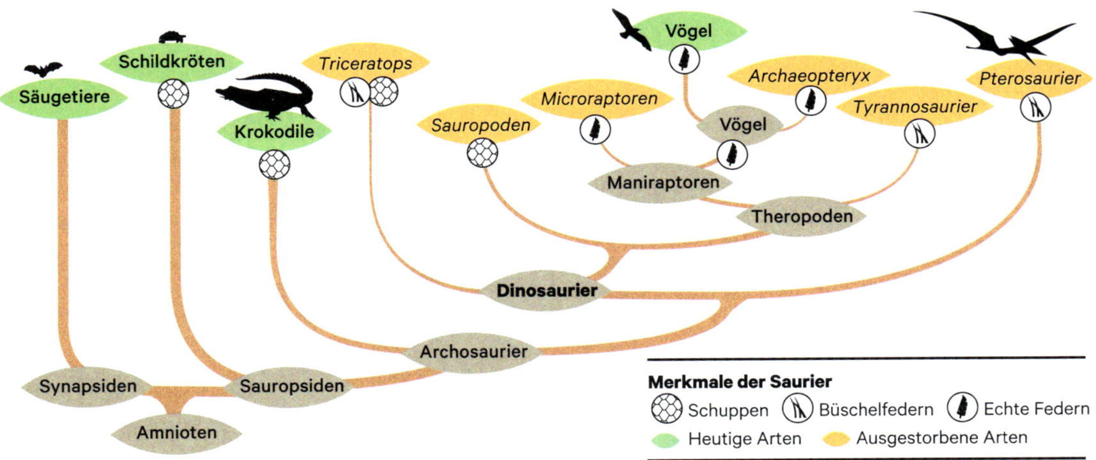

▲ Dinosaurier am Himmel

Vor 66 Millionen Jahren führt wahrscheinlich der Einschlag eines Asteroiden zum fünften Massenaussterben, wodurch die Herrschaft der Dinosaurier zu Ende geht. Einige Arten überleben und gehören heute zu einer der vielfältigsten Familien auf dem Planeten, mit über 10 000 verschiedenen Arten: den Vögeln. Sie leben seit 150 Millionen Jahren auf der Erde und sind heute neben den Fledermäusen die einzigen flugfähigen Wirbeltiere. Aber während der Herrschaft der Dinosaurier sind sie mitnichten die Könige der Lüfte. Die Flugsaurier, denen oft fälschlicherweise eine Verwandtschaft mit den Dinosauriern nachgesagt wird, lernen schon 60 Millionen Jahre vor dem Auftauchen der Dinosaurier das Fliegen.

▼ Die ältesten Vögel

Der Archaeopteryx wird lange Zeit für den ersten Vogel gehalten. 1861 auf der Fränkischen Alb entdeckt, wird er zunächst nicht mit den Dinosauriern in Verbindung gebracht, die ganz anders aussehen und zumeist Schuppen tragen. Aber eine Entdeckung führt zur nächsten, bis unwiderruflich feststeht: Vögel sind Dinosaurier. Die Zugehörigkeit ist indes komplex. Für manche Forscher ist der Archaeopteryx kein echter Vogel, sondern gehört zu einer anderen Gruppe von Dinosauriern, deren bekanntester Vertreter der Velociraptor ist. In den letzten zwanzig Jahren sind viele weitere Fossilien primitiver Vögel vor allem in China gefunden worden.

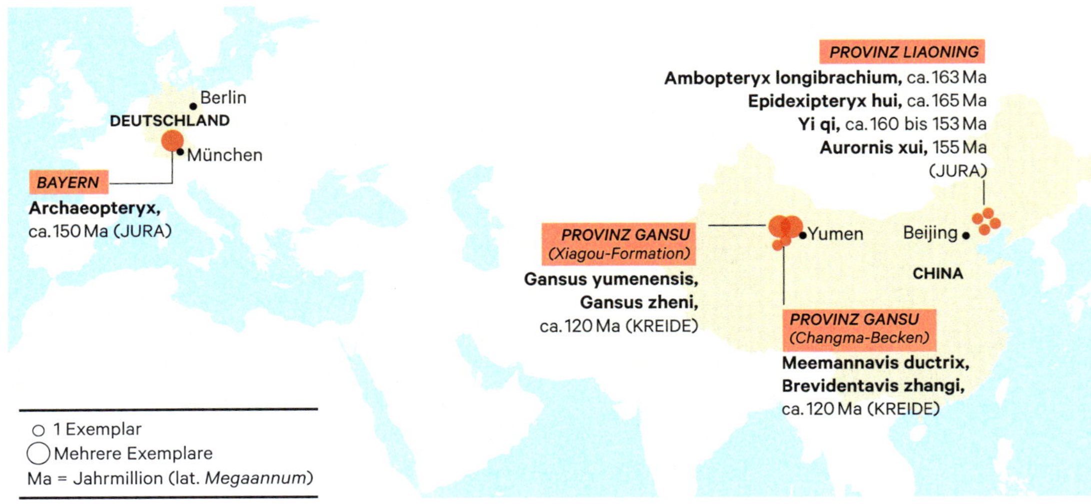

Siehe auch — Massenaussterben in der Erdgeschichte **S. 88**
Vom Wasser an Land (und zurück) **S. 90**
Die Archive des Lebens **S. 100**

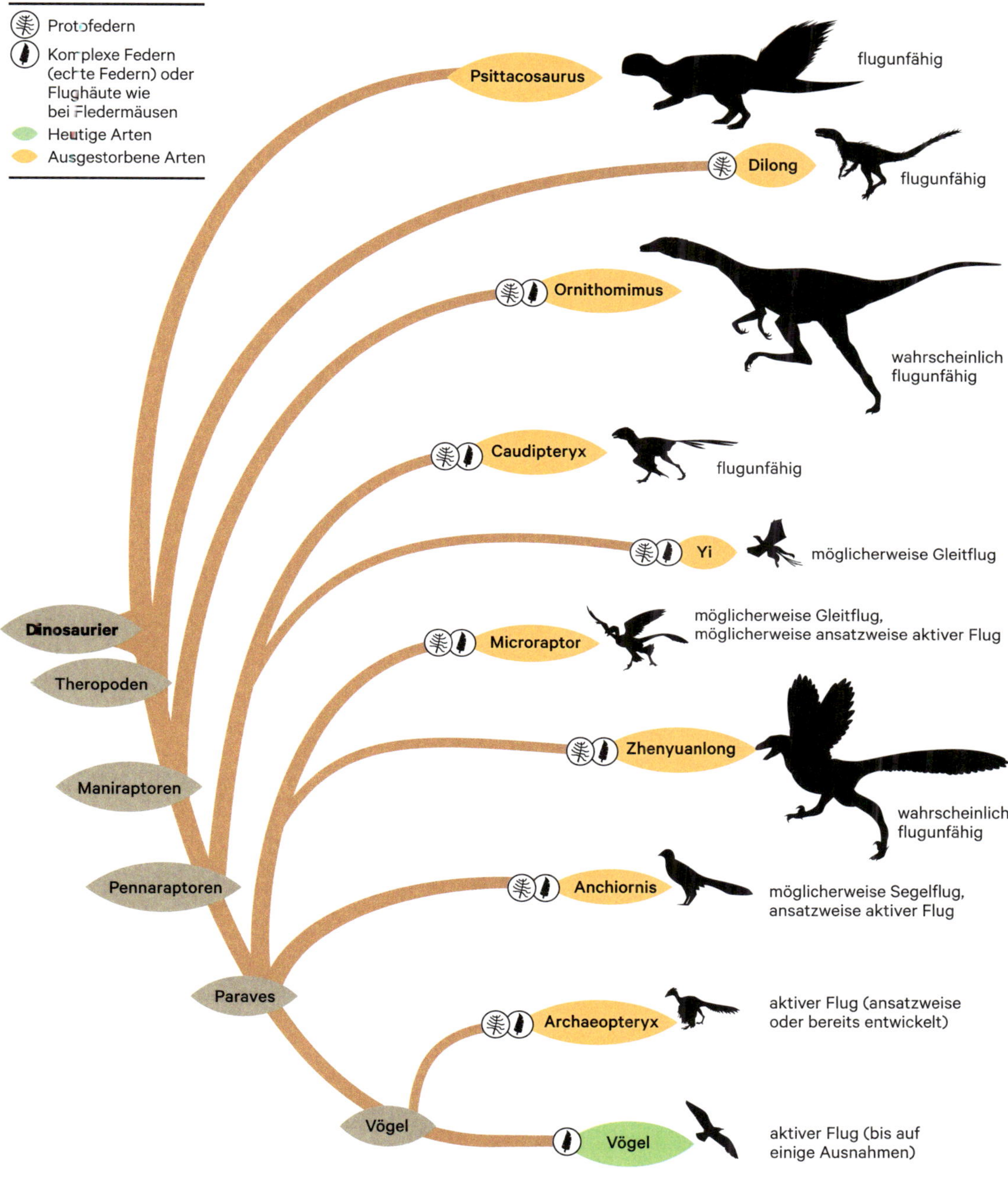

Als die Tiere vom Boden abheben

Ob es den Fans von *Jurassic Park* gefällt oder nicht, es stimmt nicht, dass Dinosaurier ausschließlich Schuppen haben. Zahlreiche Arten besitzen Protofedern (unverzweigte Fasern) oder sogar richtige Federn, wie etwa der Microraptor. Anhand der Fossilien lassen sich die verschiedenen Stufen in der Evolutionsgeschichte der Flugfähigkeit bei den Dinosauriern nachvollziehen.

Zunächst werden die Federn, die bei zahlreichen Arten vorhanden sind, komplexer und ausdifferenzierter. Dann kommen morpho-anatomische Anpassungen hinzu, die das Fliegen erst ermöglichen. Die Arme werden länger, der Schwanz kürzer und steifer, und der Brustbeinkamm verändert sich dergestalt, dass starke Muskeln darin Platz finden, die zum Flügelschlagen notwendig sind.

Austausch und Isolation

Expansion durch Amerika

Als sich vor 3 Millionen Jahren der Isthmus von Panamá schließt, treffen Süd- und Nordamerika aufeinander. Diese Landbrücke wirkt sich zwar kaum auf die Flora aus, aber die Fauna kann nun von einem Kontinent zum anderen wandern. Zu Beginn findet noch ein ebenbürtiger Austausch statt. Doch im Laufe der Zeit richten sich die Arten des Nordens im Süden ein und vermehren sich, während sich die Arten aus dem Süden auf dem nördlichen Kontinent als nicht konkurrenzfähig erweisen. Das mag an den klimatischen Bedingungen liegen, da sich neue Arten im Süden leichter ansiedeln können. Ein weiterer Grund könnte die Isolation Südamerikas sein, das sich sehr früh von Australien und der Antarktis abkoppelt. Umgekehrt ist Nordamerika noch während der Eiszeiten mit Eurasien und dadurch indirekt auch mit Afrika verbunden.

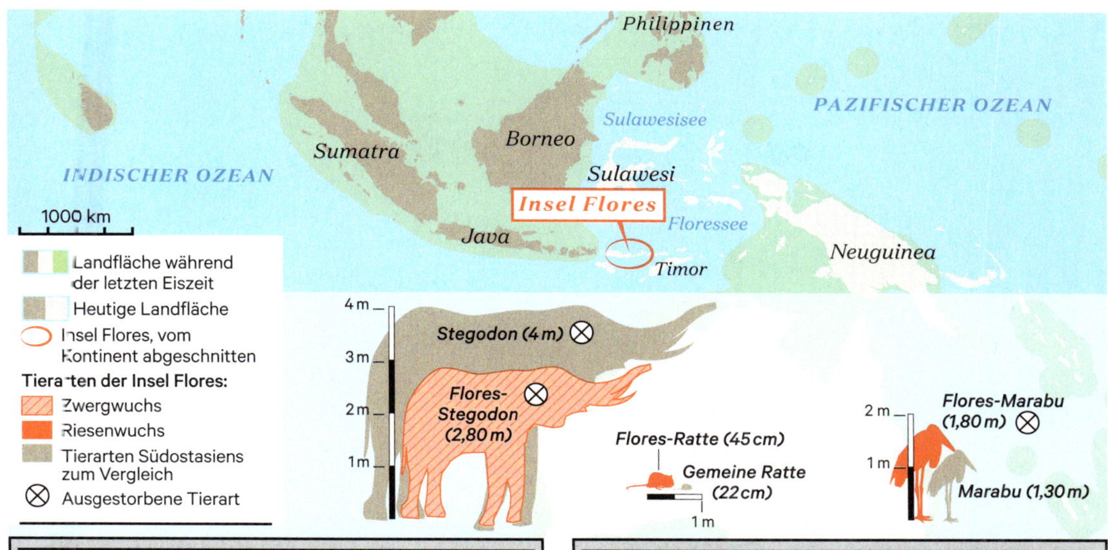

▲ Isolierte Riesen und Zwerge

Die von den Kontinenten abgeschnittenen Inseln bieten besondere Bedingungen. Auf ihnen entwickeln sich die Tiere unabhängig von der Festlandfauna. Manche Arten sind deutlich größer als ihre kontinentalen Vorfahren, andere wiederum sehr viel kleiner. Dieses Phänomen heißt Inselgigantismus bzw. Inselverzwergung. Es mag überraschen, dass auf ein und derselben Insel manche Arten größer und andere kleiner werden. Der Grund dafür ist, dass kleinere Arten, wie zum Beispiel Ratten, weniger Feinde und Nahrungskonkurrenz haben und daher größer werden. Größere Arten hingegen, wie etwa der Stegodon, finden auf der Insel umgekehrt weniger Nahrung und werden kleiner.

▼ Die Darwinfinken

Den Finken auf den Galápagos-Inseln wird ein großer Anteil an Darwins Evolutionstheorie zugeschrieben. Anfangs ist dem jungen Forscher die Bedeutung dessen, was er bei seinem Aufenthalt im Jahr 1835 dort sieht, als er mit der Beagle auf Weltreise ist, allerdings noch nicht klar. Erst als er sich nach seiner Rückkehr nach England mit dem Ornithologen John Gould unterhält, begreift er, was das Besondere an diesen Finken ist. Die 14 auf verschiedenen Inseln lebenden Arten haben unterschiedliche Schnäbel, die an ihre Nahrungsaufnahme angepasst sind. Daraus schließt Darwin, dass die geografische Isolation dazu führt, dass sich neue Arten herausbilden, die alle einen gemeinsamen Vorfahren haben.

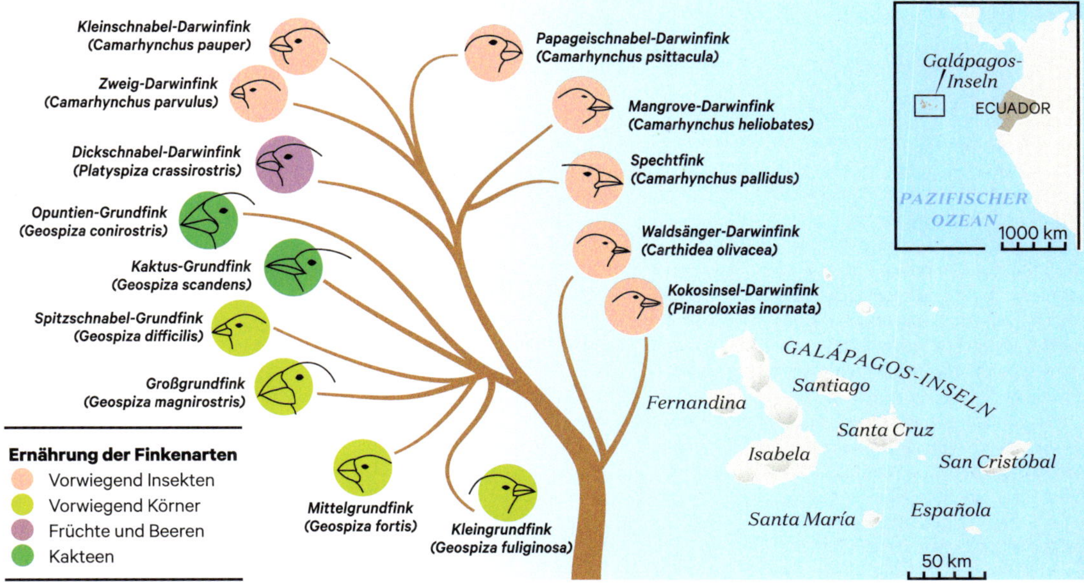

Die Archive des Lebens

VISIT TO THE ANTEDILUVIAN REPTILES AT SYDENHAM—MASTER TOM STRONGLY OBJECTS TO HAVING HIS MIND IMPROVED.

«Besuch bei den vorsintflutlichen Reptilien in Sydenham. Der kleine Tom würde auf diese Erweiterung seines Wissensschatzes gerne verzichten.»: Illustration aus *Pictures of Life and Character* von John Leech (1890).

Zeugen des Lebens

Es bedarf keiner aufwändigen Ausgrabungen, um in Felsgestein, das für jedermann zugänglich ist, Überreste von Tieren zu finden, vor allem Knochen und Muscheln. Zu den ersten Berichten über derlei Fossilien gehören die Schriften des griechischen Philosophen Xenophanes (spätes 6. bis frühes 5. Jahrhundert v. u. Z.). In Europa gelten Fossilien bis ins 17. Jahrhundert hinein als Beweis für die biblische Sintflut (siehe Abbildung oben). Man spricht von vor- und nachsintflutlichen Tieren. Den Chinesen zufolge stammen die Dinosaurierknochen von Drachen. Schließlich bricht sich die Vorstellung Bahn, dass die Arten miteinander verwandt sind (siehe S. 94). Ab dem Ende des 16. Jahrhunderts, spätestens aber im 18. Jahrhundert mit Buffon, begreift man Fossilien – Spuren alter Organismen, die im Sedimentgestein konserviert sind – als Beweis der Evolution des Lebens auf der Erde. Normalerweise bleiben nur die festen Bestandteile der Tiere und Pflanzen erhalten. Unter bestimmten Bedingungen werden aber auch Weichteile konserviert, etwa wenn ein Tier oder eine Pflanze bei einem Vulkanausbruch plötzlich von Lava umhüllt wird, ohne dass dabei Sauerstoff eingeschlossen wird. Dann verlangsamt sich wegen fehlender aerober Bakterien der Zerfall. Auch in Eis oder Bernstein (fossiles Harz) eingeschlossene Weichteile halten sich lange Zeit. Einige Gegenden auf der Welt sind für ihren Reichtum an Fossilien bekannt. In diesen Lagerstätten können die Paläontologen eine große Bandbreite an Flora und Fauna aus einer bestimmten Epoche untersuchen. Beispiele dafür sind die Burgess-Shale-Fauna in Kanada und die Ediacara-Fauna in Australien. In Europa gibt es ebenfalls berühmte Lagerstätten, etwa in la Voulte-sur-Rhône oder in Solnhofen, wo im Plattenkalk Überreste des Archaeopteryx gefunden worden sind (siehe S. 96).

Emu-Bay-Schiefer
Ediacara Hills
Riversleigh
Gogo-Formation
Qingjiang
Shaximiao-Formation
Doushantuo-Formation
Libanongebirge
Grube Messel
Solnhofen
Monte Bolca
Hunsrückschiefer
La-Voulte-sur-Rhône
Cerine
Canjuers
Wenlock
Burgess-Schiefer
Angeac-Charente
Ahl al-Oughlam
Teergruben von
Rancho La Brea
Wheeler-Schiefer
Joggins-Fossilklippen
Mazon Creek
Santana-Formation
Wichtige Fossilienlagerstätten
Alter der Lagerstätte
Känozoikum
Pleistozän
Plio Pleistozän
Oligozän und Miozän
Eozän
Mesozoikum
Kreide
Jura
Paläozoikum
Karbon
Devon
Silur
Kambrium
Präkambrium

Die Ökoregionen der Erde

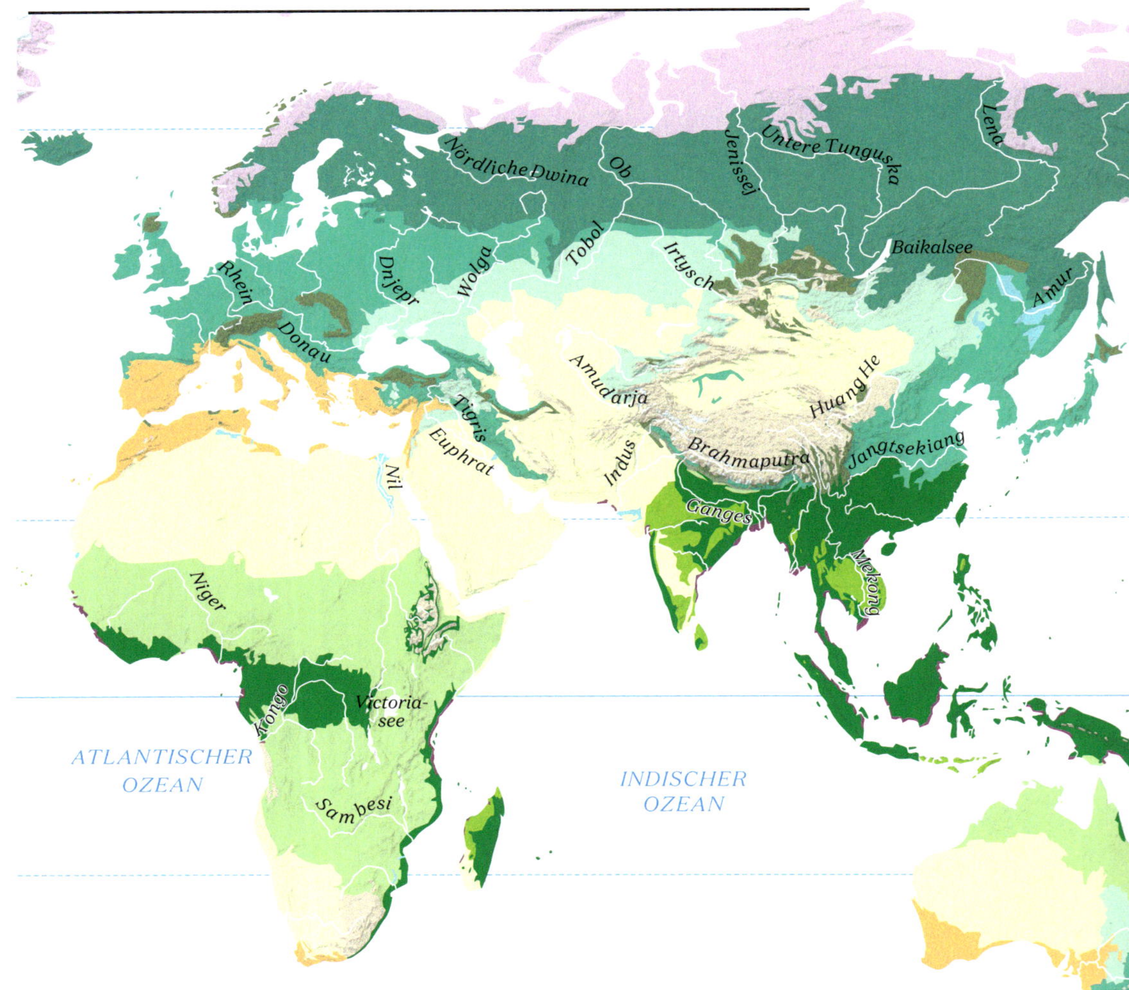

Unterschiedliche Umweltbedingungen

Die Landflächen der Erde können in große ökologisch unterschiedliche Gebiete unterteilt werden, die Ökoregionen, die durch ihr Klima (vor allem Temperatur und Niederschlag) sowie ihre Flora und Fauna gekennzeichnet sind. Geografisch weit voneinander entfernte Gebiete können daher durchaus zu derselben Ökoregion gehören, so gibt es etwa mediterrane Wälder auch im Süden von Australien. Die Pflanzen und Tiere haben sich jeweils an das Milieu einer Ökoregion angepasst. In der Tundra, einer Ökoregion, die kalt und karg ist, wachsen vor allem Moose und Flechten, da und dort auch Sträucher und kleinere Bäume. Die Wüste wiederum ist durch ihr trockenes, heißes Klima gekennzeichnet. Dort gibt es nur wenige Pflanzen und Tiere, die an die extreme Trockenheit angepasst sind. Im Regenwald herrschen ebenfalls hohe Temperaturen, aber es gibt auch reichlich Niederschlag, eine Kombination, die für viele Pflanzenarten förderlich ist. Zwischen diesen Extremen existiert eine ganze Reihe weiterer Ökoregionen, zum Beispiel Taiga, Grasland und Savanne. In dieser Einteilung nicht berücksichtigt ist hingegen die Kulturlandschaft, die die ursprünglichen Ökoregionen seit der Jungsteinzeit auf immer größeren Flächen ersetzt.

Siehe auch — Klimata S. 68
Die Veränderung der Ökoregionen nach der letzten Eiszeit S. 150
Veränderungen der Biosphäre S. 258

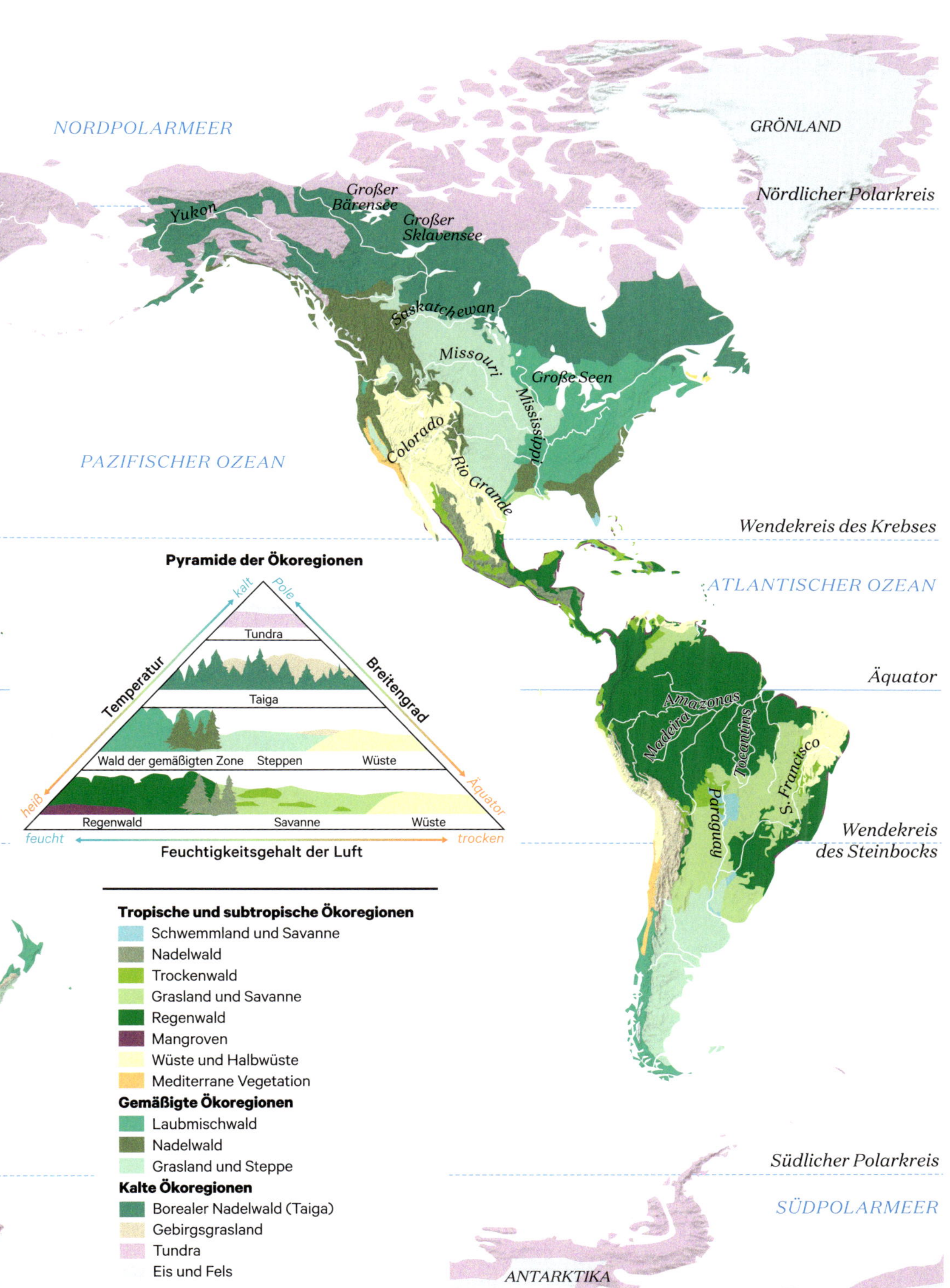

Das Ökosystem Erde

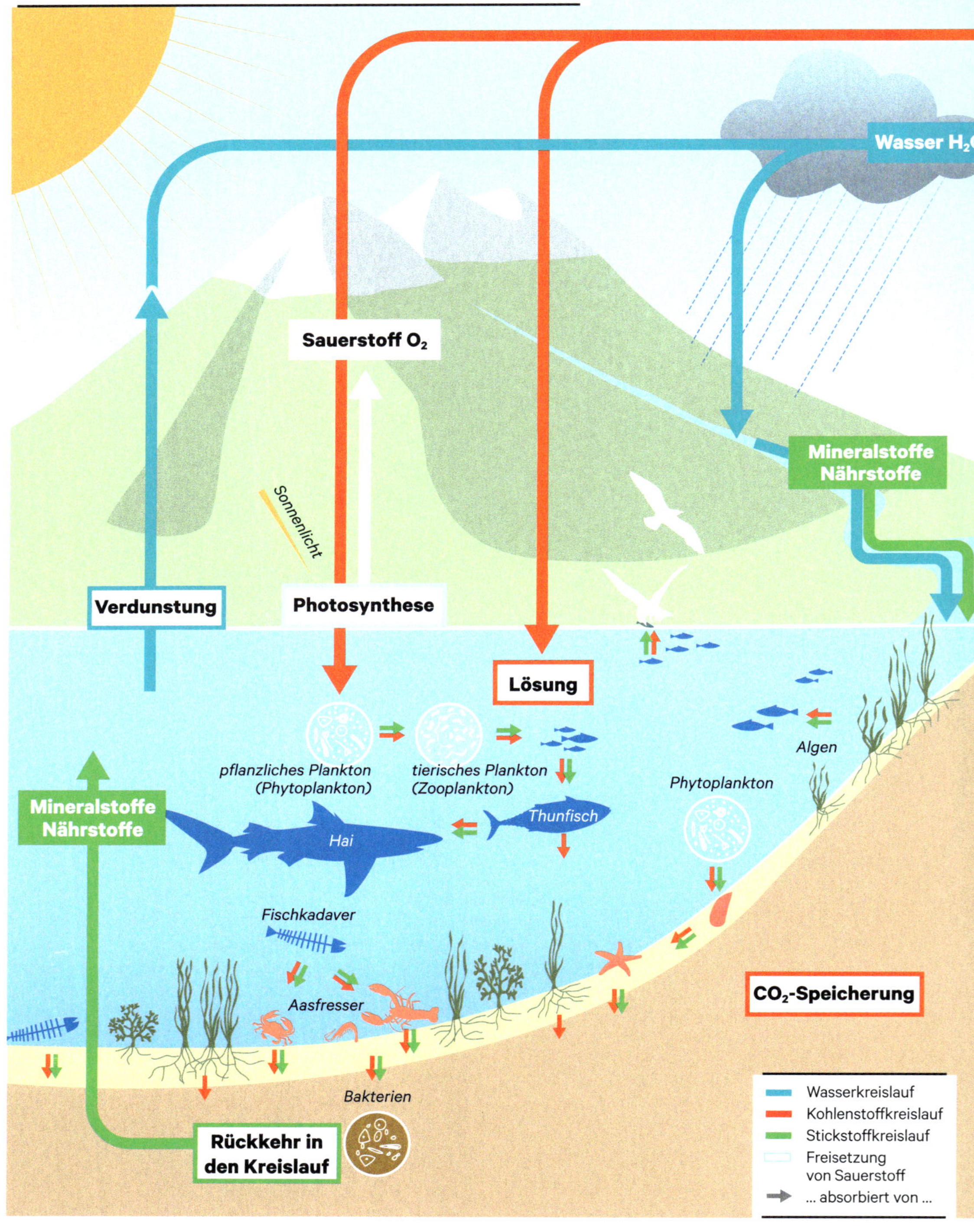

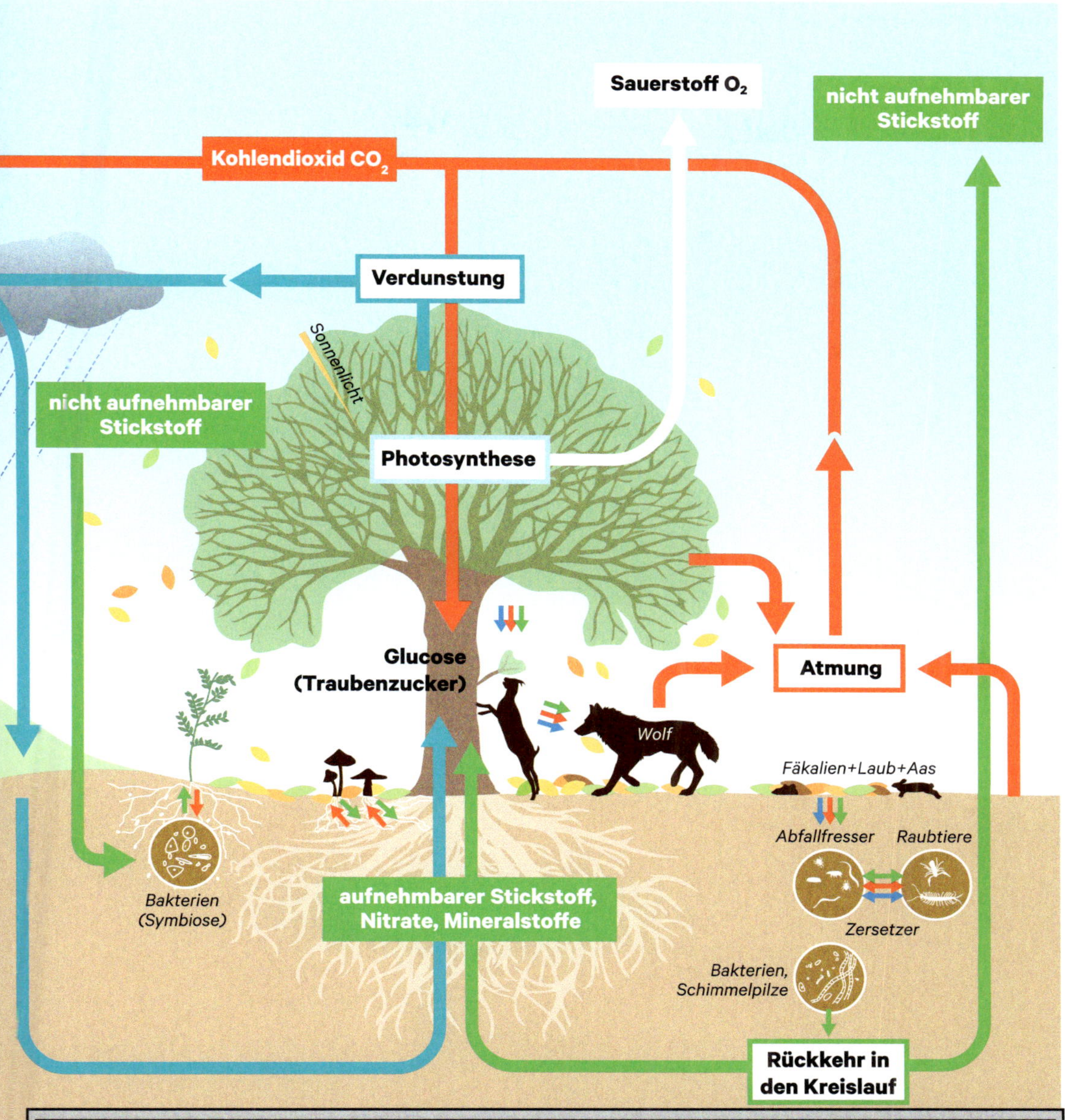

Das planetare Gleichgewicht: Interaktion zwischen Lebewesen und Umwelt

Die Lebewesen entnehmen ihrer Umgebung alles, was sie zum Wachstum benötigen. Diese Interaktion führt zu einem zyklischen Materialfluss (Wasser, Kohlenstoff, Stickstoff) zwischen verschiedenen Speichern. Die Hauptproduzenten organischen Materials sind die Pflanzen und das Phytoplankton. Sie betreiben Photosynthese, wobei mithilfe von Lichtenergie Kohlendioxid (CO_2) aus der Luft in Zucker umgewandelt wird. Im Boden verwandeln zersetzende Organismen (Bakterien und Schimmelpilze) das organische Material aus den Ausscheidungen der Tiere, deren Kadavern und pflanzlichen Überresten in mineralisches Material. Sie spielen eine wichtige Rolle bei der Umwandlung nicht aufnehmbaren atmosphärischen und organischen Stickstoffs in Nitrate. Komplexe symbiotische Verbindungen zwischen Bakterien, Pilzen und den Wurzelsystemen der Pflanzen ermöglichen oder erleichtern die Aufnahme von Stickstoff. Der Produktion von Sauerstoff (O_2) bei der Photosynthese verdankt sich die derzeitige Zusammensetzung unserer Atmosphäre, die erst das uns bekannte Leben ermöglicht hat. Ein Teil des Kohlenstoffs wird bei der Atmung wieder in die Luft abgegeben, der größte Teil jedoch bleibt in organischer Form im Boden und auf dem Meeresgrund gebunden.

Das Leben im Meer

Planktondichte

NORDPOLARMEER
Nördlicher Polarkreis
ATLANTISCHER OZEAN
Wendekreis des Krebses
PAZIFISCHER OZEAN
Äquator
INDISCHER OZEAN
Wendekreis des Steinbocks
Südlicher Polarkreis

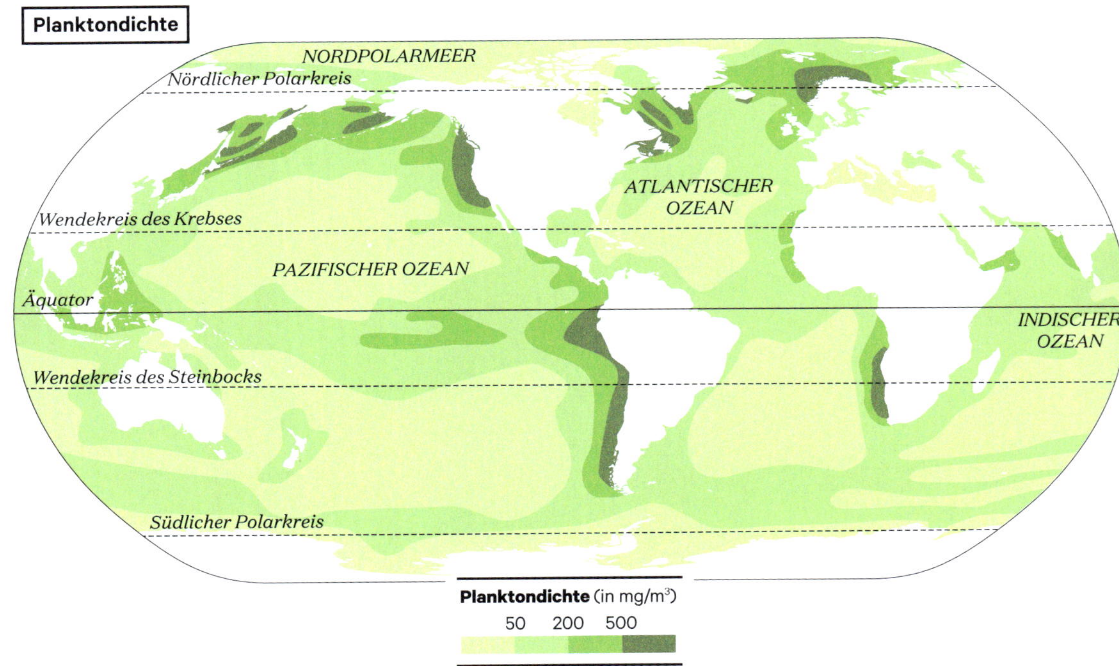

Planktondichte (in mg/m³)
50 200 500

Flusseinträge, Mangrovensümpfe

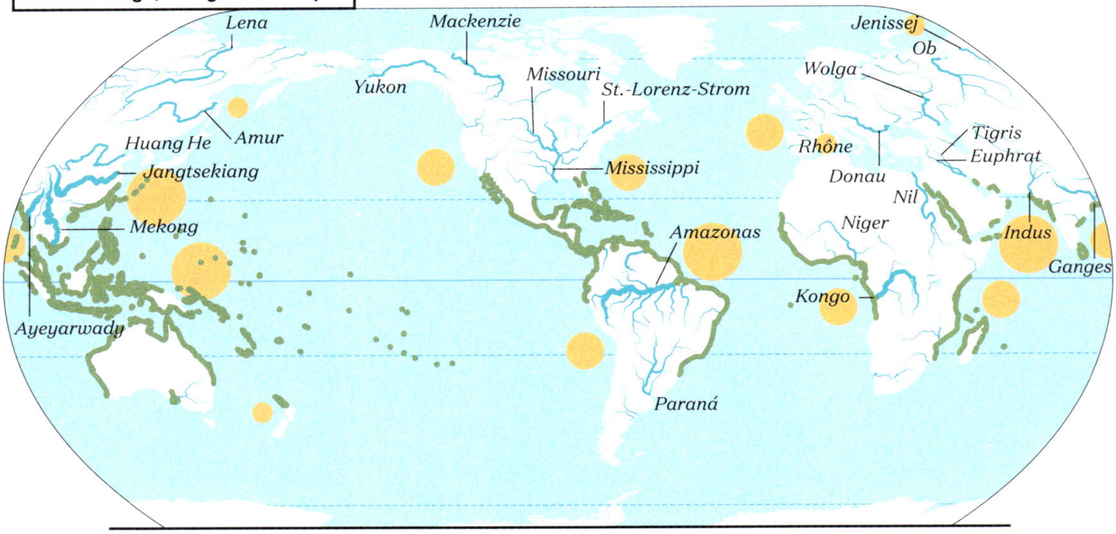

Lena
Mackenzie
Jenissej
Ob
Wolga
Missouri
St.-Lorenz-Strom
Yukon
Amur
Huang He
Tigris
Euphrat
Rhône
Jangtsekiang
Mississippi
Donau
Nil
Niger
Mekong
Amazonas
Indus
Ganges
Kongo
Ayeyarwady
Paraná

Wassereintrag von Flüssen in die Meere (in km³ pro Stunde)
100 800

Feststoffpartikeleintrag in die Meere durch Flüsse (in Millionen Tonnen pro Jahr)
< 250 250–1200 > 1200

Mangrovensümpfe

Siehe auch — Ein wahres Weltmeer S. 64
Fischfang als letzte neue Praxis der Altsteinzeit S. 142
Das Meer als neue Grenze S. 290

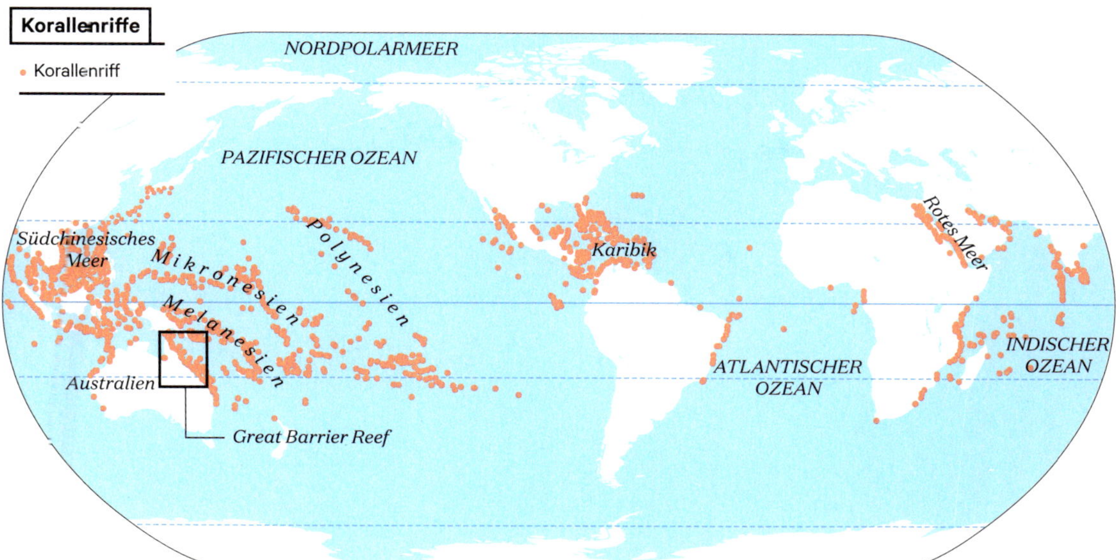

Eine unbekannte Welt

Das Leben ist im Meer entstanden, und bis heute beherbergen die Ozeane die meisten auf der Erde lebenden Organismen. Sie scheinen sich an bestimmten Orten zu konzentrieren, in Küstennähe und zwischen den Wendekreisen. In den Korallenriffen existiert eine ungeheure, bedrohte Vielfalt. Dort gedeihen die Organismen dank der vom Festland kommenden Nährstoffe und milder Temperaturen. 70 Prozent der Erdoberfläche sind von Ozean bedeckt, dessen mittlere Tiefe 3700 Meter beträgt. Das ist eine enorme Menge an Wasser. Es mag aussehen, als wäre das Meer kaum bevölkert, was aber nur daran liegt, dass es für uns noch ein großes Rätsel ist. Erst vier Menschen sind bislang in eine Tiefe unter 10 000 Meter getaucht, während immerhin schon zwölf Menschen auf dem Mond waren. Das Meer ist und bleibt eine kaum erforschte Welt. Während man früher noch dachte, in den tiefsten Tiefen der Ozeane könne kein Leben existieren, haben Meereskundler herausgefunden, dass bestimmte Gegenden wie etwa die Hydrothermalquellen der mittelozeanischen Rücken eine große Biodiversität aufweisen. Vermutlich gibt es im Meer noch viel zu entdecken. Das Leben im Wasser und das Leben auf dem Land sind eng miteinander verbunden: Umweltverschmutzung, Änderungen im Kohlenstoffkreislauf, steigende Temperaturen und steigende Meeresspiegel schaden dem Leben im Meer. Umgekehrt haben die Meere eine wichtige Funktion für das Ökosystem Erde, die über die Nährstoffzufuhr weit hinausgeht: etwa bei der Klimaregulierung, der CO_2-Speicherung und der Produktion von Sauerstoff.

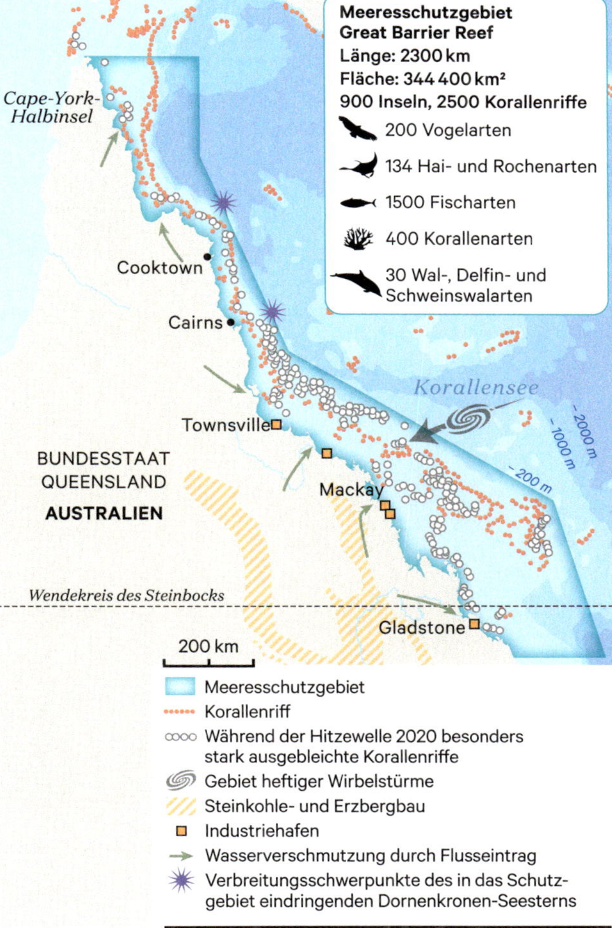

Boden als Lebensgrundlage

Bodenbildung

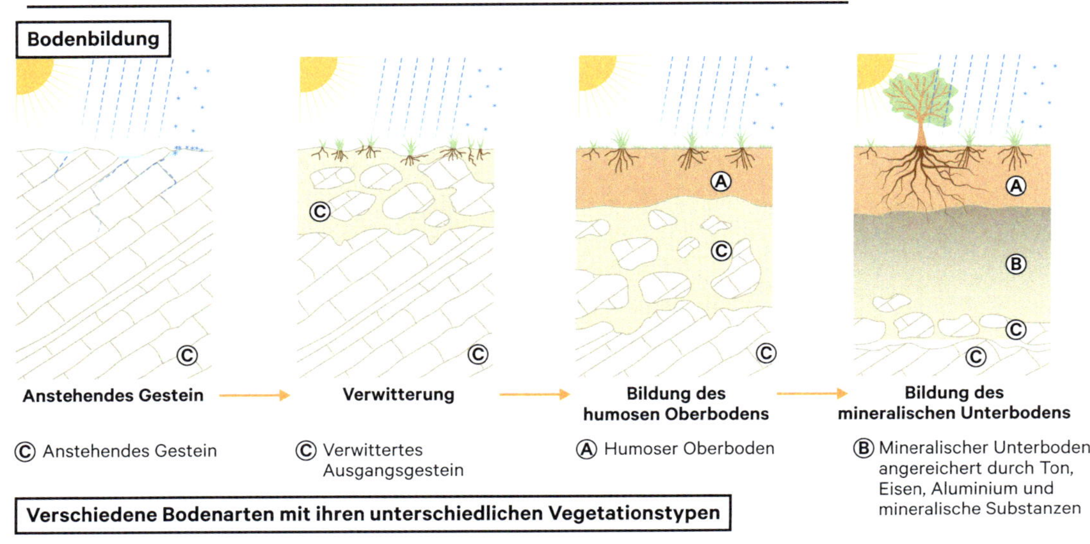

Ⓒ Anstehendes Gestein

Ⓒ Verwittertes Ausgangsgestein

Ⓐ Humoser Oberboden

Ⓑ Mineralischer Unterboden: angereichert durch Ton, Eisen, Aluminium und mineralische Substanzen

Verschiedene Bodenarten mit ihren unterschiedlichen Vegetationstypen

Gemäßigte Zone

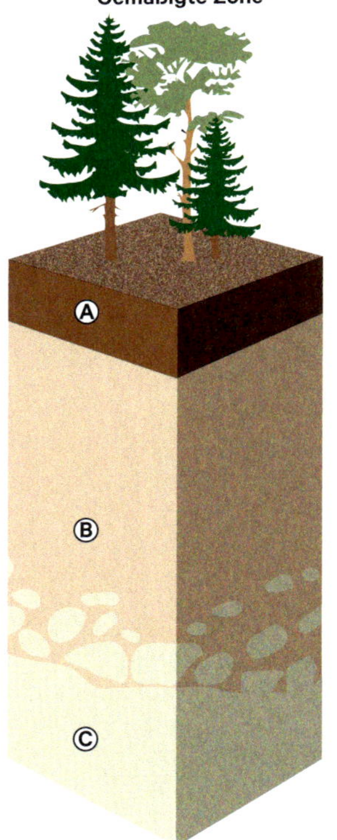

Ⓐ Humus
Ⓑ Eisen- und Aluminiumoxid, gelöster Kalk
Ⓒ Granit

Tropen

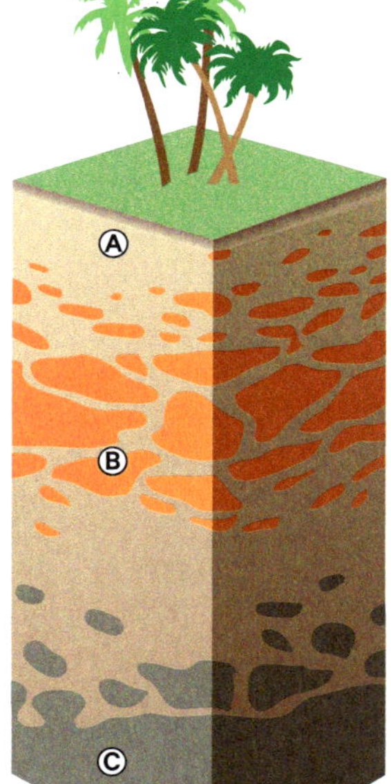

Ⓐ Humus fehlt fast völlig
Ⓑ Eisen- und Aluminiumoxid, Spuren von Aluminiumhydroxid
Ⓒ Magnesium- und eisenreiches Gestein

Wüste

Ⓑ Kohlensaurer Kalk (Kalziumkarbon
Ⓒ Sandstein, Schiefer, Kalkstein

Siehe auch — Geologie der Erde **S. 32**
Wie Boden wieder fruchtbar gemacht wird **S. 182**
Umweltverschmutzung **S. 254**

Böden als Träger der Artenvielfalt

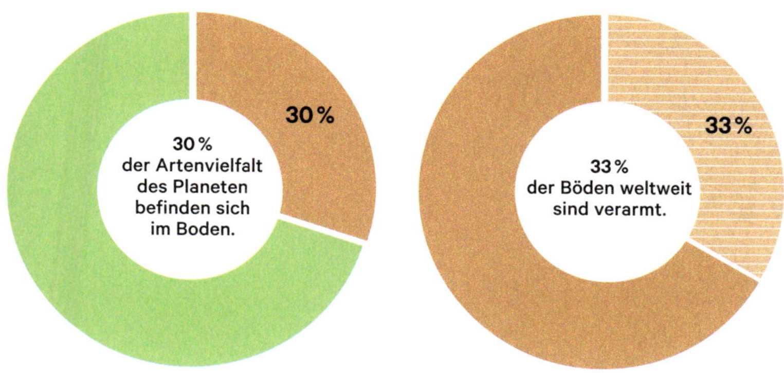

Ein Esslöffel Erde
enthält mehr lebende Organismen, als es Menschen auf der Erde gibt.

Die Biomasse der Pflanzen und Tiere über der Erdoberfläche ist gleich groß wie die Biomasse der Pilze und Bakterien im Boden.

Pflanzliche und tierische Biomasse im Boden

- Bis zu **3,5 Tonnen** Pilze pro Hektar
- Bis zu **2,5 Tonnen** Bakterien pro Hektar
- Zwischen **100 und 480** Regenwürmer je Kubikmeter
- **1 Million** Fadenwürmer je Kubikmeter

Anzahl der Regenwürmer in den Böden Frankreichs (Exemplare pro Kubikmeter im Zeitraum 2000 bis 2009)

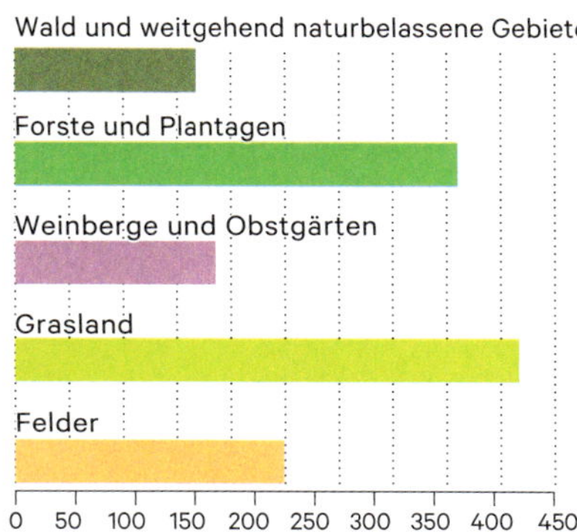

Biomasse der Mikroben in den Böden Frankreichs (mikrobielle DNS-Moleküle in Mikrogramm je Gramm Boden im Zeitraum 2005 bis 2015)

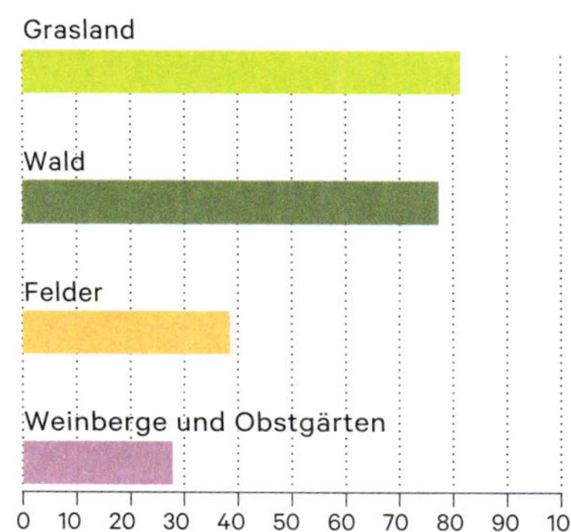

Wimmelndes Leben

Der Boden ist die äußerste Schicht der Erdkruste, die sich wiederum zwischen Atmosphäre und Lithosphäre befindet. Bodenkundler unterscheiden verschiedene Schichten, die sie «Horizonte» nennen. Der C-Horizont bezeichnet sowohl das feste, anstehende Gestein der Lithosphäre als auch die verwitterte und zerkleinerte Gesteinsauflage. Daraus entwickelt sich im Laufe von mehreren Tausend Jahren ein Boden (A- und B-Horizonte): Durch Frost, Unwetter und Sonne zerkleinert sich das Gestein immer mehr, und es können sich so Pionierpflanzen und Mikroorganismen ansiedeln. Die Dicke des Bodens variiert zwischen 10 Zentimetern und 10 Metern. Aus der von Pflanzen und toten Tieren gebildeten organischen Materie entsteht an der Erdoberfläche die «Streu», die von der Fauna und Mikroflora im Boden zu Humus zersetzt wird.
In der obersten Schicht bis etwa 30 Zentimeter Tiefe wimmelt es vor Leben: Im Grasland befindet sich zum Beispiel mehr Biomasse im Boden als über der Erdoberfläche. Die im Boden befindlichen Pilze und Bakterien haben dasselbe Gewicht wie alle Pflanzen und Tiere darüber. 30 Prozent der Biodiversität unseres Planeten befinden sich im Boden, der aber eine große Unbekannte für uns bleibt – nur 10 Prozent des Erdbodens sind erforscht. Die höchst vielfältigen Organismen, die dort leben, sind meist sehr klein und daher schwer zu erkennen und zu identifizieren. Zwar gibt es inzwischen geeignete Instrumente für ihre Erforschung, aber die Erdbewohner sind beim Menschen meist eher unbeliebt (Insekten, Würmer, Spinnen, Tausendfüßer, Bakterien, Pilze), obwohl unser Leben von ihnen abhängt. Die Zerstörung des Bodens kann sehr schnell vor sich gehen, umgekehrt dauert die Bildung neuen Bodens sehr lange, er wächst nur durchschnittlich 0,02 Millimeter pro Jahr.

Fossile Rohstoffe

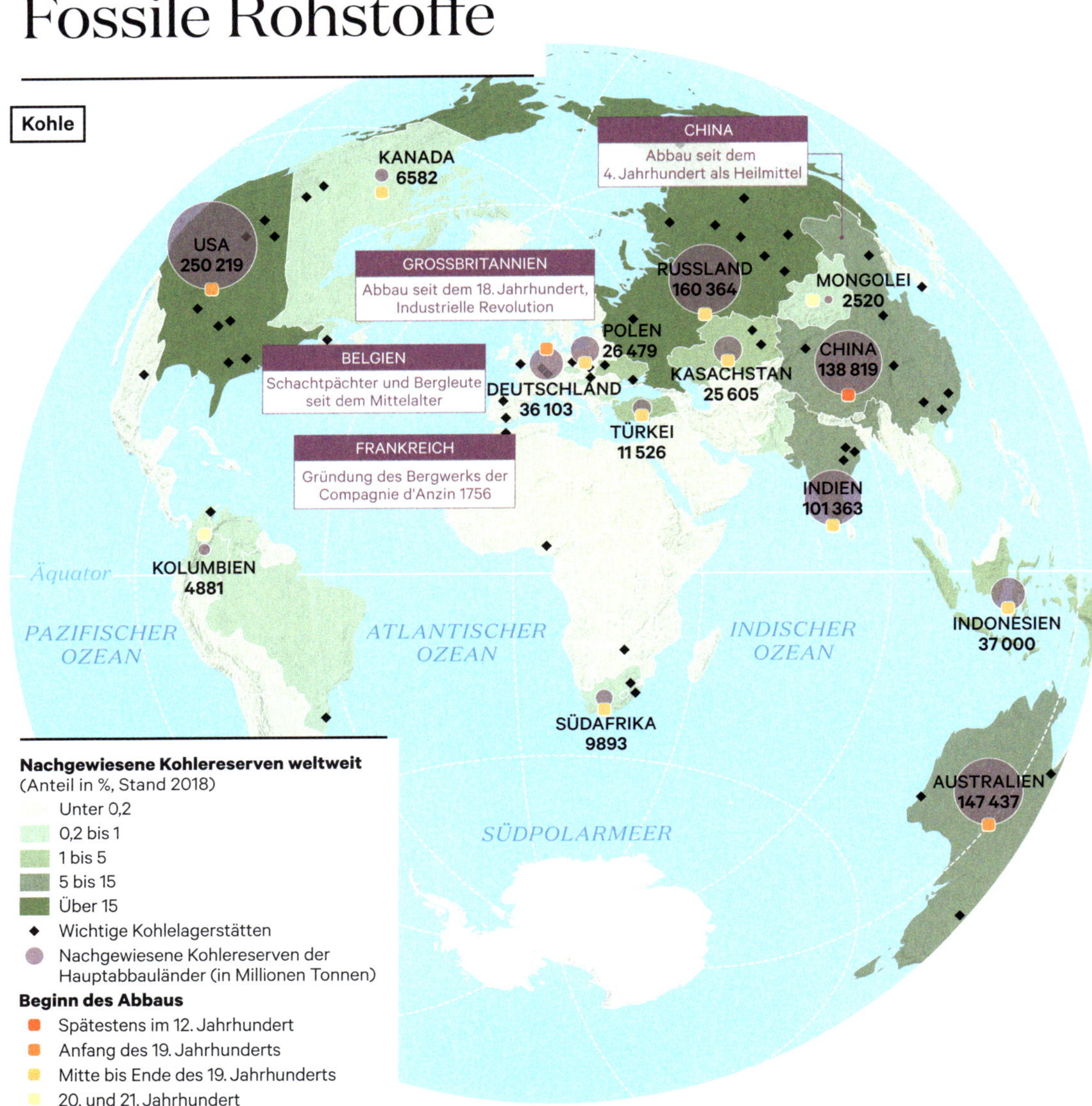

Lebewesen als Ursprung fossiler Rohstoffe

Kohle, Erdöl und Erdgas sind fossile Rohstoffe. Das Ausgangsmaterial sind Lebewesen aus Sümpfen oder dem Ozean, vom Plankton über Blätter und Holz bis hin zu Fischleichen, die nach ihrer Einbettung in ein Sediment nicht verrotten, sondern nur allmählich entwässern, weil der Wasserkörper sauerstoffarm ist. Im Zuge der Versenkung unter dem Gewicht nachfolgender Ablagerungen und einer sanften Erwärmung werden langkettige Moleküle immer kürzer und alles, was flüchtig oder flüssig ist, entweicht. Erdöl wird zwischen 65 °C und 135 °C mobilisiert, Erdgas jenseits davon. Hochwertige Kohle entsteht oberhalb von 200 °C. Vom Muttergestein wandert das Erdöl in ein Speichergestein und nur, wenn es sich dort in Fallenstrukturen anreichert, kann man es auch gewinnen. Von dort aus gelangt es über natürliche artesische Quellen (wie beispielsweise in Pechelbronn im Elsass) oder durch künstliche Bohrungen an die Oberfläche.

Siehe auch — Das Ökosystem Erde S. 104
Kohlenstoff S. 236
Kohlenwasserstoffe S. 242

Erdöl und Erdgas

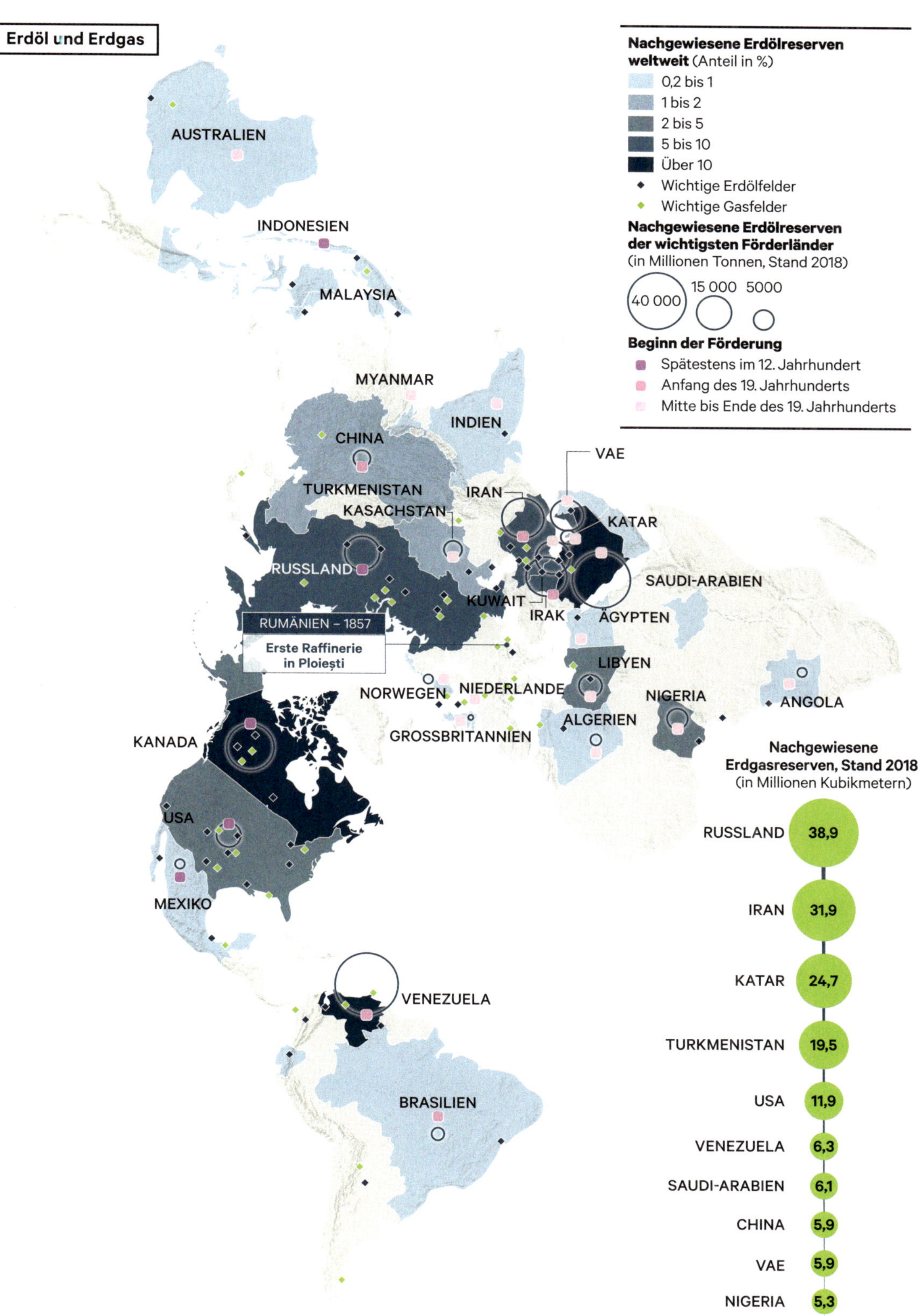

Große Wanderer

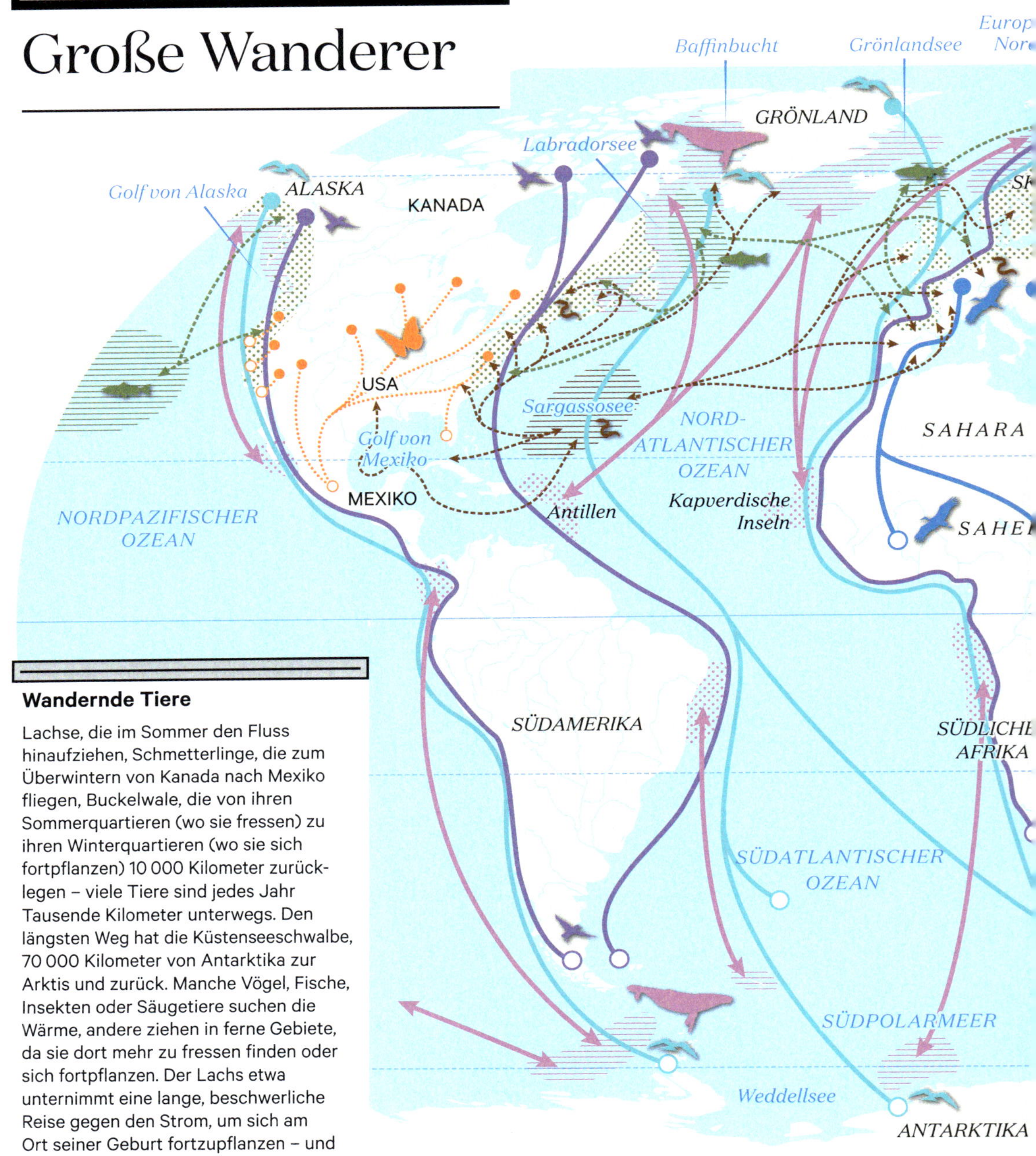

Wandernde Tiere

Lachse, die im Sommer den Fluss hinaufziehen, Schmetterlinge, die zum Überwintern von Kanada nach Mexiko fliegen, Buckelwale, die von ihren Sommerquartieren (wo sie fressen) zu ihren Winterquartieren (wo sie sich fortpflanzen) 10 000 Kilometer zurücklegen – viele Tiere sind jedes Jahr Tausende Kilometer unterwegs. Den längsten Weg hat die Küstenseeschwalbe, 70 000 Kilometer von Antarktika zur Arktis und zurück. Manche Vögel, Fische, Insekten oder Säugetiere suchen die Wärme, andere ziehen in ferne Gebiete, da sie dort mehr zu fressen finden oder sich fortpflanzen. Der Lachs etwa unternimmt eine lange, beschwerliche Reise gegen den Strom, um sich am Ort seiner Geburt fortzupflanzen – und dort auch zu sterben. Einige Tiere orientieren sich am Licht der Sonne, andere am Mond, den Sternen oder dem Magnetfeld der Erde. Dass Lachse und Aale wandern, ist seit Langem bekannt, bei Vögeln wissen wir es erst seit dem 18. Jahrhundert, als einige beringt werden. Heute lassen sich ihre Migrationsrouten per Satellit sehr genau nachvollziehen.

Siehe auch — Klimata **S. 68**
Die Tiere: Schauspiel und Schutz **S. 174**
Die Dekarbonisierung der Atmosphäre **S. 260**

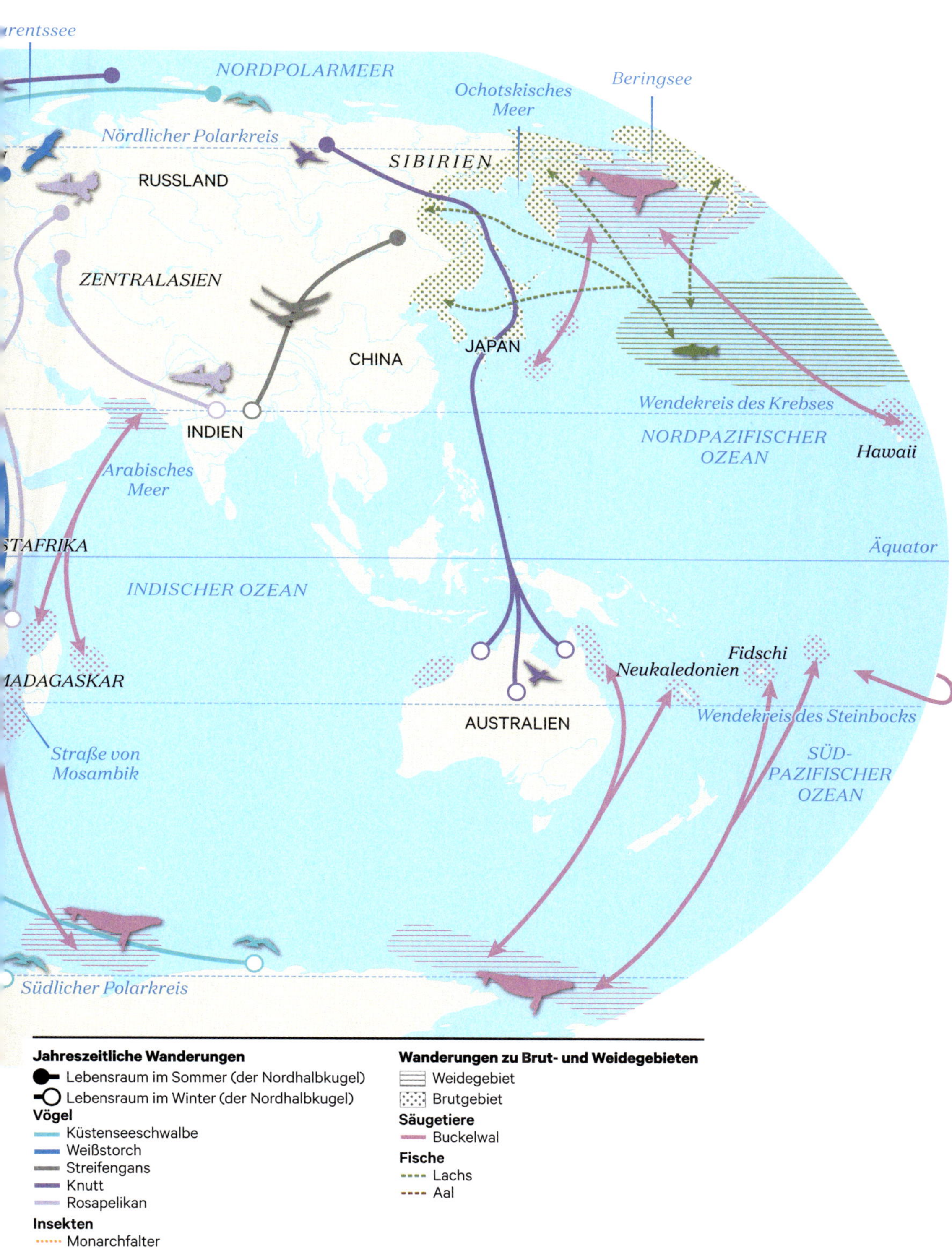

Jahreszeitliche Wanderungen
- Lebensraum im Sommer (der Nordhalbkugel)
- Lebensraum im Winter (der Nordhalbkugel)

Vögel
- Küstenseeschwalbe
- Weißstorch
- Streifengans
- Knutt
- Rosapelikan

Insekten
- Monarchfalter

Wanderungen zu Brut- und Weidegebieten
- Weidegebiet
- Brutgebiet

Säugetiere
- Buckelwal

Fische
- Lachs
- Aal

Die Bäume

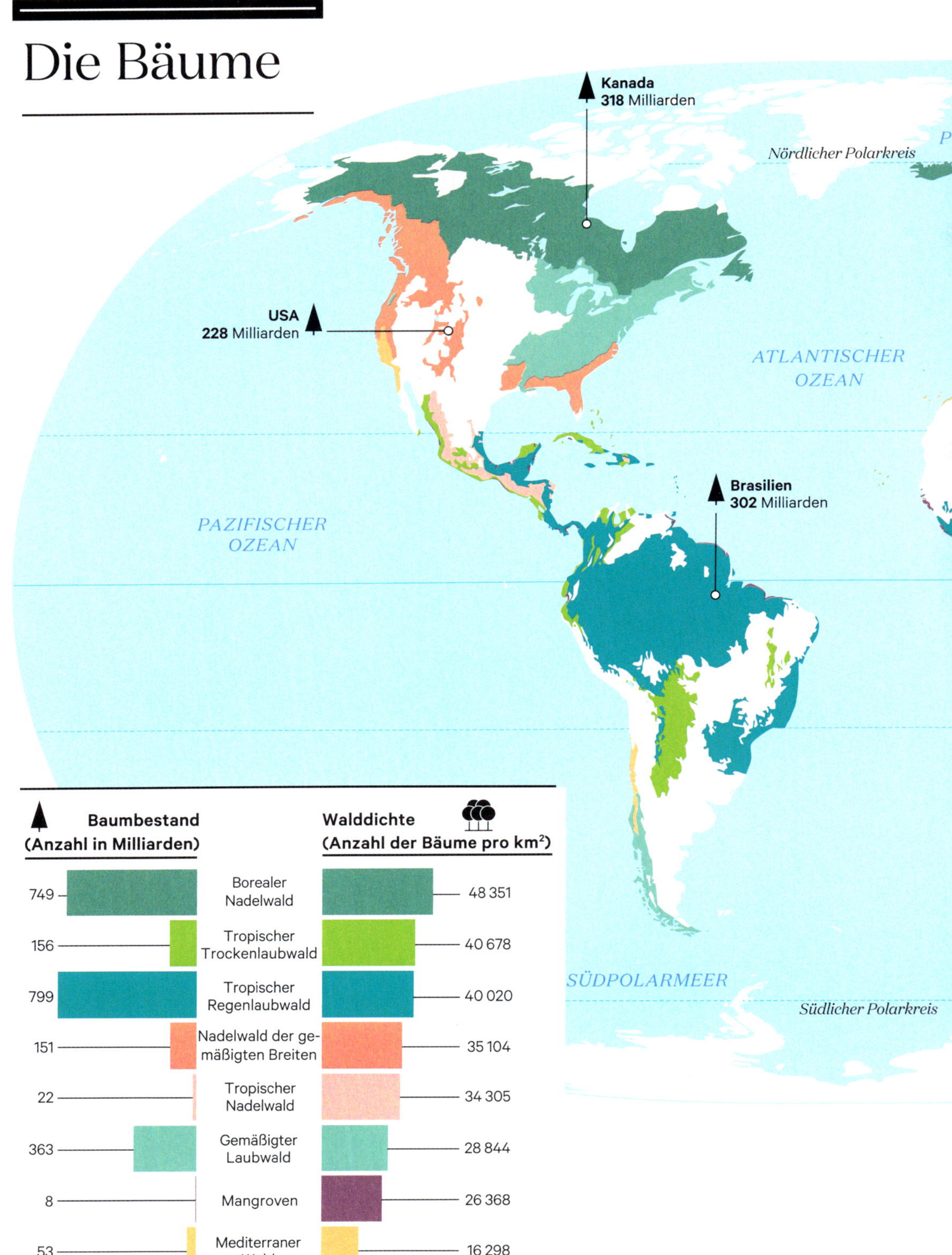
Kanada
318 Milliarden
Nördlicher Polarkreis
USA
228 Milliarden
ATLANTISCHER OZEAN
Brasilien
302 Milliarden
PAZIFISCHER OZEAN
SÜDPOLARMEER
Südlicher Polarkreis
Baumbestand (Anzahl in Milliarden)
Walddichte (Anzahl der Bäume pro km²)
749
Borealer Nadelwald
48 351
156
Tropischer Trockenlaubwald
40 678
799
Tropischer Regenlaubwald
40 020
151
Nadelwald der gemäßigten Breiten
35 104
22
Tropischer Nadelwald
34 305
363
Gemäßigter Laubwald
28 844
8
Mangroven
26 368
53
Mediterraner Wald
16 298

Siehe auch — Frühe Veränderungen Amazoniens **S. 170**
Geisterwälder **S. 178**
Die demografische Katastrophe und die Wiederaufforstung Amerikas **S. 216**

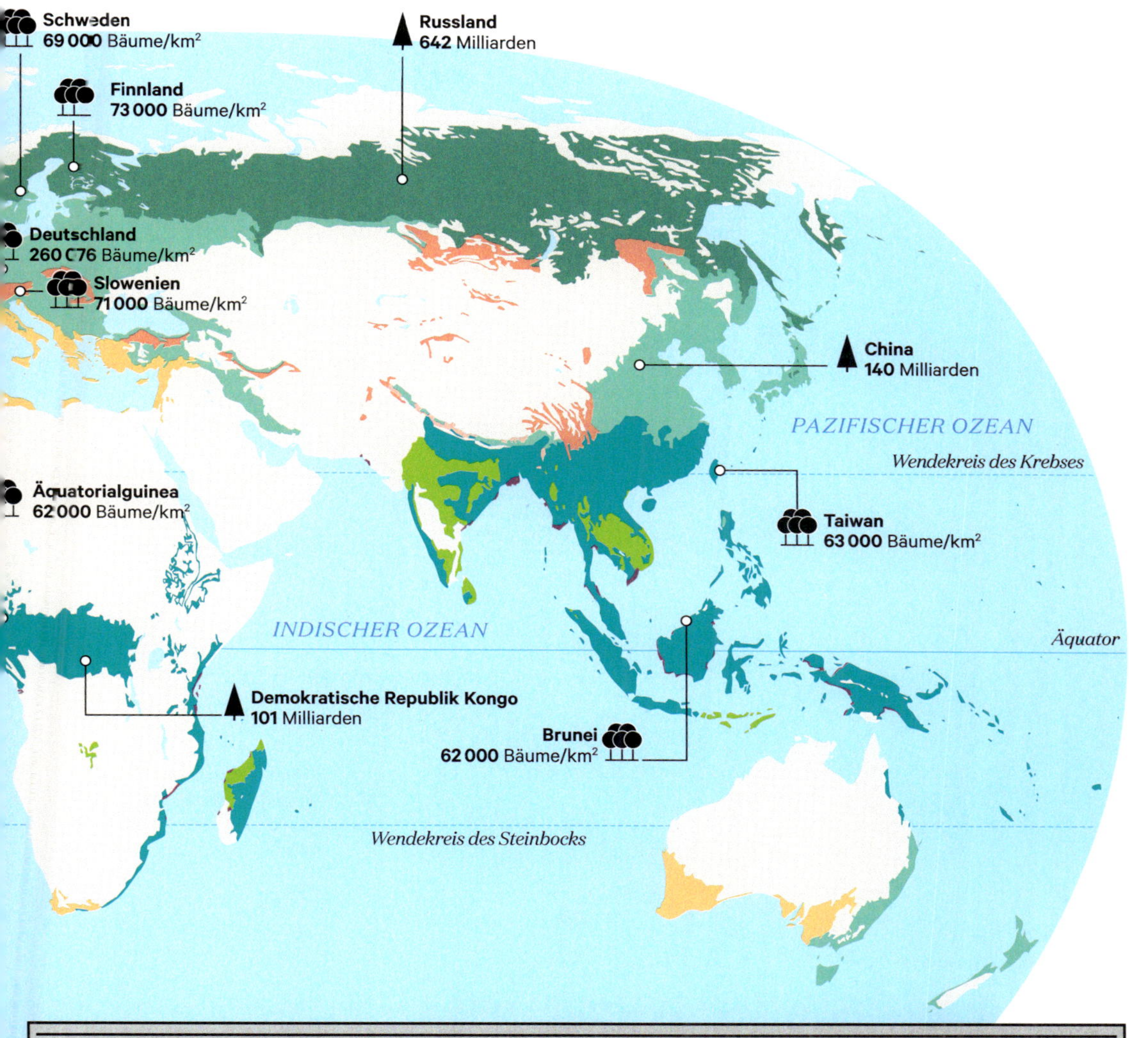

Gegenwärtige Riesen

Seitdem vor 500 Millionen Jahren die ersten Pflanzen das Festland bevölkern, haben sich auf allen Kontinenten auch Bäume angesiedelt. Sie haben sich an die verschiedensten klimatischen Bedingungen angepasst und finden sich sowohl in warmen, trockenen als auch in kalten, feuchten Gegenden. In den Tropen ist die Vielfalt am größten, etwa in Französisch-Guayana, wo es 1700 verschiedene Baumarten gibt. Deutschland zählt zu den Regionen, die am dichtesten bewaldet sind: Auf einem Drittel der Landesfläche wachsen etwa 93 Millionen Bäume. Fichten, Kiefern, Buchen und Eichen sind in Deutschland die vorherrschenden Arten, wobei der Fichtenbestand abnimmt: Einerseits haben bereits die Sturmkatastrophen der 1990er Jahre die Größe der reinen Fichtenwälder reduziert, andererseits ist die Fichte am anfälligsten für die Folgen des Klimawandels.

Es gibt nicht den einen Urahn, von dem alle Bäume abstammen, und sie sind in Lebensweise, Fortpflanzung und Aussehen sehr unterschiedlich. Der höchste Baum der Welt ist der Küstenmammutbaum *(Sequoia sempervirens)*. Dieser Nadelbaum ist an der Pazifikküste der USA beheimatet. Das größte bekannte Exemplar ist der «Hyperion», der über 110 Meter misst und 700 bis 800 Jahre alt ist. Eine andere Art ist besonders voluminös: Der Riesenmammutbaum *(Sequoiadendron giganteum)* kann ein Volumen von bis zu 1500 Kubikmetern erreichen. Aber diese Bäume sind noch nicht einmal die ältesten. Eine Langlebige Kiefer *(Pinus longaeva)* in Nevada ist über 5000 Jahre alt. Forscher schätzen, dass es 73 000 Baumarten auf der Welt gibt, von denen etwa 9000 Arten noch nicht erforscht sind. 40 Prozent der unbekannten Arten befinden sich in Südamerika.

Die Säugetiere – eine Minderheit unter den Lebewesen

Aufteilung der Biomasse nach Lebensräumen

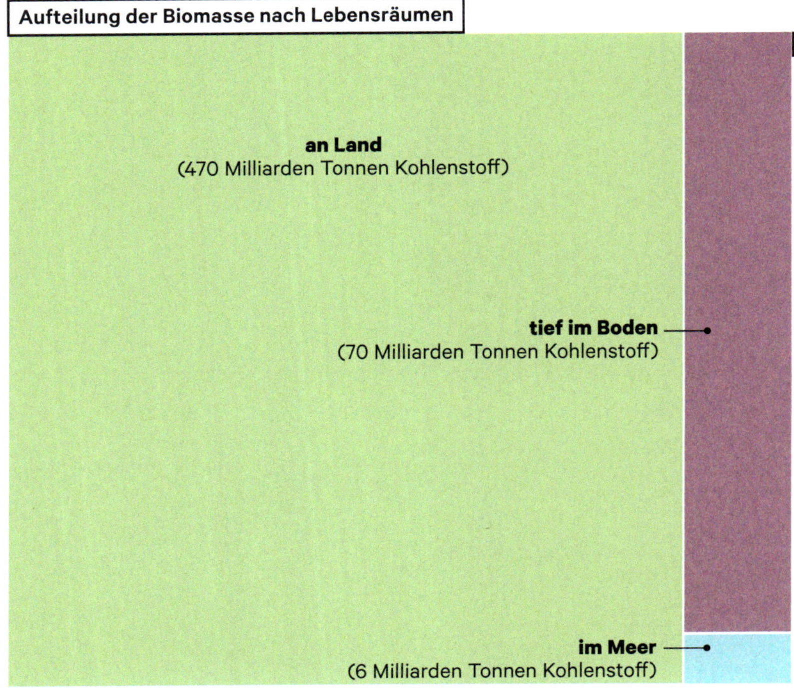

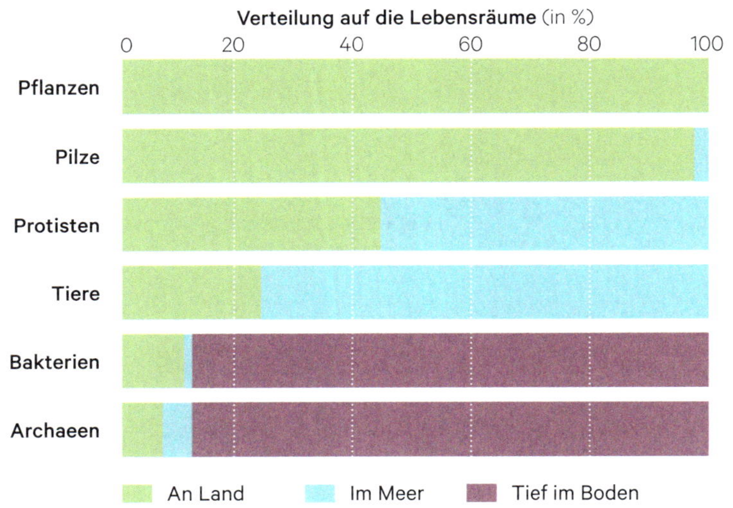

Der grüne Planet

Forscher haben die gesamte Masse der Lebewesen auf der Erde (die Biomasse) geschätzt und in Kategorien eingeteilt. Das Leben ist zwar im Meer entstanden und über 70 Prozent der Erdoberfläche sind von Wasser bedeckt, dennoch findet sich der überwiegende Teil der Lebewesen an Land. Große Pflanzen wachsen vor allem auf dem Festland, während eine größere Formenvielfalt der Tiere im Wasser besteht. Es gibt sehr viel mehr Fische als Säugetiere. Die Biomasse der Bakterien und Archaeen steckt vor allem in der Tiefe: in den Meeressedimenten und der ozeanischen Erdkruste sowie in unter dem Festland liegendem Gestein. Alles in allem stehen die Pflanzen mit weitem Abstand auf dem ersten Platz, mit 80 Prozent der gesamten Biomasse, gefolgt von den Bakterien mit 13 Prozent. Erst danach kommen weit abgeschlagen die Tiere. Betrachtet man nur diese Gruppe von Lebewesen, so stellen die Säugetiere – darunter die Menschen und die domestizierten Säugetiere – nur eine Minderheit dar. Die Biomasse der Menschen beträgt das Zehnfache der Biomasse aller wildlebenden Säugetiere, die Biomasse der domestizierten Säugetiere sogar das Vierzehnfache. Ähnliches gilt für die Vögel: Die Biomasse der gezüchteten Vögel ist fast dreimal so groß wie die der Wildvögel.

Siehe auch — Die Vielfalt der Lebewesen **S. 92**
Boden als Lebensgrundlage **S. 108**
Die Domestizierung der Tiere **S. 158**

Pflanzen beherrschen die Welt

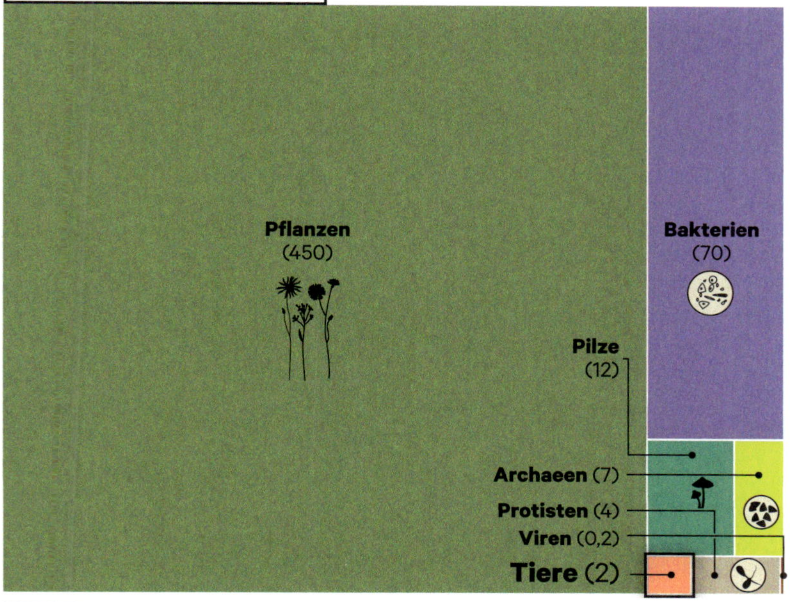

Pflanzen (450)

Bakterien (70)

Pilze (12)

Archaeen (7)

Protisten (4)

Viren (0,2)

Tiere (2)

In Milliarden Tonnen Kohlenstoff

- Pflanzen
- Bakterien
- Pilze
- Archaeen
- Protisten
- Tiere
- Viren

Archaeen: Einzellige Lebensformen ohne Kern und Organellen, den Bakterien ähnlich

Protisten: Einzellige Lebensformen mit Kern und Organellen

Tiere

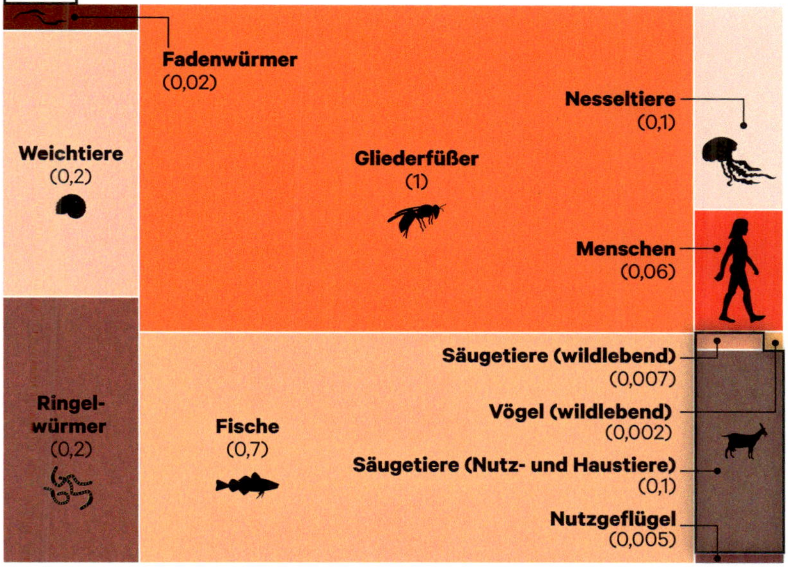

Fadenwürmer (0,02)

Weichtiere (0,2)

Gliederfüßer (1)

Nesseltiere (0,1)

Menschen (0,06)

Ringelwürmer (0,2)

Fische (0,7)

Säugetiere (wildlebend) (0,007)

Vögel (wildlebend) (0,002)

Säugetiere (Nutz- und Haustiere) (0,1)

Nutzgeflügel (0,005)

In Milliarden Tonnen Kohlenstoff

- Gliederfüßer
- Fische
- Ringelwürmer
- Weichtiere
- Nesseltiere
- Säugetiere (Nutz- und Haustiere)
- Menschen
- Fadenwürmer
- Säugetiere (wildlebend)
- Nutzgeflügel
- Vögel (wildlebend)

Gliederfüßer: Insekten, Spinnentiere, Krustentiere, Tausendfüßer usw.

Ringelwürmer: Gegliederte Würmer

Nesseltiere: Quallen, Korallen, Seeanemonen usw.

Fadenwürmer: Ungegliederte Würmer

Der menschliche Einfluss auf die Populationen wildlebender Säugetiere

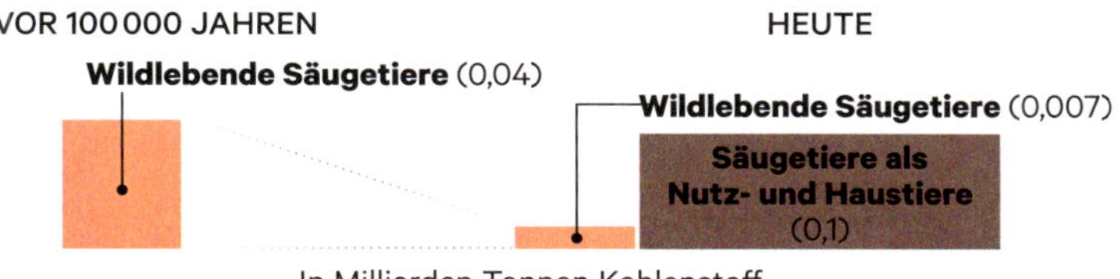

4

Ein Tier unter Tieren: der Mensch

(seit 7 Millionen Jahren)

Vor etwa 7 Millionen Jahren entstehen in Afrika die ersten Menschen aus der Unterfamilie der Homininen, zu der auch Schimpansen und Gorillas gehören. Es entwickeln sich zahlreiche Menschenarten, die oft gleichzeitig existieren und sich teilweise auch kreuzen. Seit 40 000 Jahren existiert nur noch eine Art, die unsere. Inzwischen hat *Homo sapiens* den gesamten Planeten besiedelt, mit Ausnahme der allzu unwirtlichen Antarktis. Als Jäger, Sammler und Fischer machen die letzten Vertreter der Gattung Mensch alle Gegenden der Welt urbar.

Die Menschensippe

Ein Affe unter Affen

Die Menschen gehören zur großen Ordnung der Primaten, zu der aktuell über 400 Arten zählen. Die ersten Primaten leben in den tropischen Wäldern von Subsahara-Afrika auf Bäumen. Mit Ausnahme der Menschen, die alle Kontinente bevölkern, sind bis heute die meisten Primaten in den tropischen oder subtropischen Gegenden Amerikas, Afrikas und Asiens geblieben. Die Angehörigen dieser Ordnung sind in Größe, Gewicht und Farbe höchst vielfältig. Ein Gorilla, der größte und stärkste aller Primaten, wiegt im Schnitt 175 Kilogramm, während der Berthe-Mausmaki, ein Lemur auf Madagaskar, gerade einmal 30 Gramm wiegt und 9 Zentimeter groß ist. Was wir landläufig «Affen» nennen, ist tatsächlich nur eine Gruppe innerhalb der Primaten: die *Anthropoidea*. Dazu gehören die Altweltaffen – u. a. Makaken, Paviane, Gibbons, Schimpansen, Gorillas und Menschen – und die Neuweltaffen, darunter die Büschelaffen und Brüllaffen. Zahlreiche Primaten werden nicht in diese Gruppe eingeordnet, etwa die Koboldmakis, die Lemuren und die Loris. Die Menschen gehören also zu den Altweltaffen. Unsere nächsten Verwandten sind die Schimpansen, mit denen wir ungefähr 98 Prozent unseres Erbguts teilen.

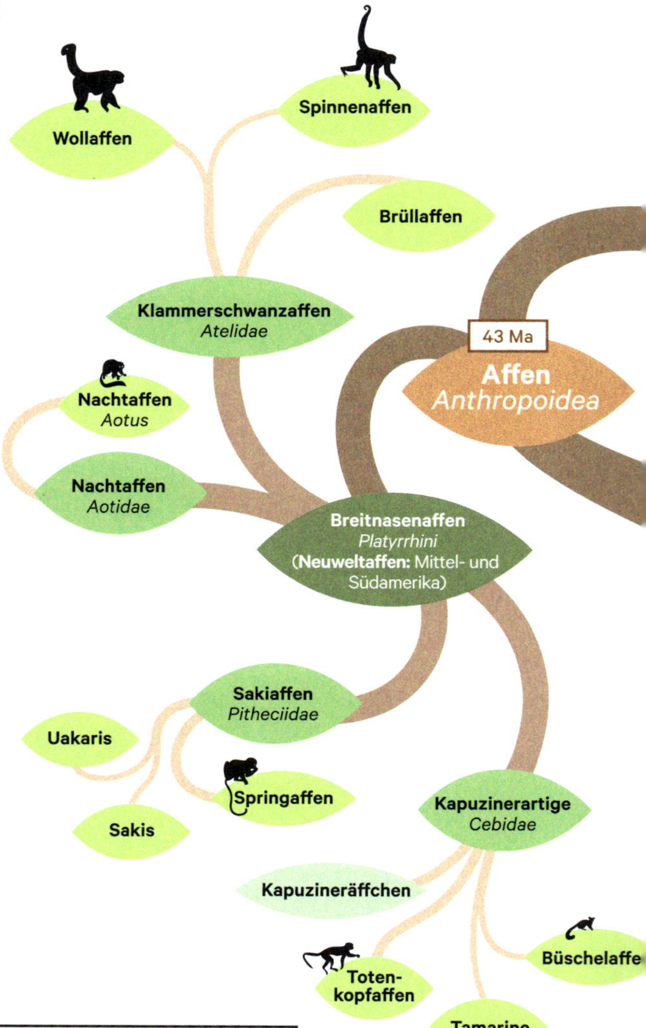

Wollaffen
Spinnenaffen
Brüllaffen
Klammerschwanzaffen *Atelidae*
43 Ma
Affen *Anthropoidea*
Nachtaffen *Aotus*
Nachtaffen *Aotidae*
Breitnasenaffen *Platyrrhini* (**Neuweltaffen:** Mittel- und Südamerika)
Sakiaffen *Pitheciidae*
Uakaris
Springaffen
Sakis
Kapuzinerartige *Cebidae*
Kapuzineräffchen
Büschelaffe
Totenkopfaffen
Tamarine

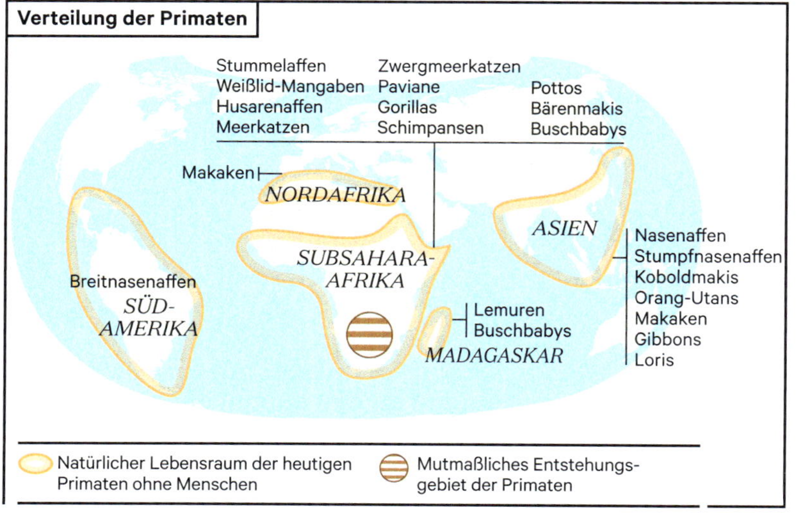

Stammbaum der Primaten
- Ordnung
- Unterordnung
- Teilordnung
- Mikroordnung
- Überfamilie
- Familie
- Unterfamilie
- Gattung
- Art

Ma = Jahrmillion (*lat. Megaannum*)

Siehe auch — Die Vielfalt der Lebewesen S. 92
Kreationismus und Evolutionismus S. 94
Die Erfindung der Rassen S. 132

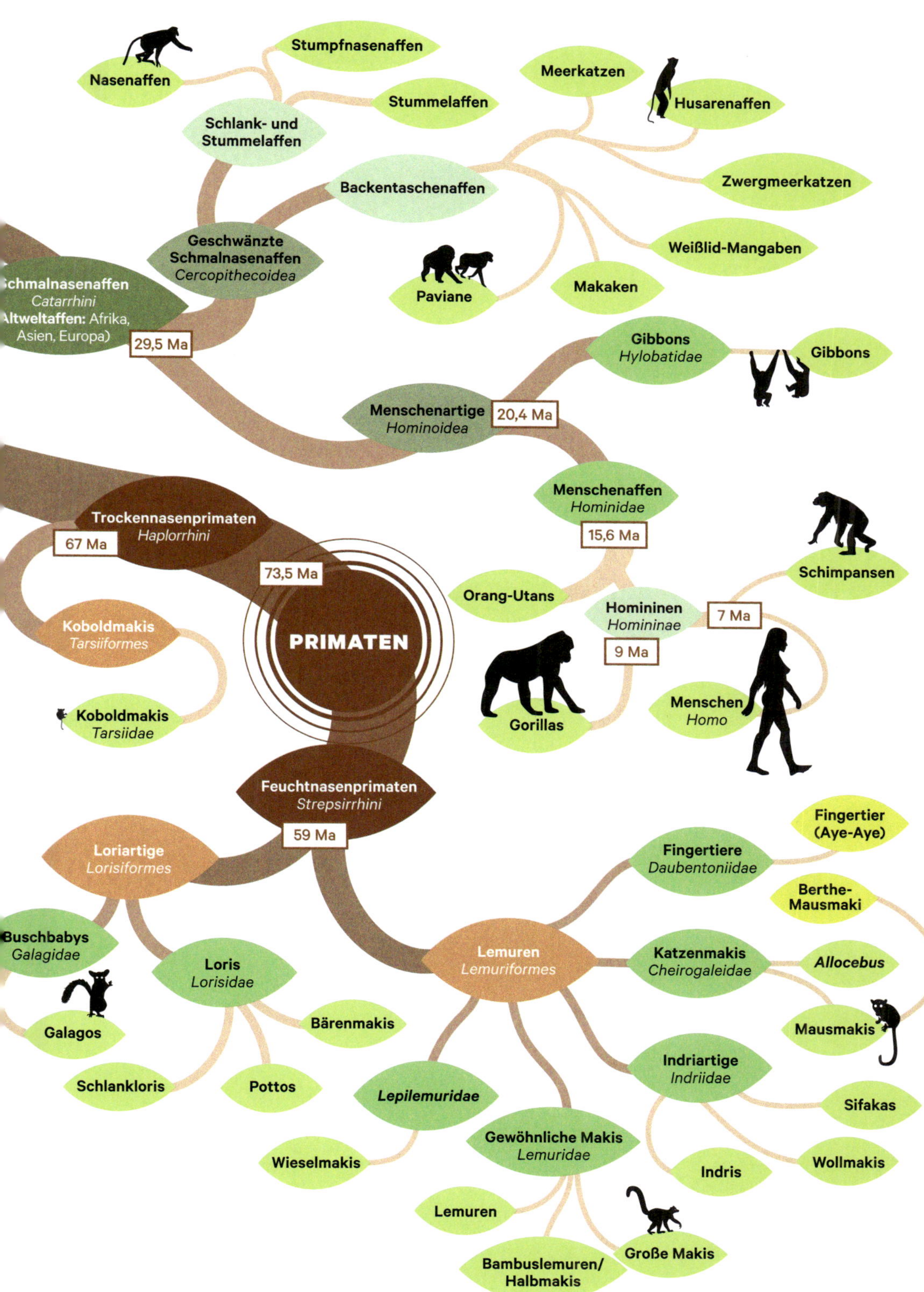

Die Geschichte der Urgeschichte

1800
Funde von Feuersteinwerkzeugen in Hoxne (Suffolk)

1836
Hypothese des Missing Link (zwischen Menschen und anderen Affen)

1843
Einteilung der Urgeschichte in Stein-, Bronze- und Eisenzeit

1856
Fund einer menschlichen Schädelkalotte im Neandertal bei Düsseldorf, die sich von der des anatomisch modernen Menschen unterscheidet

1859
Charles Darwins Schrift *Über die Entstehung der Arten* erscheint

1865
Einführung der Begriffe «paläolithisch» (altsteinzeitlich) und «neolithisch» (jungsteinzeitlich)

1868
Knochenfunde anatomisch moderner Menschen (Abri de Cro-Magnon, Dordogne)

1879
Entdeckung von Höhlenmalereien im spanischen Altamira, deren Echtheit zunächst umstritten ist

1891
Entdeckung des Java-Menschen (später der Art des *Homo erectus* zugeordnet): Urheimat des Menschen in Asien vermutet

1901
Höhlenmalereien und -reliefs aus dem Magdalénien

1924
Kind von Taung *(Australopithecus)*. Afrika wird zur Wiege der Menschheit

1925
V. Gordon Childe veröffentlicht *The Dawn of European Civilization:* Definition der «neolithischen Revolution»

1928
Entdeckung erster Spuren von Sesshaftigkeit in Palästina: Das Natufien (12 000 bis 9000 v. u. Z.)

1932
Fund eines Schädels eines *Homo sapiens* in Südafrika (292 000 bis 222 000 v. u. Z.)

1940
Entdeckung der Höhle von Lascaux und ihrer Malereien (Datierung umstritten: Von 16 900 bis 13 500 v. u. Z.)

1950
Erste C14-Datierung

1952–1958
Erforschung der gemauerten Bauten in Jericho (Palästina) aus der Zeit von ca. 8800 bis 7000 v. u. Z.

1974
Entdeckung des *Australopithecus* «Lucy» in Äthiopien (3,2 Millionen Jahre)

1994
Entdeckung der Chauvet-Höhle. Höhlenmalereien reichen bis ca. 33 000 v. u. Z. zurück

2000
Entdeckung des *Orrorin tugenensis* in Kenia (ca. 6 Millionen Jahre alt)

2001
Entdeckung des Fossils namens Toumaï im Tschad (ca. 7 Millionen Jahre alt)

2004
Entdeckung der ältesten Spuren menschlicher Nutzung von Feuer (800 000 Jahre) in Israel

2007
Sequenzierung der mitochondriellen DNS des Neandertalers

2017
Fund eines Schädels eines archaischen *Homo sapiens* von vor 300 000 Jahren im Djebel Irhoud (Marokko)

ZEITALTER: PALÄOLITHIKUM / ALTSTEINZEI

ALTPALÄOLITHIKUM

MITTEL-PALÄO-LITHIKUM

3,3 Millionen Jahre
Erste Werkzeuge
Lomekwi, Turkanasee (Kenia)

2,7–1,3 Millionen Jahre
Oldowan-Werkzeugkultur
Olduvai-Schlucht (Tansania)

800 000 v. u. Z.
Beherrschung des Feuers

100 000 v. u. Z.
Erste Grabstätten

3,3 Millionen Jahre

1,8 Millionen Jahre

0,4 Millionen Jahre

50 000 v. u. Z.

Alle Daten vor unserer Zeitrechnung
* Ma = Jahrmillion (lat. *Megaannum*)

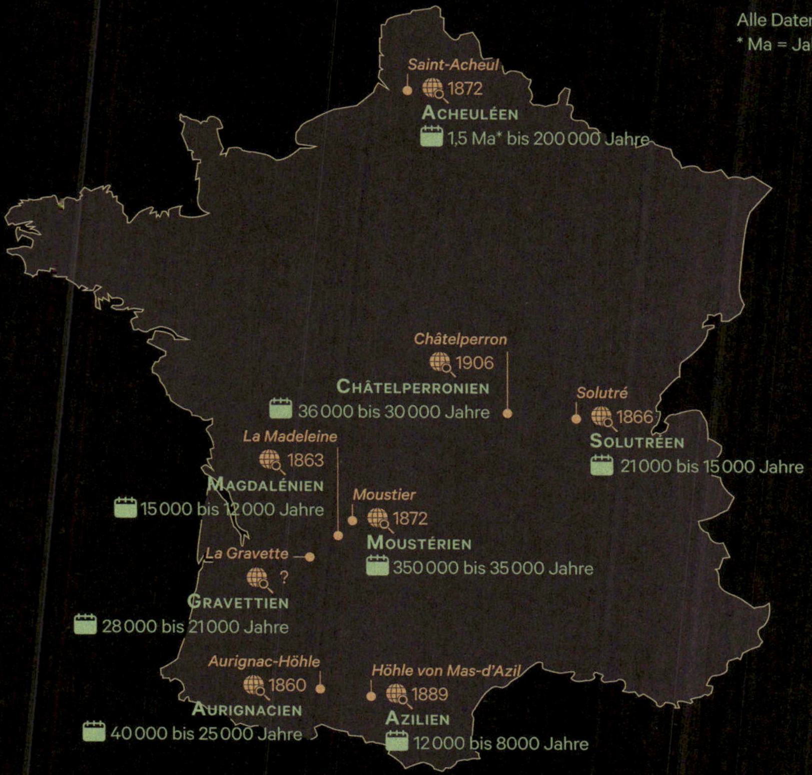

Saint-Acheul
1872
Acheuléen
1,5 Ma* bis 200 000 Jahre
Châtelperron
1906
Châtelperronien
36 000 bis 30 000 Jahre
Solutré
1866
Solutréen
21 000 bis 15 000 Jahre
La Madeleine
1863
Magdalénien
15 000 bis 12 000 Jahre
Moustier
1872
Moustérien
350 000 bis 35 000 Jahre
La Gravette
?
Gravettien
28 000 bis 21 000 Jahre
Aurignac-Höhle
1860
Aurignacien
40 000 bis 25 000 Jahre
Höhle von Mas-d'Azil
1889
Azilien
12 000 bis 8000 Jahre

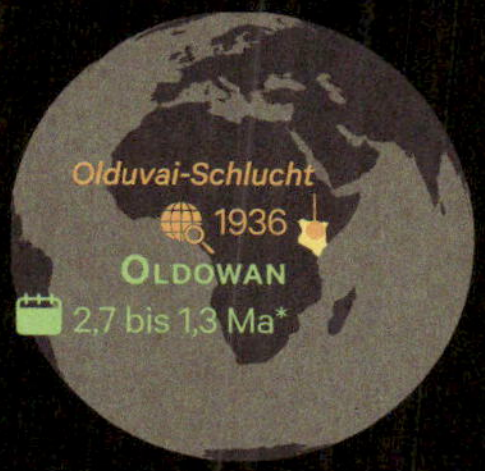

Olduvai-Schlucht
1936
Oldowan
2,7 bis 1,3 Ma*

Eine europäische Disziplin

Damit eine so frühe Geschichte überhaupt vorstellbar wird, müssen erst einmal die zeitlichen Darstellungen der Bibel überwunden werden. Mithilfe der Bibel wurde die Schöpfung der Welt lange Zeit auf ca. 4000 v. u. Z. festgelegt. Erst ab der zweiten Hälfte des 18. Jahrhunderts wird das Alter der Erde in Frage gestellt und zurückdatiert. Zugleich wird darüber diskutiert, warum es Fossilien von Tieren gibt, die bis dahin als «vorsintflutlich» bezeichnet worden sind. In dieser Epoche werden vor allem mit den Arbeiten von Lamarck (siehe S. 94) die Voraussetzungen für die Evolutionstheorie gelegt. Professionelle Forscher und begeisterte Amateure finden die ersten Fossilien. Noch bis weit ins 20. Jahrhundert hinein stützt sich die Forschung der Urgeschichte auf Laien, die seit 1904 in der *Société préhistorique française* (der «Französischen urgeschichtlichen Gesellschaft») organisiert sind. Von der Mitte des 19. bis zur Mitte des 20. Jahrhunderts ist die Urgeschichte in der Wissenschaft eine einzelne Disziplin, angesiedelt zwischen Anthropologie, Naturalismus und Geschichte. Frankreich spielt dabei eine zentrale Rolle, was sich auch an den Namen der archäologischen Kulturstufen ablesen lässt – Magdalénien, Moustérien, Solutréen. Sie beziehen sich auf die Fundorte der ersten Fossilplatten, die allesamt in Frankreich liegen.

MESOLITHIKUM/
MITTELSTEINZEIT
NEOLITHIKUM/
JUNGSTEINZEIT*
BRONZE-
ZEIT
EISEN-
ZEIT
SPÄT-
PALÄOLITHIKUM
12 000 v. u. Z.
Erste Dörfer im Nahen Osten
Ab ca. 9500 v. u. Z.
Ackerbau und Viehzucht im Nahen Osten
4. Jt. v. u. Z.
Anfänge der Schrift in Mesopotamien
10 000 v. u. Z.
5000 v. u. Z.
3000 v. u. Z.
0

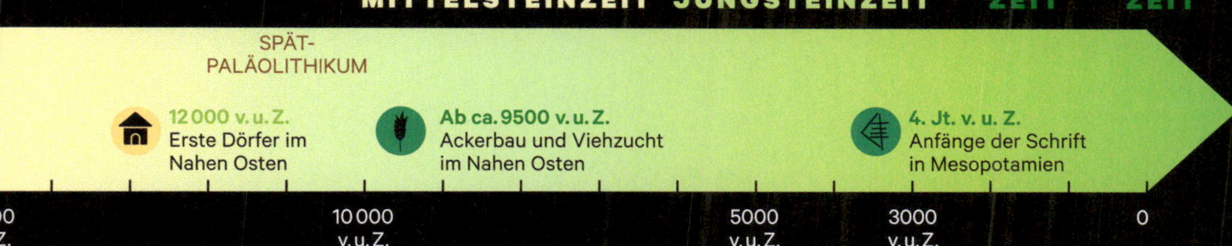

* Das Neolithikum setzt in unterschiedlichen Regionen der Erde zu unterschiedlichen Zeiten ein, eines seiner Kennzeichen ist die sesshafte Lebensweise der Menschen. Für Mitteleuropa gilt dies ca. ab dem 6., für den Nahen Osten ca. ab dem 10. Jahrtausend v. u. Z., siehe S. 152 f.

Von *Sahelanthropus* zu *Homo sapiens*

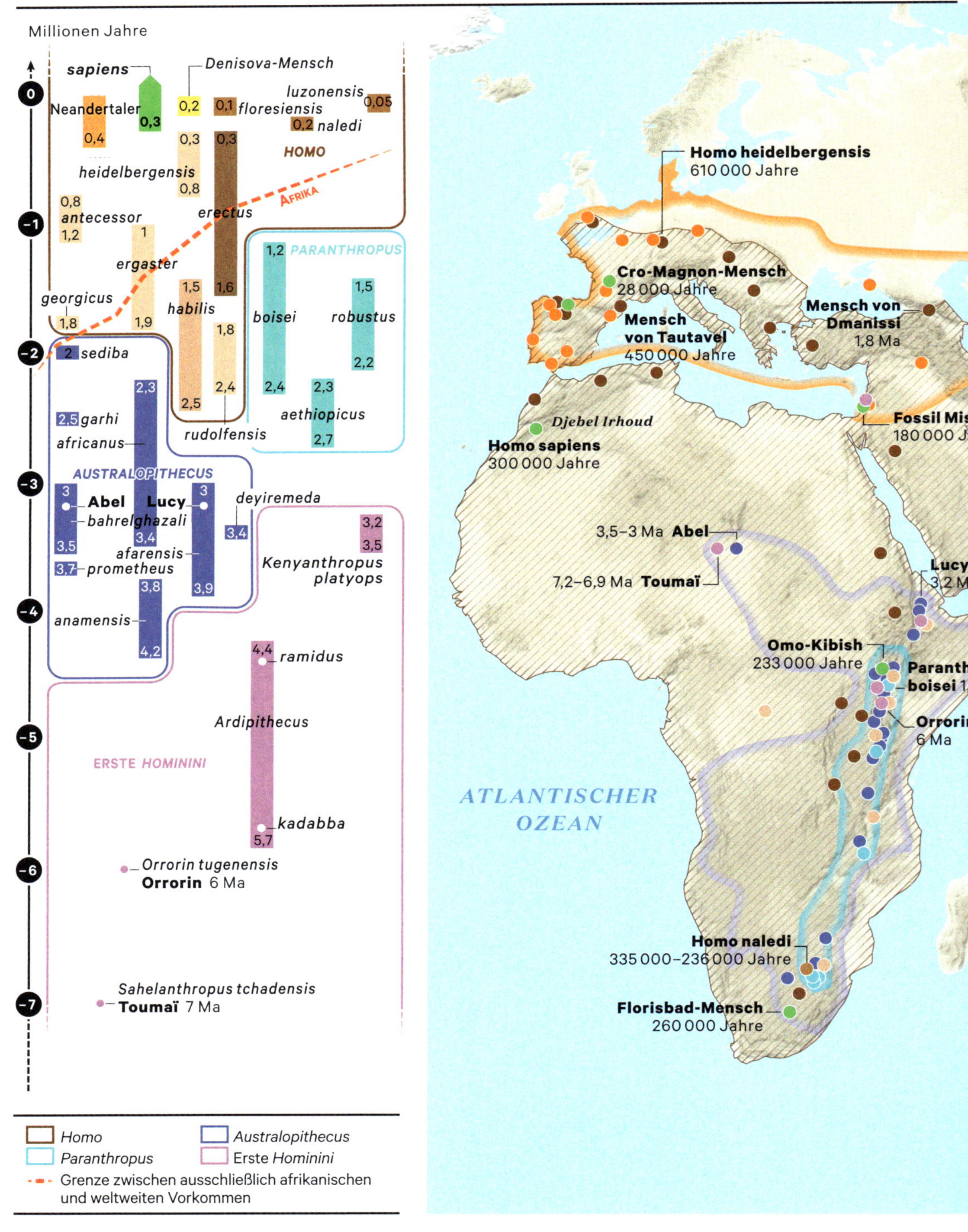

Siehe auch — Die Vielfalt der Lebewesen **S. 92**
Neandertaler und *Homo sapiens* **S. 130**

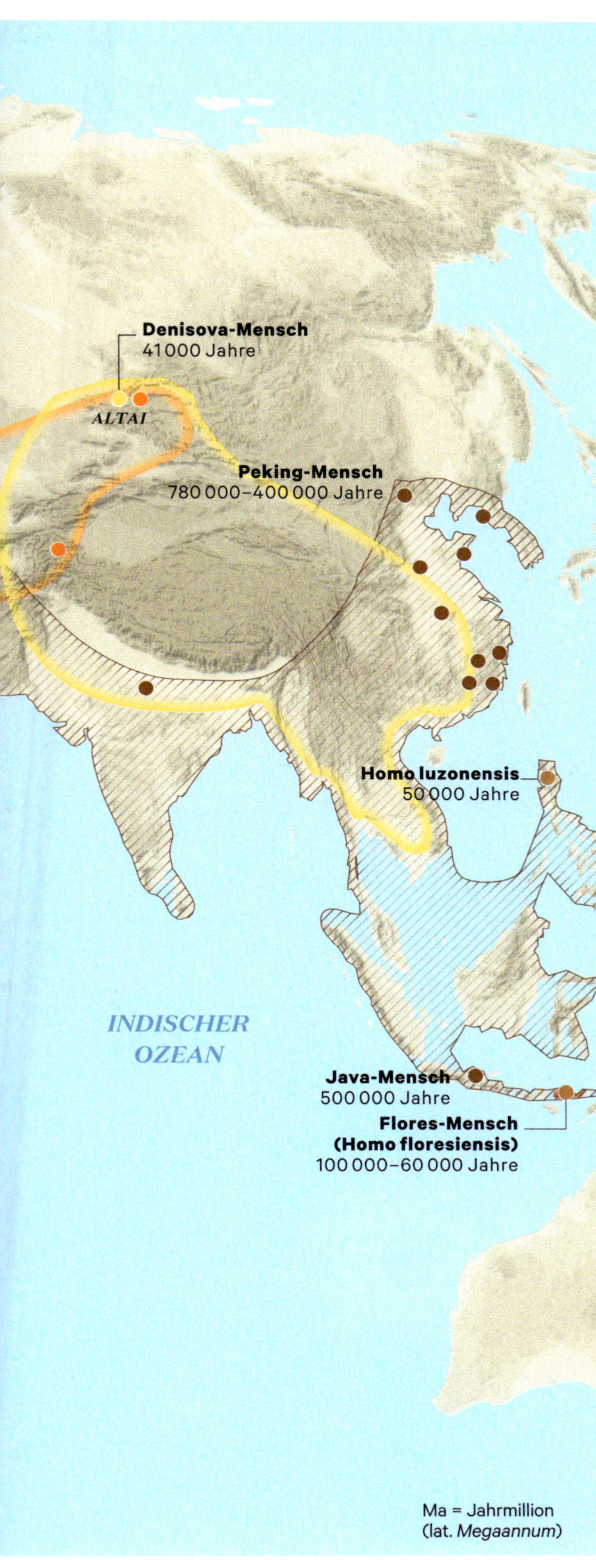

Die Menschenlinie

Die Geschichte der Menschen verzeichnet zahlreiche Arten. Unser Stammbaum gleicht einem üppigen Busch. Oft existieren mehrere Arten gleichzeitig, kommen infolge von Wanderungen und veränderten Umweltbedingungen zusammen und gehen wieder auseinander. Dass die Menschenlinie von den anderen Menschenaffen abzweigt, liegt mindestens 7 Millionen Jahre zurück. Die Grenze zwischen den letzten Populationen nichtmenschlicher Affen und den ersten Populationen der Menschen ist jedoch schwer zu ziehen. Für Paläontologen sind der aufrechte Gang und die Morphologie der Zähne zwei Eigenschaften, die eine Unterscheidung der beiden Gruppen zulassen. Aber es gibt auch Zweifel, ob Toumaï *(Sahelanthropus)*, Orrorin oder die Gattung *Ardipithecus* als Vorfahren der Menschen einzuordnen sind. Seit einigen Jahren wird *Ardipithecus* eher nur als Vorfahr der Schimpansen angesehen. Toumaï und Orrorin könnten zwar möglicherweise zu den Vorfahren der Menschen gezählt werden, allerdings bräuchte es dafür mehr Fossilfunde, die leider rar sind. Lange Zeit bleibt die Ausbreitung der Menschen auf den afrikanischen Kontinent beschränkt. Als erste verlässt Afrika die Gattung *Homo*, vor 2 Millionen Jahren. Dieser Zweifüßer ist ein großer Wanderer. Außerdem kann er gut jagen, fertigt aus Stein Werkzeuge und macht schon vor 800 000 Jahren Gebrauch von Feuer. In den letzten zwei Millionen Jahren existieren zahlreiche Arten in Afrika und Eurasien, darunter die Neandertaler und die Denisova-Menschen, bis schließlich nur noch eine einzige Art übrigbleibt, die unsere: *Homo sapiens*.

2000 km

Hominini-Fundstätten:

Homo
- *sapiens*
- Denisova-Mensch
- Neandertaler
- *luzonensis, floresiensis, naledi*
- *erectus*
- *habilis*

Paranthropus
- *boisei, robustus, aethiopicus*

Australopithecus
- *afarensis, bahrelghazali ...*

Erste *Hominini*
- Toumai, Orrorin ...

Verbreitungsgebiet
- Denisova-Mensch
- Neandertaler
- *Homo luzonensis, floresiensis, naledi, erectus, habilis*
- *Paranthropus*
- *Australopithecus*

Lucy Name des Fossils/ der Fundstätte des Fossils

Verbreitung und Vermischung von Hom

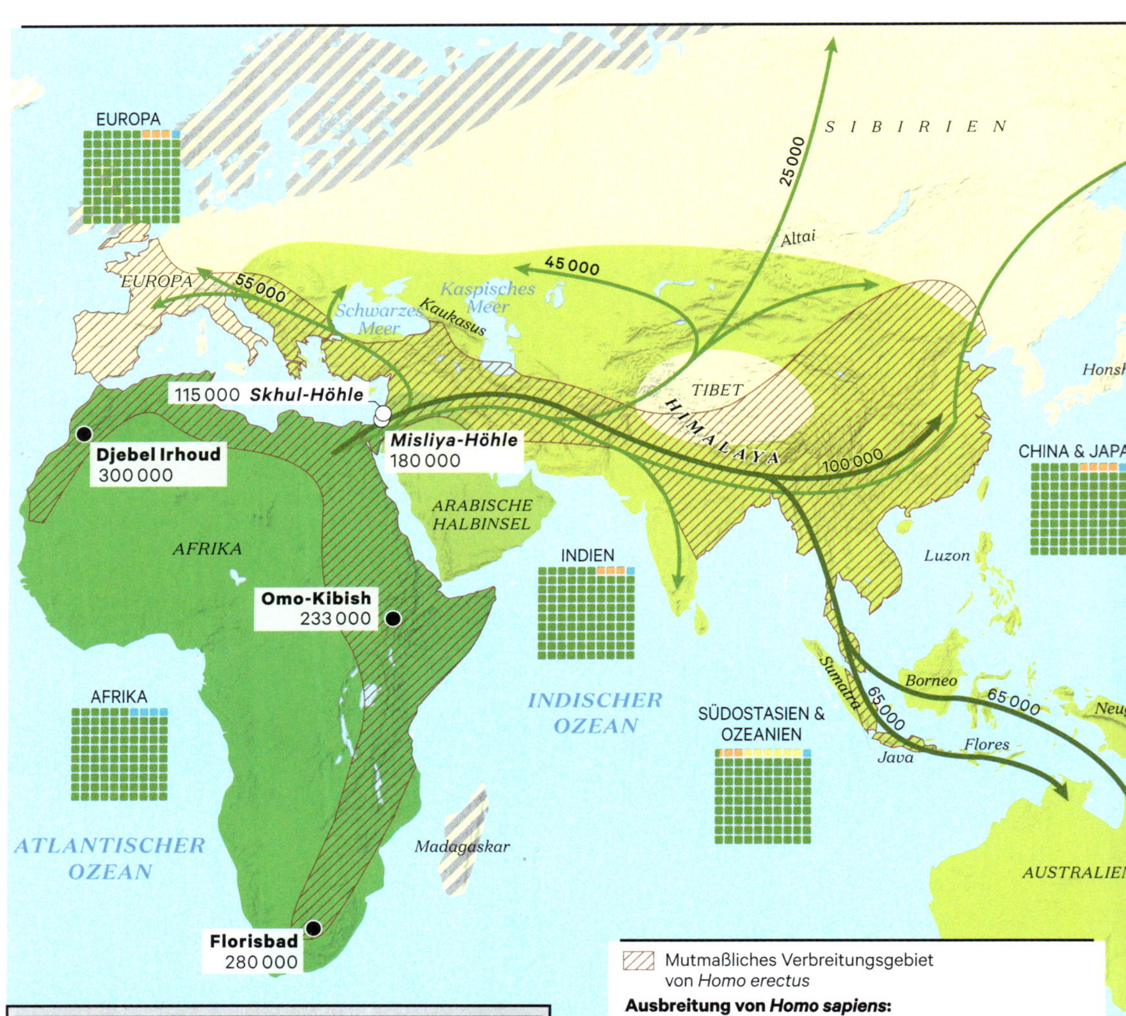

Mutmaßliches Verbreitungsgebiet von *Homo erectus*

Ausbreitung von *Homo sapiens*:

Fundorte der bislang ältesten fossilen Überreste von *Homo sapiens* in Afrika

Sukzessive Migration von *Homo sapiens*

Erste Migrationswelle — Zweite Migrationswelle

Fundorte der bislang ältesten fossilen Überreste von *Homo sapiens* außerhalb Afrikas

Wahrscheinliche Präsenz von *Homo sapiens*
(Jahre vor heute)

10 000
25 000
70 000
120 000
300 000

DNS-Anteil der aktuellen Populationen aus:

Homo sapiens — Denisova-Mensch
Neandertaler — Unbekannt
1 Feld = 1%

Der lange Marsch der Menschen

Die ersten Menschen, die seit zwei Millionen Jahren weite Teile der Alten Welt erobern, sind die Frühmenschen der Art *Homo erectus*. Allerdings gelangen sie im Gegensatz zu *Homo sapiens* noch nicht nach Amerika. Von Afrika bis Feuerland bevölkert *Homo sapiens* binnen 200 000 Jahren den gesamten Planeten. Während ihrer Expansion treffen sie dabei auf andere Menschenarten, was sich übrigens auch in ihren Genen zeigt. Einige Populationen in Ozeanien besitzen über 5 Prozent der DNS der Neandertaler und Denisova-Menschen. In Afrika kreuzt sich *Homo sapiens* möglicherweise mit einer oder mehreren unbekannten Arten, sogenannten Geisterpopulationen. Sie scheinen sich auch in unserer DNS widerzuspiegeln, Fossilien sind indes bislang nicht von ihnen gefunden worden.

Siehe auch — Die Menschensippe **S. 120**
Die Veränderung der Ökoregionen nach der letzten Eiszeit **S. 150**

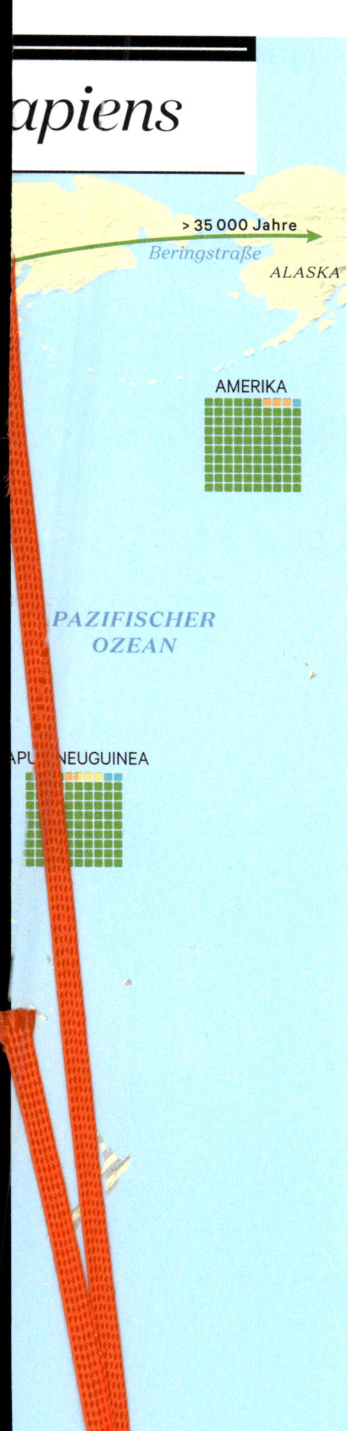

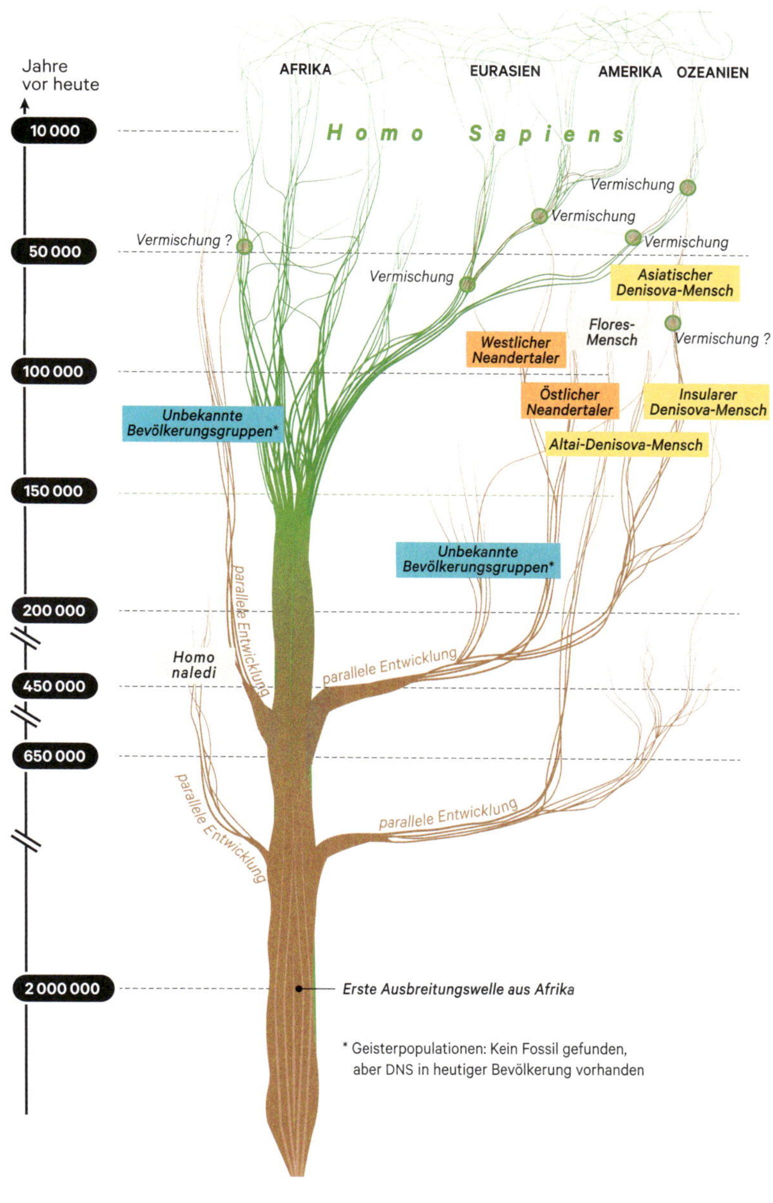

Die Vermischung von *Homo sapiens* und anderen Menschenarten

Anhand genetischer Untersuchungen lässt sich zeigen, dass *Homo sapiens* die anderen Menschenarten nicht einfach ersetzt, sondern sich mit ihnen vermischt. Die bekanntesten Hybridisierungen erfolgen mit den Neandertalern und den Denisova-Menschen. Der Vergleich der DNS einiger ihrer Vertreter mit der DNS heutiger Menschenpopulationen in Eurasien zeigt, dass es zu Kreuzungen gekommen ist und einige Gene von ihnen erhalten geblieben sind. Aber diese beiden Arten sind nicht die Einzigen, die sich noch in unserem Genom finden. *Homo sapiens* hat auch Gene gut angepasster archaischer Menschen übernommen. Dieser Genfluss könnte sogar der Grund für den weltumspannenden Erfolg unserer Art sein.

Die Besiedlung der Neuen Welt

Die ersten Amerikaner

Neuere archäologische Funde deuten darauf hin, dass es Menschen auf dem amerikanischen Kontinent vor mehr als 30 000 Jahren gegeben haben muss. Noch vor dem letzteiszeitlichen Maximum, etwa vor 20 000 Jahren, scheinen sie den gesamten Kontinent besiedelt zu haben. Die Ausbreitung vollzieht sich in Wellen, vermutlich aus dem Nordosten Asiens. Dabei muss die Beringstraße (Beringia), die während der Eiszeit so weit aus dem Wasser ragt, dass sie (mit Booten) gut passierbar ist, nicht der einzige Weg nach Amerika gewesen sein. Die Menschen könnten ebenfalls entlang der Pazifik- oder vielleicht auch der Atlantikküste dorthin gelangt sein.

Siehe auch — Die Veränderungen der Ökoregionen nach der letzten Eiszeit **S. 150**
Die Sintflut **S. 148**
Die demografische Katastrophe und die Wiederaufforstung Amerikas **S. 216**

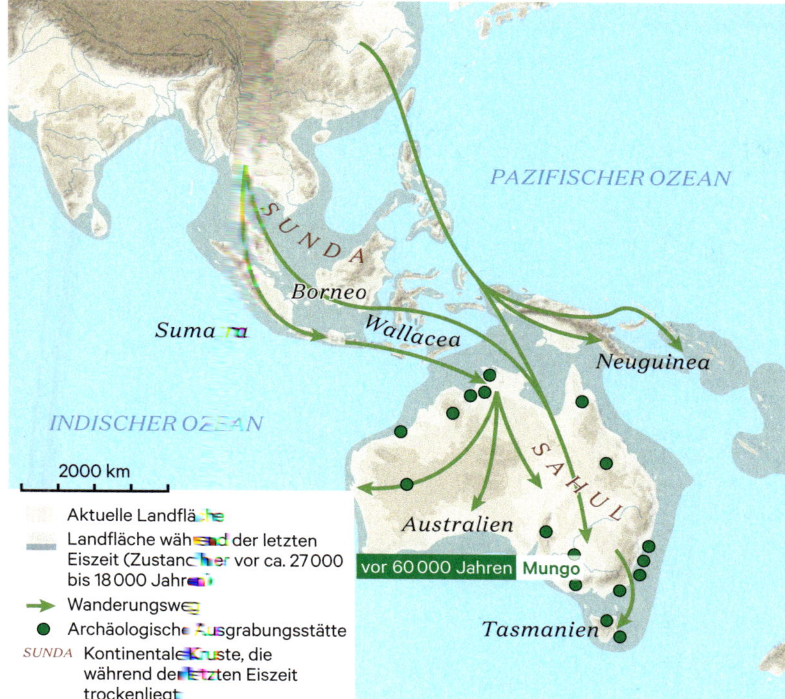

Die ersten Australier

Die Archäologie datiert die Ankunft von *Homo sapiens* in Australien auf etwa 60 000 Jahre vor heute, vermutlich sind darunter Nachfahren der ersten Menschen, die Afrika verlassen. In der letzten Eiszeit bilden Australien, Tasmanien und Neuguinea noch einen zusammenhängenden Kontinent, genannt Sahul. Nach der Entstehung der insulindischen Landmasse, Sunda, ist der Weg dorthin mit Booten ein leichter. Unterdessen legen genetische Untersuchungen nahe, dass sich die Vorfahren der Aborigines teilweise mit Neandertalern und Denisova-Menschen gekreuzt haben, was vor etwa 50 000 Jahren geschehen sein muss. Insofern muss Australien mindestens zwei Migrationswellen erlebt haben, wobei die Menschen der zweiten Welle die der ersten verdrängen.

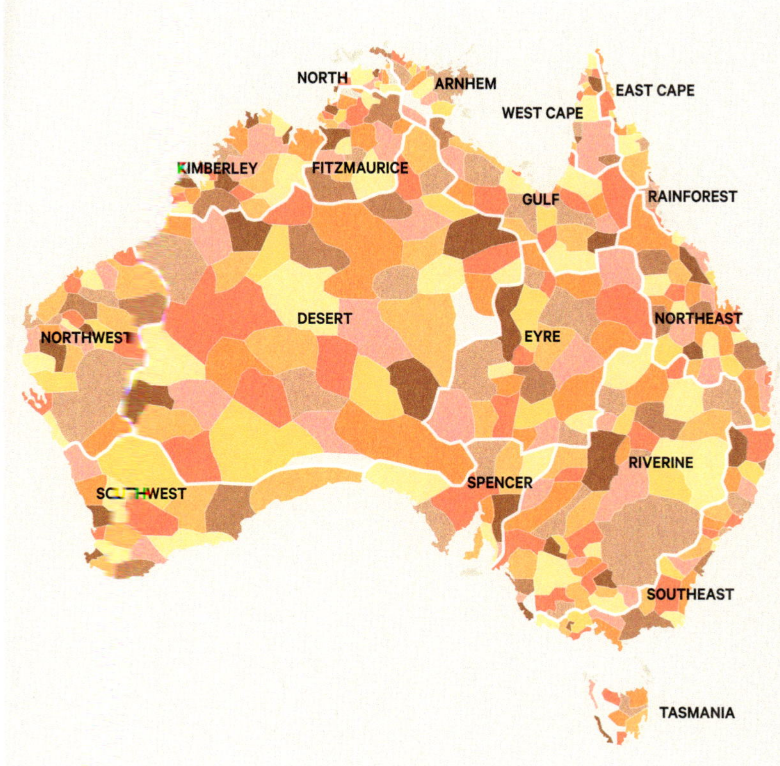

Die Aborigines, ein Mosaik verschiedener Gesellschaften

Vor dem ersten Kontakt mit den Europäern umfasst die Population der Aborigines zwischen 300 000 und 750 000 Menschen und besteht aus ungefähr fünfhundert verschiedenen Gesellschaften, die fünfhundert verschiedene Sprachen sprechen und ihre jeweils eigene Kultur haben. Da die traditionellen Gesellschaftsformen sehr komplex sind und sich je nach Region und Umweltbedingungen unterscheiden, lässt sich in Australien kaum von der einen Aborigines-Kultur sprechen.

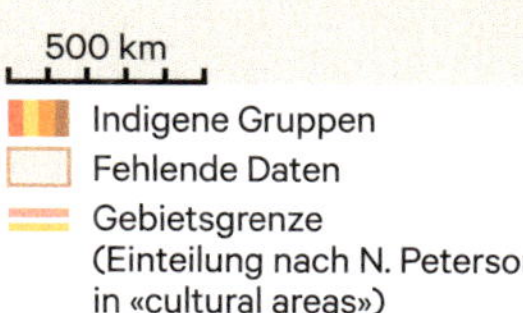

Neandertaler und *Homo sapiens*

Neandertaler, Herrscher von Europa

Homo sapiens lässt sich schon vor 180 000 Jahren im heutigen Israel nieder, Europa dagegen betritt er noch nicht. Einen Großteil des Kontinents besiedeln hingegen Neandertaler, die dort seit 400 000 Jahren leben. Daneben gibt es noch Denisova-Menschen, mit denen Neandertaler einen gemeinsamen Vorfahren haben, der etwa 450 000 Jahre alt ist. Zwischen den beiden Arten existieren im Übrigen mehrfache Kreuzungen. Der Mensch, dessen Überreste unter anderem im Neandertal gefunden worden sind (1856), ist besonders gut an das kalte Klima angepasst und körperlich robust, schwerer und gedrungener als *Homo sapiens*. Nachdem er lange Zeit als ungehobelt und brutal dargestellt worden war, hat er in den letzten Jahren gleichsam seine Rehabilitation erlebt. Dass er die Toten bestattet und bereits eine Sprache ausgebildet hat, sind Merkmale, die bislang allein *Homo sapiens* zugeschrieben worden sind.

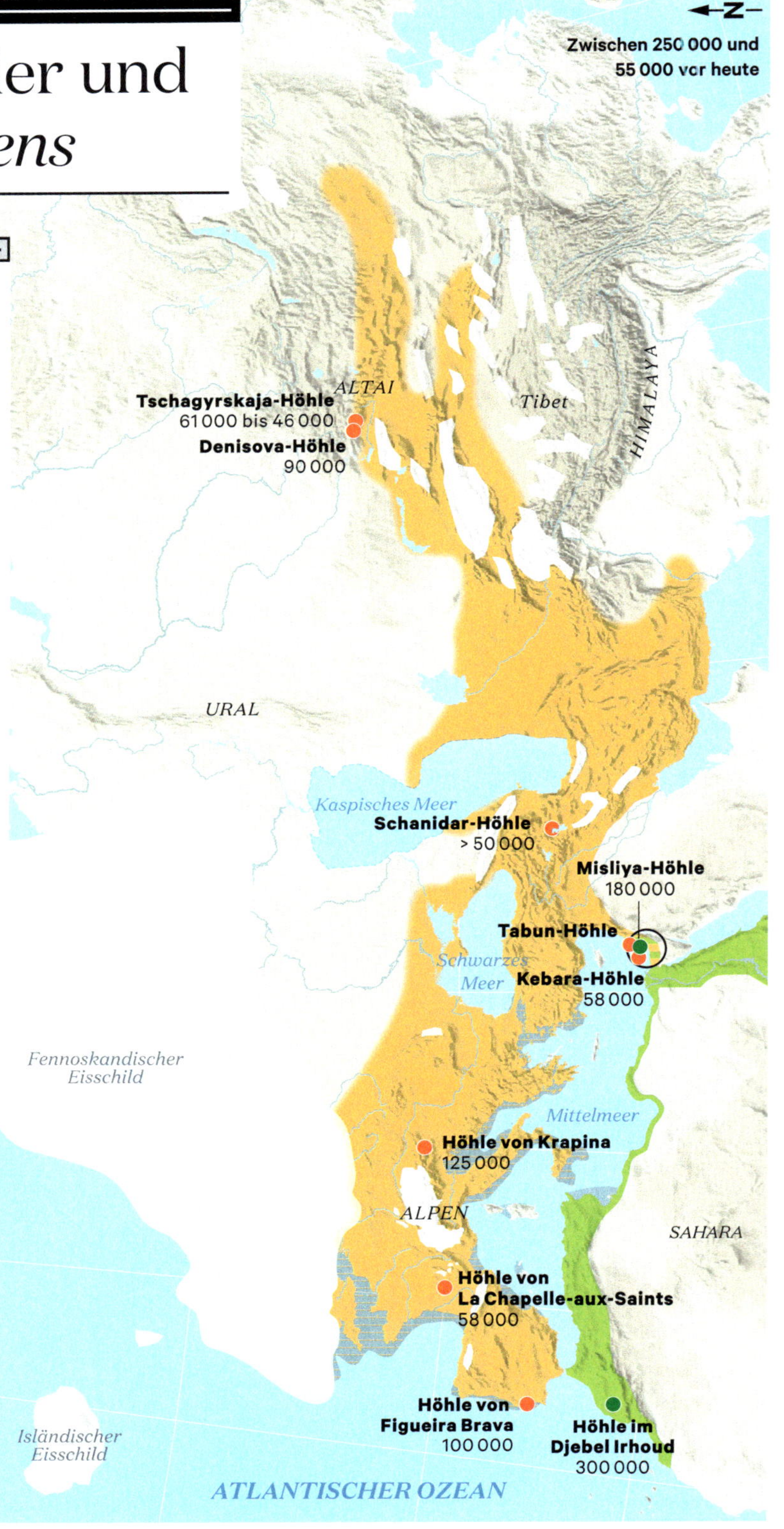

Siehe auch — Die Geschichte der Urgeschichte **S. 122**
Die Sintflut **S. 148**

Homo sapiens und Neandertaler im Wechsel

Um 60 000 v. u. Z. beginnt *Homo sapiens* Eurasien zu besiedeln, bis er schließlich auch im Siedlungsgebiet der Neandertaler eintrifft. Zuvor sind sich beide Arten bereits im Mittleren Osten begegnet, wo sie sich auch kreuzen. Einige Fundorte bezeugen, dass beide Arten in derselben Gegend gelebt haben. Zumeist aber begegnen sie sich nicht, sondern folgen aufeinander, etwa in einer Höhle des Altai in Sibirien. Nur sehr selten leben sie tatsächlich auch zusammen, zum Beispiel vermutlich um 52 000 v. u. Z. in der Grotte Mandrin (Frankreich). Einmal lebt *Homo sapiens* etwa vierzig Jahre lang an einem Ort, den der Neandertaler erst ein Jahr zuvor entdeckt hat. Die Vermutung liegt zwar nahe, dass *Homo sapiens* und Neandertaler von Osteuropa bis zum Rhônetal im Westen neben- oder gar miteinander gelebt haben, zumeist aber bewohnen die beiden Arten diese Gegenden nacheinander. Betrachtet man die Urgeschichte als Ganzes, ist das Zusammenleben in Europa nur von kurzer Dauer: Um 40 000 v. u. Z. verschwinden die Neandertaler aus noch unbekannten Gründen endgültig von der Bildfläche, sodass nur noch *Homo sapiens* übrigbleibt.

1000 km

- Maximale Ausdehnung der Gletscher
- Landfläche

Vorkommen von:
- *Homo sapiens*
- Gleichzeitiges Auftreten im selben Gebiet von Neandertaler und *Homo sapiens*
- Wanderungsweg von *Homo sapiens*

Nachgewiesene Überreste von:
- Neandertaler
- *Homo sapiens*
- Nachweisliches Auftreten von beiden Arten an demselben Ort

Die angegebenen Daten sind vor heute

Die Erfindung der Rassen

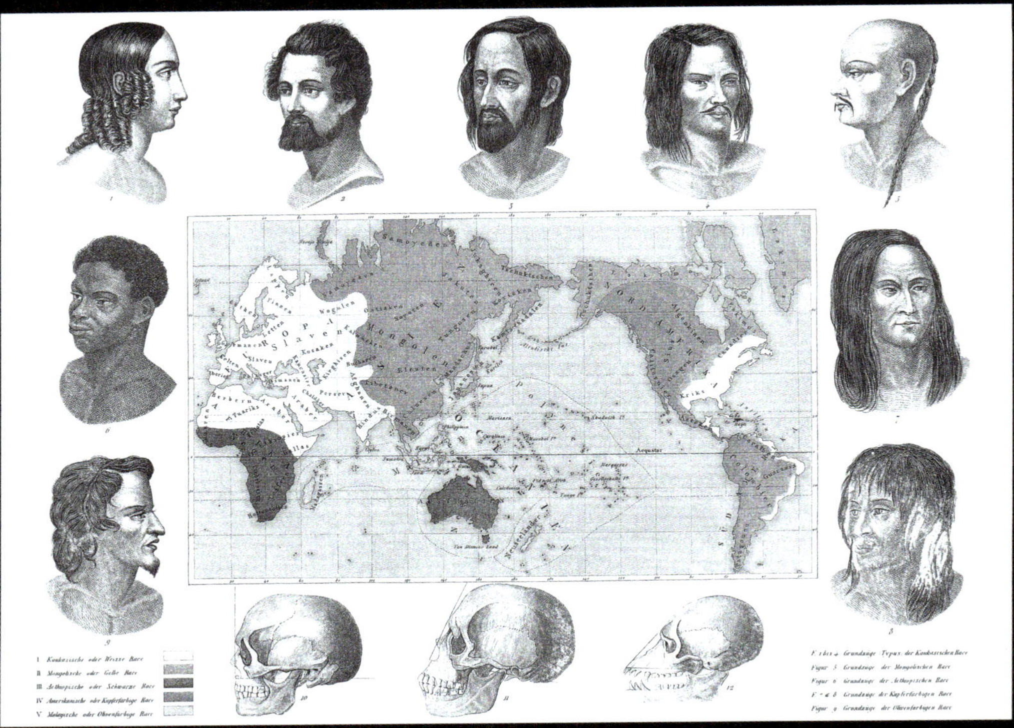

Deutsche Darstellung der Rassentypen, die auf die Arbeiten des Naturforschers J. F. Blumenbach zurückgeht (um 1850).

Aus dem französischen Kinderbuch *Petite géographie pour les enfants sages* (Librairie Gründ, 1947).

Wissenschaftliche Überheblichkeit

Die Rassentheorien wurzeln in alten Vorurteilen und in dem Versuch, die menschliche Vielfalt zu erklären. Aristoteles entwickelt eine Klimatheorie (in jeder Klimazone leben entsprechend angepasste Völker, siehe S. 71), die zunächst im Mittelmeerraum und dann im gesamten Westen weitreichenden Einfluss hat. Vorstellungen von körperlichen und kulturellen Unterschieden zwischen verschiedenen Völkern gibt es in mehreren Kulturen (beispielsweise waren die Japaner im 16. Jahrhundert entsetzt über das Aussehen der Portugiesen). Was wir heute als rassistisches Denken bezeichnen würden, entwickelt sich jedoch in Europa: In den christlichen Herrschaften auf der Iberischen Halbinsel werden ab dem 15. Jahrhundert Juden und deren Nachfahren, selbst wenn sie zum Christentum konvertiert sind, wegen der sogenannten *Limpieza de sangre* («Blutreinheit») von der Gesellschaft ausgeschlossen. In den Kolonialgesellschaften Amerikas verstärkt der atlantische Dreieckshandel die Dichotomie zwischen «Schwarz» und «Weiß». Der schwedische Naturforscher C. v. Linné – der die Bezeichnung *«Homo sapiens»* erfunden hat – unterscheidet in seiner einflussreichen Schrift *Systema naturæ* (ab 1735 in zwölf Auflagen erschienen) vier Menschensorten, die den vier Weltteilen entsprechen: Schwarz, Weiß, Rot und Gelb. Im 19. Jahrhundert versuchen sich Anthropologen immer wieder an einer «wissenschaftlichen» Definition von Rasse. Die Nationalsozialisten steigern den Rassismus zum systematischen Massenmord. Die UNESCO, die 1945 gegründet wird, nimmt als erste Amtshandlung den Kampf gegen den Rassismus auf.

VOLUME III — N° 6—7 Prix : 20 frs. — 10 cents (U.S.). — 6 pence (U. K.) JUILLET-AOUT 1950

Le Courrier

PUBLICATION DE L'ORGANISATION DES NATIONS UNIES UNESCO POUR L'ÉDUCATION, LA SCIENCE ET LA CULTURE

LES SAVANTS DU MONDE ENTIER DÉNONCENT

UN MYTHE ABSURDE ...LE RACISME

Il y a quelque quinze ans, l'Institut de Coopération Intellectuelle s'apprêtait à organiser un débat scientifique d'où devait sortir une Déclaration sur le problème de la race. L'esprit d'apaisement qui sévissait alors et qui fut impuissant à éviter l'imminente catastrophe, empêcha la réalisation de ce projet malgré l'adhésion du Vatican et des milieux scientifiques.

La guerre éclata, d'autant plus cruelle qu'elle puisait une partie de son dynamisme dans « le mythe le plus bête qu'ait jamais conçu l'imagination des hommes ». Les crimes imputables au racisme furent tels, qu'il a fallu inventer pour eux un mot nouveau : « le génocide ». Des populations entières furent menacées de destruction totale.

Or, aujourd'hui encore, « le mythe de la race » entretient la méfiance entre les peuples et, au sein des nations, dresse les unes contre les autres des personnes que seuls séparent des préjugés essentiellement irrationnels.

C'est pour combattre ces préjugés menaçants que l'UNESCO a réuni récemment une Commission de spécialistes, composée de sociologues et d'anthropologues, pour préparer une « déclaration de principes » où serait formulée la position des milieux scientifiques sur le problème racial.

Cette Déclaration, dont nos lecteurs trouveront le texte en page du centre et dont nous publions *ci-dessous* les conclusions, fera faire à l'humanité un grand pas en avant si seulement elle contribue à transformer le préjugé de race en « un sentiment honteux que les hommes hésiteront à s'avouer ».

Par ses implications et par l'autorité de ceux qui l'ont préparée, cette Déclaration est d'une grande portée. Pour la première fois une Organisation Internationale prend position devant le problème racial.

- Les anthropologues ne peuvent établir de classification raciale que sur des caractères purement physiques et physiologiques.
- Dans l'état actuel de nos connaissances, le bien fondé de la thèse selon laquelle les groupes humains diffèrent les uns des autres par des traits psychologiques innés, qu'il s'agisse de l'intelligence ou du tempérament, n'a pas encore été prouvé. Les recherches scientifiques révèlent que le niveau des aptitudes mentales est à peu près le même dans tous les groupes ethniques.
- Les études historiques et sociologiques corroborent l'opinion selon laquelle les différences génétiques n'ont pas d'importance dans la détermination des différences sociales et culturelles existant entre différents groupes d'**homo sapiens**. Les changements sociaux et culturels au sein des différents groupes ont été, dans l'ensemble, indépendants des modifications dans leur constitution héréditaire. On a vu se produire des transformations sociales considérables qui ne coïncidaient nullement avec des altérations du type racial.
- Rien ne prouve que le métissage, par lui-même, produise de mauvais résultats sur le plan biologique. Sur le plan social, les résultats, bons ou mauvais, auxquels il aboutit, sont dus à des facteurs d'ordre social.
- Tout individu normal est capable de participer à la vie en commun, de comprendre la nature des devoirs réciproques et de respecter les obligations et les engagements mutuels. Les différences biologiques qui existent entre les membres des divers groupes ethniques n'affectent aucunement l'organisation politique ou sociale, la vie morale ou les rapports sociaux.

(Nos lecteurs trouveront en pages 8 et 9 le texte intégral de la DÉCLARATION SUR LE MYTHE DE LA RACE, ainsi qu'un article de l'éminent anthropologue américain Alfred MÉTRAUX).

«Wissenschaftler auf der ganzen Welt verurteilen einen absurden Mythos: den Rassismus» (Titelblatt von *Le Courrier*

Die Vielfalt der Sprachen im 15. Jahrhundert

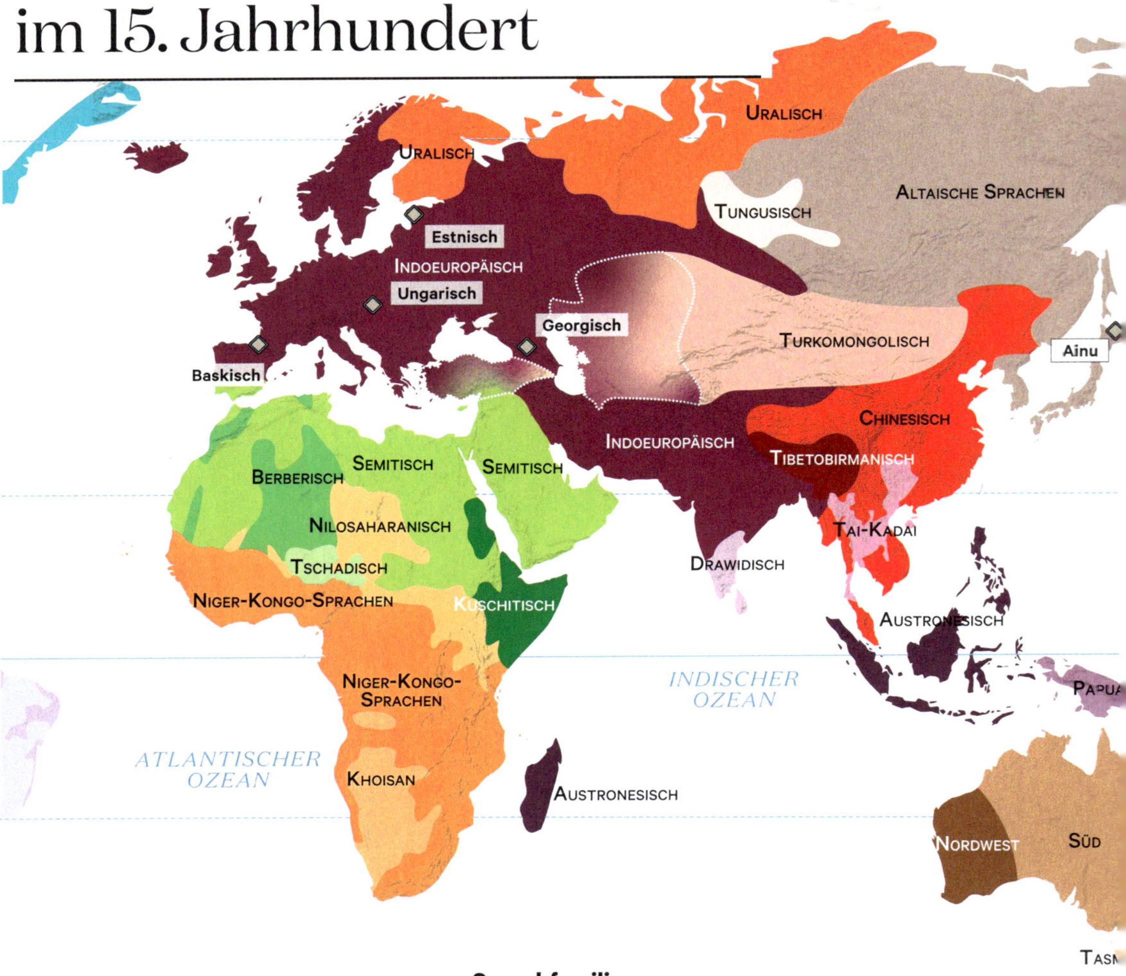

Uralisch
Uralisch
Altaische Sprachen
Tungusisch
Estnisch
Indoeuropäisch
Ungarisch
Georgisch
Turkomongolisch
Ainu
Baskisch
Chinesisch
Indoeuropäisch
Tibetobirmanisch
Semitisch
Semitisch
Berberisch
Nilosaharanisch
Tai-Kadai
Tschadisch
Drawidisch
Niger-Kongo-Sprachen
Kuschitisch
Austronesisch
Papua
Indischer Ozean
Niger-Kongo-Sprachen
Atlantischer Ozean
Khoisan
Austronesisch
Nordwest
Süd
Tasm

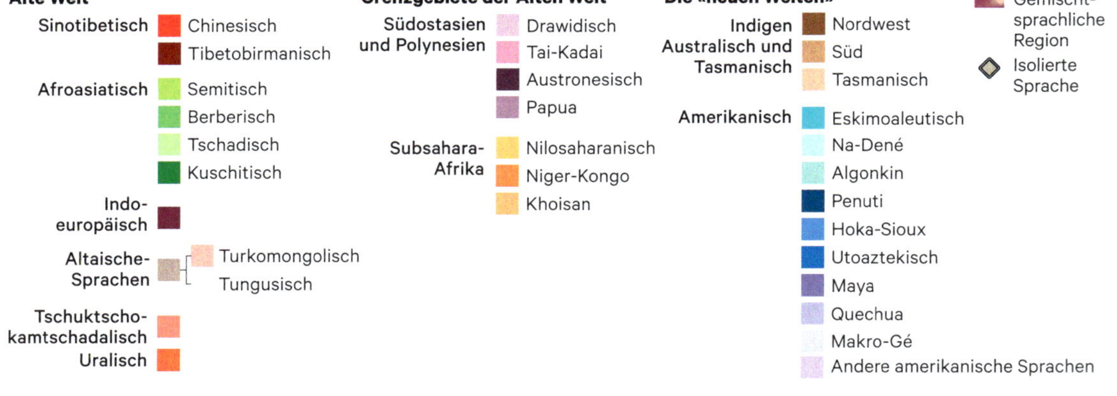

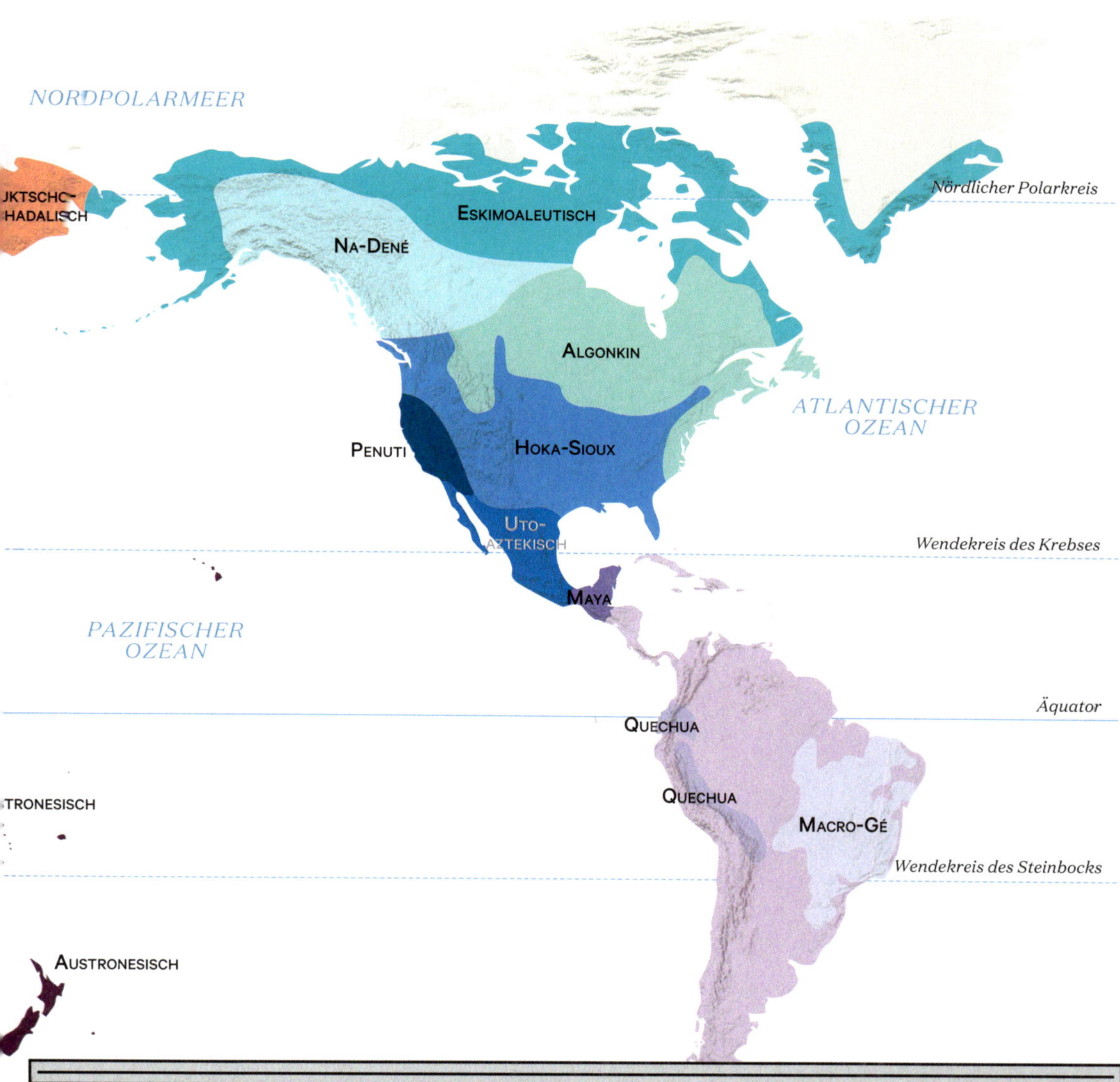

Als sich die Sprachen in der Welt verstreuen

Viele Tiere kommunizieren mithilfe verschiedenster Geräusche. Die menschliche Sprache ist indes sehr viel komplexer und vielseitiger. Zum ersten Mal hat Sprache womöglich schon vor über 2 Millionen Jahren *Homo habilis* benutzt. Außerdem wird vermutet, dass es auch in anderen Zweigen der Menschenlinie Protosprachen gibt, etwa bei Neandertalern. Aber erst mit *Homo sapiens* bildet sich die Sprache in ihrer vollen Komplexität heraus. Seinen Ursprung hat dieses Kommunikationssystem wahrscheinlich in Afrika. Als sich die verschiedenen Menschengruppen über die Erde verteilen, entwickeln sie die Sprache weiter, und es entstehen neue Sprachen. Sie geben uns Anhaltspunkte zur Geschichte der Gesellschaften. Um etwa die Besiedlung der Pazifischen Inseln nachzuvollziehen, kann man sich die Verbindungen zwischen den verschiedenen austronesischen Sprachen ansehen. Die großen Sprachräume im 15. Jahrhundert zeugen von althergebrachten Herrschaftsgebieten: das Römische Reich (romanisch), das Persische Reich, Nordindien (Hindi und Urdu), die arabischen Reiche, China, Mittelamerika, der Andenraum. Umgekehrt führt die geopolitische Zersplitterung zu einer Ausdifferenzierung der Sprachen. Besonders ausgeprägt ist dieses Phänomen dort, wo die Populationen stark abgeschottet leben, wie etwa auf Inseln: Auf den Philippinen gibt es siebzig verschiedene Sprachen, auf dem indonesischen Archipel über zweihundert und auf Neuguinea, in Melanesien und Polynesien sogar mehrere tausend.

Der humanisierte Planet

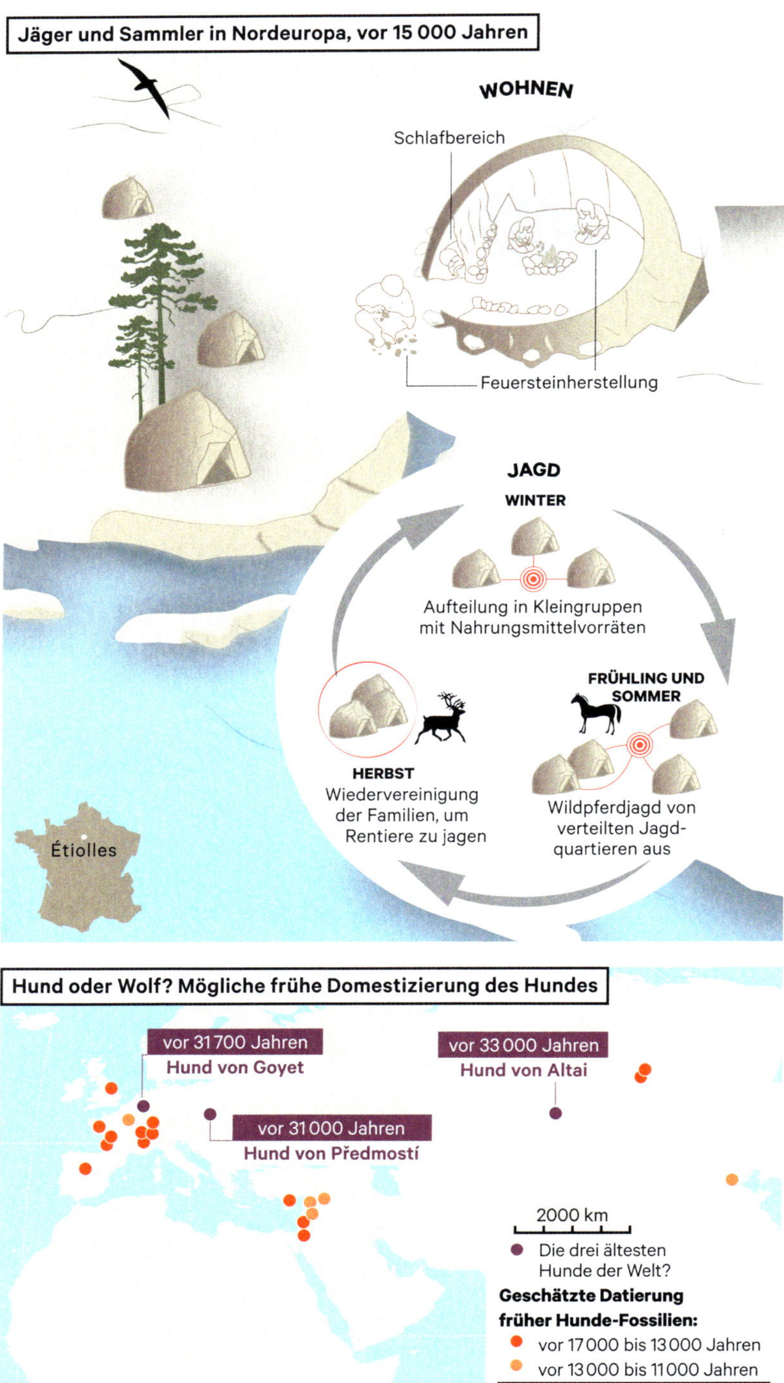

Nomadische Gesellschaften

Noch bevor die Menschen sesshaft werden und anfangen Landwirtschaft zu betreiben, entwickeln sie Gruppenstrukturen. Sie leben als Jäger und Sammler in kleinen nomadischen Gemeinschaften. Zum Beispiel treffen sich im Magdalénien vor etwa 15 000 Jahren in der Gegend um Paris Jäger, um gemeinsam Jagd auf Rentiere zu machen. Den Winter verbringen sie in zerstreuten Habitaten, wo sie von ihren Vorräten leben, bis sie sich im Frühjahr gemeinsam auf die Jagd nach Pferden machen. Danach finden die Familien wieder zusammen. Bisweilen schlagen sie Jahr für Jahr am selben Ort ihr Lager auf, wie etwa in der Nähe des heutigen Étiolles. Diese nomadischen Gesellschaften haben möglicherweise bereits vor mehr als 32 000 Jahren den Wolf zum Hund gemacht, der damit das erste domestizierte Tier ist. Einigen Forschungen zufolge, die auf Klimasimulationen beruhen, sind Feuer machende Menschen mit ein Grund dafür, dass in Europa Steppenvegetation vorherrscht. Allerdings lassen sich in dieser Zeit enormer Klimaschwankungen größere Brände nicht zweifelsfrei auf den Menschen zurückführen. In Ozeanien haben Studien hingegen zeigen können, dass die ersten Menschen, die auf diese Inseln kamen, starken Einfluss auf die Vogelpopulationen hatten. Die präzisesten Aussagen lassen sich dabei über die letzte Besiedlung dieser Inseln um 1000 v. u. Z. treffen. Alles in allem hinterlassen diese Nomadengruppen, die noch keine große Zahl darstellen (am Ende der Altsteinzeit handelt es sich vielleicht um zwei Millionen Menschen), nur einen schwachen Fußabdruck.

Siehe auch — Die Ausbreitung jungsteinzeitlicher Lebensformen **S. 152**
Jäger und Sammler der Welt **S. 172**
Das Anthropozän: Ein neues Erdzeitalter? **S. 272**

Das steinzeitliche Europa: Hat der Mensch Flora und Fauna schon damals verändert?

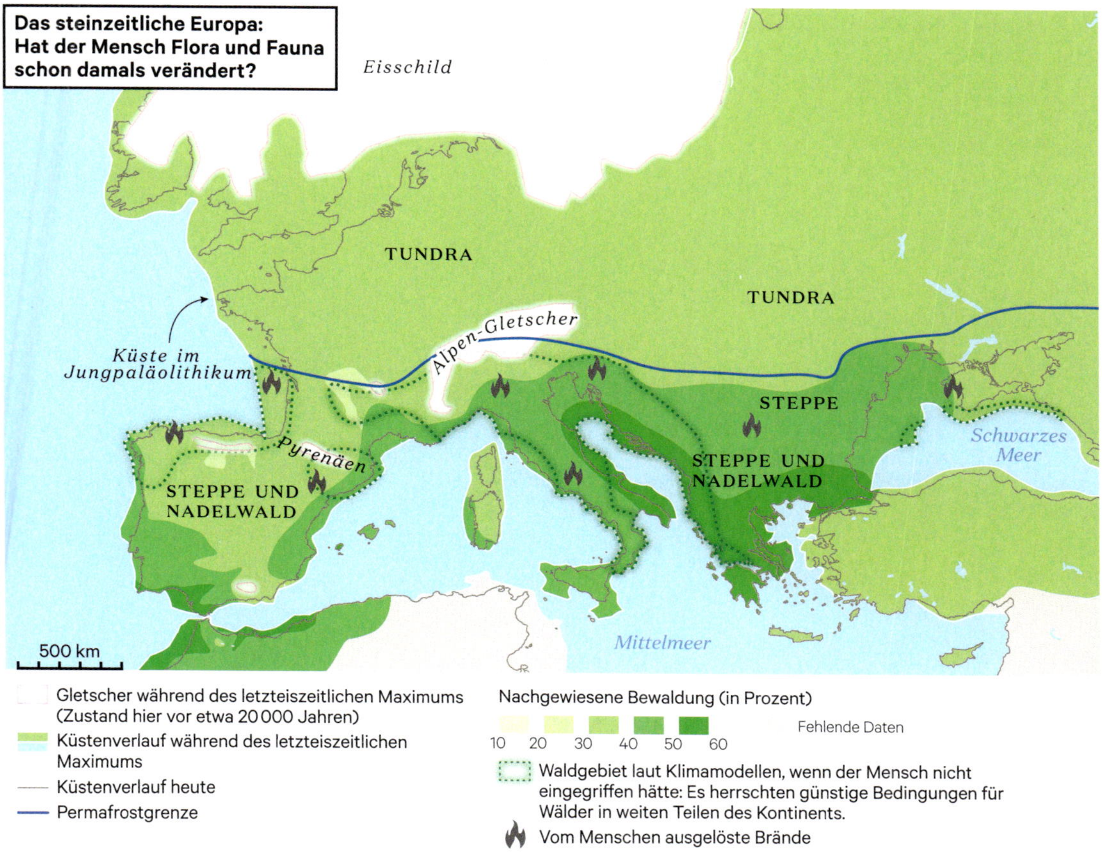
Eisschild
TUNDRA
TUNDRA
Alpen-Gletscher
Küste im Jungpaläolithikum
STEPPE
Pyrenäen
STEPPE UND NADELWALD
STEPPE UND NADELWALD
Schwarzes Meer
Mittelmeer
500 km
Gletscher während des letzteiszeitlichen Maximums (Zustand hier vor etwa 20 000 Jahren)
Küstenverlauf während des letzteiszeitlichen Maximums
Küstenverlauf heute
Permafrostgrenze
Nachgewiesene Bewaldung (in Prozent)
10 20 30 40 50 60
Fehlende Daten
Waldgebiet laut Klimamodellen, wenn der Mensch nicht eingegriffen hätte: Es herrschten günstige Bedingungen für Wälder in weiten Teilen des Kontinents.
Vom Menschen ausgelöste Brände

Die ausgestorbenen Vögel Ozeaniens

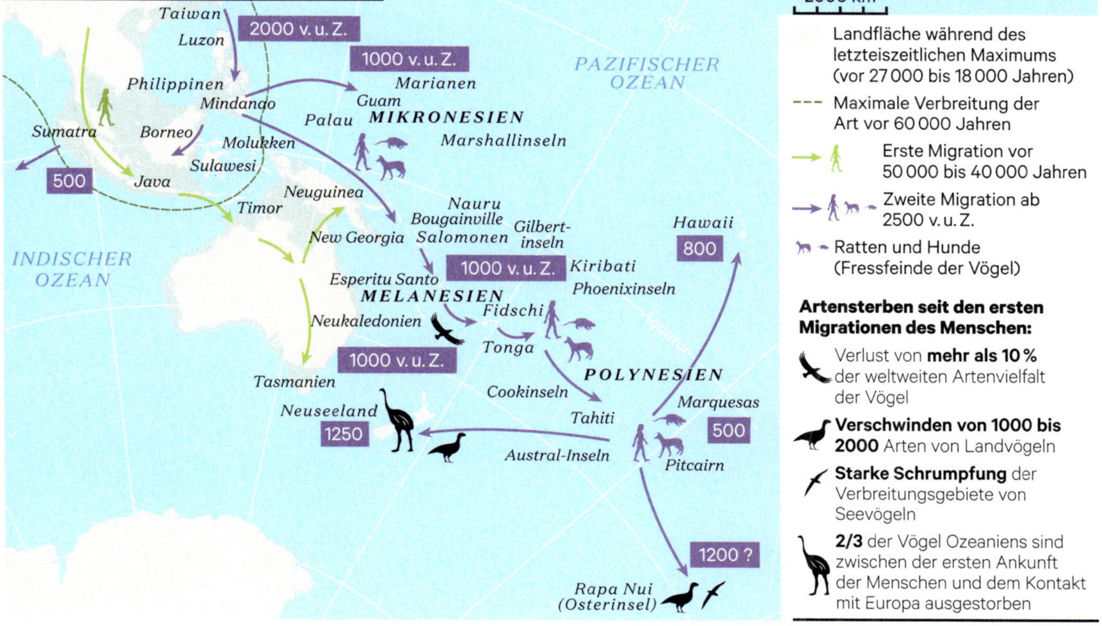
Taiwan
Luzon
2000 v. u. Z.
1000 v. u. Z.
Philippinen
Mindanao
Marianen
Guam
Palau
MIKRONESIEN
Marshallinseln
PAZIFISCHER OZEAN
Sumatra
Borneo
Molukken
Sulawesi
500
Java
Timor
Neuguinea
Nauru
Bougainville
New Georgia
Salomonen
Gilbert-inseln
Hawaii
800
INDISCHER OZEAN
1000 v. u. Z.
Kiribati
Phoenixinseln
Esperitu Santo
MELANESIEN
Fidschi
Neukaledonien
Tonga
1000 v. u. Z.
POLYNESIEN
Tasmanien
Cookinseln
Marquesas
Neuseeland
1250
Tahiti
500
Austral-Inseln
Pitcairn
1200 ?
Rapa Nui (Osterinsel)
2000 km
Landfläche während des letzteiszeitlichen Maximums (vor 27 000 bis 18 000 Jahren)
Maximale Verbreitung der Art vor 60 000 Jahren
Erste Migration vor 50 000 bis 40 000 Jahren
Zweite Migration ab 2500 v. u. Z.
Ratten und Hunde (Fressfeinde der Vögel)
Artensterben seit den ersten Migrationen des Menschen:
Verlust von mehr als 10 % der weltweiten Artenvielfalt der Vögel
Verschwinden von 1000 bis 2000 Arten von Landvögeln
Starke Schrumpfung der Verbreitungsgebiete von Seevögeln
2/3 der Vögel Ozeaniens sind zwischen der ersten Ankunft der Menschen und dem Kontakt mit Europa ausgestorben

Das Tier als Ressource

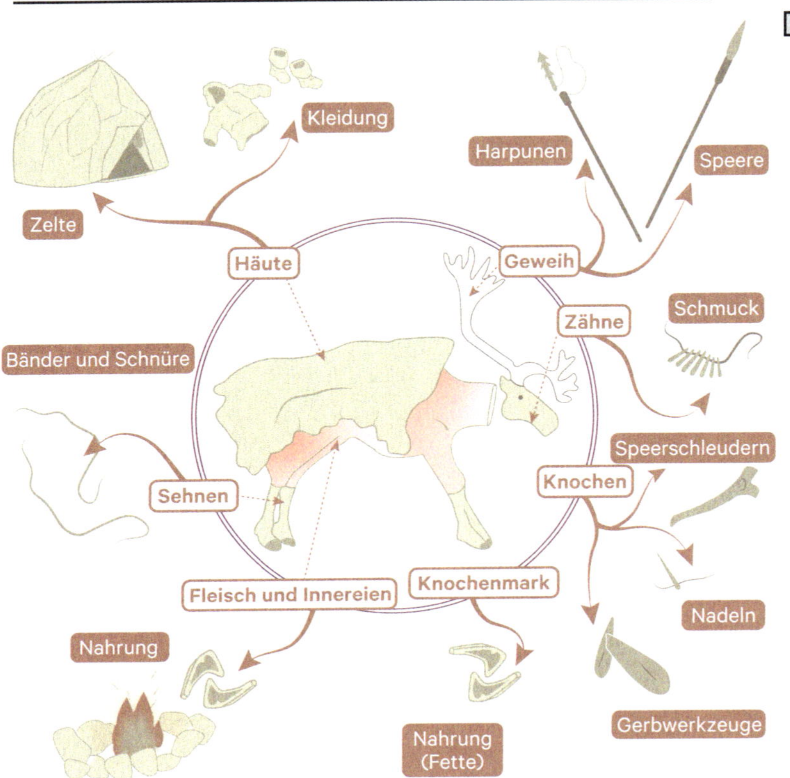

Die Bedeutung des Rentiers

In Europa weiden die Jäger und Sammler gegen Ende der Altsteinzeit (um 20 000 v. u. Z. im Jungpaläolithikum) die Rentiere bis auf die Knochen aus, um Zelte, Kleidung, Waffen, Werkzeuge und Schmuck herzustellen. Sie essen etwa 700 bis 800 Gramm Fleisch pro Tag, womit 35 Prozent ihres Nahrungsbedarfs gedeckt sind (65 Prozent sind pflanzlichen Ursprungs). Beeren und Knollen liefern Kohlenhydrate, Fische und Mark Fett. Durch den Übergang zur Landwirtschaft ändert sich in der Jungsteinzeit die Ernährung: sehr viel weniger Fleisch, dafür mehr Milchprodukte und langsamverdauliche Kohlenhydrate aus Brotgetreide. Diese Entwicklung führt auch dazu, dass heute in den westlichen Ländern viele (zu viele?) tierische Fette konsumiert werden.

Die paläolithische Ernährung

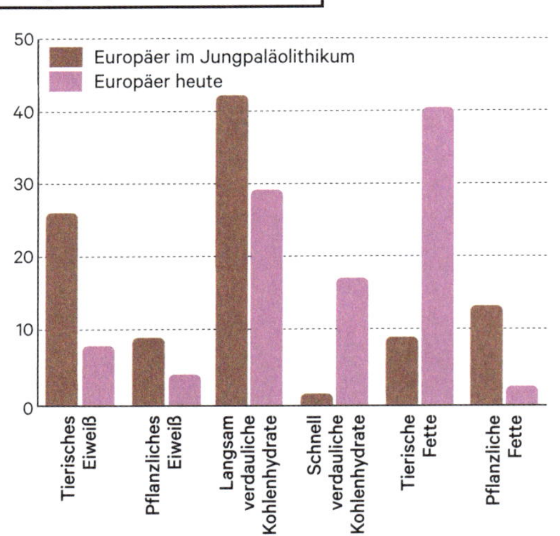

Ernährung eines Adligen im Mittelalter

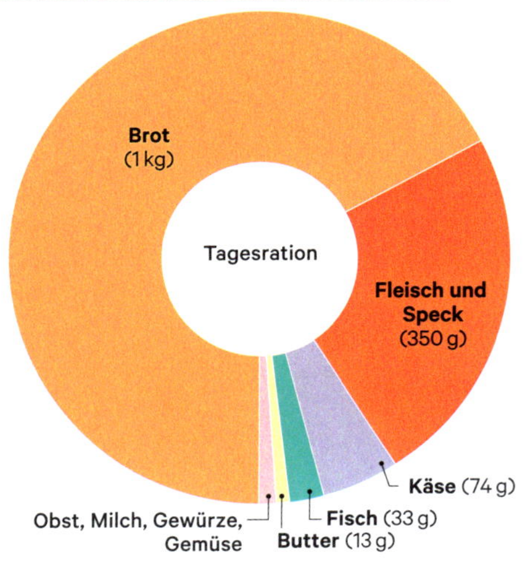

Siehe auch — Die Domestizierung der Tiere **S. 158**
Die Tiere: Schauspiel und Schutz **S. 174**
Die Menschheit ernähren **S. 270**

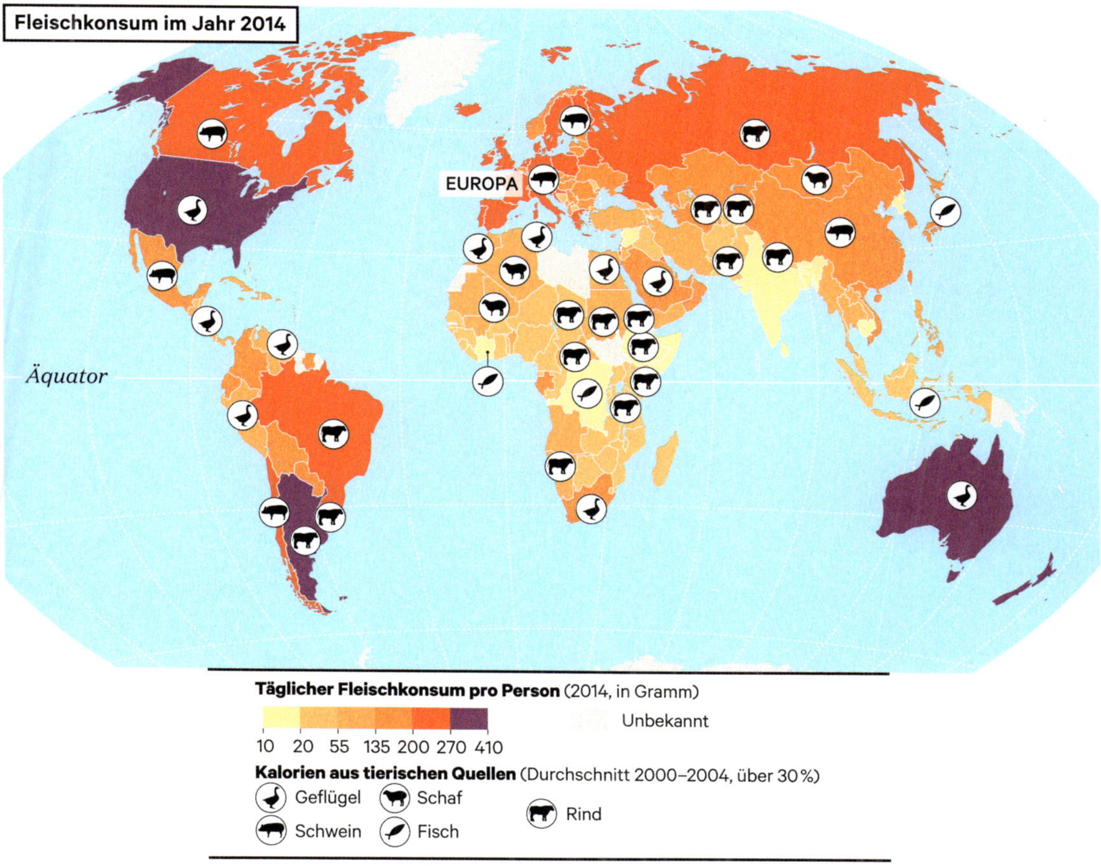

Fleischkonsum im Jahr 2014

EUROPA

Äquator

Täglicher Fleischkonsum pro Person (2014, in Gramm)

10 20 55 135 200 270 410

Unbekannt

Kalorien aus tierischen Quellen (Durchschnitt 2000–2004, über 30 %)

Geflügel, Schaf, Rind, Schwein, Fisch

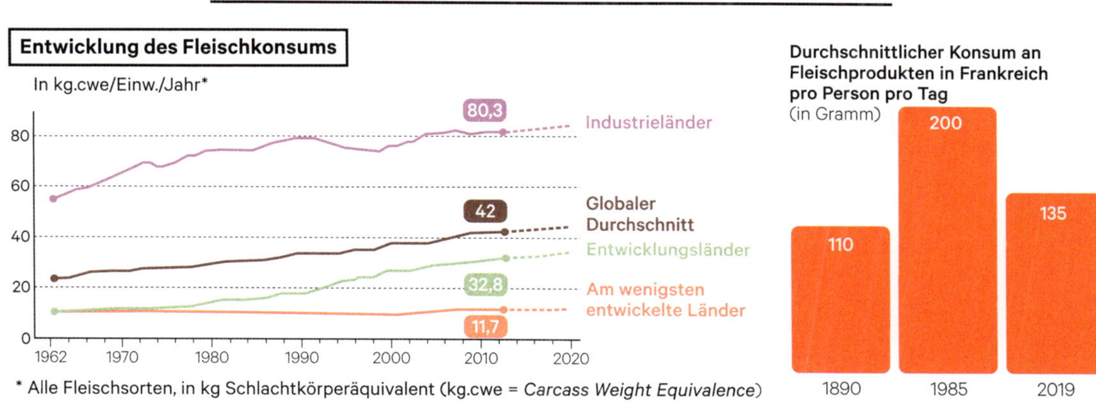

* Alle Fleischsorten, in kg Schlachtkörperäquivalent (kg.cwe = *Carcass Weight Equivalence*)

Fleischverzehr: ein Privileg reicher Länder

In seiner langen Geschichte ist der Verzehr von Fleisch, der als Genuss angesehen wird und oft mit Privilegien verbunden ist, zahlreichen religiösen und gesellschaftlichen Verboten unterworfen. Jede Region hat ihr Vorzugsfleisch: in Ostasien Schwein und Huhn, in Nord- und Südamerika Rind, in der Mongolei mit ihren nomadischen Hirten Schaf und in Europa Schwein. Dank der Industrialisierung der Fleischproduktion, die Ende des 19. Jahrhunderts mit den Schlachthöfen von Chicago beginnt, können die Kosten gesenkt werden, was zu höherem Fleischkonsum führt. Der erreicht im Westen zwischen 1960 und 1980 seinen Höhepunkt und nimmt dort heute immer mehr ab. In Lateinamerika und Ostasien dagegen steigt er noch. Fast 75 Prozent der landwirtschaftlich genutzten Flächen auf der Welt sind Ställe und Weiden für Vieh, das zu Fleisch verarbeitet wird.

Pelztierjagd

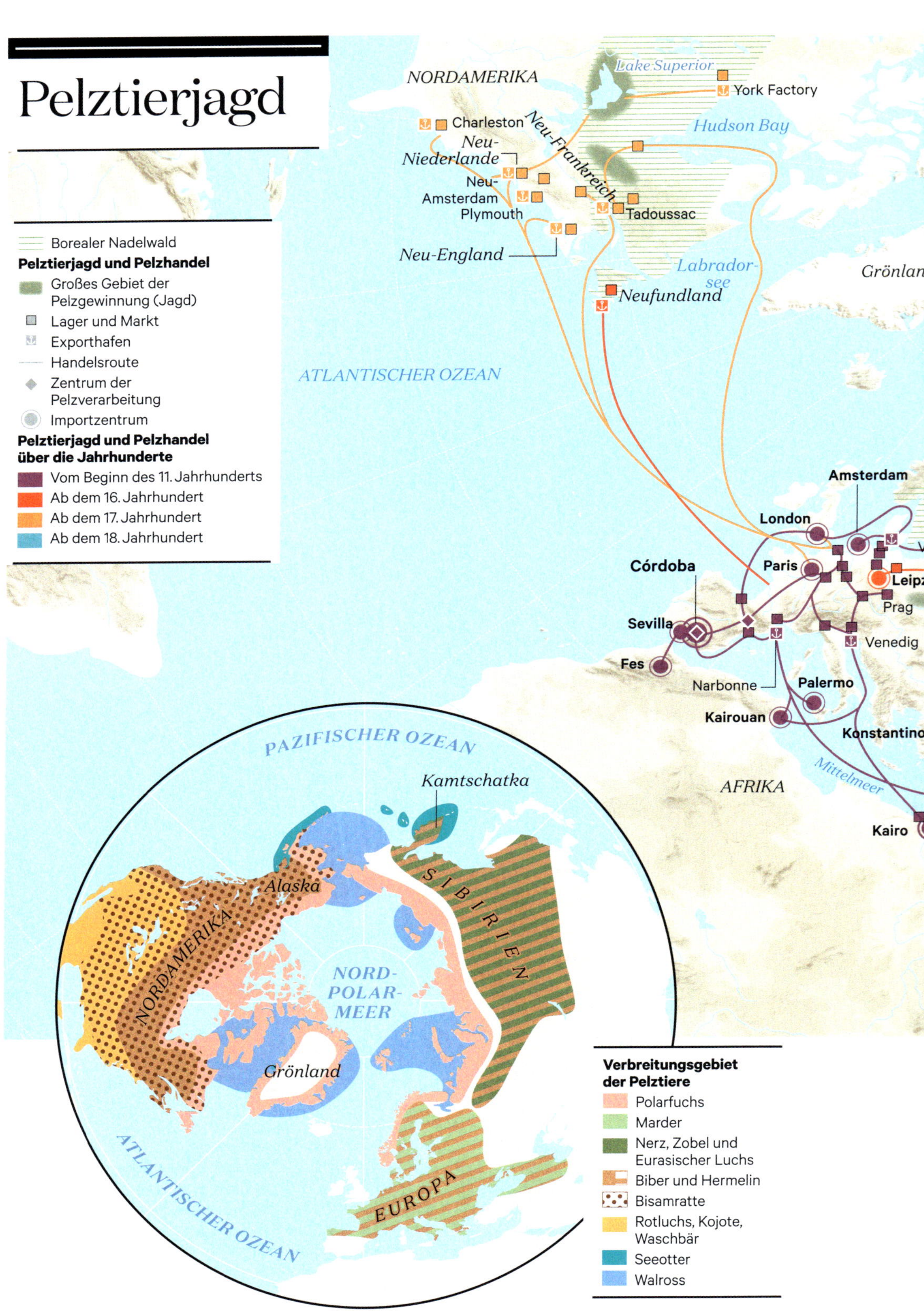

Siehe auch — Die Tiere: Schauspiel und Schutz **S. 174**
Die Globalisierung im 15. Jahrhundert **S. 206**
Europa und die kalten Regionen in Übersee **S. 222**

Weiches Gold

Schon seit mindestens dem 8. Jahrhundert liefern die Menschen aus Nordeuropa den Städten weiter im Süden Pelze, ein Symbol für Reichtum. Wichtige Abnehmer werden die muslimischen Länder in Nordafrika, im Nahen und Mittleren Osten sowie in Zentralasien. Im Mittelalter sind Nordasien und Nordeuropa noch von dichten Wäldern bedeckt. Über mehrere Jahrhunderte hinweg stoßen russische Jäger, Fallensteller und Händler auf der Suche nach wertvollen Pelzen immer weiter in diese Wälder nach Osten vor. Sie kolonisieren Sibirien und erreichen in der ersten Hälfte des 17. Jahrhunderts den Pazifik. Dieses «weiche Gold» wird zum Hauptpfeiler der russischen Wirtschaft. Da es in Sibirien wegen der intensiven Nachfrage immer weniger Pelztiere gibt, treibt es die Jäger bis nach Alaska. Im 16. Jahrhundert beginnen die Europäer, den Nordosten Amerikas zu besiedeln und dort Pelztiere zu jagen. Der Pelzhandel stellt im 18. und 19. Jahrhundert dann einen der wichtigsten Wirtschaftszweige in Kanada dar. Die Ware ist dabei fast ausschließlich für den europäischen Markt bestimmt (Großbritannien, Frankreich).

Fischfang als letzte neue Praxis der Altsteinzeit

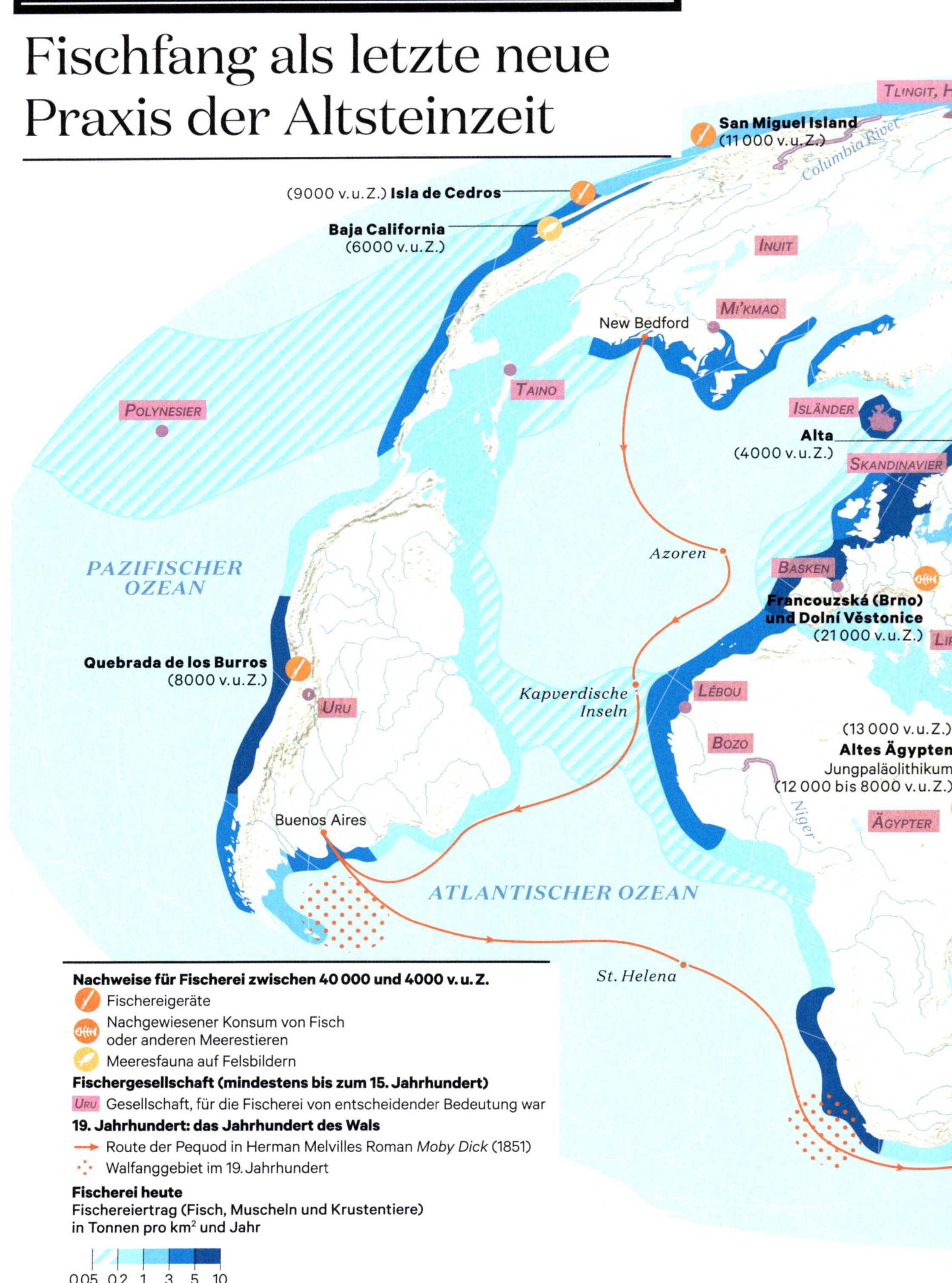

Siehe auch — Das Leben im Meer **S. 106**
Jäger und Sammler der Welt **S. 172**
Das Meer als neue Grenze **S. 290**

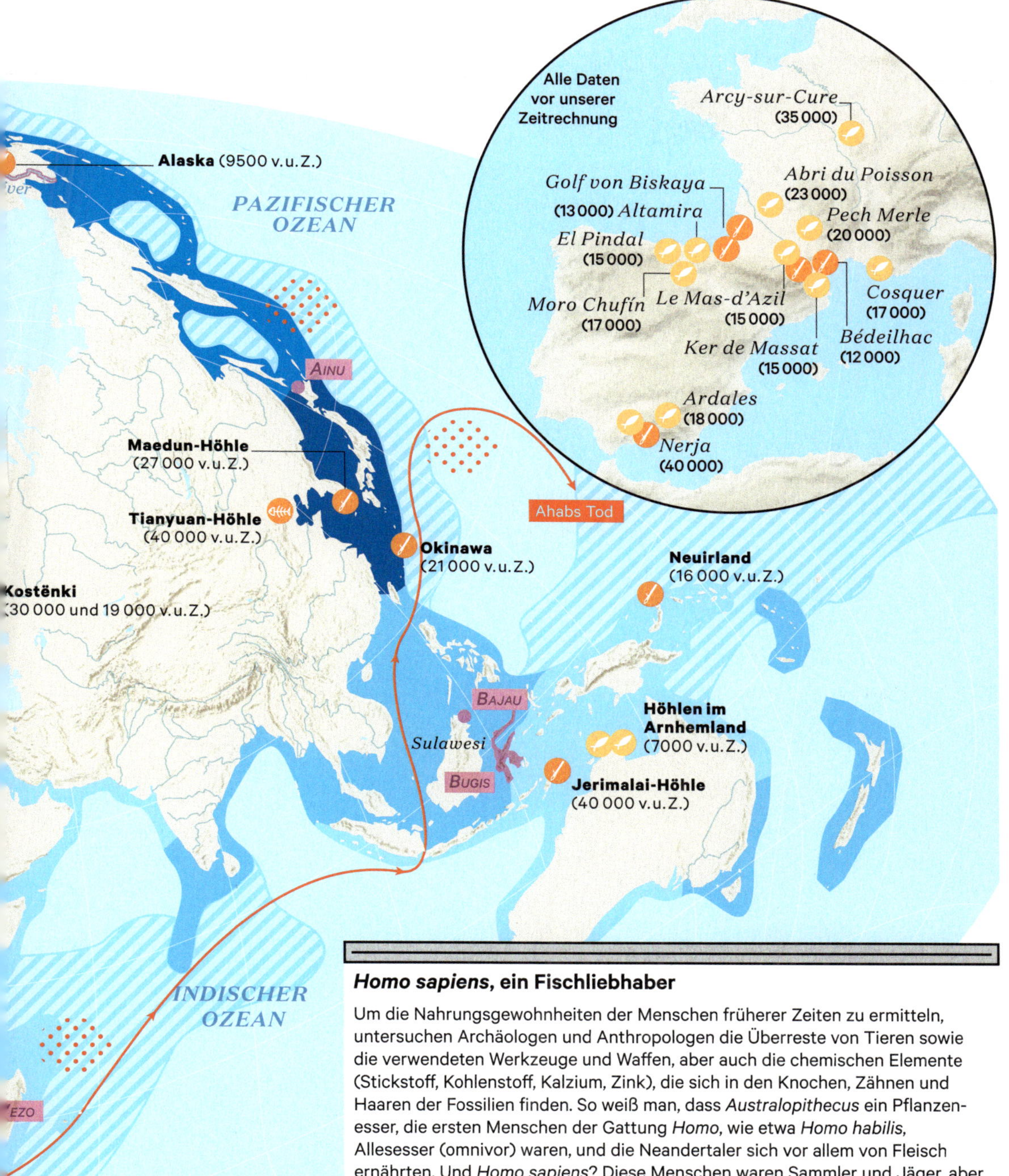

Homo sapiens, ein Fischliebhaber

Um die Nahrungsgewohnheiten der Menschen früherer Zeiten zu ermitteln, untersuchen Archäologen und Anthropologen die Überreste von Tieren sowie die verwendeten Werkzeuge und Waffen, aber auch die chemischen Elemente (Stickstoff, Kohlenstoff, Kalzium, Zink), die sich in den Knochen, Zähnen und Haaren der Fossilien finden. So weiß man, dass *Australopithecus* ein Pflanzenesser, die ersten Menschen der Gattung *Homo*, wie etwa *Homo habilis*, Allesesser (omnivor) waren, und die Neandertaler sich vor allem von Fleisch ernährten. Und *Homo sapiens*? Diese Menschen waren Sammler und Jäger, aber auch Fischer. Die ältesten Angelhaken datieren um 40 000 v. u. Z. und stammen aus dem südöstlichen Asien. Gleichzeitig zeigen Untersuchungen von Knochen eines *Homo sapiens*, der vor 20 000 bis 30 000 Jahren in Eurasien lebte, dass Fisch einen nicht unbeträchtlichen Anteil an ihrer Nahrung einnahm. Im Übrigen waren ganze Gesellschaften vom Fischfang geprägt, etwa die Tlingit und Haida in Nordamerika, die Ainu in Japan oder die Polynesier. Heute sind viele Fischarten durch intensiven Fang bedroht, und selbst die Zucht in Aquakulturen kann die Nachfrage nicht decken.

5

Domestizierung

(seit 12 000 Jahren)

Die Jungsteinzeit wird im 19. Jahrhundert als eigenständige Epoche vom Rest der Steinzeit abgetrennt. Der Brite John Lubbock unterscheidet zwischen Alt- und Jungsteinzeit (Paläo- und Neolithikum) anhand der Herstellungsweise von Steinartefakten: Während die älteren geschlagen waren, sind die jüngeren geschliffen und poliert. Diese urgeschichtliche Epoche ist jedoch durch eine noch viel bedeutendere Neuerung gekennzeichnet: durch Ackerbau und Viehzucht sowie die damit zusammenhängende Domestizierung von Pflanzen und Tieren, die am Ende der letzten Eiszeit in verschiedenen Teilen der Welt einsetzt. Diese «Revolution» ermöglicht eine wahre Bevölkerungsexplosion: Innerhalb von 10 000 Jahren steigt die Zahl der menschlichen Erdbewohner von 2 auf 100 Millionen. Die Dörfer wachsen, die Gesellschaftshierarchien festigen sich, und es kommt vermehrt zu Konflikten. Womöglich ändert sich auch jetzt schon die Vorstellung des Menschen davon, was sein Platz auf der Erde sein könnte.

Der Übergang zum Holozän

Das Ende des vereisten Europas: vor 20 000 bis 7000 Jahren

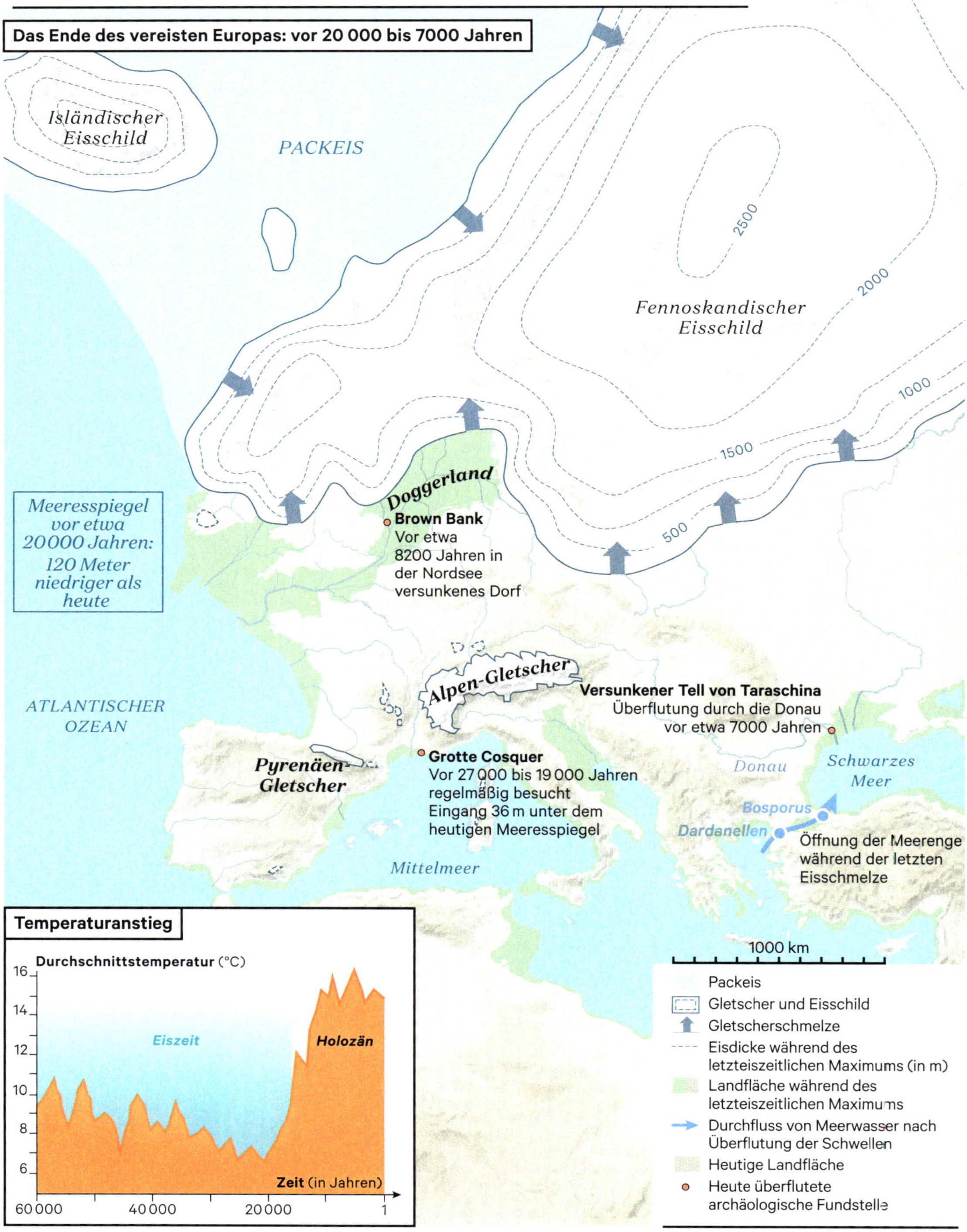

Temperaturanstieg

Siehe auch — Die letzten Eiszeiten **S. 80**
Neandertaler und *Homo sapiens* **S. 130**
Der Einfluss des Klimas **S. 198**

Als die Sahara grün war ...

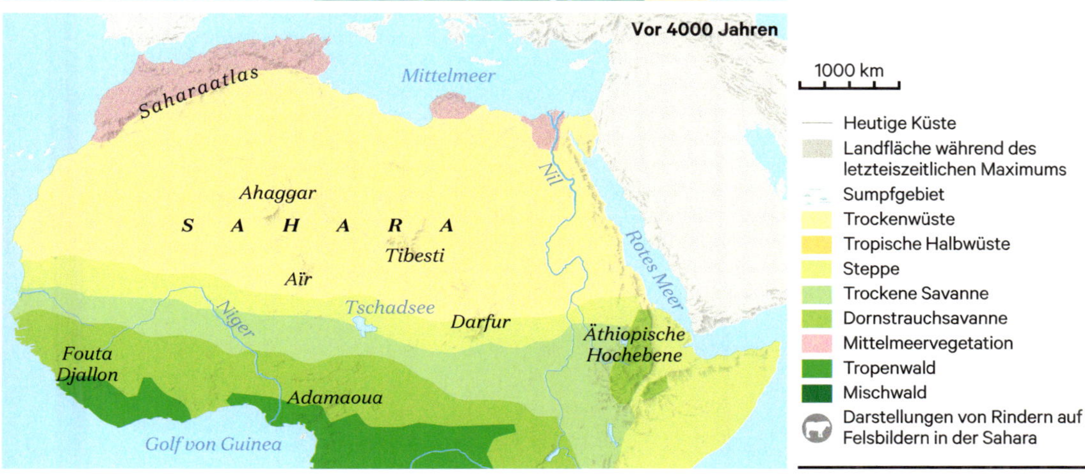

Klimatische Umwälzungen

Vor etwa 20 000 Jahren beginnt sich der Planet zu erwärmen. Mit dem Ende der letzten Eiszeit (vor etwa 11 700 Jahren) fängt das sogenannte Holozän an. In allen Gegenden der Welt verändert sich das Klima, was zu großen Umwälzungen führt. In Nordeuropa werden durch die Eisschmelze neue Gebiete freigelegt. Aber es steigt auch der Meeresspiegel an, wodurch einstmals bewohnte Gegenden überschwemmt werden. In der Sahara entstehen durch die Erderwärmung zunächst saftig grüne Landschaften mit großen Seen, Flüssen und Quellen, die Flora und Fauna anlocken. Heftige Monsunregen gehen über Afrika nieder, in manchen Gegenden gibt es aber auch mediterrane Regenfälle. Die afrikanische Feuchtperiode dauert ungefähr 6000 Jahre an, sie beginnt vor 11 000 Jahren und endet vor 5000 Jahren. Dann führen Temperaturänderungen auf der Nordhalbkugel dazu, dass es in der Sahara sehr schnell trocken wird.

Beginn der Erwärmung der nördlichen Hemisphäre, oberhalb 60° nördlicher Breite.
vor 19 000 Jahren

Die südliche Hemisphäre erwärmt sich und die nördliche kühlt ab.
vor 16 500 Jahren

Die südliche Hemisphäre hört auf, sich zu erwärmen, die nördliche Hemisphäre erwärmt sich. Meeresspiegel steigt 4 bis 5 Meter pro Jahrhundert.
vor 14 600 Jahren

Die nördliche Hemisphäre kühlt ein zweites Mal ab. Die Antarktis erwärmt sich.
vor 12 900 Jahren

Stabilisierung des Klimas auf einem ähnlichen Niveau wie heute.
vor 11 700 Jahren

Die Sintflut

Die Sintflut in der Bibel und im Koran

«Und er [der HERR] sprach: Ich will die Menschen, die ich geschaffen habe, vertilgen von der Erde, vom Menschen an bis hin zum Vieh und bis zum Gewürm und bis zu den Vögeln unter dem Himmel; denn es reut mich, dass ich sie gemacht habe.» (Genesis 6,7). Aber Noah findet beim Allmächtigen Gnade. Gott verlangt von dem Patriarchen, dass er eine Arche baut, um je sieben Paare aller reinen und je ein Paar aller unreinen Tiere zu retten. «Denn siehe, ich will eine Sintflut kommen lassen auf Erden, zu verderben alles Fleisch, darin Odem des Lebens ist, unter dem Himmel.» (Genesis 6,17). Nach vierzig Tagen und vierzig Nächten ist die gesamte Erde von Wasser bedeckt, und die Arche strandet auf dem für die Menschen des östlichen Mittelmeerraums höchsten Berg, dem Ararat. Nunmehr wird die Menschheit neu geboren. Die drei Söhne Noahs ziehen in drei verschiedene Himmelsrichtungen: Sem, der Älteste, nach Osten, der Zweitgeborene, Jafet, nach Nordwesten und der Jüngste, Ham, nach Südwesten. Auf diesen biblischen Informationen baut der Kirchenvater Isidor von Sevilla seine Beschreibung der Welt auf, die wiederum zur Grundlage für einen Typ mittelalterlicher Weltkarten wird: Hier besteht die bewohnte Erde aus drei Gebieten, Asien (Sem), Europa (Jafet) und Afrika (Ham). Neben der Geschichte von Adam und Eva ist die Legende von Noah unter Juden, Christen und Muslimen am weitesten verbreitet. Dabei unterscheidet sich die Version im Koran in mehreren Punkten von der Bibel. Im Koran wird ein vierter Sohn Noahs, der sich dem göttlichen Befehl widersetzt, ertränkt, die Arche strandet auf dem Berg Dschudi, und – der wichtigste Aspekt – die Überschwemmung betrifft nur die Gegend, in der das Volk Noahs lebt. Folgt man unterdessen der Bibel, wird die vollständig von Wasser bedeckte Erde zu einem wahrhaft blauen Planeten.

Die Mythen der Sintflut

Der älteste Mythos über die Sintflut stammt aus Sumer und wird im *Gilgamesch-Epos* erzählt, das in Keilschrift auf Tontafeln festgehalten ist. George Smith hat die im British Museum lagernden Tafeln 1872 als Erster entziffert. Demnach wollen die Götter die Menschen verschwinden lassen, da diese mit ihrem Getöse die Ruhe stören. Aber Ea, der Gott des unterirdischen Wassers, warnt seinen Freund Atrahasis und hält ihn dazu an, eine Arche zu bauen und darin je ein Paar aller lebenden Tiere zu versammeln. Diese noch vor der Bibel entstandene Erzählung schöpft aus demselben mythologischen Fundus. In einer mazdaistischen Fassung, die in Iran entdeckt wird, ist die Katastrophe Folge einer gigantischen Schneeschmelze. Darüber hinaus existieren auch mehrere griechische Fassungen, und Apollodor, der Autor der *Bibliotheke*, erzählt die Geschichte noch einmal anders. Je weiter wir uns vom fruchtbaren Halbmond entfernen, umso größer sind die Abweichungen der Geschichten. Zudem sind aus zahlreichen Gegenden der Welt ähnliche Mythen überliefert, etwa im altindischen *Satapatha-Brahmana*.

Geht dieser Mythos auf den Anstieg des Meeresspiegels zurück?

Dass Geschichten von einer Sintflut in einem riesigen Gebiet erzählt werden, das vom Mittelmeer bis nach Südasien reicht, legt die Hypothese nahe, dass diese Mythen mit dem Anstieg des Meeresspiegels am Ende der Eiszeit in Verbindung stehen (siehe S. 148). Ein Beispiel für solch eine sintflutartige Überschwemmung mag die Entstehung des Schwarzen Meeres sein: Dabei ist das Mittelmeer übergelaufen und große Wassermassen haben sich an der Stelle, an der heute Dardanellen und Bosporus liegen, in einen See ergossen, aus dem dadurch das Schwarze Meer wird. Kommt diese marine Transgression so plötzlich, dass die Menschen das Ereignis in Form von Geschichten zu verarbeiten suchen, woraus dann der Mythos von der Sintflut wird? Wir wissen es nicht.

Die Veränderung der Ökoregionen nach der letzten Eiszeit

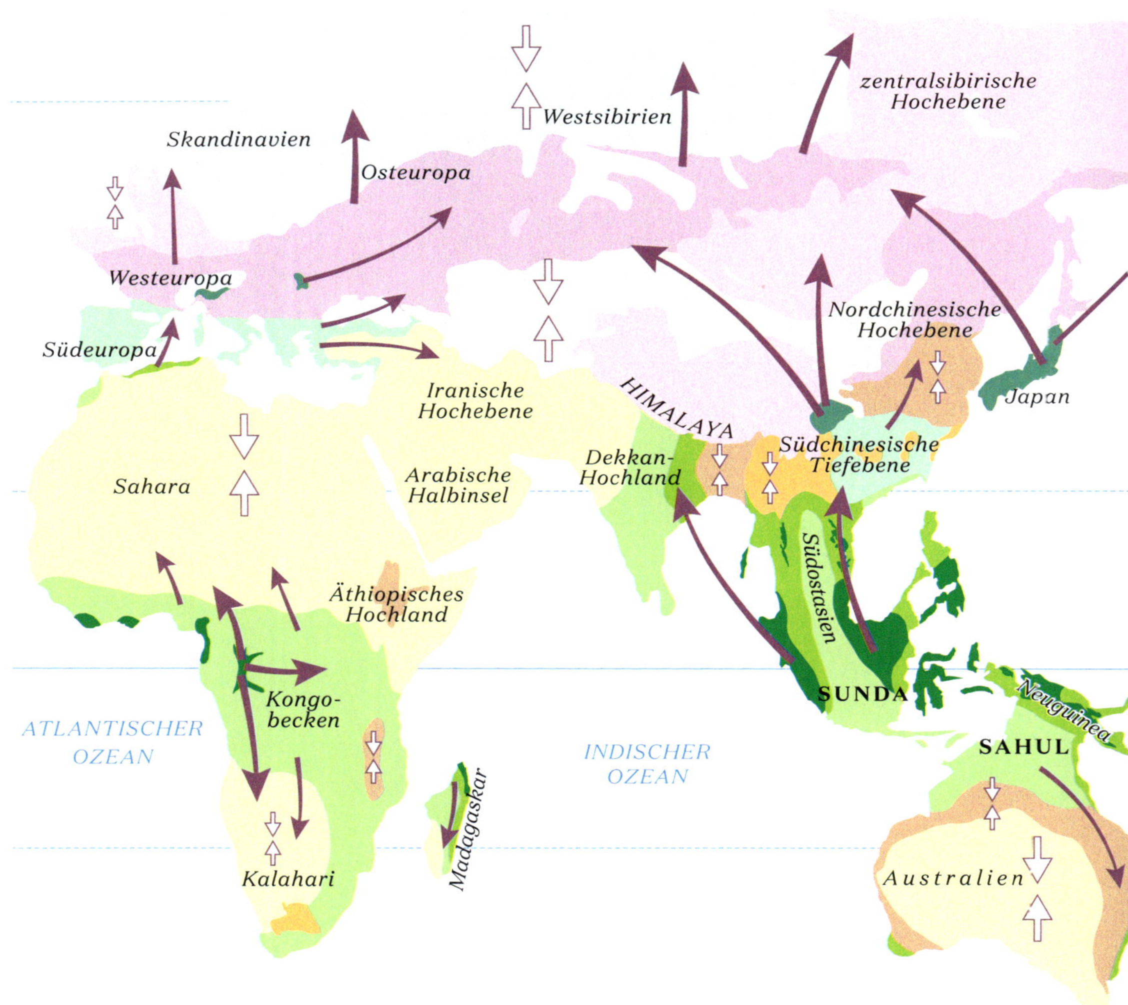

Die Wälder kehren zurück

Während des letzteiszeitlichen Maximums ist die Erde nur spärlich von Wald bedeckt. Der Amazonasregenwald besteht aus zwei Teilen, zwischen denen ein breiter Streifen Savanne verläuft. In Südeuropa, Japan und dem Osten der heutigen USA gibt es noch einige boreale Nadelwälder, während ein Großteil Sibiriens, Europas und Nordamerikas von Eis bedeckt ist. Die Sahara ist wie fast alle Wüsten sehr viel größer als heute. Dann beginnt vor etwa 20 000 Jahren auf der Nordhalbkugel das E s zu schmelzen (siehe S. 146), und in vielen Gegenden kehren allmählich die Wälder zurück. Der boreale Nadelwald zieht nach Norden und erweitert sich, während die Vegetation von Steppe und Tundra zurückgeht. In Afrika wird ein großer Teil des Kongobeckens von tropischem Regenwald überzogen, in Südamerika weitet sich der tropische Regenwald in Amazonien aus.

Siehe auch — Die letzten Eiszeiten **S. 80**
Die Ökoregionen der Erde **S. 102**
Warum eigentlich Landwirtschaft? **S. 162**

Ökoregionen während der letzten Eiszeit
(Die Karte bildet den Zustand ab vor 25 000 bis 15 000 Jahren, was ungefähr dem letzteiszeitlichen Maximum entspricht.)

Ökoregionen mit tropischem und subtropischem Klima
- Tropische Regenwälder
- Tropische Trockenwälder
- Feuchtsavanne
- Tropische Extremwüste und tropische Halbwüste

Ökoregionen mit trockenem Klima
- Strauch- und Trockensteppe
- Hartlaubvegetation

Ökoregionen mit gemäßigtem Klima
- Laubwald
- Nadelwald
- Prärie und Savanne
- Wüste und Halbwüste der gemäßigten Breiten

Ökoregionen mit kühlem Klima
- Borealer Nadelwald
- Tundra
- Eis und Felsen
- Polare und Alpine Wüste

Entwicklung der Ökoregionen zwischen dem letzteiszeitlichen Maximum und heute
- Verschiebung oder Ausdehnung
- Verringerung oder Verschwinden

Die Ausbreitung jungsteinzeitlicher Lebensformen

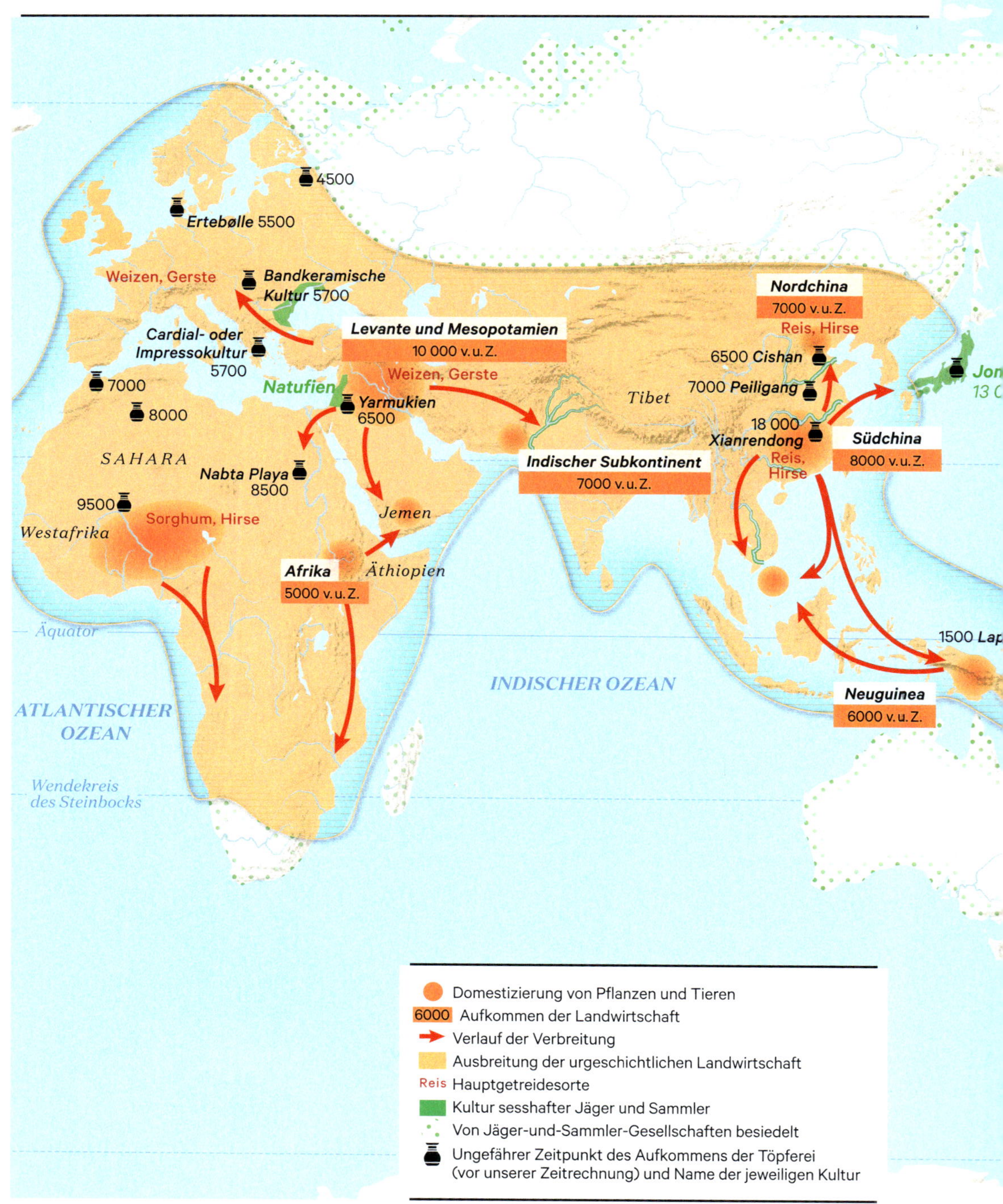

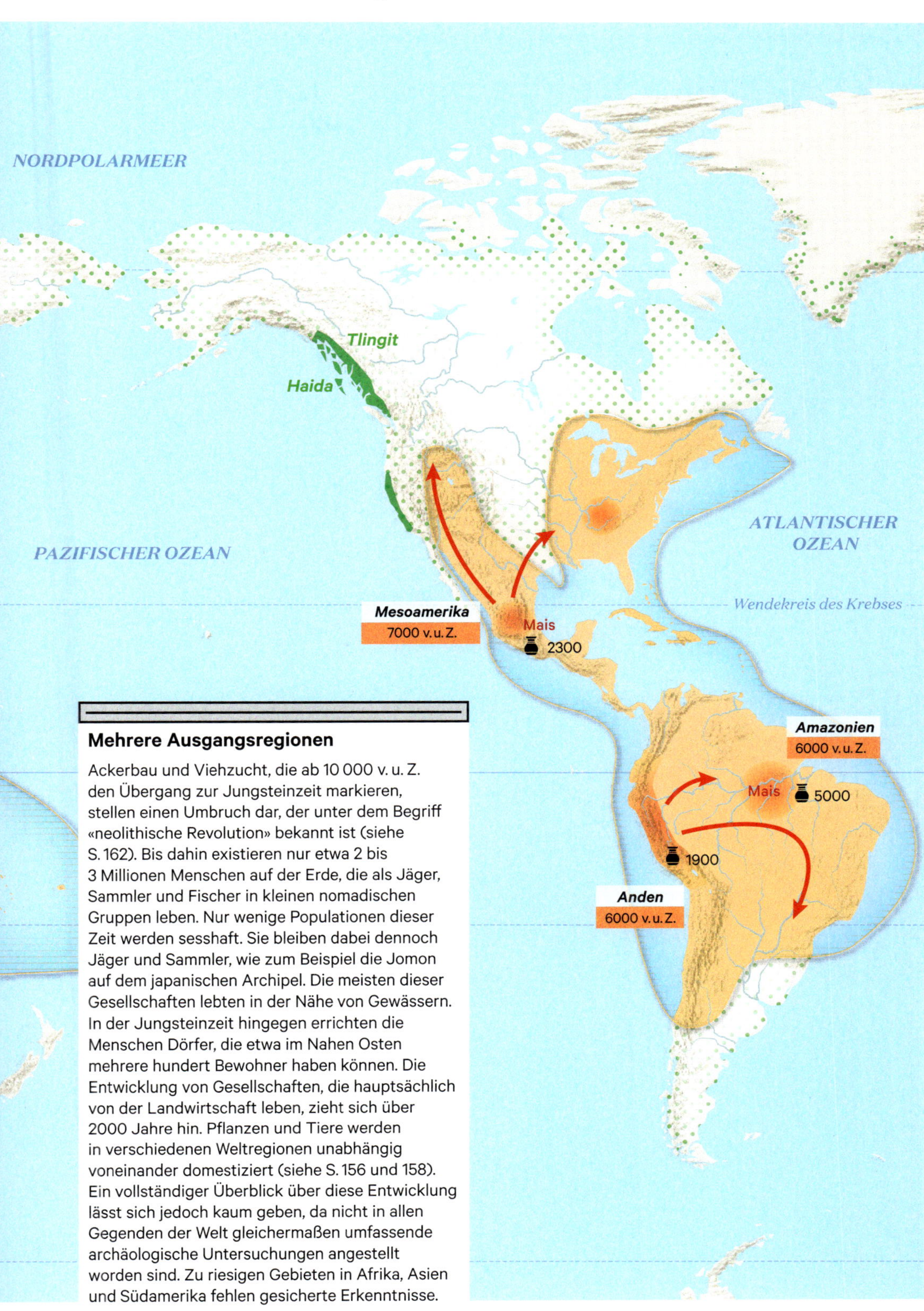

Mehrere Ausgangsregionen

Ackerbau und Viehzucht, die ab 10 000 v. u. Z. den Übergang zur Jungsteinzeit markieren, stellen einen Umbruch dar, der unter dem Begriff «neolithische Revolution» bekannt ist (siehe S. 162). Bis dahin existieren nur etwa 2 bis 3 Millionen Menschen auf der Erde, die als Jäger, Sammler und Fischer in kleinen nomadischen Gruppen leben. Nur wenige Populationen dieser Zeit werden sesshaft. Sie bleiben dabei dennoch Jäger und Sammler, wie zum Beispiel die Jomon auf dem japanischen Archipel. Die meisten dieser Gesellschaften lebten in der Nähe von Gewässern. In der Jungsteinzeit hingegen errichten die Menschen Dörfer, die etwa im Nahen Osten mehrere hundert Bewohner haben können. Die Entwicklung von Gesellschaften, die hauptsächlich von der Landwirtschaft leben, zieht sich über 2000 Jahre hin. Pflanzen und Tiere werden in verschiedenen Weltregionen unabhängig voneinander domestiziert (siehe S. 156 und 158). Ein vollständiger Überblick über diese Entwicklung lässt sich jedoch kaum geben, da nicht in allen Gegenden der Welt gleichermaßen umfassende archäologische Untersuchungen angestellt worden sind. Zu riesigen Gebieten in Afrika, Asien und Südamerika fehlen gesicherte Erkenntnisse.

Die Menschen verändern das Leben auf der Erde

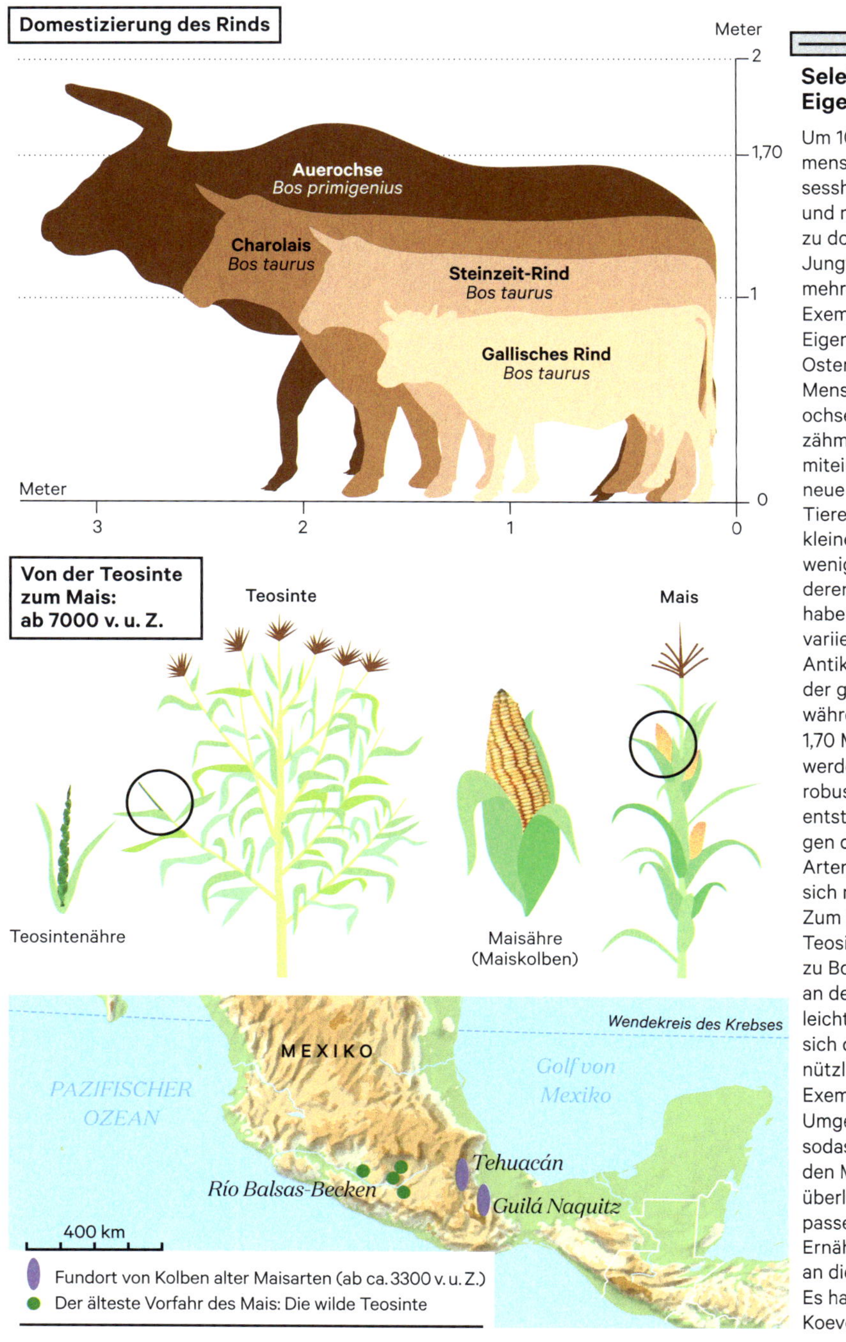

Selektion bestimmter Eigenschaften

Um 10 000 v. u. Z. werden menschliche Populationen sesshaft und beginnen nach und nach Pflanzen und Tiere zu domestizieren. Sie fangen Jungtiere und suchen dann über mehrere Generationen hinweg Exemplare mit bestimmten Eigenschaften aus. Im Nahen Osten etwa wählen die Menschen diejenigen Auerochsen, die sich am leichtesten zähmen lassen, und kreuzen sie miteinander. So entsteht eine neue Rinderrasse: kleinere Tiere mit kürzeren Beinen und kleineren, geraderen (daher weniger gefährlichen) Hörnern, deren Weibchen größere Euter haben. Im Laufe der Geschichte variiert die Größe stark, in der Antike beträgt die Widerristhöhe der gallischen Rinder ca. 1 Meter, während ihre Vorfahren noch 1,70 Meter groß sind. Später werden sie wieder größer und robuster. Bei den Pflanzen entstehen vermutlich Züchtungen dadurch, dass die Menschen Arten bevorzugen, deren Samen sich nicht so leicht zerstreuen. Zum Beispiel wählen sie die Teosinte, da deren Körner nicht zu Boden fallen, sondern fest an der Ähre sitzen, und dadurch leicht zu ernten sind. Oft könnten sich die für den Menschen nützlichen Eigenschaften eines Exemplars in einer natürlichen Umgebung nicht durchsetzen, sodass die Kulturpflanzen ohne den Menschen nicht mehr überleben können. Umgekehrt passen die Menschen ihre Ernährung und ihr Verhalten an die Domestizierung an. Es handelt sich somit um eine Koevolution.

Siehe auch — Die Vielfalt der Lebewesen **S. 92**
«Herr und Meister der Natur» **S. 218**
Die Menschheit ernähren **S. 270**

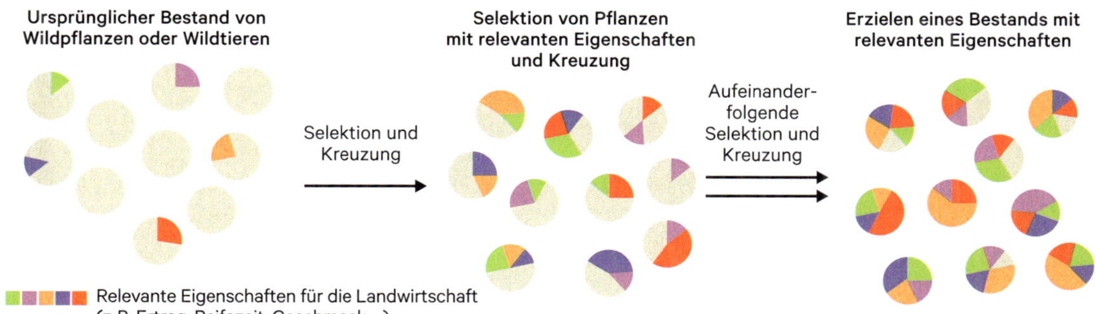

▲ Von den Wild- zu den Kulturpflanzen

In einer wilden Population von Pflanzen oder Tieren gibt es Unterschiede zwischen einzelnen Individuen. Manche Pflanzen sind süßer, werden früher reif oder lassen sich besser konservieren. Manche Tiere sind größer oder widerstandsfähiger gegen Krankheiten. Sind die Unterschiede auffällig, werden diese Exemplare ausgewählt und mit anderen gekreuzt, die ebenfalls für den Menschen günstige Eigenschaften besitzen. Im Laufe der Zeit sammeln sich dadurch immer mehr von den erwünschten Eigenschaften in diesen Pflanzen oder Tieren an. Es handelt sich also um eine künstliche Selektion. Aber durch die Domestizierung verringert sich auch die genetische Vielfalt der Kulturpflanzen und Zuchttiere.

▼ Genetisch veränderte Pflanzen

In den 1980er Jahren entsteht in mehreren Schritten die erste genetisch veränderte Pflanze: Zunächst wird bei einem Spenderorganismus (Bakterium, Pflanze) ein sogenanntes interessantes Gen bestimmt, das isoliert und in eine Gensequenz (Vektor) integriert wird. Dieser Vektor wird anschließend geklont, um das interessante Gen in einer ausreichenden Zahl zu erhalten. Zuletzt wird es in die Zellen der Pflanze eingeschleust. Ist die Ausprägung des interessanten Gens zufriedenstellend, setzt man es in eine Handelssorte der Pflanze ein. Die genetische Veränderung kann zum Beispiel dazu dienen, eine Pflanze widerstandsfähiger gegen Krankheiten zu machen oder tolerant gegenüber Unkrautvernichtungs-mitteln, oder um ihre Überlebensfähigkeit auf trockenen oder stark salzhaltigen Böden zu erhöhen.

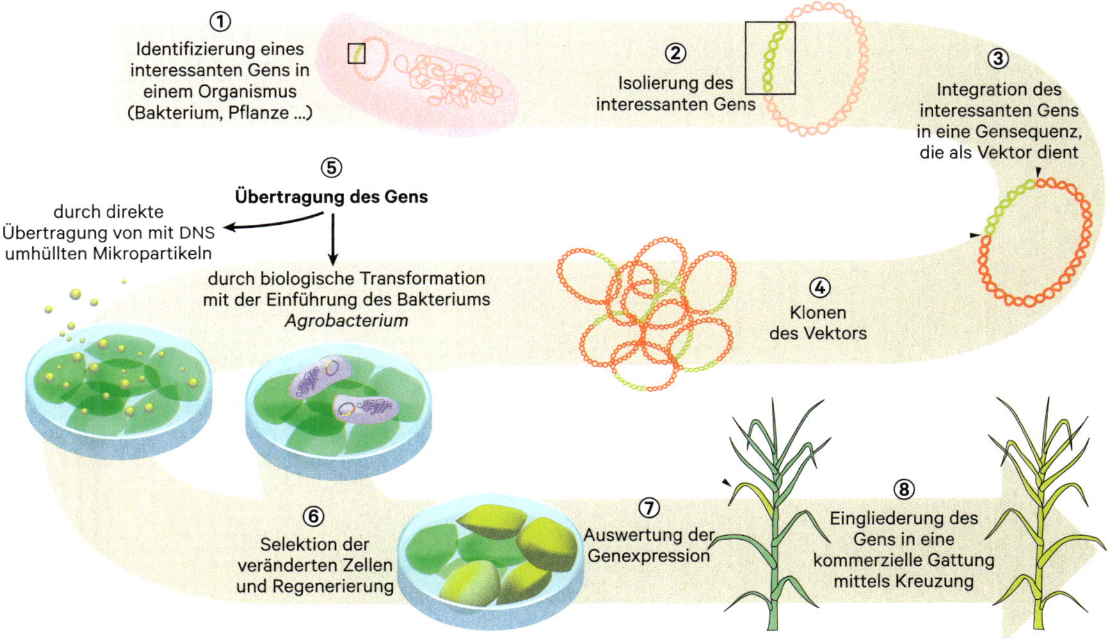

Die Domestizierung der Pflanzen

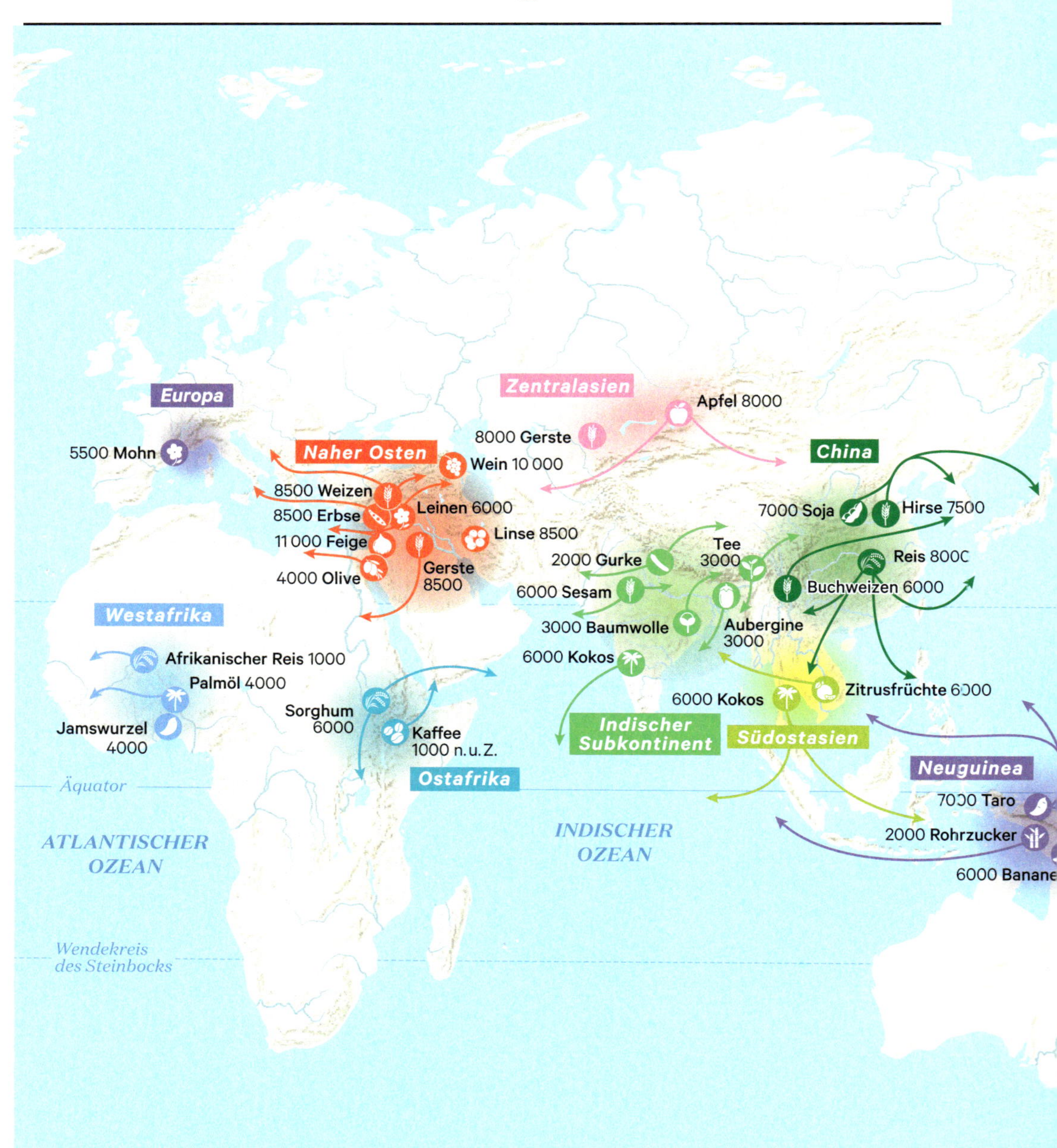

Pflanzen als Nahrungsmittel und mehr

Zwischen 10 000 und 5000 v. u. Z. beginnen die Menschen in verschiedenen Weltgegenden unabhängig voneinander Pflanzen und Tiere zu domestizieren (siehe S. 158), etwa im Nahen Osten, in China, Südostasien und den Anden. Durch den Kontakt zwischen den menschlichen Populationen verbreiten sich diese Zuchtpflanzen. Der Ackerbau wird zur weltumspannenden Praxis. In vielen Gegenden dominieren eine oder zwei Getreidearten: im Nahen Osten und in Europa Weizen oder Gerste, in China Reis und Hirse, in Amerika Mais, in Afrika Sorghum oder Hirse. Die Zuchtpflanzen dienen nicht nur der Ernährung, sondern auch zur Herstellung von Alkohol oder Kleidung oder werden wegen ihrer halluzinogenen Eigenschaften genutzt.

Die Domestizierung der Tiere

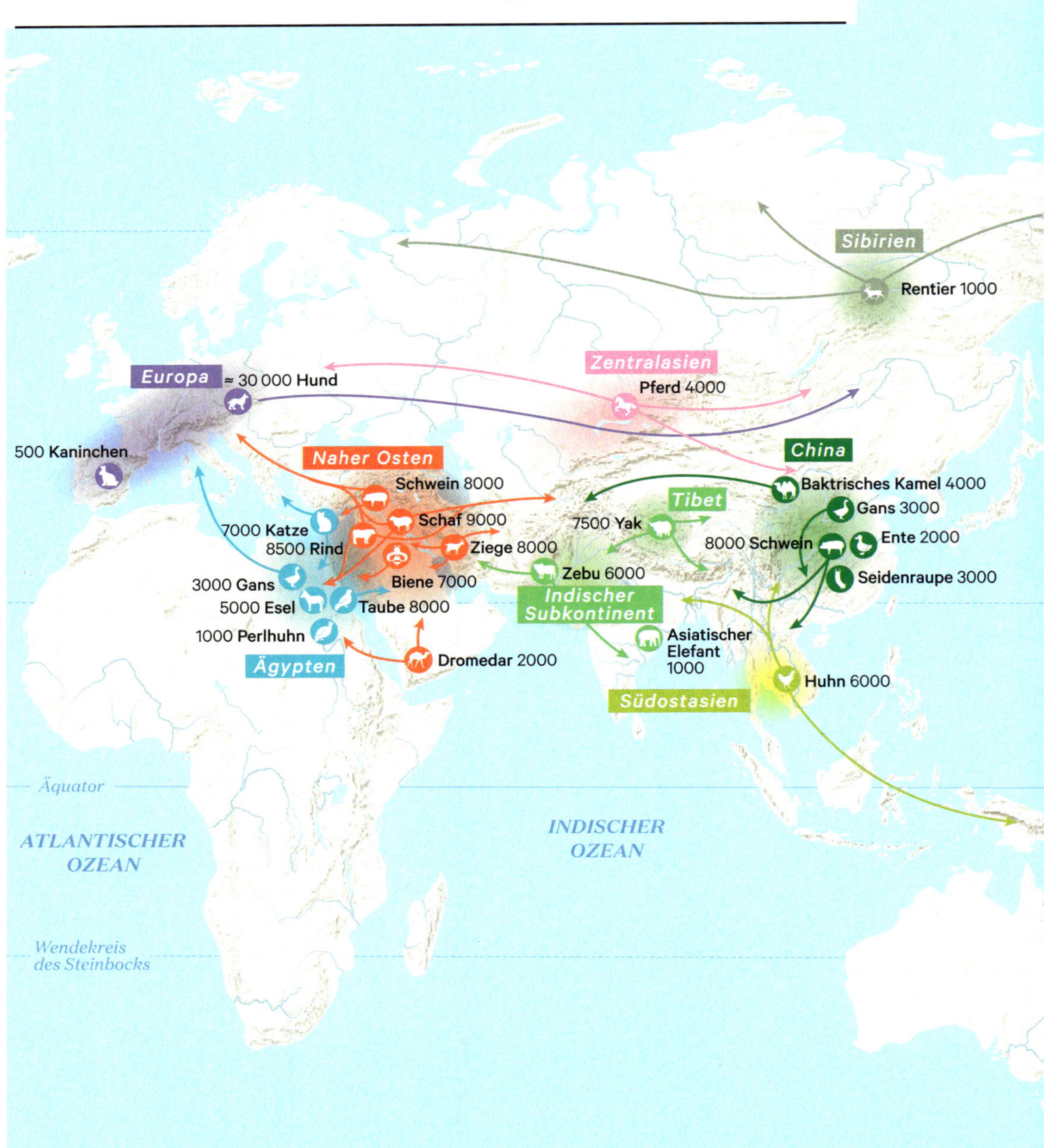

Siehe auch — Das Tier als Ressource **S. 138**
Muskeln und Werkzeuge **S. 188**
Der Kolumbianische Austausch **S. 220**

Tiere als Helfer der Menschen

Mit Ausnahme des Hundes, der aus dem Wolf hervorgeht und sehr früh in der Altsteinzeit domestiziert wird – schon vor 30 000 Jahren (siehe S. 136), ohne Verbindung zu Ackerbau und Viehzucht –, vollzieht sich die Domestizierung der Tiere gleichzeitig mit der Domestizierung der Pflanzen. Im Nahen Osten werden um 9000 bis 8000 v. u. Z. aus dem Auerochsen, dem Mufflon, dem Steinbock und dem Wildschwein Rind, Schaf, Ziege und Schwein. Die Tiere werden gehalten, um Fleisch, Milch, Felle und Häute zu gewinnen, aber auch wegen ihrer Fähigkeit, Gegenstände zu ziehen und zu tragen. Tiere werden überall auf der Welt domestiziert, wobei sie in Amerika noch am wenigsten genutzt werden, da es dort keine großen domestizierbaren Säugetiere gibt. In den Anden werden Lamas und Alpakas als Zugtiere eingesetzt, aber sie können weder schwere Lasten ziehen, noch liefern sie viel Fleisch.

PAZIFISCHER OZEAN

ATLANTISCHER OZEAN

Wendekreis des Krebses

Mesoamerika

3000 Truthahn

Anden

Warzenente (Zeitpunkt der Domestizierung unbekannt)

8000 Meerschweinchen

3000 Lama

3000 Alpaka

Ort der Domestizierung

Domestiziertes Tier

3000 Domestizierung (Jahre vor unserer Zeitrechnung)

Verbreitung (bis zum 15. Jahrhundert)

Die lange Geschichte des Alkohols

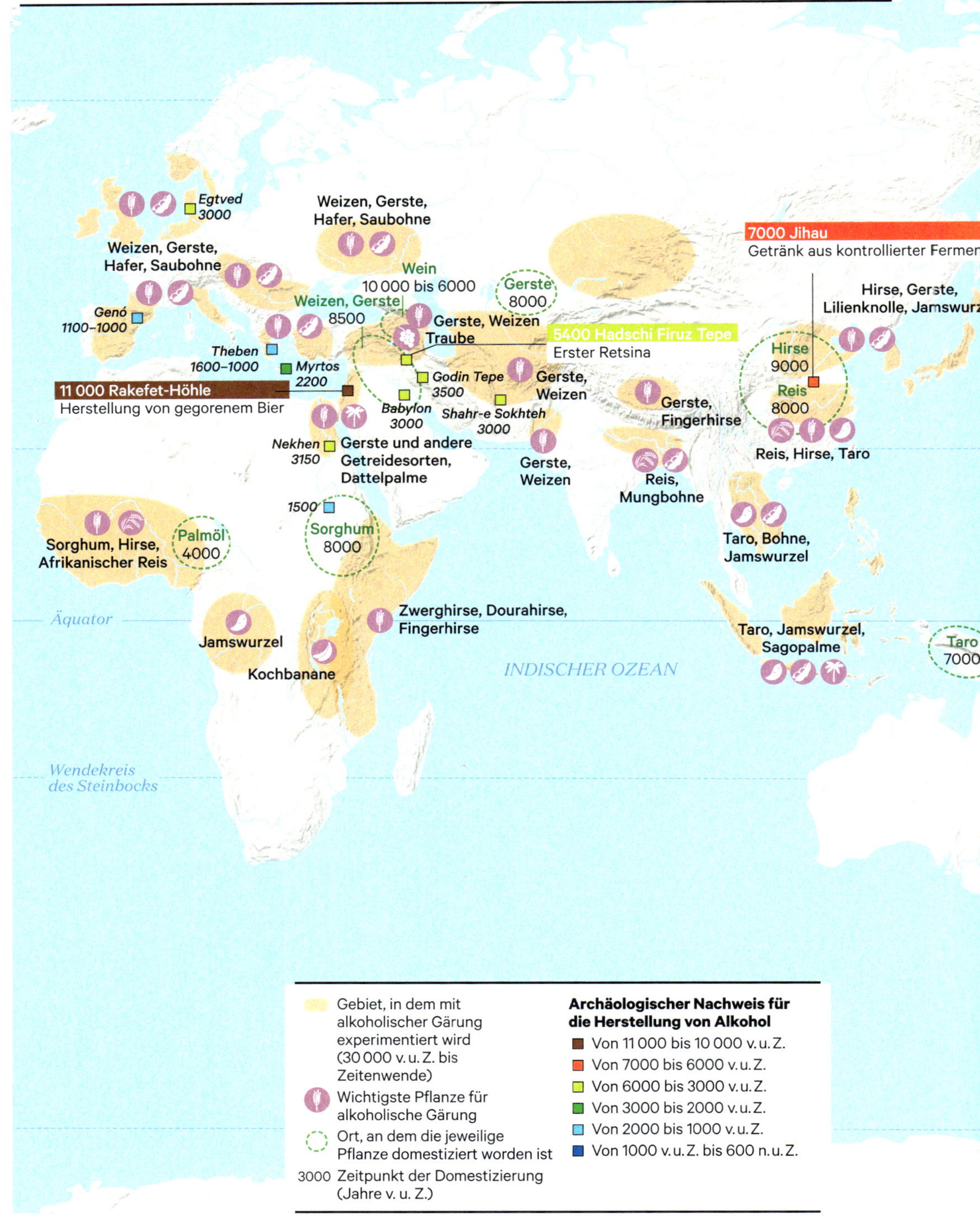

Früher Genuss

Die Menschen konsumieren schon Alkohol, als sie vom Vorgang der Gärung noch kaum etwas verstehen. Es gibt Hypothesen, wonach die Domestizierung von Getreide vor allem wegen der Herstellung von Alkohol vorangetrieben wird, noch bevor daraus Brot gebacken wird (siehe S. 162). Der älteste Nachweis für die Herstellung von Alkohol, und zwar von Bier, wurde in der Rakefet-Höhle an der Levante (südlich von Haifa/Israel) gefunden. Sie ist eine Grabstätte der Natufier, einer der ältesten Gruppen sesshafter Jäger und Sammler, und wird um 11 000 v. u. Z. genutzt. In den meisten Gegenden der Welt hat Bier schon damals eine Vormachtstellung, aber auch andere alkoholische Getränke werden früh entwickelt: fermentierte Milch und Met, deren Konsum nach und nach abnimmt, und vor allem Wein.
Die Domestizierung der Weinrebe erfolgt zwischen 10 000 und 5000 v. u. Z. Oft gibt es eine Verbindung zwischen der Herstellung von Alkohol und dem Sakralen: Alkohol soll den Menschen die Möglichkeit geben, mit ihren Vorfahren oder den Göttern zu kommunizieren. Auch dient er zur Behandlung von Schmerzen und Infektionen. Die Kehrseite der Medaille: übermäßiger Alkoholkonsum und damit verbundene Krankheiten.

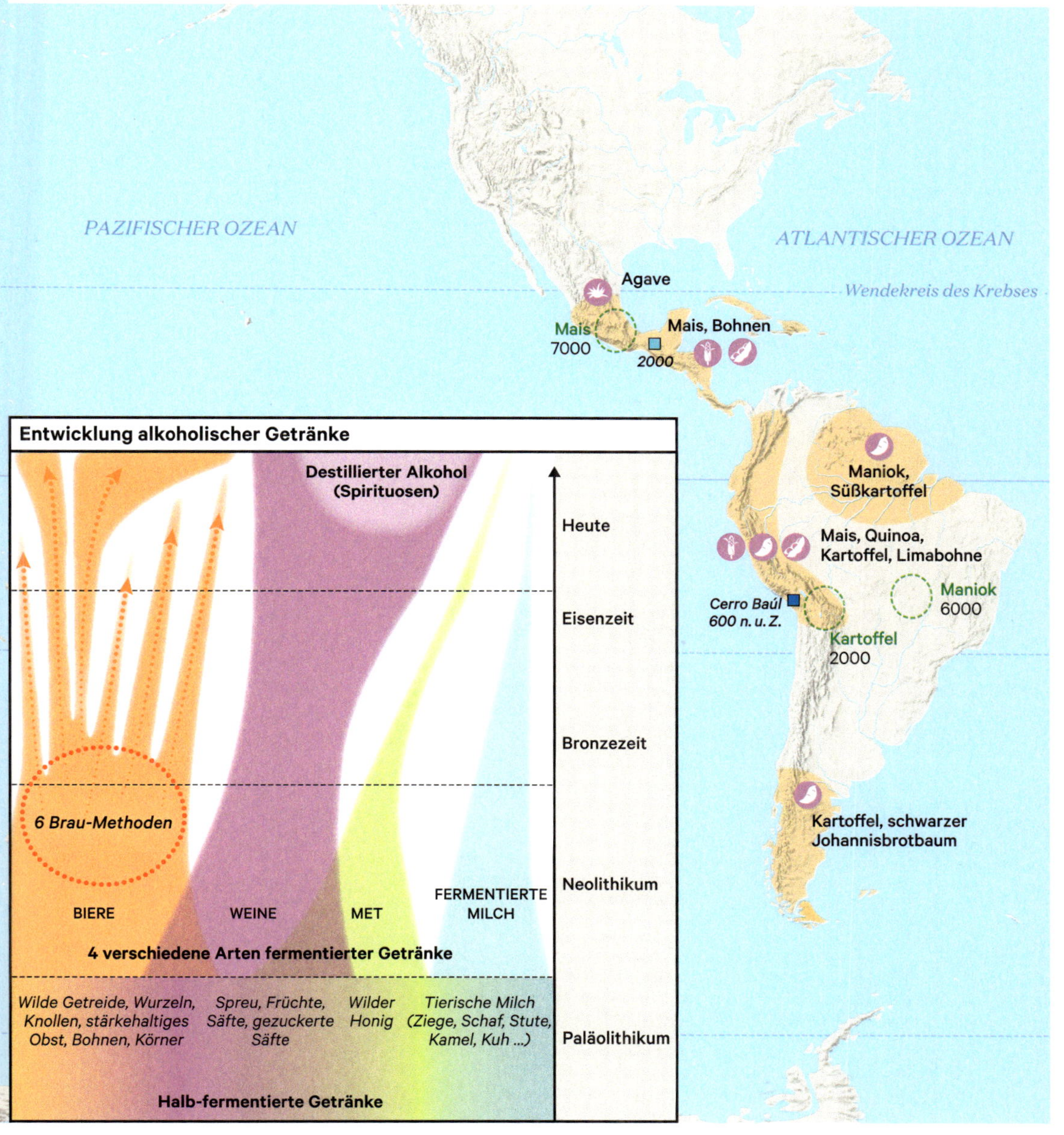

Warum eigentlich Landwirtschaft?

Anpassung an veränderte Umweltbedingungen?

Vere Gordon Childe führt 1925 den Begriff «neolithische Revolution» ein, um damit den Übergang der Wirtschaftsweise vom Jagen und Sammeln zu Ackerbau und Viehzucht zu benennen. Nach Childe führt das immer trockenere Klima im Nahen Osten und in Nordafrika nach dem Ende der Eiszeit dazu, dass sich Pflanzen und Tiere an den Wasserstellen konzentrieren. Die als Jäger und Sammler lebenden Menschen domestizieren dort Getreide und Tiere und werden sesshaft. Neuere Studien haben dieses Szenario in Frage gestellt, aber das Klima spielt gewiss eine wichtige Rolle. Wie der Archäologe Ofer Bar-Yosef in den 1990er Jahren feststellt, gibt es durch die Verschlechterung des Klimas in der Jüngeren Dryaszeit immer weniger Wildgetreide und Wildbret, was die sesshaften Menschengruppen dazu veranlasst, Ackerbau zu betreiben.

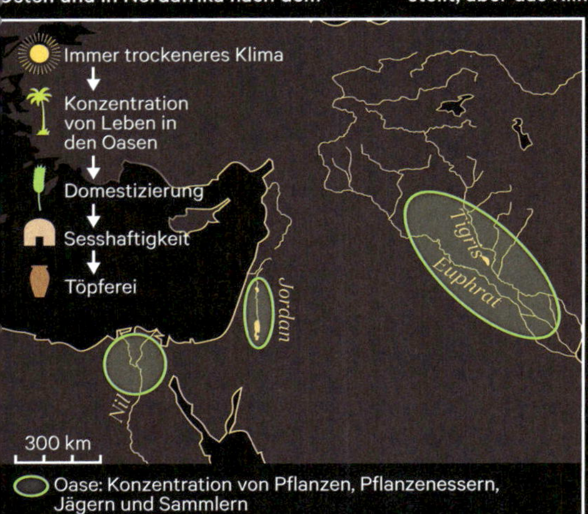

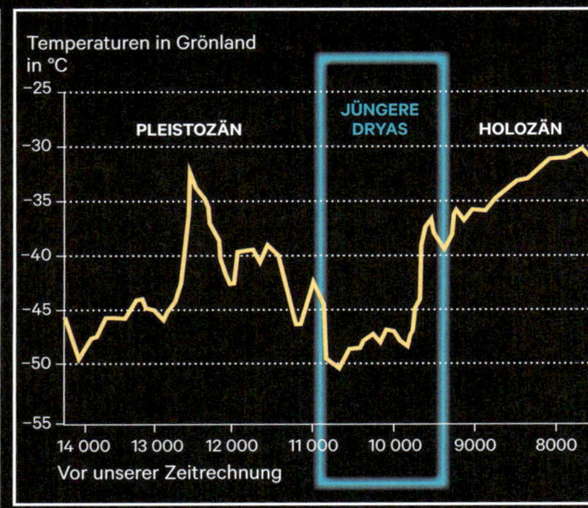

Folge von Veränderungen in Religion und Gesellschaft?

Gegen die Vorstellung, dass die Menschen aufgrund demografischer oder klimatischer Entwicklungen dazu gezwungen werden, Ackerbau zu betreiben, spricht allerdings, dass das zu Beginn nicht gewinnbringender ist als das Jagen und Sammeln. Der Archäologe Jacques Cauvin veröffentlicht 1994 die Theorie, dass dem Ackerbau eine symbolische Revolution vorausgehe. Gottheiten (Muttergöttin und Auerochse) herrschten über die Menschen, die wiederum über die Natur herrschten (siehe S. 218). Der Ethnologe Alain Testart betont 1982 die Bedeutung der Lagerung von Nahrungsmitteln: Gesellschaften, die diese Praxis betreiben, seien sesshaft und könnten Reichtümer anhäufen. Die Domestizierung verstärkt noch die soziale Ungleichheit und erscheint dabei eher wie eine unausweichliche Konsequenz denn eine bedeutende Neuerung.

Mit Auerochsenhörnern verzierte Sitzbank, Çatal Höyük

Gemeinschaftsscheune für die Lagerung von Getreide,

Die Erkenntnisse der Archäologie

Zahlreiche Theorien zur Entstehung der Landwirtschaft beruhen auf archäologischen Untersuchungen im Nahen Osten. Diese Gegend ist besonders gut erforscht. Die Neolithisierung (Verbreitung von Ackerbau und Viehzucht) findet jedoch in vielen Gebieten auf der Welt unabhängig voneinander statt (siehe S. 152) und hat unterschiedliche Ausprägungen. In Nord- und Mittelamerika sind die ersten Zuchtpflanzen (Kürbis, Peperoni, Tabak) zunächst keine Nahrungsquellen (siehe S. 156). Getreide dient auch der Herstellung von Alkohol (siehe S. 160), wofür die Funde in der Rakefet-Höhle in Israel und in der neolithischen Siedlung Jiahu (China) Zeugnisse sind. Töpferei gibt es sowohl schon vor den ersten Domestizierungen (China) als auch erst danach (Naher Osten). Bestimmte Bedingungen liegen dabei allen Domestizierungen zugrunde: die Klimaveränderungen am Ende der Eiszeit und der Beginn des Holozäns (siehe S. 150), reiche Naturressourcen, die Bevölkerungswachstum ermöglichen und schließlich Sesshaftigkeit und schon komplexere Gesellschaftsformen. Ackerbau und Domestizierung entwickeln sich sehr langsam über einen Zeitraum von 2000 Jahren. Landwirtschaftlich genutzt werden zunächst wilde Arten, wobei die Auswahl der Varietäten ganz am Anfang wohl nur zufällig erfolgt.

Von Stein zu Metall

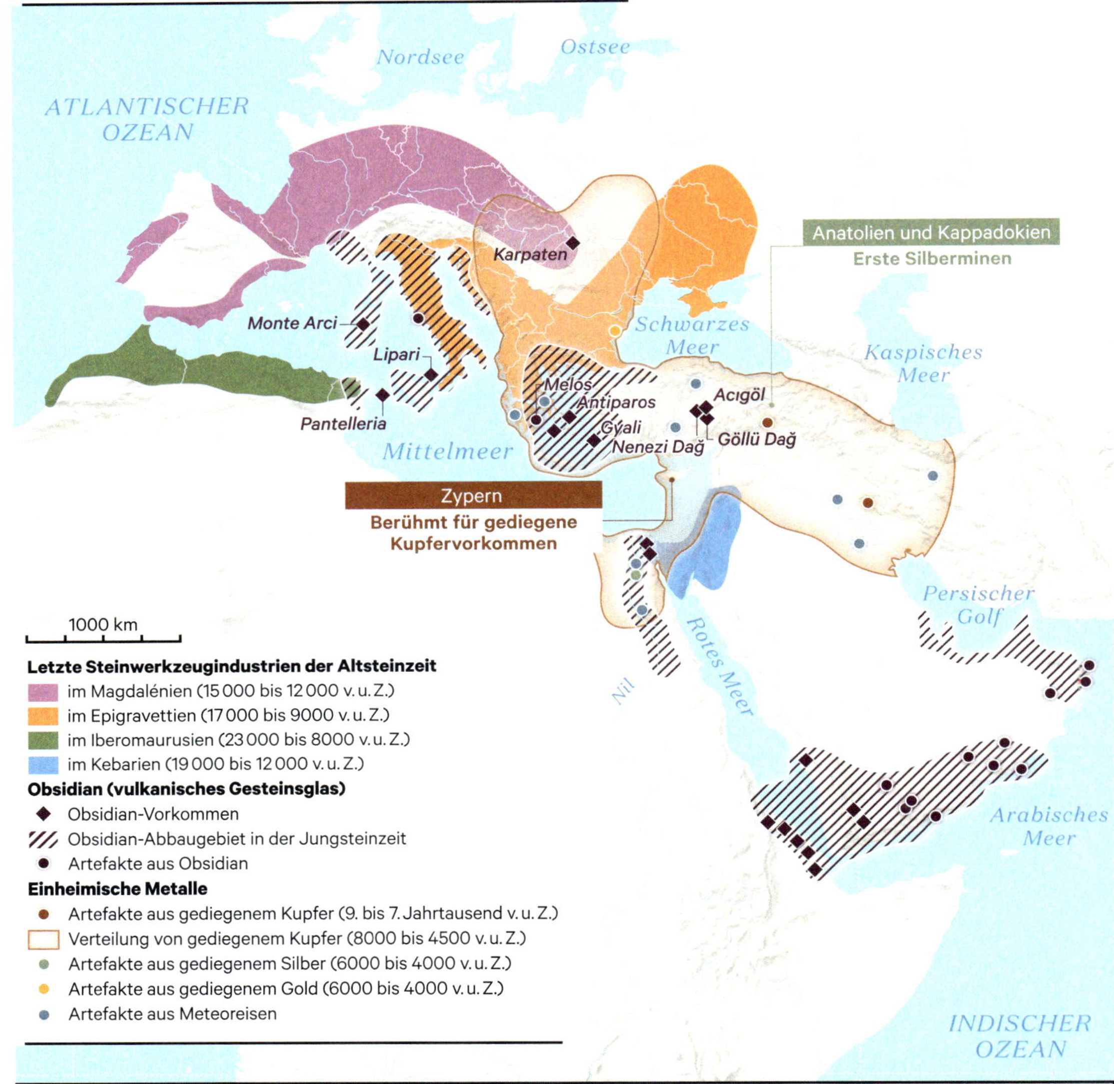

Für Werkzeuge, Waffen und Prestige

In der Urgeschichte sind die meisten Werkzeuge der Jäger und Sammler ebenso wie die der ersten Bauern aus Stein, Holz und Knochen. Der Obsidian, ein vulkanisches Gesteinsglas, das weltweit vorkommt, wird verwendet, um die Schneiden von Waffen und Werkzeugen zu fertigen. Im westlichen Mittelmeerraum entstehen um 6000 v. u. Z. Netzwerke zum Tausch von Waren, die 4000 Jahre lang bestehen bleiben – bis die Verwendung von Eisen einsetzt. Gediegene Metalle (wie Gold, Silber oder Kupfer, die in reiner Form existieren, ohne mit anderen Elementen verbunden zu sein, sodass zu ihrer Bearbeitung keine hohen Temperaturen nötig sind), werden in der Jungsteinzeit ebenfalls verwendet. Die Bearbeitung von Kupfer erfolgt mithilfe eines Vorgangs, der «Glühen» genannt wird. Anschließend wird es mit dem Hammer behauen, um es ein wenig härter zu machen. Das genügt aber noch nicht, um Kupfer in Werkzeugen oder Waffen einsetzen zu können. In Europa bezeichnet die Kupferzeit die Periode um 2000 bis 1800 v. u. Z.

Siehe auch — Metallische Rohstoffe **S. 58**
Der humanisierte Planet **S. 136**
Von der Töpferei zum Hüttenwesen **S. 190**

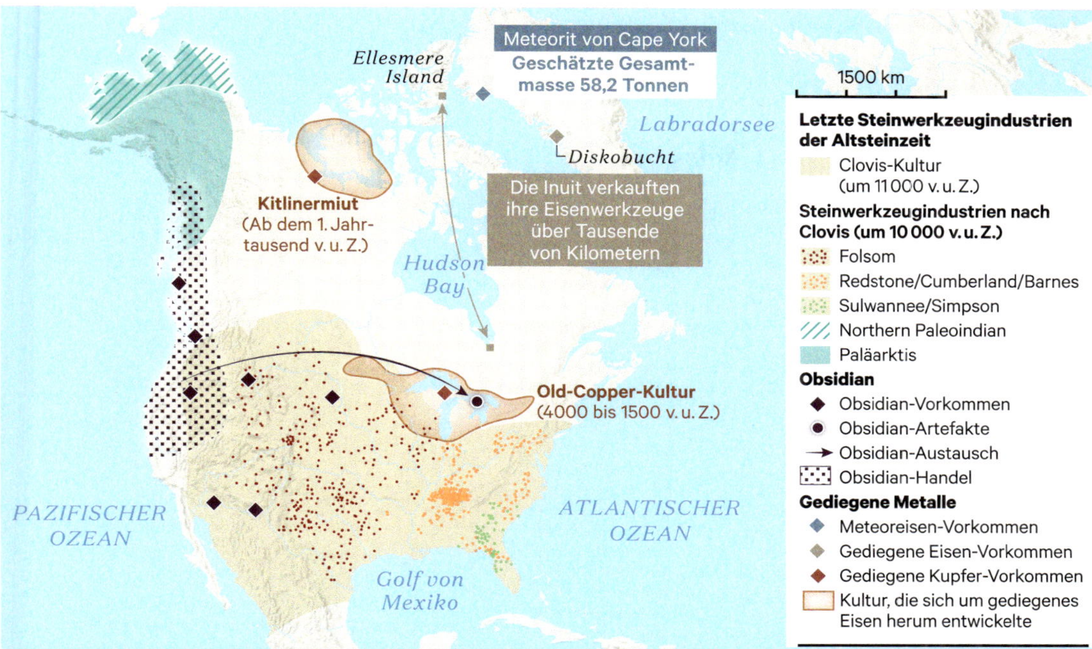

▲ Die intensive Verwendung gediegener Metalle in Nordamerika

In Nordamerika gibt es weder Bronze- noch Eisenzeit. Die menschlichen Populationen, die vor mindestens 30 000 Jahren den Kontinent besiedeln, verarbeiten kaum Metall, obwohl sie Zugang zu gediegenen Metallen haben. Der Cape-York-Meteorit liefert den Inuit in Grönland Eisen, aus dem sie Gegenstände herstellen. Außerdem entwickeln sich einige Gesellschaften am Rand der großen Vorkommen von gediegenem Kupfer. Gleichzeitig wird mit Obsidian gehandelt.

▼ Afrika: Handel über weite Strecken

Die Gegend um den Ostafrikanischen Graben ist besonders reich an Obsidian. Dort sind zahlreiche Vorkommen entdeckt worden. Manche aus diesem Stein gefertigte Werkzeuge wurden in über 150 Kilometern Entfernung gefunden. Es muss also Verbindungen und Austausch zwischen den Jägern, Sammlern und Fischern und den ersten Hirten gegeben haben (3. Jahrtausend v. u. Z.). Die Verwendung gediegenen Eisens ist im Süden bezeugt, wo die Nama jahrhundertelang die Bruchstücke des Gibeon-Meteoriten nutzen, um Pfeilspitzen zu fertigen.

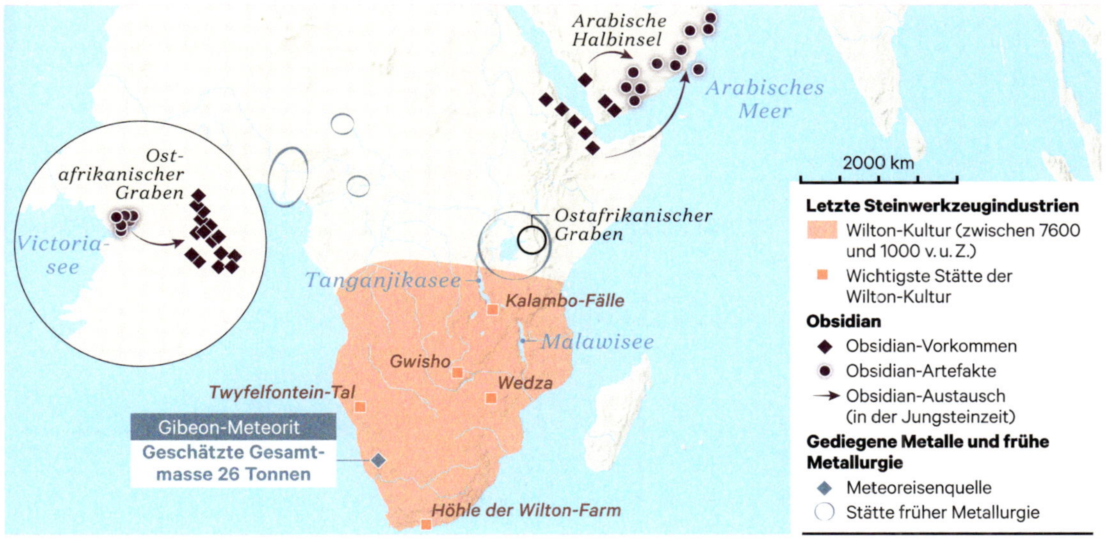

Die Menschen werden sesshaft und vermehren sich

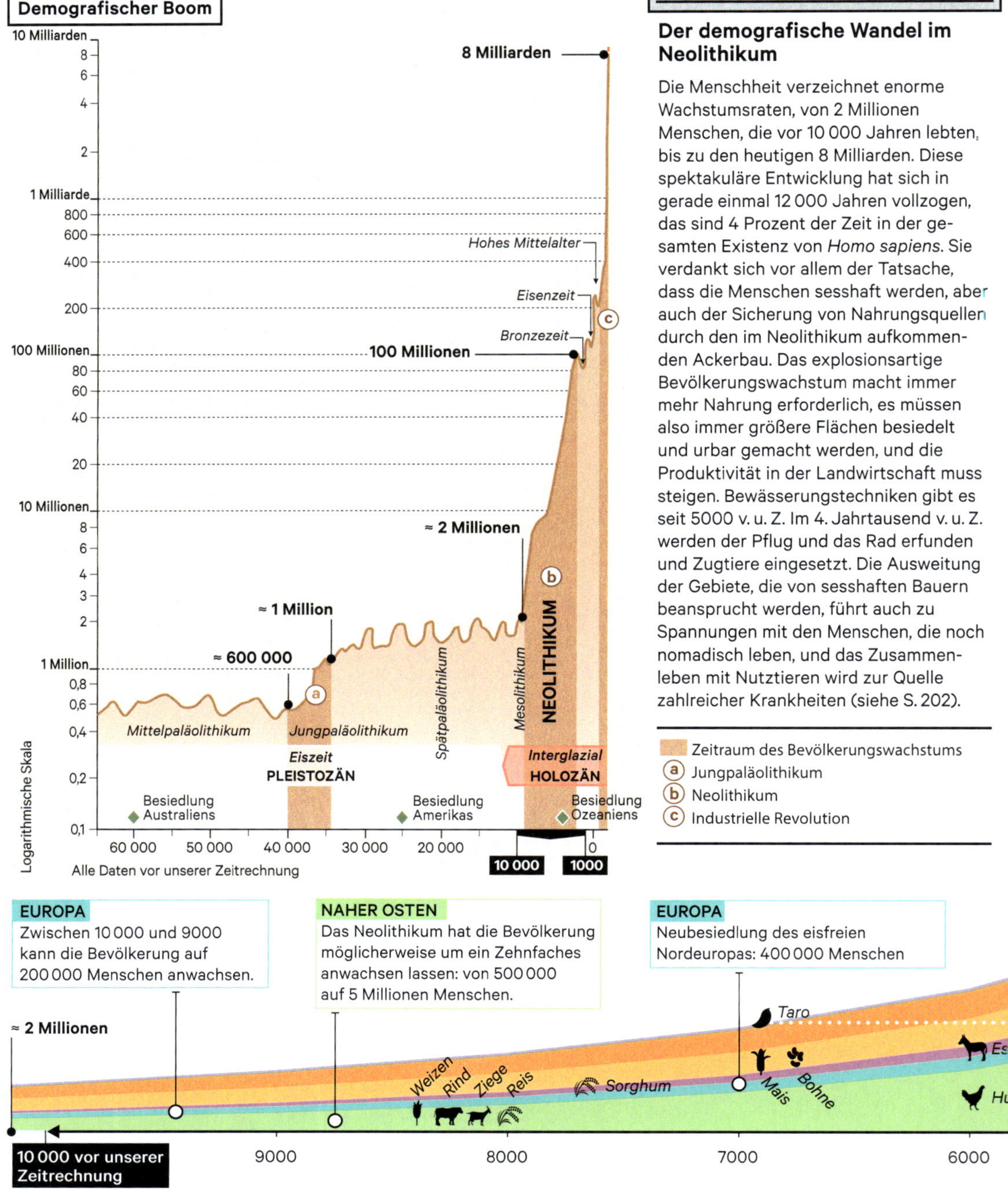

Der demografische Wandel im Neolithikum

Die Menschheit verzeichnet enorme Wachstumsraten, von 2 Millionen Menschen, die vor 10 000 Jahren lebten, bis zu den heutigen 8 Milliarden. Diese spektakuläre Entwicklung hat sich in gerade einmal 12 000 Jahren vollzogen, das sind 4 Prozent der Zeit in der gesamten Existenz von *Homo sapiens*. Sie verdankt sich vor allem der Tatsache, dass die Menschen sesshaft werden, aber auch der Sicherung von Nahrungsquellen durch den im Neolithikum aufkommenden Ackerbau. Das explosionsartige Bevölkerungswachstum macht immer mehr Nahrung erforderlich, es müssen also immer größere Flächen besiedelt und urbar gemacht werden, und die Produktivität in der Landwirtschaft muss steigen. Bewässerungstechniken gibt es seit 5000 v. u. Z. Im 4. Jahrtausend v. u. Z. werden der Pflug und das Rad erfunden und Zugtiere eingesetzt. Die Ausweitung der Gebiete, die von sesshaften Bauern beansprucht werden, führt auch zu Spannungen mit den Menschen, die noch nomadisch leben, und das Zusammenleben mit Nutztieren wird zur Quelle zahlreicher Krankheiten (siehe S. 202).

Zeitraum des Bevölkerungswachstums
(a) Jungpaläolithikum
(b) Neolithikum
(c) Industrielle Revolution

Siehe auch — Verbreitung und Vermischung von *Homo sapiens* **S. 126**
Bevölkerungsaufschwung und -krise **S. 204**
Die Bevölkerungsexplosion **S. 264**

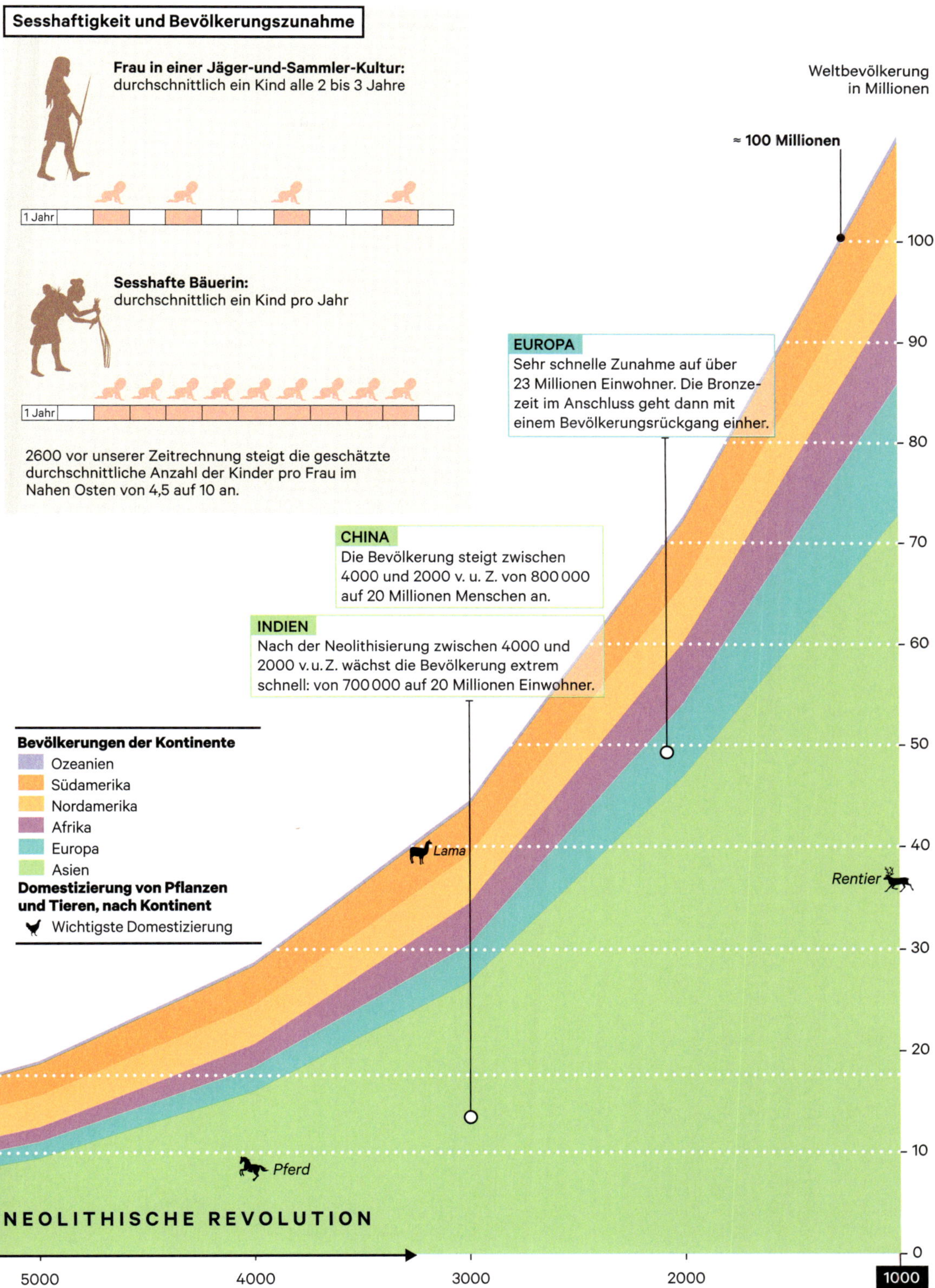

Gewalt, Kampf und Krieg

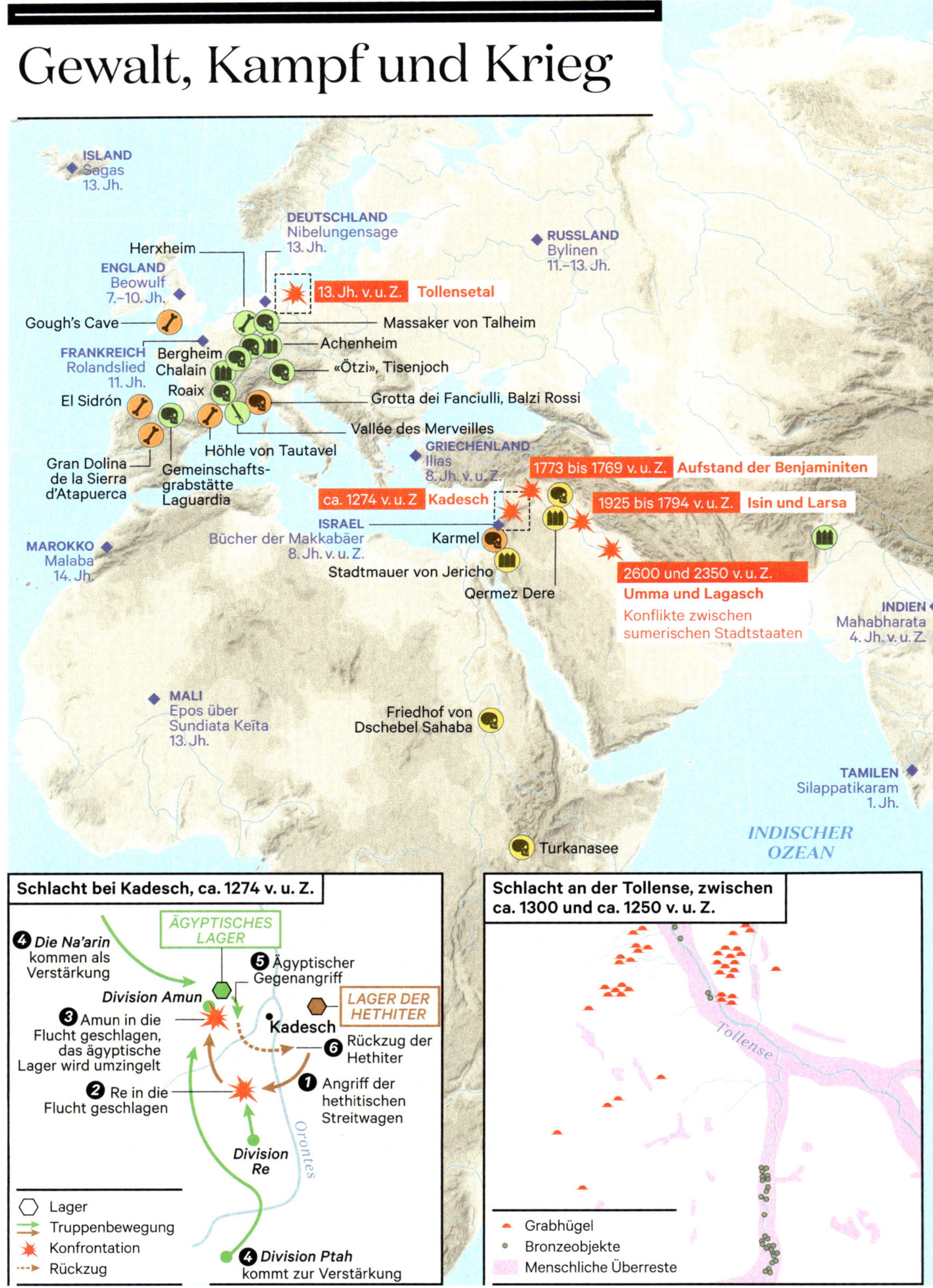

2000 km

Mögliche Spuren von Konflikt

Zeitraum

- Paläolithikum (3,3 Ma bis 13 000 v. u. Z.)
- Mesolithikum (13 000 bis 8000 v. u. Z.)
- Neolithikum (8000 bis 1000 v. u. Z.)

Archäologische Funde, die auf Gewalt hinweisen

- Kriegerische Darstellung in der Kunst
- Befestigte Siedlung
- Menschliche Überreste mit möglichen Spuren von Gewalt
- Spuren von Kannibalismus im Zusammenhang mit einem Kampf

Kriege in der Mythologie

- Große epische Erzählung

Erste bekannte Schlachten

- Nachweisbarer Konflikt

JAPAN
Hogen Monogatari
Heike Monogatari
13.–14. Jh.

CHINA
Geschichte der Drei Reiche
3. Jh.

PAZIFISCHER OZEAN

Arnhemland

Gewalt in der Urgeschichte

Seit wann führen die Menschen gegeneinander Krieg? Spuren von Gewalt finden sich bereits im Paläolithikum. Aber es wird nach wie vor viel darüber debattiert, ob man hier schon von «Krieg» sprechen kann. Im Neolithikum vermehren sich die Anzeichen für zwischenmenschliche Gewalt. Da die Menschen sesshaft werden, wollen sie auch ihre Besitztümer und Nahrungsreserven schützen, was unweigerlich zu Spannungen führt. Außerdem wird wegen der steigenden Bevölkerungszahl der Bedarf an Land größer, um Ackerbau zu betreiben. Die ersten Schlachten, von denen wir wissen, finden in der Eisenzeit statt. Bekannt geworden ist etwa die Schlacht bei Kadesch: Um 1274 v. u. Z. kämpfen hier die Hethiter gegen die Ägypter. Ramses II. behauptet, als Sieger aus der Schlacht hervorgegangen zu sein, aber die beeindruckenden Bilder auf den Mauern der ägyptischen Tempel zum Gedenken an diese Auseinandersetzung wirken eher wie Propaganda. Schlachten werden auch in berühmten Epen zum Thema, etwa in der *Ilias*, dem *Mahabharata* oder dem Epos über *Sundiata Keïta*.

Von den ersten Werkzeugen zu Kriegswaffen

Jahrtausende vor heute (nichtlineare Skala)

Werkzeug	Zeit	Epoche
Erste **Hellebarden**	2	**Eisenzeit** (Werkzeuge und Waffen aus Eisen)
Erste **Schwerter** (3100 v. u. Z., Türkei) **= erste richtige Waffe**	3–4	**Bronzezeit** (Werkzeuge und Waffen aus Bronze)
	5–7	**Neolithikum** (Neue landwirtschaftliche Werkzeuge)
Erste **Bumerangs**	8	**Mesolithikum**
Erste **Bögen**	9	
Erste **Harpunen**	10	**Paläolithikum**
Erste **Sicheln**	20	
Erste **Messer**	30	
Erste **Schleudern**	40	
Erste **Speere**	350	

Millionen Jahre

Werkzeug	Zeit	Epoche
Erste **Wurfhölzer**	1	**Paläolithikum** (erste Steinwerkzeuge)
Erste **Äxte**	2	
Werkzeuge, Gona (Äthiopien) **Behauene Steine**	3	
Erste **Werkzeuge, Turkanasee** (Kenia) **Objekte aus behauenem Stein**		

Steinzeit (Werkzeuge aus Holz, Stein, Knochen, Elfenbein, Horn ...)

Frühe Veränderungen Amazoniens

Siehe auch — Die Bäume **S. 114**
Geisterwälder **S. 178**
Die demografische Katastrophe und die Wiederaufforstung Amerikas **S. 216**

Ein domestizierter Wald

Um 8000 v. u. Z. beginnen die Jäger und Sammler des Amazonasgebiets Ackerbau und Viehzucht zu betreiben. Dabei hinterlassen sie, nachdem sie sesshafte Bauern geworden sind, nicht gerade dezente Spuren. Die Bewohner des riesigen Regenwalds verwandeln ihr Habitat von Grund auf, indem sie Pflanzen domestizieren und umfangreiche Erdarbeiten vornehmen. Die Vegetation von Amazonien ist sehr viel «unnatürlicher», als ihre üppige Vielfalt vermuten lässt. Die dort lebenden Menschen haben Pflanzen entfernt, neue Pflanzen gesetzt und Arten gekreuzt (siehe S. 157). Auch die Böden haben die Ureinwohner stark verändert und daraus *terra preta* gemacht (Portugiesisch für «schwarze Erde»), einen mit Abfällen und Asche angereicherten Boden. Mit der Sesshaftigkeit kommt nicht nur die Domestizierung von Arten auf, sondern auch die Herstellung von Keramik. Die Bewohner des Amazonasbeckens stellen sogar früher als die Gesellschaften in Mesoamerika oder an der Pazifikküste Töpferwaren her. Die ältesten Keramiken auf dem amerikanischen Kontinent sind die aus Taperinha (Ende des 6. Jahrtausends v. u. Z.) und Pedra Pintada (Mitte des 6. Jahrtausends v. u. Z.).

Jäger und Sammler der Welt

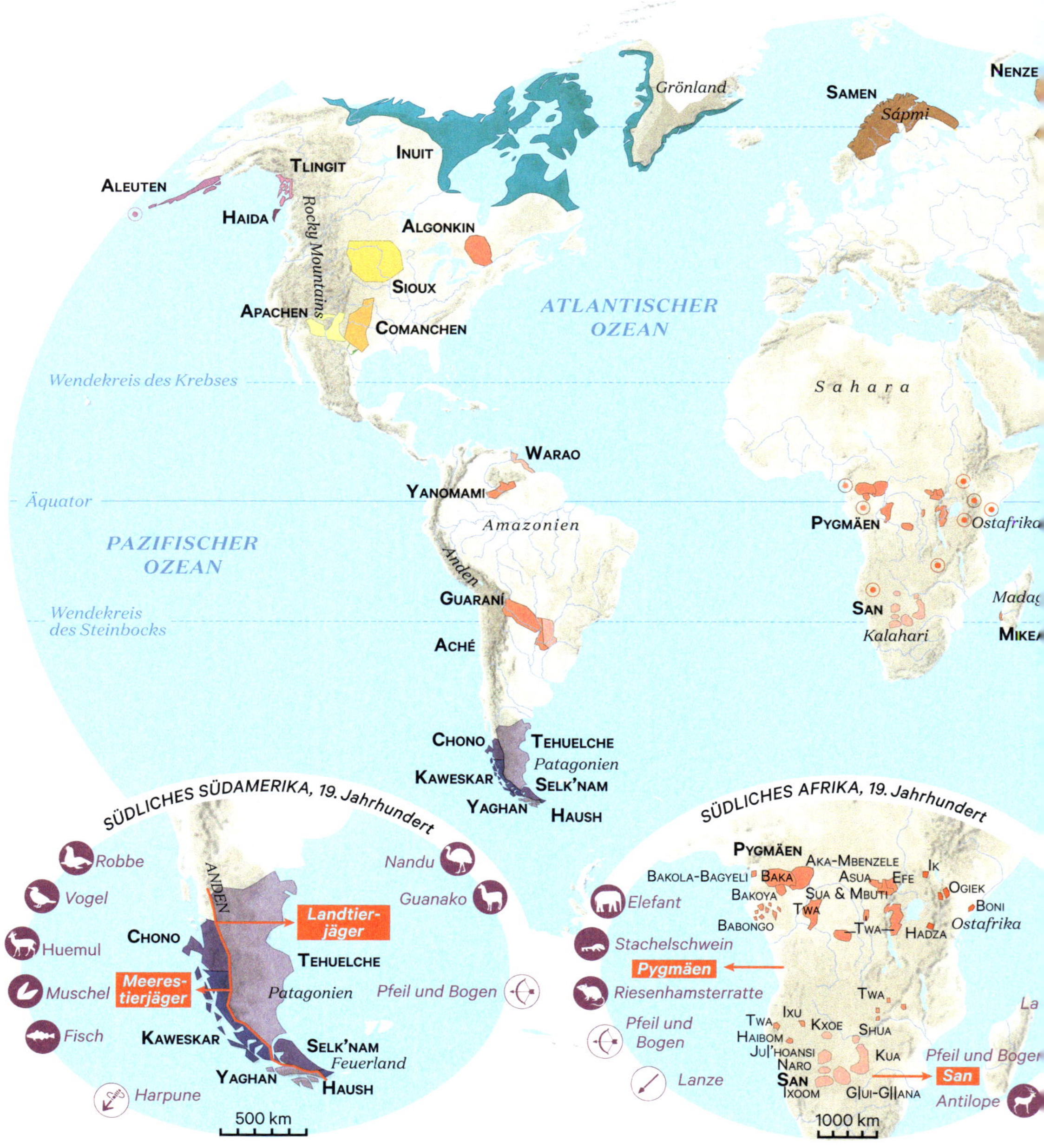

Siehe auch — Fischfang als letzte neue Praxis der Altsteinzeit **S. 142**
Die Ausbreitung jungsteinzeitlicher Lebensformen **S. 152**
Die Nutzung der Erde im 15. Jahrhundert **S. 208**

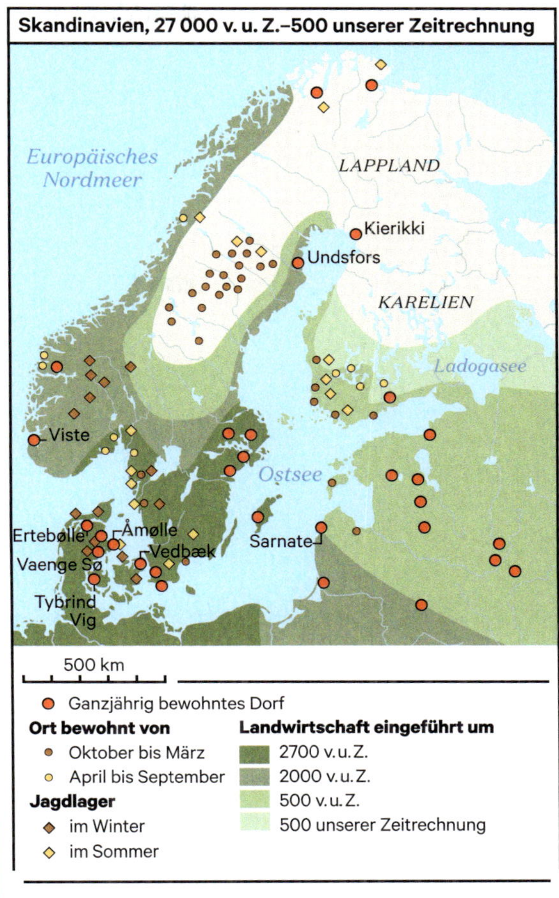

Die letzten Jäger und Sammler

Die Jäger und Sammler der Neuzeit sind untereinander sehr verschieden und haben nur noch wenig mit den prähistorischen Jägern und Sammlern gemein. Manche waren sesshaft geworden und lagerten Nahrungsmittel, etwa die Haida in Nordamerika, die sich hauptsächlich von Lachs ernährten. Andere, wie zum Beispiel die Sioux oder die Apachen, waren reitende Jäger (deren Pferde ursprünglich aus Europa kamen). Manche waren vom Rest der Welt abgeschnitten, wie die Australier, oder lebten wie die Pygmäen in einer Enklave. Gemeinsam war ihnen allen, dass sie keinen oder kaum Ackerbau oder Viehzucht betrieben. Im Norden Europas kam der Ackerbau erst sehr spät auf und wurde auch nicht kontinuierlich verfolgt. Einige wenige Gesellschaften von Jägern und Sammlern gibt es auf der Welt bis heute.

Die Tiere: Schauspiel und Schutz

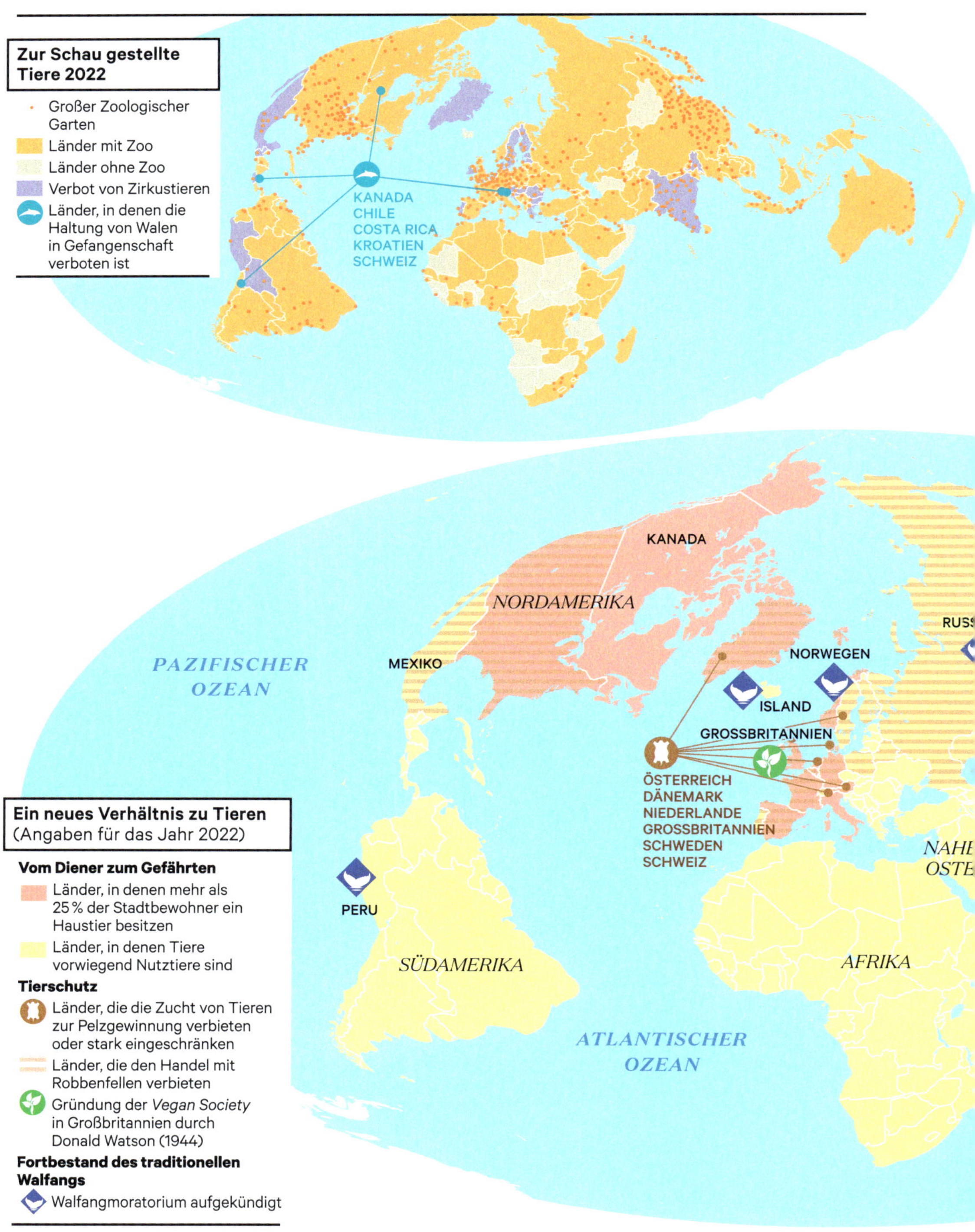

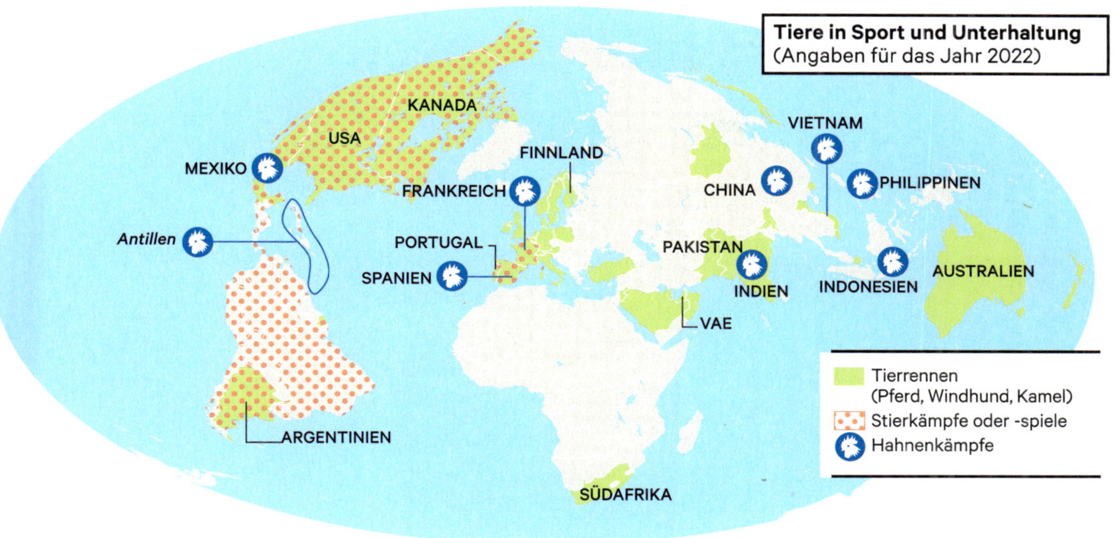

Die Abhängigkeit der Menschen vom Tier

Seit der Altsteinzeit leben die Menschen mit Tieren zusammen. Anfangs herrscht eine Beziehung wie zwischen Raubtier und Beute: Die einen jagen die anderen und umgekehrt. Doch dann kommen andere Formen von Beziehungen hinzu, wofür die Domestizierung des Hundes, lange bevor Menschen sesshaft werden, ein gutes Beispiel ist (siehe S. 136). Die Menschen gehen eine Verbindung zu einem anderen Tier ein, von der beide Vorteile haben. Ihre Jagdtechniken werden besser, ihre Überlebenschancen größer. Ab der Jungsteinzeit schließlich domestizieren die Menschen zahlreiche Tiere, um Fleisch und Milch zu gewinnen, Lasten tragen zu lassen und sich schädliche Tiere vom Hals zu halten.
Und auch der Zerstreuung dienen die Tiere: bei Wettrennen oder in Schaukämpfen, später im Zirkus. Inzwischen sind einige von ihnen nur noch Schoßtiere. In den meisten westlichen Ländern besitzen heute über 25 Prozent der Stadtbewohner ein Haustier. Die Beziehung zwischen den Menschen und den anderen Tieren wird heute jedoch intensiv diskutiert, der Umgang mit Tieren in mancherlei Hinsicht in Frage gestellt, da ihnen nun auch Empfindungen zugesprochen werden, was lange Zeit abgestritten wurde. Immer mehr Staaten verbieten, Wildtiere im Zirkus auftreten zu lassen oder Wale und Delfine in Aquazoos zu sperren. Manche Staaten verbieten sogar inzwischen, Tiere zur Pelzzucht zu halten, symbolträchtige Säugetiere wie Wale zu fangen oder Stierkämpfe zu veranstalten. In den meisten Ländern der Welt ist die Beziehung der Menschen zu den Tieren jedoch nach wie vor von deren Nutzen geprägt.

6

Die Ära der Landwirtschaft

(seit 6000 Jahren)

Landwirtschaft wird unter den verschiedensten klimatischen Bedingungen und in den unterschiedlichsten Ökoregionen betrieben, so ungeeignet diese dafür auch erscheinen mögen – Berge, Wüsten, Regenwälder. Die Menschen passen sich immer wieder neu an und entwickeln bei einem Mangel oder Übermaß an Wasser, bei sinkenden Erträgen oder wachsender Bevölkerung stetig neue Ideen. Bewässerung, Geräte und Maschinen werden perfektioniert, um die Produktion zu steigern. Es entstehen Staaten, in denen die Lagerung und Verteilung der Erzeugnisse organisiert werden und die untereinander über weite Entfernungen Handel treiben. Beispielsweise gelangt schon in der Antike chinesische Seide bis nach Rom. Im 15. Jahrhundert ist die Alte Welt von einem Netzwerk von Handelsrouten zu Land und zu Wasser überzogen, dessen Zentrum der Indische Ozean ist. Die Menschen bleiben weiterhin Hungersnöten und Epidemien ausgesetzt.

Geisterwälder

PAZIFISCHER OZEAN
SIBIRIEN
PAZIFISCHER OZEAN
GREAT PLAINS
ZENTRAL-ASIEN
CHINA
ATLANTISCHER OZEAN
DEKKAN
SAHARA
KONGO-BECKEN
AMAZONIEN
INDISCHER OZEAN
INDONESIEN
AUSTRALIEN

Ursachen der Entwaldung (2001 bis 2015)

Bebauung < 1 %
Landwirtschaft und Bergbau 27 %
Forstwirtschaft 26 %
Landwirtschaft nach Brandrodung 24 %
Waldbrände 23 %

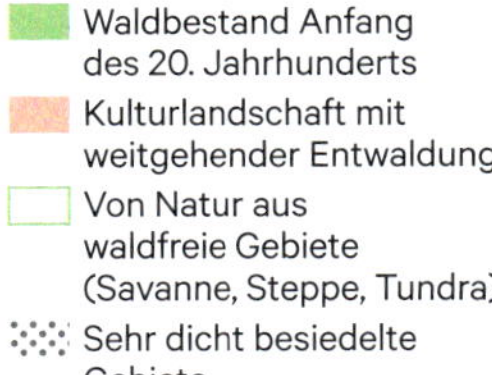

Wälder zu Wohngebieten

Mit dem Beginn des Ackerbaus in der Jungsteinzeit werden Wälder niedergebrannt, um auf dem dadurch entstehenden fruchtbaren Boden Wanderfeldbau zu betreiben (siehe S. 183). In geringerem Maße wird Wald auch abgeholzt, um Häuser oder Möbel zu bauen oder um an Metallvorkommen im Boden zu gelangen. Heute wohnen die meisten Menschen in Gegenden, die ursprünglich Waldgebiet gewesen sind, vor allem in Europa, Indien und China. In den gemäßigten Zonen haben sich die Wälder früher und weiter zurückgezogen, da dort die landwirtschaftlich genutzten Flächen seit dem Mittelalter erheblich zugenommen haben, was zum Erblühen ländlicher Gegenden geführt hat. Aber auch die tropischen Wälder (Kongobecken, Südostasien, Amazonien) werden seit einigen Jahrzehnten immer mehr verkleinert, umgenutzt oder parzelliert. Im Amazonasgebiet wird Wald derzeit vor allem zur Gewinnung von Acker- und Weideland gerodet, in Südostasien für die Zucht tropischer Pflanzen wie etwa Ölpalmen (siehe S. 230).

Siehe auch — Die Bäume **S. 114**
Frühe Veränderungen Amazoniens **S. 170**
Die demografische Katastrophe und die Wiederaufforstung Amerikas **S. 216**

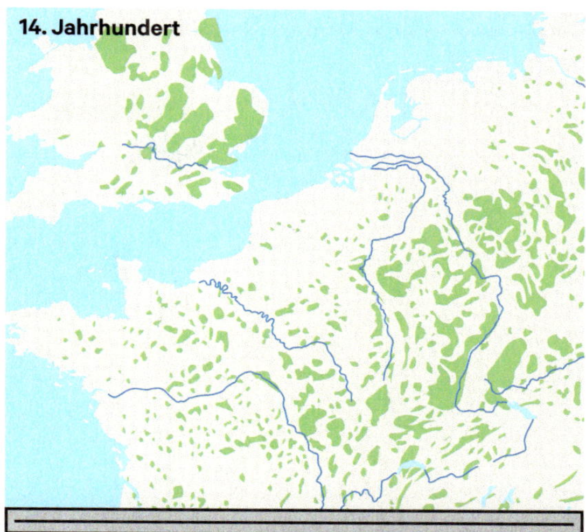

▲ Die großen Rodungen in Europa

Diese Karten stammen aus einem Buch von Guy Fourquin (1969). Sie zeigen die lange vorherrschende Vorstellung, es habe vom 11. bis 13. Jahrhundert große Rodungen gegeben. In Wirklichkeit schwindet der Wald bereits in der Steinzeit (die dichten gallischen Wälder hat es nie gegeben), und im Mittelalter ziehen sich die Rodungen über einen langen Zeitraum, vom 7. bis zum 13. Jahrhundert, wobei es große regionale Unterschiede gibt. Wälder stellen aber auch eine wichtige Ressource dar (Holz, Beeren, Weiden). Nach einer Verschnaufpause im 14. Jahrhundert aufgrund von Kriegen und Epidemien weitet sich die Landwirtschaft schließlich wieder weiter aus, da die Böden auslaugen und neue Anbauflächen benötigt werden. Vom 19. Jahrhundert an dehnt sich dann der Wald wieder aus.

▼ Die Wiege Indiens, vom Indus zum Ganges

Die älteste Zivilisation Indiens entsteht im Tal des Indus, wo von 3000 bis 1800 v. u. Z. dank der Fruchtbarkeit des Flusses Stadtstaaten gedeihen. Klimaveränderungen ab etwa 1900 v. u. Z. lassen die Gegend austrocknen und leiten den Niedergang der Induskultur ein. Durch dieses Gebiet wandern vermutlich um 1500 v. u. Z. Gruppen aus Zentralasien (die sich selbst «Arya» nennen) nach Osten ins Gangestal, wo sie sesshaft werden, die Wälder roden und Landwirtschaft betreiben. Die ersten Städte dieser Königreiche entstehen gegen 550 v. u. Z. in einer Gegend, die einst von Regenwäldern überzogen war und in der nunmehr Reis angebaut wird, während im trockeneren Nordwesten Weizen vorherrscht.

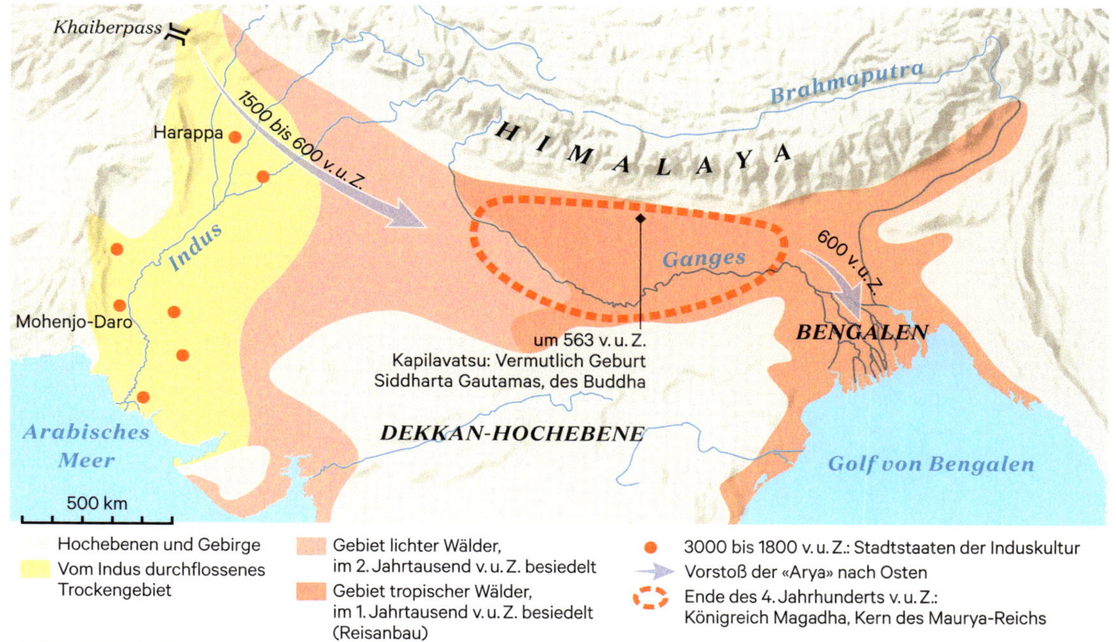

Dürre und Flut

◀ Der Nil, ein fruchtbarer Fluss

Die wichtigste Herausforderung für die Landwirtschaft ist Wassermangel. Die ältesten Ackerbau betreibenden Zivilisationen entstehen daher in Flusstälern: in Mesopotamien (wo es schon seit 5000 v. u. Z. Bewässerungssysteme gibt), am Huang He, am Indus und am Nil. Gegen Ende des 4. Jahrtausends v. u. Z. werden am Nil Felder in Überschwemmungsbassins angelegt, um die jährlichen Überflutungen (Nilschwemme) effizienter für die Landwirtschaft nutzen zu können. In der Sahara und in Iran wird das Grundwasser in sogenannten Foggaras (oder Qanaten) aufgefangen und in einem Kanal aus den Bergen in die Ebene geleitet. Eines der ältesten Beispiele findet sich in Ain Manawir (Ägypten): Hier lebt vom 6. bis 4. Jahrhundert v. u. Z. eine Gemeinschaft von Bauern, die dieses Wasser nutzt, bis es versiegt. Gerste, Weizen, Gurken und Melonen werden hier im Schatten der Dattelpalmen angebaut, es werden Wein und Rizinusöl hergestellt und im Niltal verkauft.

Foggara von Ain Manawir, 5. Jahrhundert v. u. Z.

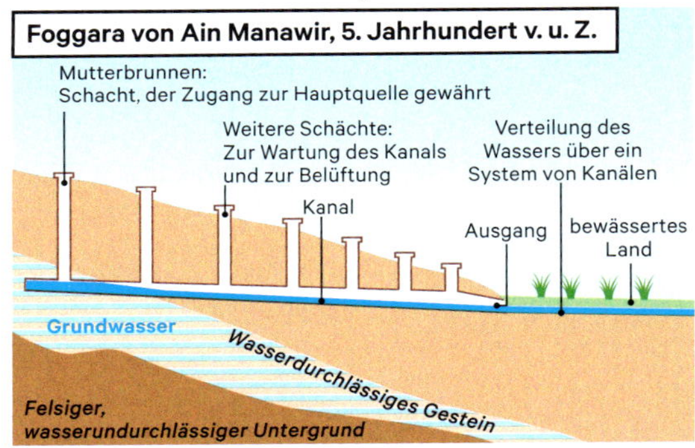

Landgewinnung aus dem Meer ▶

Die Niederlande entstehen in niedrigen Küstenebenen, im Delta großer Flüsse, die unterhalb des Meeresspiegels liegen. Im 3. bis 6. Jahrhundert führt eine marine Transgression dazu, dass Siedlungsgebiete so lange unbewohnbar sind, bis das Wasser wieder abgeflossen ist. Angesichts der ständigen Gefahr von Hochwasser und Sturmfluten werden Deiche und Kanäle gebaut. Im 12. Jahrhundert werden die ersten Polder errichtet – dem Wasser (Meer, Sumpf, See) abgerungenes Land – und landwirtschaftlich genutzt. Im 17. Jahrhundert können sie dank der Windmühlen (siehe S. 189), die das Wasser aus den Kanälen pumpen, noch erweitert werden. Die Kosten der Landgewinnung werden aufgrund der Qualität des nutzbaren Bodens leicht wieder wettgemacht. Im 19. Jahrhundert werden die Windmühlen durch Dampfpumpen ersetzt, im 20. auf der Zuiderzee die vier größten Polder errichtet, wodurch dieser zum Süßwassersee wird. Die Einpolderung endet 1991. 17 Prozent der Fläche der Niederlande besteht aus Poldern, das sind 6000 Quadratkilometer.

Überschwemmungsbassins am Nil

Siehe auch — Binnengewässer S. 74
Die Wüsten S. 76
Wasser zwischen Mangel und Überfluss S. 284

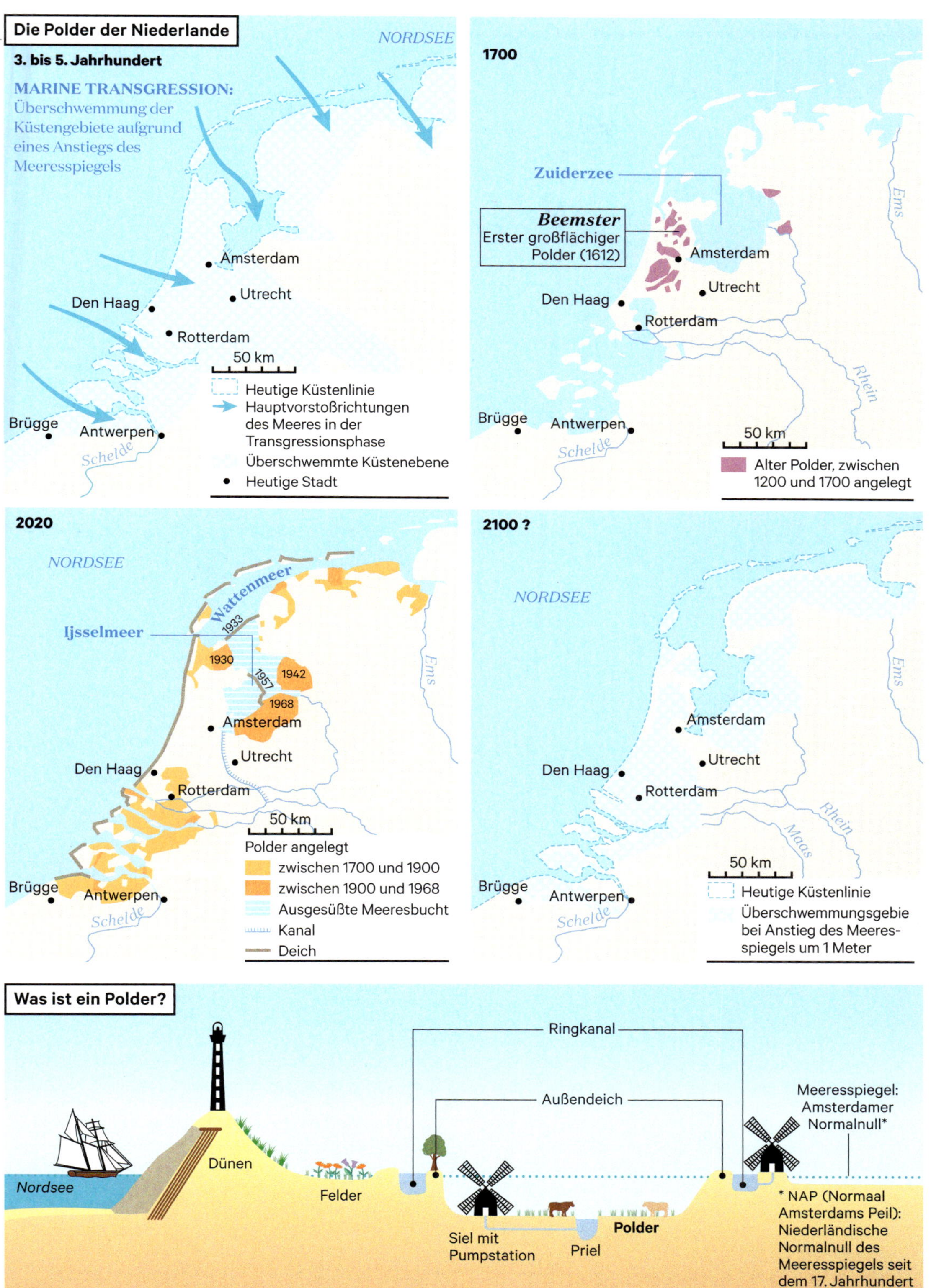

Wie Boden wieder fruchtbar gemacht wird

Europäisches Mittelalter: Zwei- und Dreifelderwirtschaft

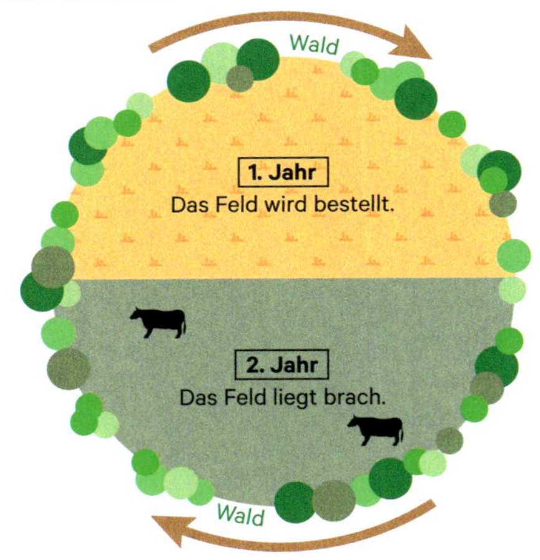

Zweifelderwirtschaft

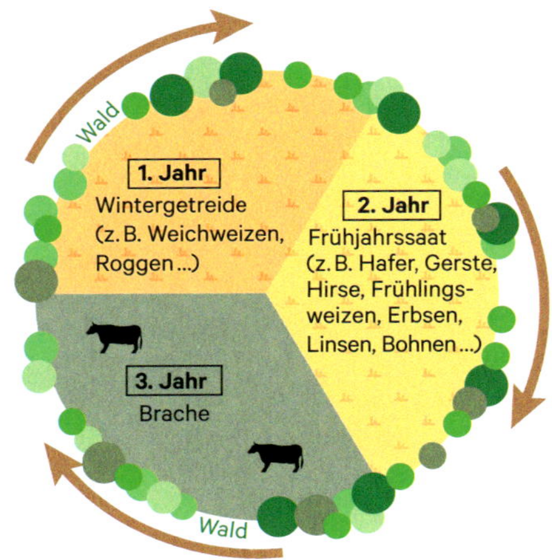

Dreifelderwirtschaft

Das Jahr in der Landwirtschaft: Mittel- und Westeuropa, 12. und 13. Jahrhundert

Frühling

- Pflügen und Einsäen der Frühjahrssaat
- Pflügen und Düngen der Brachen
- Rebenerziehung
- Schafschur

Zeit der Knappheit: Wenn die Wintervorräte aufgebraucht sind, droht Mangel.

Sommer

- Heuernte
- Ernte der Winter- und Frühjahrsgetreide
- Drusch des Getreides
- Ährenlese

Herbst

- Pflügen der Felder
- Lesen und Keltern der Trauben
- Einsäen der Wintersaat
- Eggen (um den Boden zu reinigen)
- Eichelmast der Schweine

Winter

- Düngen der Felder
- Holzeinschlag
- Schweineschlachten

Brachland, Mist und Düngemittel

Wird ein Boden bestellt, verliert er immer Nährstoffe. Er muss also regelmäßig wieder fruchtbar gemacht werden, damit der landwirtschaftliche Kreislauf aus Saat und Ernte bestehen bleibt. Es ist bekannt, dass mindestens seit der Antike in Europa, Amazonien («schwarze Erde», siehe S. 170), China und Indien tierische und menschliche Fäkalien, Streu, Asche, Algen und Sand als Dünger auf die Felder aufgebracht oder Pflanzen wie die Lupine ausgesät werden (Gründüngung). Die vorherrschende Methode besteht jedoch darin, Land immer wieder brachliegen zu lassen: Die Bauern lassen auf Feldern, die sie durch Brandrodung angelegt haben, den Wald wieder wachsen oder auf unbestellten Parzellen Tiere weiden. In Nordeuropa steigert sich im 12. und 13. Jahrhundert allmählich der Ertrag, da der bis dahin zweijährlich durchgeführte Fruchtwechsel auf drei Jahre ausgedehnt wird. Auf einer Parzelle folgt auf ein Wintergetreide ein Sommergetreide, dann liegt das Land ein Jahr lang brach. Auf diese Weise kann auch Hafer angebaut werden, mit dem das Vieh gefüttert wird, wodurch die Bauern wiederum mehr Mist für die Düngung ihrer Felder haben. Einige Dorfgemeinschaften etablieren zur effizienteren Bewirtschaftung ihrer Felder und damit zur Ertragssteigerung eine gemeinsame Dreifelderwirtschaft. In der Neuzeit liegt das Land nicht mehr brach, sondern wird mit Hülsenfrüchten oder Futterpflanzen (Klee) bewirtschaftet, durch die der Boden mit Stickstoff angereichert wird. Mineralische oder chemische Düngemittel (Stickstoff, Phosphat, Kali) gibt es seit dem 19. Jahrhundert.

Siehe auch — Boden als Lebensgrundlage S. 108
Die Menschheit ernähren S. 270
Klimawandel und Migration S. 280

Der Kreislauf des Wanderfeldbaus auf Waldboden

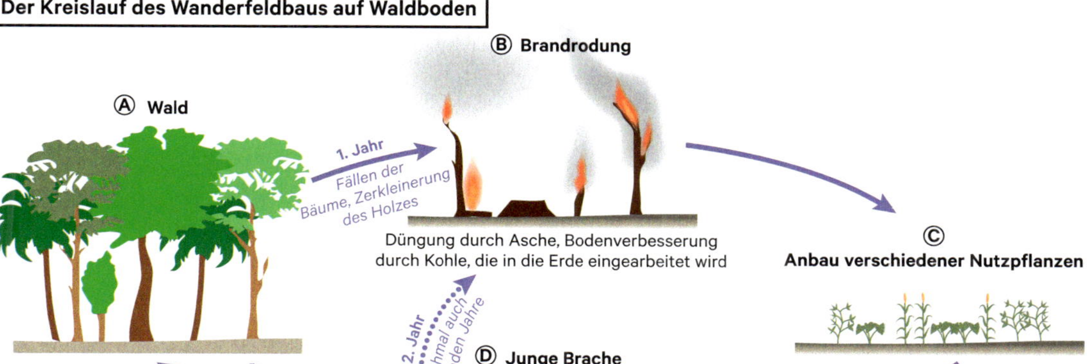

Landwirtschaft in Waldgebieten

Schon seit der Jungsteinzeit werden Waldstücke abgebrannt, um Land für den zunehmenden Ackerbau und die Viehzucht zu gewinnen. In den innertropischen Wäldern wird diese Praxis bis heute angewandt. Das Unterholz wird gerodet, die Bäume abgeholzt (mit der Axt oder später mit der Motorsäge). Wenn das Holz trocken ist, wird es noch vor der Regenzeit verbrannt und die Asche wird auf den Boden aufgebracht, dem sie Mineralien liefert. Manchmal wird das abgeholzte Gelände, nachdem es ein oder zwei Jahre brach gelegen hat, noch einmal bewirtschaftet, ehe es jahrzehntelang unangetastet bleibt. Der Feldbau verschiebt sich jedes Jahr um mehrere Kilometer, weshalb er auch Wanderfeldbau genannt wird. Für den französischen Historiker Fernand Braudel, der sich auf die Arbeiten deutscher Geografen wie Eduard Hahn und Emil Werth stützt, ist für diese Art des Feldbaus die Verwendung von Hacke und Grabstock charakteristisch. Mit diesen Werkzeugen können die Böden umgegraben und gelockert und Knollen geerntet werden. Liegt das Land lange genug brach, kann der Wald sich regenerieren. Aber wenn der Bevölkerungsdruck zu hoch ist, wird mehr Land benötigt und daher auch früher wieder bestellt, wodurch die Böden auslaugen und das Ungleichgewicht zwischen Bedarf und Ressourcen immer größer wird.

Wanderfeldbau und Brandrodung in den Tropen

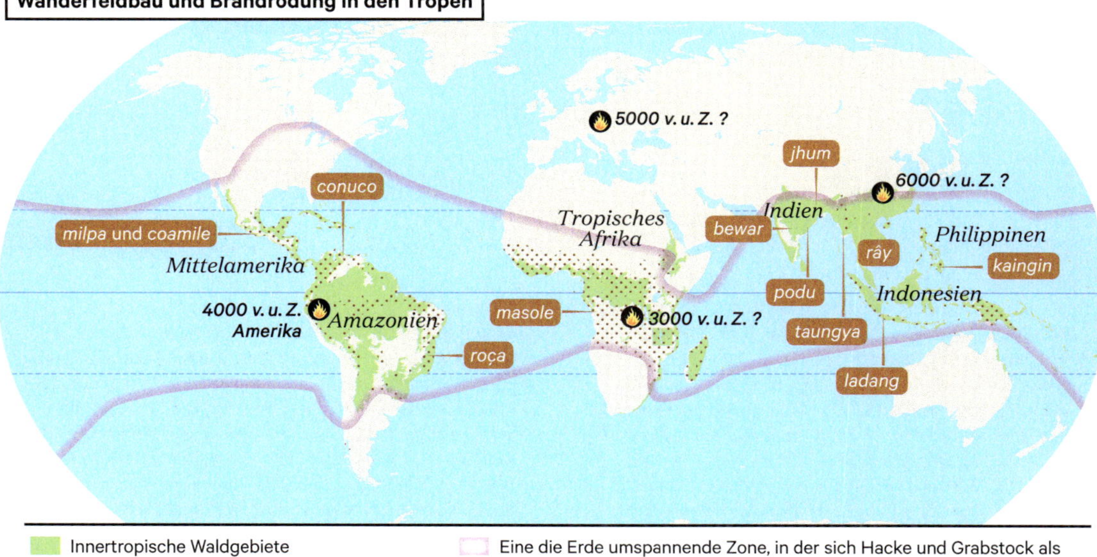

Innertropische Waldgebiete
Wanderfeldbau heute (Daten von 2015)
Älteste Spuren von Brandrodung
Eine die Erde umspannende Zone, in der sich Hacke und Grabstock als Werkzeuge für die Bodenbearbeitung nach der Brandrodung durchgesetzt haben («Hackbaugürtel» nach Eduard Hahn, 1914).
roça Ortsübliche Bezeichnung für Brandrodung und/oder Wanderfeldbau

Wenn Böden sich ergänzen

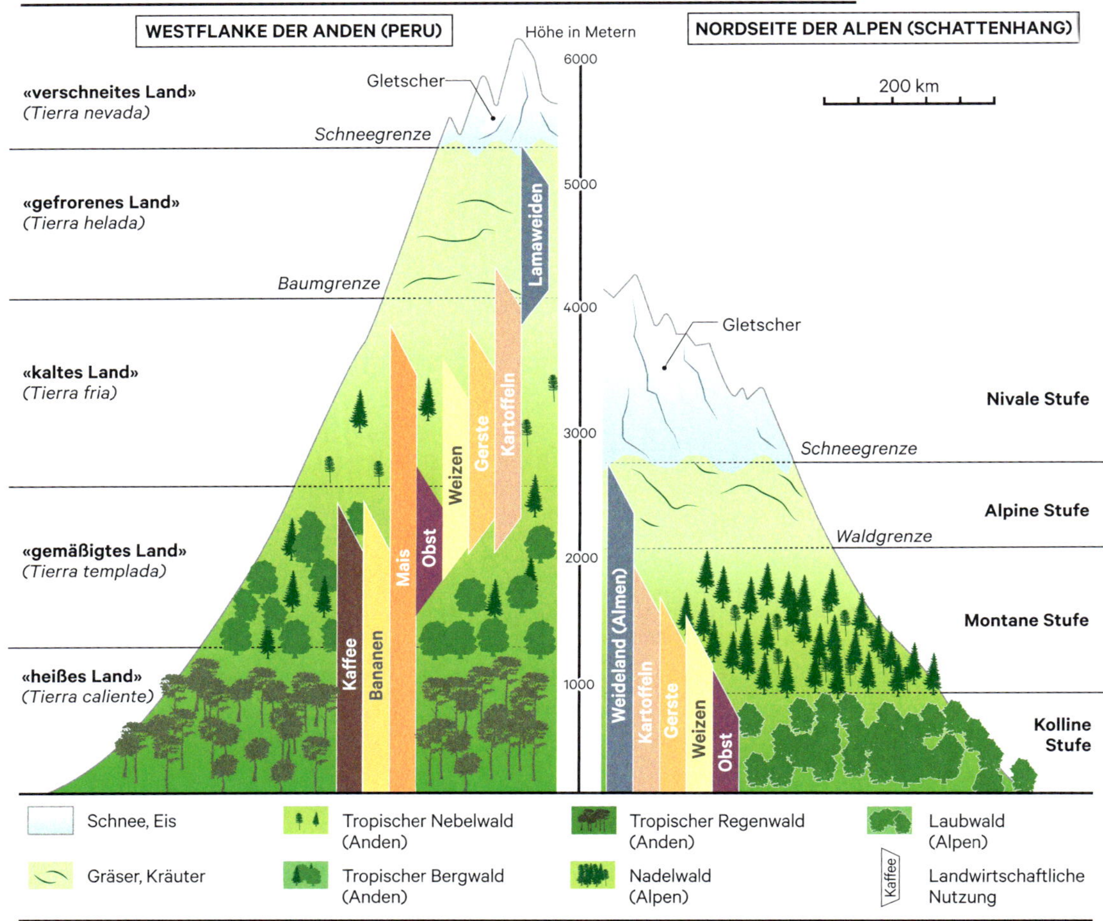

Höhenstufen im Gebirge – Möglichkeiten und Beschränkungen

Die tropischen Anden, die seit mehr als 10 000 Jahren bewohnt und vor der Eroberung durch die Spanier dicht besiedelt sind, stellen eine Ökoregion von enormer Vielfalt dar. Quinoa, Kartoffeln und zahlreiche Bohnenarten werden hier domestiziert (siehe S. 157), außerdem das Lama und das Alpaka. Während keine großen Parzellen zum Feldbau vorhanden sind, können die Charakteristika der unterschiedlichen Höhenstufen der Vegetation für die Landwirtschaft ausgenutzt werden (worauf Alexander von Humboldt 1802 hinweist): Die verschiedenen Nutzpflanzen können zu unterschiedlichen Zeiten ausgesät und geerntet werden, sodass jeder einzelne Bauer sie allesamt anbauen kann. So kann eine Q'ero-Familie in Peru, die in 4000 Metern Höhe lebt, dort ihre Lamas weiden lassen, im Sommer auf 1500 Metern Höhe Mais ernten und auf 3000 Metern Höhe pflügen und Kartoffeln setzen. Zudem betreiben die Gemeinschaften mindestens seit dem 1. Jahrtausend v. u. Z. Handel, teils über weite Entfernungen. In den Alpen, die ebenfalls seit über 10 000 Jahren bewohnt sind, entwickelt sich die Landschaft, wie wir sie heute kennen, vor allem im Mittelalter. Gerste und Roggen, die damals bis zu einer Höhe von 2100 Metern angebaut werden, sind die beiden wichtigsten Brotgetreide. Auch bei der Viehzucht spielen die Höhenlagen eine zentrale Rolle. Noch heute wird in den Alpen Wanderweidewirtschaft (Transhumanz) betrieben: Die Tiere verbringen die Sommer auf den Almen und die Winter im Tal. Die Wälder werden ebenfalls landwirtschaftlich genutzt. Alle Berglandschaften sind mehr oder weniger von den Unterschieden dieser Höhenlagen geprägt, die aus einem Zusammenspiel von natürlichen Einschränkungen und menschlichem Wirken entstehen.

Siehe auch — Klimata S. 68
Geisterwälder S. 178
Wie man eine Stadt ernährt: Das antike Rom S. 194

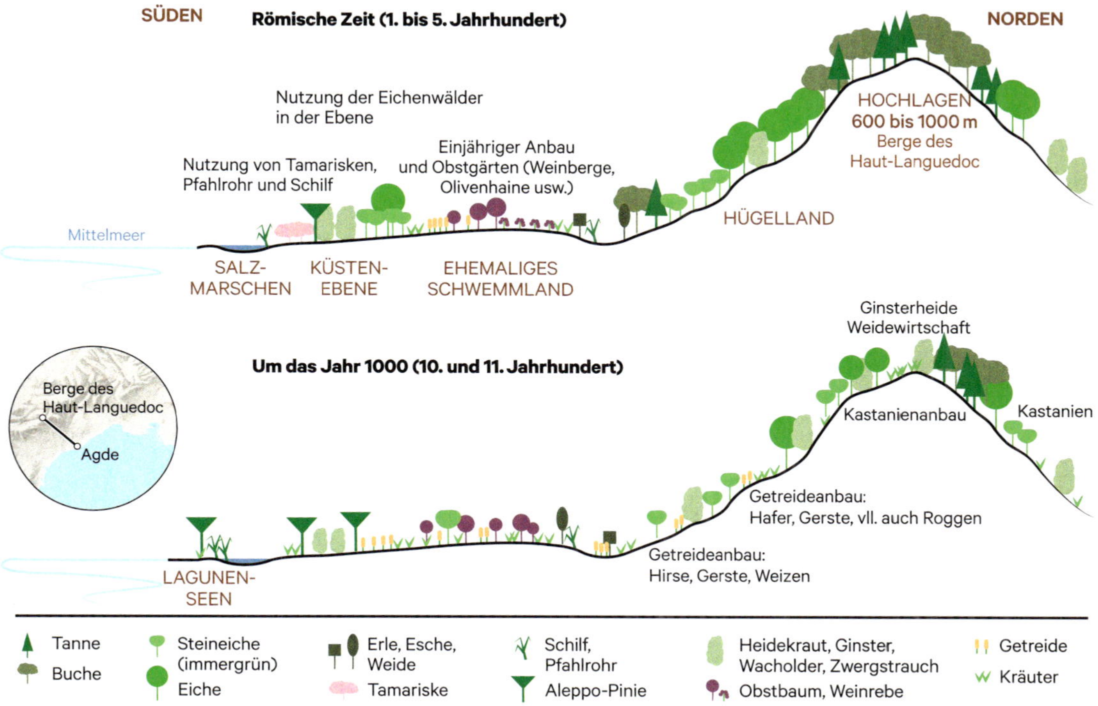
SÜDEN
Römische Zeit (1. bis 5. Jahrhundert)
NORDEN
Nutzung der Eichenwälder in der Ebene
Nutzung von Tamarisken, Pfahlrohr und Schilf
Einjähriger Anbau und Obstgärten (Weinberge, Olivenhaine usw.)
Mittelmeer
HOCHLAGEN
600 bis 1000 m
Berge des Haut-Languedoc
HÜGELLAND
SALZ-MARSCHEN
KÜSTEN-EBENE
EHEMALIGES SCHWEMMLAND
Ginsterheide
Weidewirtschaft
Um das Jahr 1000 (10. und 11. Jahrhundert)
Berge des Haut-Languedoc
Agde
Kastanienanbau
Kastanien
Getreideanbau: Hafer, Gerste, vll. auch Roggen
Getreideanbau: Hirse, Gerste, Weizen
LAGUNEN-SEEN
Tanne
Buche
Steineiche (immergrün)
Eiche
Erle, Esche, Weide
Tamariske
Schilf, Pfahlrohr
Aleppo-Pinie
Heidekraut, Ginster, Wacholder, Zwergstrauch
Obstbaum, Weinrebe
Getreide
Kräuter

▲ Die Landschaften des Haut-Languedoc

Die Gegend zwischen der Küste und den Bergen des Haut-Languedoc wird seit der Jungsteinzeit bewirtschaftet und von der Römerzeit an immer intensiver abgeholzt. Im Jahr 1000 ist sie bereits weitflächig vom Menschen geprägt. Die Menschen bauen Getreide und Obst an, betreiben Viehzucht und bewirtschaften die Wälder. Die Waldgebiete sind nicht dicht, sondern gleichen einem Mosaik verschiedenster Formen. Sie dienen als Weideland und liefern Viehfutter und Streu.

▼ Ein bretonischer Weiler aus dem 9. Jahrhundert

Bei Ausgrabungen im Süden von Châteaugiron nahe Rennes wird ein Weiler aus dem 8. bis 9. Jahrhundert mit drei landwirtschaftlichen Betrieben entdeckt, die jeweils über eigene Gebäude, Silos, Öfen oder Herde und Gärten verfügen. Es gibt gemeinschaftlich genutzte Flächen, zum Beispiel eine Tenne zum Dreschen des Getreides, und wahrscheinlich auch eine eingezäunte Weide für das Vieh. Alles ist durch Wege miteinander verbunden. Rund um den Weiler gibt es Wälder, Felder und Wiesen. Vorherrschend sind Haferanbau und Viehzucht.

Z
Teich
Weg
Lagerfläche
Wald
Grasland, Felder
Weg
Weiden oder Felder (wahrscheinlich)
50 m
Wohngrundstück
Garten
Verarbeitung der Ernte
Viehpferch (wahrscheinlich)
Wirtschaftsgebäude
Wohnhaus
Silo (nachgewiesen)
Ofen, Herdstelle
Grundstücksgrenze

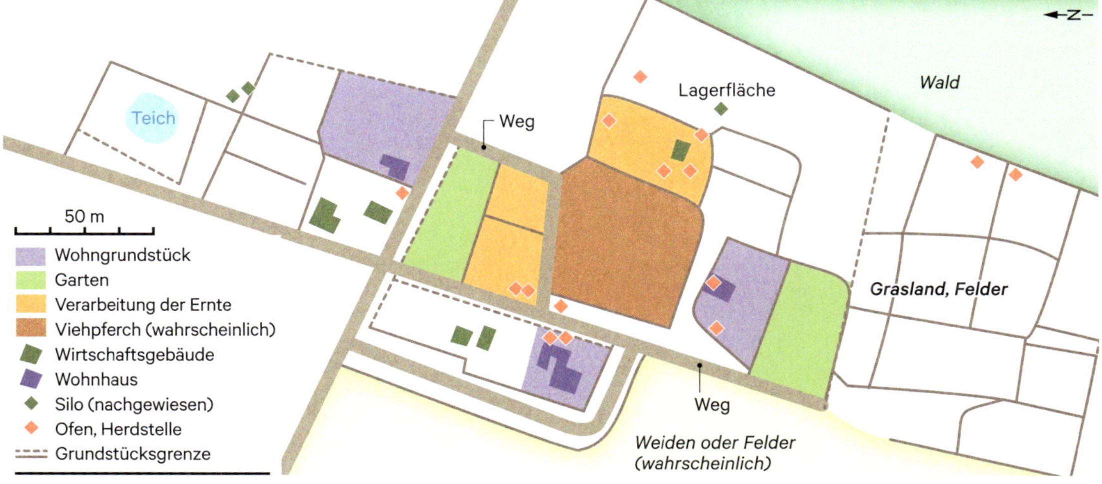

Reisanbau

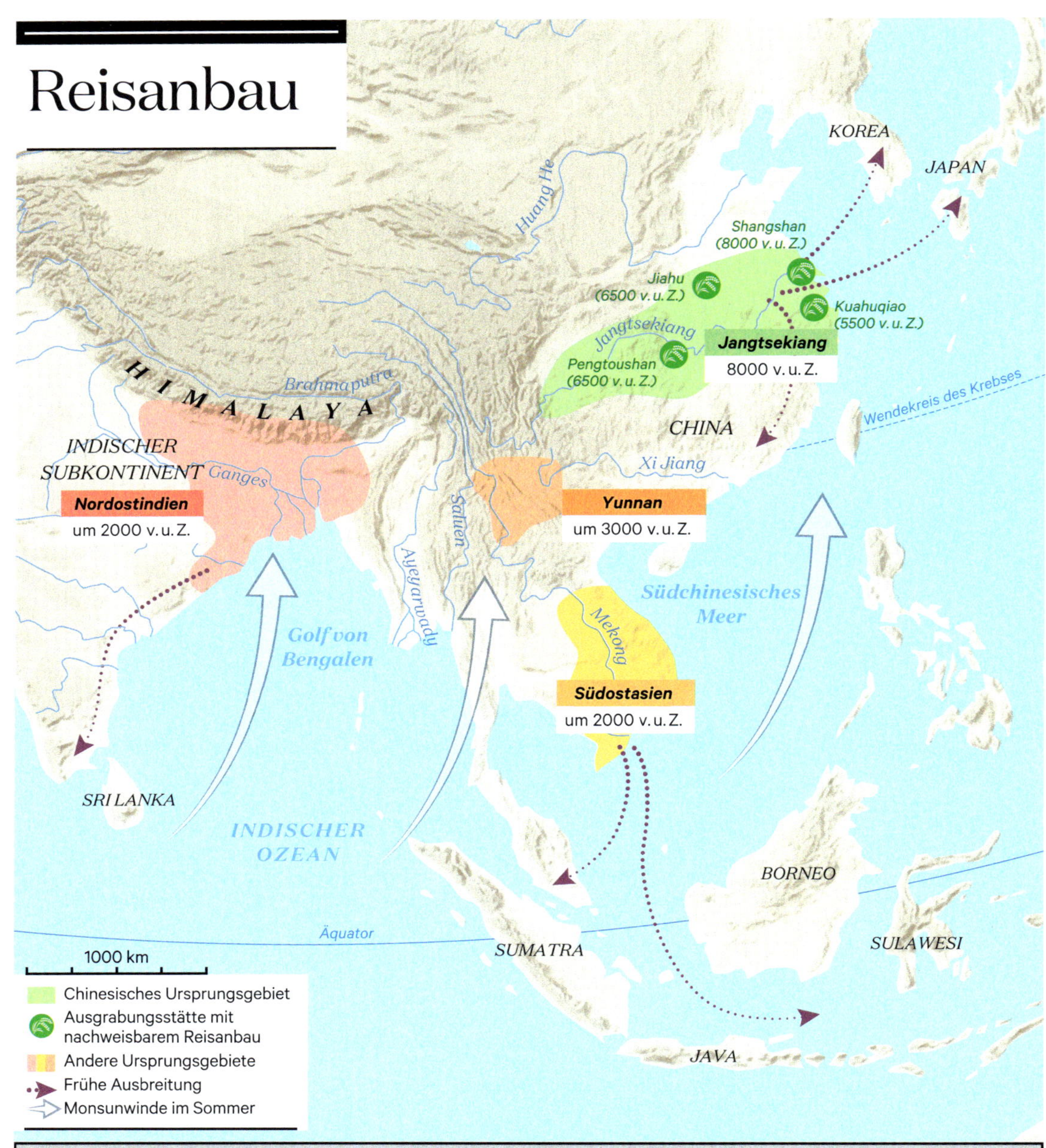

Die Wiege(n) des Reisanbaus

Wilder Reis braucht zum Wachsen Wärme und Feuchtigkeit. Er wächst zunächst in Indien und Südostasien, die daher lange Zeit als die Wiegen des Reisanbaus angesehen werden. Infolge der Erderwärmung im Holozän breitet sich wilder Reis aus und gedeiht auch in den Tiefebenen des Jangtsekiang. Dort wurden die ältesten Spuren von Reisanbau entdeckt (um 8000 v. u. Z. in Shangshan), ohne dass man weiß, ob es sich bereits um domestizierten Reis gehandelt hat. Ob in seiner wilden oder domestizierten Form, Reis wird in dieser Region ab 4500 v. u. Z. zu einem wichtigen Nahrungsmittel. In Indien ist domestizierter Reis seit der Zeit zwischen 2500 und 2000 v. u. Z. belegt. Ob er aus China eingeführt oder ob in Indien einheimischer wilder Reis domestiziert worden ist, konnte bislang nicht geklärt werden. In Indien wurde der Reis nach dem Monsunregen oder nach Überschwemmungen an Flussufern auf sonst trockenen Böden angebaut, ohne weiter bewässert zu werden, während in China ein intensiver Reisanbau betrieben wurde, bei dem der Reis im Wasser steht, wie es auch heute noch größtenteils praktiziert wird. In Indien entwickelt sich diese Anbaumethode mit Bewässerung dann erst um 1000 v. u. Z.

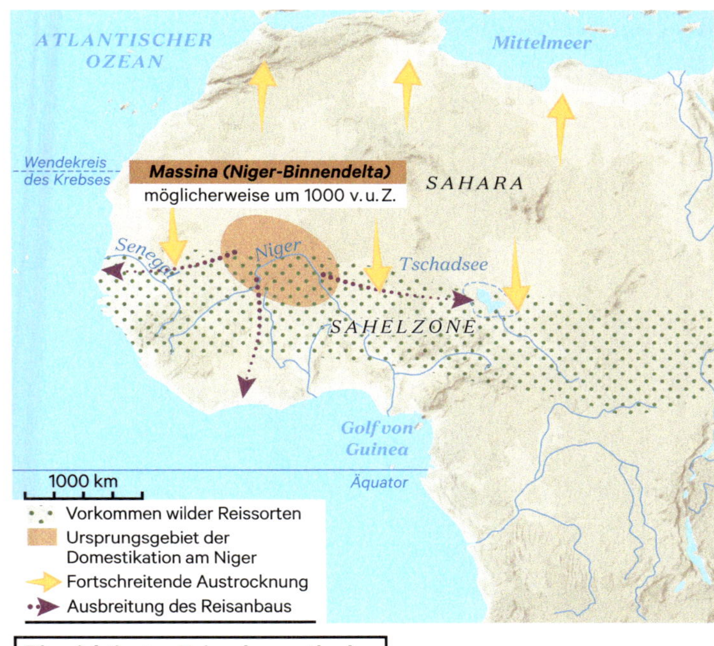

Afrika: Anpassung an ein regenarmes Land

Der Kulturreis kennt zwei verschiedene Arten, den afrikanischen *(Oryza glaberrima)* und den asiatischen Reis *(Oryza sativa)*. Die Vorfahren beider Arten beginnen sich vor etwa einer Million Jahren genetisch voneinander zu unterscheiden. Der afrikanische Reis wird im Binnendelta des Niger domestiziert und offenbar zunächst in Überschwemmungsgebieten angebaut. Mit seiner Verbreitung nach Westafrika werden auf den trockenen Böden andere Varianten genutzt (Bergreis). Nach und nach wird der afrikanische vom asiatischen Reis verdrängt, der im 16. und 17. Jahrhundert in Afrika eingeführt wird und ertragreichere Ernten verspricht, aber weniger widerstandsfähig gegen Trockenheit ist. In den Küstengebieten Westafrikas, vom Senegal bis zur Elfenbeinküste, ist Reis das Hauptgetreide.

Die wichtigsten Reisanbaumethoden

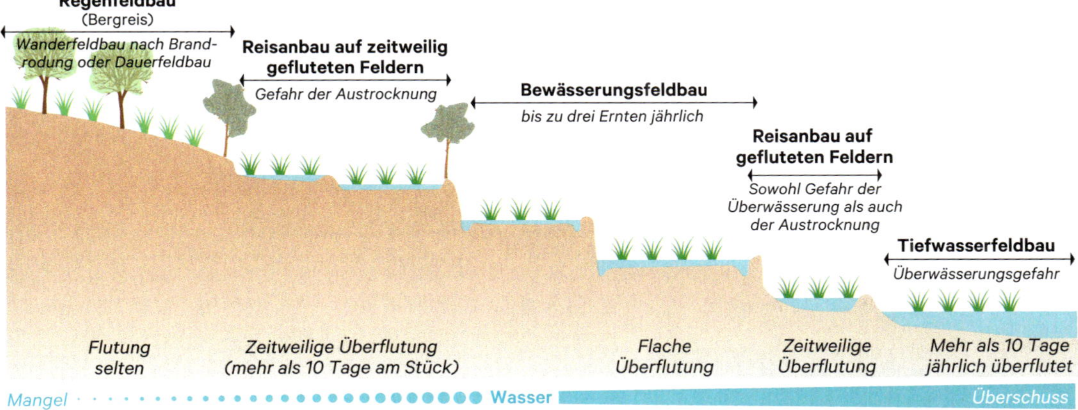

Der Kreislauf des Bewässerungsfeldbaus

Ernährung oder Vorrat

① Saatgut keimt in den Saatbeeten

mindestens 25 Tage

② Setzlinge werden auf den gefluteten Feldern ausgepflanzt

mindestens 60 Tage

③ Wasser wird abgelassen

mindestens 15 Tage

④ Ernte

⑤ Reiskörner werden aus den Ähren gedroschen

Wasserbedarf

Reis wird auf der ganzen Welt angebaut. Aber er braucht viel Wasser: Regenwasser (Bergreis), durch Dämme und Kanäle kontrolliertes Wasser (bewässerter Reis), Wasser aus Überschwemmungen und in Schwemmebenen (gefluteter Reis). Für ein Kilogramm gefluteten Reis werden 5000 Liter Wasser benötigt (Weizen: 600 Liter). Die künstliche Bewässerung erfordert viel Arbeit (Bau der Kanäle, Verpflanzung des Reises in Büscheln von drei bis fünf Halmen, Unkrautjäten, Ernte, Dreschen). In einer Parzelle kann bis zu dreimal pro Jahr geerntet werden.

Muskeln und Werkzeuge

Wichtige technische Erfindungen

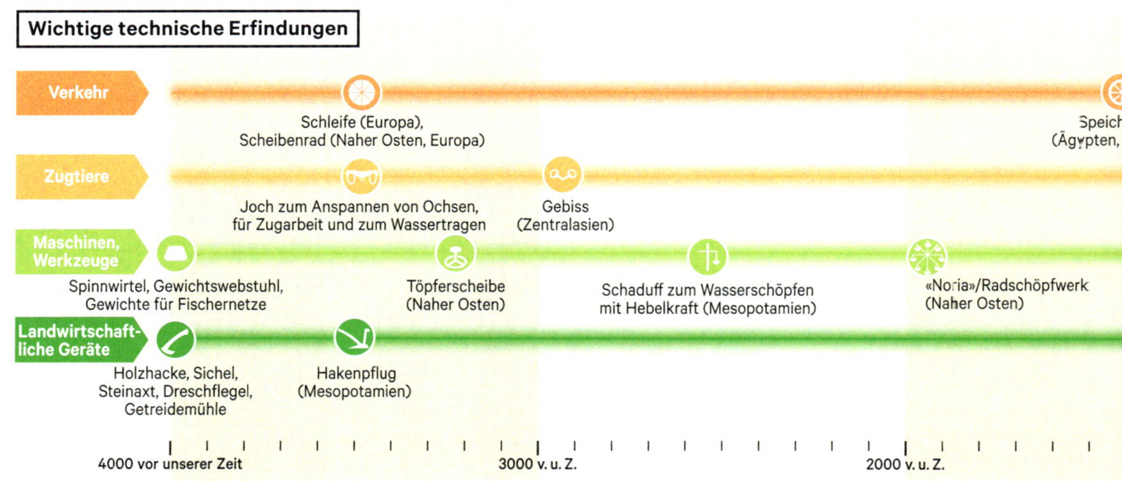

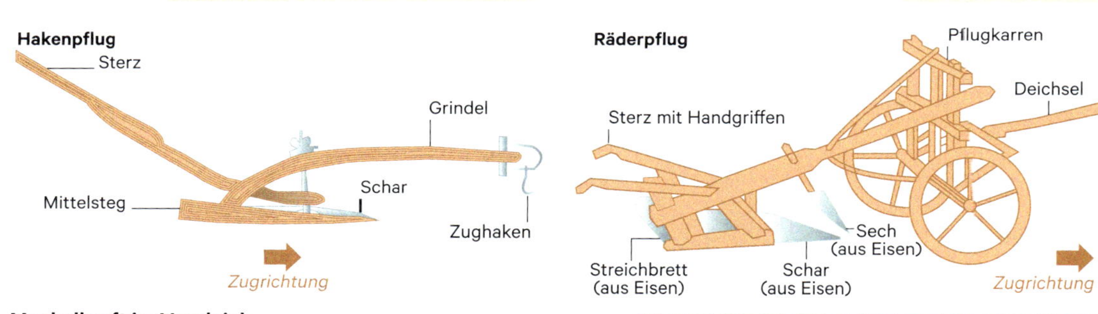

Muskelkraft im Vergleich

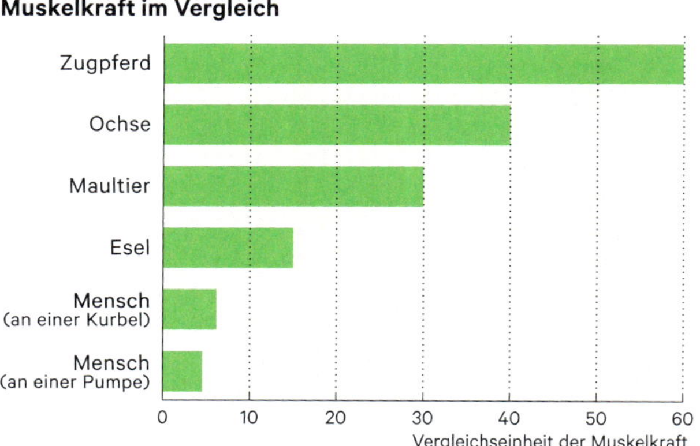

Bauern weltweit im Jahr 2000

Von 1,23 Milliarden Bauern arbeiten

- 800 Millionen (65 %) ohne Maschinen oder Zugtiere
- 400 Millionen (33 %) mit Zugtieren
- 30 Millionen (2 %) mit Maschinen und Motorkraft

Aufschwung der Landwirtschaft

Technische Neuerungen ermöglichen seit der Jungsteinzeit eine Intensivierung des Landbaus. In Europa erlebt die Landwirtschaft im Mittelalter einen enormen Aufschwung. Dank der Erfindung des Streichbrettpflugs (12. Jahrhundert) können die schweren Böden in den nördlichen Gegenden umgegraben und tiefere Furchen gezogen werden (im Mittelmeerraum wird weiterhin der für leichte Böden geeignetere Ritzpflug eingesetzt). Auch beim Gespann gibt es Fortschritte: Kummet für Pferde, Hufbeschlag für Esel, Maultiere und Pferde, Gespanne für mehrere Ochsen. In vielen Gegenden werden Rinder durch Pferde ersetzt, da sie schwerere Lasten tragen und schneller laufen können, auch wenn sie empfindlicher sind und die Haltung aufwändiger ist. Doch diese Verbesserungen allein erklären nicht die Produktionssteigerung. Hinzu kommen noch eine bessere Nutzung des Bodens mit Fruchtfolgen (S. 182), ein größerer Viehbestand aufgrund größerer Futtermengen und das mildere Klima (S. 198).

Siehe auch — Das Tier als Ressource **S. 138**
Industrielle (R)Evolution **S. 240**
Ein besseres Leben? **S. 252**

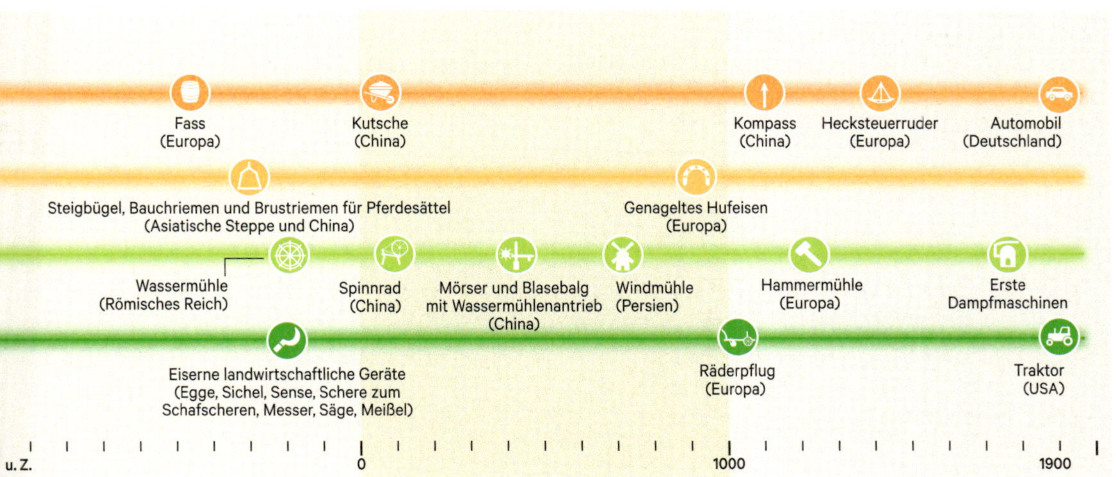

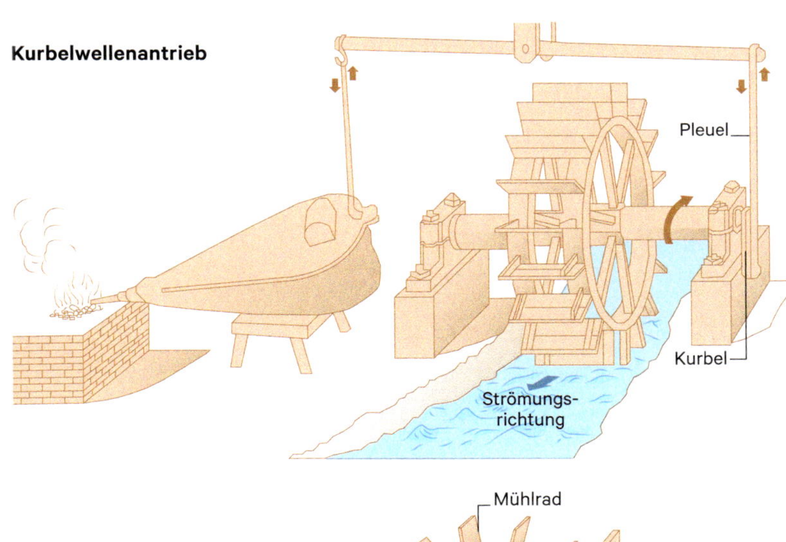

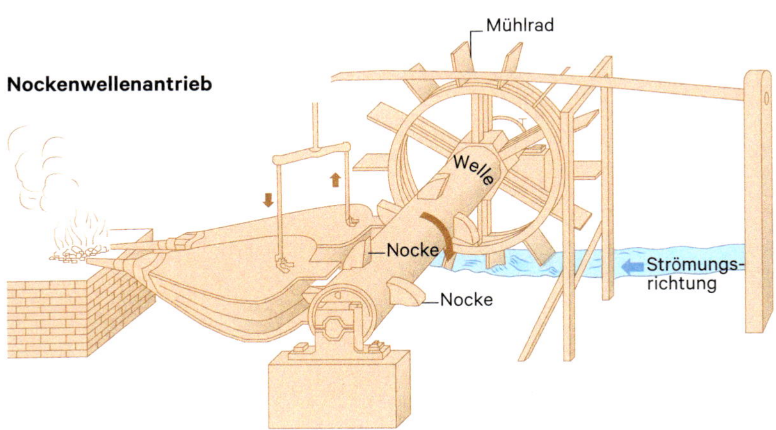

Allzweckmühlen

Die ersten hydraulischen Geräte, der Schaduff und die Noria, werden im 3. Jahrtausend v. u. Z. im Mittleren Osten zur Bewässerung verwendet. Die Wassermühle verbreitet sich im Römischen Reich, so dass in Europa schon weit vor dem Jahr 1000 Wasserkraft eingesetzt werden kann. Im Mittelalter werden Fließgewässer immer umfangreicher genutzt und Mühlen erfüllen verschiedene Zwecke. Sie werden zum Mahlen von Weizen eingesetzt, es gibt Walk- und Sägemühlen, Papiermühlen und Mühlen, die Hammer und Blasebalg antreiben, womit in den Hochöfen die Temperatur erhöht werden kann (siehe S. 190). Mühlen mit Nockenwellen (etwa bei der Schubkurbel) wandeln eine Drehbewegung in eine Hammerbewegung um. Windmühlen verbreiten sich seit dem 12. Jahrhundert. Mühlen tragen zu einer höheren Produktivität bei: Es kann mehr hergestellt werden, teils auch in höherer Qualität, und es verringert sich dadurch die Handarbeit (weshalb sie von der Bevölkerung bisweilen abgelehnt werden).

Von der Töpferei zum Hüttenwesen

Im Ofen erreichte **Temperatur** (in Grad Celsius)	**Gewonnenes Material**	**Verfahren** der Gewinnung bzw. bei der Verarbeitung verwendete Stoffe	**Zeitpunkt**	**Ort**
600 °C	**Keramik**		18 000 v. u. Z.	China
	Glas (Glasuren)	Sand + Natriumcarbonat	3000 v. u. Z.	Mesopotamien
900 °C	**Glas** (gegossen, erste Gussformen)	Quarzsand + Pflanzenasche	1500 v. u. Z.	Ägypten
	Durchscheinendes **Glas**	Hinzufügung von Mangandioxid	300 v. u. Z.	Mittelmeerraum
	Geblasenes **Glas**		200 v. u. Z.	Vll. Mesopotamien oder Phönizien
1083 °C	*Schmelzpunkt von Kupfer*			
	Kupfer		5500 v. u. Z.	Anatolien
	Bronze (Legierung aus Kupfer und Zinn)		2500 v. u. Z.	Naher Osten
1100 °C	***Schmelzofen***			
	Eisen (Roheisenluppe)	Direkte Reduktion (Aushämmern der Oxide im glühenden Zustand)	2000 v. u. Z.	Anatolien
	Stahl (Legierung aus Eisen und Kohlenstoff mit < 2 % Kohlenstoff)	Ausscheiden des Stahls in der Luppe (Rekarburation)	1000 v. u. Z.	Europa
	Gusseisen (Legierung aus Eisen und Kohlenstoff mit > 2 % Kohlenstoff)	Eisenerz + Holzkohle	500 v. u. Z.	China
	Stahl (Wootz)	Flüssigkeit, im Schmelztiegel gewonnen	300 v. u. Z.	Indien
1200 °C	***Hochofen***			
	Gusseisen	als Flüssigkeit gewonnen	14. Jahrhundert n. u. Z.	Europa
	Eisen	Indirekte Reduktion (Schmelzen mit Holzkohle und Hämmern des kalten Gusseisens)	14. Jahrhundert	Europa
	Stahl	Mehrere Verfahren, u. a. Entkohlung von Gusseisen	14. Jahrhundert	Europa
1538 °C	*Schmelzpunkt von Eisen*			
1600 °C	**Gusseisen**	Eisenerz + Koks (aus Steinkohle)	1709	Großbritannien
	Eisen	Walzen und Puddeln mit Steinkohle	1750	Großbritannien
	Stahl	Mehrere Verfahren, darunter Guss im Huntsman-Tiegel	1780	Großbritannien
	Stahl	Industrielle Herstellung	1856	Großbritannien

Ton, Glas, Metall: die Nutzung von Öfen

Die meisten Metalle kommen in Form von Erz vor. Dieses Gestein muss zerkleinert und erhitzt werden, um daraus das Metall zu gewinnen. Damit entsteht das Hüttenwesen. Zunächst brennen die Menschen Ton (600 °C), später gelingt es ihnen, Kupfer und Bronze zu schmelzen (über 1000 °C). Eisen wird erstmals um 2000 v. u. Z. in Anatolien gewonnen. Schrittweise werden Tieföfen entwickelt: Eisenerz wird zusammen mit Holzkohle in den Ofen getan, mit einem Blasebalg wird Luft (und damit Sauerstoff) zugeführt, wodurch eine höhere Temperatur erreicht werden kann. Es entsteht eine breiige Masse, das Roheisen, das noch gehämmert werden muss, um – je nach dem Anteil des Kohlenstoffs – Eisen, Stahl oder Gusseisen zu erhalten (direkte Reduktion). Mit der Einführung von Hochöfen in Europa im 14. Jahrhundert können noch höhere Temperaturen erzielt und flüssiges Gusseisen gewonnen werden. Fortan wird Eisen in Europa auch durch Raffination gewonnen, wobei das Gusseisen von Kohlenstoff gereinigt wird (indirekte Reduktion). Blasebälge und Hämmer werden mit Wasserrädern betrieben (siehe S. 188). Damit ist der Grundstein für den Aufstieg der Industrie gelegt. Auch Glas kann bei verschiedenen Temperaturen bearbeitet werden: Kieselerde (Sand) schmilzt bei 1750 °C, aber durch Beigabe von Natron kann der Schmelzpunkt auf 1000 °C gesenkt werden. So kann Glas bereits in der Antike hergestellt werden.

Siehe auch — Metallische Rohstoffe **S. 58**
Von Stein zu Metall **S. 164**
Die Rolle des Kohlenstoffs bei der ersten Industrialisierung **S. 238**

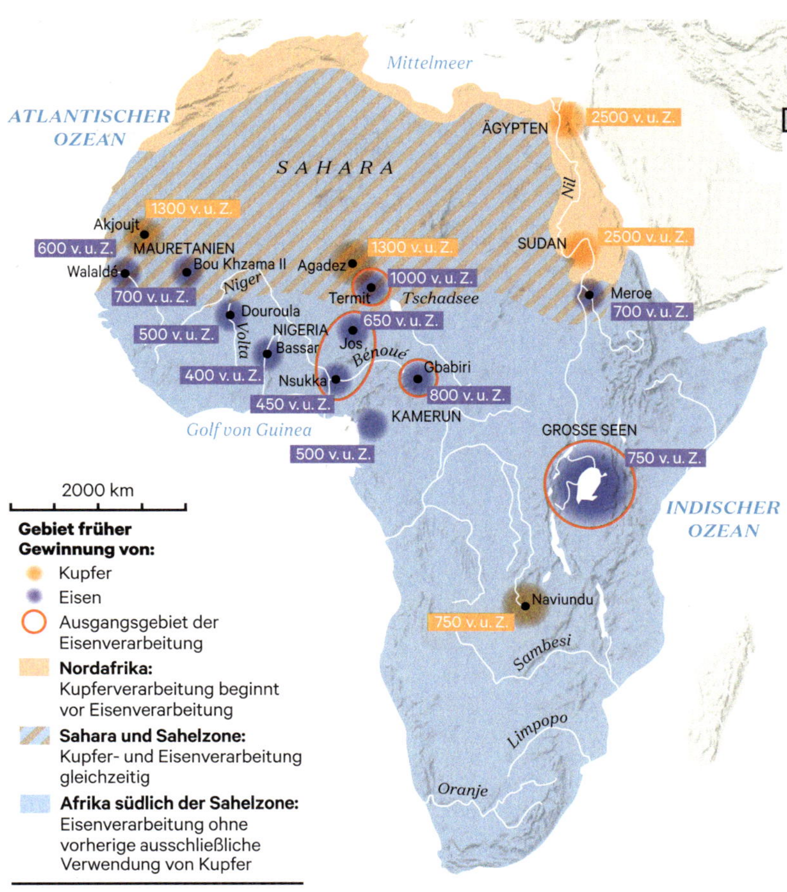

Afrika: verschiedene Zentren

Nordafrika durchläuft dieselbe metallurgische Entwicklung wie der Nahe Osten, mit dem es in Verbindung steht: Zunächst wird Kupfer gewonnen, später dann Eisen. Neuere Forschungen haben Anzeichen für Eisenverarbeitung an Orten südlich der Sahara entdeckt, an denen zuvor keine ausschließliche Verwendung von Kupfer nachzuweisen ist – im Gegensatz zu Nordafrika, Europa oder zum Nahen Osten. In der Sahara und der Sahelzone kann es vorkommen, dass zuweilen nah beieinander liegende Orte gleichzeitig jeweils Kupfer oder Eisen verarbeiten (wie zum Beispiel Agadez und Termit). Die Menschen dieser Regionen unterhalten Beziehungen, die sich über weite Entfernungen erstrecken können. So wurde Kupfer aus den Minen von Akjoujt 360 Kilometer weiter südlich in Walaldé gefunden.

Indien: hochwertiger Stahl

Um 300 v. u. Z. wird in Indien hochwertiger Stahl hergestellt. Im Tiefofen gewonnenes Eisen wird in einen geschlossenen Schmelztiegel gefüllt, in den auch Holzkohle, Glas und Blätter gegeben werden. Das Ganze wird auf bis zu 1300 °C erhitzt. Dabei entsteht flüssiger Stahl. Diese Technik, die in der Geschichte des Hüttenwesens nur eine Randerscheinung bleibt, verbreitet sich in der Zeit der Tang-Dynastie auch in China. Mit dieser Stahlsorte werden in Iran und Syrien die berühmten Damastschwerter hergestellt, außerdem die Ulfberht-Schwerter der Wikinger, wobei sich nicht sagen lässt, ob deren Stahl aus Indien oder Zentralasien stammt. Der Engländer Benjamin Huntsman entwickelt die Technik im 18. Jahrhundert noch einmal neu.

Die ersten Staaten

Die Anfänge staatlicher Strukturen

Die Ursprünge des Staates liegen wohl in Mesopotamien. Hier bilden sich im 4. Jahrtausend v. u. Z. Stadtstaaten heraus. Charakteristisch für sie sind die Zentralisierung der Macht und eine starke gesellschaftliche Hierarchie, die eine effiziente Verwaltung und Nutzung des «Überschusses» an Material, Menschen und Raum ermöglicht. In der Archäologie gibt es bestimmte Marker, die verwendet werden, um zu entscheiden, ob ein Gemeinwesen als Staat zu bezeichnen ist oder nicht: Darstellung der Eliten, funktionale Ausdifferenzierung des städtischen Raums rund um einen zentralen Ort, Schrift (z. B. Keilschrift im Nahen Osten, Linear B in der mykenischen Kultur) und die Verwendung von Geld. Verbreitung findet dieses politische System durch Austausch und Krieg zwischen Staaten und anderen Gruppen. Erst im 16. Jahrhundert, mit den Schriften Machiavellis, wird für diese Art von Gemeinwesen ein Begriff eingeführt: «Staat» (it. «stato»). Seither sind verschiedene Definitionen von «Staat» entwickelt worden und historisch kommt er in den unterschiedlichsten Formen vor: Stadtstaaten, Großreiche, Nationalstaaten ... Heute befassen sich vor allem die Sozialwissenschaften mit der Untersuchung von Staaten und Staatlichkeit. Einige Wissenschaftler wie Marshall Sahlins oder David Graeber hegen sogar Zweifel, ob der Staat das beste politische System und überhaupt von Dauer sei. Derzeit ist er die vorherrschende Form, in der sich Menschen auf der Welt organisieren.

Hauptmerkmale der frühesten Staaten

Verwaltung, die eine gesetzliche Gewalt ausübt
- Verbindung von irdischer Macht mit der Welt der Götter
- Entstehung von Eliten (besonders Kriegerkasten)

Verwaltung eines Raums über die Produktionszentren hinaus
- Schrift und Geld
- Spezielle Gebäude zur Lebensmittellagerung
- Spezialisierung der Arbeit und Ausdifferenzierung des Raums
- Beherrschung der Bodenmelioration

Beteiligung an Netzwerken (wirtschaftlich, politisch, kulturell)
- Eroberungspolitik
- Aufbau von Handelsnetzen
- Ausbau von Handelsbeziehungen, die für Metallverarbeitung wichtig sind

Vereinigung nicht miteinander verwandter Gemeinschaften
- Gründung von «Kolonien»
- Sesshaftwerdung, Verstädterung
- Bevölkerungszunahme

Siehe auch — Gewalt, Kampf und Krieg **S. 168**
Dürre und Flut **S. 180**
Warum Europa? **S. 212**

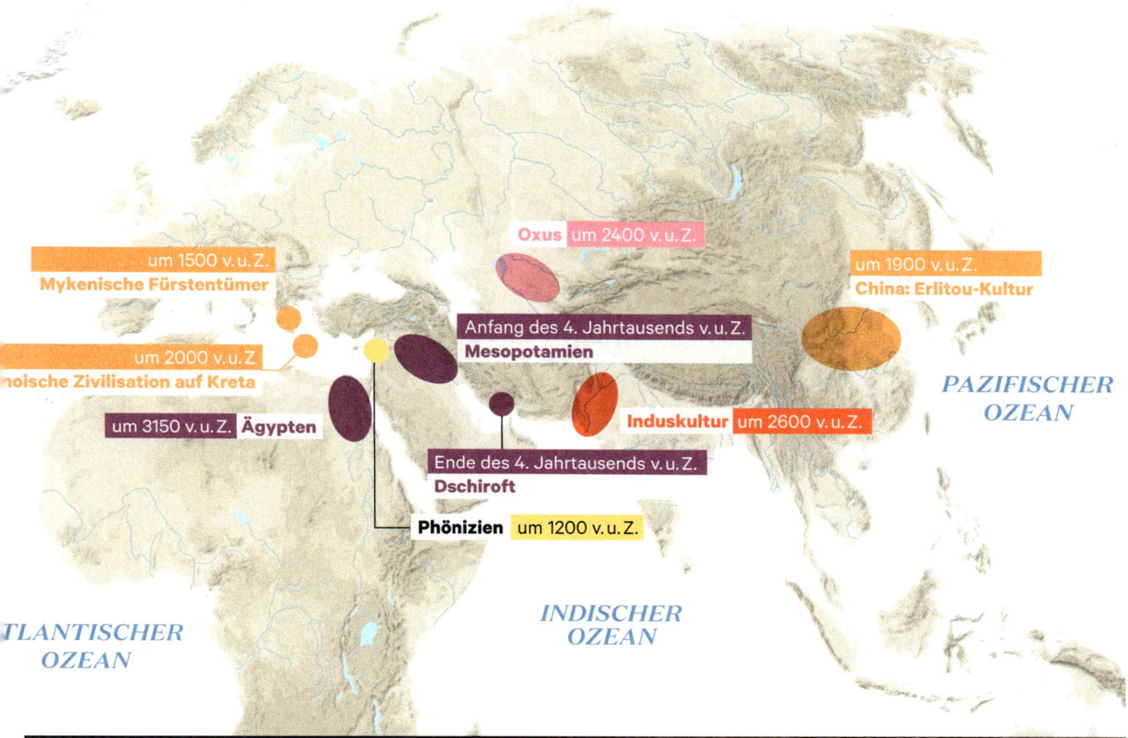

um 1500 v. u. Z. **Mykenische Fürstentümer**
um 2000 v. u. Z. **noische Zivilisation auf Kreta**
um 3150 v. u. Z. **Ägypten**
Oxus um 2400 v. u. Z.
Anfang des 4. Jahrtausends v. u. Z. **Mesopotamien**
um 1900 v. u. Z. **China: Erlitou-Kultur**
Induskultur um 2600 v. u. Z.
Ende des 4. Jahrtausends v. u. Z. **Dschiroft**
Phönizien um 1200 v. u. Z.
PAZIFISCHER OZEAN
INDISCHER OZEAN
TLANTISCHER OZEAN

Uruk: Ein Beispiel für einen mesopotamischen Stadtstaat des 4. Jahrtausends v. u. Z.

Die Entstehung von Stadtstaaten zwischen Euphrat und Tigris wird begünstigt durch Wissen um Bewässerungstechniken, einen starken demografischen Aufschwung und eine intensive Nutzung der vorhandenen Metalle. Ein wichtiges Zentrum dieser Entwicklung ist Uruk, wo im späten 4. Jahrtausend v. u. Z. die erste bekannte Schrift erfunden wird (die Keilschrift). Im Herzen eines dichten Handelsnetzes gelegen, gründet Uruk zahlreiche Siedlungen und dehnt seinen kulturellen Einfluss auf weite Gebiete aus. In der Uruk-Kultur scheint sich eine neue Beziehung des Menschen zu seiner Umwelt entwickelt zu haben: Auf dort gefundenen Basreliefs und Vasen sehen wir den Priesterkönig bei der Jagd auf einen Löwen – als Symbol des Sieges des Menschen über die bedrohliche Natur.

Wie man eine Stadt ernährt: Das antike Rom

Siehe auch — Wenn Böden sich ergänzen **S. 184**
Die Globalisierung im 15. Jahrhundert **S. 206**
Die Menschheit ernähren **S. 270**

Austausch zwischen Stadt und Land

Rom hat am Ende des 1. Jahrhunderts v. u. Z. ungefähr 800 000 bis 1 Million Einwohner und überrundet damit das ägyptische Alexandria als größte Stadt der Welt. Die Versorgung der Einwohner Roms erfolgt über immer weitere Entfernungen: Während die Stadt weiter wächst und sich das Römische Reich ausdehnt, wird ein Netz von Handelswegen errichtet, die allerdings nur an der Mittelmeerküste entlang und durch die Täler großer Flüsse führen. Fernab dieser Routen herrscht weiterhin die regionale Produktion vor. Der wichtigste gehandelte Rohstoff ist Weizen. Seit den Anfängen der Republik, vor allem im 5. Jahrhundert v. u. Z., leidet Rom immer wieder an Lebensmittelknappheit und muss die umliegenden Gebiete bitten, der Stadt Weizen zu liefern. Im 1. Jahrhundert v. u. Z. kommt das Getreide dann überwiegend aus Afrika und Sizilien, aber auch aus Sardinien und Ägypten. Wein ist ein weiteres wichtiges Handelsgut. Die Funde von Amphoren erlauben, ein genaueres Bild vom römischen Weinhandel zu zeichnen: Die Römer mögen nur Weißwein und exportieren ihren Rotwein nach Gallien. Das dritte Produkt im mediterranen Dreiklang ist das Olivenöl, das Italien anfangs exportiert, später aber selbst importieren muss (hauptsächlich aus Spanien). Salz spielt ebenfalls eine wichtige Rolle, da damit Lebensmittel haltbar gemacht werden können. Ein Teil des Solds der Legionäre darf auch in Salz ausgezahlt werden (das «salarium»). Unter Cäsar und mehr noch unter Augustus kommen weitere Handelsgüter hinzu. Nun werden auch Gewürze, Perlen und Seide gehandelt, die zwar nicht vom Volumen, aber vom Wert her bedeutend sind und deretwegen das Reich auch mit weit entfernten Gegenden in Kontakt tritt. Rom ernährt sich von den Reichtümern der eroberten Gebiete und befördert zugleich die dortige Entwicklung der Landwirtschaft.

Die großen Hungersnöte der Alten Welt

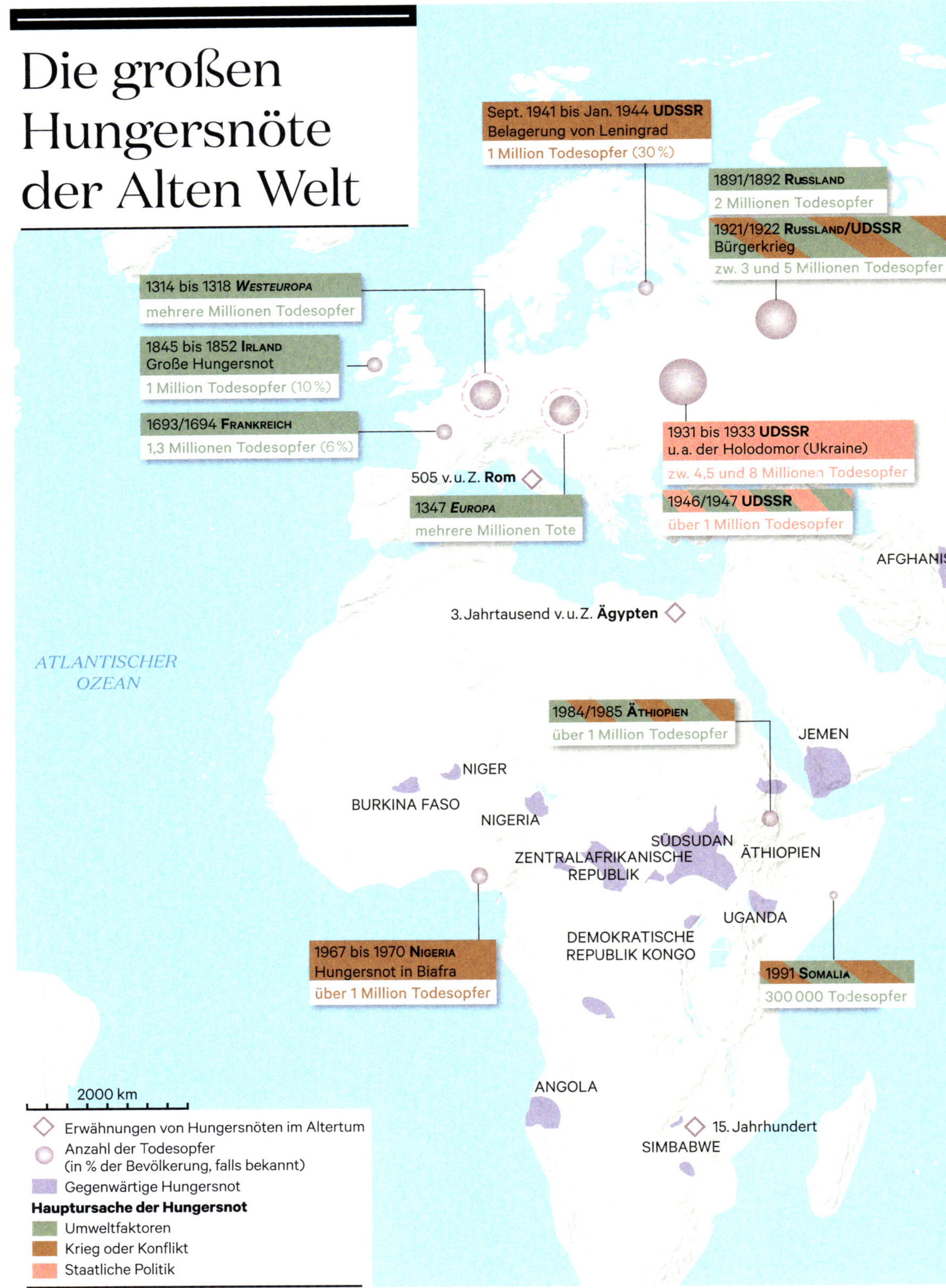

Siehe auch — Die Ausbreitung jungsteinzeitlicher Lebensformen **S. 152**
Die Menschen werden sesshaft und vermehren sich **S. 166**
Die Menschheit ernähren **S. 270**

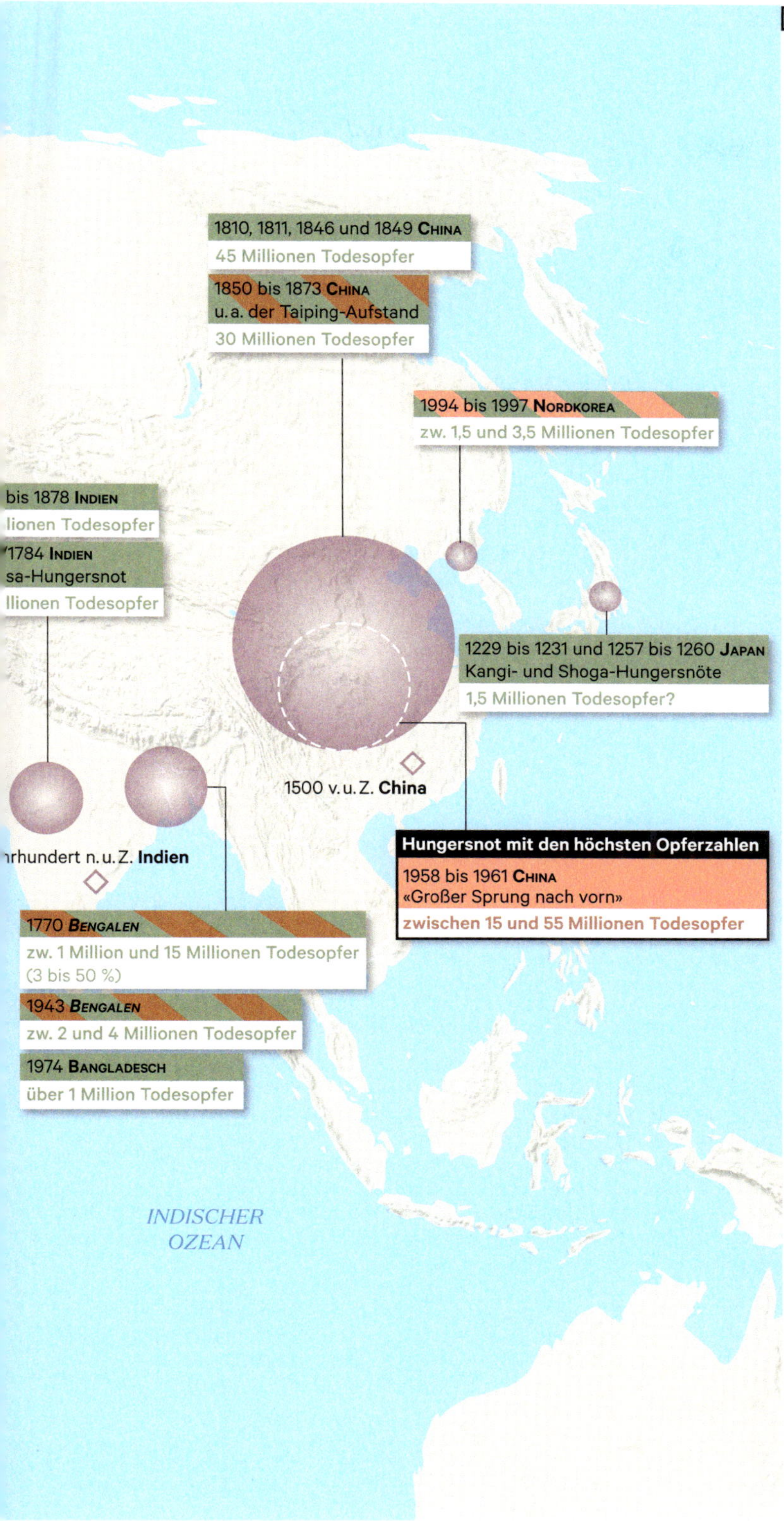

1810, 1811, 1846 und 1849 **China**
45 Millionen Todesopfer

1850 bis 1873 **China**
u. a. der Taiping-Aufstand
30 Millionen Todesopfer

1994 bis 1997 **Nordkorea**
zw. 1,5 und 3,5 Millionen Todesopfer

bis 1878 **Indien**
lionen Todesopfer

'1784 **Indien**
sa-Hungersnot
llionen Todesopfer

1229 bis 1231 und 1257 bis 1260 **Japan**
Kangi- und Shoga-Hungersnöte
1,5 Millionen Todesopfer?

1500 v. u. Z. **China**

ırhundert n. u. Z. **Indien**

Hungersnot mit den höchsten Opferzahlen
1958 bis 1961 **China**
«Großer Sprung nach vorn»
zwischen 15 und 55 Millionen Todesopfer

1770 **Bengalen**
zw. 1 Million und 15 Millionen Todesopfer
(3 bis 50 %)

1943 **Bengalen**
zw. 2 und 4 Millionen Todesopfer

1974 **Bangladesch**
über 1 Million Todesopfer

INDISCHER
OZEAN

Klima, Krieg, Krise

Mehrere aufeinanderfolgende Missernten sind die Hauptursache für Hungersnöte – aber nicht die einzige: Epidemien, Kriege, soziale und politische Unruhen sorgen immer wieder dafür, dass die Lebensmittelknappheit bedrohliche Ausmaße annimmt. Für den Wirtschaftswissenschaftler Amartya Sen (*Poverty and Famines*, 1981) liegen die Hauptgründe im ungleichen Zugang zu Nahrung und in undemokratischen Staatsformen. Auch die Versorgung des antiken Rom, Hauptstadt eines das Mittelmeer umspannenden Reiches, ist weniger den Unwägbarkeiten der Natur ausgeliefert als menschlichem Versagen (u. a. Transportprobleme). Ab dem 14. Jahrhundert kommt es in Europa in der «Kleinen Eiszeit» (siehe S. 199) zu mehreren kalten Wintern und schlechten Ernten. Große Hungersnöte, von denen es in Europa seit dem 11. Jahrhundert kaum noch welche gegeben hat, treten in den Jahren von 1314 bis 1318 wieder auf und werden noch durch Epidemien und Kriege verstärkt. Jede Hungersnot wird weiter verschlimmert durch Spekulationen und hohe Getreidepreise (siehe S. 205, Beispiel Amiens, Ende des 17. Jahrhunderts). In Asien können unregelmäßige Regenfälle während des Monsuns zu Trockenheit oder Überschwemmungen führen. In Nordchina verstärkt die Nähe zum Wüstengürtel Probleme wegen Wassermangels. In Indien werden die zahlreichen Hungersnöte in der Kolonialzeit den britischen Machthabern angelastet, die das traditionelle System der Wasserwirtschaft umgekrempelt und die indische Wirtschaft auf den Export ausgerichtet haben. Heute entstehen die schlimmsten Hungersnöte infolge politischer Entscheidungen: Anfang der 1930er Jahre lässt die UdSSR die Bauern absichtlich hungern, um ihren Widerstand zu brechen, in China verhungern bei Maos «Großem Sprung nach vorn» Millionen von Menschen.

Der Einfluss des Klimas

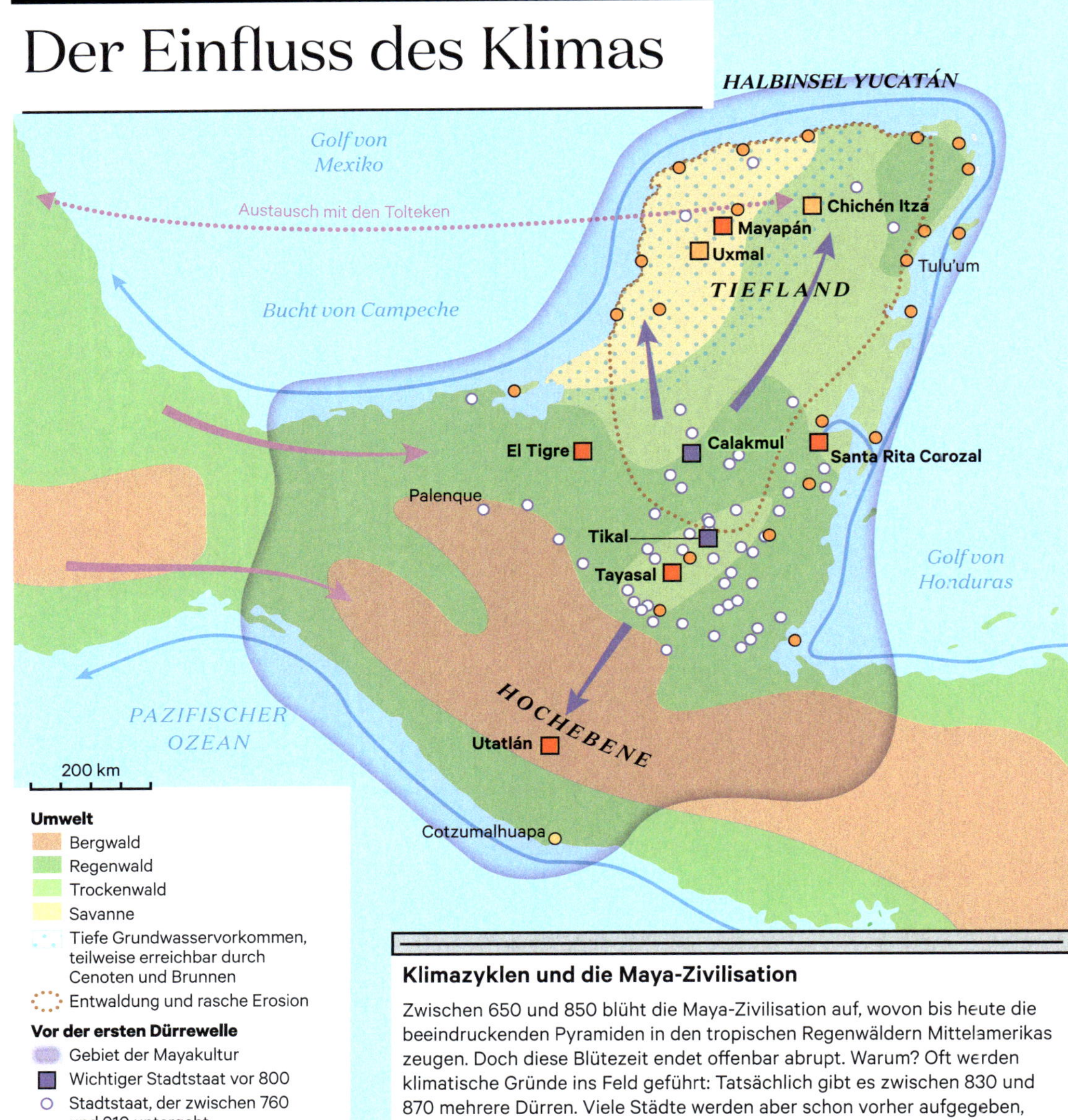

Klimazyklen und die Maya-Zivilisation

Zwischen 650 und 850 blüht die Maya-Zivilisation auf, wovon bis heute die beeindruckenden Pyramiden in den tropischen Regenwäldern Mittelamerikas zeugen. Doch diese Blütezeit endet offenbar abrupt. Warum? Oft werden klimatische Gründe ins Feld geführt: Tatsächlich gibt es zwischen 830 und 870 mehrere Dürren. Viele Städte werden aber schon vorher aufgegeben, was sozioökonomische und politische Gründe haben könnte. Während dieser Krise im Süden entstehen im Norden zwei neue große Zentren: Uxmal und Chichén Itzá. Archäologen konnten eine starke Bewegung der Bevölkerung hin zu den Küsten nachweisen, was sich an der neuen Lage der Städte zeigen lässt. Die Maya lassen sich in teils trockenen Gegenden nieder, wo sie allerdings Seewege nutzen und Wasser aus unterirdischen Flüssen holen können. Die Zugänge dazu bestehen vor allem in den poolartigen «cenotes», die durch den Einsturz von Karsthöhlen entstanden sind. Viele dieser Städte gehen vermutlich bei einer weiteren Dürreperiode zwischen 1000 und 1150 zugrunde. Die großen nach 1200 entstandenen Stätten zeugen von der Vitalität und Anpassungsfähigkeit der Maya, vom wachsenden Einfluss der toltekischen Kultur und dem Austausch mit ganz Mesoamerika. Die Geschichte der Maya kann nur teilweise mit den nachweisbaren klimatischen Veränderungen erklärt werden.

Siehe auch — Das Phänomen El Niño **S. 66**
Klimata **S. 68**
Klimawandel und Migration **S. 280**

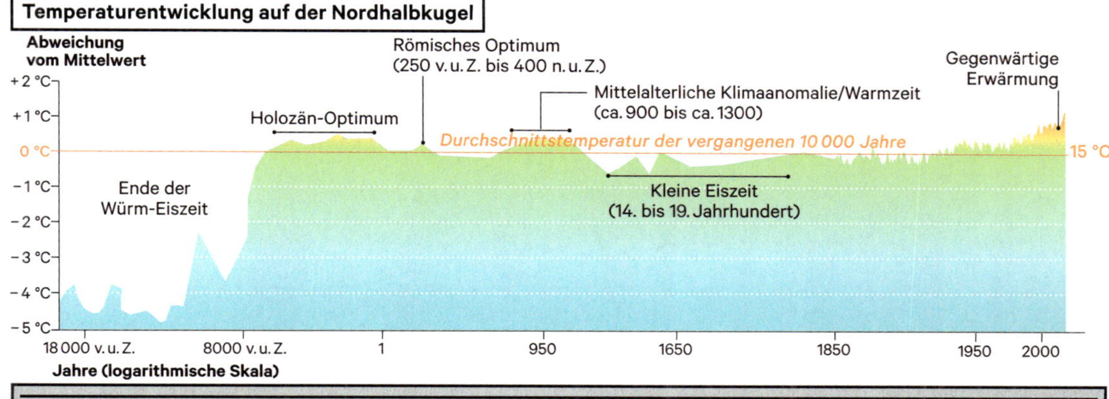

Die Wikinger in Grönland: Reaktionen auf klimatische Veränderungen

Die Gegenden des Nordatlantiks erleben etwa ab dem Jahr 900 für ungefähr 400 Jahre eine Warmzeit (mittelalterliche Klimaanomalie). Die Meere werden eisfrei und die aus Skandinavien kommenden Wikinger errichten um 985 in Grönland (dänisch Grønland: «Grünland») Siedlungen. Sie leben vom Handel mit Walrosselfenbein. Im 13. Jahrhundert ändert sich das Klima wieder (Kleine Eiszeit): Sturm und Eis erschweren die Jagd und die Überfahrt nach Norwegen. Da die Weideflächen schrumpfen, stellen die Wikinger ihre Ernährung um und essen nun weniger Schafe und Schweine und dafür mehr Robben und Fische. Allerdings treffen sie dabei auf den Widerstand der Inuit, die ihnen den Zugang zu den besten Fanggebieten verwehren. Die letzten Siedler verlassen Grönland Anfang des 15. Jahrhunderts.

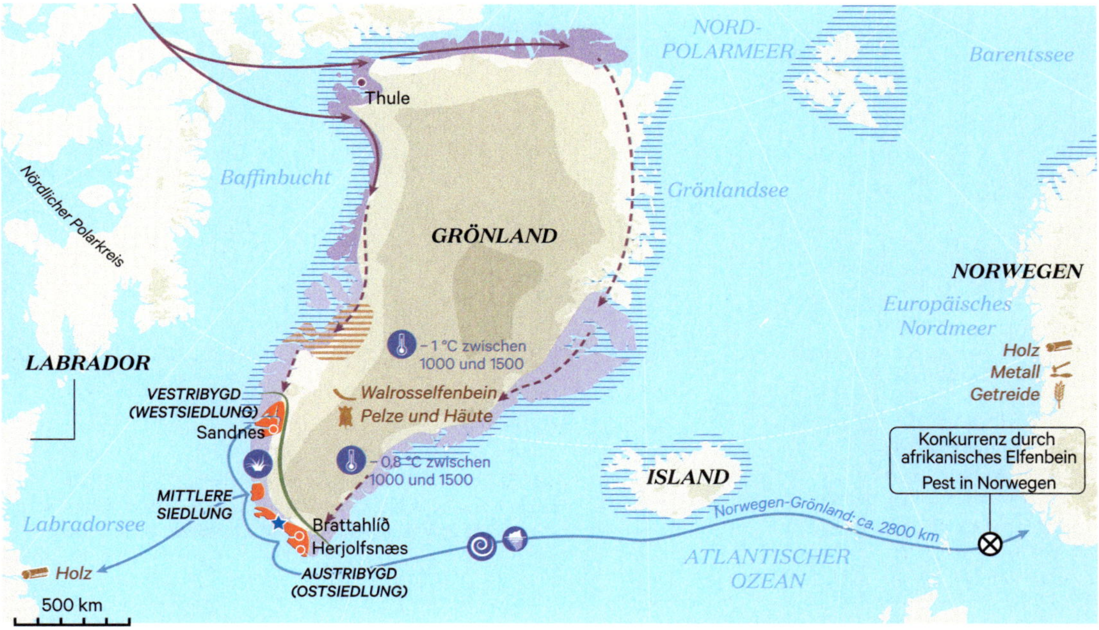

NORD-POLARMEER
Barentssee
Thule
Nördlicher Polarkreis
Baffinbucht
Grönlandsee
GRÖNLAND
NORWEGEN
Europäisches Nordmeer
Holz
Metall
Getreide
−1 °C zwischen 1000 und 1500
LABRADOR
Walrosselfenbein
Pelze und Häute
VESTRIBYGD (WESTSIEDLUNG)
Sandnes
−0,8 °C zwischen 1000 und 1500
ISLAND
Konkurrenz durch afrikanisches Elfenbein
Pest in Norwegen
MITTLERE SIEDLUNG
Labradorsee
Brattahlíð
Herjolfsnæs
Norwegen-Grönland: ca. 2800 km
ATLANTISCHER OZEAN
Holz
AUSTRIBYGD (OSTSIEDLUNG)
500 km

Wikingersiedlungen auf Grönland (985 bis 1400)
- Wikingische Höfe
- Walrossvorkommen
- Jagdgründe
- Seeweg
- *Holz* Handelsware

Negative Umwelt- und Klimaveränderungen
- Entwaldung
- Temperaturrückgang
- Höhere Sturmhäufigkeit
- Verringerung der Regenfälle, Schrumpfung von Weide- und Ackerland
- Vermehrtes Auftreten von Eisbergen

Konkurrenz durch Inuit, Abbruch des Norwegenhandels und Anpassungsversuche

Die Thule-Kultur der Inuit
- Einwanderung der Inuit nach Grönland gegen 1300
- Ausbreitung der Inuit nach Süden
- Besiedlung der wikingischen Jagdgründe durch die Inuit (um 1500)
- Abbruch des Warenaustauschs mit Norwegen
- Anpassungsversuch (Bewässerungskanäle)

Die Klimaverhältnisse der Vergangenhei

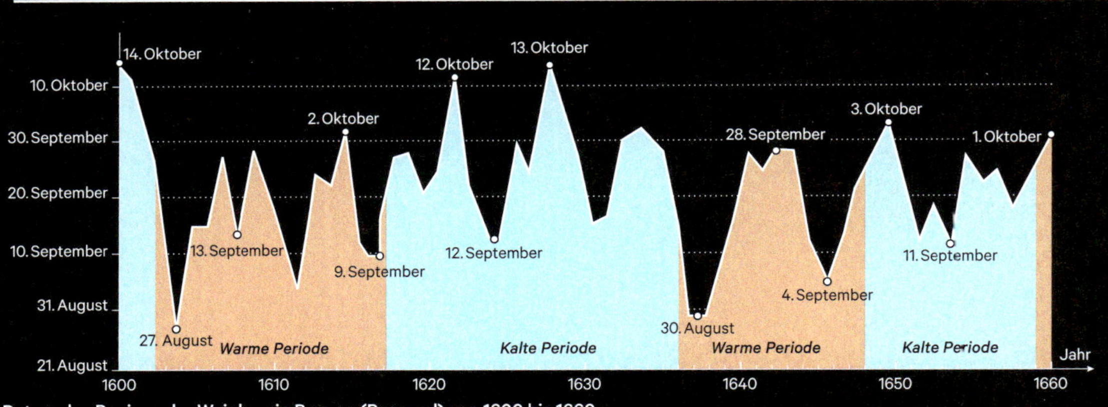

Datum des Beginns der Weinlese in Beaune (Burgund) von 1600 bis 1660.

Der Grindelwaldgletscher in den Schweizer Alpen auf einem Kupferstich des 17. Jahrhunderts und einer Fotografie um 1905.

Labore und Archive

Anfang des 20. Jahrhunderts stellen Albrecht Penck und Eduard Brückner die Hypothese auf, dass es in den Alpen mehrere Glazialzeiten gegeben habe, und benennen sie nach den Nebenflüssen der Donau: Günz, Mindel, Riss und Würm (siehe S. 80). Verschiedene Untersuchungen haben diese Annahme bestätigt, und die Bezeichnungen sind bis heute geblieben. Zwischen 1950 und 1980 wird eine Technik entwickelt, um die Zusammensetzung von im Eis eingeschlossenen Luftblasen zu untersuchen. Die verschiedenen Sauerstoffisotope sind je nach Umgebungstemperatur bei der Vereisung in unterschiedlicher Konzentration vorhanden. Je tiefer die Bodenprobe, umso älter ist sie auch. Die dunklen Rillen entstehen im Sommer, die hellen im Winter. Dadurch können die Proben genau datiert werden. Für die Zeit vor Thermometer und Barometer, die erst im 17. Jahrhundert erfunden werden, können Annalen und Chroniken zurate gezogen werden, in denen vor allem ungewöhnliche Begebenheiten vermerkt sind. Rückschlüsse auf Klimabedingungen in der Vergangenheit lassen sich indirekt jedoch auch aus den Aufzeichnungen ganz gewöhnlicher Vorkommnisse ziehen: In Frankreich ist beispielsweise der Beginn der Weinlese – der als öffentliches Ereignis in das Gemeindeverzeichnis eingetragen wird – ein guter Anhaltspunkt, um die Temperaturen im Frühjahr und Sommer zu schätzen: Je wärmer es in diesen beiden Jahreszeiten ist, desto früher beginnt die Weinlese. Möchte man die Bewegung der Gletscher in den Alpen rekonstruieren, können Gravuren aus dem 17. bis 19. Jahrhundert sowie Fotos ab dem 20. Jahr-

Querschnitt durch eine um 1040 geschlagene Eiche, die in einem romanischen Dachstuhl im Département Seine-Maritime (Frankreich) verbaut wurde.

hundert hilfreich sein. Die Anfang des 20. Jahrhunderts von dem Astronomen A. E. Douglass erfundene Dendrochronologie, die das Wachstum der Bäume anhand ihrer Jahresringe nachvollzieht, liefert Informationen zu den Bedingungen, unter denen ein Baum gewachsen ist. Die Breite eines Rings hängt nämlich von Wassermenge, Temperatur und anderen Umweltbedingungen ab. Ein Pionier der historischen Klimatologie ist der französische Historiker Emmanuel Le Roy Ladurie, der in den 1960er Jahren eine Geschichte des Klimas verfasst, für die er alle damals verfügbaren Daten miteinander in Beziehung setzt (*Histoire du climat depuis l'an mil*, 1967).

Eisbohrkern aus dem grönländischen Inlandeis (1837 m Tiefe, 14 250 v. u. Z.).

Die großen Epidemien

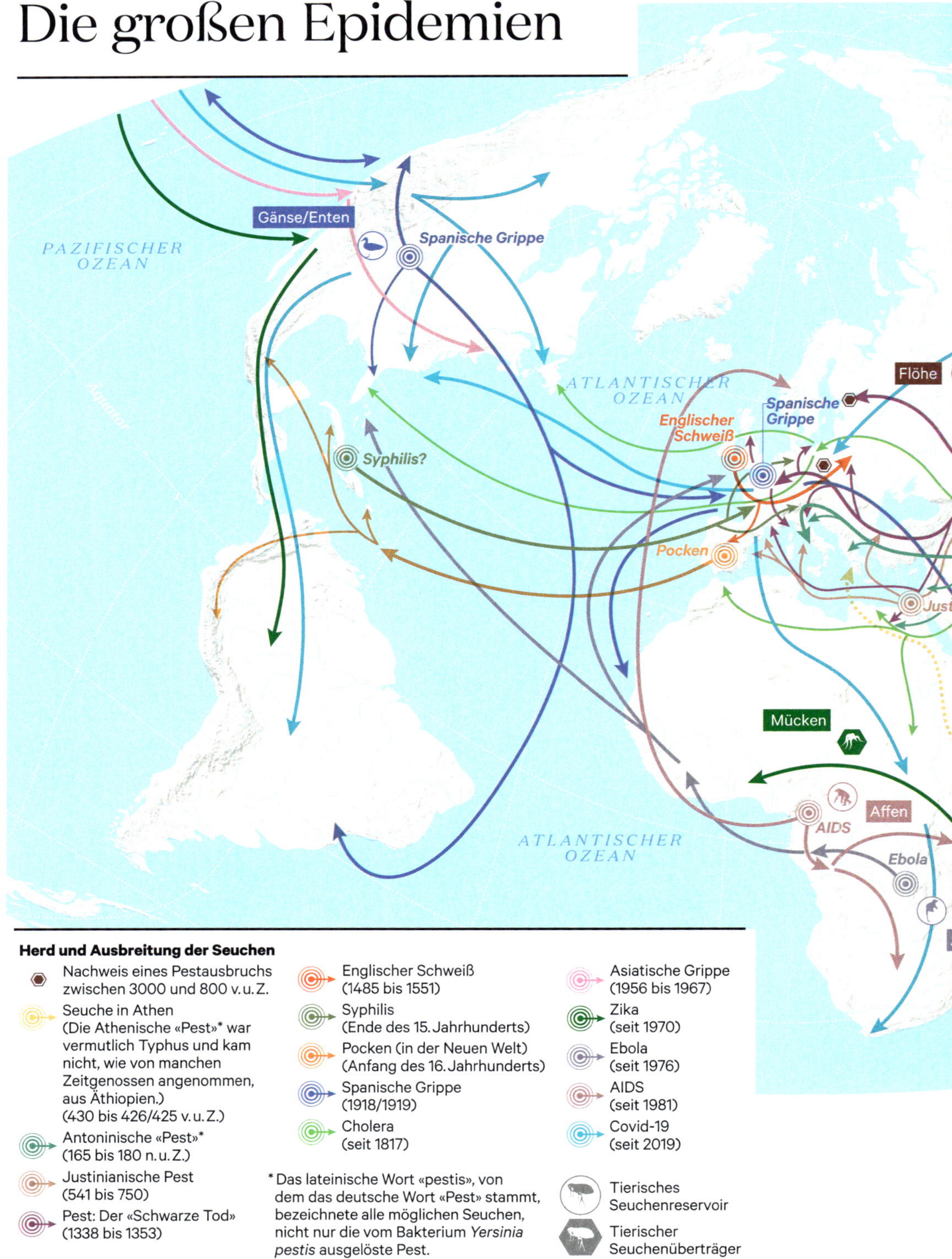

* Das lateinische Wort «pestis», von dem das deutsche Wort «Pest» stammt, bezeichnete alle möglichen Seuchen, nicht nur die vom Bakterium *Yersinia pestis* ausgelöste Pest.

inse/Enten
he Gripppe
Covid-19
«Schwarzer Tod»
Asiatische Grippe
Ratten und Flöhe
Cholera
PAZIFISCHER OZEAN
INDISCHER OZEAN

Seuchen als globales Problem

Ab der Jungsteinzeit führt das Zusammenleben mit den domestizierten Tieren und tierischen Schmarotzern wie etwa Ratten ebenso wie das Zurückdrängen der Wildnis zu Krankheiten. Bevor die Menschen sesshaft werden und die Bevölkerungszahl zunimmt (siehe S. 166), haben Krankheiten in den kleinen, nicht miteinander in Kontakt stehenden Gruppen weniger schwerwiegende Auswirkungen. Die Zusammenballung von Menschen und der zunehmende wirtschaftliche Austausch hingegen begünstigen die Ausbreitung von Epidemien. Schon in Grabstätten aus den Jahren 3000 bis 800 v. u. Z. finden sich in mehreren Gegenden der Welt Spuren der Pest. Im 14. Jahrhundert sterben dann 75 bis 200 Millionen Menschen in der Alten Welt (über ein Drittel aller Europäer) an dem aus Zentralasien stammenden sogenannten Schwarzen Tod. Diese Pestwelle hat sich vermutlich über Handelsrouten, wie zum Beispiel die Seidenstraßen, verbreitet. Die Eroberung und Kolonisierung des amerikanischen Kontinents durch die Europäer ab dem 16. Jahrhundert löst zahlreiche Epidemien in der indigenen Bevölkerung aus, die zu einer demografischen Katastrophe führen (siehe S. 216). Heute tragen touristische und berufliche Flugreisen dazu bei, dass sich Krankheiten sehr schnell weltweit ausbreiten können, wie zuletzt Covid-19.

Todesopfer der großen Seuchen

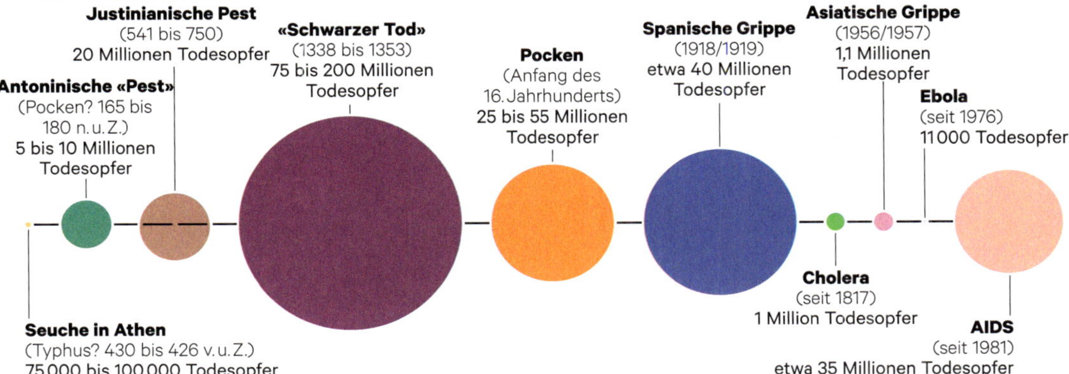

Bevölkerungsaufschwung und -krise

China als Motor demografischen Wachstums

Nach der Bevölkerungsexplosion in der Jungsteinzeit wächst die menschliche Population weiter, wenn auch nicht ohne Schwankungen. Friedenszeiten sind kaum überraschend Blütezeiten, da sie die Verbreitung technischer Innovationen und alle Arten von Austausch begünstigen, während Kriege durch Zerstörungen und die Verschlimmerung von Hungersnöten (siehe S. 196) und Epidemien (siehe S. 202) oft zu einem Bevölkerungsrückgang führen. Am besten belegt ist die Bevölkerungsentwicklung in China, da dort seit dem Jahr 2 n. u. Z. Volkszählungen durchgeführt werden. Damals hat das Land 60 Millionen Einwohner (25 Prozent der Weltbevölkerung), was der Bevölkerungszahl des Römischen Reiches zur Zeit seiner größten Ausdehnung entspricht (2. Jahrhundert n. u. Z.). Im Norden Chinas ist die Bevölkerungsdichte für die damalige Zeit bereits außergewöhnlich hoch. Die Menschen dort leben von der Landwirtschaft, vor allem vom Weizen- und Hirseanbau. Reis spielt noch kaum eine Rolle. Während im 18. Jahrhundert die Bevölkerungen Indiens und Afrikas (das durch den Sklavenhandel ausblutet, siehe S. 226) stagnieren, verdoppelt sich in China die Bevölkerungszahl (von 180 auf 350 Millionen, das sind 35 Prozent der Weltbevölkerung im Jahr 1800). Da zeichnen sich bereits die demografischen Entwicklungen ab, die ein bis dahin ungekanntes Wachstum zur Folge haben (siehe S. 264).

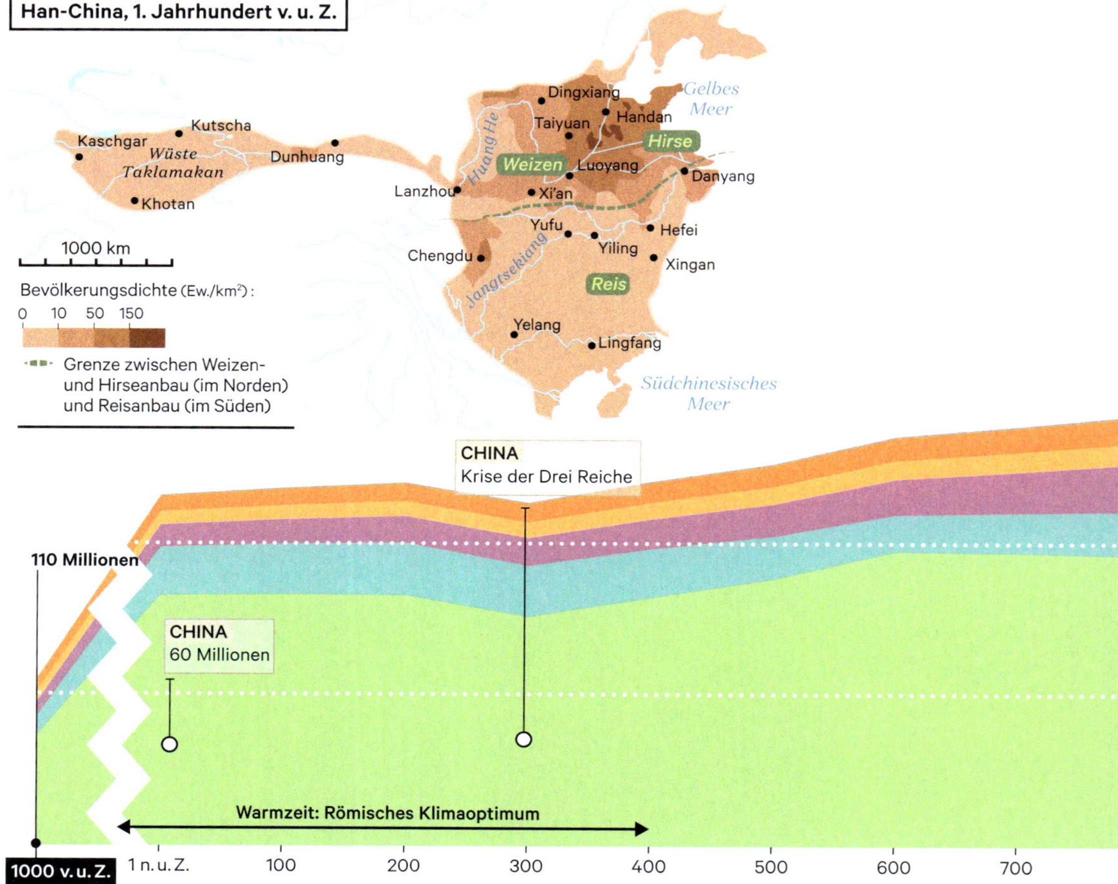

Siehe auch — Die Menschen werden sesshaft und vermehren sich **S. 166**
Die demografische Katastrophe und die Wiederaufforstung Amerikas **S. 216**
Die Bevölkerungsexplosion **S. 264**

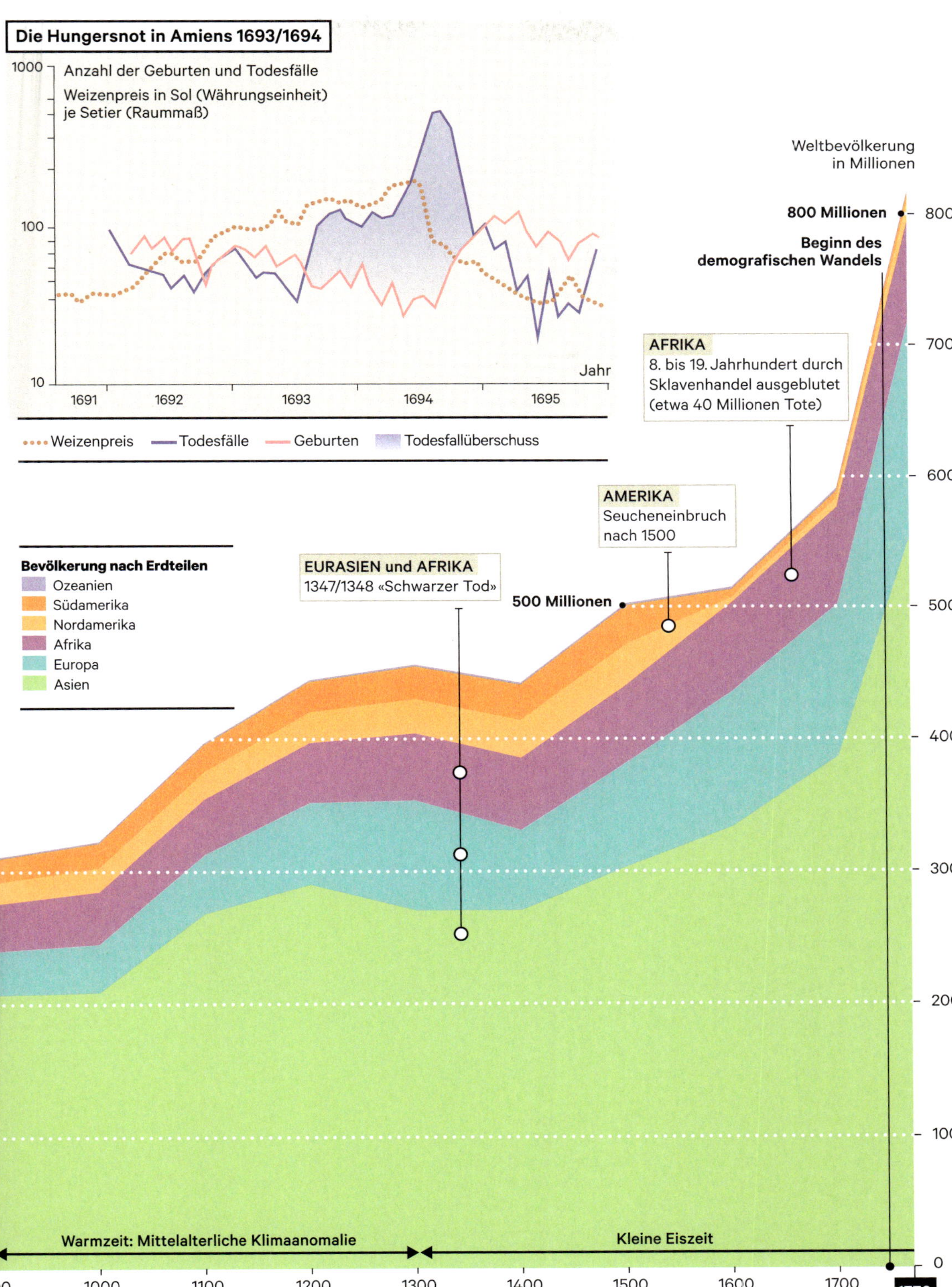

Die Globalisierung im 15. Jahrhundert

Die Alte Welt im 15. Jahrhundert

Eurasien und Afrika pflegen seit langer Zeit Beziehungen. Nachdem der Austausch im 14. Jahrhundert abgenommen hat (vor allem wegen des Ausbruchs der Pest, siehe S. 202), knüpfen sie neue Verbindungen, und der Handel blüht wieder auf. Die Seidenstraße bleibt unter den Nachfahren Timurs, den Timuriden, bis weit ins 15. Jahrhundert ein wichtiges Handelsroutennetz, verliert dann aber zu Gunsten der sichereren Seewege an Bedeutung. Mittelpunkt dieses Geflechts aus Handelswegen und -beziehungen ist der Indische Ozean als Bindeglied zwischen Mittelmeer und Chinesischem Meer. Vor dem Eindringen der Portugiesen in diesen Wirtschaftsraum zu Beginn des 16. Jahrhunderts sind im Indischen Ozean vor allem muslimische und indische Händler unterwegs. Es bilden sich «Zentren» und «Peripherien» heraus: Die Zentren – China, das ägyptische Mamlukenreich, das Osmanische Reich und Indien – verkaufen handgefertigte Erzeugnisse, während aus den Peripherien hauptsächlich Rohstoffe und Sklaven kommen. Indien exportiert Gewürze und Baumwolle und profitiert dabei vor allem vom Handel mit dem Westen, während es aus dem Osten mehr Waren einführt, zum Beispiel Seide und Porzellan. Das Rückgrat dieses Weltsystems ist das Netz der großen Häfen wie Aden im Süden der Arabischen Halbinsel, Hormuz am immer wichtiger werdenden Persischen Golf, Khambhat und Kozhikode (frühere Namen: Cambay und Calicut) in Indien und vor allem Malakka: damals einer der bedeutendsten Häfen der Welt und der wichtigste im Indischen Ozean. Auch die swahilische Welt an der afrikanischen Ostküste wird immer mehr eingebunden. Europa ist im 15. Jahrhundert nur das äußerste, westliche Ende dieser Welt und mit den großen Handelsnetzwerken über das Mittelmeer und die venezianischen und genuesischen Händler verbunden. Die asiatische Wirtschaft dominiert die Alte Welt – und das bis zu Beginn des 19. Jahrhunderts.

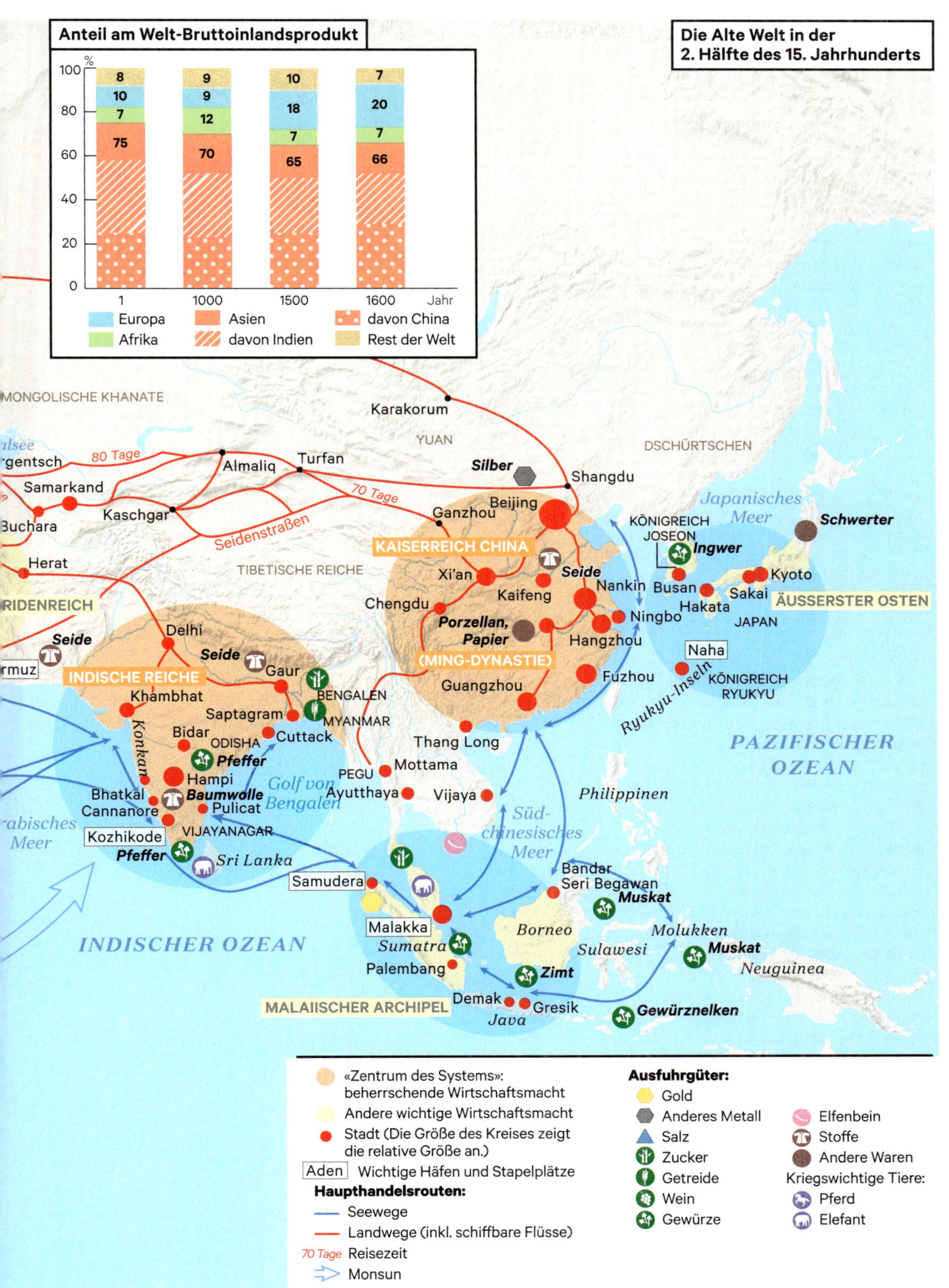
Anteil am Welt-Bruttoinlandsprodukt
%
100
80
60
40
20
0
1
1000
1500
1600
Jahr
8
10
7
75
9
9
12
70
10
18
7
65
7
20
7
66
Europa
Afrika
Asien
davon Indien
davon China
Rest der Welt
Die Alte Welt in der 2. Hälfte des 15. Jahrhunderts
MONGOLISCHE KHANATE
Karakorum
YUAN
DSCHÜRTSCHEN
80 Tage
Almaliq
Turfan
Samarkand
Buchara
Kaschgar
70 Tage
Silber
Shangdu
Beijing
Ganzhou
Seidenstraßen
KAISERREICH CHINA
Herat
TIBETISCHE REICHE
Xi'an
Seide
Kaifeng
Nankin
Chengdu
Porzellan, Papier
(MING-DYNASTIE)
Hangzhou
Ningbo
Fuzhou
Guangzhou
Delhi
Seide
Gaur
INDISCHE REICHE
Khambhat
BENGALEN
Saptagram
MYANMAR
Bidar
ODISHA
Cuttack
Konkan
Pfeffer
Hampi
Bhatkal
Baumwolle
Cannanore
Pulicat
Golf von Bengalen
VIJAYANAGAR
Kozhikode
Pfeffer
Sri Lanka
PEGU
Mottama
Ayutthaya
Thang Long
Vijaya
Süd-chinesisches Meer
Japanisches Meer
KÖNIGREICH JOSEON
Ingwer
Schwerter
Busan
Kyoto
Sakai
Hakata
ÄUSSERSTER OSTEN
JAPAN
Naha
Ryukyu-Inseln
KÖNIGREICH RYUKYU
PAZIFISCHER OZEAN
Philippinen
Samudera
Malakka
Sumatra
Palembang
Bandar Seri Begawan
Muskat
Borneo
Molukken
Sulawesi
Muskat
Neuguinea
Zimt
Demak
Gresik
Java
Gewürznelken
MALAIISCHER ARCHIPEL
INDISCHER OZEAN
Arabisches Meer
«Zentrum des Systems»: beherrschende Wirtschaftsmacht
Andere wichtige Wirtschaftsmacht
Stadt (Die Größe des Kreises zeigt die relative Größe an.)
Aden Wichtige Häfen und Stapelplätze
Haupthandelsrouten:
Seewege
Landwege (inkl. schiffbare Flüsse)
70 Tage Reisezeit
Monsun
Ausfuhrgüter:
Gold
Anderes Metall
Salz
Zucker
Getreide
Wein
Gewürze
Elfenbein
Stoffe
Andere Waren
Kriegswichtige Tiere:
Pferd
Elefant

Die Nutzung der Erde im 15. Jahrhundert

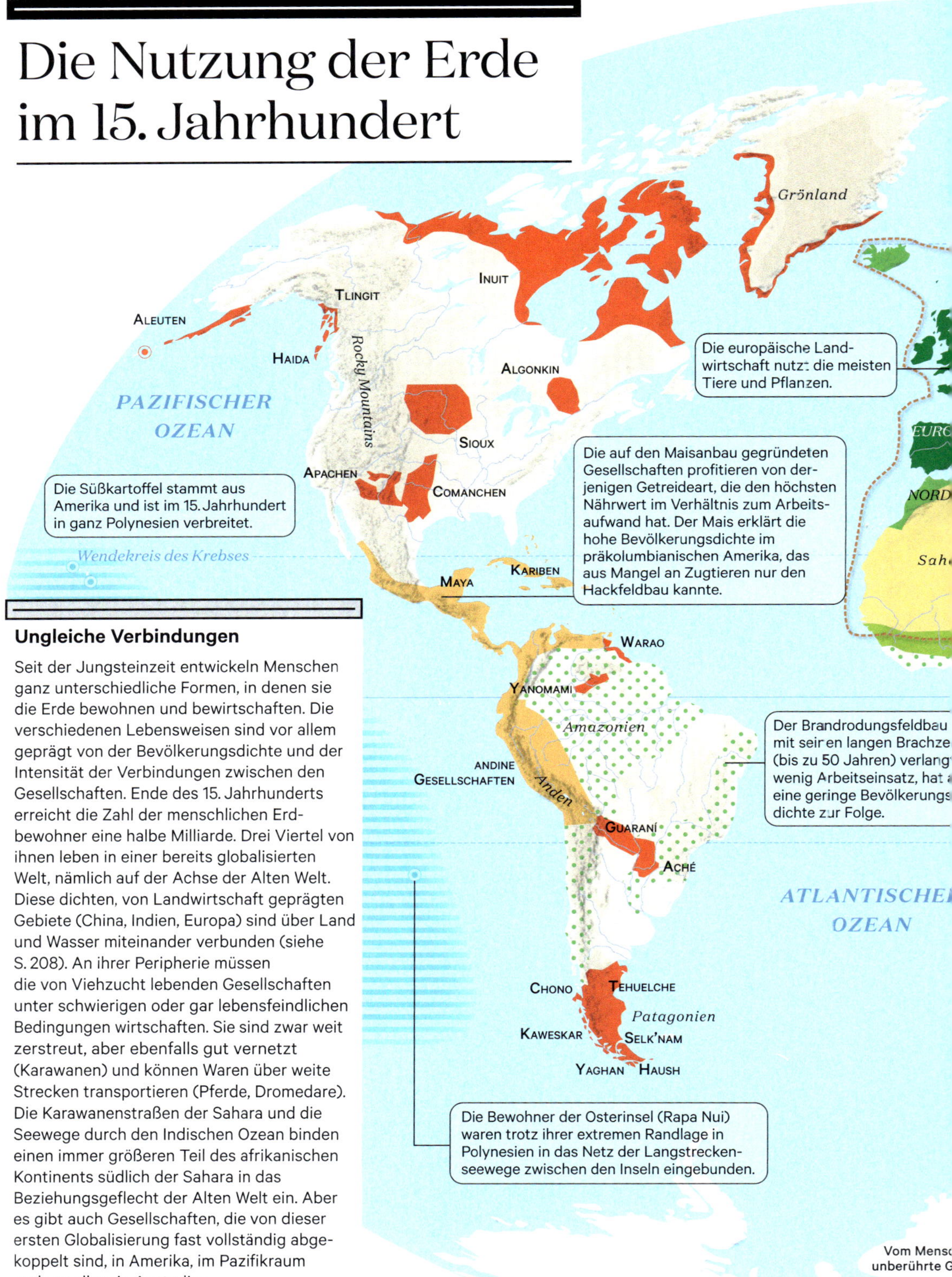

Ungleiche Verbindungen

Seit der Jungsteinzeit entwickeln Menschen ganz unterschiedliche Formen, in denen sie die Erde bewohnen und bewirtschaften. Die verschiedenen Lebensweisen sind vor allem geprägt von der Bevölkerungsdichte und der Intensität der Verbindungen zwischen den Gesellschaften. Ende des 15. Jahrhunderts erreicht die Zahl der menschlichen Erdbewohner eine halbe Milliarde. Drei Viertel von ihnen leben in einer bereits globalisierten Welt, nämlich auf der Achse der Alten Welt. Diese dichten, von Landwirtschaft geprägten Gebiete (China, Indien, Europa) sind über Land und Wasser miteinander verbunden (siehe S. 208). An ihrer Peripherie müssen die von Viehzucht lebenden Gesellschaften unter schwierigen oder gar lebensfeindlichen Bedingungen wirtschaften. Sie sind zwar weit zerstreut, aber ebenfalls gut vernetzt (Karawanen) und können Waren über weite Strecken transportieren (Pferde, Dromedare). Die Karawanenstraßen der Sahara und die Seewege durch den Indischen Ozean binden einen immer größeren Teil des afrikanischen Kontinents südlich der Sahara in das Beziehungsgeflecht der Alten Welt ein. Aber es gibt auch Gesellschaften, die von dieser ersten Globalisierung fast vollständig abgekoppelt sind, in Amerika, im Pazifikraum und vor allem in Australien.

Siehe auch — Die Besiedlung der Neuen Welt **S. 128**
Jäger und Sammler der Welt **S. 172**
Die Einteilung der Welt in Nord und Süd **S. 232**

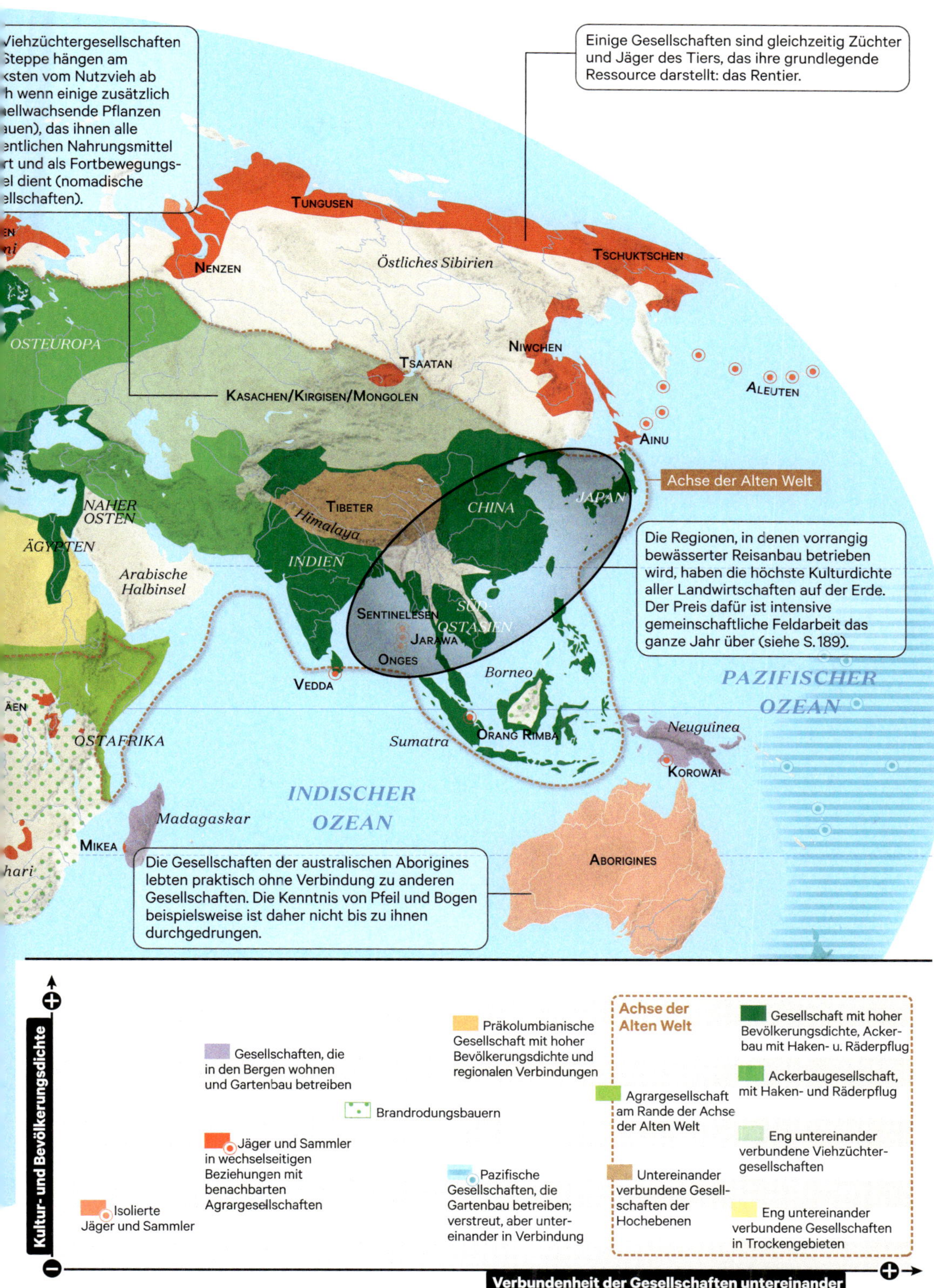

7

Die Globalisierung der Ressourcen

(seit dem 15. Jahrhundert)

Vom 15. Jahrhundert an macht sich vor allem Europa auf, die Länder zu erkunden, die bis dahin außerhalb des Beziehungsgeflechts der Alten Welt lagen. Die amerikanischen, später auch die australischen und polynesischen Völker werden von eingeschleppten Krankheiten und der Brutalität der Kolonisatoren überrollt. Die Europäer interessieren sich zunächst für Gegenden, in denen sie durch Bergbau und Plantagen Erzeugnisse herstellen können, an denen es ihnen mangelt. Diese Wirtschaftsweise ist allerdings nur möglich dank massiver Sklavenarbeit. Später, als sich Europa im demografischen Wandel befindet, besiedelt es auch kältere Regionen in Übersee und begründet damit die «westliche Welt».

Warum Europa?

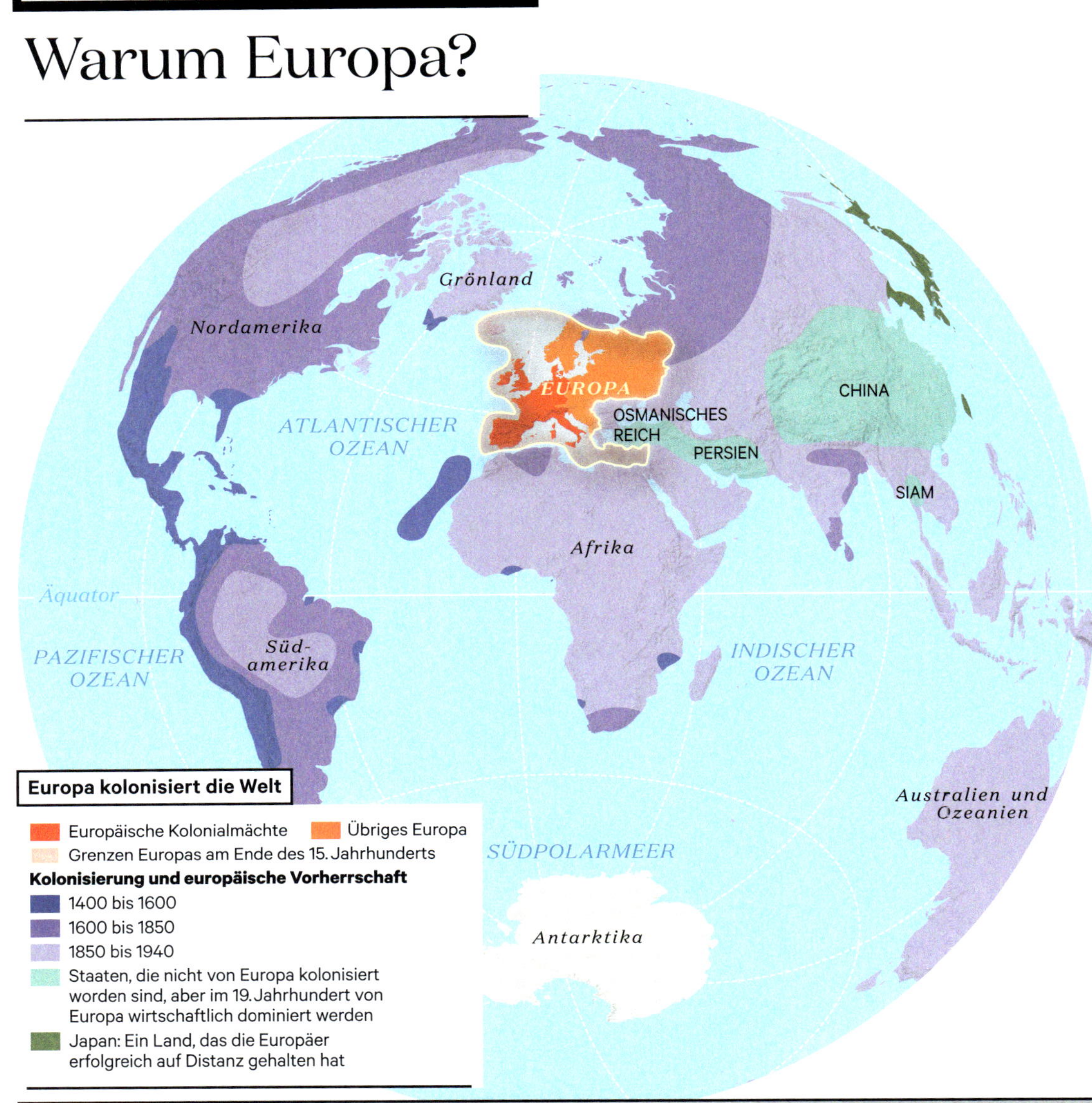

Im Westen der Alten Welt

Indem die Europäer einen Großteil des Globus besiedeln, schaffen sie eine neue geografische Situation, die die gesamte Menschheit betrifft. Europa hat durch seine Lage indes keine besonderen Vorteile gegenüber den anderen Gesellschaften, da es am Ende der Hauptachse liegt, auf der deren Austausch stattfindet. Die Stärke der Osmanen, Perser, Inder, Chinesen, Japaner und auch der nordafrikanischen Herrschaften verhindert lange Zeit, dass Europa die Oberhand gewinnt. Erst Ende des 19. Jahrhunderts, als einige europäische Staaten dank der Industrialisierung und ihres Bevölkerungswachstums einen echten Wettbewerbsvorteil erlangen, kolonisieren sie fast alle Weltregionen. Bis dahin können die Europäer nur die Gebiete der «Neuen Welt» teilweise unter ihre Kontrolle bringen – insbesondere Amerika –, weil diese bis dahin nicht in die etablierten Herrschaften der Alten Welt eingegliedert und zudem durch die von Europa eingeschleppten Krankheiten geschwächt sind. Nun aber erlangt Europa eine Vormachtstellung, die mit der wirtschaftlichen Neuordnung im 19. Jahrhundert einhergeht. Auch andere Gesellschaften hätten diese Rolle einnehmen können, aber ein entscheidender Trumpf der Europäer ist die Entscheidung, nach Übersee zu fahren, die bekannte Welt hinter sich zu lassen und sich auf die Suche nach erschöpften oder im eigenen Land unauffindbaren Ressourcen zu machen.

Siehe auch — Die Globalisierung im 15. Jahrhundert **S. 206**
Die Rolle des Kohlenstoffs bei der ersten Industrialisierung **S. 238**

Die europäische Kenntnis der Erde im 15. Jahrhundert

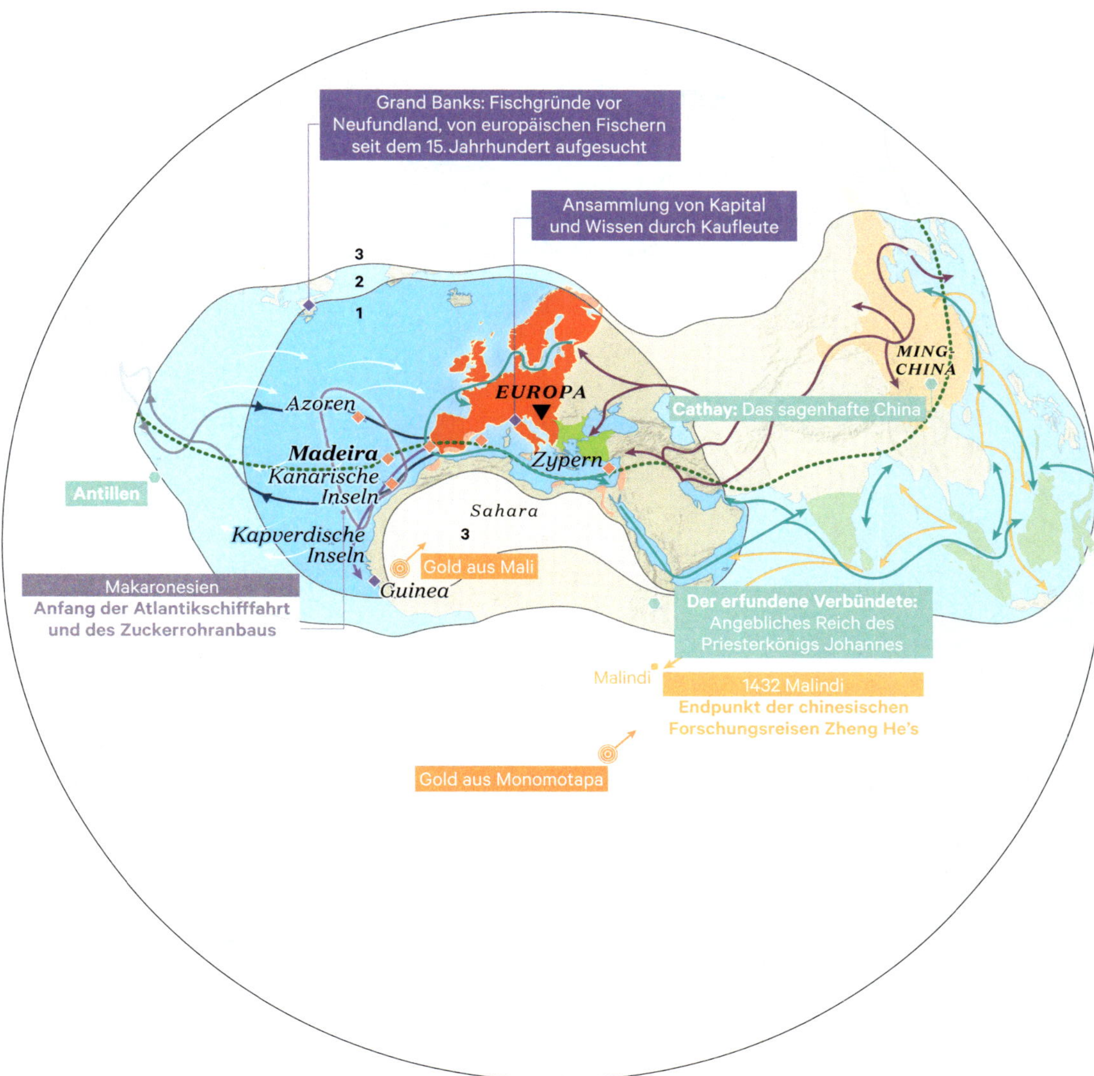

1 In Europa bekannte und kartografierte Gebiete
2 Gebiete, über die Europäer nur lückenhaftes Wissen besitzen oder gar nur Legenden kennen
3 In Europa unbekannte Gebiete
Imaginierter Ort

Handelsrouten auf der Achse der Alten Welt

Landwege, u. a. «Seidenstraßen»
Seewege, u. a. «Gewürzroute»
Sperrung durch Osmanisches Reich (seit Mitte des 15. Jahrhunderts)

Europäische Lust auf Produkte, die es in den gemäßigten Breiten nicht gibt

Nordgrenze des winterlosen Klimas
Gewürzländer
Zuckerinsel unter europäischer Herrschaft
Regionen, die Zucker nach Europa exportieren

Europäischer Bedarf an Edelmetallen

Erschöpfung der europäischen Gold- und Silberbergwerke
Goldgewinnung in neuen Gebieten

Voraussetzungen der Entdeckungsreisen

Weiteste Vorstöße europäischer Fischer und Kaufleute
Portugiesische Versuche einer Umsegelung Afrikas
Seemännische Erfahrung auf dem Atlantik (Strömungen und Passatwinde)
Christoph Kolumbus erste Reise

Geopolitische Konkurrenzstruktur (nach dem französischen Historiker Fernand Braudel)

Europäische Weltwirtschaft (keine Macht kann die Erweiterung nach Übersee aufhalten)
Chinesisches Weltreich
Chinesische Forschungsreise

Das maritime Netz der Welt

Übersee liegt in weiter Ferne

Küstenschifffahrt gibt es seit der Altsteinzeit. Vor dreitausend Jahren setzt im Indischen Ozean dann die Hochseeschifffahrt ein. Seit Beginn unserer Zeitrechnung besiedeln die Polynesier den gesamten Pazifikraum. Der intensivste maritime Austausch findet lange Zeit auf dem Indischen Ozean statt. Dank der Monsune können die Schiffe mit permanentem Rückenwind zwischen Ost und West hin- und herfahren. Der westliche Pazifik und das Mittelmeer bilden die Verlängerung dieser maritimen Mittelachse. Paradoxerweise stechen die Europäer nach Westen in See, sodass sie mit Gegenwind fahren müssen. Bis dahin bekannt ist nur die Route über den Hohen Norden, die die Wikinger während der Warmzeit im 8. bis 13. Jahrhundert genommen haben (siehe S. 199). Die Seewege des Südens erkunden die Europäer erst im 15. Jahrhundert, um nach Makaronesien zu gelangen (Madeira, Azoren, Kanarische Inseln). Dort lernen sie, wie sie die Passatwinde nutzen können, um weiter nach Westen zu fahren, und kehren mit dem Golfstrom wieder heim. So gelangt Kolumbus nach Amerika. Diese Route führt sowohl nach Amerika als auch nach Süden und dann in den Indischen Ozean, weswegen sie auch von den Ostindien-kompanien genutzt wird. Diese weiten Reisen sind alles andere als selbstverständlich, da sie teuer und gefährlich sind und lange dauern. Um den Nord-atlantik zu überqueren, braucht es zwar nur ein paar Wochen, eine Fahrt nach China aber kann mehrere Jahre dauern. Um solche Strecken zu bewältigen, braucht es gewichtige Gründe, die für die Europäer vor allem wirtschaft-licher Art sind.

Siehe auch — Die planetarische Zirkulation S. 62
Ein wahres Weltmeer S. 64
Transportmittel S. 244

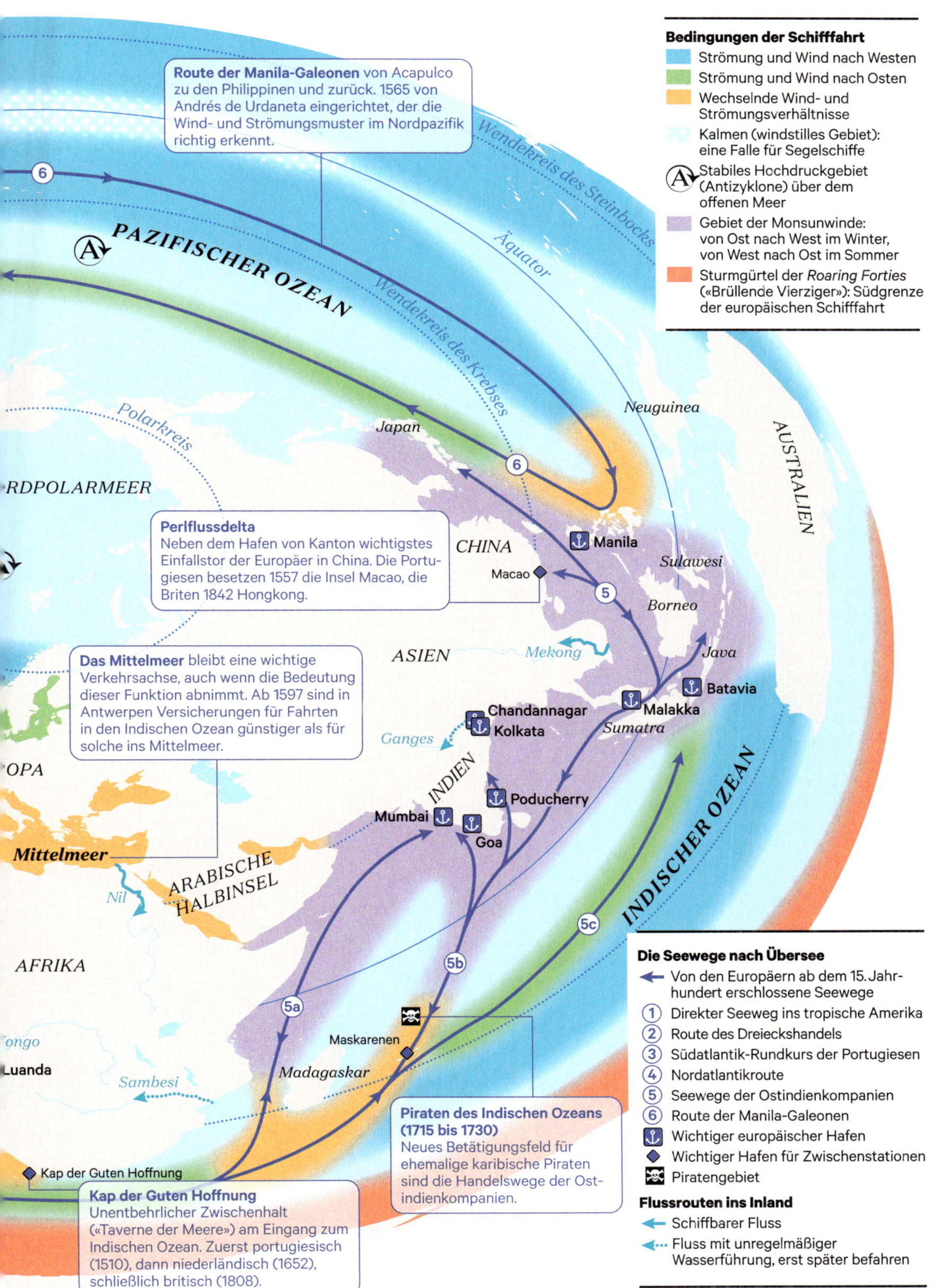

Die demografische Katastrophe und die Wiederaufforstung Amerikas

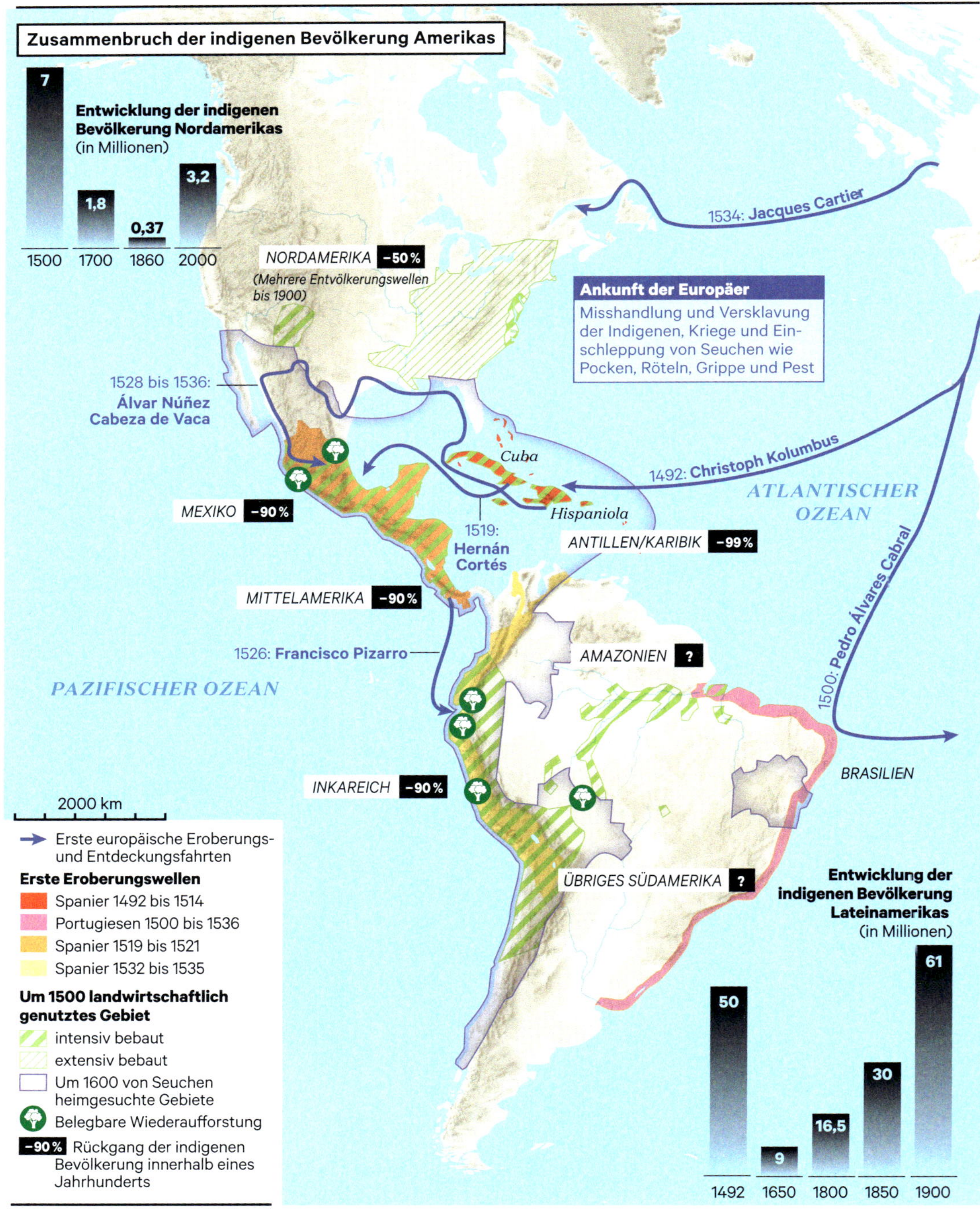

Siehe auch — Die Besiedlung der Neuen Welt **S. 128**
Frühe Veränderungen Amazoniens **S. 170**
Bevölkerungsaufschwung und -krise **S. 204**

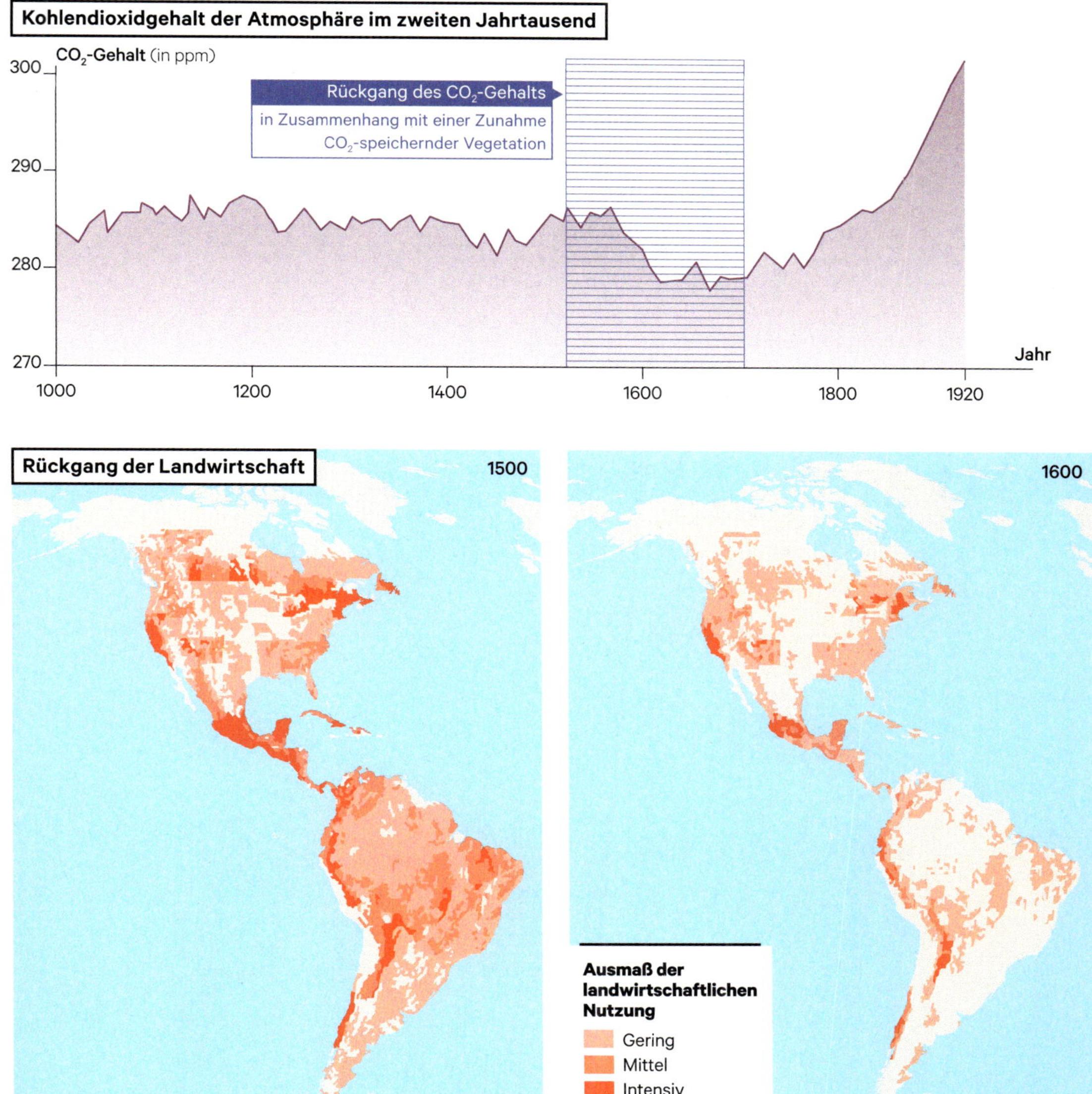

Zusammenbruch der amerikanischen Bevölkerung

Die ersten Europäer, die den amerikanischen Kontinent erreichen, sind die Wikinger. Die Besiedlung Amerikas durch Europa beginnt aber erst nach 1492. Die Europäer schleppen Krankheiten in die Neue Welt ein, die seit mehreren tausend Jahren von Eurasien abgeschnitten ist. Pocken, Masern, Grippe und Typhus entfesseln in ganz Amerika Epidemien. Hinzu kommt die Gewalt der Europäer gegenüber der indigenen Bevölkerung, Sklaverei und Kriege. Die Zahl der Amerikaner geht drastisch zurück, in der Karibik sinkt sie in 100 Jahren um 99 Prozent, in Mexiko um 90 Prozent. 70 Prozent der Maya in Guatemala stirbt in den 30 Jahren nach der ersten Begegnung mit den Konquistadoren. Ende der 1520er Jahre sind zwischen 30 und 50 Prozent aller Inka tot. Die indigenen Gesellschaften bewirtschaften weite Gebiete, die nun aufgegeben und später wiederaufgeforstet werden, was einer neueren Studie zufolge zwischen 1520 und 1610 zu einer Abnahme der CO_2-Konzentration in der Atmosphäre führt – die wiederum neben geringerer Sonnenaktivität (siehe S. 20) und Vulkanausbrüchen (siehe S. 54) womöglich eine der Ursachen für die «Kleine Eiszeit» ist, eine Periode, in der das Klima ungewöhnlich kalt ist (siehe S. 198).

«Herr und Meister der Natur»

Der prometheische Traum

Anfang des 19. Jahrhunderts kommt der Begriff «Moderne» auf, der für Fortschrittsglauben, die Befreiung von alten Fesseln und die Beherrschung der Natur im Dienste des Menschen steht. Damit, so scheint es, haben die politischen und industriellen Revolutionen das Programm der Aufklärung umgesetzt. Prophetisch erscheint heute eine Passage aus dem sechsten Abschnitt der *Abhandlung über die Methode* von Descartes (1637): «[Man kann] eine praktische [Philosophie] finden, welche uns die Kraft und Wirkungen des Feuers, des Wassers, der Luft, der Gestirne, des Himmels und aller Körper, die uns umgeben, so genau kennen lernt […], dass wir jene ebenso wie diese zu allen passenden Zwecken verwenden und uns so zu dem Herrn und Meister der Natur machen können.» Diesem Aufruf zur Weiterentwicklung von Wissenschaft und Technik folgen wir willfährig seit über 300 Jahren. Der Saint-Simonismus ist im 19. Jahrhundert eine einflussreiche Bewegung, die den Eintritt in das «positive, industrielle Zeitalter» propagiert (Auguste Comte). Seine Anhänger setzen große Projekte wie Bahnstrecken oder Verbindungskanäle zwischen den Meeren in Gang, um Handel und Industrie weiterzuentwickeln. Ihre Arbeit sehen sie in der Tradition der großen Bauten der Menschheitsgeschichte, die sie mit Bezug auf die spektakulären Bauwerke der Antike

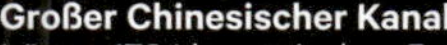

Großer Chinesischer Kanal
Länge 1794 km, seit dem 5. Jahrhundert v. u. Z.
der längste noch heute genutzte Kanal des Altertums

Danyang-Kushan-Brücke
Länge 164,8 km, 2011 fertiggestellt,
längste Brücke der Welt

Dreischluchtendamm
2012 fertiggestellt, größtes
Wasserkraftwerk der Welt

Shuangjiangkou-Damm
Im Bau, wird mit 312 Metern
höchster Staudamm der Welt

Kosmodrom Wenchang
Wichtigster chinesischer
Weltraumbahnhof, seit 2005 in Betrieb
(Raketen «Langer Marsch» 5 bis 7)

inping-I-Staudamm
löhe 305 Meter, 2014 fertiggestellt,
urzeit höchster Staudamm der Welt

urj Khalifa
löhe 828 Meter, zurzeit
öchstes Gebäude der Welt

alm Islands
n Bau; künstliche Inselgruppe
n Form einer Palme

	Projekt verwirklicht	Projekt aufgegeben
Überquerung von Wasser	●	○
Überquerung von Land und Gebirge	●	○
Aufforstung	●	○
Beherrschung des Wassers	●	○
Landgewinnung	●	○
Höhengewinnung	●	○
Satellitenstarts	●	

«pharaonisch» nennen. Auf der obigen Karte sind einige von ihnen verzeichnet. Doch auch wenn am Ende des 20. Jahrhunderts in den alten Industriegesellschaften Stimmen gegen die Moderne laut werden, da sie die Natur zerstöre und ihre Universalität Augenwischerei sei, ist der Durst nach quantitativem Fortschritt längst nicht gelöscht, vor allem in Gesellschaften, die bislang noch nicht vom Wirtschaftswachstum profitiert haben – was sich an den Wolkenkratzern sehen lässt, die besonders in Asien und im arabischen Raum gerade aus der Erde schießen.

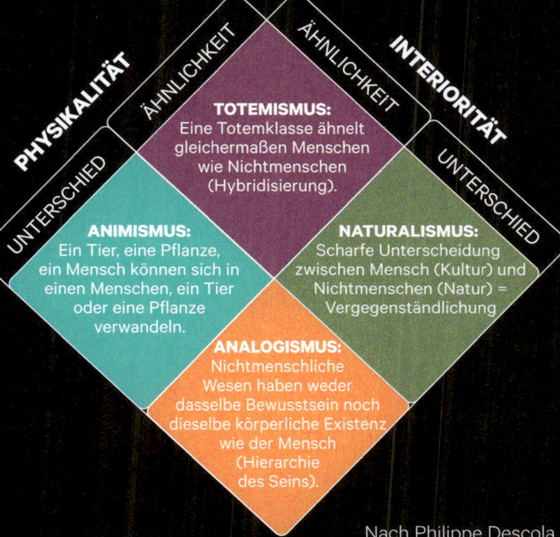

Nach Philippe Descola

Der Mensch steht außerhalb der Natur

Das westliche Denken ist wesentlich vom Dualismus von Natur und Kultur geprägt, während es diese radikale Trennung zwischen den Menschen und dem Rest der Welt in vielen anderen Kulturen nicht gibt. Der Anthropologe Philippe Descola stützt seine Einteilung der verschiedenen Beziehungen zur Welt auf die These, die Vorstellung von einer «Natur» sei bereits eine soziale Konstruktion. Seine Anthropologie ist antidualistisch, d. h. sie betrachtet sowohl die Beziehungen zwischen Menschen und Nicht-Menschen als auch zwischen Menschen untereinander. Dabei teilt sie Ontologien nach zwei Achsen ein: Physikalität (biophysische Funktionsweise) und Interiorität (Psyche). So sagen die naturalistischen (westlichen) Gesellschaften, dass die biophysikalischen Einschränkungen bei den Menschen und den anderen Lebewesen identisch sind, dass aber kulturelle Aspekte wie Sprache oder Vernunft den Menschen eigen sind, wodurch sie im Gegensatz zur Descartes'schen «Tier-Maschine» stehen. Dann ist es logischerweise auch vorstellbar, Herr und Meister des Planeten Erde zu sein.

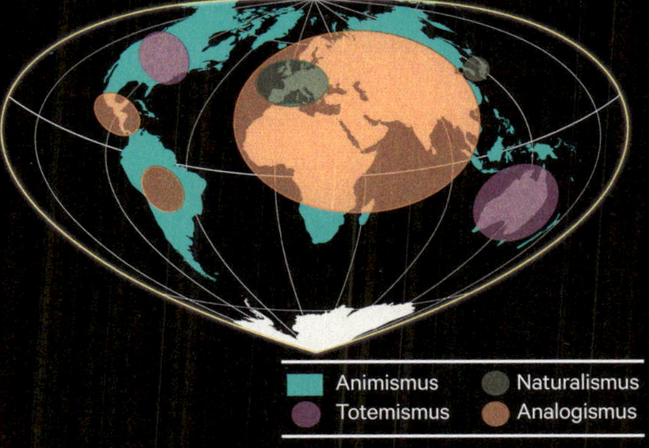

Animismus · Naturalismus · Totemismus · Analogismus

Der Kolumbianische Austausch

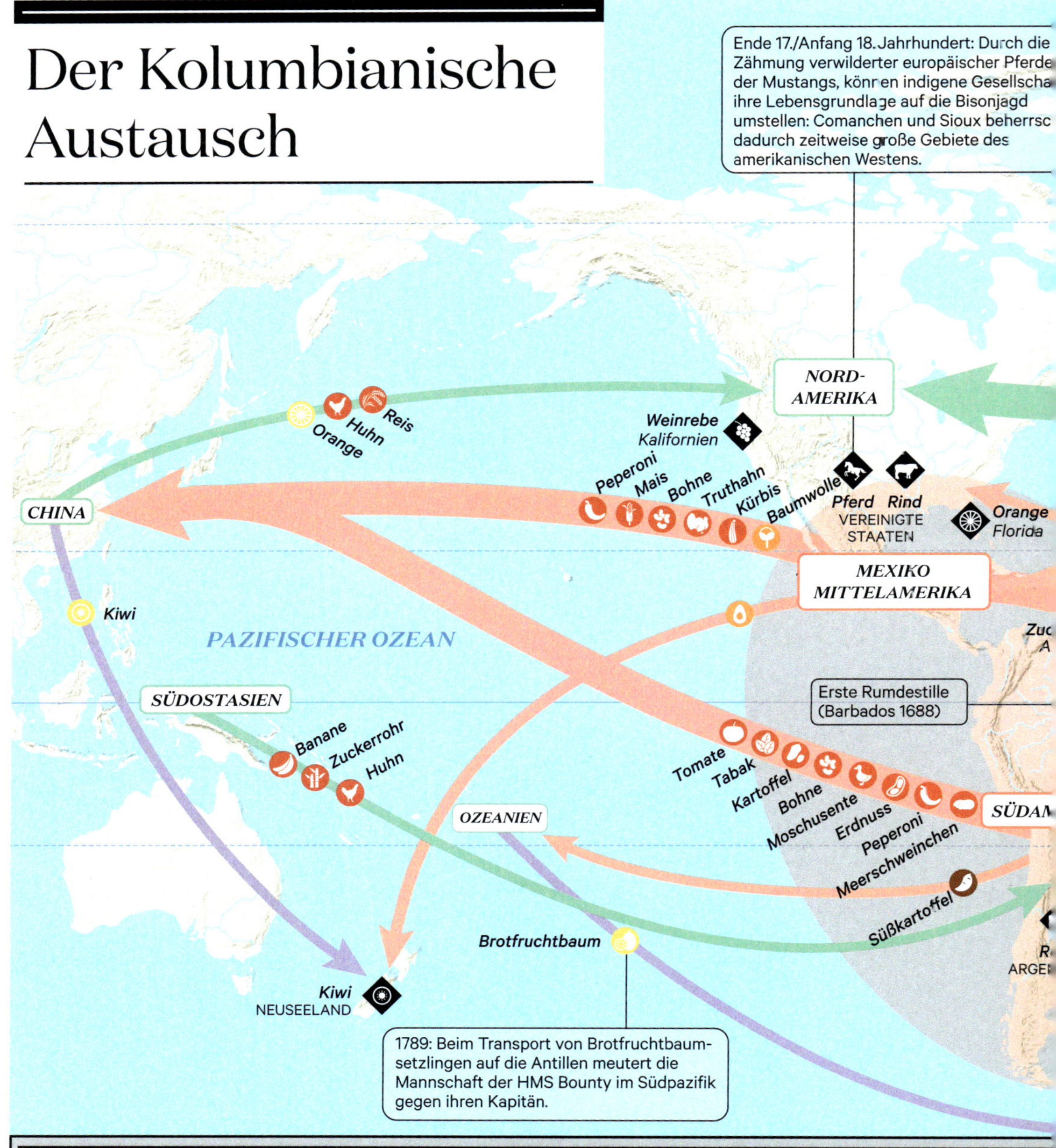

Die Globalisierung der Pflanzen und Tiere

Die Menschen verbreiten domestizierte und wilde Pflanzen und Tiere in alle Ökoregionen, in denen diese überleben können. Die größte Vermischung ereignet sich in der Folge der «Entdeckung» Amerikas durch Kolumbus und der damit aufkommenden Beziehungen zwischen Amerika und der Alten Welt im «Columbian Exchange», dem «Kolumbianischen Austausch», wie es der Historiker Alfred Crosby nennt. Nur wenige Tiere kommen aus Amerika, dafür aber viele Pflanzen, die heute weltweit zu finden sind (Mais, Bohne, Kartoffel, Tabak). Auch zwischen anderen Kontinenten kommt es zum Austausch von Arten, der manchmal schon lange zurückliegt (die amerikanische Süßkartoffel in Ozeanien) oder sich erst vor Kurzem vollzogen hat (die chinesische Kiwi in Neuseeland). Viele Gesellschaften heute können kaum glauben, dass Pflanzen, die bei ihnen wachsen und zentraler Bestandteil ihrer Identität sind, ursprünglich von woanders kamen, wie etwa Peperoni in Indien oder Maniok in der Afrotropis. Überallhin folgen dem Menschen schmarotzende Tiere (Ratten, Mäuse), was oft zum Nachteil der ansässigen Arten ist.

5 bis 1852: Große Hungersnot in
d. Die Kartoffelfäule führt in einem
ßenteils vom Kartoffelanbau
ängig gewordenen Land zu einer
on Todesopfern.
1810: Die napoleonische Kontinentalsperre verhindert die Einfuhr von Pfeffer ins französisch besetzte Europa. Als Ersatz wird in Ungarn großflächig Paprika angebaut.
Sonnenblume
Kürbis
RUSSLAND
Kartoffel
IRLAND
Knoblauch, Zwiebel
Weizen, Roggen
Katze
Rind
Hund
Schaf
Weinrebe
Pferd
Maus und Ratte
Ursprung: Alte Welt
Verbreitung: Weltweit
ZENTRALASIEN
EUROPA
Truthahn
Avocado
Tomate
ITALIEN
FRUCHTBARER HALBMOND
Pferd
Hund
Moschusente
Kartoffel
Schaf
INDISCHER SUBKONTINENT
Wendekreis des Krebses
abak
Erdnuss
SENEGAL
Rind
Peperoni
INDIEN
Schwarzer Pfeffer
Zwiebel
Zuckerrohr
Maniok
Ostafrika
Kakao
ÄTHIOPIEN
SÜDOSTASIEN
GUINEAKÜSTE
ATLANTISCHER OZEAN
Maniok
Zentralafrika
Kaffee
Äquator
INDISCHER OZEAN
Maniok
fee
ILIEN
Vanille
MADAGASKAR
Kartoffel
Erdnuss
Tabak
Wendekreis des Steinbocks
Vanille
Vanille
Tomate
Peperoni
Papaya
Bohne
Kürbis
Baumwolle
Tomate
Peperoni
Maniok
Ananas
Gummibaum
Zentrum des Kolumbianischen Austauschs
Überseeischer Austausch wichtiger Lebensmittel
Amerikanische Lebensmittel in die übrige Welt
Lebensmittel der Alten Welt nach Amerika
Nachträglicher Austausch zwischen verschiedenen Erdteilen
Zeit des Austauschs
Vor dem 15. Jahrhundert
16. Jahrhundert
17. und 18. Jahrhundert
19. Jahrhundert
Pflanzen, die heute kennzeichnend für das Gebiet sind, in das sie eingeführt worden sind

Europa und die kalten Regionen in Übersee

Die Europäer in den gemäßigten und kalten Zonen (16. bis 18. Jahrhundert)

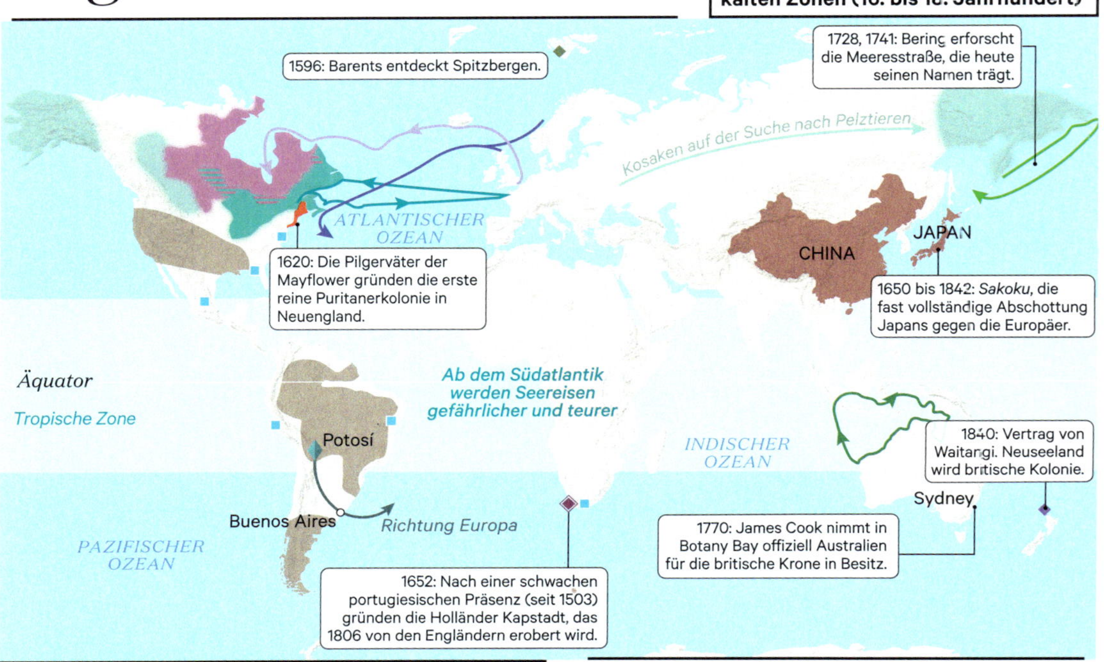

Geringes Interesse (1500–1800)

Die Europäer brauchen eine starke Motivation, um maritime Expeditionen zu unternehmen, die sie in fernere Länder als bei ihren ersten «Entdeckungsfahrten» führen. Besonders reizvoll sind warme Gegenden wie Ostindien, Brasilien oder die Karibik. Die gemäßigten Breiten interessieren die Europäer dagegen kaum, da dort nur ähnliche Erzeugnisse hergestellt werden können wie daheim. Die Transportkosten sind derart hoch, dass Ausfuhren ins Mutterland bis zum 18. Jahrhundert kaum denkbar sind. Einzige Ausnahme sind Pelze, ein teures und seltenes Gut, das die kalten Regionen in Hülle und Fülle zu bieten haben. Französische und englische Expeditionen fahren über den Atlantik nach Nordwesten, um unter Umschiffung Amerikas zum sagenumwobenen Orient zu gelangen. Die Suche nach der Nordwestpassage stellt sich als vergeblich heraus, führt aber dazu, dass Handelskontore eingerichtet werden und neue Kolonien entstehen: Quebec und Neuengland, das von radikalen Protestanten gegründet wird, die eine streng religiöse Gesellschaft etablieren wollen. Im diplomatischen Ränkespiel haben diese «kalten» Siedlungen im Vergleich zu den Territorien mit Plantagen wenig Gewicht. «Für ein paar Quadratmeter Schnee» tritt Frankreich, wie Voltaire es formuliert, im Frieden von Paris 1763 Québec ab, behält jedoch seine Zuckerinseln, darunter Haiti.

Nordostamerika, erreichbar in etwa zehntägiger Überfahrt

Die Suche nach der Nordwestpassage und ihre Folgen
- Zweite Reise Jacques Cartiers
- Zweite Reise Henry Hudsons
- Französische Kolonie Neufrankreich (1697)
- Gebiet der Hudson Bay Company
- Pelztierjagd

Auswanderung religiöser Minderheiten nach Amerika
- Die «Great Migration»
- Andere Glaubensflüchtlinge (z. B. zwangsgetaufte spanische Juden und französische Hugenotten)

Begrenzte Reichweite der Kolonialverwaltung
- Offiziell spanische und portugiesische Gebiete ohne wirkliche Kontrolle durch die Kolonialmacht
- Heimliche Silberausfuhr

Südafrika
- Kap der Guten Hoffnung: Wichtige Zwischenstation

Nordeurasien
- Reise Vitus Berings
- Ausbreitung der Pelztierjagd
- Entdeckung Spitzbergens

Aufbruch zu den Antipoden
- Reise Abel Tasmans
- Britische Kolonie (Bucht der Inseln)

Mächtige, weit entfernte Staaten in der gemäßigten Klimazone
- China und Japan halten die Europäer auf Distanz

Siehe auch — Pelztierjagd S. 140
Transportmittel S. 244
Die Bevölkerungsexplosion S. 264

Auswanderung aus Europa (19. und 20. Jahrhundert)

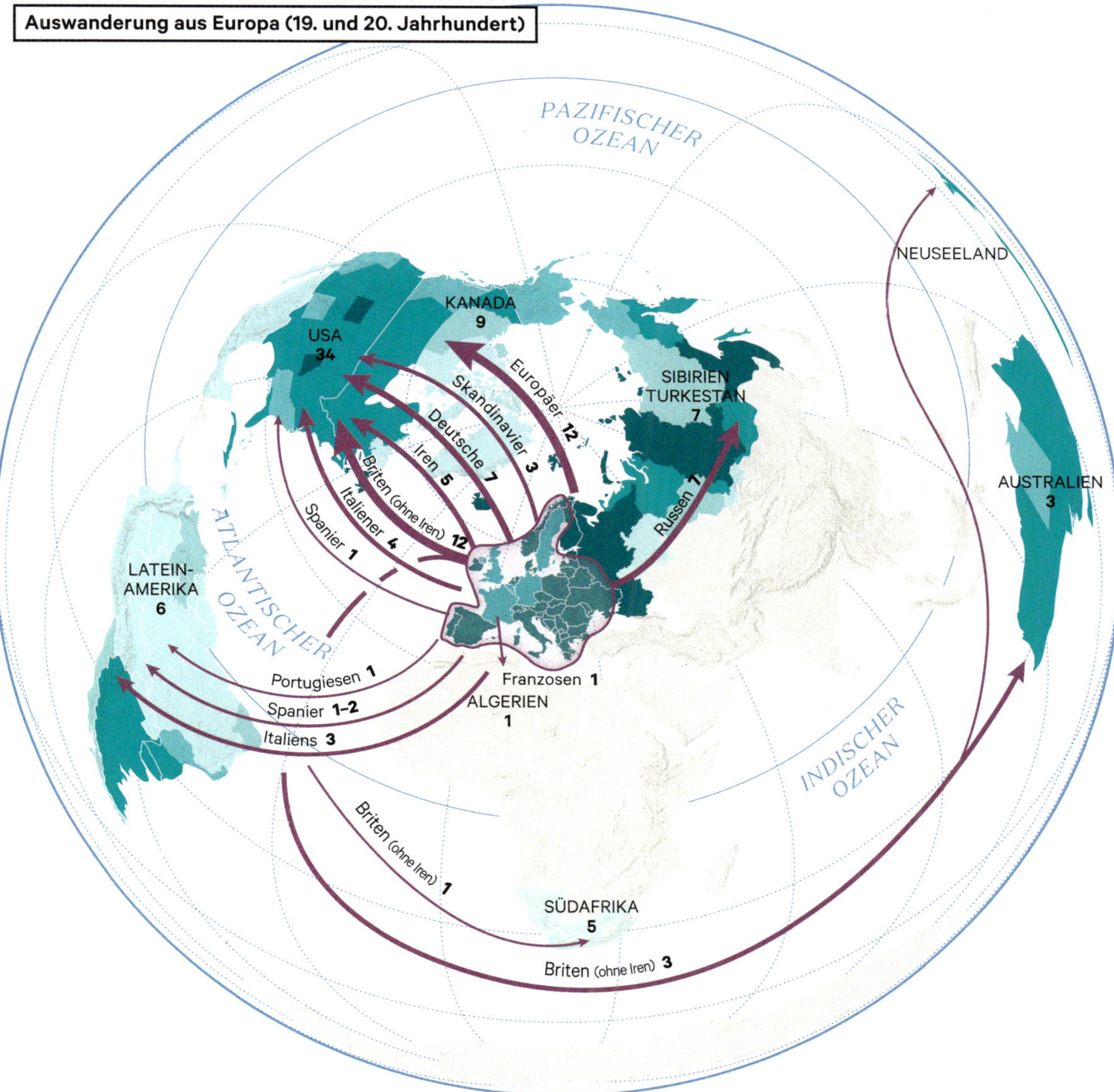

Die Europäer bevölkern die gemäßigten Breiten

Vom 18. bis zum Anfang des 20. Jahrhunderts steigt die Bevölkerungszahl in Europa rasant, von 120 Millionen Einwohnern im Jahr 1700 auf 420 Millionen im Jahr 1900 (siehe S. 206). Eine beträchtliche Zahl von Emigranten wird per Schiff in die Neue Welt verfrachtet (60 Millionen Menschen zwischen 1820 und 1914). Ihr Ziel sind vor allem die gemäßigten Breiten: 33 Millionen gehen nach Nordamerika, 6 Millionen in den Süden Lateinamerikas (Argentinien, Chile, Uruguay, Südbrasilien), 5 Millionen nach Südafrika, 3 Millionen nach Australien und Neuseeland. Nachdem die europäischen Immigranten große Teile der indigenen Bevölkerung ermordet haben, bilden sich Gesellschaften heraus, die ihrer Herkunft nach europäisch sind. Die meisten von ihnen bezeichnen wir heute als «den Westen». Russland erfährt einen ungeheuren Bevölkerungsschub (von 37 Millionen Einwohnern Ende des 18. Jahrhunderts auf 178 Millionen im Jahr 1914). Der russische, zunächst zaristische, dann sowjetische Staat schickt Teile seiner Bevölkerung zwangsweise nach Sibirien.

Ausgangsgebiet (Ende des 19. Jahrhunderts)

Auswandererströme von 1850 bis 1910 (in Millionen, geschätzt)
→ Europäer

Bevölkerungsanteil europäischer Herkunft (in Prozent, Stand 2018)
0 3 10 30 50 70 90 100

Tropische Erzeugnisse für Europa

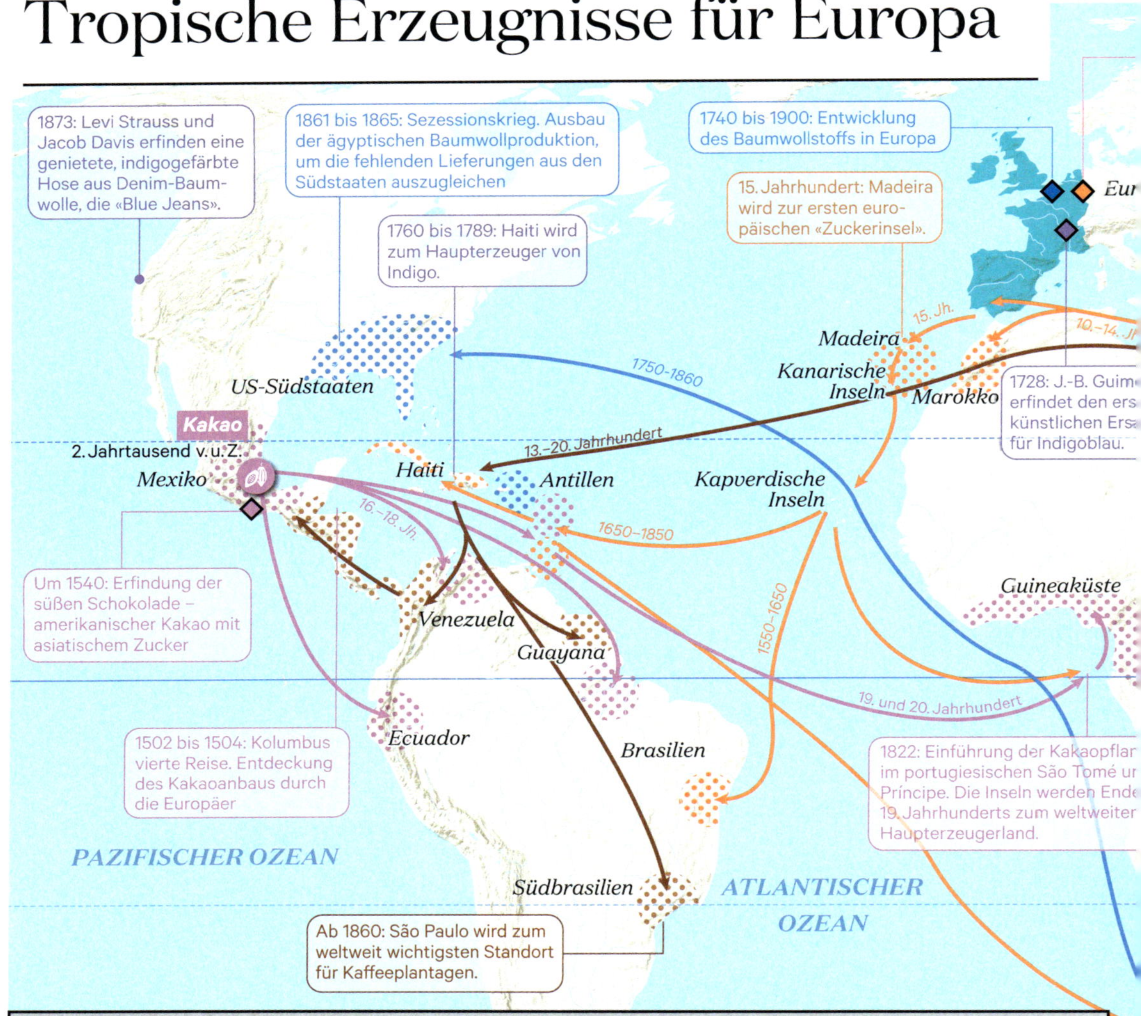

Was aus dem «Süden» kommt

Als die Katholischen Könige, Isabella I. von Kastilien und Ferdinand II. von Aragón, Kolumbus nach seiner Rückkehr von seiner ersten Reise 1493 befragen, interessiert sie zuerst: «Haben Sie Gold gefunden?» und dann: «Gibt es dort Zucker?» Auf seine zweite Reise nimmt Kolumbus daher Zuckerrohrpflanzen mit und stellt fest, dass sie auf den Antillen wunderbar gedeihen. Die Kosten für die Fahrt über den Atlantik halten sich in Grenzen. Seit den Kreuzzügen haben sich die Europäer angewöhnt, Tropenerzeugnisse zu konsumieren, und dafür keine Kosten und Mühen gescheut: «Gewürze», darunter auch Zucker, im 17. Jahrhundert dann auch andere Waren wie Tabak, Schokolade, Kaffee oder Tee. Im gemäßigten Klima Europas lassen sich diese tropischen Pflanzen nicht anbauen, weshalb die Europäer Gebiete unter ihre Herrschaft bringen müssen, in denen es keinen Winter gibt. Das sind zunächst die Inseln des Atlantiks (Madeira, die Azoren …), später die tropischen Gegenden Amerikas. Durch die Entdeckung neuer Erzeugnisse steigt die Nachfrage in Europa, worauf die Plantagen in Übersee wiederum erweitert werden müssen. Als im 18. Jahrhundert eine neue Mahlzeit erfunden wird, das Frühstück – was durch eben jene Plantagen ermöglicht wird, in denen Tee, Kaffee, Schokolade und Zucker angebaut werden –, explodiert die Nachfrage. Zur gleichen Zeit kommt in Europa die Baumwollverarbeitung auf, wodurch die Produktion in Indien zusammenbricht. Der Rohstoff kommt aus den Südstaaten der noch jungen USA. Als eine Wirtschaftsform unter Fremdherrschaft, die allein auf den Auslandsmarkt ausgerichtet ist und die durch Arbeit unter Zwang aufrechterhalten wird, nimmt die Plantage gleichsam die Zustände in der künftigen «Dritten Welt» vorweg.

Siehe auch — Klimata S. 68
Die Domestizierung der Pflanzen S. 156
Industrieplantagen S. 230

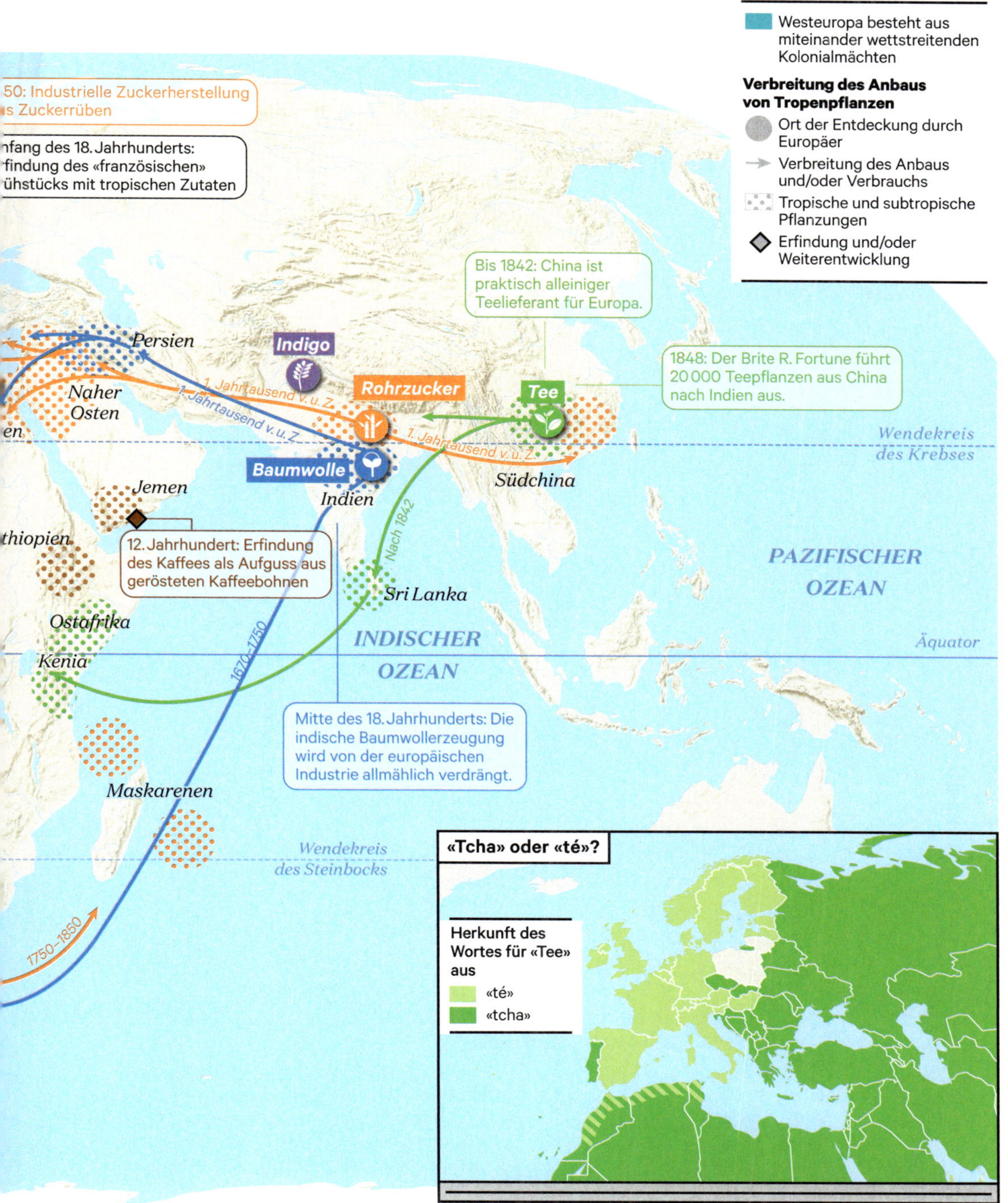

Camellia sinensis und ihr Name in der Welt

In Westeuropa sagt man *tè*, *tea*, *Tee* … im Osten, im arabischen Raum, Russland oder Iran *chaï*. Beide Wörter stammen aus dem Chinesischen. Länder, die an der Seidenstraße liegen, verwenden das aus Nordchina kommende Wort *tcha*, Gegenden, die von den Ostindienkompanien beliefert werden, das aus Südchina kommende Wort *té*. Im Maghreb heißt der mit Minze versetzte Schwarztee *llatay*.

Sklaverei, Zwangsarbeit und Handel

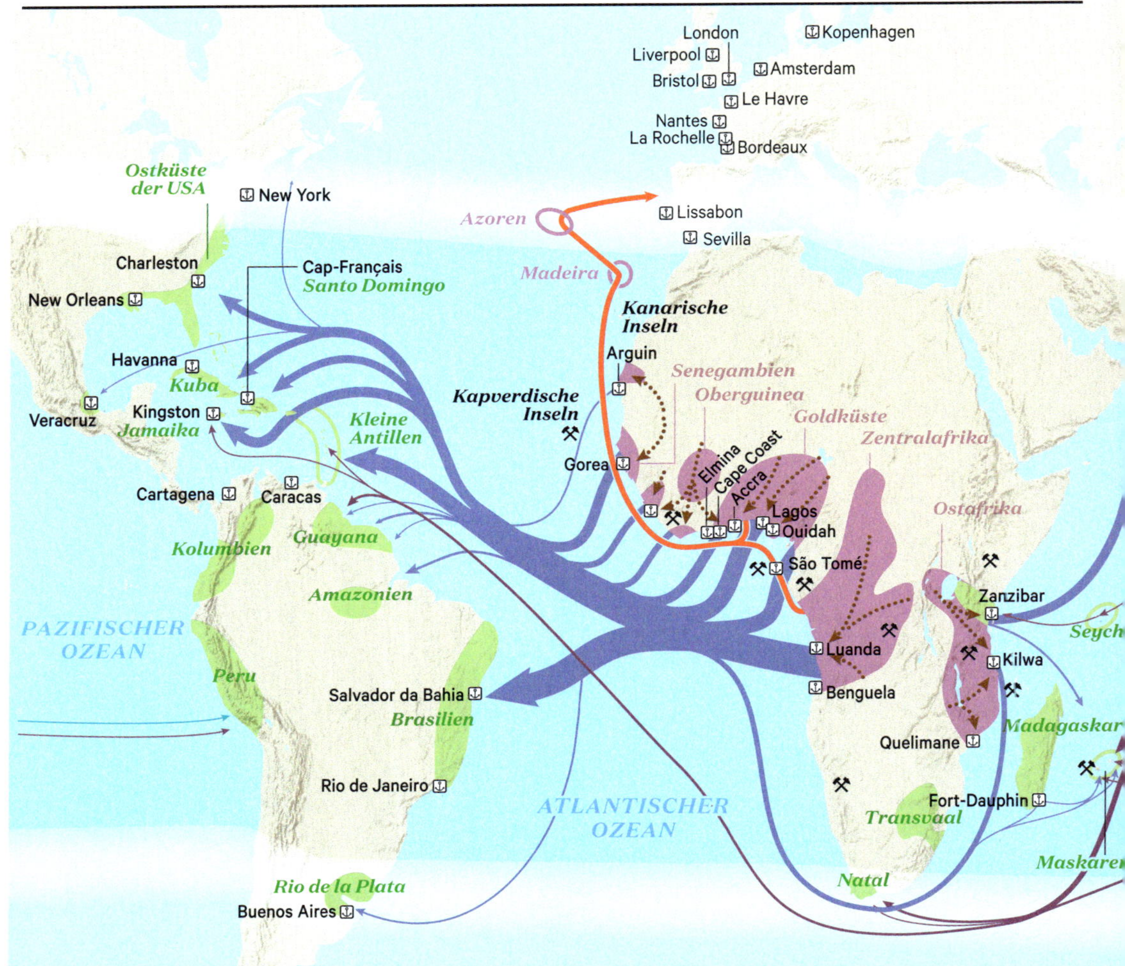

Von der Sklaverei zur Indentur (15. bis 20. Jahrhundert)

Zur Kolonialisierung der Welt durch europäische Mächte gehört auch die Ausbeutung der einheimischen Bevölkerung. Vor allem die Entführung und Versklavung von Menschen stillt den Hunger nach Arbeitskräften in den gierigen Kolonien. Vom 15. Jahrhundert an organisiert Portugal den Sklavenhandel von der afrikanischen Westküste zu den Azoren und Madeira. Zwischen dem 16. und 19. Jahrhundert werden bei diesem transatlantischen Handel 12,5 Millionen Afrikaner nach Amerika verschleppt. Dort müssen sie den Schwund der indigenen Bevölkerung kompensieren, die nach der Ankunft der Europäer einem «Mikrobenschock» erliegen. Im Laufe des 19. Jahrhunderts werden Sklavenhandel und Sklaverei allmählich aufgegeben, während der Bedarf an Arbeitskräften gleichbleibt. Von der zweiten Hälfte des 19. Jahrhunderts bis zu Beginn des 20. Jahrhunderts reisen Millionen Arbeiter vor allem aus China und Indien (abwertend «Kulis» genannt) mit Arbeitsverträgen nach Amerika. Rechtlich gesehen sind sie frei, aber die Arbeitsbedingungen sind schlecht: Die Abreise findet oft unter Zwang statt, und die versprochene Rückführung ist nicht immer gewährleistet. Das Blackbirding, durch das ganze Inseln im Pazifik entvölkert werden, erfolgt zuweilen per Massenverhaftung. Die Indentur, eine Form der Vertragsknechtschaft, wird ab dem Ende des 19. Jahrhunderts allmählich aufgegeben. Die Verschleppungen indessen verändern nachhaltig das demografische Bild dieser Länder.

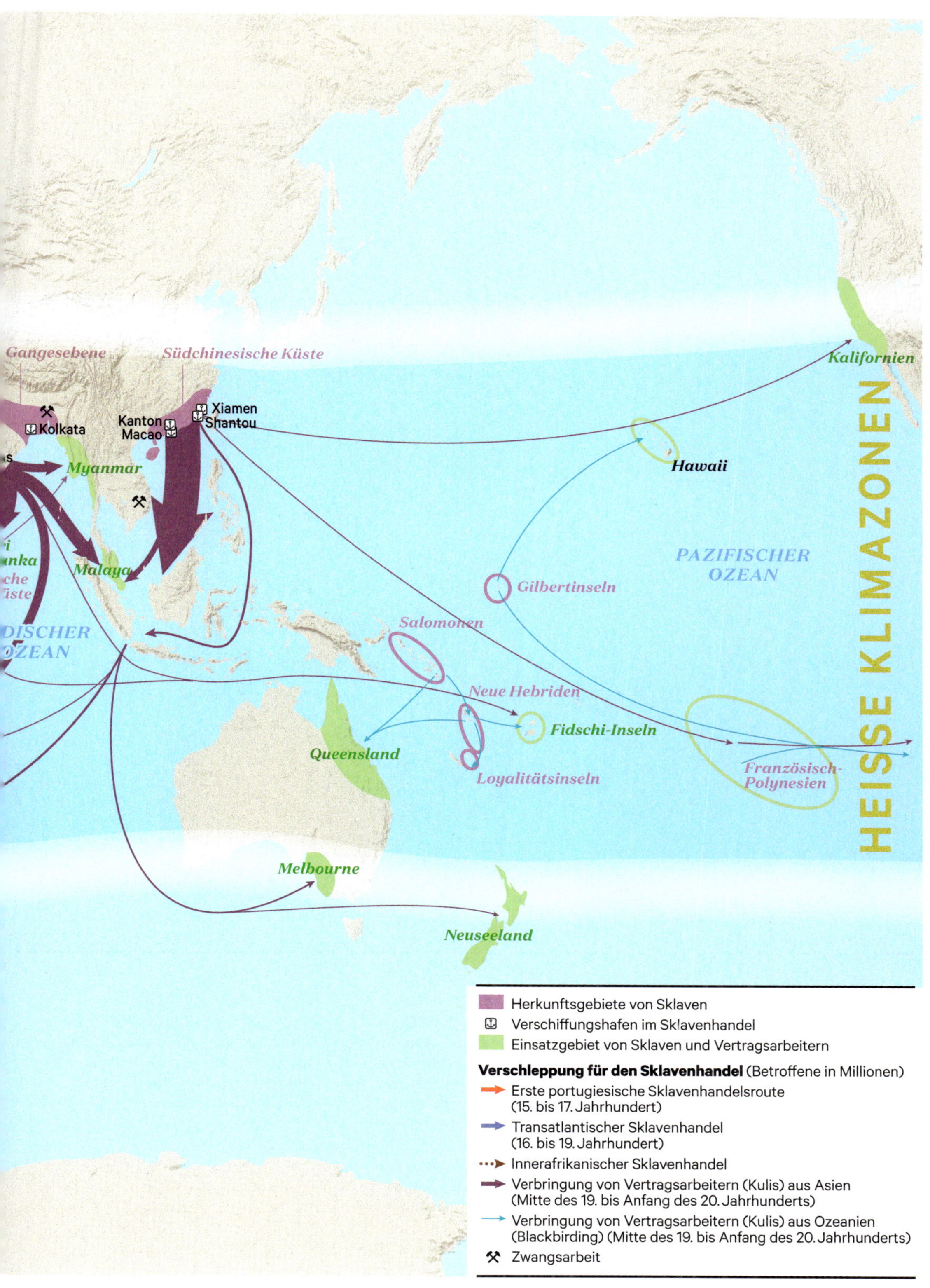

Herkunftsgebiete von Sklaven
Verschiffungshafen im Sklavenhandel
Einsatzgebiet von Sklaven und Vertragsarbeitern

Verschleppung für den Sklavenhandel (Betroffene in Millionen)
- Erste portugiesische Sklavenhandelsroute (15. bis 17. Jahrhundert)
- Transatlantischer Sklavenhandel (16. bis 19. Jahrhundert)
- Innerafrikanischer Sklavenhandel
- Verbringung von Vertragsarbeitern (Kulis) aus Asien (Mitte des 19. bis Anfang des 20. Jahrhunderts)
- Verbringung von Vertragsarbeitern (Kulis) aus Ozeanien (Blackbirding) (Mitte des 19. bis Anfang des 20. Jahrhunderts)
- Zwangsarbeit

Die Jagd nach wertvollen Metallen

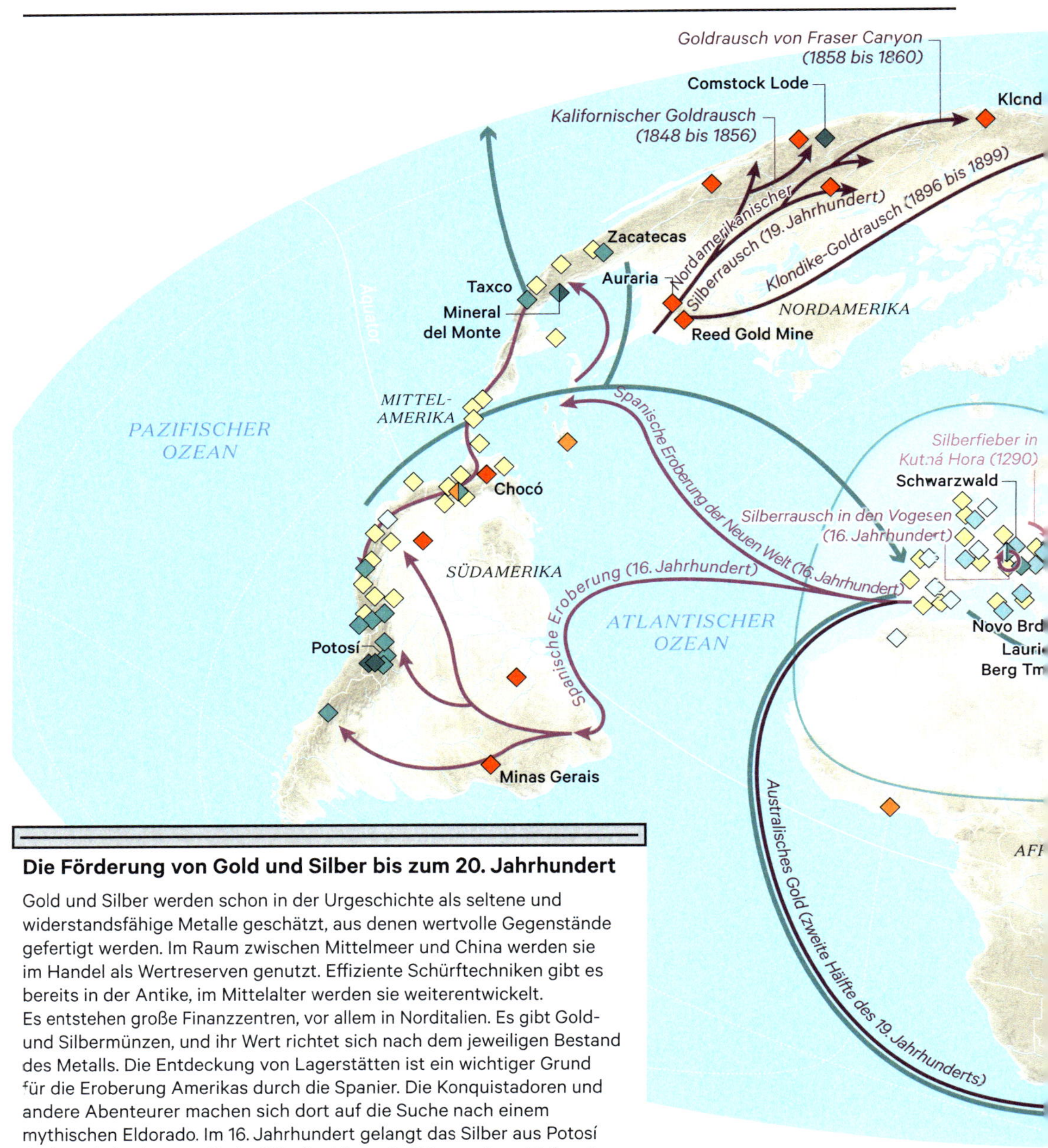

Die Förderung von Gold und Silber bis zum 20. Jahrhundert

Gold und Silber werden schon in der Urgeschichte als seltene und widerstandsfähige Metalle geschätzt, aus denen wertvolle Gegenstände gefertigt werden. Im Raum zwischen Mittelmeer und China werden sie im Handel als Wertreserven genutzt. Effiziente Schürftechniken gibt es bereits in der Antike, im Mittelalter werden sie weiterentwickelt.
Es entstehen große Finanzzentren, vor allem in Norditalien. Es gibt Gold- und Silbermünzen, und ihr Wert richtet sich nach dem jeweiligen Bestand des Metalls. Die Entdeckung von Lagerstätten ist ein wichtiger Grund für die Eroberung Amerikas durch die Spanier. Die Konquistadoren und andere Abenteurer machen sich dort auf die Suche nach einem mythischen Eldorado. Im 16. Jahrhundert gelangt das Silber aus Potosí (Bolivien) durch europäische Händler bis nach China und weckt Begehrlichkeiten bei Piraten und Freibeutern. Als der Abbau abnimmt, bricht das Geldvolumen Ende des 17. Jahrhunderts ein. Die Entdeckung neuer Edelmetallvorkommen führt zu Migrationsbewegungen, im 19. Jahrhundert vor allem wegen des Goldes («Goldrausch»), da sich inzwischen die Goldwährung durchgesetzt hat. Im Laufe des 20. Jahrhunderts verliert Gold als Währung dann allmählich seine Bedeutung.

Siehe auch — Metallische Rohstoffe **S. 58**
Die Globalisierung im 15. Jahrhundert **S. 206**
Die demografische Katastrophe und die Wiederaufforstung Amerikas **S. 216**

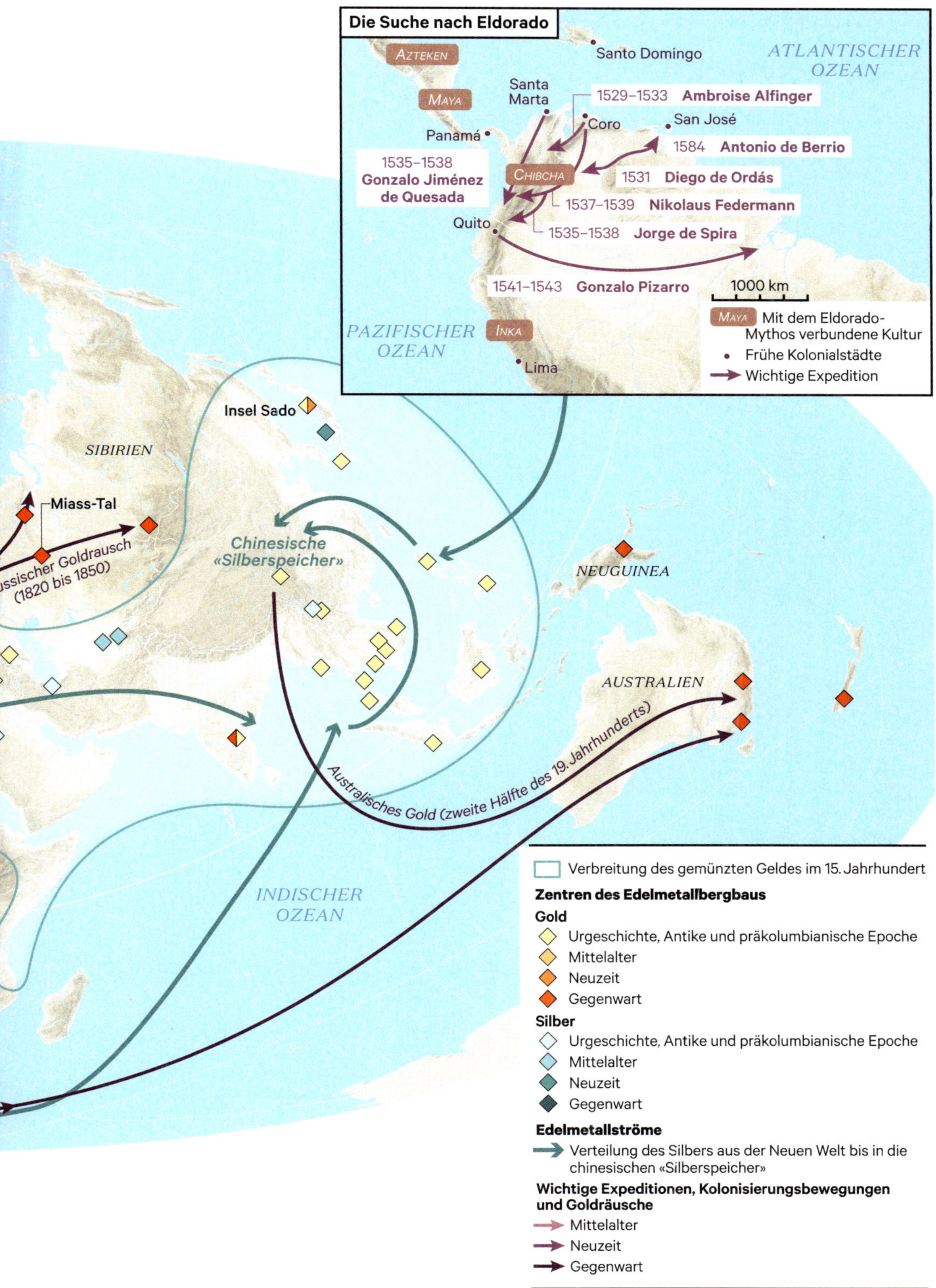

Industrieplantagen

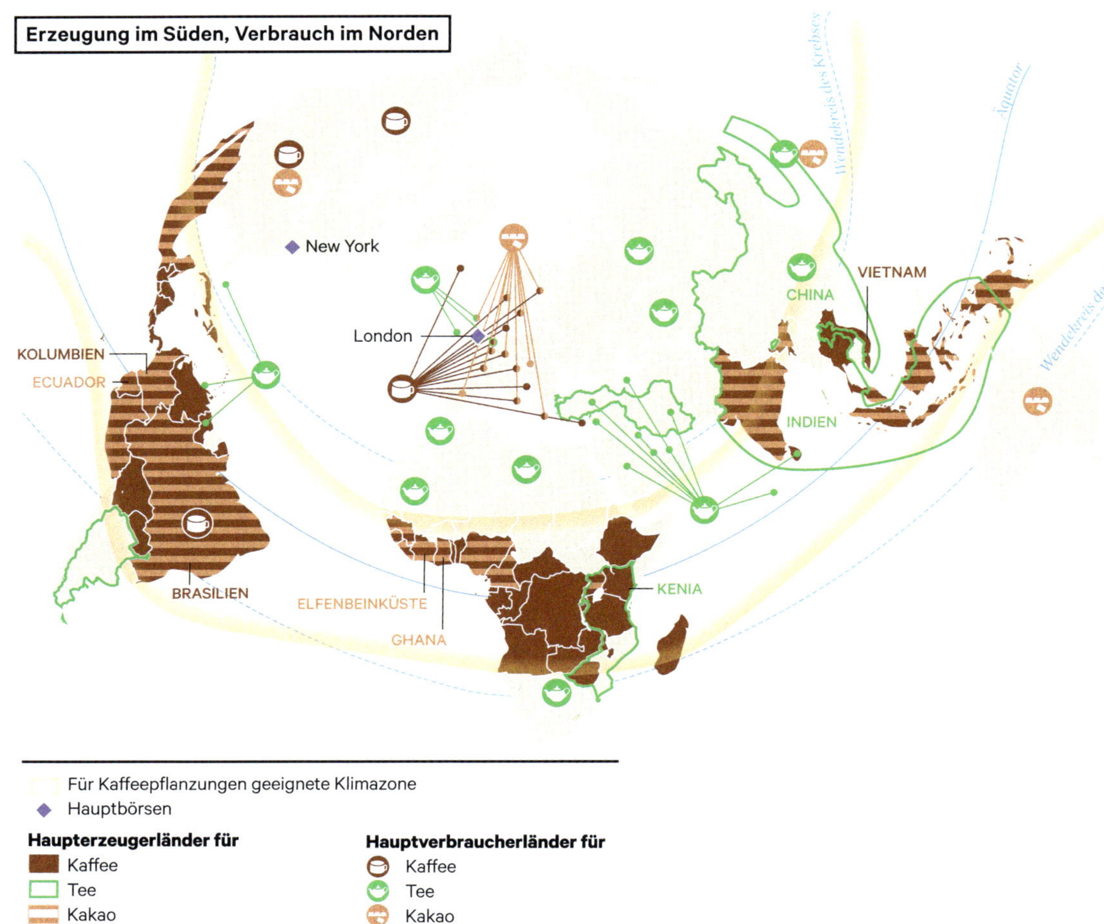

Neue Plantagen in den europäischen Kolonien

Grund für die europäische Expansion ist zunächst der Handel mit Luxusgütern wie Zucker, Gewürzen, Kaffee, Tee, Kakao, Farben und wertvollen Hölzern. Um die eroberten Gebiete zu beherrschen und Monopole durchzusetzen, werden von Staaten und Privatleuten Kolonialkompanien geschaffen. Kaffee ist das Symbol schlechthin für ein Erzeugnis, das im «Süden» hergestellt und im «Norden» konsumiert wird. Gleiches gilt für Tee und Kakao. Bis heute werden in vielen Herstellerländern manche dieser Produkte gar nicht konsumiert, vor allem in Subsahara-Afrika und Südostasien. Die industrielle Revolution setzt einigen Pflanzenkulturen, wie etwa dem Anbau der Indigopflanze, ein Ende, während andere dank der Industrialisierung einen Aufschwung erleben: zum Beispiel Früchte und Ölpflanzen, die sich mit Dampf- und später Kühlschiffen besser transportieren lassen. Die enormen Gewinne, die sich mit Industrieplantagen erzielen lassen, wecken Begehrlichkeiten. Große multinationale Nahrungsmittelkonzerne beginnen damit, autoritäre Regime zu unterstützen, wenn sie daraus einen Nutzen ziehen können. Ein Beispiel ist die United Fruit Company, die die Regierungen der lateinamerikanischen Länder besticht, um die Verteilung von Land zu begrenzen, und dann sogar militärische Interventionen herbeiführt, um ihre Interessen zu sichern. Für Länder dieser Art kommt 1904 der Ausdruck «Bananenrepublik» auf.

Siehe auch — Tropische Erzeugnisse für Europa **S. 224**
Die Rolle des Kohlenstoffs bei der ersten Industrialisierung **S. 238**
Klimawandel und Migration **S. 280**

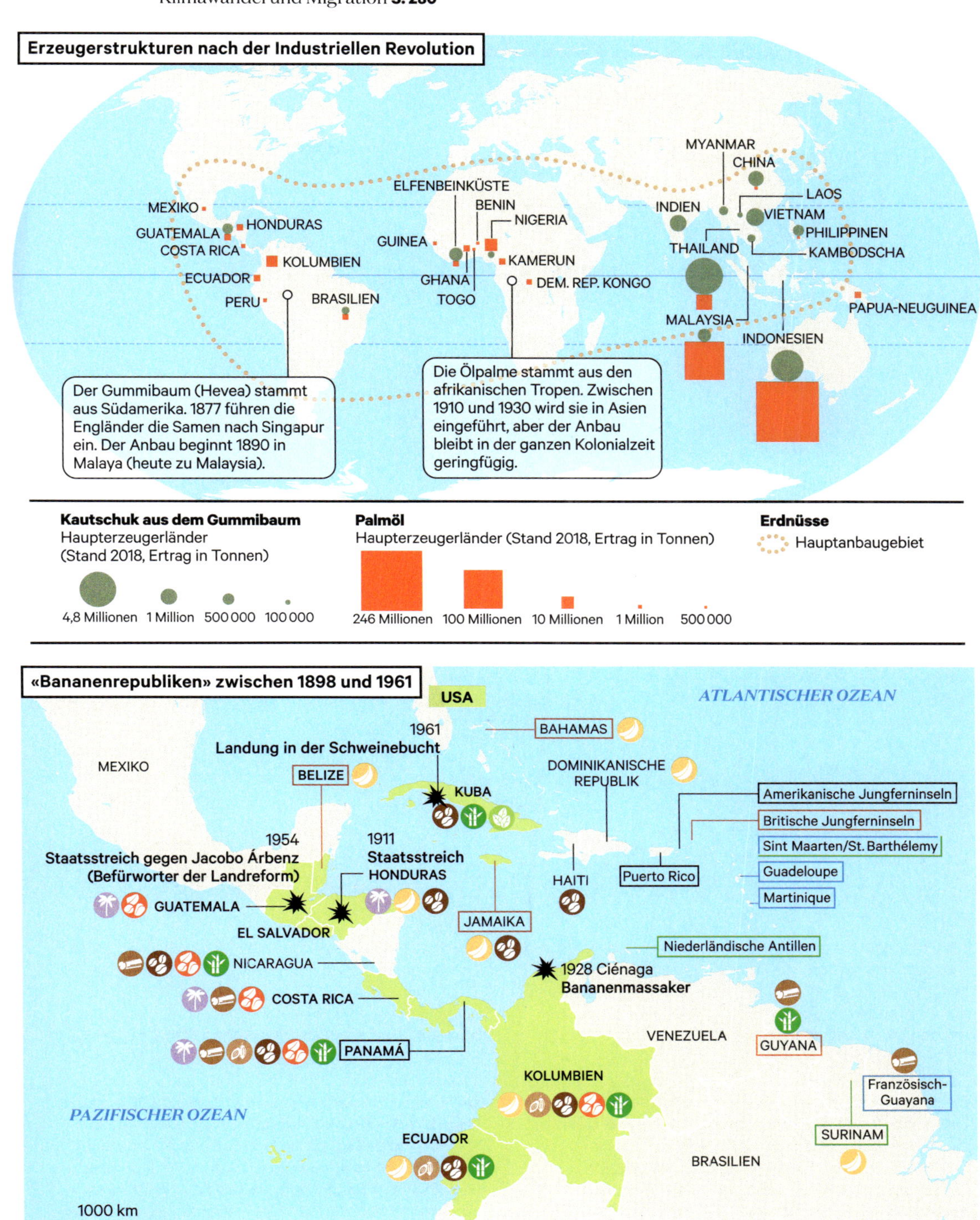

Die Einteilung der Welt in Nord und Süd

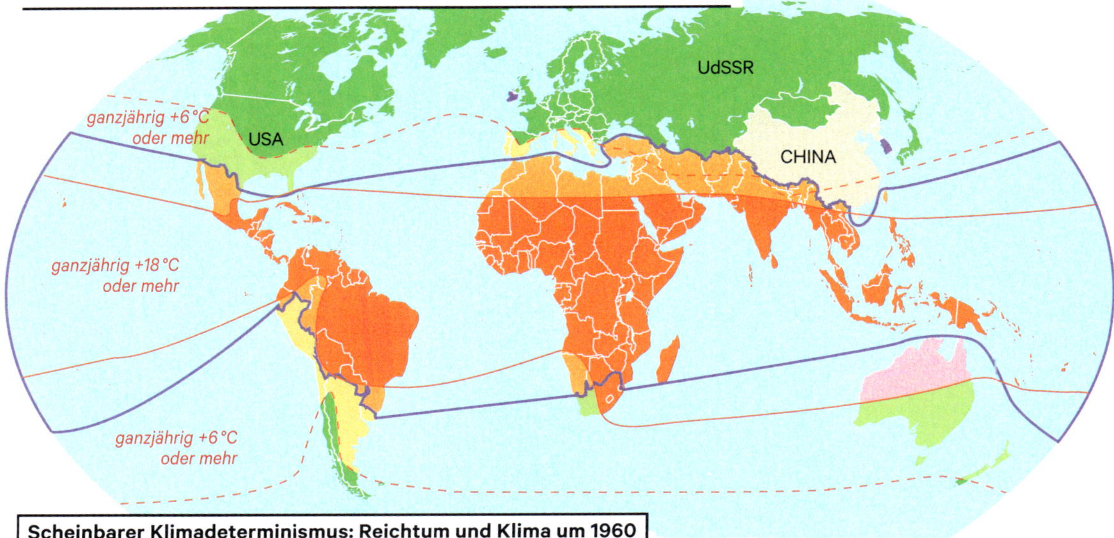

Scheinbarer Klimadeterminismus: Reichtum und Klima um 1960

Wirtschaftliche Faktoren

- Entwicklungsländer 1960
- Abgetrennter Wirtschaftsraum

Klimatische Faktoren

Gebiete mit ganzjähriger Temperatur

- Über +18 °C
- Über +6 °C

Geografische Einteilung nach Temperatur und Entwicklungsstand	Heiße Zone	Warme Zone	Zone mit ausgeprägtem Winterwetter
Entwicklungsländer			*nicht gegebener Fall*
Schwellenländer	*nicht gegebener Fall*		
Industrieländer			

Hitze ist keine Erklärung für Armut

Heute besteht die größte Ungleichheit unter den Menschen zwischen den verschiedenen Ländern. Das ist historisch gesehen ein neues Phänomen. Bis zum 15. Jahrhundert sind die Unterschiede zwischen den Ländern eher qualitativer Art und die Einkommensspannen innerhalb einer Gesellschaft eines Landes größer als zwischen verschiedenen Ländern. Seit dem 19. Jahrhundert verhält es sich jedoch umgekehrt. Ein Bewusstsein dafür entsteht im Zuge der Dekolonisierung (1947 etwa kommt der Begriff «Entwicklung/Unterentwicklung» als wirtschaftliche Kategorie auf). In den 1960er Jahren wird die Überschneidung von Klimazonen ohne Winter und armen Regionen besonders deutlich. Aber die Ungleichheit zwischen wärmeren und kälteren Gebieten ist nicht in erster Linie dem Klima geschuldet. Die Gründe dafür sind in der menschlichen Geschichte zu suchen, in der Kolonisierung und ihren Folgen. Grund für die Inbesitznahme von Territorien und die Unterdrückung der indigenen Bevölkerung ist lange Zeit die Suche nach Gebieten mit begehrten Rohstoffen und Naturerzeugnissen, die dann ins Mutterland geschickt werden. Darüber hinaus treiben die Kolonialisten Sklavenhandel, und durch den demografischen Aderlass werden die tropischen Regionen ebenfalls destabilisiert. Die dekolonisierten Länder haben somit eine Wirtschaft übernommen, in der vor allem Rohstoffe produziert werden und die von fragilen globalisierten Märkten abhängig ist. 1980 kommt schließlich eine karikaturhafte Unterscheidung auf, die einen klimatischen Determinismus impliziert: das Nord-Süd-Gefälle. Diese Verkürzung stammt aus dem für die Weltbank erstellten Brandt-Bericht. Angesichts der räumlichen Unterscheidung verblasst der Aspekt des Fortschritts, der gemeint ist, wenn von «Entwicklung» gesprochen wird. Das Wort wird oft im Plural verwendet, um der Tatsache Rechnung zu tragen, dass die Länder der ehemaligen «Dritten Welt» seit 60 Jahren in unterschiedliche Richtungen gehen. Die asiatischen Länder (wie die «Tigerstaaten» oder China und Indien) erleben einen Aufschwung, während auf dem afrikanischen Kontinent, südlich der Sahara, viele Länder keinen Weg aus der Armut zu finden scheinen.

Siehe auch — Die Theorie der Klimata **S. 70**
Warum Europa? **S. 212**
Industrielle (R)Evolution **S. 240**

Entwicklungsindex nach Ländern (Stand 2019)

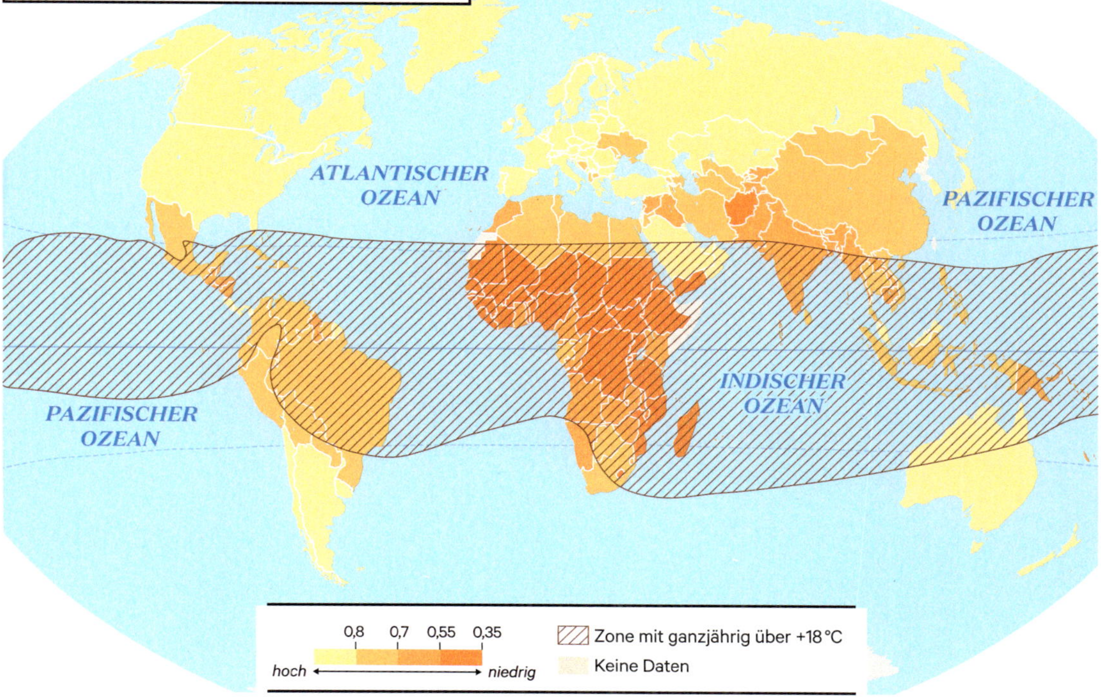

ATLANTISCHER OZEAN
PAZIFISCHER OZEAN
INDISCHER OZEAN
PAZIFISCHER OZEAN

0,8 0,7 0,55 0,35
hoch ⟷ *niedrig*
Zone mit ganzjährig über +18 °C
Keine Daten

Der Nutzen des «Südens» für den «Norden» (Stand 2019)

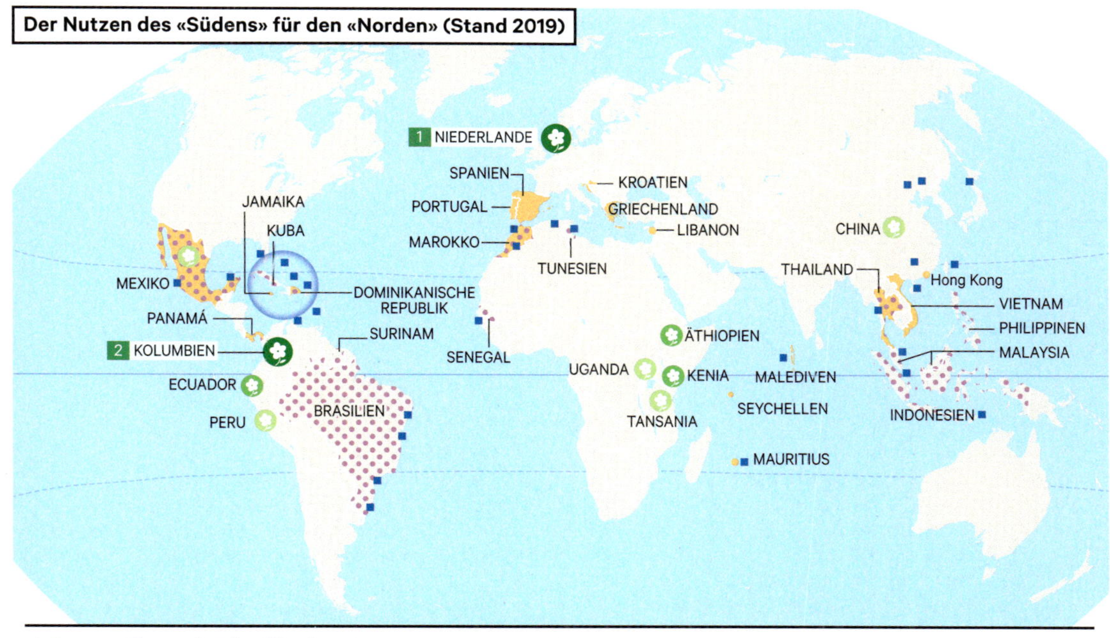

Anbau von Blumen (z. T. in Höhenlagen) für die Märkte des Nordens (Rosen, Veilchen)
- Weltweite Ausfuhr
- Umfangreicher Anbau seit zwanzig Jahren
- Neues Ausfuhrland

Drang des Tourismus zur Sonne
- Anteil des Tourismus am BIP über 10 %
- Hauptzielgebiet touristischer Kreuzfahrten (ein Drittel aller Fahrgäste)
- Club-Méditerranée-Feriendorf (außerhalb Europas)
- Hauptzielländer des Sex-Tourismus (laut Scelles-Stiftung)

8

Das Kohlezeitalter

(seit dem 18. Jahrhundert)

Ab dem 18. Jahrhundert und vor allem im 19. Jahrhundert verändert die Industrialisierung die Gesellschaften und ihre Beziehung zur Erde. Neue Energiequellen aus fossilen Rohstoffen haben entscheidenden Anteil an der Industriellen Revolution. Die Verbrennung dieser unter der Erdoberfläche liegenden Ressourcen bringt den gesamten Kohlenstoffkreislauf durcheinander. Die Urbanisierung und neue Transportmittel haben Einfluss darauf, wie die Menschen wohnen und wie sie Entfernungen wahrnehmen, und auch die Landschaften des immer dichter bevölkerten Planeten wandeln sich zusehends.

Kohlenstoff

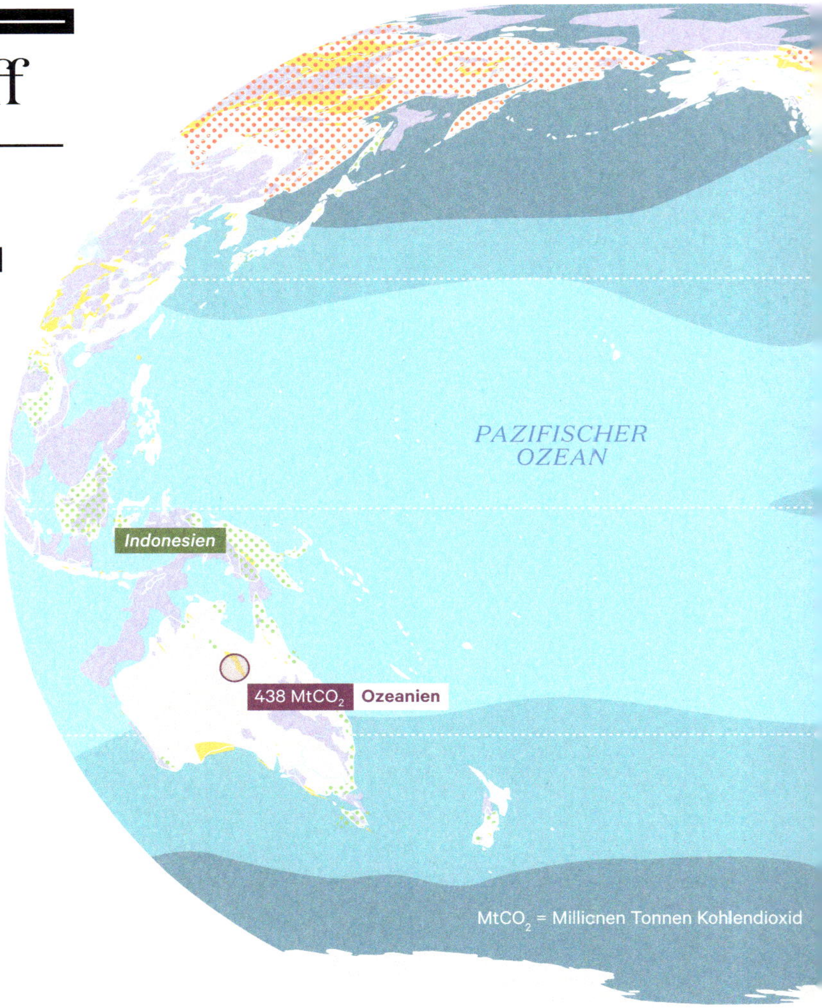

Kurze und lange Kreisläufe

Kohlenstoff ist für das organische Leben unabdingbar. Er befindet sich in verschiedenen Formen auf und unter der Erde, ist in der Atmosphäre, im Meer, in der Biosphäre und in der Lithosphäre gespeichert. Der Kreislauf des Kohlenstoffs kennt dabei zwei verschieden schnelle zeitliche Abläufe, in denen Kohlenstoff zwischen diesen Speicherorten wechselt. Der Austausch von Kohlendioxid zwischen Atmosphäre, Biosphäre und Meer stellt einen kurzen Kreislauf dar (Zeitspanne einer Jahreszeit bis zu einem Jahrhundert), bei dessen Regulierung die großen Äquatorialwälder und die kalten Meere eine wichtige Rolle spielen. Kalkstein und fossile Rohstoffe wiederum, in denen der Großteil des Kohlenstoffs gebunden ist, entstehen über sehr lange Zeiträume (geologische Zeit). Solange die Menschen nur in den kurzen Kohlenstoffkreislauf eingreifen (z. B. Holzverbrennung), bleibt das Gleichgewicht bestehen. Doch seit dem Ende des 18. Jahrhunderts stört die Industrialisierung den Kohlenstoffkreislauf massiv. Die Industriegesellschaften nutzen die Speicher des langen Kreislaufs (Verbrennung fossiler Brennstoffe zur Energiegewinnung und von Kalk zur Zementherstellung) und entlassen zugleich CO_2 in den kurzen Kreislauf (die Atmosphäre). Die Zunahme des CO_2-Gehalts in der Atmosphäre, der seit 1958 in der Messstation Mauna Loa auf Hawaii kontinuierlich gemessen wird, kann von den anderen Speichern (Meer und Biosphäre) nur teilweise ausgeglichen werden.

PAZIFISCHER OZEAN

Indonesien

438 $MtCO_2$ Ozeanien

$MtCO_2$ = Millionen Tonnen Kohlendioxid

Atmosphärischer Kohlendioxidgehalt

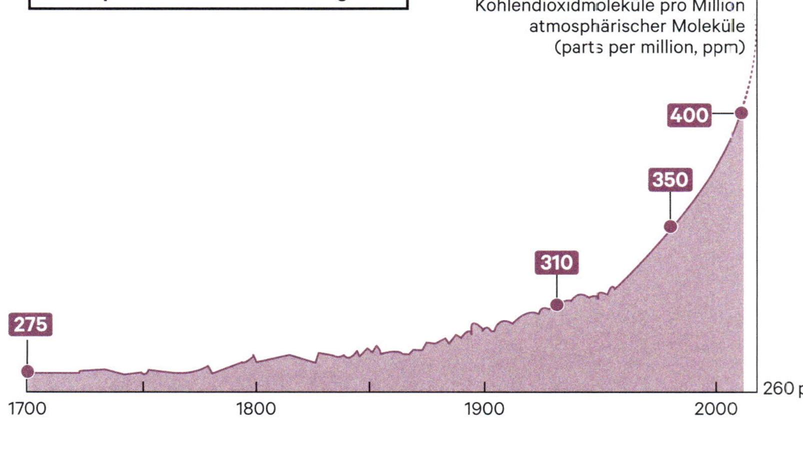

Siehe auch — Das Ökosystem Erde **S. 104**
Fossile Rohstoffe **S. 110**
Die Dekarbonisierung der Atmosphäre **S. 260**

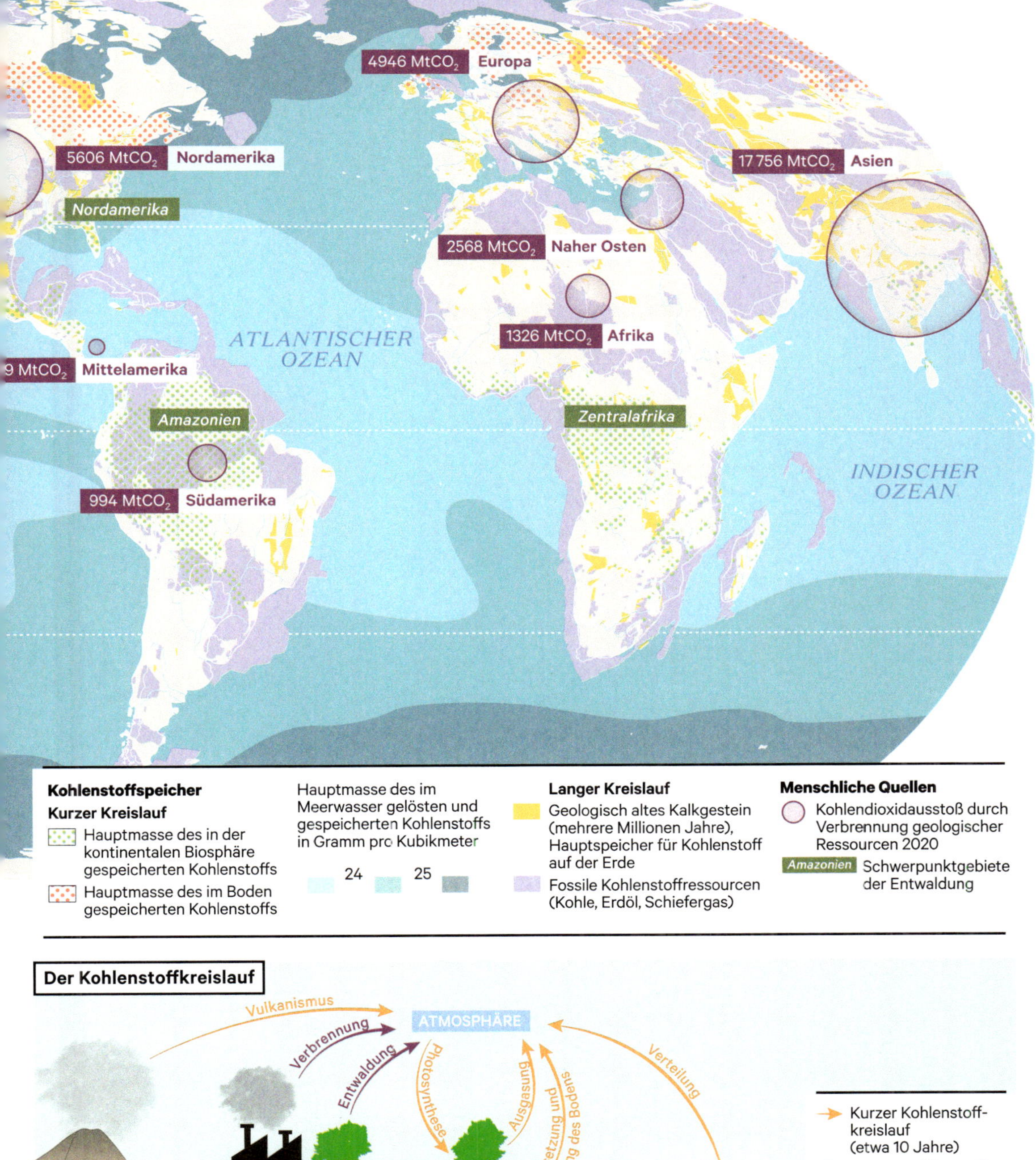

Die Rolle des Kohlenstoffs bei der ersten Industrialisierung

Siehe auch — Fossile Rohstoffe S. 110
Von der Töpferei zum Hüttenwesen S. 190
Umweltverschmutzung S. 254

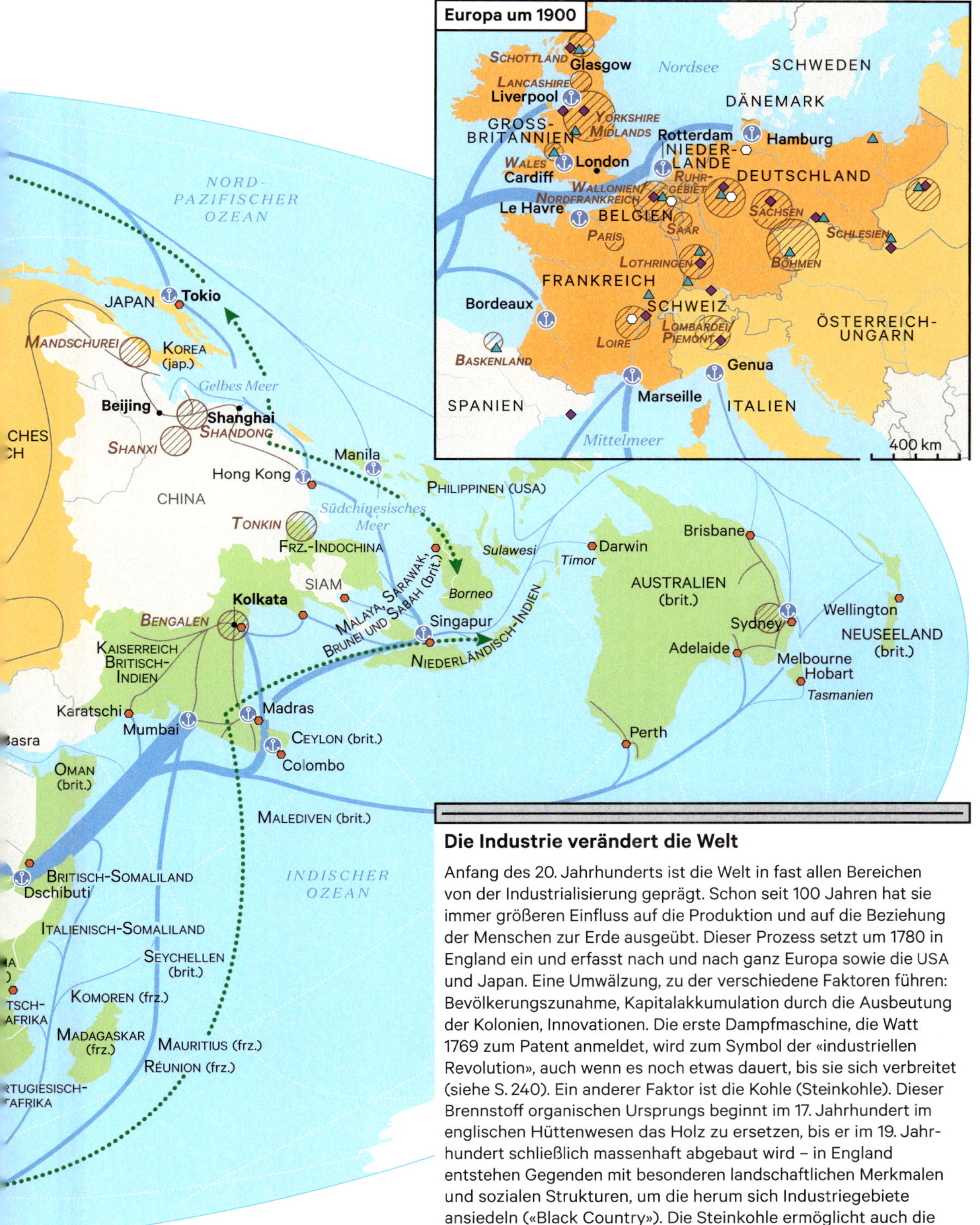

Die Industrie verändert die Welt

Anfang des 20. Jahrhunderts ist die Welt in fast allen Bereichen von der Industrialisierung geprägt. Schon seit 100 Jahren hat sie immer größeren Einfluss auf die Produktion und auf die Beziehung der Menschen zur Erde ausgeübt. Dieser Prozess setzt um 1780 in England ein und erfasst nach und nach ganz Europa sowie die USA und Japan. Eine Umwälzung, zu der verschiedene Faktoren führen: Bevölkerungszunahme, Kapitalakkumulation durch die Ausbeutung der Kolonien, Innovationen. Die erste Dampfmaschine, die Watt 1769 zum Patent anmeldet, wird zum Symbol der «industriellen Revolution», auch wenn es noch etwas dauert, bis sie sich verbreitet (siehe S. 240). Ein anderer Faktor ist die Kohle (Steinkohle). Dieser Brennstoff organischen Ursprungs beginnt im 17. Jahrhundert im englischen Hüttenwesen das Holz zu ersetzen, bis er im 19. Jahrhundert schließlich massenhaft abgebaut wird – in England entstehen Gegenden mit besonderen landschaftlichen Merkmalen und sozialen Strukturen, um die herum sich Industriegebiete ansiedeln («Black Country»). Die Steinkohle ermöglicht auch die Entwicklung neuer Transportmittel (Eisenbahn, Dampfschiff). Aber es werden weiterhin ebenfalls andere Energiequellen genutzt: Windkraft (vor allem in Holland), Wasserkraft (vor allem in Frankreich) sowie Tiere und Menschen.

Industrielle (R)Evolution

Revolution oder Evolution?

Die technischen, wirtschaftlichen und gesellschaftlichen Veränderungen, die ab dem 18. Jahrhundert zu einem Wandel in der Herstellung von Waren führen, werden «Industrielle Revolution» genannt. Der Ausdruck kommt zuerst in Frankreich auf, durch Jean-Baptiste Say und Jean Simonde de Sismondi. Friedrich Engels liefert 1845 die Begründung für den Begriff «Revolution», da er die technische Revolution als einen Abschnitt von historischer Bedeutung ansieht, ehe der Historiker Arnold Toynbee den Ausdruck in der englischsprachigen Welt bekannt macht. Die Industrielle Revolution, begriffen als radikale Umwälzung, fußt ihm zufolge vor allem auf einer Erfindung: der Dampfmaschine von James Watt. Diese Sichtweise wird inzwischen von Historikern bezweifelt, da sich die Industrialisierung in verschiedenen Etappen und je nach Gegend in unterschiedlichem Tempo vollzieht. Darüber hinaus nimmt die Dampfmaschine in der Industrie lange nur einen unbedeutenden Platz neben anderen Energiequellen wie Holz oder Wasser, Tieren und Menschen ein. Die traditionelle Lesart, in deren Zentrum üblicherweise England steht, erfährt durch die Forschung der Globalgeschichte eine neue Komplexität. So erlaubt der Vergleich mit China dem Historiker Kenneth Pomeranz, das Vorhandensein von Kohle in England als geologischen Zufall hervorzuheben sowie vor allem die Rolle, die die Kolonisierung für die Industrialisierung in Großbritannien spielt. Die Länder des British Empire liefern nicht nur die Rohstoffe, sondern sind auch indirekt an der Industrialisierung beteiligt. In der Textilbranche etwa fördert die Konkurrenz durch indische Baumwolle die Mechanisierung der Herstellung in Europa.

Pferdegetriebenes Göpelmahlwerk zum Pulverisieren von Mennige (Frankreich, 1793).

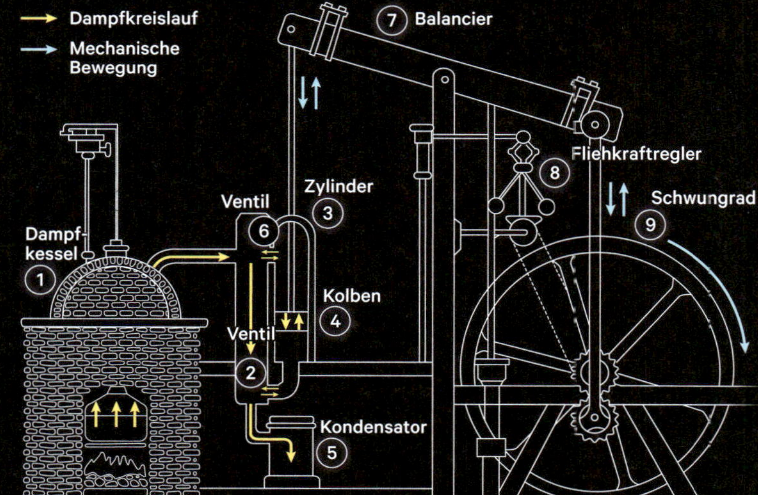

Die Dampfmaschine von Watt (Modell von 1782)

Im Dampfkessel (1) wird das Wasser zu Dampf erhitzt, der dann über ein Ventil (2) in einen Zylinder (3) mit Kolben (4) gelangt. Dieser Kolben wird nach oben gedrückt. Ist der Zylinder voll, wird der Dampf durch das untere Ventil in den Kondensator (5) geleitet. Daraufhin tritt wieder Dampf in den Zylinder, diesmal von oben (6). Der Kolben geht nach unten und der Dampf wird, wenn dieser wieder aufsteigt, nach oben zum Kondensator abgeführt. Durch die Wiederholung dieses Kreislaufs wird der Balancier (7) angetrieben, die die lineare Bewegung des Kolbens in eine kreisförmige Bewegung umsetzt. Der externe Kondensator ist eine Ergänzung, die Watt vornimmt, damit das Wasser abkühlen kann, ohne dass zugleich der Zylinder abkühlt. Außerdem fügt Watt zur Regelung der Drehzahl noch einen Fliehkraftregler (8) und ein Schwungrad (9) hinzu.

Das Britische Weltreich 1886.

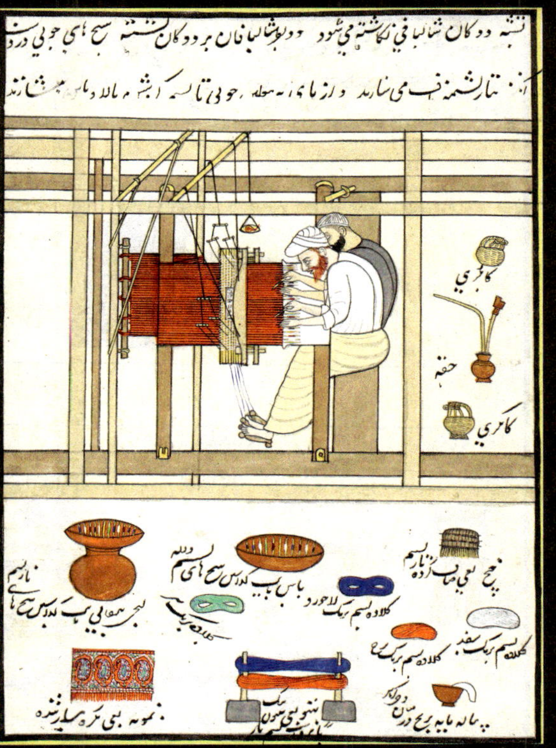

Schalweber beim Fixieren der Farbe nach dem Einfärben des Stoffs (Indien, 1850).

Kohlenwasserstoffe

150 Jahre Öl und Gas

In der Antike nutzen Menschen Erdöl, das sie zufällig im Oberflächengrundwasser finden. Aber erst in der zweiten Hälfte des 19. Jahrhunderts werden Ölbohrungen durchgeführt: Zuerst 1858 in Wietze in der Lüneburger Heide und dann 1859 durch Edwin L. Drake in Pennsylvania. Damit ist der Weg für eine intensive Nutzung des schwarzen Goldes geebnet, das zunächst zur Beleuchtung dient, dann für den Antrieb von Automobilen, Flugzeugen und anderen Maschinen. Es entsteht eine Industrie, bei der die Förderung, der Transport und die Raffination gebündelt in den Händen einzelner großer Unternehmen liegen. Im Laufe der Zeit breitet sich der Markt weltweit aus. Die weiten Entfernungen zwischen den Produktionsstätten und den Standorten der Verbraucher wird für die europäischen Mächte zu einer großen Herausforderung, um die Versorgung zu sichern. Besonders im Nahen und Mittleren Osten führen sie einen heftigen Kampf um die Ressourcen. Erdgas spielt lange Zeit nur eine marginale Rolle, da es schwer zu transportieren ist, aber nach 1945 steigt auch dessen Produktion. Wegen der Vorteile gegenüber Erdöl (weniger CO_2-Emissionen, bessere Ressourcenverteilung) wird es zu einer gefragten Energiequelle. Da die Ressourcen jedoch endlich sind und die Nachfrage hoch, wenden sich manche Länder, auch um in der Energieversorgung möglichst unabhängig zu sein, anderen Möglichkeiten zu, die sie zum Beispiel in unkonventionellen Kohlenwasserstoffen wie Schiefergas finden.

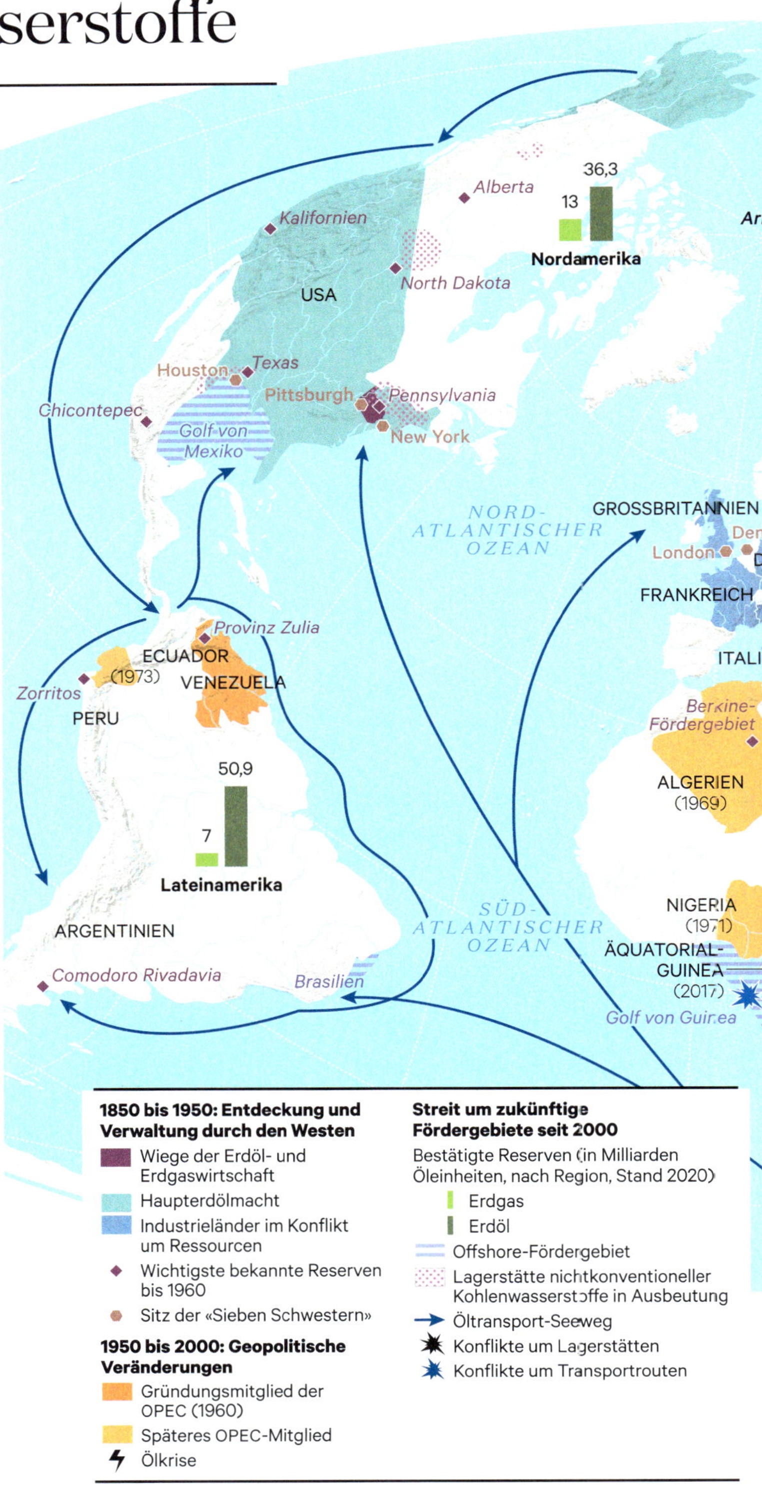

Siehe auch — Fossile Rohstoffe S. 110
Die Dekarbonisierung der Atmosphäre S. 260
Erneuerbare Energien S. 276

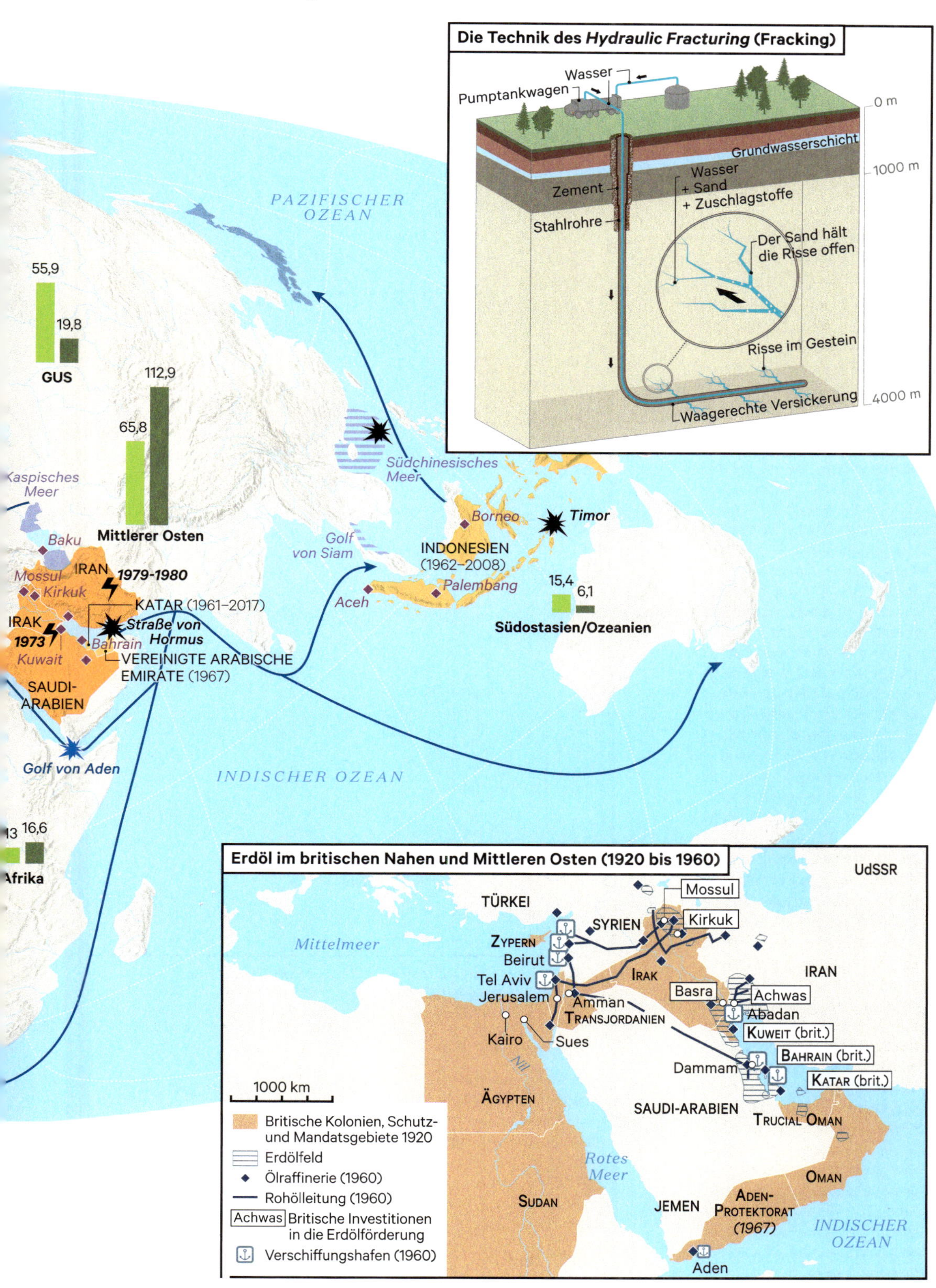

Transportmittel

Die Revolution der Transportmittel

Ab dem 19. Jahrhundert erfahren Eisenbahn- und Schiffstransport einen enormen Aufschwung, da nun Dampf als Antriebskraft verwendet werden kann. Passagiere und von der Industrie benötigte schwere Güter werden auf diesem Weg transportiert. Die Herstellung von Eisenbahnmaterial kurbelt wiederum die Metallverarbeitung an, während das Verhältnis von Zeit zu Entfernung schrumpft, sodass die expandierenden Städte leichter beliefert werden können. Der Ausbau der Bahnstrecken begleitet somit die Industrialisierung und Urbanisierung, aber auch die Eroberung bestimmter Gebiete (Russland, Amerika). Großangelegte Bahnstrecken und Kanäle (Sueskanal 1869, Panamákanal 1914) verbinden verschiedene Räume miteinander. Auch in Europa entsteht ein flächendeckendes Bahnnetz. Die Weltkriege spielen bei der Weiterentwicklung der Transportmittel ebenfalls eine Rolle, vor allem in der Luftfahrt. Die erste Luftpost über den Südatlantik fliegt Jean Mermoz im Jahr 1930. Aber erst nach dem Ende des Zweiten Weltkriegs gibt es auch Personenflugverkehr. Die zweite Hälfte des 20. Jahrhunderts ist dann zusätzlich vom Individualverkehr geprägt, da das Automobil weltweite Verbreitung findet. Durch Flugzeuge und Autos verändert sich das Verhältnis der Menschen zu Entfernungen. Auf dem Meer revolutionieren riesige Frachtschiffe den Warentransport und beschleunigen die Globalisierung.

Siehe auch — Die großen Epidemien **S. 202**
Die Globalisierung im 15. Jahrhundert **S. 206**
Das maritime Netz der Welt **S. 214**

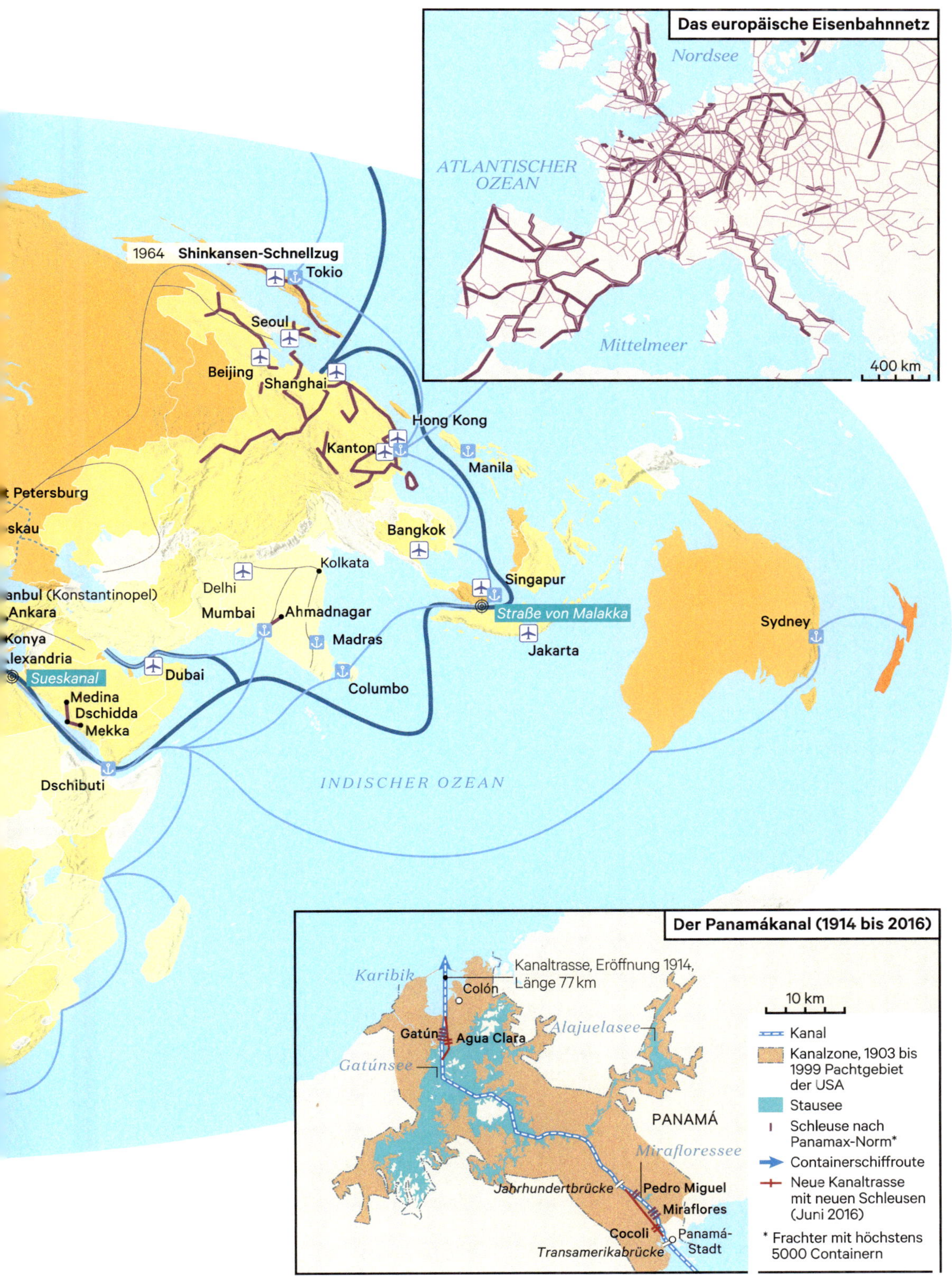

Zement

Von den Rohstoffen zum Zement

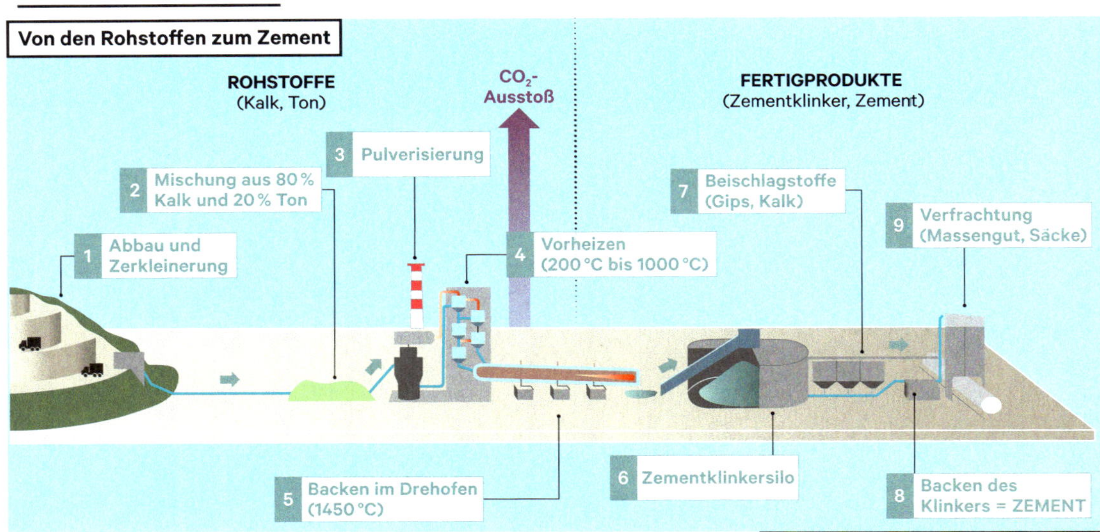

Weltweite Zementherstellung und Verbrauch fossiler Energieträger

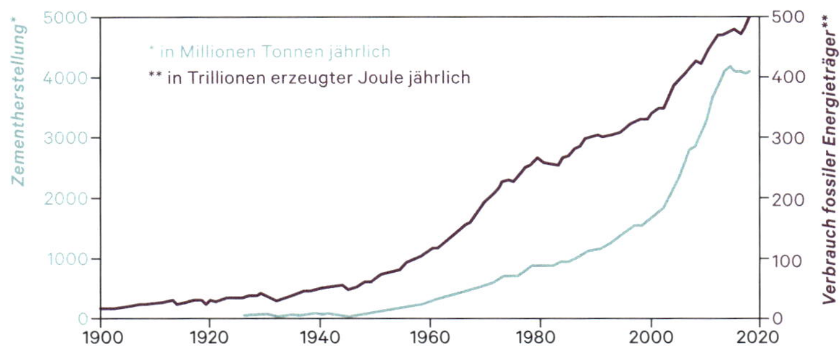

Zusammensetzung von Beton

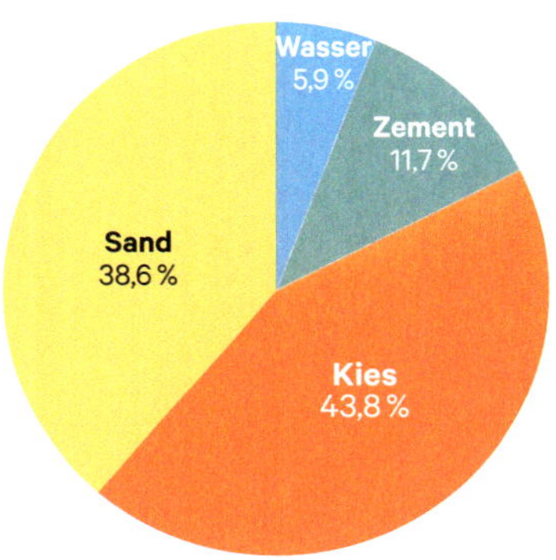

Anteil der einzelnen Bestandteile bei der Betonherstellung am CO_2-Ausstoß

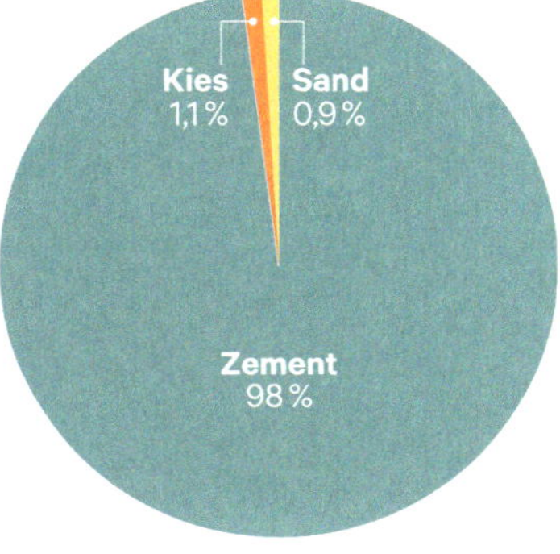

Vom Kalk zum Zement

Seit der Antike wird Kalk, der durch Brennen von Kalkstein gewonnen wird, als Bindemittel im Mauerbau verwendet. Im 1. Jahrhundert v. u. Z. geben die Römer Puzzolane dazu, sodass ein Gemisch entsteht, das auch bei Kontakt mit Wasser hart werden kann. Derlei Methoden werden besonders ab dem 18. Jahrhundert angewandt, während sich zugleich die Brennverfahren verbessern. Im Fahrwasser des Briten John Smeaton arbeiten zahlreiche Forscher an der Optimierung der Herstellungstechniken. 1817 untersucht der Ingenieur Louis Vicat, als beim Bau der Dordognebrücke von Souillac Probleme auftreten, die Zusammensetzung des Kalks und ebnet damit den Weg zum heute verwendeten Zement. Er besteht zu 80 Prozent aus Kalkstein und zu 20 Prozent aus Ton, der bei 1450 Grad gebrannt und anschließend zu Pulver zermahlen wird (Zementklinker). Diese Mischung kann in industriellem Maßstab hergestellt werden. 1824 meldet der Schotte Joseph Aspdin das erste Patent für die Herstellung einer Zementsorte an: das Portlandzement (benannt nach dem sehr festen Kalkstein der Insel Portland).

Siehe auch — Geologie der Erde **S. 32**
Die Dekarbonisierung der Atmosphäre **S. 260**
CO_2-Austausch **S. 262**

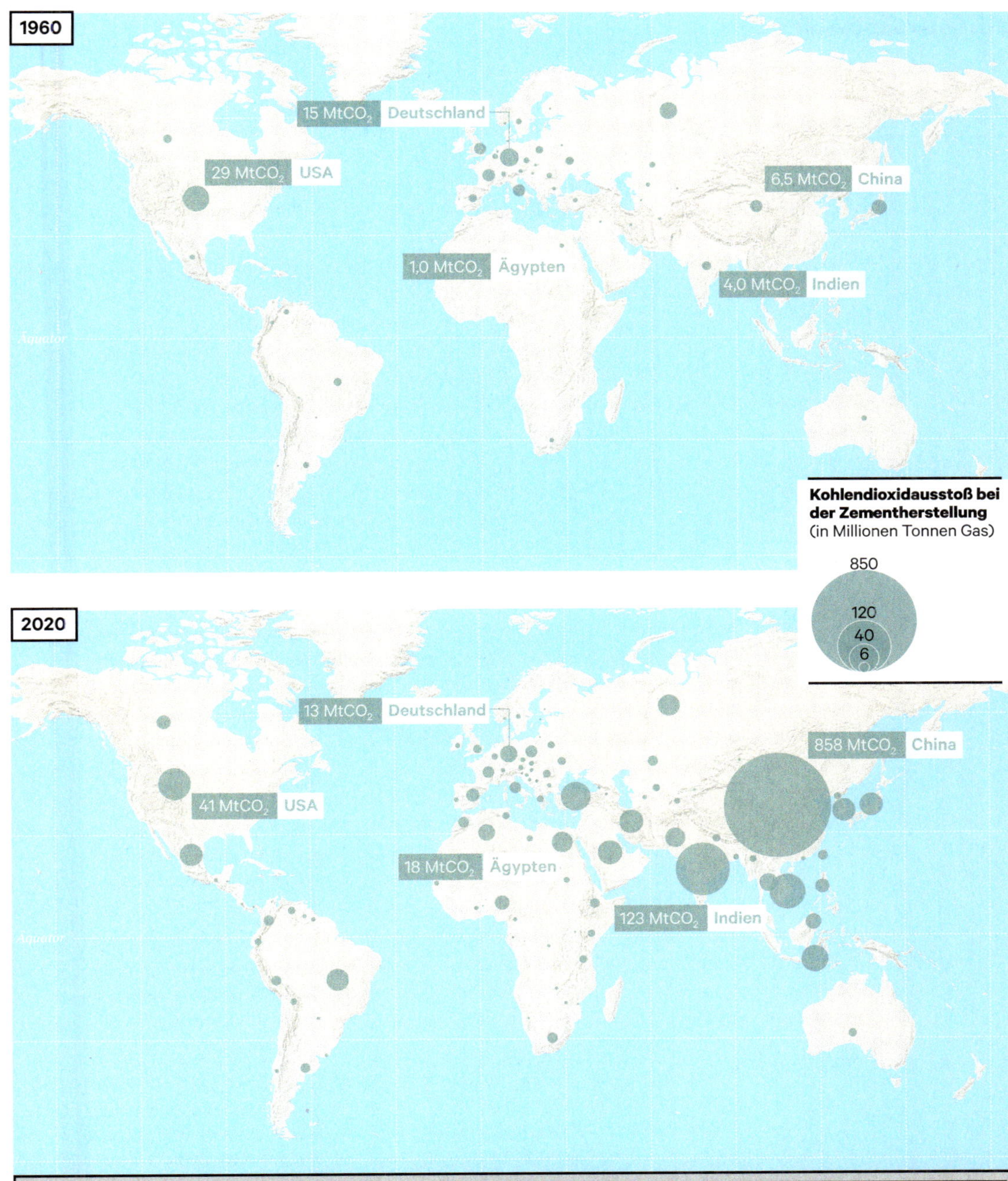

Der Zement erobert die Welt

Nach und nach entstehen Zementfabriken, um den Rohstoff zu verarbeiten, der überall auf der Welt günstig zu bekommen ist, und mächtige Industriekonzerne werden gegründet. Mit Kies und Sand vermengt, ist Zement ein unerlässlicher Bestandteil von Beton, der im 20. Jahrhundert das Stadtbild einer zunehmend urbanen Welt prägt (siehe S. 248). Die massenhafte Produktion von Zement trägt aufgrund des (notwendigen) Brennens des Kalksteins und der Nutzung fossiler Brennstoffe zum Brennen des Zementklinkers auch zur Steigerung des CO_2-Gehalts in der Atmosphäre bei (7 Prozent aller CO_2-Emissionen im Jahr 2021). Deshalb verlagert sich die Produktion nicht nur entsprechend der Nachfrage (neue Märkte), sondern auch infolge der Maßnahmen zur Senkung der Treibhausgas-Emissionen (Auslagerung umweltschädlicher Produktion).

Beton

1. Jahrhundert v. u. Z.: Erste überlieferte Beschreibung des römischen Herstellungsverfahrens für Baukalk in *Zehn Bücher über Architektur* von Vitruv
1864 Kirche von Vésinet (Boileau und Coignet)
1884 Ransom Alvord Lake Bridge
1904 Kirche St.-Jean de Montmartre (Baudot und Cottancin)
1903 Ingalls Building
1902 Cité industrielle (Tony Garnier), unverwirklichtes Konzept
Gründung von Zementwerken
VOR DEM STAHLBETON
Einsturz des Stegs über die Avenue de Suffren in Paris während der Weltausstellung von 1900
Verbreitung von Betonbauten in den Kolonien
ERSTE EPOCHE DES STAHLBETONS
Konkurr
durch Stahlskelett
(erster Wolkenkratz
1810
1820
1830
1840
1850
1860
1870
1880
1890
1900
1818 Vicat, Technik des Abbindens unter Wasser
1824 Portlandzement
1849 Lambot-Barke
1854 Coignet-Beton
1867 Monier-System
1889 Cottancin-System
1892 Hennebique-System

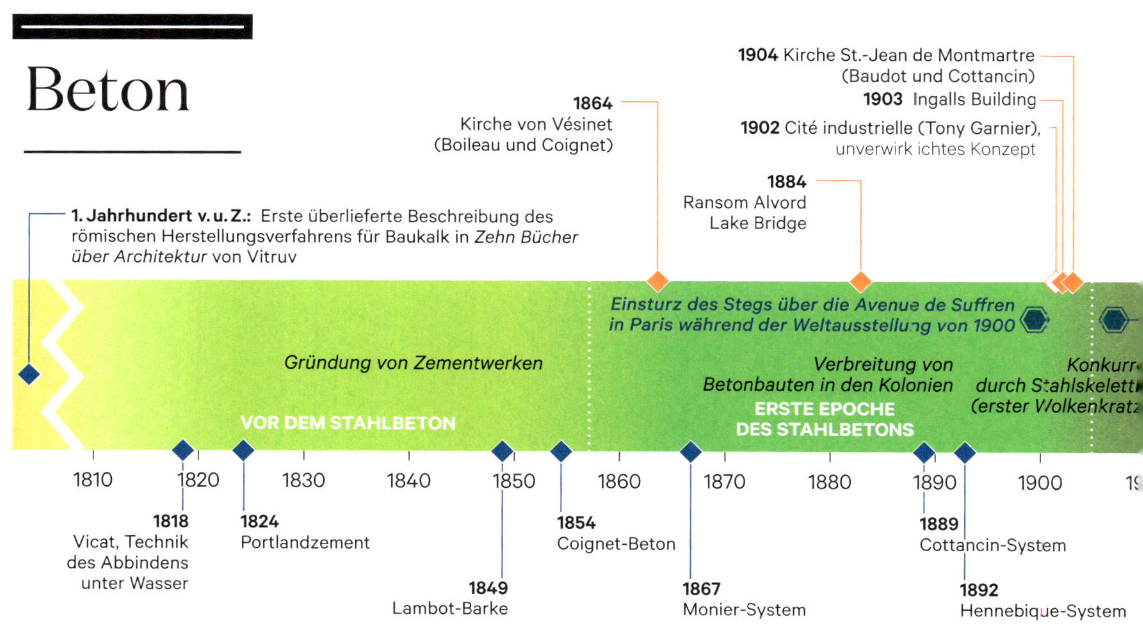

Beispiel für ein weltweites Unternehmensnetzwerk: Die Hennebique-Organisation (1892 bis 1914)

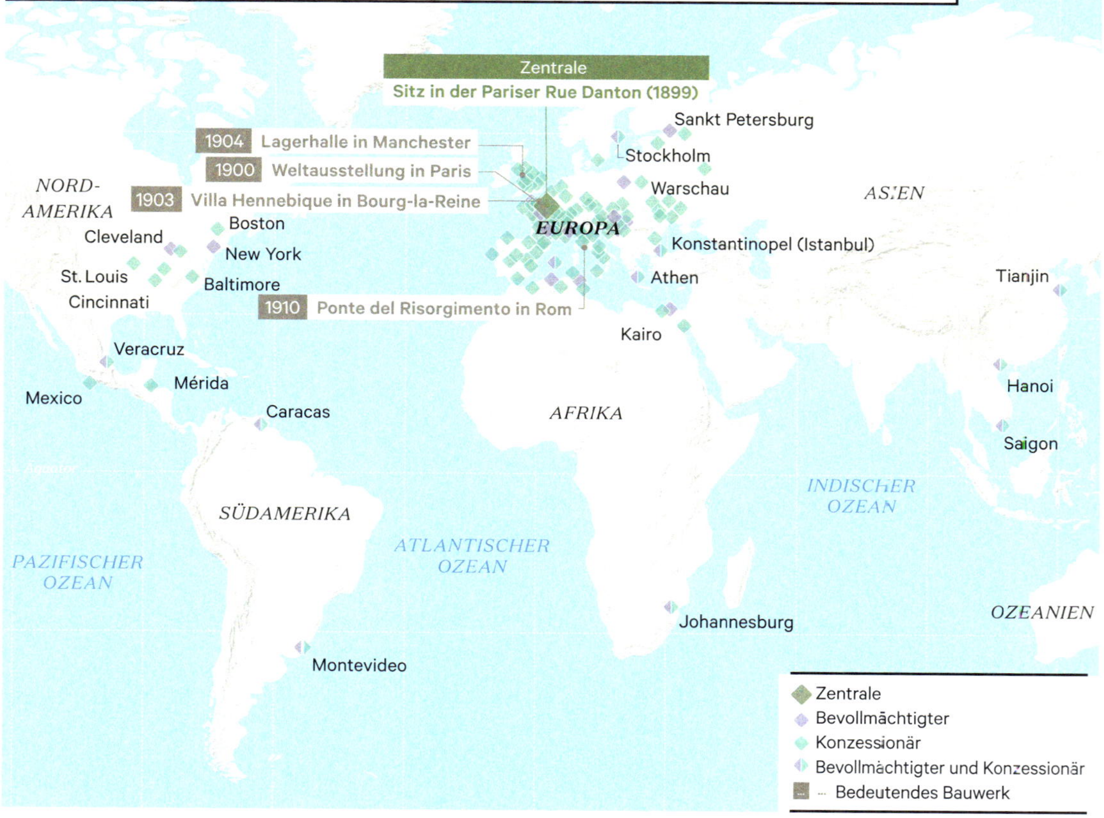

Zentrale
Sitz in der Pariser Rue Danton (1899)
1904 Lagerhalle in Manchester
1900 Weltausstellung in Paris
1903 Villa Hennebique in Bourg-la-Reine
1910 Ponte del Risorgimento in Rom
NORD-AMERIKA
Cleveland
Boston
New York
St. Louis
Baltimore
Cincinnati
Veracruz
Mérida
Mexico
Caracas
SÜDAMERIKA
Montevideo
PAZIFISCHER OZEAN
ATLANTISCHER OZEAN
EUROPA
Sankt Petersburg
Stockholm
Warschau
Konstantinopel (Istanbul)
Athen
Kairo
AFRIKA
Johannesburg
ASIEN
Tianjin
Hanoi
Saigon
INDISCHER OZEAN
OZEANIEN
Zentrale
Bevollmächtigter
Konzessionär
Bevollmächtigter und Konzessionär
Bedeutendes Bauwerk

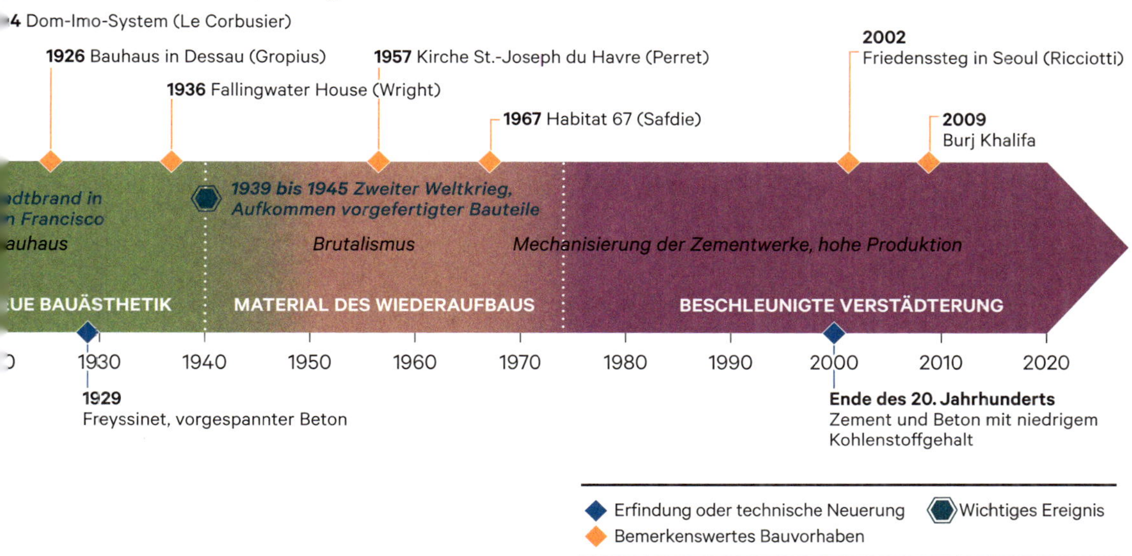

Der Stahlbeton erobert die Welt

In der zweiten Hälfte des 19. Jahrhunderts gibt es eine ganze Reihe von Innovationen (Lambot, Coignet, Monier, Hennebique), die schließlich die Produktion von Stahlbeton ermöglichen: ein Beton, bei dem Kunststein aus Zement und Zuschlagstoffen mit einer Metallstruktur kombiniert wird. Zunächst wird Stahlbeton zur Herstellung von Werkstücken verwendet (Böden, Träger, Behälter). Ein Pionier ist der Franzose François Hennebique, der mithilfe von Stahlbeton ein feuersicheres Landhaus baut. Zwischen 1892 und 1914 entwickelt sein in Paris ansässiges Unternehmen ein Netzwerk in zwanzig Ländern, bei dem lokale Vertreter neue Märkte aufspüren und Vertragshändler die Arbeiten ausführen. Diese Marktstrategie, der auch die Publikation der Fachzeitschrift *Le Béton Armé* («Stahlbeton») dient, hat großen Anteil daran, dass sich dieses Material verbreitet. Es eröffnet den Architekten zahlreiche Möglichkeiten (freie Gestaltung und Formen, Überhänge) und trägt auf diese Weise zur Geburt der modernen Architektur bei. Stahlbeton ist nicht nur charakteristisch für die Avantgarde des 20. Jahrhunderts (vertreten von Architekten wie Le Corbusier, Gropius, Niemeyer), sondern nach 1945 auch das Material des Wiederaufbaus, des Fertigbaus und der Vereinheitlichung urbaner Landschaften.

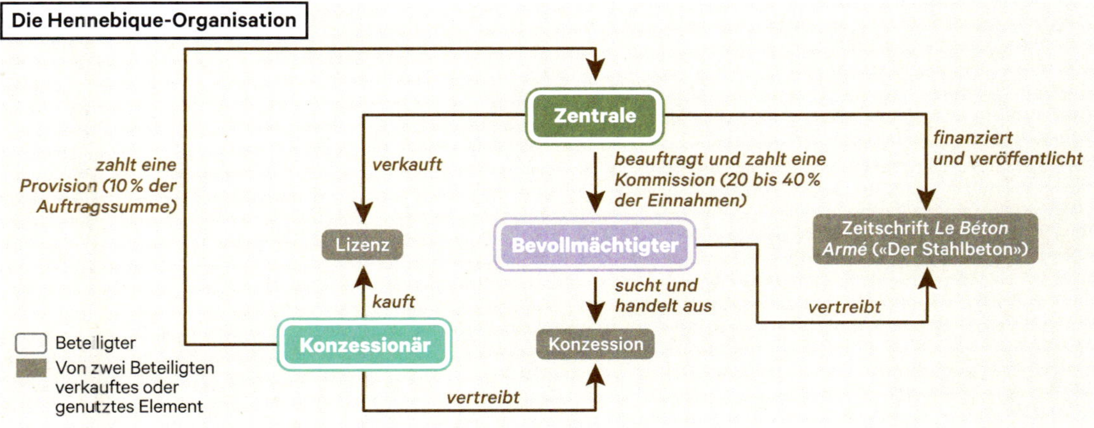

Die Urbanisierung

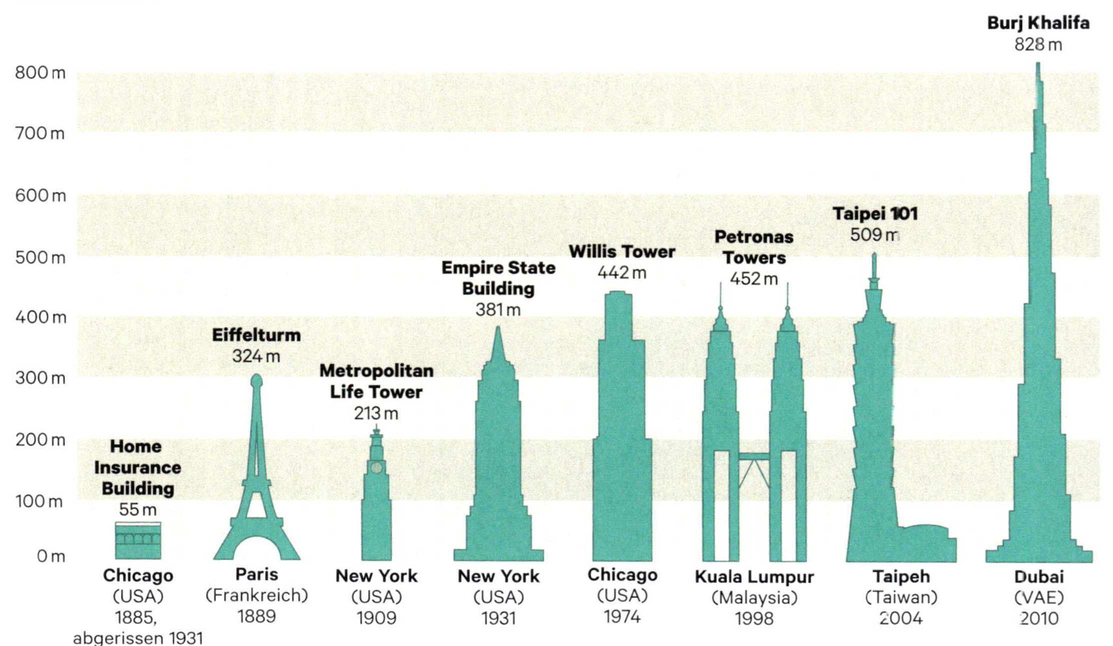

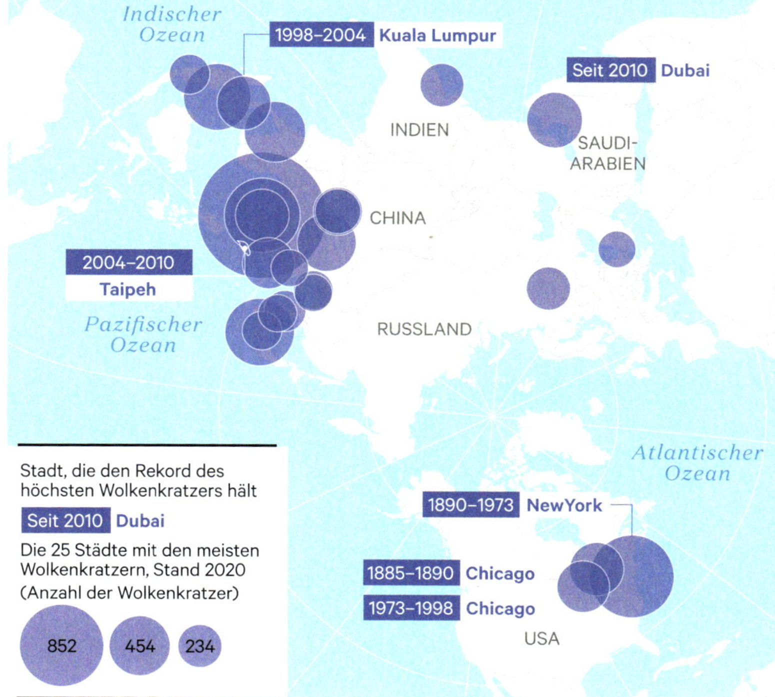

In die Senkrechte

Die Erfindung einer Sicherheitsfangvorrichtung für Aufzüge durch Elisha Graves Otis 1854 sowie der Einbau des ersten Aufzugs in ein großes New Yorker Warenhaus 1867 machen den Weg frei für die Entwicklung der Städte in der Senkrechten. Angesichts des rapiden Wachstums der Städte ist das Bauen in die Höhe eine Antwort auf den zunehmenden Platzbedarf. Die boomende Industrie liefert die Materialien für die neuen Gebäude. In Chicago, das 1871 durch einen Brand zerstört wird, entsteht 1885 der erste Wolkenkratzer mit Stahlskelett. Die Stadt wird zum Ausgangspunkt einer architektonischen Revolution. Der Wolkenkratzer, Symbol der nordamerikanischen Stadtlandschaft, verbreitet sich auf der ganzen Welt, die noch einhundert Jahre später immer weiter in die Höhe wächst.

Siehe auch — Wie man eine Stadt ernährt: Das antike Rom **S. 194**
«Herr und Meister der Natur» **S. 218**
Das Anthropozän: Ein neues Erdzeitalter? **S. 272**

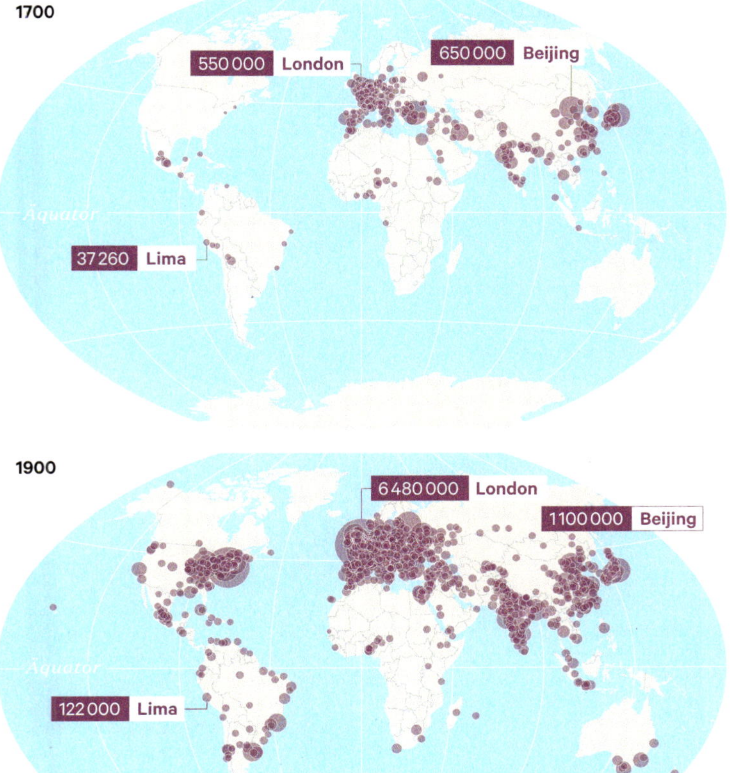

Die Urbanisierung der Welt seit 1800

In zweihundert Jahren wächst der Anteil der Städter von unter 10 auf über 50 Prozent der Weltbevölkerung. In Amerika, Europa und Japan leben inzwischen mehr Menschen in der Stadt als auf dem Land, in Subsahara-Afrika und einigen asiatischen Ländern ist die Verstädterung unterdessen noch in vollem Gange. Die Konzentration der Bevölkerung in den Städten zieht eine tiefgreifende Umstrukturierung der urbanen Räume nach sich. Die Städte wachsen in die Höhe und fransen an den Rändern aus.

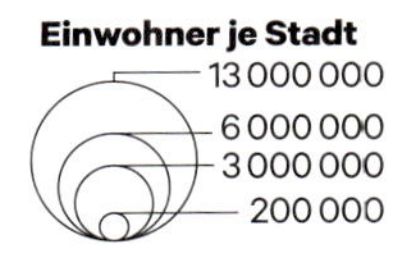

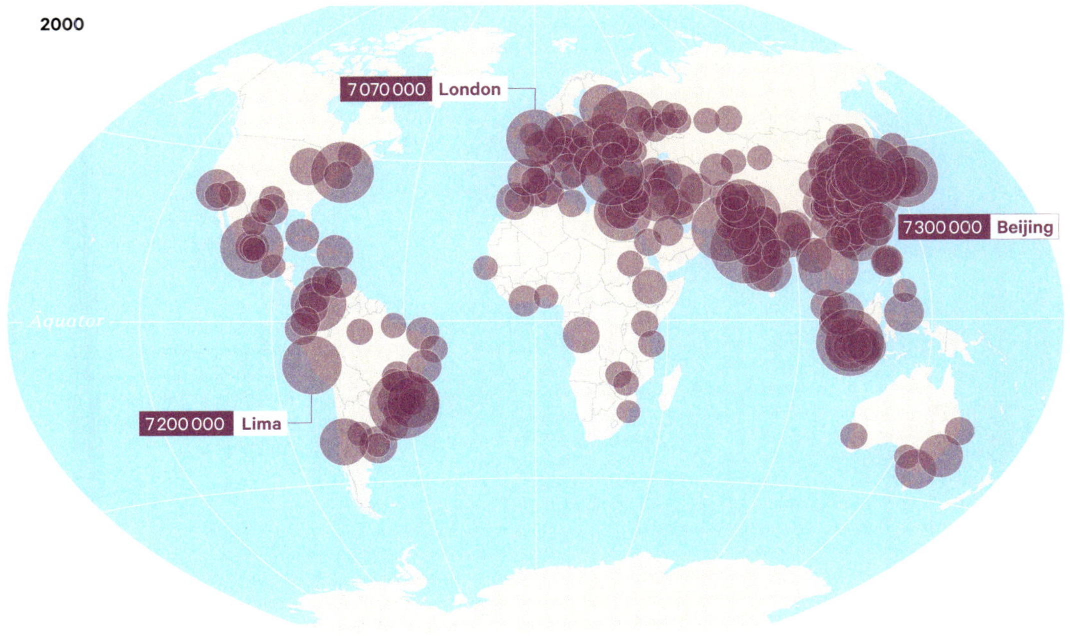

Ein besseres Leben?

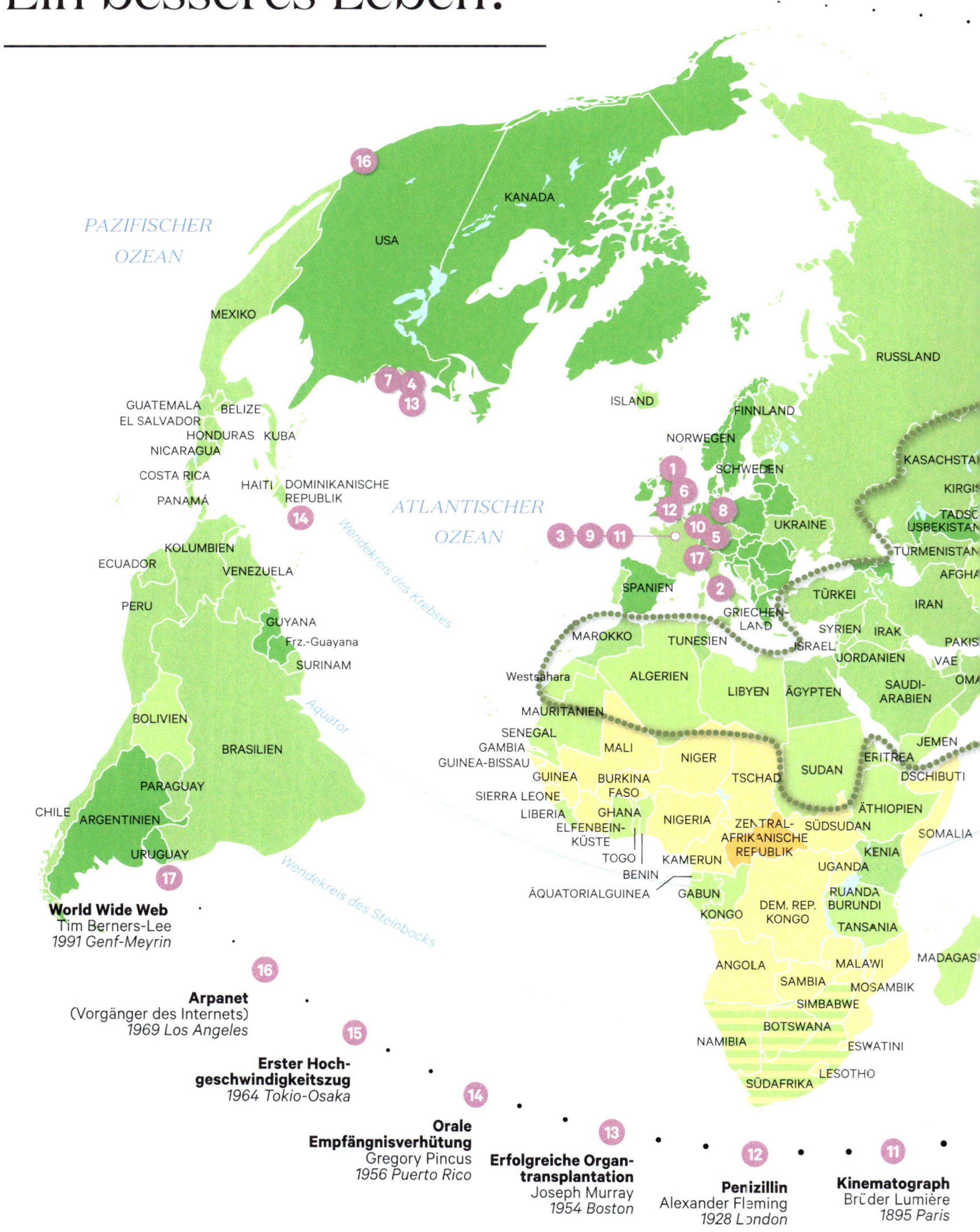

Dampfmaschine
James Watt
1769 Glasgow

1 **Elektrische Batterie**
Alessandro Volta
1800 Italien

2

3 **Konservendose**
Benjamin Appert
1804 Ivry-sur-Seine

PAZIFISCHER OZEAN

15

JAPAN
KOREA
SÜDKOREA

4 **Telefon**
Alexander Graham Bell
1876 Boston

TAIWAN
CHINA
PAPUA-NEUGUINEA
PHILIPPINEN

5 **Haushaltskühlschrank**
Carl von Linde
1876 München

LAOS
VIETNAM
THAILAND
MYANMAR
KAMBODSCHA
BANGLADESCH
INDONESIEN
MALAYSIA
AUSTRALIEN
NEUSEELAND
SRI LANKA

6 **Glühbirne**
Joseph Swan
1877 Newcastle

INDISCHER OZEAN

7 **Elektrizitätskraftwerk**
Thomas Edison
1882 New York

8 **Entdeckung des Tuberkelbazillus**
Robert Koch
1882 Berlin

9 **Tollwutimpfung**
Louis Pasteur
1885 Paris

10 **Erstes Kraftfahrzeug mit Verbrennungsmotor**
Carl Benz
1886 Mannheim

Steigende Lebenserwartung und steigender Konsum

Will man das Wohlergehen – oder das Glück – der Menschen messen, stellt sich die Frage, welche Aspekte dafür betrachtet werden sollten: Lebensstandard, Gesundheit, Sicherheit, Arbeit …? Ob das Leben heute besser ist als früher, lässt sich schwer sagen, sicher aber ist, dass es länger ist. Die Lebenserwartung steigt in Westeuropa und Nordamerika ab dem 18. Jahrhundert. Dank des Fortschritts in Landwirtschaft, Transportwesen, Medizin und Hygiene sinkt die Sterblichkeitsrate (insbesondere auch bei Kindern), und es kommt zu einem demografischen Wandel (siehe S. 264). Im Laufe des 20. Jahrhunderts steigt die Lebenserwartung im weltweiten Durchschnitt von 30 auf 65 Jahre. Sie hat sich in den letzten 200 Jahren in allen Gegenden der Welt verbessert, allerdings geografisch wie zeitlich in ungleichem Maße. In manchen Ländern sinkt sie bisweilen sogar wieder (Russland, Länder des südlichen Afrikas infolge von AIDS). Und während das Leben immer länger wird, nehmen zahlreiche Innovationen Einfluss auf unseren Alltag. Sie sind meist nicht das Werk eines einzelnen genialen Erfinders, sondern entstehen durch gemeinschaftliches Forschen, und sie sind sowohl Antrieb als auch Ergebnis des weltweiten Wachstums. Vom Telefon über das Automobil bis zum Internet befriedigt die Industrie neue Bedürfnisse und schafft gleichzeitig neue. Vor allem der Übergang in das Industriezeitalter führt zu einem tiefgreifenden Wandel der Gesellschaften und ihrer Umwelt.

Steigerung der durchschnittlichen Lebenserwartung über 54 Jahre im Zeitraum:
1945 1975 2005 2019

Durchschnittliche Lebenserwartung weiterhin unter 54 Jahren (Stand 2022)
Rückgang der Lebenserwartung zwischen 1975 und 2005 wegen der AIDS-Epidemie
Zunahme der durchschnittlichen Lebenserwartung um mehr als 25 Jahre seit 1960
Wichtige Erfindung oder Entdeckung

Umweltverschmutzung

Gebeutelte Natur

Mit der Industrialisierung, die nach und nach den gesamten Planeten erfasst, kommen auch neue Quellen der Umweltverschmutzung hinzu. Nicht nur führt die Nutzung fossiler Energieträger zu steigenden Treibhausgas-Emissionen, sondern es kommt bereits bei deren Förderung (wie Wasserverschmutzung durch Gewinnung unkonventioneller Kohlenwasserstoffe) und dem Transport (Ölpest) zu Umweltverschmutzung. Neue Produktionstechniken (Landwirtschaft, chemische Industrie, Plastik, Kernkraft) und die Veränderung von Lebensweise und Konsum belasten die Umwelt ebenfalls erheblich. In den Städten ballen sich die Quellen der Umweltverschmutzung, sodass die Bevölkerung dort besonders großen gesundheitsgefährdenden Belastungen ausgesetzt ist. Umweltverschmutzung kann plötzlich auftreten und den Menschen zum Umdenken und Handeln bewegen, wie etwa bei einem Industrieunfall («Sevesounglück» in Meda bei Mailand, 1976), sie kann sich aber auch über lange Zeiträume vollziehen und nur mit Hilfe von Messgeräten erkannt werden (Loch in der Ozonschicht).

Schwerste Industrieunfälle mit Umweltverschmutzung
- Ölpest
- Freisetzung von Giftstoffen durch Industriebetriebe
- Radioaktive Verseuchung (> 5 auf der INES-Skala*)

Bodenvergiftung
- Gebiete mit besonders hohem Risiko einer Vergiftung durch Pestizide

Trinkwasserverschmutzung
- Über 50 von 100 000 Einwohnern ohne sauberes Trinkwasser (Stand 2015)

Meeresverschmutzung
- Land mit dem meisten Kunststoffabfall auf weniger als 50 Kilometer Küstenlänge (jährlich über 250 000 kg, Stand 2010)
- Hohes Aufkommen von Kunststoffabfall

Luftverschmutzung
- Städte mit der höchsten Luftverschmutzung (deren durchschnittlicher IQA-Indexwert** 2021 als gesundheitsschädlich gilt)

Kohlendioxidausstoß nach Ländern
(in Millionen Tonnen, Stand 2020, Ausstoß über 50 Millionen Tonnen)

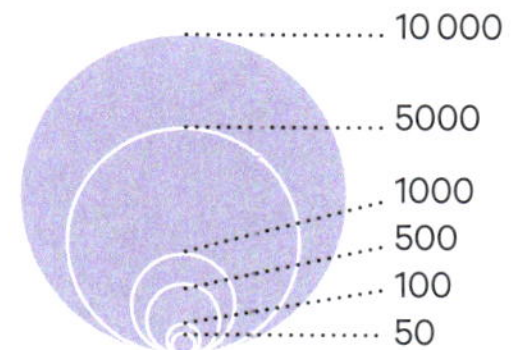

* INES: Internationales Register für Nuklearstörfälle

** IQA: Index für Luftqualität, berechnet für vier atmosphärische Hauptschadstoffe: troposphärisches Ozon, Feinstaub, Kohlenmonoxid und Schwefeldioxid

Siehe auch — Die planetarische Zirkulation S. 62
Das Anthropozän: Ein neues Erdzeitalter? S. 272
Die Erde als politische Herausforderung für die Menschheit S. 286

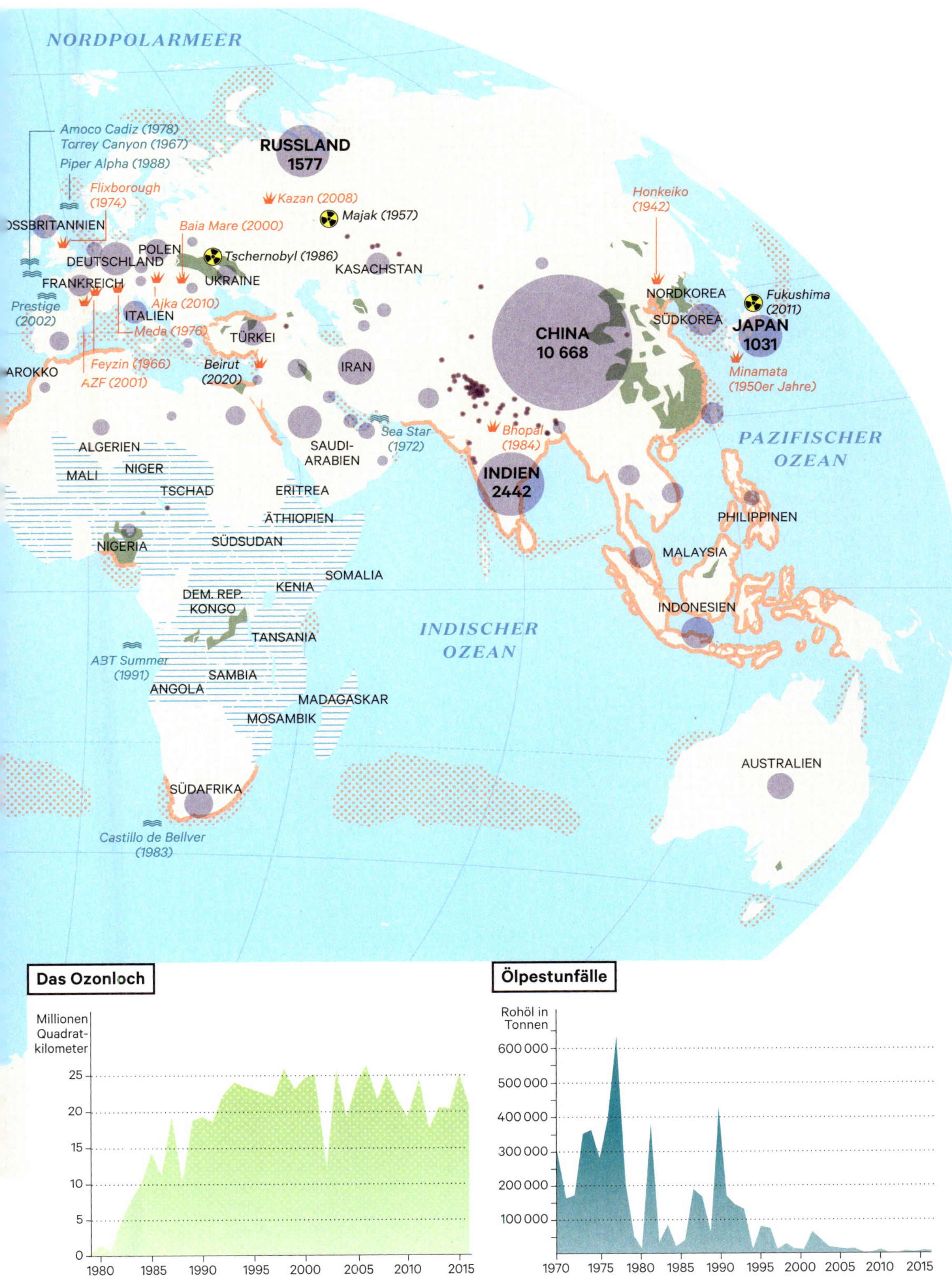

Das Meer und der Permafrost

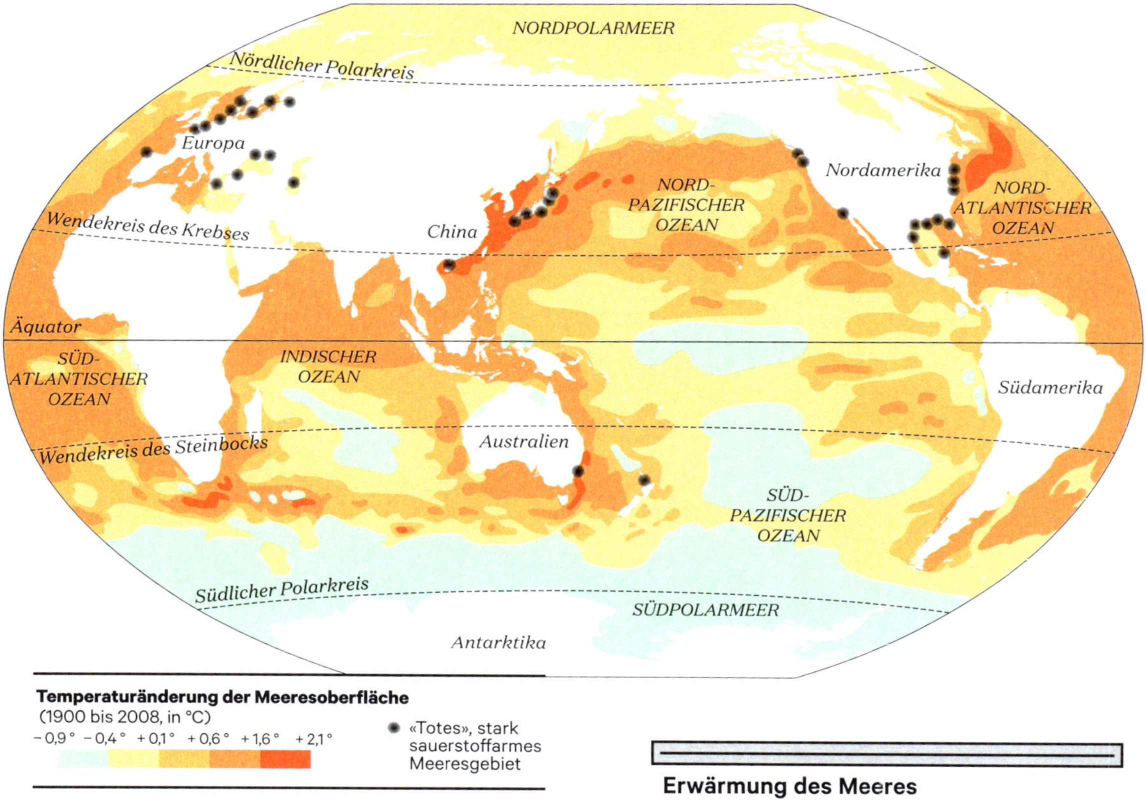

NORDPOLARMEER
Nördlicher Polarkreis
Europa
Nordamerika
NORD-PAZIFISCHER OZEAN
NORD-ATLANTISCHER OZEAN
China
Wendekreis des Krebses
Äquator
SÜD-ATLANTISCHER OZEAN
INDISCHER OZEAN
Südamerika
Australien
Wendekreis des Steinbocks
SÜD-PAZIFISCHER OZEAN
Südlicher Polarkreis
SÜDPOLARMEER
Antarktika
Temperaturänderung der Meeresoberfläche
(1900 bis 2008, in °C)
– 0,9 ° – 0,4 ° + 0,1 ° + 0,6 ° + 1,6 ° + 2,1 °
«Totes», stark sauerstoffarmes Meeresgebiet

Meeresspiegelanstieg

mm
250
225
200
175
150
125
100
75
50
25
0
+ 200 mm
+ 150 mm
+ 100 mm
+ 50 mm
Pegelmessungen
Satellitendaten
1900 1910 1920 1930 1940 1950 1960 1970 1980 1990 2000 2010 2020

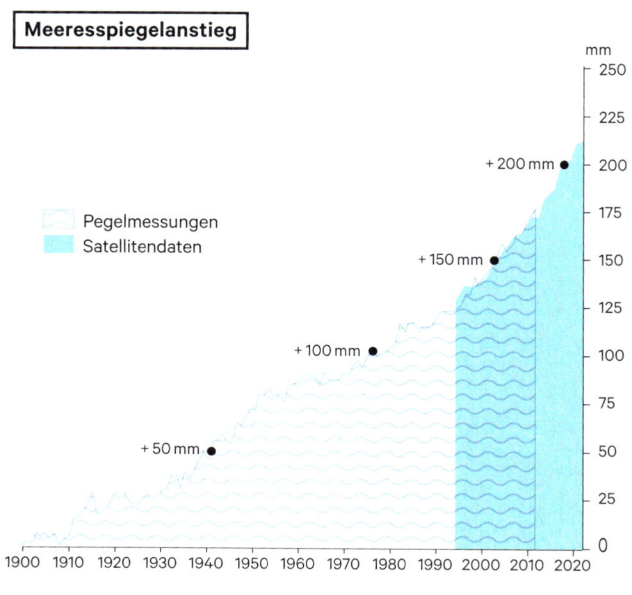

Erwärmung des Meeres

Das Weltmeer nimmt als wichtiger Klimaregler einen Großteil der Sonnenenergie und des Kohlendioxids auf und gibt sie wieder ab. Dadurch werden Klimaschwankungen abgefedert. Die seit über 100 Jahren beobachtete Erwärmung der Atmosphäre, die vor allem auf die Treibhausgas-Emissionen zurückzuführen ist, wird auf diese Weise zumindest abgemildert. Aber zugleich steigt dadurch die Temperatur der Wasseroberfläche – seit dem Ende des 19. Jahrhunderts im Schnitt um 0,6 °C, mit starken Schwankungen in den verschiedenen Gegenden der Welt. Die Erwärmung des Meeres hat nicht nur Auswirkungen auf das Packeis und die Biodiversität, sondern führt auch zu einer Wärmeausdehnung, durch die der Meeresspiegel steigt. Seit 100 Jahren ist der mittlere Meeresspiegel um 10 bis 25 Zentimeter angestiegen. Dieser Trend beschleunigt sich gerade, da die Eiskappen Grönlands und der Antarktis sowie weltweit Gletscher schmelzen. Je nach der Topografie der Küsten macht sich dieser Anstieg mehr oder weniger stark bemerkbar.

Siehe auch — Ein wahres Weltmeer **S. 64**
Die Klimaverhältnisse der Vergangenheit **S. 200**
Klimawandel und Migration **S. 280**

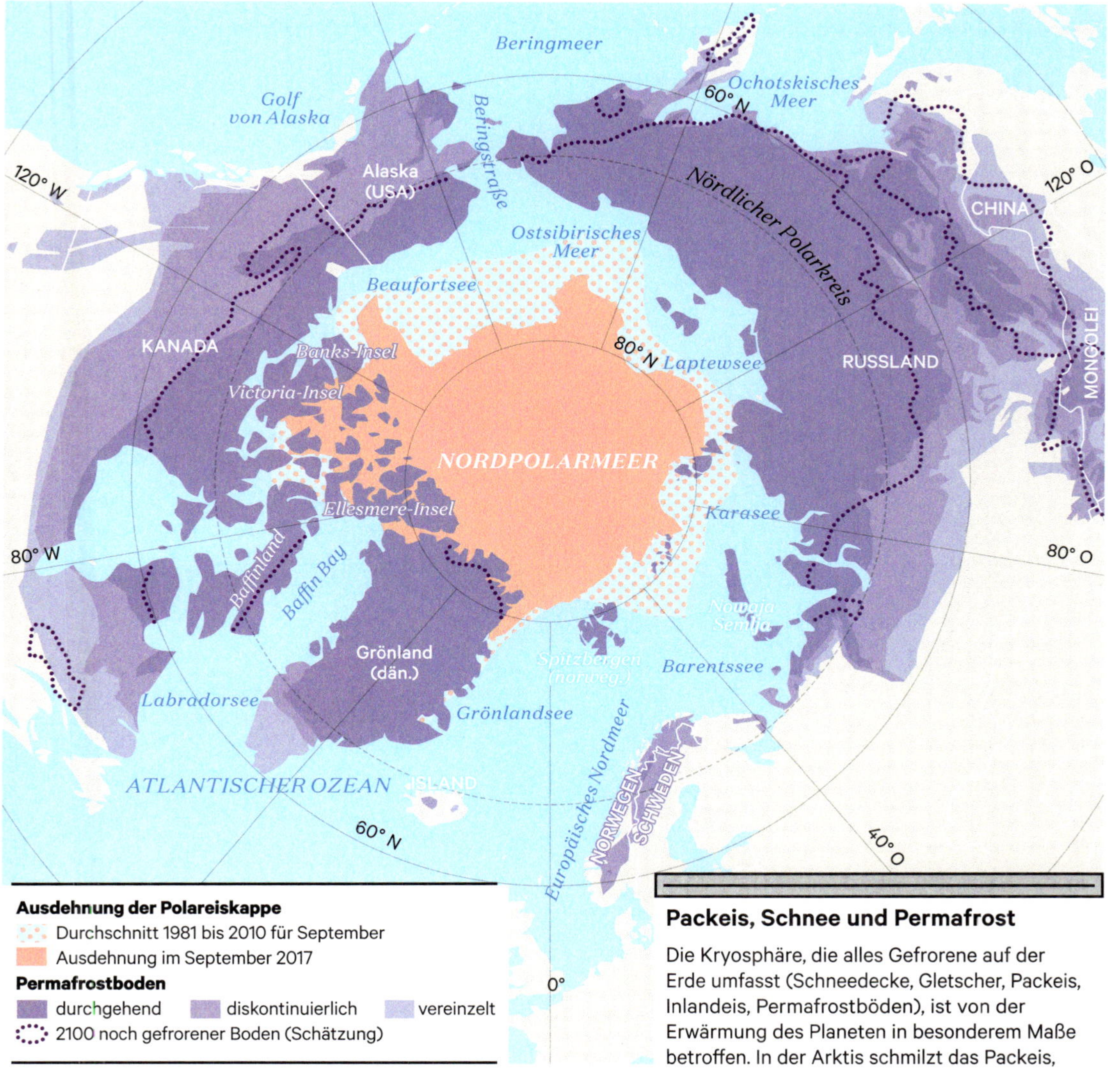

Ausdehnung der Polareiskappe
- Durchschnitt 1981 bis 2010 für September
- Ausdehnung im September 2017

Permafrostboden
- durchgehend
- diskontinuierlich
- vereinzelt
- 2100 noch gefrorener Boden (Schätzung)

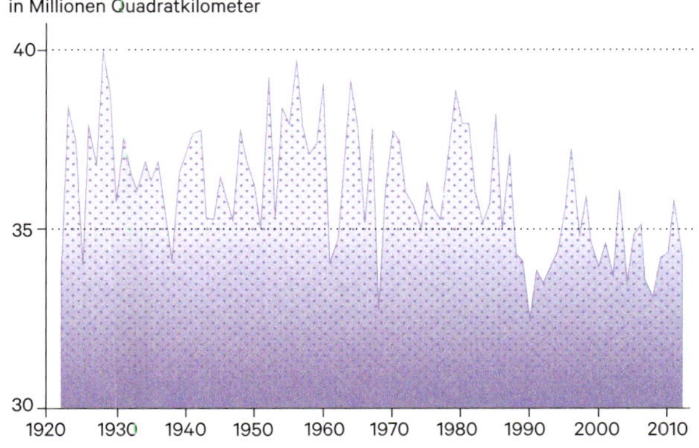

Packeis, Schnee und Permafrost

Die Kryosphäre, die alles Gefrorene auf der Erde umfasst (Schneedecke, Gletscher, Packeis, Inlandeis, Permafrostböden), ist von der Erwärmung des Planeten in besonderem Maße betroffen. In der Arktis schmilzt das Packeis, dort hat das Meereis in den letzten 30 Jahren sowohl an Ausdehnung als auch an Dicke verloren. Dieses Phänomen geht auch mit einer bedeutenden Abnahme der Schneedecke einher und führt zu einem Rückgang der Albedo (Rückstrahlung des Sonnenlichts), wodurch die Erwärmung weiter beschleunigt wird. Der Permafrost, der zwischen 1/5 und 1/4 der Erdoberfläche ausmacht, in Kanada und Russland sogar die Hälfte des Landes, ist ebenfalls durch die steigenden Temperaturen im Schwinden begriffen. Wenn er schmilzt, können organische Stoffe freigesetzt werden, bei deren Zersetzung große Mengen Kohlendioxid und Methan in die Luft abgegeben werden. Das Schwinden des Permafrosts trägt also ebenfalls zur Erhöhung des Treibhauseffekts bei. Darüber hinaus sinkt der Boden ab, was zum Einsturz von Gebäuden und Infrastrukturen führen kann.

Veränderungen der Biosphäre

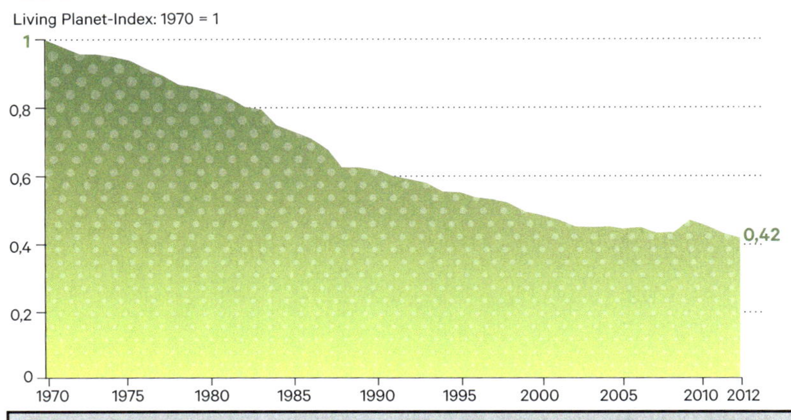

Schwund des Lebens

Der Living Planet-Index misst die Biodiversität der Erde basierend auf der Entwicklung der Populationen wilder Wirbeltiere. Die mittlere Größe dieser Populationen ist seit 1970 aufgrund der Zerstörung der Habitate (Urbanisierung, Rodung) und Umweltverschmutzung (vor allem durch Landwirtschaft) um 68 Prozent zurückgegangen.

Die Wälder im Klimawandel

Der Klimawandel stellt die Wälder vor die Herausforderung, sich an die veränderten Bedingungen anzupassen. Mithilfe ihrer Samen können Bäume migrieren und neue Gegenden besiedeln. Die Verbreitung ist dabei meist auf einen Radius von höchstens 100 Metern rund um den Baum begrenzt, es sei denn, Extremwetterphänomene (Überschwemmungen, Stürme) oder Tiere tragen die Samen über weitere Strecken davon.
Auf diese Weise «wandern» die Waldbäume am Ende der letzten Eiszeit wegen der steigenden Temperaturen nach Norden, wo die klimatischen Bedingungen ihren Bedürfnissen entsprechen (siehe S. 150). Außerdem können sich manche Baumarten an Klimaveränderungen anpassen, indem sie ihren Stoffwechsel verändern. Allerdings können sich die äußeren Bedingungen so schnell ändern, dass manche Arten mit den für sie erforderlichen Anpassungen nicht hinterherkommen. Zum Beispiel verkümmern in den französischen Wäldern viele Stieleichen, die keine Trockenheit vertragen, während sich die Traubeneiche als widerstands- und anpassungsfähiger erweist.

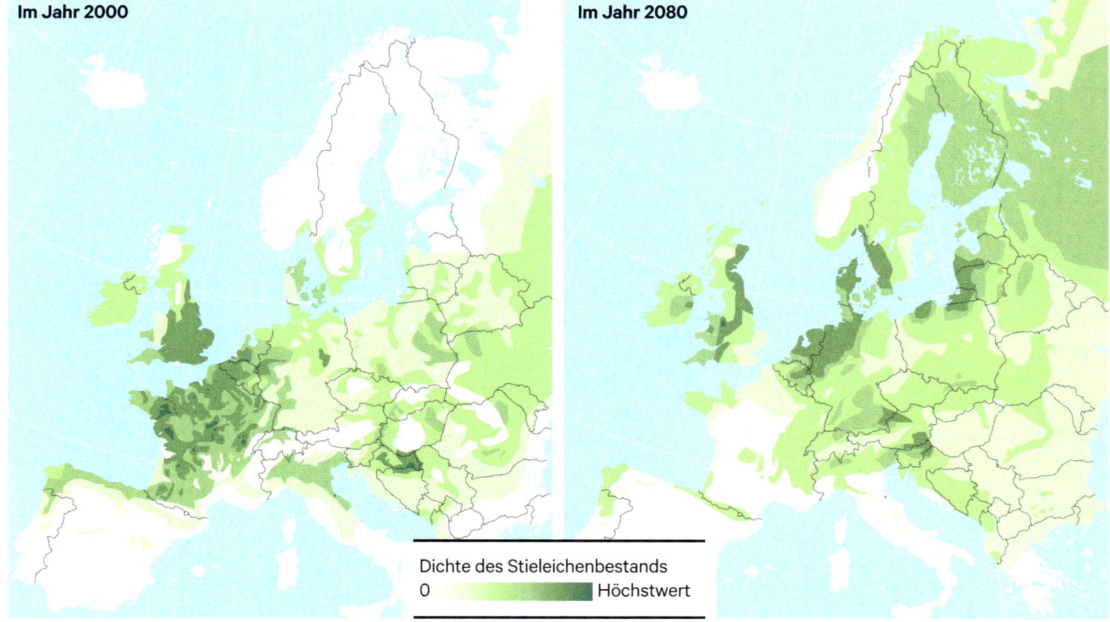

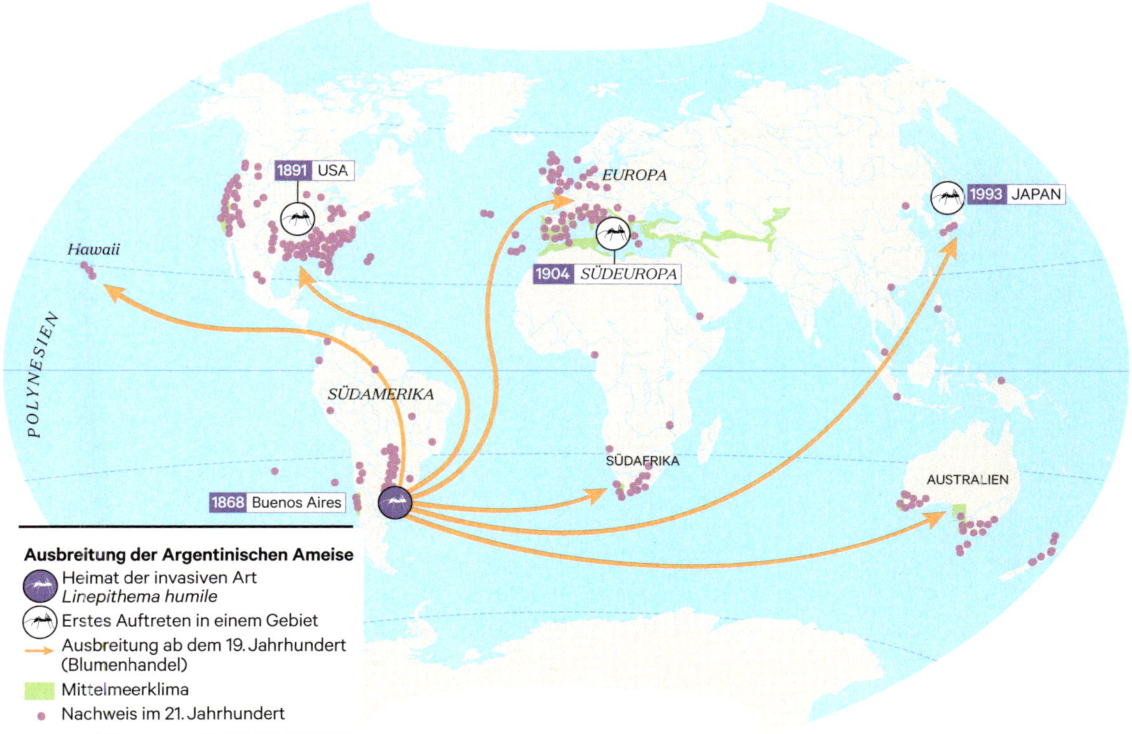

Siehe auch — Die Ökoregionen der Erde **S. 102**
Geisterwälder **S. 178**
Der Kolumbianische Austausch **S. 220**

1891 USA
Hawaii
POLYNESIEN
EUROPA
1904 SÜDEUROPA
1993 JAPAN
SÜDAMERIKA
SÜDAFRIKA
AUSTRALIEN
1868 Buenos Aires

Ausbreitung der Argentinischen Ameise

- Heimat der invasiven Art *Linepithema humile*
- Erstes Auftreten in einem Gebiet
- Ausbreitung ab dem 19. Jahrhundert (Blumenhandel)
- Mittelmeerklima
- Nachweis im 21. Jahrhundert

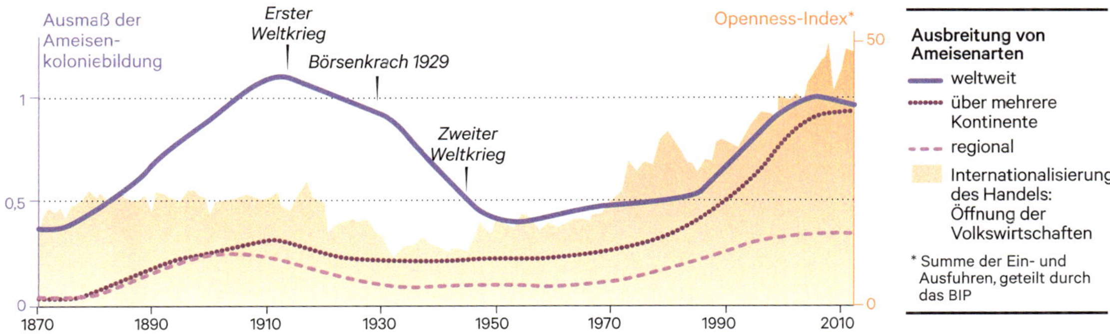

Die großen Invasionen

Die Ameisen haben den gesamten Planeten mit Ausnahme der Polarregionen besiedelt. Zahlreiche Arten sind infolge der Globalisierung vertrieben worden und breiten sich in anderen Gebieten wieder aus, zu Lasten der dort heimischen Arten. Diese invasiven Arten schaden den Ökosystemen, in die sie eindringen, und stören auch den Menschen. Manche breiten sich nur regional aus, wobei sie meist auf menschengemachten Transportwegen, vor allem Straßen reisen. Die Art *Camponotus herculeanus* etwa fährt in Europa auf Holzlastern mit, auf denen Baumstämme transportiert werden. Andere Arten wie *Linepithema humile* (Argentinische Ameise) verbreiten sich auch über Kontinente hinweg. Sie wird in der zweiten Hälfte des 19. Jahrhunderts in südamerikanischen Orchideen mittransportiert und besiedelt weltweit fast alle Länder mit mediterranem Klima. Wieder andere breiten sich fast auf dem gesamten Planeten aus. Dabei folgt ihre geografische Ausbreitung jeweils den Bewegungen der Globalisierung: Nimmt der Handel zu, verbreiten sie sich schneller, während sich ihre Ausbreitung in Krisenzeiten (Weltwirtschaftskrise 1929, Zweiter Weltkrieg) verlangsamt. Haben sich invasive Arten erst einmal irgendwo niedergelassen, ist es schwer, sie wieder loszuwerden. So ist es den USA trotz der eingesetzten Insektizide nicht gelungen, die 1939 eingewanderte Feuerameise zu eliminieren. Viele Länder versuchen sich inzwischen mithilfe strenger Biosicherheitsregeln zu schützen.

Die Dekarbonisierung der Atmosphäre

Wichtigste Speichermöglichkeiten für Kohlendioxid 2022

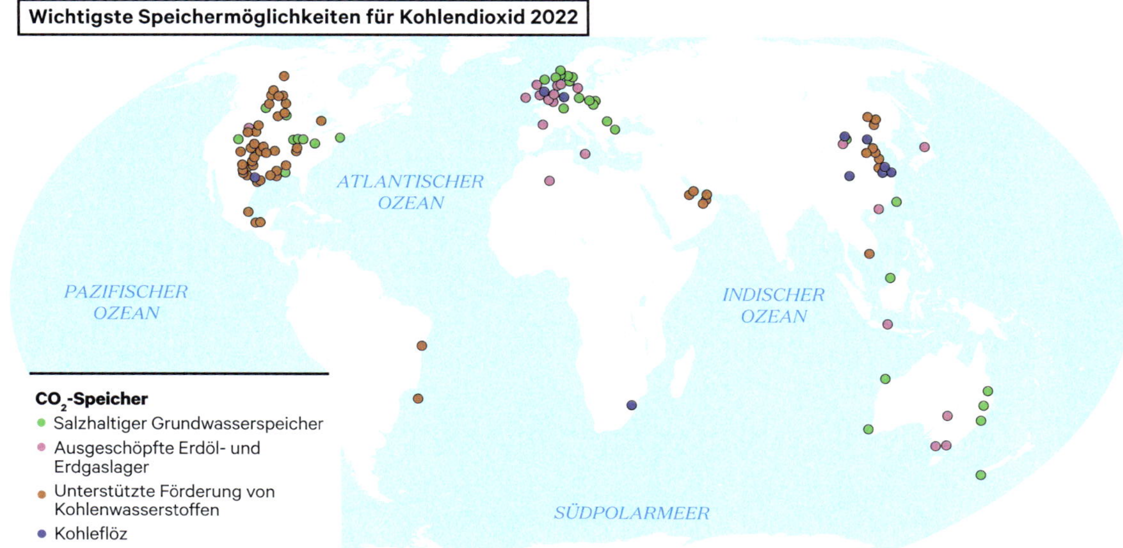

Methoden unterirdischer Kohlendioxidspeicherung

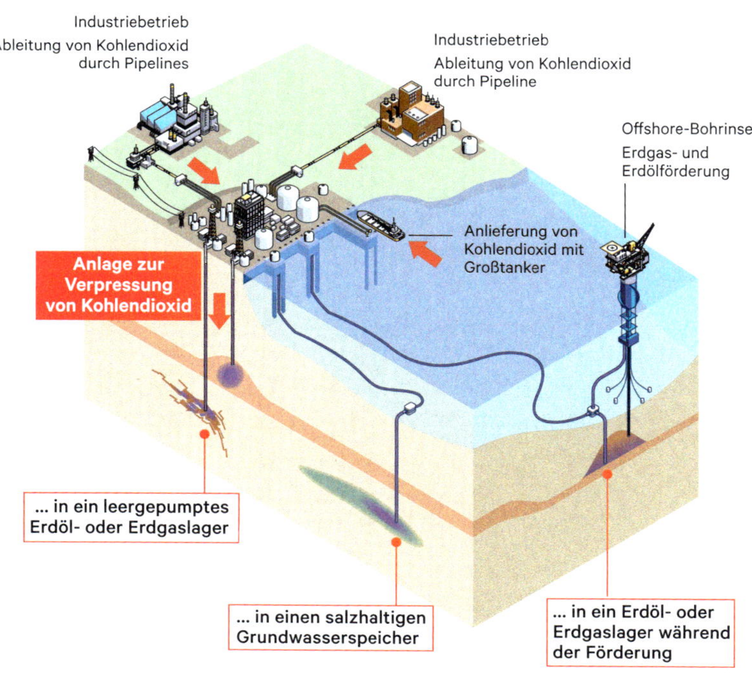

Der Kampf gegen den Kohlenstoff

Um den Gehalt von Kohlendioxid (CO_2) in der Atmosphäre zu verringern, werden Techniken entwickelt, mit denen das Gas eingefangen, gelagert oder weiterverwendet werden kann. Vor allem in Nordamerika nutzt die Industrie CO_2 (Energie, Chemie, Bauwesen). Zum Beispiel erleichtert Kohlendioxid die Förderung von Erdöl, wenn es in die Ölfelder gepresst wird. Bei der Abscheidung und Speicherung von CO_2 (Carbon Capture and Storage, CCS) wird das Gas in geologischen Speicherstätten gelagert, etwa in wasserspeichernden Salinen, die enorme Kapazitäten haben. Es gibt diesbezüglich zwar zahlreiche Vorhaben, die Schwierigkeiten sind jedoch immens (etwa wegen der Kosten und des Energieaufwands oder mangelnder Akzeptanz in der Bevölkerung).

Siehe auch — Kohlenstoff **S. 236**
Die Kernenergie **S. 275**
Erneuerbare Energien **S. 276**

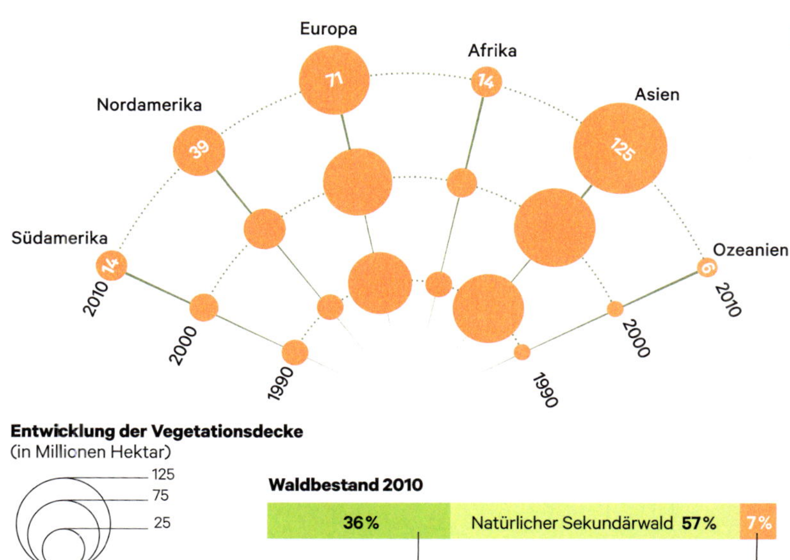

Die Wiederaufforstung der Erde

Bäume entnehmen der Luft CO_2 und speichern es, während sie Sauerstoff abgeben. Wälder spielen also bei der Abscheidung von CO_2 aus der Atmosphäre eine wichtige Rolle. Tatsächlich ist die Wiederaufforstung unter vielen Akteuren die bevorzugte Methode, um den CO_2-Gehalt in der Atmosphäre zu senken. Neben der Speicherung von CO_2 hat sie je nach Region noch verschiedene Nebeneffekte: Veränderung der Biodiversität und der Funktionsweise der Böden oder Nutzungskonflikte mit der Landwirtschaft.

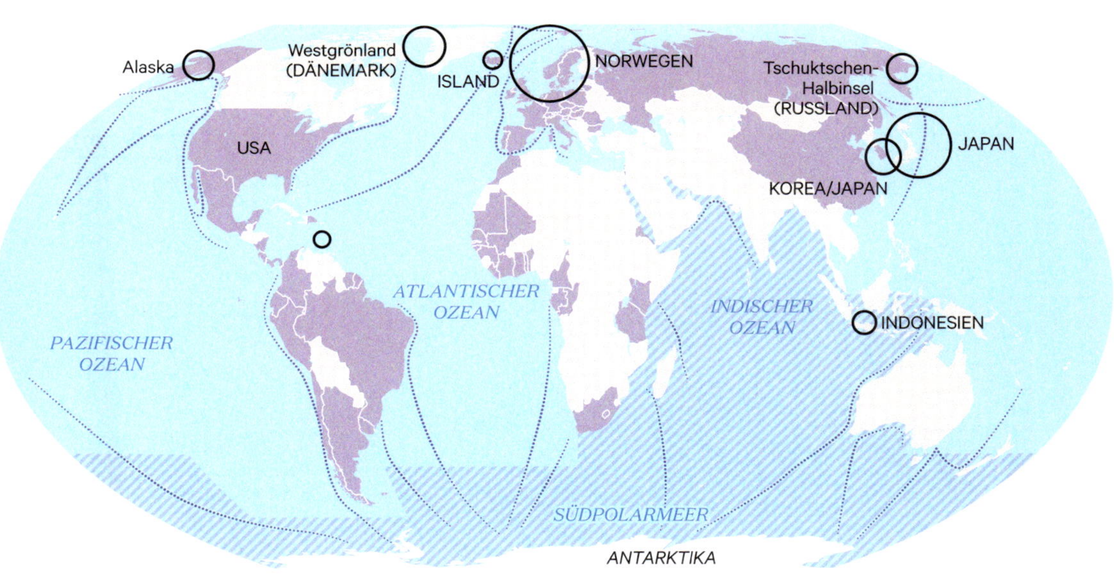

Der Wal als Kohlenstoffspeicher

Weniger bekannt für die Bindung von CO_2 als der Wald ist der Wal. Aufgrund seiner Größe und Lebensdauer ist er der größte lebende CO_2-Speicher überhaupt. Allerdings nimmt ein einzelner Wal im Laufe seines Lebens nur durchschnittlich 33 Tonnen CO_2 auf, was dem jährlichen Fußabdruck dreier Franzosen entspricht. Wenn er stirbt, sinkt er auf den Meeresgrund und nimmt das CO_2 gleichsam mit ins Grab. Seine (wenn auch nur geringe) Rolle in der CO_2-Regulierung der Atmosphäre ruft den Konflikt zwischen Jagd- und Schutzländern auf den Plan, die in der 1946 gegründeten Internationalen Walfang-Kommission zusammengeschlossen sind.

CO_2-Austausch

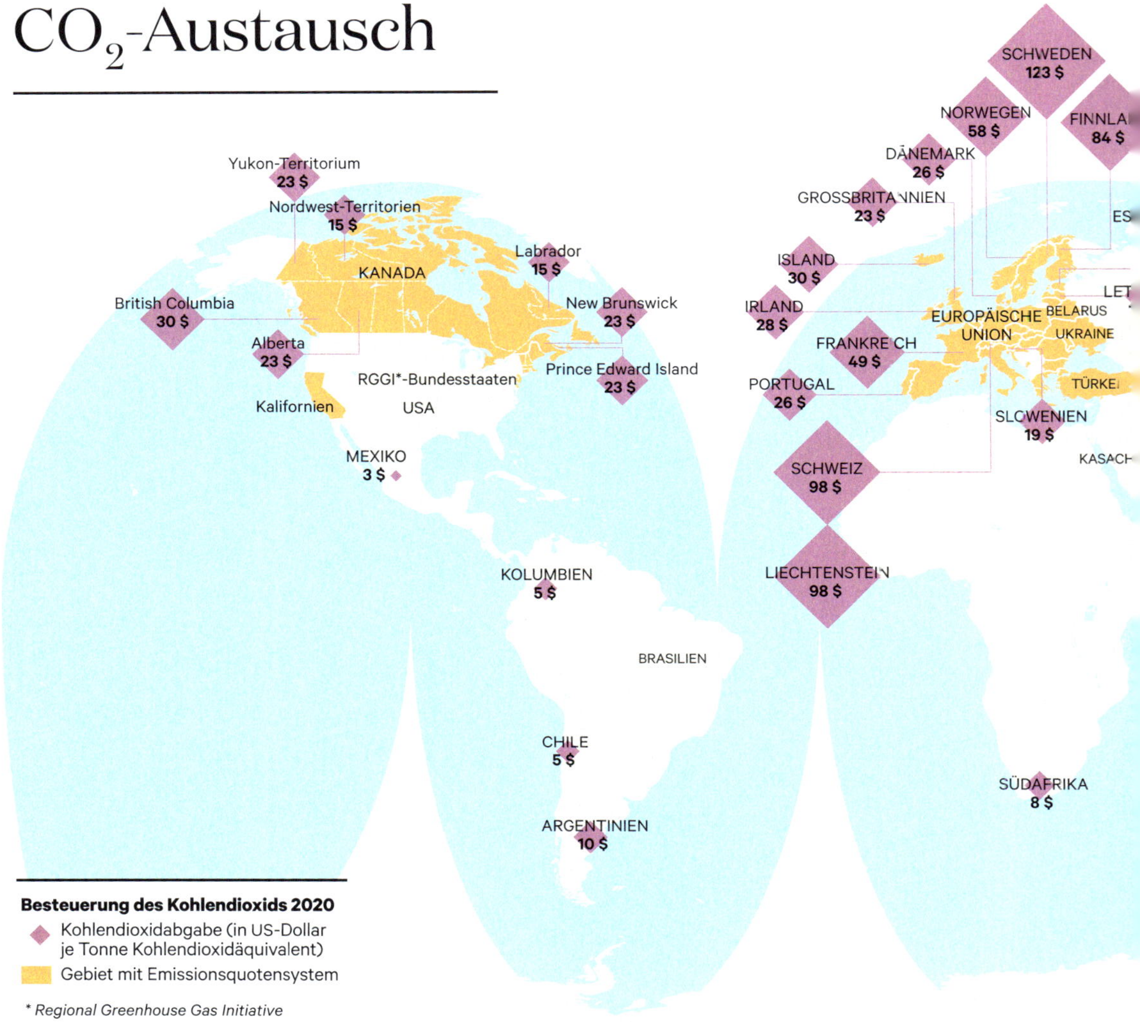

SCHWEDEN 123 $
NORWEGEN 58 $
FINNLAND 84 $
DÄNEMARK 26 $
GROSSBRITANNIEN 23 $
ES
ISLAND 30 $
LET
IRLAND 28 $
EUROPÄISCHE UNION
BELARUS
UKRAINE
FRANKREICH 49 $
PORTUGAL 26 $
TÜRKEI
SLOWENIEN 19 $
KASACH
SCHWEIZ 98 $
LIECHTENSTEIN 98 $
SÜDAFRIKA 8 $
Yukon-Territorium 23 $
Nordwest-Territorien 15 $
KANADA
Labrador 15 $
British Columbia 30 $
New Brunswick 23 $
Alberta 23 $
Prince Edward Island 23 $
RGGI*-Bundesstaaten
Kalifornien
USA
MEXIKO 3 $
KOLUMBIEN 5 $
BRASILIEN
CHILE 5 $
ARGENTINIEN 10 $

Besteuerung des Kohlendioxids 2020

- Kohlendioxidabgabe (in US-Dollar je Tonne Kohlendioxidäquivalent)
- Gebiet mit Emissionsquotensystem

** Regional Greenhouse Gas Initiative*

Entwicklung der Einnahmen aus der Kohlendioxidabgabe

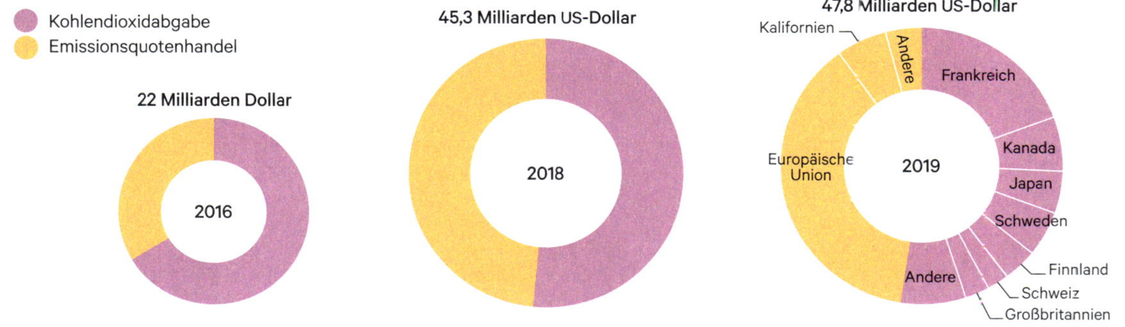

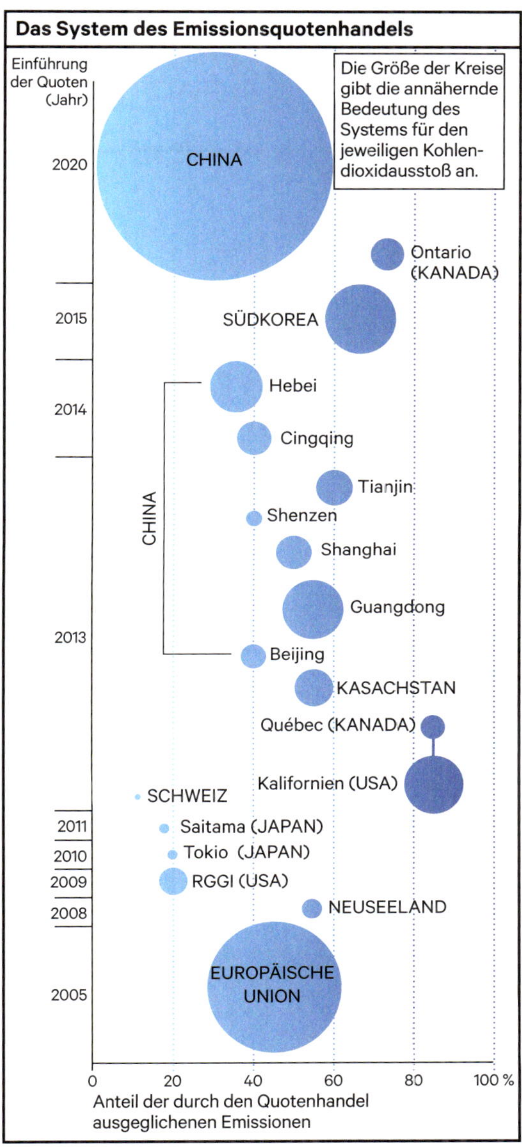

Der Preis von Kohlendioxid

Bei der Unterzeichnung des Kyoto-Protokolls (1997) legen einige Staaten im Kampf gegen Treibhausgas-Emissionen einen Preis für Kohlendioxid fest. Dabei werden zwei Instrumente genutzt: die CO_2-Steuer und das Emissionshandelssystem (EHS oder auf Englisch Emission Trading Scheme, ETS), die einzeln angewandt oder kombiniert werden können. Bei der CO_2-Steuer zahlt der Verursacher einen festen Preis pro Tonne CO_2, während beim EHS die staatlichen Behörden Höchstwerte festlegen. Nun kann auf CO_2-Märkten mit Emissionsrechten gehandelt werden: Unternehmen, die ihren Anteil nicht ausschöpfen, können ihn in Form von Zertifikaten an die großen Umweltverschmutzer verkaufen. Einige Gebiete schließen sich zusammen, um ein gemeinsames System des Zertifikatshandels einzurichten, zum Beispiel Kalifornien und Quebec, die Staaten im Nordosten der USA (Regional Greenhouse Gas Initiative, RGGI) oder die Europäische Union. Auf diese Weise können dank 30 verschiedener CO_2-Märkte und ebenso vieler CO_2-Steuern im Jahr 2019 Einnahmen in Höhe von fast 48 Milliarden US-Dollar erzielt werden, mit denen vor allem der Kampf gegen den Klimawandel finanziert wird.

Die Bevölkerungsexplosion

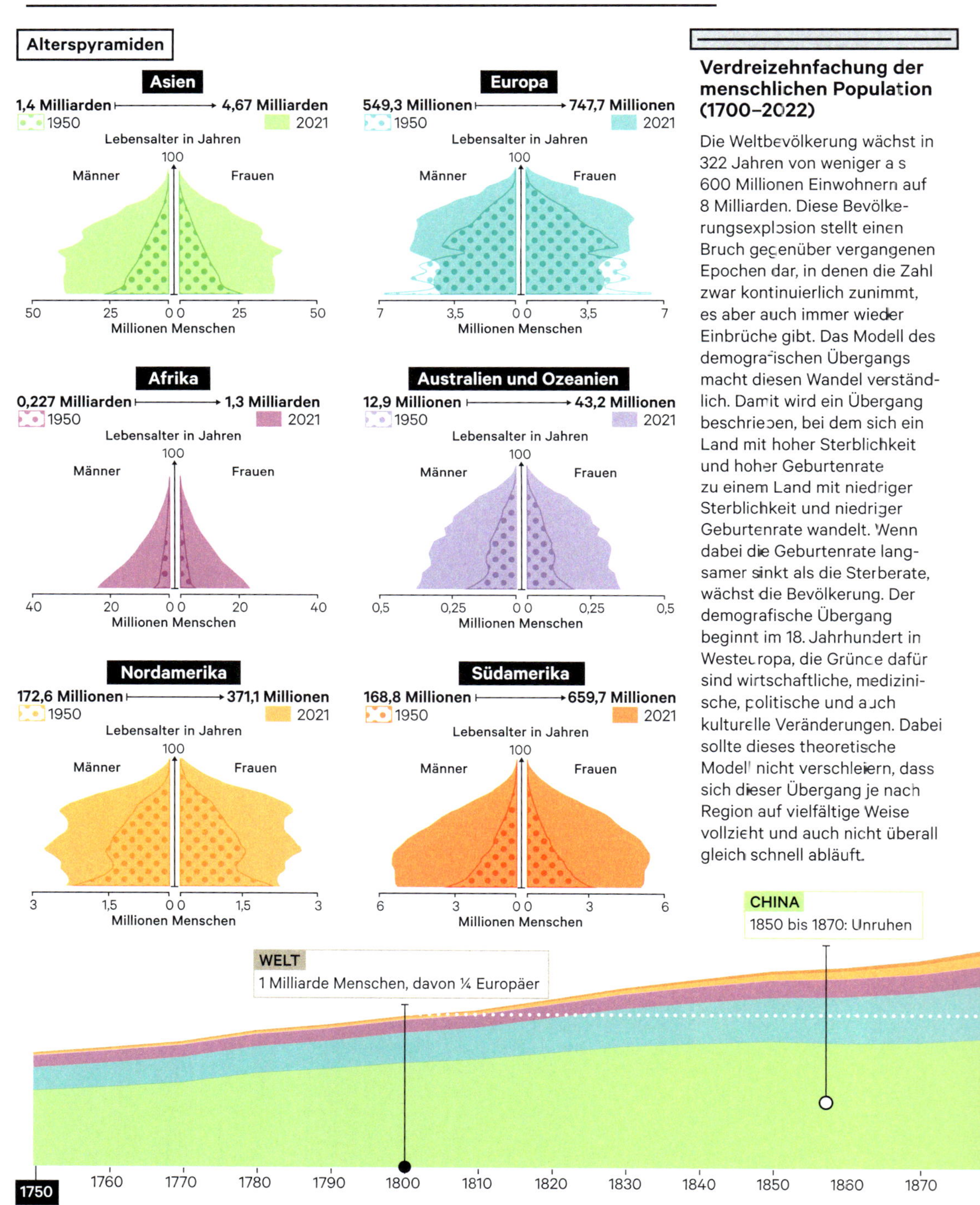

Verdreizehnfachung der menschlichen Population (1700–2022)

Die Weltbevölkerung wächst in 322 Jahren von weniger als 600 Millionen Einwohnern auf 8 Milliarden. Diese Bevölkerungsexplosion stellt einen Bruch gegenüber vergangenen Epochen dar, in denen die Zahl zwar kontinuierlich zunimmt, es aber auch immer wieder Einbrüche gibt. Das Modell des demografischen Übergangs macht diesen Wandel verständlich. Damit wird ein Übergang beschrieben, bei dem sich ein Land mit hoher Sterblichkeit und hoher Geburtenrate zu einem Land mit niedriger Sterblichkeit und niedriger Geburtenrate wandelt. Wenn dabei die Geburtenrate langsamer sinkt als die Sterberate, wächst die Bevölkerung. Der demografische Übergang beginnt im 18. Jahrhundert in Westeuropa, die Gründe dafür sind wirtschaftliche, medizinische, politische und auch kulturelle Veränderungen. Dabei sollte dieses theoretische Modell nicht verschleiern, dass sich dieser Übergang je nach Region auf vielfältige Weise vollzieht und auch nicht überall gleich schnell abläuft.

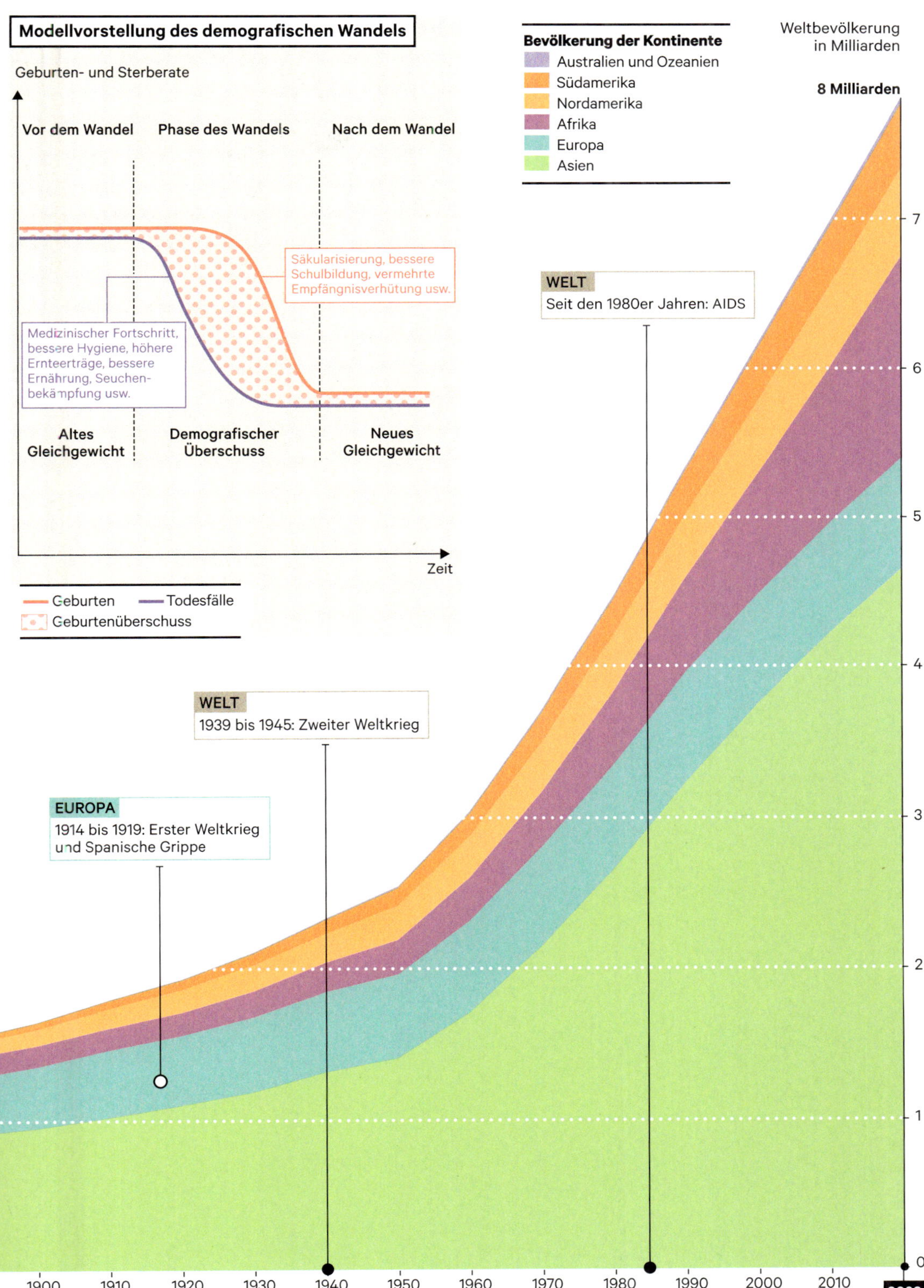
Modellvorstellung des demografischen Wandels
Geburten- und Sterberate
Vor dem Wandel
Phase des Wandels
Nach dem Wandel
Säkularisierung, bessere Schulbildung, vermehrte Empfängnisverhütung usw.
Medizinischer Fortschritt, bessere Hygiene, höhere Ernteerträge, bessere Ernährung, Seuchenbekämpfung usw.
Altes Gleichgewicht
Demografischer Überschuss
Neues Gleichgewicht
Zeit
Geburten
Todesfälle
Geburtenüberschuss
Bevölkerung der Kontinente
Australien und Ozeanien
Südamerika
Nordamerika
Afrika
Europa
Asien
Weltbevölkerung in Milliarden
8 Milliarden
7
6
5
4
3
2
1
0
WELT
Seit den 1980er Jahren: AIDS
WELT
1939 bis 1945: Zweiter Weltkrieg
EUROPA
1914 bis 1919: Erster Weltkrieg und Spanische Grippe
1900
1910
1920
1930
1940
1950
1960
1970
1980
1990
2000
2010
2022

9

Der überlastete Planet

(seit dem 20. Jahrhundert)

Seit der Mitte des 20. Jahrhunderts ist die Beziehung der Menschen zum Planeten geprägt vom steigenden Druck auf die Ressourcen und von der Beschleunigung der wirtschaftlichen, demografischen und gesellschaftlichen Veränderungen, die bereits in den Jahrhunderten zuvor eingesetzt haben. Nicht nur die Befürchtung, dass die Ressourcen versiegen, sondern auch die Auswirkungen der Ausbeutung der Erde auf die Gesundheit, die Ökosysteme und das Klima führen den Menschen vor Augen, dass die Erde durch ihr Handeln in Mitleidenschaft gezogen wird. Mag auch ein Großteil der Erdbewohner und der Verantwortlichen in der Politik begriffen haben, dass sie sich in einer Krise befinden, genügen die von den Staaten ergriffenen Maßnahmen jedoch nicht, um einen Planeten am Rande des Zusammenbruchs ausreichend zu entlasten.

Weltweite Überalterung

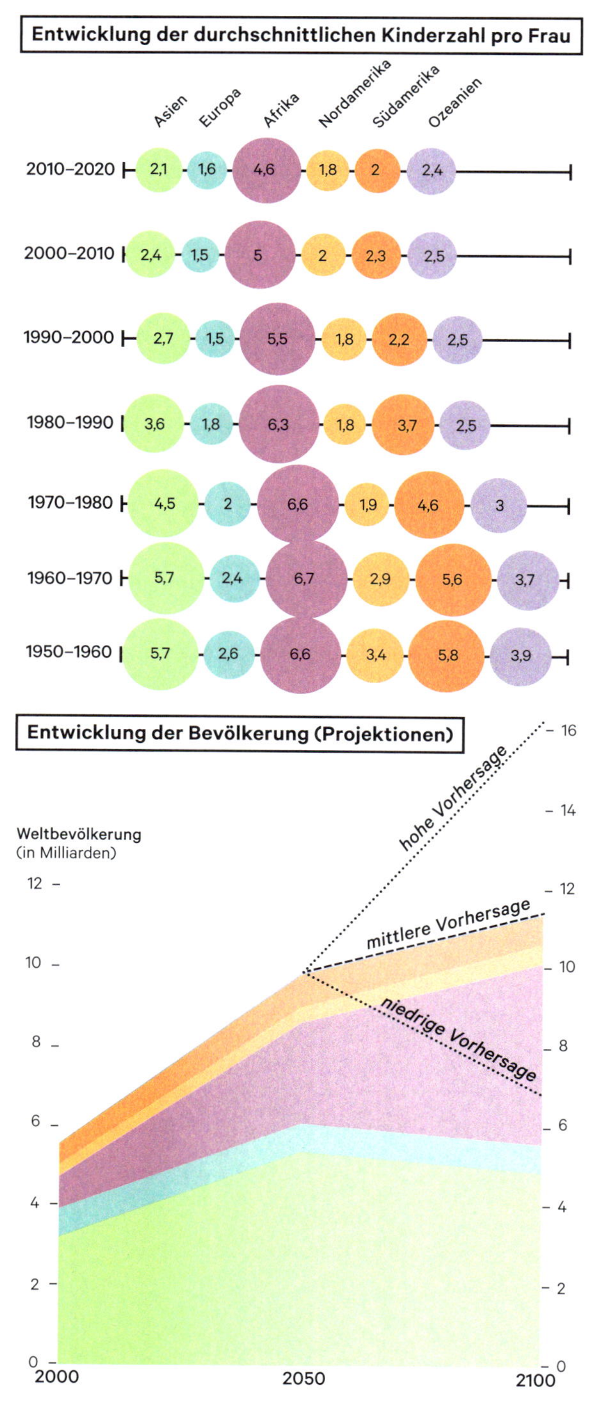

Das Ende des demografischen Übergangs

Die Weltbevölkerung, die seit 200 Jahren rasant wächst, erreicht 2050 vermutlich die 10-Milliarden-Marke. Zwar nimmt die Population nach wie vor zu, inzwischen verlangsamt sich das Wachstum aber. In der zweiten Hälfte des 20. Jahrhunderts ist die durchschnittliche Kinderzahl pro Frau von 5,4 auf 2,1 gesunken. In Afrika liegt die Geburtenrate nach wie vor hoch, weshalb der Kontinent derzeit der größte Treiber des Bevölkerungswachstums ist, aber viele Länder befinden sich inzwischen unter dem Reproduktionsniveau von 2,1. Verhütungsmittel (vor allem die in Indien und China weit verbreitete Sterilisation) und Abtreibungen sind zwei Gründe für die fallende Geburtenrate. Weltweit endet eine von fünf Schwangerschaften durch einen gewollten Schwangerschaftsabbruch, der zumeist illegal vorgenommen wird. Fast die Hälfte dieser Abtreibungen findet insgeheim statt und ist für die Frauen mit Risiken behaftet, auch wenn zumindest die Sterblichkeit bei Schwangerschaftsabbrüchen abnimmt. In manchen Gegenden gibt es auch geschlechtsselektive Abtreibungen, durch die das Verhältnis zwischen den Geschlechtern zugunsten der Jungen verschoben wird. In Verbindung mit der zunehmenden Lebensdauer führt die abnehmende Geburtenrate zur Überalterung der Gesellschaft – angesichts der Lebenserwartung, die sich im 20. Jahrhundert verdoppelt hat, kann man auch von einer Überalterung «von oben» sprechen. In Frankreich hat zum Beispiel die Zahl der Hundertjährigen zwischen 1950 und 2015 um das Hundertfache zugenommen, mit einem deutlich überwiegenden Anteil an Frauen. Da die Zahl der Geburten sinkt, nimmt auch der Anteil jüngerer Menschen an der Population ab, eine Überalterung «von unten». In den Ländern, deren demografischer Übergang später begonnen hat, vollzieht sich diese Überalterung schneller. Überall stellt sich die Frage, wie das Renten- und das Gesundheitssystem an diese gravierenden Veränderungen angepasst werden können.

Ozeanien
Südamerika
Nordamerika
Afrika
Europa
Asien

Siehe auch — Ein besseres Leben? **S. 252**
Die Bevölkerungsexplosion **S. 264**
Hygienische Herausforderungen **S. 282**

Das Altern der Bevölkerung

Im Jahr 2000

Nordeuropa
Osteuropa
Westeuropa
Zentralasien
Nordamerika
Ostasien
Südeuropa
Westasien
Nordafrika
Südasien
Mittelamerika
Karibik
Westafrika
Südostasien
Zentralafrika
Ostafrika
Südamerika
Südliches Afrika
Australien/Neuseeland

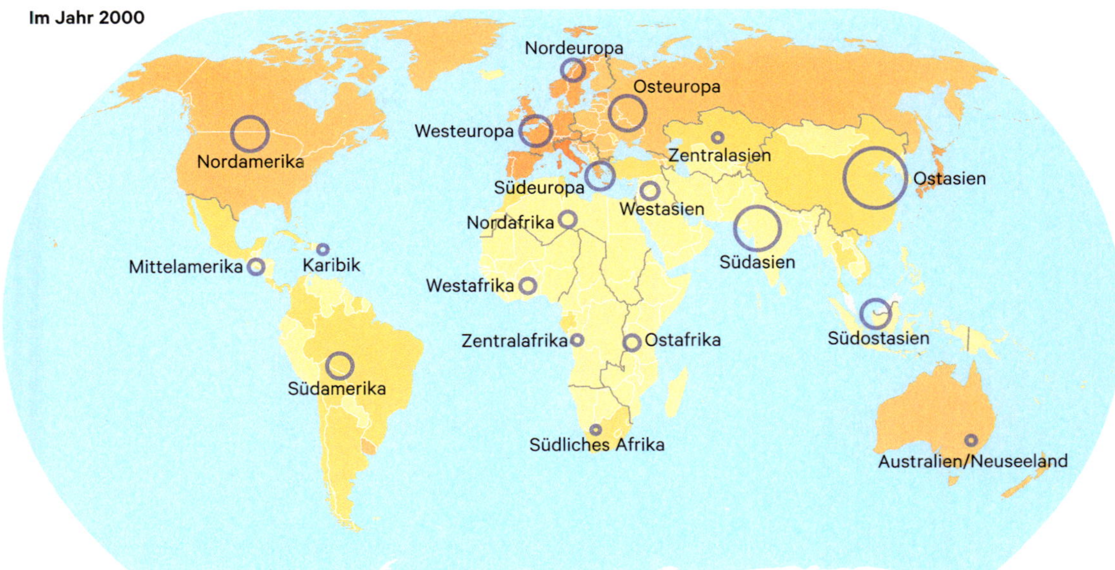

Im Jahr 2100

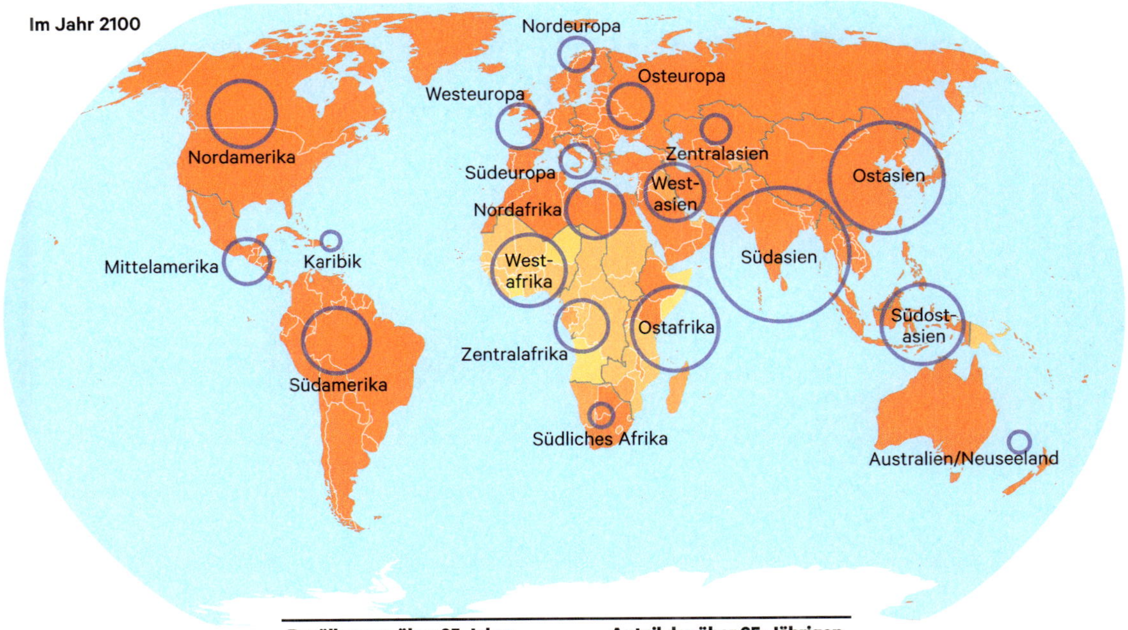
Nordeuropa
Osteuropa
Westeuropa
Nordamerika
Zentralasien
Südeuropa
West-
asien
Ostasien
Nordafrika
West-
afrika
Südasien
Mittelamerika
Karibik
Südost-
asien
Ostafrika
Zentralafrika
Südamerika
Südliches Afrika
Australien/Neuseeland

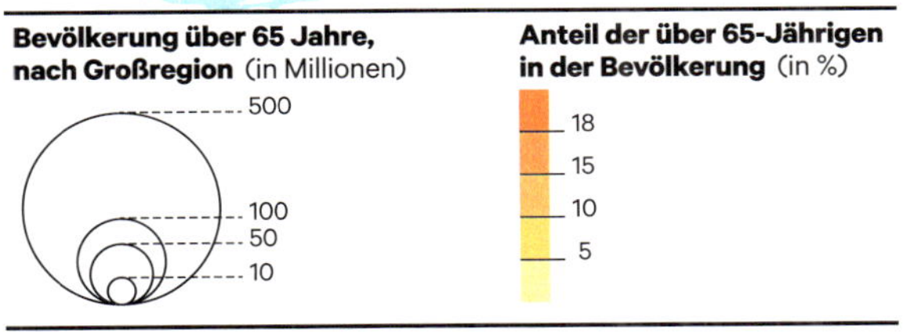
Bevölkerung über 65 Jahre, nach Großregion (in Millionen)
500
100
50
10
Anteil der über 65-Jährigen in der Bevölkerung (in %)
18
15
10
5

Die Menschheit ernähren

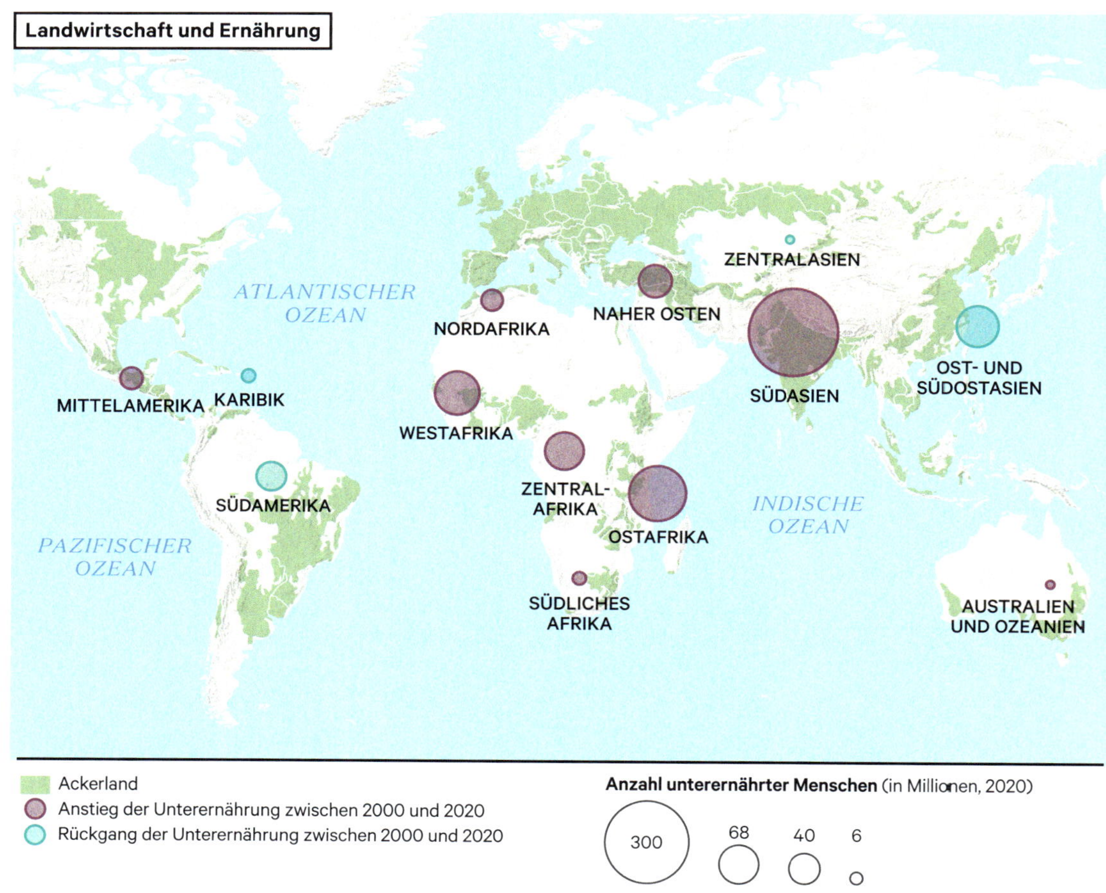

Landwirtschaftliche Revolutionen

Ab dem 18. Jahrhundert und vor allem aber im 20. Jahrhundert tragen umfangreiche Veränderungen in der Landwirtschaft dazu bei, dass die stetig wachsende Bevölkerung ernährt werden kann. Durch die zunehmende Nutzung fossiler Rohstoffe zur Energieerzeugung anstelle von Holz werden Landflächen für den Ackerbau frei. Die Industrie trägt zur höheren Produktivität und zu steigenden Erträgen in der Landwirtschaft bei (Mechanisierung, Kunstdünger), und die Erzeugung landwirtschaftlicher Produkte wird ein Glied in einer großen Kette der Agrarindustrie. Zugleich beschleunigt sich die Globalisierung der Märkte durch die immer schneller werdenden Transportmittel (siehe S. 244). In der zweiten Hälfte des 20. Jahrhunderts kommt es in der Landwirtschaft zu einer echten Revolution, da in vielen Ländern immer weniger Arbeitskräfte benötigt werden (nur nicht in Indien, dem Land der «grünen Revolution»). Grund dafür ist der massive Einsatz von Dünger und Pestiziden, die Verbesserung der Bewässerungstechniken und die Entwicklung gentechnisch veränderter Organismen. Seit den 1970er Jahren entstehen angesichts der Auswirkungen der intensiven Landwirtschaft auf Umwelt und Gesundheit neue Praktiken wie Biolandwirtschaft, und bestimmte Pflanzenschutzmittel werden verboten. Doch trotz optimierter Produktion sind Millionen Menschen unterernährt. Die Frage der Ernährungssicherung erinnert uns daran, dass die Landwirtschaft eine besondere Branche ist. Um die Abhängigkeit von Importen zu vermeiden, schützen die Staaten, die sich das leisten können, ihre Landwirtschaft so gut sie nur können. Einigen großen Exporteuren, die in der Cairns-Gruppe organisiert sind, gefallen diese Bremsklötze der Liberalisierung allerdings gar nicht.

Siehe auch — Die Domestizierung der Pflanzen **S. 156**
Die großen Hungersnöte der Alten Welt **S. 196**
Die Bevölkerungsexplosion **S. 264**

Landwirtschaft zwischen Quantität und Qualität

KANADA
75 USA
ATLANTISCHER OZEAN
FRANKREICH
PORTUGAL
DEUTSCHLAND
ITALIEN
SPANIEN
CHINA
INDIEN
VIETNAM
PHILIPPINEN
PAZIFISCHER OZEAN
HONDURAS
COSTA RICA
KOLUMBIEN
BOLIVIEN
CHILE
BRASILIEN
PARAGUAY
URUGUAY
ARGENTINIEN
35 AUSTRALIEN
INDISCHER OZEAN
SÜDAFRIKA

Landwirtschaftliche Fläche mit GVO-Anbau*
(in Millionen Hektar, ohne Baumwolle, 2017)
75 50 20 1

* Genetisch veränderte Organismen

Landwirtschaftliche Fläche mit ökologischem Landbau
(in Millionen Hektar, 2018)
35 3 2 1

Düngemittelverbrauch
(in kg/ha Ackerfläche, 2018)
2106
1000
415
220
90
20
Keine Daten verfügbar

Landwirtschaft zwischen Welthandel und Protektionismus

ASIEN
KANADA
NORDAMERIKA
EU
Unilever
Danone
Nestlé
Xinjiang Chalkis
ASIEN
Mondelez/Kraft Foods
Cargill
George Weston
USA
Pepsi
General Mills
Tyson Foods
CHINA
INDIEN
MEXIKO
THAILAND
BRASILIEN
AFRIKA
INDONESIEN
SÜDAMERIKA
ARGENTINIEN

Abhängigkeit von Getreideimporten
stark
schwach
◆ Hauptsitz großer Agrar- und Lebensmittelunternehmen

EU Staat/Wirtschaftsraum, der seine Landwirtschaft stark subventioniert
Mitgliedsstaat der Cairns-Gruppe

Anzahl landwirtschaftlicher Transaktionen zwischen Regionen der Welt (zwischen 2000 und 2015)
6 70 170

Wert der Exporte der 10 wichtigsten Exportländer
(in Milliarden US-Dollar, 2019)
35,2 9,2 4,6 2,2

Das Anthropozän: Ein neues Erdzeitalter?

Stratigrafische Evidenz

Im Jahr 2000 schlägt der Chemiker Paul Crutzen den Begriff «Anthropozän» vor, um ein neues geologisches Zeitalter auszurufen. Die Menschheit sei inzwischen eine verändernde Kraft auf dem Planeten, die mit den Bewegungen der Erdplatten, Vulkanausbrüchen und Meteoriteneinschlägen vergleichbar sei. Die Vorstellung, dass die Menschen die Funktionsweise der Erde verändern, ist nicht neu, wie der Begriff «anthropozoisch» zeigt, den Antonio Stoppani schon in den 1870er Jahren verwendet. Vor dem Hintergrund der Beschleunigung von Umweltproblemen vor allem beim Klima setzt sich der Begriff des Anthropozäns im 21. Jahrhundert allmählich durch. Journalisten, Umweltaktivisten und Humanwissenschaftler verwenden ihn. In der Geologie ist der Terminus indessen umstritten. Da die Handlungen der Menschen den Kohlenstoffkreislauf durcheinanderbringen und massiven Einfluss auf die Biodiversität haben, hinterlassen sie in den Erdschichten sichtbare Spuren. 2009 ruft die International Commission on Stratigraphy eine Arbeitsgruppe ins Leben, die diskutiert, ob der Begriff Anthropozän sinnvoll in die geologische Zeit einzuordnen wäre und welchen Zeitraum er genau bezeichnen würde. 2016 bejaht eine Mehrheit der Mitglieder, dass es einen stratigrafischen Nachweis für das Anthropozän gibt. Das Ende des Holozäns, der vorigen geologischen Epoche, ist indes noch nicht offiziell. Für die Wissenschaftler der Kommission stellt es ein schwieriges Unterfangen dar, den stratigrafischen Punkt zu finden (Global Stratotype Section and Point, GSSP), an dem sich die Erdzeitalter voneinander abgrenzen lassen und der Beginn des Anthropozäns festgelegt werden könnte. Paul Crutzen schlägt als Anfangspunkt die Entwicklung der Dampfmaschine vor – das Symbol der Industrialisierung. Seitdem ist über zahlreiche geologische Marker debattiert worden: Fossilien als Zeugen des Untergangs der Megafauna, der CO_2-Gehalt der Gletscher, radioaktive Teilchen und Mikroplastik.

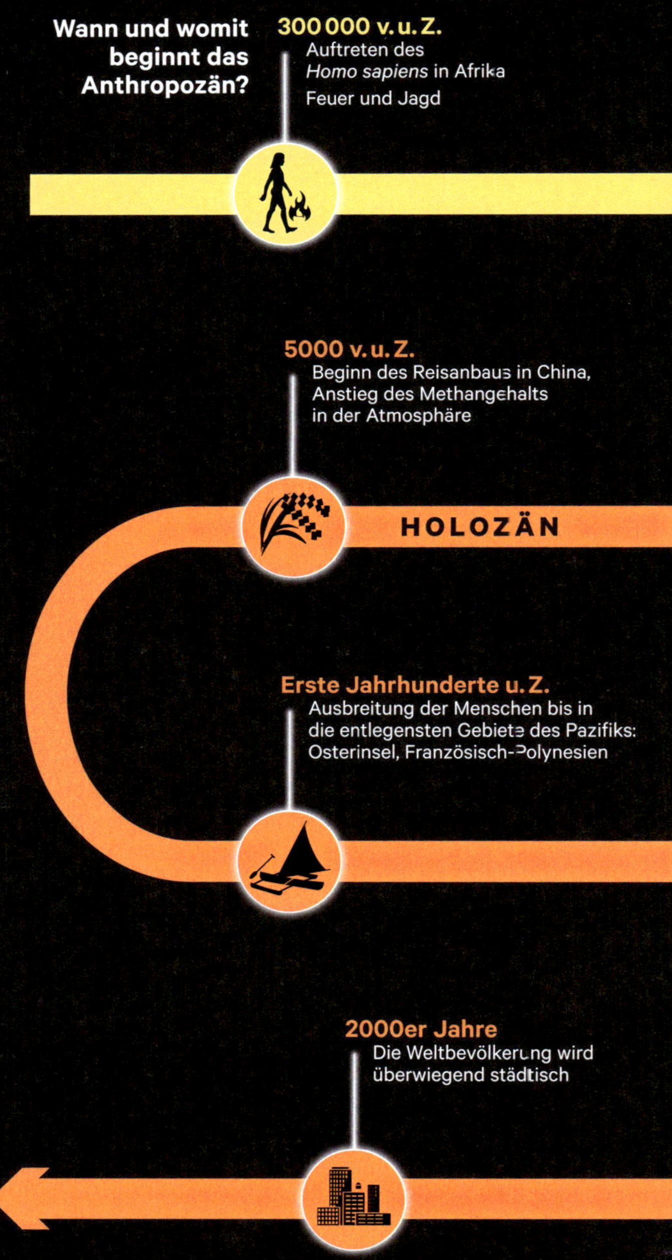

200 000 v. u. Z.
Auszug aus Afrika,
Beginn der Ausbreitung des
Homo sapiens auf der Erde

60 000–35 000 v. u. Z.
Ankunft des *Homo sapiens*
in Australien, Europa
und später Amerika

PLEISTOZÄN

10 000 v. u. Z.
Entstehung der Landwirtschaft,
Beginn der Sesshaftigkeit

Gegen 12 000 v. u. Z.
Aussterben der Megafauna

10 000 v. u. Z.

16.–17. Jahrhundert
Europäer erobern Amerika.
Demografischer Zusammenbruch der indigenen Bevölkerung (Kriege, Krankheiten und Zwangsarbeit), Waldrückeroberung und Rückgang des CO_2-Gehalts in der Atmosphäre

1784
Kommerzialisierung der Dampfmaschine von J. Watt. Ausgangspunkt der «industriellen Revolution»

19. Jahrhundert
Industrialisierung und massiver Einsatz fossiler Rohstoffe

«ZEITALTER DER PLANTAGEN»

«KAPITALOZÄN»

1970er–1980er Jahre
Entwicklung gentechnisch veränderter Organismen

Ende der 1950er Jahre
Beginn der Eroberung des Weltraums

Mitte des 20. Jahrhunderts
Atombombe, Petrochemie und Stickstoffdünger

«THANATOZÄN»*

* gr. thanatos = Tod

Nichtlineare Skala

Die Kernenergie

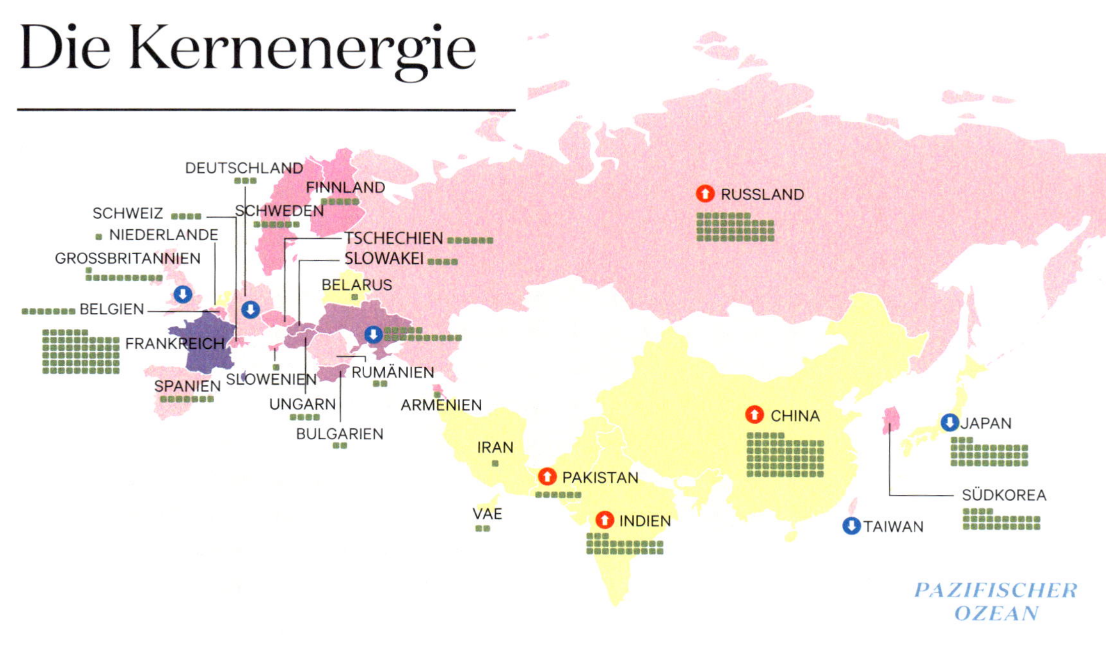

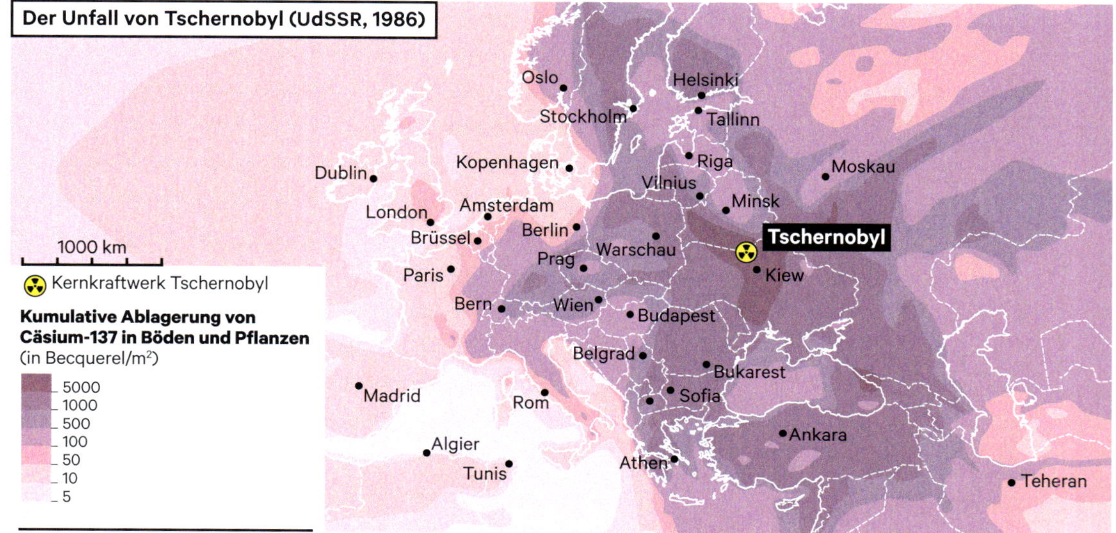

Anteil der Kernenergie an der Stromerzeugung

0 10 25 40 55 70,6

- Länder, deren Atomstromproduktion zwischen 2010 und 2020 um mehr als 20 % gestiegen ist
- Länder, deren Atomstromproduktion zwischen 2010 und 2020 um mehr als 20 % gesunken ist
- In Betrieb befindlicher Reaktor

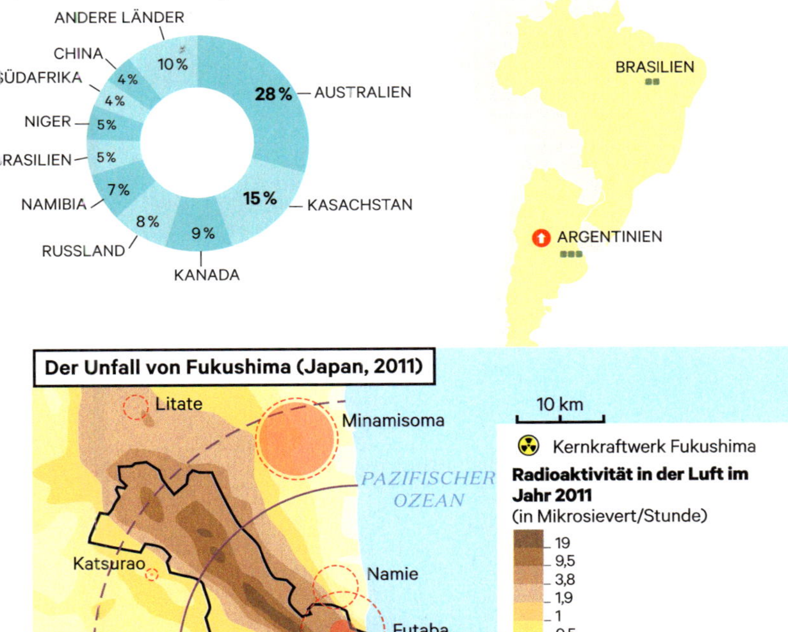

Der Unfall von Fukushima (Japan, 2011)

Litate
Minamisoma
Katsurao
Namie
Futaba
Fukushima
Okuma
Tomioka
Kawauchi
Naraha
Hirono
PAZIFISCHER OZEAN
10 km

Kernkraftwerk Fukushima

Radioaktivität in der Luft im Jahr 2011
(in Mikrosievert/Stunde)

19
9,5
3,8
1,9
1
0,5
0,2
0,1

Bereich
- der Evakuierung im März 2011
- der Eindämmung im März 2011
- des dauerhaftens Aufenthaltsverbots
- Bevölkerung im Jahr 2010
- Bevölkerung im Jahr 2015

Eine umstrittene Energiequelle

Seit Mitte des 20. Jahrhunderts produzieren manche Staaten Kernenergie, um weniger abhängig von fossilen Rohstoffen zu sein. Diese Energie wird durch die Kernspaltung von Uran und Plutonium erzeugt. Die im Reaktor entstehende Wärme wird anschließend in Strom umgewandelt. Uran ist auf der Welt ungleich verteilt. Die Menge an Rohstoffen, die für die Erzeugung von Kernenergie notwendig ist, ist geringer als der Bedarf der konventionellen Kraftwerke. Als kohlenstofffreie Energie nimmt die Kernenergie im Energiemix mancher Länder wie China einen zunehmenden Anteil ein. Dennoch ist sie wegen des Problems der Lagerung radioaktiver Abfälle und der Risiken von Unfällen umstritten. Während manche daher auf die Entwicklung noch leistungsfähigerer Reaktoren und die Verschärfung der Sicherheitsvorschriften setzen, raten andere zum Atomausstieg. Deutschland beschließt nach dem Unfall von Fukushima (2011), alle seine Kernkraftwerke abzuschalten.

Erneuerbare Energien

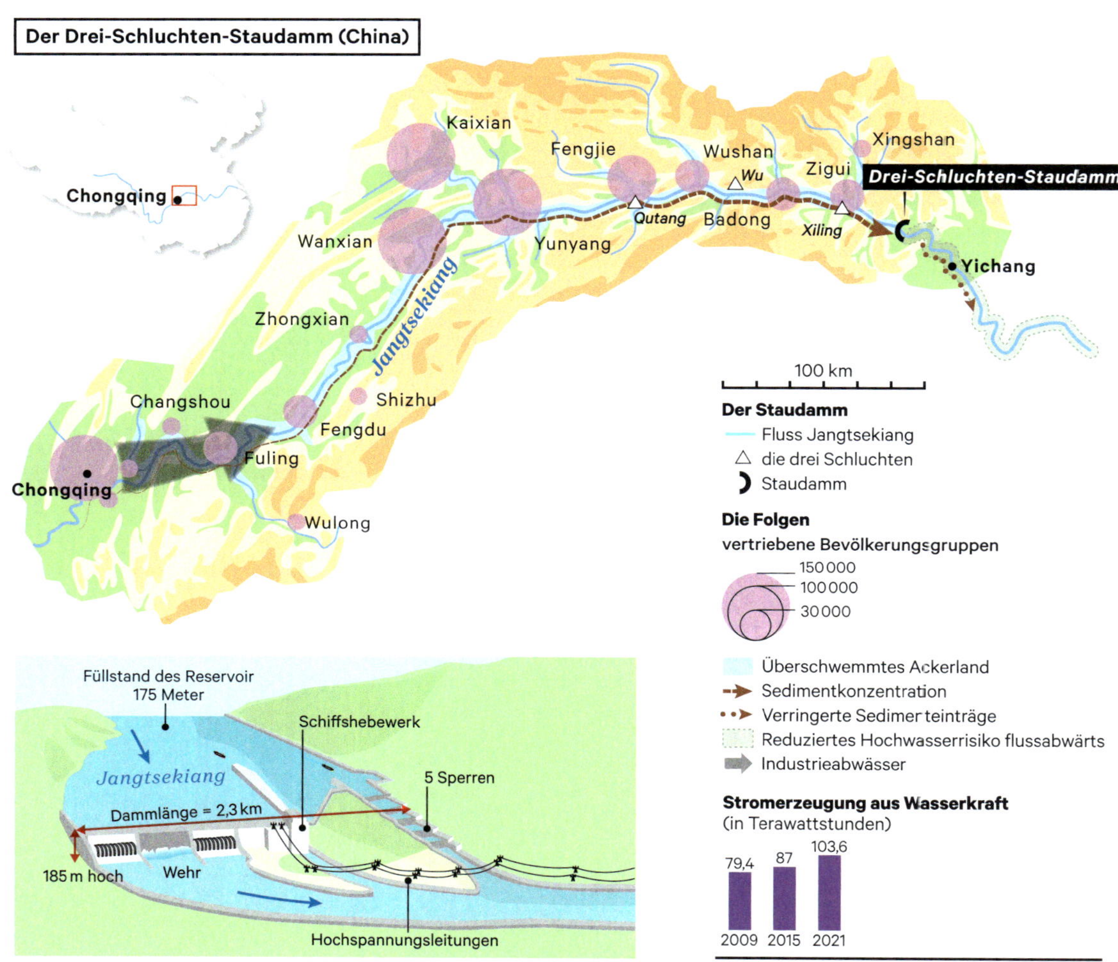

Die Energiewende

Energien werden als erneuerbar bezeichnet, wenn die Ressource, aus der sie gewonnen werden, durch ihre Erzeugung nicht aufgebraucht werden kann (wie Wasser-, Solar-, Erd- und Windkraft) oder wenn sich die Quelle in kurzer Zeit regenerieren kann (wie Energieholz, Biokraftstoff). Diese Energien, die zum Teil seit langer Zeit genutzt werden, haben einen großen Anteil an der industriellen und wirtschaftlichen Entwicklung seit dem Ende des 18. Jahrhunderts. Es gibt sie in verschiedenen Formen (Strom, Wärme, Treibstoff), und sie werden für unterschiedliche Zwecke eingesetzt, in einem Zusammenspiel von Tradition und Innovation. Im Kampf gegen den Treibhauseffekt sind Erneuerbare für die Energiepolitik von zentraler Bedeutung. Obgleich die kohlenstofffreien Energiequellen für den Klimaschutz von hohem Wert sind, sind sie dort, wo die dazu benötigten Anlagen aufgestellt werden, oft umstritten, weil sie Umwelt und Landschaftsbild beeinträchtigen. Die Akzeptanz in der Gesellschaft hängt von Art und Umfang der Anlagen ab, ist aber auch von Region zu Region unterschiedlich – zu sehen etwa an der Windkraft, gegen die in einigen Gegenden heftig protestiert wird (besonders in Frankreich, zum Beispiel). Die großen Staudämme, Symbol der Macht und der Beherrschung der Natur, haben einen besonders starken Einfluss auf die Umwelt (Ablagerung von Sedimenten, Verlust bebaubarer Erde u. a.) und die Bevölkerung. Für den Bau der Drei-Schluchten-Talsperre in der chinesischen Provinz Hubei, die 2006 fertiggestellt wird, müssen eine Million Menschen umgesiedelt werden.

Siehe auch — Die Plattentektonik S. 36
Binnengewässer S. 74
Die Dekarbonisierung der Atmosphäre S. 260

Das Potential erneuerbarer Energien

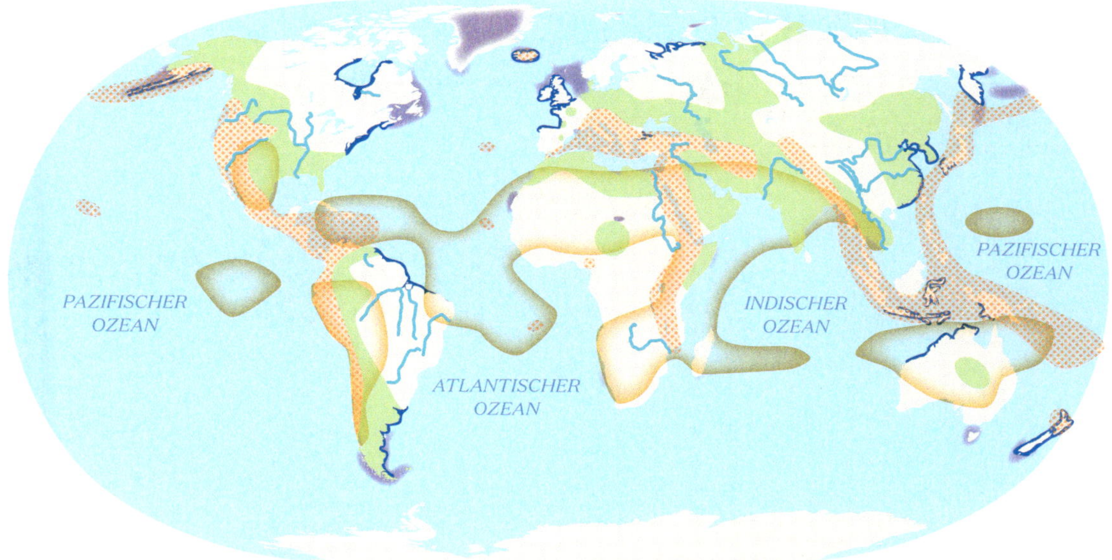

Potential für Gezeitenenergie
durchschnittlicher Tidenhub > 2 m
Potential
> 2000 kWh/m²/Jahr
Großes hydraulisches Potential
Hauptflüsse
Geothermie mit hohem Energiepotential
Vulkanische Regionen an den Rändern von Lithosphärenplatten
Geothermiepotential mit geringem Energiebedarf
Sedimentbecken
Windpotential
Geschwindigkeit > 10 m/s in 100 m Höhe über dem Boden

Produktion und Verbrauch erneuerbarer Energien

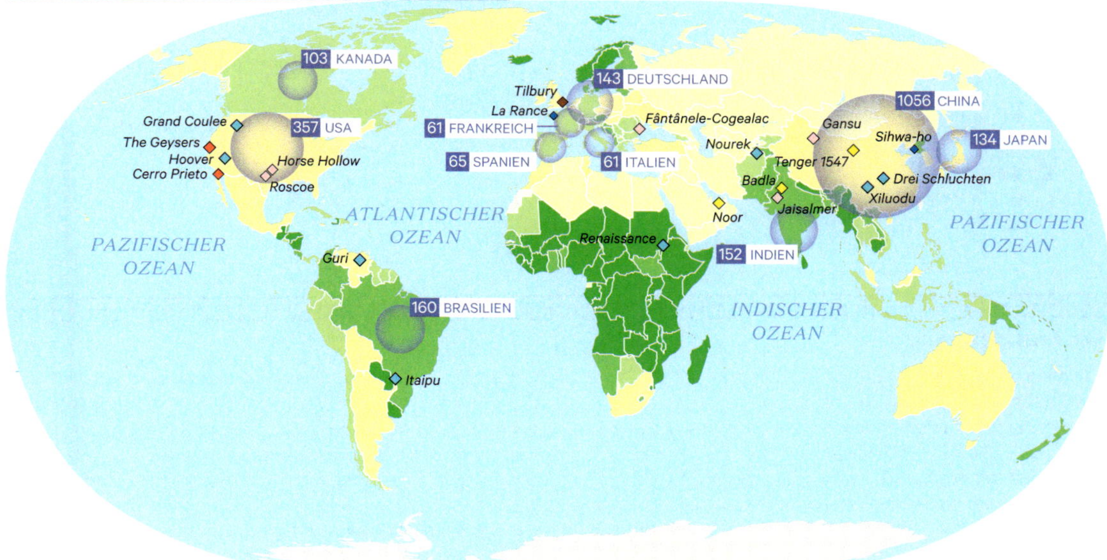

Verbrauch erneuerbarer Energien (in % des Gesamtverbrauchs)
0 5 15 30 50 96

Hauptproduktionseinheiten
Gezeitenkraft
Solarenergie
Windkraft
Wasserkraft
Bioenergie
Geothermie

61 Installierte Produktionskapazität für erneuerbare Energie im Jahr 2019 (in Gigawattstunden)

Kriege und Umweltzerstörung

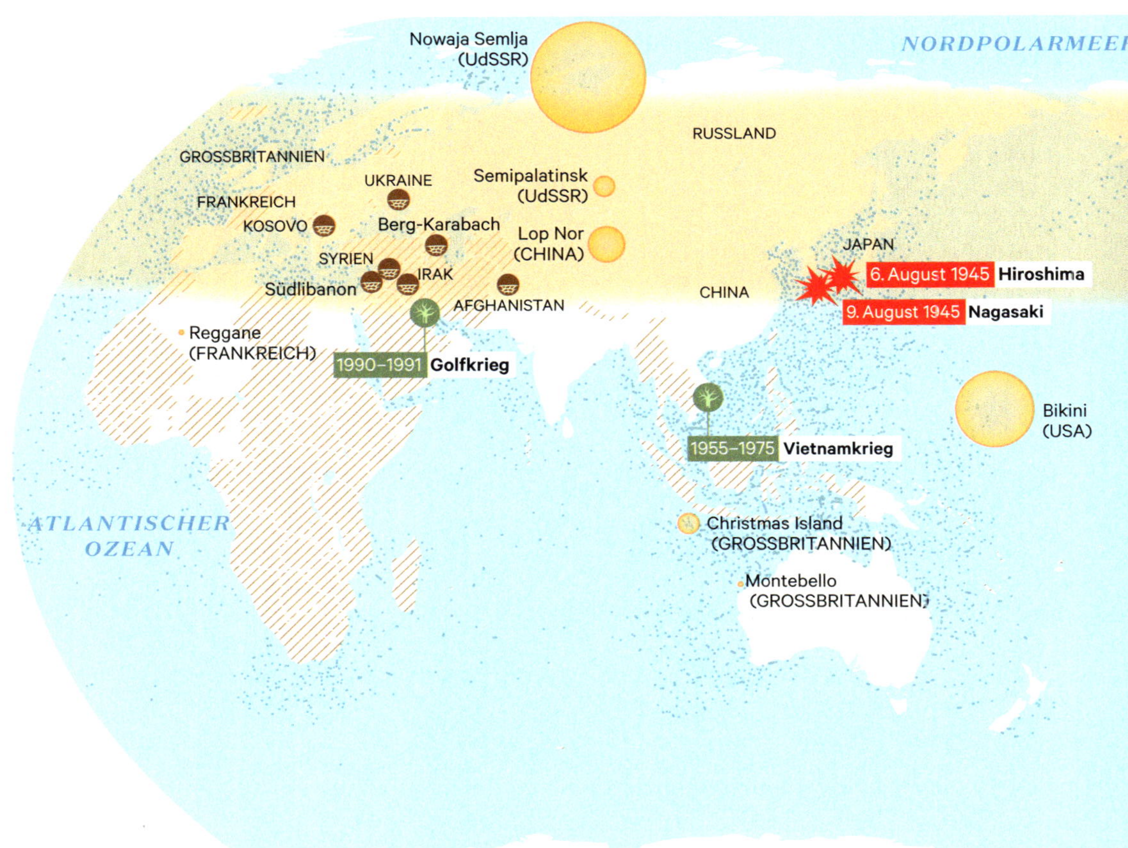

Umwelt – Kollateralschäden und Kriegseinsatz (seit 1945)

Mit den Armeen, die in bewaffneten Konflikten an Land, auf dem Meer und in der Luft operieren, kommt es zur Umweltverschmutzung aller irdischer Lebensräume. Beispielsweise treiben tausende Bruchstücke von Militäranlagen über das Meer und drohen es zu vergiften. Radioaktives Material aus Atomversuchen gelangt in die Luft und fällt zu Boden, während Abfälle ins Meer sinken oder im Sand vergraben werden. Konventionelle, chemische und biologische Waffen sind in der Lage, ganze Ökosysteme zu zerstören, sodass die Auswirkungen dieser Waffeneinsätze über den militärischen Konflikt weit hinausgehen (zum Beispiel Böden, die über Jahrzehnte unfruchtbar sind). Manche Kriegsführer zielen direkt auf die Umwelt, um strategisch wichtige Ressourcen zu vernichten (wie etwa 1991 der Irak, der die Erdölquellen in Kuwait abbrennt) oder um den Gegner aus seinem Versteck zu vertreiben (Vietnamkrieg). Trotz der ENMOD-Konvention der Vereinten Nationen (eines Übereinkommens über das Verbot der militärischen oder einer sonstigen feindseligen Nutzung umweltverändernder Techniken), die nach dem Vietnamkrieg unterzeichnet wird, ist die Natur – darunter auch die Tiere – nach wie vor durch zahlreiche Konflikte bedroht.

Siehe auch — Gewalt, Kampf und Krieg **S. 168**
«Herr und Meister der Natur» **S. 218**
Umweltverschmutzung **S. 254**

Umweltzerstörung in Vietnam

In Vietnam versprüht die amerikanische Armee zwischen 1961 und 1971 fast 75 Millionen Liter Unkrautbekämpfungsmittel (u. a. Agent Orange), um den Dschungel zu zerstören, in dem sich die Kämpfer der nationalen Befreiungsfront verstecken, und auch um Nutzpflanzen zu vernichten. Diese Strategie der Veränderung der Umwelt zu militärischen Zwecken wird auch 1966 bei der Operation «Popeye» angewandt. Die US Air Force sprüht Silberiodid in die Wolken, um starke Regenfälle zu provozieren, sodass die Nachschubwege verschlammen.

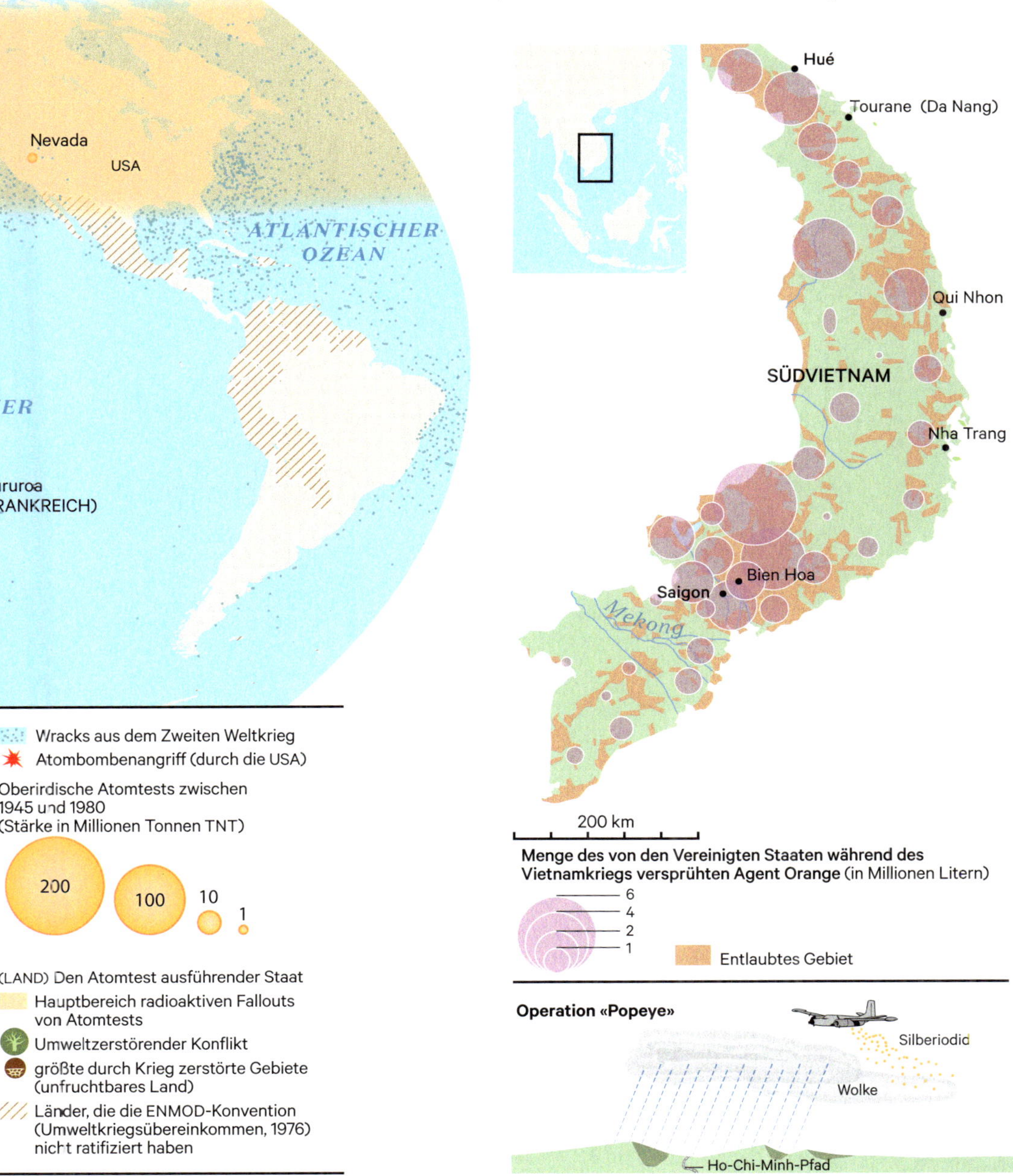

Klimawandel und Migration

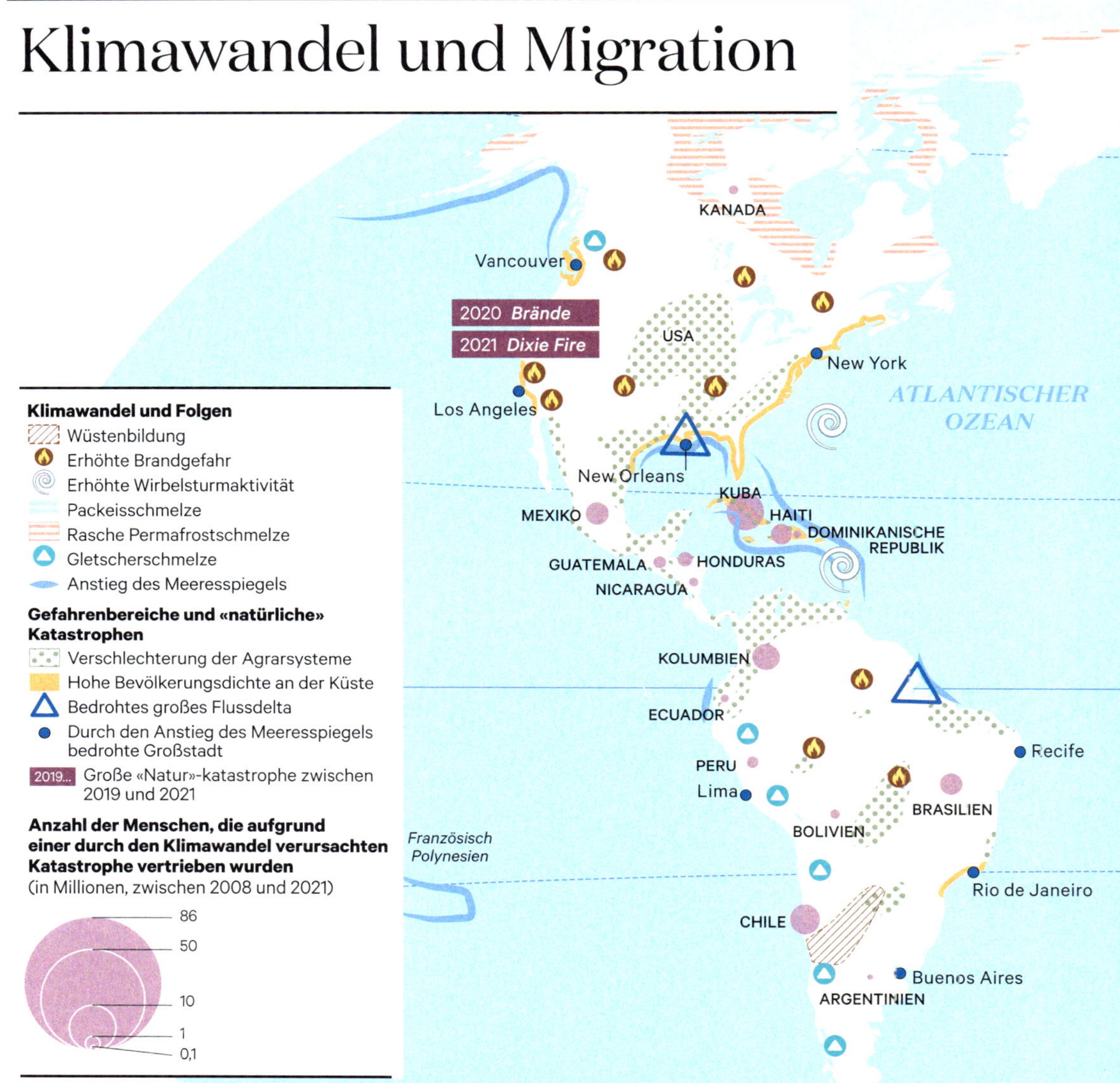

Gefährdung durch den Klimawandel: Ungleichheit zwischen den Ländern

Während die Zunahme von Treibhausgas-Emissionen die Aufmerksamkeit auf die Erwärmung der Atmosphäre lenkt, haben klimatische Veränderungen die verschiedensten Ausprägungen: Anstieg des Meeresspiegels, häufigere und heftigere Wirbelstürme, Dürreperioden, Schmelzen des Permafrosts u. a. Manche Gefahren treten plötzlich auf, in anderen Fällen verschlechtert sich die Lage nur ganz allmählich. Um zu messen, inwiefern verschiedene Gebiete vom Klimawandel betroffen sind, hat ein französischer Thinktank, die Fondation pour les Études et Recherches sur le Développement International (Ferdi), einen Index zur Anfälligkeit gegenüber klimatischen Veränderungen entwickelt, der große Unterschiede zwischen den einzelnen Ländern offenbart. Auch haben nicht alle Gesellschaften dieselben Möglichkeiten, sich an den Klimawandel anzupassen. Zusätzlich erhöht sich die Gefahr durch die zunehmende Bevölkerungsdichte und die Besiedlung von besonders gefährdeten Küstenregionen. Diese Risiken führen zu Wanderbewegungen, die aber schwer zu quantifizieren sind. 2021 verzeichnet das Internal Displacement Monitoring Centre fast 6 Millionen Menschen, die infolge von «Naturkatastrophen» migriert sind, worin aber die Migration aufgrund langfristiger Risiken noch nicht enthalten ist. Diese Wanderbewegungen sind größtenteils auf einen kleinen Radius beschränkt und finden vor allem in Asien und Afrika statt. Besonders gefährdet sind jedoch Inselstaaten, die vollständig im Meer zu versinken drohen.

Siehe auch — Tropische Wirbelstürme S. 72
Die Wüsten S. 76
Das Anthropozän: Ein neues Erdzeitalter? S. 272

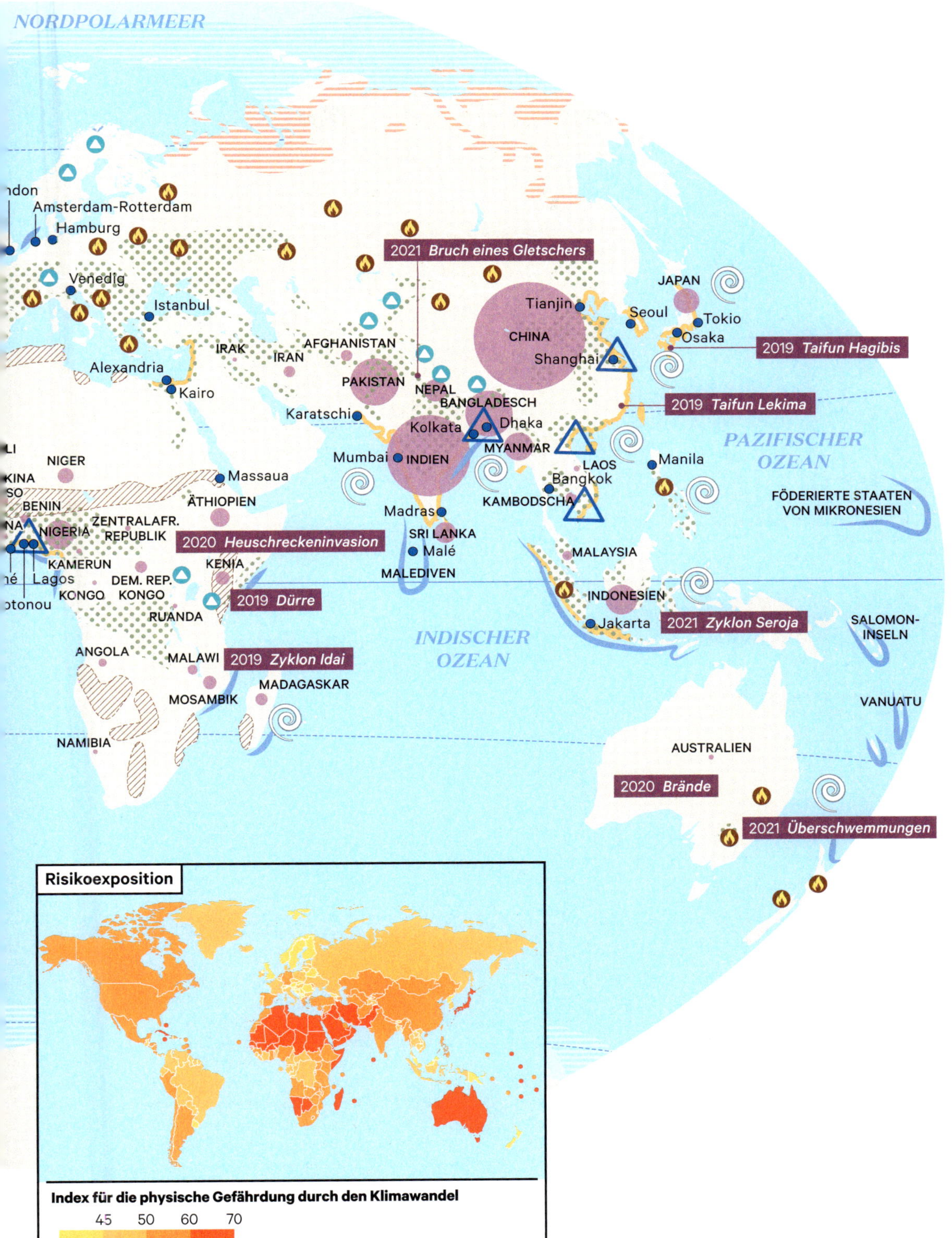

Hygienische Herausforderungen

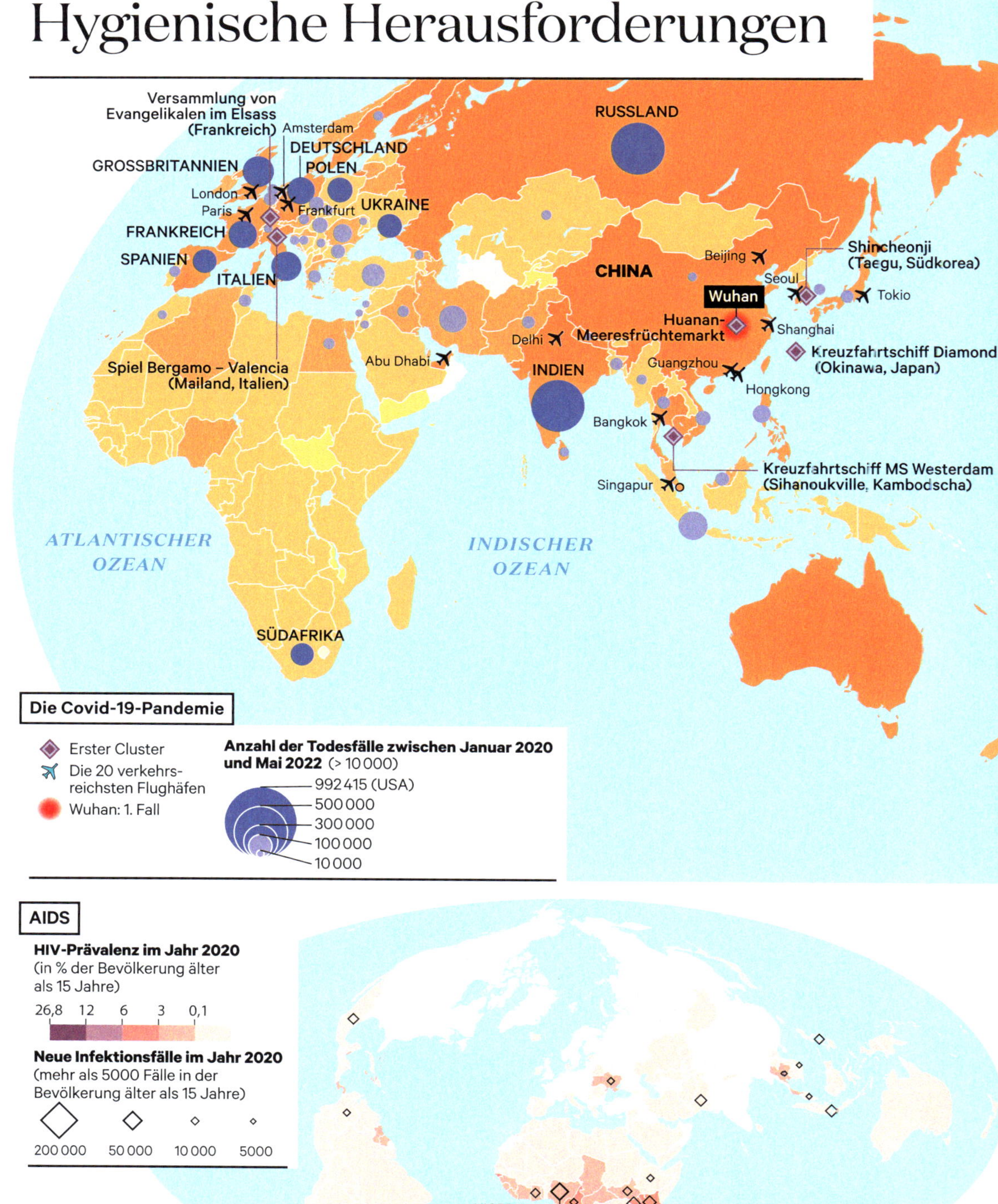

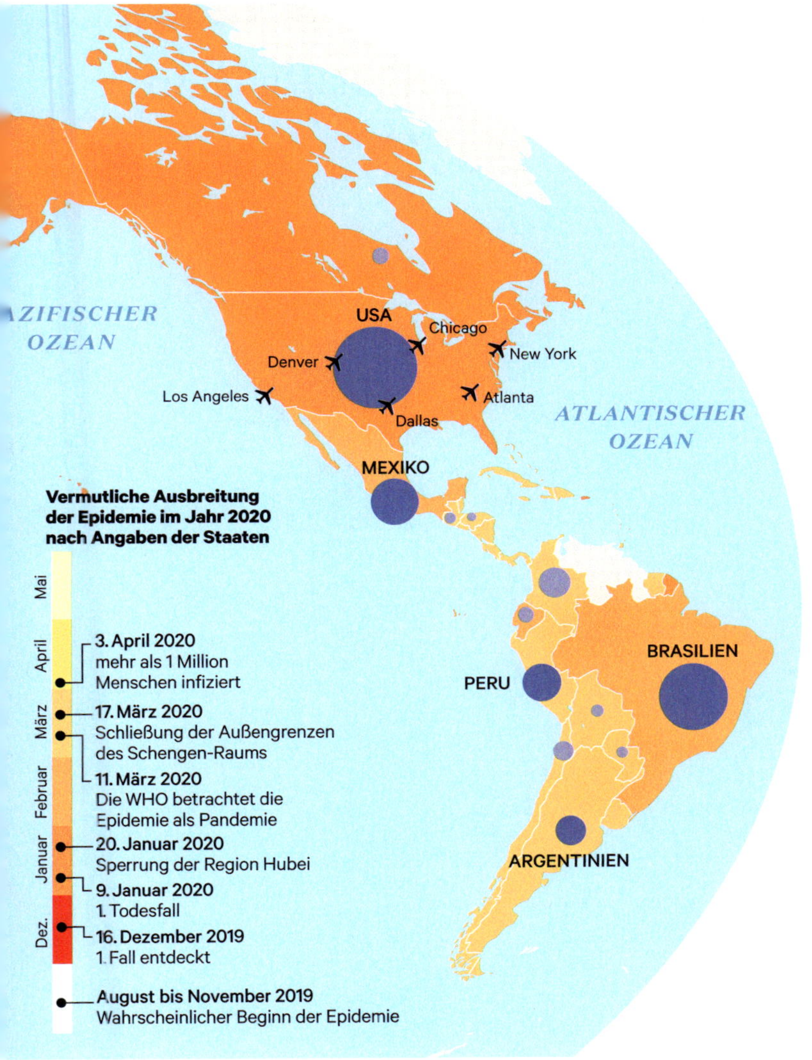

AZIFISCHER OZEAN
USA
Chicago
New York
Denver
Los Angeles
Atlanta
Dallas
ATLANTISCHER OZEAN
MEXIKO
Vermutliche Ausbreitung der Epidemie im Jahr 2020 nach Angaben der Staaten
Mai
April
März
Februar
Januar
Dez.
3. April 2020 mehr als 1 Million Menschen infiziert
17. März 2020 Schließung der Außengrenzen des Schengen-Raums
11. März 2020 Die WHO betrachtet die Epidemie als Pandemie
20. Januar 2020 Sperrung der Region Hubei
9. Januar 2020 1. Todesfall
16. Dezember 2019 1. Fall entdeckt
August bis November 2019 Wahrscheinlicher Beginn der Epidemie
PERU
BRASILIEN
ARGENTINIEN

Gesellschaften, Gesundheit und Umwelt

Durch Epidemien, bei denen sich eine Krankheit rasant ausbreitet, wird die Beziehung der Gesellschaften zu den Tieren und zu ihrer Umwelt ebenso wie untereinander in Frage gestellt (Migration, Globalisierung). Zwar können im Laufe des 20. Jahrhunderts dank des Fortschritts in der Medizin (Impfungen, Antibiotika) und bei der Hygiene die meisten Infektionskrankheiten eingedämmt werden, aber die Verbreitung neuer Viren seit den 1980er Jahren lässt Zweifel an diesen Mitteln aufkommen. Das erworbene Immunschwächesyndrom (AIDS), das zum ersten Mal 1981 diagnostiziert wird, breitet sich rapide weltweit aus und tötet in 30 Jahren über 30 Millionen Menschen, vor allem in Afrika. Es folgt eine Vielzahl weiterer Pandemien (Epidemien, die sich auf der gesamten Welt ausbreiten): Vogelgrippe und H1N1, Ebola, Covid-19. Hinzu kommen endemische Krankheiten, die in einem Gebiet dauerhaft auftreten, wie etwa Cholera, Gelb- oder Denguefieber. In den tropischen Gegenden sterben jedes Jahr Hunderttausende Personen an Malaria.

Malaria
Innertropische Konvergenzzone
Malaria-Index
(pro 1000 gefährdete Personen)
260
187
98,5
30
Wendekreis des Krebses
Äquator
Wendekreis des Steinbocks

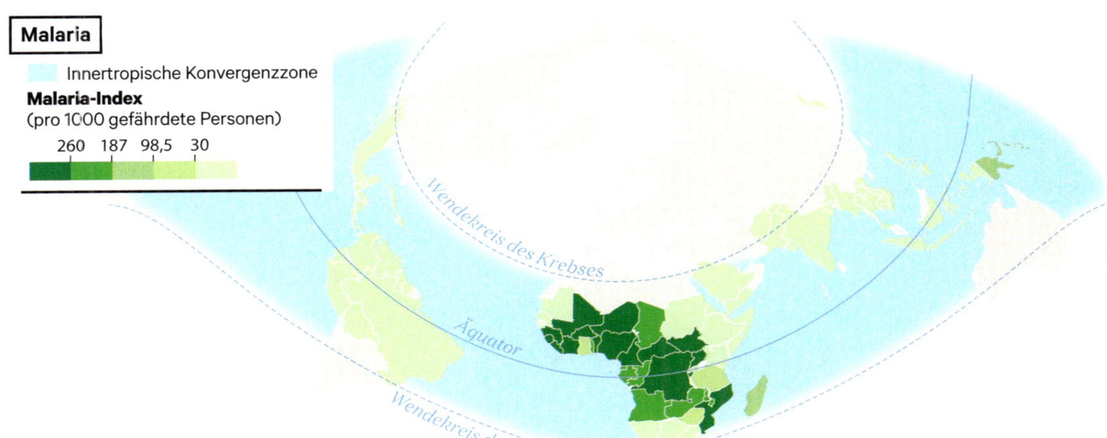

Wasser zwischen Mangel und Überfluss

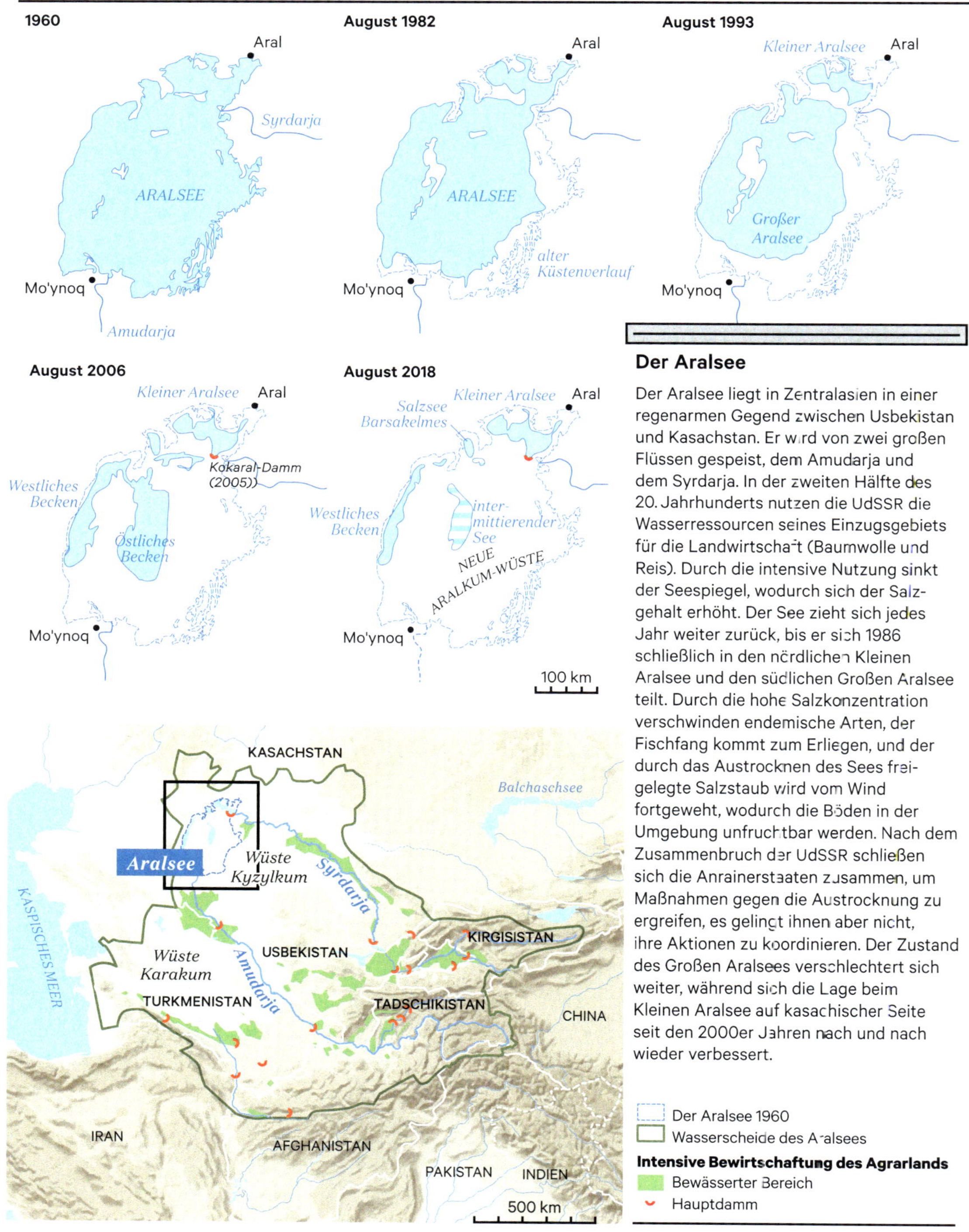

Der Aralsee

Der Aralsee liegt in Zentralasien in einer regenarmen Gegend zwischen Usbekistan und Kasachstan. Er wird von zwei großen Flüssen gespeist, dem Amudarja und dem Syrdarja. In der zweiten Hälfte des 20. Jahrhunderts nutzen die UdSSR die Wasserressourcen seines Einzugsgebiets für die Landwirtschaft (Baumwolle und Reis). Durch die intensive Nutzung sinkt der Seespiegel, wodurch sich der Salzgehalt erhöht. Der See zieht sich jedes Jahr weiter zurück, bis er sich 1986 schließlich in den nördlichen Kleinen Aralsee und den südlichen Großen Aralsee teilt. Durch die hohe Salzkonzentration verschwinden endemische Arten, der Fischfang kommt zum Erliegen, und der durch das Austrocknen des Sees freigelegte Salzstaub wird vom Wind fortgeweht, wodurch die Böden in der Umgebung unfruchtbar werden. Nach dem Zusammenbruch der UdSSR schließen sich die Anrainerstaaten zusammen, um Maßnahmen gegen die Austrocknung zu ergreifen, es gelingt ihnen aber nicht, ihre Aktionen zu koordinieren. Der Zustand des Großen Aralsees verschlechtert sich weiter, während sich die Lage beim Kleinen Aralsee auf kasachischer Seite seit den 2000er Jahren nach und nach wieder verbessert.

Der Aralsee 1960
Wasserscheide des Aralsees
Intensive Bewirtschaftung des Agrarlands
Bewässerter Bereich
Hauptdamm

Siehe auch — Binnengewässer **S. 74**
Dürre und Flut **S. 180**
«Herr und Meister der Natur» **S. 218**

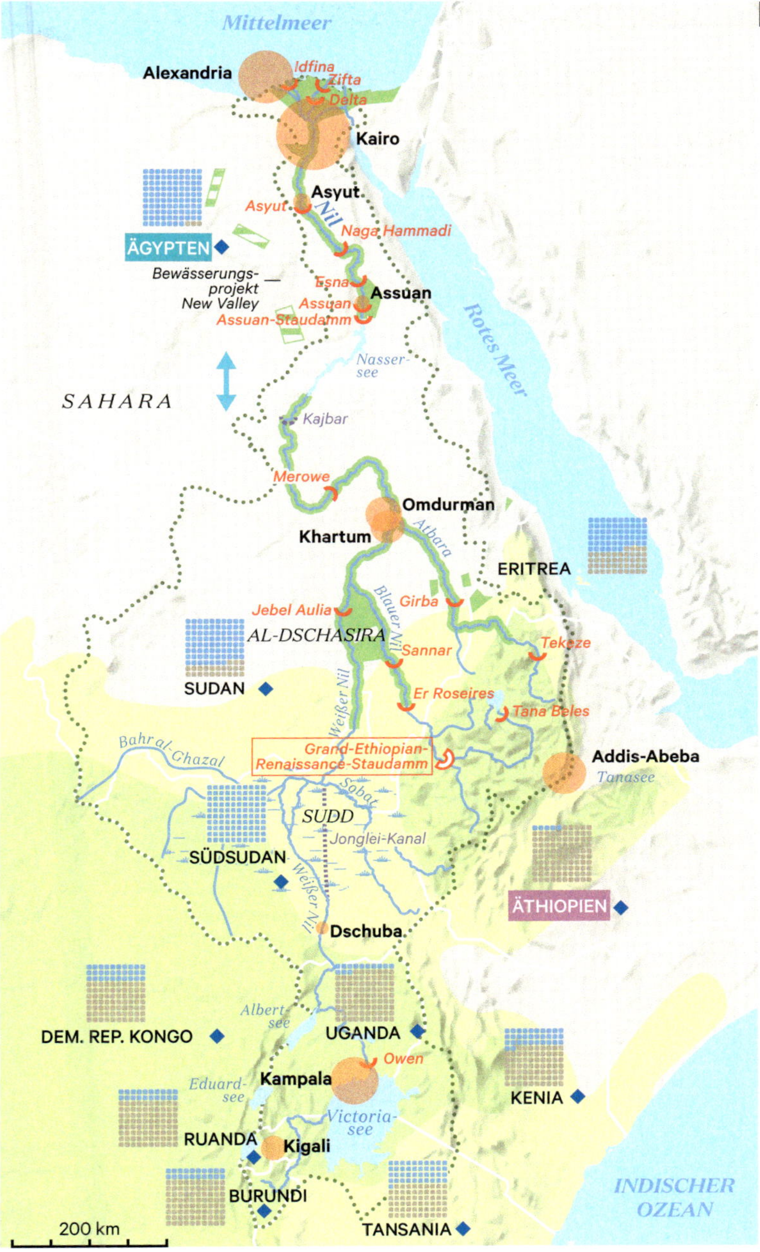

Das Nilbecken

Von den Sümpfen des Sudd (Südsudan), wo sich der Weiße Nil zu einem breiten Sumpfgebiet ausweitet, über die Wasserfälle des Blauen Nils (Äthiopien) bis zu dem langen ruhigen Fluss, der die Sahara durchquert (Ägypten), ist der Nil von starken Kontrasten geprägt. Sein Einzugsgebiet, das über 3 Millionen Quadratkilometer umfasst, liegt in mehreren Klimazonen und unterschiedlichsten Staaten, sodass der Nil auf seiner Reise viele Kulturen, Reichtum und Armut erlebt. In seinem Unterlauf nimmt der Fluss kein Wasser mehr auf. Der Abbai oder Blaue Nil, auf den im Sommer heftige Regenfälle niedergehen, sorgt für die Überschwemmungen, die für Ägypten so segensreich sind. Das Land ist sehr stark von diesen Ressourcen aus dem äthiopischen Hochland abhängig, um die wachsenden Bedürfnisse seiner Bevölkerung und seiner Wirtschaft zu befriedigen (Bodenbewässerung, Stromerzeugung). Die britischen Kolonialbehörden, denen dieser Schwachpunkt bewusst ist, bemühen sich ebenso wie später die unabhängige Regierung, Ägypten zu einer hydrohegemonischen Macht zu entwickeln. Abkommen und Staudämme tragen zur Beherrschung des Wassers bei. Während Ägypten meint, am Fluss «historische Rechte» zu besitzen, wird diese Geopolitik des Wassers (oder Hydropolitik) von den Ansprüchen der flussaufwärts gelegenen Länder unterwandert. Mit dem Großen Renaissance-Staudamm stellt Äthiopien das asymmetrische Kolonialerbe in Frage und schürt Spannungen mit Ägypten und dem Sudan.

Ein komplexes und kontrastreiches Becken
Wasserscheide
Sumpf
Niederschlag (in mm/Jahr)
< 500
500 bis 1000
> 1000
Anteil des Nils am gesamten Wasserverbrauch jedes Landes (1 Quadrat = 1 %)

Starker demografischer Druck
Bevölkerung der wichtigsten Städte (in Millionen Einwohner)

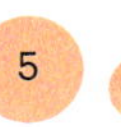

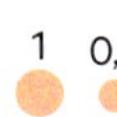

1
0,5

Ein gestalteter und aufgewerteter Fluss
Bewässerungsfeldwirtschaft
Bewässerungsprojekt New Valley
aufgegebenes Projekt
Staudamm

Rivalitäten und Kooperation
LAND Alte «hydro-hegemoniale» Macht
LAND Aufstrebende Konkurrenzmacht
Wasseraufteilungsabkommen (1959) zwischen Ägypten und dem Sudan
Mitgliedsland der Nile Basin Initiative/ Nilbeckeninitiative* (1999)
Umstrittener Staudamm

* Vereinbarung, die eine nachhaltige Entwicklung im politischen und sozialen Bereich und eine gerechte Nutzung gemeinsamer Ressourcen anstrebt.

Die Erde als politische Herausforderung für die Menschheit

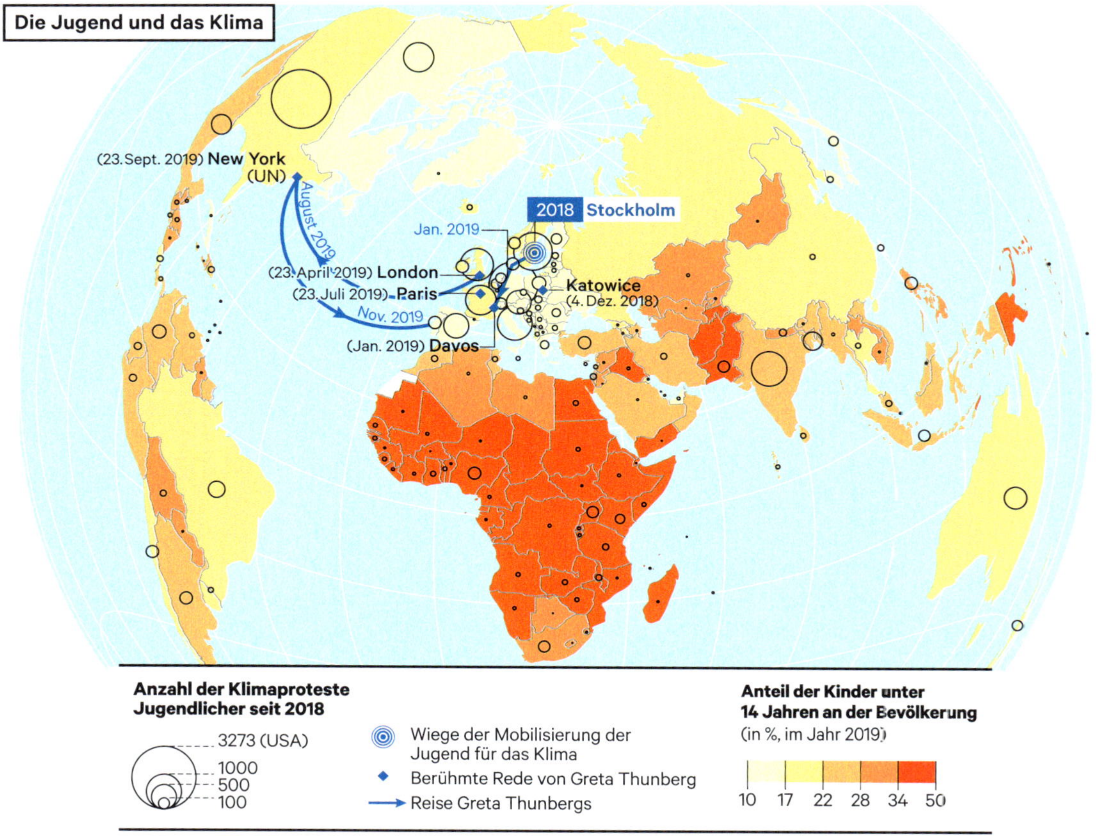

Die Jugend und das Klima

(23. Sept. 2019) New York (UN)
August 2019
2018 Stockholm
Jan. 2019
(23. April 2019) London
(23. Juli 2019) Paris
Nov. 2019
Katowice (4. Dez. 2018)
(Jan. 2019) Davos

Anzahl der Klimaproteste Jugendlicher seit 2018

3273 (USA)
1000
500
100

Wiege der Mobilisierung der Jugend für das Klima
Berühmte Rede von Greta Thunberg
Reise Greta Thunbergs

Anteil der Kinder unter 14 Jahren an der Bevölkerung
(in %, im Jahr 2019)

10 17 22 28 34 50

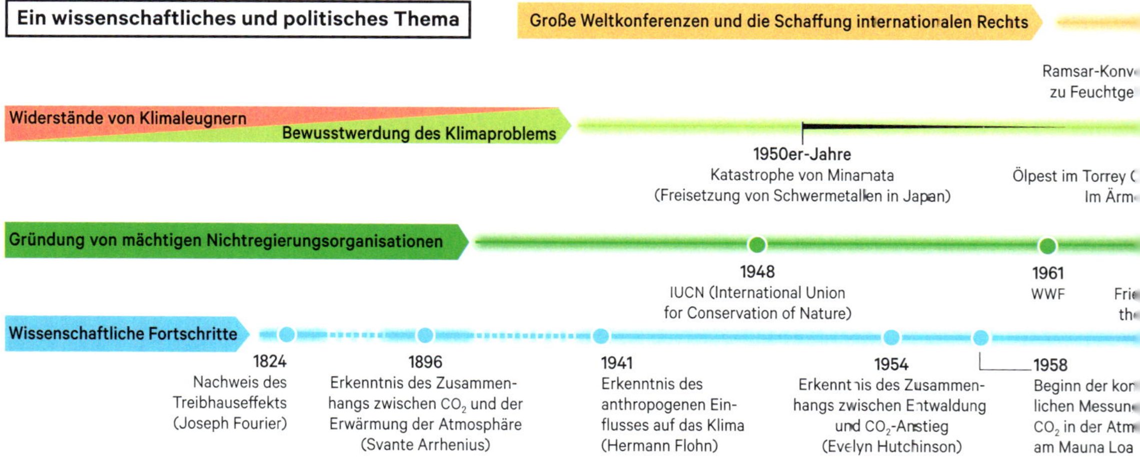

Siehe auch — Die großen Epidemien **S. 202**
Umweltverschmutzung **S. 254**
CO_2-Austausch **S. 262**

Umweltparteien

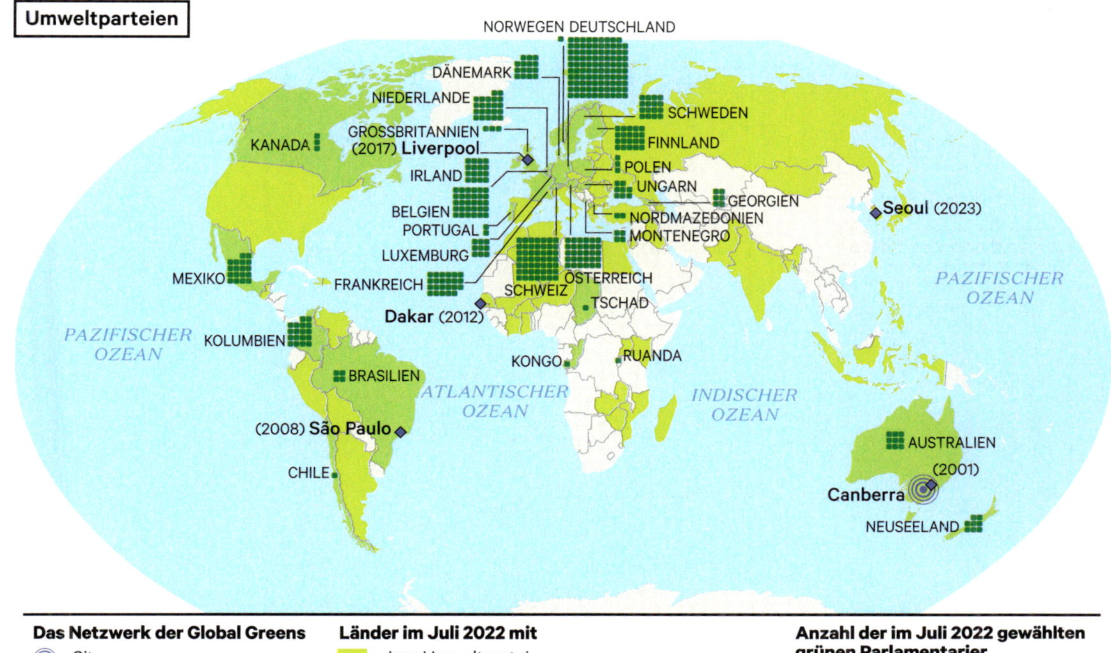

Das Netzwerk der Global Greens
- Sitz
- Kongress des Netzwerks

Länder im Juli 2022 mit
- einer Umweltpartei
- einer Umweltpartei mit gewählten Abgeordneten

Anzahl der im Juli 2022 gewählten grünen Parlamentarier
- Ein gewählter Amtsträger (Abgeordneter oder Senator)

Die Erde zwischen Wissenschaft, Gesellschaft und Politik

Seit dem 19. Jahrhundert untersuchen Wissenschaftler die Verbindungen zwischen Industrialisierung und Klima. Die Befürchtung, die Ressourcen könnten versiegen, sowie die mediale Darstellung der Auswirkungen der Umweltverschmutzung auf Gesundheit und Natur führen dazu, dass der Erhalt der Erde ab den 1960er Jahren als globale politische Herausforderung angesehen wird. Die Weltumweltkonferenz von Stockholm 1972 und die nachfolgenden Konferenzen sind Ausdruck dieses Sinneswandels, ohne dass es gelingt, den CO_2-Ausstoß oder den Druck auf den Planeten zu verringern. Vier Jahre nachdem der Weltklimarat ins Leben gerufen wird (1988), stellt der Erdgipfel in Rio 1992 die «nachhaltige Entwicklung» in den Mittelpunkt der globalen Bestrebungen. Auf nationaler Ebene entstehen aus der politischen Ökologie heraus grüne Parteien. Ende der 2010er Jahre setzen Proteste von Jugendlichen ein, die sich gegen die Untätigkeit oder Ineffizienz der Umweltpolitik vor allem in Bezug auf den Klimawandel auflehnen.

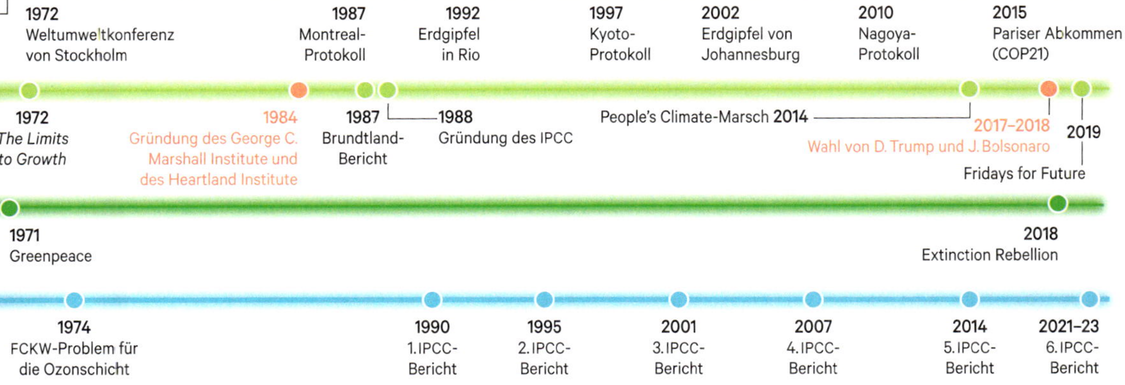

Schutz der Erde

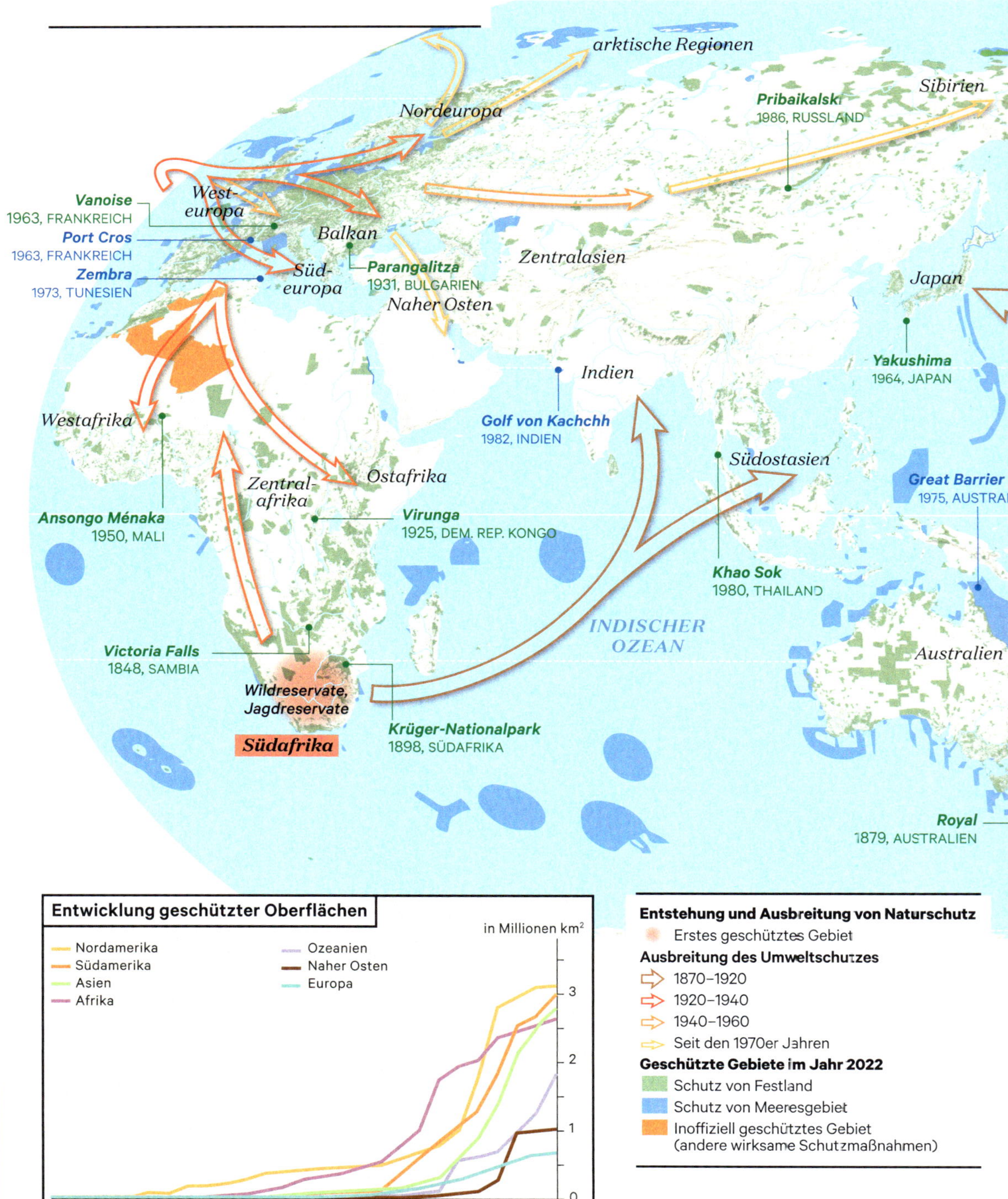

Siehe auch — Die Tiere: Schauspiel und Schutz **S. 174**
Geisterwälder **S. 178**
Veränderungen der Biosphäre **S. 258**

Von «wilderness» zur Standardbegrünung

1872 wird in den USA mit Yellowstone der erste Nationalpark gegründet, der als Vorbild für alle weiteren Nationalparks dient. Auf diesem Gebiet, das gerade erst in das Territorium der Vereinigten Staaten aufgenommen worden ist, soll vor allem «wilderness», Wildnis, erhalten werden, ein Gründungselement der Nation – obwohl genau dieses Gebiet von indigenen Gruppen besiedelt ist. Sie werden vertrieben. In den folgenden Jahrzehnten richten die Kolonialbehörden in Afrika und später auch in Südostasien Wildschutzgebiete ein, um gegen Wilderei vorzugehen. Auch hier wird die einheimische Bevölkerung ihres Landes beraubt. Im Laufe des 20. Jahrhunderts nimmt angesichts des wachsenden Drucks auf die Ressourcen das Bestreben zu, Arten und Landschaften zu erhalten. Dieses Verständnis von der Natur als schützenswertem Gut ist der Leitgedanke bei der Gründung der International Union for Conservation of Nature (IUCN) im Jahr 1948. In der zweiten Hälfte des 20. Jahrhunderts nimmt die Zahl der Schutzgebiete mit der Entwicklung des Tourismus und den aufkommenden Umweltproblemen zu. Bedeutende Areale auf dem Land und im Meer sind heute geschützt. Der Schutz des Planeten darf jedoch nicht nur in begrenzten Bereichen gedacht werden. Wer die Erde schützen will, muss die Natur auch dort sorgsam behandeln, wo sie den Interessen der Menschen unterworfen ist, in Städten und in der Landwirtschaft.

Das Meer als neue Grenze

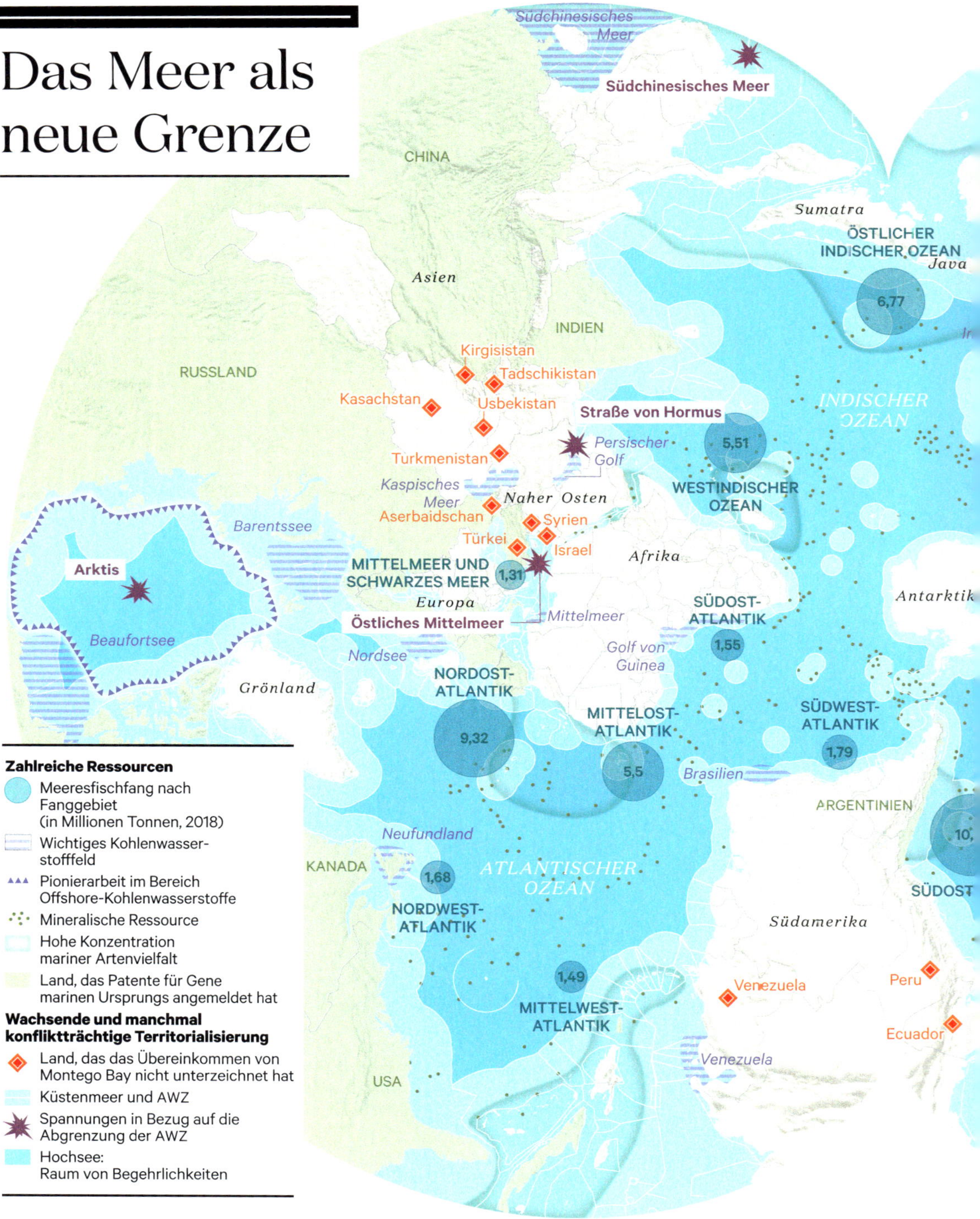

Südchinesisches Meer
Südchinesisches Meer
CHINA
Sumatra
ÖSTLICHER INDISCHER OZEAN
Java
6,77
Asien
INDIEN
RUSSLAND
Kirgisistan
Tadschikistan
Kasachstan
Usbekistan
Straße von Hormus
INDISCHER OZEAN
Persischer Golf
5,51
Turkmenistan
Kaspisches Meer
Naher Osten
WESTINDISCHER OZEAN
Aserbaidschan
Syrien
Barentssee
Türkei
Israel
Afrika
Arktis
MITTELMEER UND SCHWARZES MEER
1,31
Antarktik
Europa
Mittelmeer
SÜDOST-ATLANTIK
Östliches Mittelmeer
Beaufortsee
Nordsee
Golf von Guinea
1,55
NORDOST-ATLANTIK
Grönland
MITTELOST-ATLANTIK
SÜDWEST-ATLANTIK
9,32
5,5
1,79
Brasilien
ARGENTINIEN
Neufundland
KANADA
1,68
ATLANTISCHER OZEAN
SÜDOST
NORDWEST-ATLANTIK
Südamerika
1,49
Venezuela
Peru
MITTELWEST-ATLANTIK
Ecuador
Venezuela
USA
Zahlreiche Ressourcen
Meeresfischfang nach Fanggebiet (in Millionen Tonnen, 2018)
Wichtiges Kohlenwasserstofffeld
Pionierarbeit im Bereich Offshore-Kohlenwasserstoffe
Mineralische Ressource
Hohe Konzentration mariner Artenvielfalt
Land, das Patente für Gene marinen Ursprungs angemeldet hat
Wachsende und manchmal konfliktträchtige Territorialisierung
Land, das das Übereinkommen von Montego Bay nicht unterzeichnet hat
Küstenmeer und AWZ
Spannungen in Bezug auf die Abgrenzung der AWZ
Hochsee: Raum von Begehrlichkeiten

Ende der Offshore-Ölreserven*
EUROPA
ASIEN-PAZIFIK
AFRIKA
RUSSLAND – ZENTRALASIEN
MITTEL- UND SÜDAMERIKA
NORDAMERIKA
NAHER OST
2020
2030
2040
2050
2060
2070
2080
2090
2100
Ende der Offshore-Gasreserven*
NORDAMERIKA
EUROPA
ASIEN-PAZIFIK
MITTEL- UND SÜDAMERIKA
AFRIK

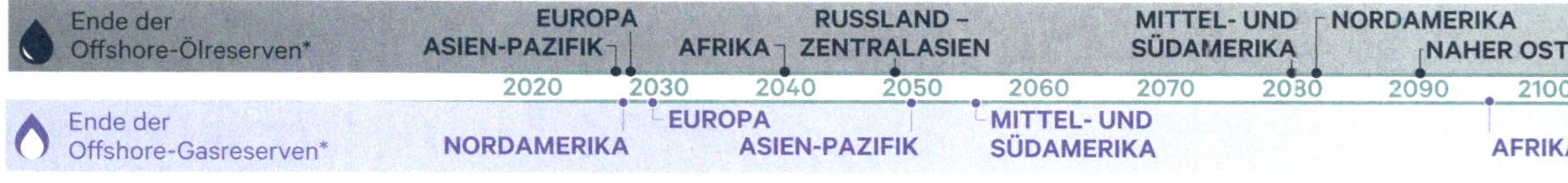

Siehe auch — Das Leben im Meer **S. 106**
Angeln: die letzte neue Praxis der Altsteinzeit **S. 142**
Umweltverschmutzung **S. 254**

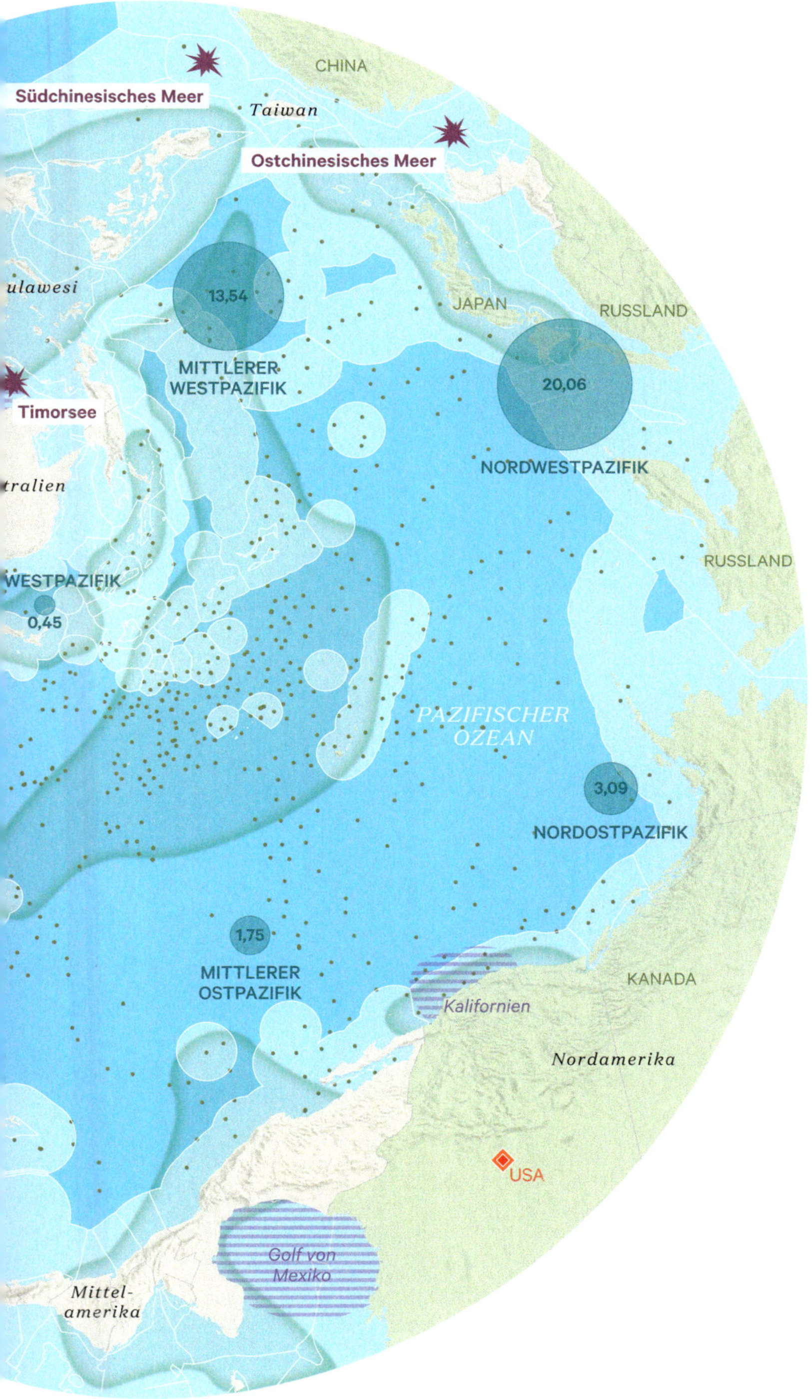

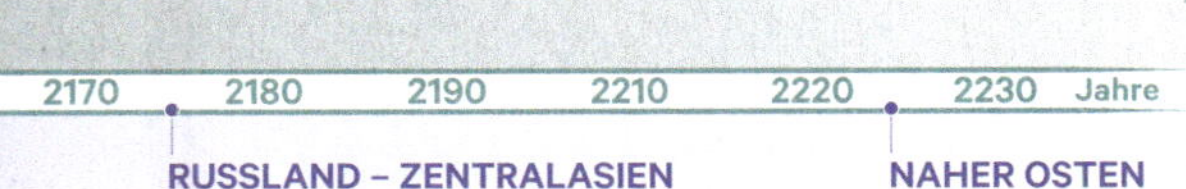

* Hypothetische Angaben bei aktuellem Fördervolumen im Meer und unter Berücksichtigung der bekannten Offshore-Reserven

Ressourcen und Territorialisierung der Gewässer

In der zweiten Hälfte des 20. Jahrhunderts werden mehrere Zehnmillionen Quadratkilometer Meer zu Staatsgebiet. Diese beispiellose «territoriale Eroberung» verdankt sich der Fähigkeit der menschlichen Gesellschaften, stetig neue Reichtümer aufzutun und zu erschließen. Die Fischerei, die immer weitere Kreise ziehen muss, die Entwicklung von U-Booten, die Entdeckung von Erdöl- und Erdgasvorkommen auf offener See und von Manganknollen (Mangan, Cobalt, Nickel) erfordern neue Regeln zur Verwaltung und Nutzung dieser Gebiete. Es entsteht das Seevölkerrecht, dessen wichtigste Bestimmungen 1982 im UN-Seerechtsübereinkommen in Montego Bay ausgearbeitet werden. In diesem Übereinkommen, das die Mehrzahl der Länder – jedoch u. a. nicht die USA – unterzeichnet, wird die Größe des Hoheitsgebiets festgelegt, das unter alleiniger Souveränität der Staaten liegt (bis 12 Seemeilen vor der Küste). Außerdem legt es die Ausschließliche Wirtschaftszone fest (AWZ, 200 Seemeilen bzw. 390 Kilometer), innerhalb derer die Staaten Nutzungsrechte erhalten. Und sie enthält eine juristische Definition der Kontinentalplatte. Die Konflikte um die Abgrenzung maritimer Gebiete zeugen von der strategischen Bedeutung der Meere. Das größte Potential bei Fischfang und Energiegewinnung befindet sich zwar an diesen Rändern der Kontinente, aber die Hochsee und der Meeresgrund der internationalen Gewässer sind aufgrund ihrer mineralischen und genetischen Ressourcen ebenfalls begehrt.

Danksagung
Bibliografie
Begriffe
Orte
Akteure
Nachweise und Quellen
Inhalt

DANKSAGUNG

Im Herbst 2019 veröffentlichten wir in Zusammenarbeit mit der Zeitschrift *L'Histoire* den Atlas «Geschichte der Welt», der sofort gleichermaßen bei der Kritik wie beim Publikum ein großer Erfolg wurde. Seitdem ist das Buch in 12 Sprachen übersetzt worden und bis heute die Nummer eins der Bestsellerlisten in seiner Kategorie.

Angesichts dieser Erfahrung beschlossen wir, eine Reihe von historischen Atlanten unter der Leitung von Christian Grataloup zu starten. Eine ehrgeizige und innovative Kollektion. Es gab den Historischen Atlas von Frankreich und nun den Atlas der Erde. Trotz der Größe der Aufgabe hatten wir das Glück, auf denselben harten Kern von Autorinnen und Autoren zählen zu können. Dafür sei ihnen herzlich gedankt. Dieses Buch ist auch ihr Buch.

Für die Projektleitung und die Koedition: Valérie Hannin, Guillaume Malaurie, Philippe Menat und Philippe Pajot. Vielen Dank für ihr Vertrauen und ihre niemals nachlassende Unterstützung.

Da ein Buch ohne Autor kein Buch ist, geht unser Dank an Christian Grataloup, Charlotte Becquart-Rousset, Léna Hespel, Héloïse Kolebka, Frédéric Miotto und seine Kartografinnen Jeanne Barnicaud und Dalila Sekkai.

Ein riesiger Dank geht auch an die Gemeinschaft der Historiker, der Geografen und anderer Wissenschaftler, die diesen Atlas zu einem Referenzwerk gemacht haben, indem sie Karten entworfen, Texte verfasst und jede Seite des Buches sorgfältig Korrektur gelesen haben: Romain Amiot, Isabelle Catteddu, Christophe Darmangeat, Stéphanie Delaire-Échard, Jean-Paul Demoule, François Durand-Dastès, Éric Guilyardi, Liliane Hilaire-Pérez, François Jarrige, Jacques Jaubert, Guillaume Lecointre, Florian Mazel, Fabrice Not, Didier Paillard, Fabien Paquet, Antonio Pérez Balarezo, Catherine Perlès, Yann Potin, Pierre-François Souyri, Lionel Ranjard, Stephen Rostain, Pierre-Olivier Thébault, Gabriel Tobie, Boris Valentin, Catherine Virlouvet. Da ein Atlas ohne Karten kein Atlas ist, danken wir dem gesamten Team von Légendes Cartographie: Marie-Sophie Putfin, Frédéric Miotto, Lucille Dugast, Allix Piot und Salomé Choukroun.

Dieser Atlas wäre nicht entstanden ohne die Arbeit der Redaktion der Zeitschrift *L'Histoire*, insbesondere Huguette Meunier-Chuvin, sowie das Engagement der Mitarbeiterinnen und Mitarbeiter von Les Arènes. Dank an alle, die ihren Teil dazu beigetragen haben: Vincent Lever für das Layout, Sarah Ahnou, Isabelle Paccalet und Alice Posière bei der Überarbeitung der Texte, nicht zu vergessen Marie Baird-Smith, Lucie Le Bon und die Gruppe der «Fabulous».

Ein Buch zu machen, ist eine Sache, es bekannt zu machen, eine andere. Vielen Dank an Laura Darmon, Isabelle Mazzaschi und Axelle Vergeade. Schließlich wäre ein zweijähriges Projekt nicht möglich gewesen ohne den unermüdlichen Einsatz von Bertille Comar. Sie war das Fundament dieses Unternehmens.

BIBLIOGRAFIE

Allgemeine Werke

David Blanchon, *Atlas mondial de l'eau*, Paris [3]2017.
François-Marie Bréon, Gilles Luneau, *Atlas du climat*, Paris 2021.
Jérôme Chave, Herman Shugart, Sassan Saatchi, Peter White, *Le Grand Atlas des arbres et forêts*, Boulogne-Billancourt 2022.
Jean-Paul Demoule, Dominique Garcia, Alain Schnapp (Hg.), *Une histoire des civilisations*, Paris 2018.
Stéphane Durand, *20 000 ans ou la grande histoire de la nature*, Arles 2018.
Muriel Gargaud (Hg.), *La Plus Grande Histoire jamais contée. Des origines de l'univers à la vie sur Terre*, Paris 2017.
François Gemenne, Aleksandar Rankovic, Thomas Ansart, Benoît Martin, Patrice Mitrano, Antoine Rio, *Atlas de l'anthropocène*, Paris 2021.
Christian Grataloup (Hg.), *Die Geschichte der Welt*, München 2022.
Georges Rossi, *L'Ingérence écologique. Environnement et développement rural du Nord au Sud*, Paris 2000.
Laurent Testot, *Cataclysmes. Une histoire environnementale de l'humanité*, Paris 2017.
Dictionnaire critique de l'anthropocène, Paris 2020.

1. Vom Urknall zum Planeten Erde

Frédéric Clette, *Le Soleil et nous*, Lausanne 2022.
Jean-Pierre Luminet, *Les Bâtisseurs du ciel (intégrale): Copernic, Kepler, Galilée, Newton*, Paris 2010.
Nicolas Prantzos, *Voyages dans le futur*, Paris 1998.
Florence Trystram, *L'Épopée du méridien terrestre. Le procès des étoiles*, Paris 2001.
Jean-Philippe Uzan, *Big bang. Comprendre l'Univers depuis ici et maintenant*, Paris 2018.

2. Vom Kern zur Stratosphäre

Jean-Marie Bardintzeff, *Volcanologie*, Malakoff [6]2021.
Pascal Bernard, *Pourquoi la Terre tremble*, Paris 2017.
Gabriel Gohau, *Les Sciences de la Terre aux XVIIe et XVIIIe siècles. Naissance de la géologie*, Paris 1990.
Christian Grataloup, *Vision(s) du monde. Histoire critique des représentations de l'humanité*, Malakoff 2018.
Christian Grataloup, *L'Invention des continents et des océans. Histoire de la représentation du monde*, Paris 2020.
Jean-Paul Poirier, *Le Tremblement de Terre de Lisbonne*, Paris 2005.
Jean Poitou, Valérie Masson-Delmotte, Pascale Braconnot, *Le Climat. La Terre et les hommes*, Les Ulis 2015.

3. Planet des Lebens

Antoine Blazeau, *Brève histoire de l'humanité*, Paris 2022.
Bruno David, *À l'aube de la 6e extinction. Comment habiter la Terre*, Paris 2022.
Philippe Duchaufour, Pierre Faivre, Jérôme Poulenard, Michel Gury, *Introduction à la science des sols*, Malakoff [7]2020.
Thomas Lepeltier, *Darwin hérétique. L'éternel retour du créationnisme*, Paris 2007.
Paul Mathis, *Biocène. Comment le vivant a coconstruit la Terre*, Paris 2021.
Christian Moullec, Xavier Muller, *Dans le sillage des oiseaux migrateurs*, Malakoff 2020.

4. Ein Tier unter Tieren: der Mensch

François Bon, *Préhistoire. La Fabrique de l'homme*, Paris 2009.
Bernard Chapais, *Aux origines de la société humaine. Parenté et évolution*, Paris 2008.
Pascal Depaepe, *La France du Paléolithique*, Paris 2009.
Marylène Patou-Mathis, *L'homme préhistorique est aussi une femme*, Paris 2020.
Boris Valentin, *Le Paléolithique*, Paris 2011.
« L'histoire de l'homme », *La Vie/Le Monde* Sonderheft, 2017.

5. Domestizierung

Jacques Cauvin, *Naissance des divinités, naissance de l'agriculture. La Révolution des symboles au Néolithique*, Paris 1994, [2]1997.
Jean-Paul Demoule, *Les Dix Millénaires oubliés qui ont fait l'histoire. Quand on inventa l'agriculture, la guerre et les chefs*, Paris 2017.
Jean-Paul Demoule (Hg.), *La Révolution néolithique dans le monde*, Paris 2010.
Stephen Rostain, *La forêt vierge d'Amazonie n'existe pas*, Paris 2021.
Alain Testart, *Les Chasseurs-Cueilleurs ou L'Origine des inégalités*, Paris 1982, Neuausgabe 2022.

6. Die Ära der Landwirtschaft

Natacha Coquery, Liliane Hilaire-Pérez, Line Sallmann, Catherine Verna (Hg.), *Artisans, industrie. Nouvelles révolutions, du Moyen Âge à nos jours*, Lyon 2004.
Andrée Corvol (Hg.), *Les Forêts d'Occident. Du Moyen Âge à nos jours*, Toulouse 2004.
Jared Diamond, *Arm und Reich. Die Schicksale menschlicher Gesellschaften*, aus dem Englischen übers. von Volker Englich, Frankfurt a. M. 1998.
Jared Diamond, *Kollaps. Warum Gesellschaften überleben oder untergehen*, aus dem Englischen übers. von Sebastian Vogel, Frankfurt a. M. 2005.
Brigitte Faugère, Nicolas Goepfert (Hg.), *Atlas de l'Amérique précolombienne*, Paris 2022.
François-Xavier Fauvelle (Hg.), *L'Afrique ancienne*, Paris 2018.
François-Xavier Fauvelle, Isabelle Surun (Hg.), *Atlas historique de l'Afrique*, Paris 2019.
Gilles Fumey, Olivier Etcheverria, *Atlas Mondial des cuisines et des gastronomies*, Paris 2004.
Gilles Fumey, Pierre Raffard, *Atlas de l'alimentation*, Paris 2018.
Emmanuel Le Roy Ladurie, *Histoire du climat depuis l'An Mil*, Paris 1967, Neuausgabe 1983.
Emmanuel Le Roy Ladurie, *Histoire humaine et comparée du climat*, 2 Bde., Paris 2004 und 2006.
Florian Mazel (Hg.), *Nouvelle Histoire du Moyen Âge*, Paris 2021.
Marcel Mazoyer, Laurence Roudart, *Histoire des agricultures du monde, du Néolithique à la crise contemporaine*, Paris 2002.

7. Die Globalisierung der Ressourcen

Fernand Braudel, *Sozialgeschichte des 15.–18. Jahrhunderts: Der Alltag/Der Handel/Aufbruch zur Weltwirtschaft*, aus dem Französischen übersetzt von Siglinde Summerer, Gerda Kurz und Günter Seib, München 1985/1986.
Marcel Dorigny, Jean-François Klein et al., *Grand Atlas des empires coloniaux*, Paris 2015.
Marcel Dorigny, Bernard Gainot, *Atlas des esclavages*, Paris 2013.
Malcolm Ferdinand, *Une écologie décoloniale. Penser l'écologie depuis le monde caribéen*, Paris 2019.
Christian Grataloup, *Géohistoire de la mondialisation*, Malakoff [3]2015.

8. Das Kohlezeitalter

Armelle Choplin, *Matière grise de l'urbain, la vie du ciment en Afrique*, Genf 2020.
Gwenaël Delhumeau, *L'Invention du béton armé*, Paris 1999.
François Jarrige, Thomas Le Roux, *La Contamination du monde. Une histoire des pollutions à l'âge industriel*, Paris 2017.
Gilles Pison, *Atlas de la population mondiale*, Paris 2019.
Kenneth Pomeranz, *The Great Divergence: China, Europe, and the Making of the Modern World Economy*, Princeton 2000.
Tirthankar Roy, Giorgio Riello (Hg.), *Global Economic History*, London 2018.
Patrick Verley, *La Révolution industrielle*, Paris 1997.
Patrick Verley, *L'Échelle du monde: essai sur l'industrialisation de l'Occident*, Paris 2013.

9. Der überlastete Planet

Stefan Cihan Aykut, Amy Dahan, *Gouverner le climat? Vingt ans de négociations internationales*, Paris 2015.
Jacques Bethemont, *Les Grands Fleuves, entre nature et société*, Paris 2002.
Christophe Bonneuil, Jean-Baptiste Fressoz, *L'Événement anthropocène. La Terre, l'histoire et nous*, Paris 2013.
Sylvie Brunel, *Plaidoyer pour nos agriculteurs: Il faudra demain nourrir le monde ...*, Paris 2017.
Valérie Chansigaud, *L'Homme et la nature. Une histoire mouvementée*, Paris 2013.
Cyrille P. Coutansais, *La Terre est bleue. Atlas de la mer au XXIe siècle*, Paris 2015.
Frédéric Denhez, *Atlas du changement climatique. Du global au local, changer les comportements*, Paris 2009.
Jean-Baptiste Fressoz, Fabien Locher, *Les Révoltes du ciel. Une histoire du changement climatique, XVe-XXe siècle*, Paris 2020.
Dina Ionesco, Daria Mokhnacheva, François Gemenne, *Atlas des migrations environnementales*, Paris 2016.
John R. McNeill, *Blue Planet. Die Geschichte der Umwelt im 20. Jahrhundert*, aus dem Englischen übers. von Frank Elstner, Frankfurt a. M. 2003.
Bruno Parmantier, *Nourrir l'humanité*, Paris 2009.
Yvette Veyret, Paul Arnould, *Atlas du développement durable*, Paris 2019.

Zeitschriften

L'Histoire, insbesondere:
« 5000 ans de catastrophes », *Les Collections de L'Histoire* n° 86, Januar–März 2020.
« Amazonie. L'Indien, le conquistador et la forêt-monde », *Les Collections de L'Histoire* n° 92, Juli–September 2021.
« L'Âge industriel », *Les Collections de L'Histoire* n° 91, April–Juni 2021.
« Néolithique. L'agriculture a-t-elle fait le malheur des hommes ? » (dossier), *L'Histoire* n° 492, Februar 2022.
« Manger de la viande» (dossier), *L'Histoire* n° 466, Dezember 2019.
« Les Sociétés préhistoriques » (dossier), *L'Histoire* n° 420, Februar 2016.
« La Fabrique des races » (dossier), *L'Histoire* n° 493, März 2022.
« Des animaux et des hommes » (dossier), *L'Histoire* n° 338, Januar 2009.
« Le Climat depuis 5000 ans » (dossier), *L'Histoire* n° 257, September 2001.

La Recherche, insbesondere:
« La Préhistoire revisitée » (dossier), *La Recherche* n° 570, Juli–September 2022.
« L'Odyssée de l'homme. Le scénario de nos origines se précise », *La Recherche*, Sonderheft n° 17, März–April 2016.
« Néandertal, le bâtisseur » (dossier), *La Recherche* n° 521, März 2017.
« La Symbiose » (dossier), *La Recherche* n° 569, April–Juni 2022.

Online-Quellen

Le Centre national de la recherche scientifique (CNRS):
www.cnrs.fr/fr/espace-presse
Le Service géologique national, BRGM:
www.brgm.fr
L'Institut national de recherche pour l'agriculture, l'alimentation et l'environnement (Inrae):
https://www.inrae.fr/apprendre-comprendre
L'Organisation des Nations unies pour l'alimentation et l'agriculture (FAO):
www.fao.org
La Banque mondiale:
www.banquemondiale.org/fr/home
L'Institut national de recherches archéologiques préventives (Inrap):
https://frise-chronologique.inrap.fr/
Planet Terre et Planet Vie de l'ENS Lyon:
https://planet-terre.ens-lyon.fr/ et https://planet-vie.ens.fr/

Demografische Daten:

https://ourworldindata.org/

BEGRIFFE

ORTE

AKTEURE

(Völker, Wissenschaftler, Autoren, Institutionen, Unternehmen)

NACHWEISE UND QUELLEN

Nachweise: S. 14: © ESA und collaboration Planck; S. 16: © Bruno Bourgeois; S. 18–19: © British Library Board. All Rights Reserved/Bridgeman Images; S. 25: (links) Carte du fleuve de Torneå dans l'espace compris par les operations trigonométriques/Outhier fecit © Bibliothèque nationale de France und (rechts) Carte du cours du Maragnon ou de la grande route des Amazones dans sa partie navigable depuis Jaen de Bracomoros jusqu'à son embouchure et qui comprend la Province de Quito, et la côte de la Guiane depuis le Cap de Nord jusqu'à Essequebè/levée en 1743 et 1744 et assujetie aux observations astronomiques par M. de La Condamine, G. N. Delahaye sculpsit. © Bibliothèque nationale de France; S. 26: (unten) © Didier Florentz; S. 30–31: © Grégoire Cirade; S. 34: Oronce Fine, Recens et integra orbis descriptio..., Orontius F [inaeus] Delph [inas], Regis [s] mathematic [us] facebiat, Paris, Berthaud, 1534. Koninklijke Bibliotheek – domaine public; S. 35: © Archives Larbor; S. 37: © Didier Florentz; S. 43: (oben) Gerhard Mercator, Septentrionalium terrarum descriptio, Belgique, Duisburg, 1595. Domaine public und (unten) Map Of Atlantis, 1678. Atlantis as a very large island midway between the Pillars of Hercules and America is depicted in this map from Athanasius Kircher's 'Mundus Subterraneus', 1678. © The Granger Collection/Alamy Stock Photo; S. 70–71: Ms 2200. Guillaume de Conches. Philosophia mundi, vers 1276–1277, fol. 34v. «Climata» et zones climatiques de la Terre. © Bibliothèque Sainte-Geneviève, Paris, cliché IRHT; S. 100: John Leech, Visite des reptiles antédiluviens à Sydenham – Maître Tom s'oppose fermement à l'amélioration de son esprit, Pictures of Life and Character, 1890. © Look and Learn/Bridgeman Images; S. 132: (oben) German study of racial types, based on the theories of anthropologist Johann Friedrich Blumenbach (1752–1840), 1850. © Collection Christophel © Granger N. Y. und (unten) © Ph. Coll. Archives Larousse; S. 133: © UNESCO; S. 162: (links) © Jason Quinlan und (rechts) © M. Roux, in: Danielle Stordeur, Le village de Jerf el Ahmar, CNRS Éditions, 2015; S. 200: (rechts) akg-images/historic-maps und (links) Schultz Reinhard/Prisma/Agefotostock/Photo12; S. 201: (oben) © VINCENT BERNARD/CNRS-UMR 6566 und (unten) National Ice Core Laboratory – domaine public; S. 240: © Archives Nationales; S. 241: (oben) © Royal Geographical Society/ Bridgeman Images und (unten) © British Library/Aurimages.

Quellen: S. 21: Solar Influences Data Analysis Center; S. 23: (oben) NOAA (National Center for environnemental information) und (unten) Bruno Bourgeois; S. 27: Vigie Cratères (Museum national d'histoire naturelle); S. 36: (unten) Pascal Pineau; S. 38–39: Andrew S. Merdith et al., «Extending full-plate tectonic models into deep time: Linking the Neoproterozoic and the Phanerozoic», Earth-Science Reviews, 2021; S. 40–41: Hannah S. Davies et al. «Back to the future: Testing different scenarios for the next supercontinent gathering», Global and Planetary Change 2018; S. 44–45: Centre briançonnais de géologie alpine; S. 52–53: Betty Lafon; S. 63: Gérard Beltrando, Les Climats. Processus, variabilité et risques, Armand Colin, collection U, 2011; S. 74–75: (Karte) UNESCO und (Grafik) Messager et al. Nature communications; S. 78: Jacques Dubuc; S. 79: Mathieu Morlighem, BedMachine Antarctica, Dartmouth College, Département des Sciences de la Terre; S. 80: (oben) Jean Jouzel, Anne Debroise, Le Défi climatique. Objectif: 2 °C !, Dunod, 2014; S. 98: Michael O. Woodburne, «The Great American Biotic Interchange: Dispersals, Tectonics, Climate, Sea Level and Holding Pens», Journal of Mammalian Evolution, 2010; S. 102: Center for International Earth Science Information Network (CIESIN)/Columbia University, 2012; S. 109: Inra Dijon und Université de Rennes; S. 114–115: WWF, nach D. M. Olson et al., BioScience, 51, 933, 2001; S. 116–117: Yinon M. Bar-On, Rob Phillips, Ron Milo "The biomass distribution on Earth", PNAS, 2018; S. 134: Christian Grataloup, Gilles Fumey, L'Atlas global, Les Arènes, 2016; S. 136: (oben) Gilles Tosello, https://archeologie.culture.gouv.fr/etiolles/fr/; S. 137: (oben) Kaplan Jo, Pfeiffer M, Kolen JCA, Davis Bas, Large Scale Anthropogenic Reduction of Forest Cover in Last Glacial Maximum Europe, Robert F. Baldwin, 2016 und (unten) Richard P. Duncan et al., «Magnitude and variation of prehistoric bird extinctions in the Pacific», PNAS, 2013; S. 138: (oben) Pascal Depaepe, La France du Paléolithique, La Découverte, 2009; S. 139: Gilles Fumey, Pierre Raffard, Atlas de l'alimentation, CNRS Éditions, 2018; S. 140: Platonova, Natalia. « Le commerce des caravanes russes en Chine du XVIIe siècle à 1762 », Histoire, économie & société, vol. 30, no. 3, 2011, S. 3–27 und Lombard Maurice. La chasse et les produits de la chasse dans le monde musulman (VIIIe-XIe siècle). In: Annales. Économies, Sociétés, Civilisations. 24e année, N. 3, 1969. S. 572–593; S. 146–147: N. Ray und J. M. Adams, «A GIS-based Vegetation Map of the World at the Last Glacial Maximum (25 000–15 000 BP)», 2001, https://intarch.ac.uk/journal/issue11/rayadams_toc.html; S. 162: Catherine Perlès, « Pourquoi le Néolithique? », in: Jean-Pierre Poulain (Hg.), « L'Homme, le mangeur, l'animal. Qui nourrit l'autre », Les Cahiers de l'OCHA n° 12, 2007; S. 166: Ined, https://ourworldindata.org; S. 170: Stephen Rostain; S. 172: Alain Testart, Les Chasseurs-Cueilleurs ou L'origine des inégalités, Société d'ethnographie, 1982, rééd. Gallimard, « Folio histoire », 2022; S. 174–175: Christian Grataloup, Gilles Fumey, L'Atlas global, Les Arènes, 2016; S. 178: Guy Fourquin, Histoire économique de l'Occident médiéval, Armand Colin, « U », 1969; S. 180: (unten) Marcel Mazoyer, Laurence Roudart, Histoire des agricultures du monde, Seuil, 1997, Neuausgabe « Points histoire », 2002; S. 181: (oben links) Stéphane Lebecq, Hommes, mers et terres du Nord au début du Moyen Âge, Villeneuve-d'Ascq, Presses universitaires du Septentrion, 2011; S. 182: « Classifying drivers of global forest loss», Science, 14. September 2018; S. 185: (oben) Aline Durand und Marie-Pierre Ruas, « La forêt languedocienne (fin VIIIe siècle-XIe siècle) », in: Andrée Corvol (Hg.), Les Forêts d'Occident du Moyen Âge à nos jours, Toulouse, Presses universitaires du Midi, 2004 und (unten) Isabelle Catteddu; S. 188: (Grafik Mitte) Jean Gimpel, La Révolution industrielle au Moyen Âge, Seuil, 1975, Neuausgabe « Points histoire », 2002; S. 192: Jean-Paul Demoule, Dominique Garcia, Alain Schnapp, Une histoire des civilisations, La Découverte-Inrap, 2018; S. 194: Stéphane Bourdin, Catherine Virlouvet, Rome, naissance d'un empire, Belin, « Mondes anciens », 2021; S. 198: Brigitte Faugère, Nicolas Goepfert (Hg.), Atlas de l'Amérique précolombienne, Autrement, 2022; S. 200: Daniel Rousseau, « Fluctuations des dates de vendanges bourguignonnes et fluctuations des températures d'avril à septembre de 1378 à 2010 », Pollution atmosphérique, climat, santé, société n° 222, 2014; S. 205: (Zeitleiste) https://ourworldindata.org und (Grafik oben) Pierre Deyon, Étude sur la société urbaine au XVIIe siècle. Amiens, capitale provinciale, Paris-La Haye, Mouton, 1967; S. 218: Philippe Descola, Par-delà nature et culture, Gallimard, 2005; S. 220: Alfred W. Crosby Jr., The Columbian Exchange. Biological and Cultural Consequences of 1492, Library of Congress, 2003 und Alfred W. Crosby Jr., Ecological Imperialism. The Biological Expansion of Europe, 900–1900, Cambridge University Press, 2004; S. 232: (links) Yves Lacoste, Géographie du sous-développement, PUF, 1965; S. 236: « Hausse de la concentration de CO_2 dans l'atmosphère », L'Histoire – les Collections, n° 91, S. 63; S. 238: « L'exploitation du monde », L'Histoire – les Collections, n° 91, S. 39; S. 240: (unten) Victor Neveu; S. 242–243: BP, 2020, World Nuclear Association, 2020, J.-J. Lacour, Tensions sur le pétrole. D'une logique économique à une logique stratégique, colloque CEREMS, 2006; S. 243: (oben) « Les défis pour entrer dans l'âge d'or du gaz », La Recherche, n° 467, 2012; S. 246–247: http ://www.globalcarbonatlas.org/en/CO2-emissions; S. 248-249: Béton armé: revue mensuelle technique et documentaire des constructions en béton armé, système Hennebique, 1904; S. 250: (oben) L'atlas des mondialisations, Le Monde/La Vie, Sonderheft, 2010; S. 252: https://ourworldindata.org/life-expectancy; S. 254–255: (Erdkarte) http://www.globalcarbonatlas.org/fr/CO2-emissions, https://www.iqair.com/world-most-polluted-cities, und https://litterbase.awi.de/litter; S. 255: (unten rechts) https://ourworldindata.org/ oil-spills#:~:text=While%20in%20the%201970s%20there,%2D700%20tonnes)%20are%20decreasing; S. 256: Villes mondiales – Penser les métropoles de demain, Carto, n° 65, S. 61, 2021; S. 257: (oben) François-Marie Bréon und Gilles Luneau, Atlas du climat, Autrement, 2021 und (unten) GIEC; S. 260: « La vérité sur les vaccins », Sciences et Avenir, n° 826, 2015, S. 13–17; S. 261: « Syrie du clan Al-Assad », Carto n° 15, 1999, S. 62; S. 262–263: https://www.statistiques.developpement-durable.gouv.fr/edition-numerique/chiffres-cles-du-climat/18-la-tarification-du-carbone-dans und https://icapcarbonaction.com/fr/?option=com_attach&task=download&id=370; S. 264: (oben) https://ourworldindata.org/worldpopulation-growth und (Kurve) Ined: https://www.ined.fr/fr/tout-savoir-population/graphiques-cartes/population_graphiques/; S. 268: https://www.ined.fr/fr/tout-savoir-population/graphiques-cartes/population_graphiques/; S. 269: Ined: https://www.ined.fr/fr/tout-savoir-population/graphiques-cartes/population-cartes-interactives/; S. 270: https://ourworldindata.org/grapher/number-undernourished?tab=table und https://www.usgs.gov/media/images/map-worldwide-croplands; S. 271: (oben) https://donnees.banquemondiale.org/indicateur/AG.CON.FERT.ZS?end=2018&start=1961&type=shaded&view=chart und https://ourworldindata.org/grapher/organic-agriculturalarea?tab=table&country=~OWID_WRL und (unten) https://www.fao.org/faostat/fr/#data/FS; S. 274–275: https://pris.iaea.org/PRIS/CountryStatistics/CountryStatisticsLandingPage.aspx; S. 277: (oben) https://globalwindatlas.info und (unten) https://donnees.banquemondiale.org/indicateur/EG.FEC.RNEW.ZS?end=2018&start=1990&view=map, https://www.irena.org/Statistics/View-Data-by-Topic/Capacity-and-Generation/Country-Rankings und https://fr.wikipedia.org/wiki/Liste_des_plus_grandes_centrales_électriques_au_monde#Biocarburant; S. 278: https://www.irsn.fr/FR/connaissances/Environnement/retombees-tirs-armes-nucleaires/Pages/2-essais-nucleaires-atmospheriques.aspx?dId=6d8fb36a-656c-4e81-8f3b-43a3168167cb&dwId=504cf61e-f4f6-46de-9d13-5d22738cd56b#.YvTeZy-FBQJ und https://ihl-databases.icrc.org/applic/ihl/dih.nsf/States.xsp?xp_viewStates=XPages_NORMStatesParties&xp_treatySelected=460#panelReservation; S. 282: (Weltkarte Covid-19) Christian Grataloup, Gilles Fumey, L'atlas global, Les Arènes, 2016 und https://covid19.who.int/region/amro/country/us und (Weltkarte Aids) https://donnees.banquemondiale.org/indicateur/SH.DYN.AIDS.ZS?type=shaded und https://donnees.banquemondiale.org/indicateur/SH.HIV.INCD?type=shaded; S. 283: (Weltkarte Malaria) https://apps.who.int/gho/data/node.sdg.3-3-map-5?lang=en und https://donnees.banquemondiale.org/indicateur/SH.MLR.INCD.P3?view=map; S. 286: (oben) https://data.worldbank.org/indicator/SP.POP.0014.TO.ZS?view=map; S. 287: (oben) https://globalgreens.org/global-greens-annual-report/; S. 288–289: https://www.protectedplanet.net/en; S. 290–291: Cyrille Coutansais, La Terre est bleue, Les Arènes, 2015.

INHALT

3 Planet des Lebens (seit 3,5 Milliarden Jahren)

4 Ein Tier unter Tieren: der Mensch (seit 7 Millionen Jahren)

5 Domestizierung (seit 12 000 Jahren)

6 Die Ära der Landwirtschaft (seit 6000 Jahren)

7 Die Globalisierung der Ressourcen (seit dem 15. Jahrhundert)

8 Das Kohlezeitalter (seit dem 18. Jahrhundert)

9 Der überlastete Planet (seit dem 20. Jahrhundert)